Abregé De La Vie Des Peintres [by R. De Piles]. - Primary Source Edition

Roger de Piles

L'Auteur est mort en 1709
V. Fevret Bibl. histor. IV. 197.

A. Coypel In. C. Simonneau Sc

Ego nec Studium Sine divite vena,
Nec rude quid prosit video ingenium. Horat.

ABREGÉ
DE LA VIE
DES PEINTRES,

Avec des reflexions ſur leurs Ouvrages,

Et un Traité du Peintre parfait;
De la connoiſſance des Deſſeins;
De l'utilité des Eſtampes.

Par M. DE PILES.

SECONDE EDITION,

Revûë & corrigée par l'Auteur; avec un abregé de ſa Vie, & pluſieurs autres additions.

A PARIS,

Chez JACQUES ESTIENNE, ruë S. Jacques, au coin de la ruë de la Parcheminerie, à la Vertu.

MDCCXV.

Avec Approbation & Privilege du Roy.

PREFACE.

PLusieurs Auteurs ont écrit & même fort au long, les vies des Peintres ; Vasari, Ridolfi, Carlo Dati, Baglioni, Soprani, le Comte Malvasie, Pierre Bellori, Van-Mandre, & Corneille de Bie, en ont fait quatorze gros volumes. Depuis peu Felibien nous en a donné cinq, & Sandrart un grand in-folio, sans compter plusieurs vies particulieres qui ont été imprimées : ainsi je ne prétens rien dire de nouveau dans cet abregé. J'y ai seulement eu en vûe la commodité des Peintres & des curieux qui n'ont pas beaucoup de tems à donner à une lecture de plaiſir, ou qui ayant déja lû les originaux, ſeront bien-aiſes qu'on leur en rafraichiſſe la mémoire. D'ailleurs ce qui groſſit la plûpart des livres dont nous venons de parler, c'eſt des deſcriptions de Tableaux qui ne ſont pas du goût de tout le monde, & qui demandent une fort grande attention. J'ai donc crû que je devois d'autant plus me diſpenſer de rapporter ici ces deſcriptions, qu'il eſt aiſé d'y avoir recours. Je me ſuis donc contenté de donner, autant que je l'ai pû faire, une idée générale des Peintres, dont les Ouvrages ſont en quelque eſtime dans le monde. J'ai voulu ſeulement toucher en peu de mots les choſes les plus eſſentielles : comme le païs, le pere, le jour de la naiſſance, le maître, les Ouvrages en général avec les lieux où ils ſe trouvent, le talent, les actions remarquables, le tems de la mort, & les diſciples de chaque Peintre : & quand j'ai manqué de ſatisfaire à quelques-unes de ces circonſtances, c'eſt que je n'en ai pas été éclairci.

Je ne parle que des principaux Peintres, c'eſt-à-dire, de ceux qui ont contribué au renouvellement de la Peinture, ou qui l'ont élevée au degré de perfection, dans lequel nous la voyons, ou enfin dont les Ouvrages ont entrée dans les cabinets des Curieux : car il y à beaucoup de Peintres, qui bien qu'ils ne soient pas du premier ordre, ne laissent pas d'être fort estimés. On en trouvera ici quelques-uns dont le mérite est médiocre généralement parlant, mais qui ont quelque talent particulier, ou qui font connoître que la Peinture n'a pas été négligée dans le païs où ils ont pris naissance. Il y en a dont on ne dit que peu de chose, & d'autres même que l'on ne fait que nommer pour ne point perdre le fil de l'histoire, & pour marquer seulement le tems où ils vivoient; parce qu'ils peuvent être connus de quelques Curieux, s'ils ne le sont pas de tous. Il y en a aussi où je me ſuis étendu davantage, parce que perſonne n'en a encore écrit, ou que j'en rapporte des particularités dont j'ai eu de nouveaux mémoires; ſi j'en ai omis quelques-uns faute de notion ou faute d'exactitude, je tâcherai de réparer ce défaut dans une autre édition.

Quoique cet abregé ſoit, comme je viens de dire, d'une aſſez grande commodité pour bien des gens, il n'a point été la principale intention de cet Ouvrage, & je n'y ai pas tant regardé la connoiſſance des actions des Peintres, que celle du degré de leur mérite. C'eſt dans cette vûe que j'ai mis à la fin de la vie des principaux Maîtres, c'eſt-à-dire, de ceux dont on parle le plus, les réflexions que j'ai crû les plus propres à découvrir leur caractere. Car pour les autres dont les Ouvrages sont peu connus, ou qui ne doivent être considerés que comme des disciples attachés à leurs Maîtres, ainsi que des branches à leur tronc; j'ai crû qu'il suffiroit d'avoir inseré dans leur vie le peu que j'en avois à dire, & que d'ailleurs le Lecteur en auroit assez peu de curiosité.

Comme il n'y a point de Peintre médiocre qui n'ait quelquefois bien peint, ni d'excellent Peintre qui n'ait fait des choses médiocres, ce n'est pas sur un nombre choisi de leurs Tableaux, mais sur le général de leurs Ouvrages que j'expoſerai mes ſentimens.

J'ai déliberé long-tems ſi je les abandonnerois au public, & j'en ai prévû tous les inconveniens & toutes les difficultés. Dans une matiere où l'on confond ſouvent le goût avec la raiſon, il eſt impoſſible de contenter tout le monde : Je ſuis perſuadé que les Curieux qui ont des Tableaux d'un Peintre, trouveront que je n'en aurai pas parlé aſſez avantageuſement : enfin, j'ai connu que ce n'étoit point aſſez pour découvrir les talens des grands maîtres, d'avoir vû les plus beaux Tableaux de l'Europe, & que l'attention que j'ai apportée à les examiner, n'étoit point un aſſez bon garant pour autoriſer mes paroles : mais qu'il falloit une profonde connoiſſance des Principes de la Peinture, & du génie pour en faire l'application. J'avoue que j'ai trouvé cette entrepriſe au-deſſus de mes forces ; & n'ayant rien voulu dire de mon chef, je me ſuis contenté de meſurer mes penſées aux maximes établies par les meilleurs Peintres & par les meilleurs auteurs qui ont tâché dans leurs Ouvrages de nous propoſer la perfection.

C'eſt donc pour mettre à couvert de témérité les jugemens que j'ai faits des Ouvrages en général des principaux Peintres, que j'ai trouvé à propos de donner ici l'idée du

Peintre parfait, ſur laquelle je me ſuis reglé. Quoique j'aie tâché de la rendre juſte, je ne prétens pas ôter à perſonne la liberté d'en faire l'application ſelon ſon goût, comme je le fais ſelon le mien : car je ſuis bien perſuadé que chacun ne voit pas également tout ce qu'il y a à voir dans un Ouvrage, & ſi mon deſſein n'eſt pas en cela au gré de quelques-uns, d'autres ſeront bien-aiſes qu'on leur ait au moins donné lieu d'exercer leur jugement.

ABREGÉ DE LA VIE DE M. DE PILES.

IL est juste de traiter en peu de mots ce qui regarde la personne & les talens de M. de Piles, & de lui rendre, à peu-près, les honneurs qu'il a rendus lui-même aux hommes célebres dont il parle dans cet ouvrage.

Roger de Piles étoit d'une famille du Nivernois distinguée dans le païs par la Noblesse, par les biens, & par les emplois. Il nâquit à Clamecy l'an 1635. Il fut tenu sur les fonts de Baptême par le Duc de Bellegarde, qui étoit pour lors à Clamecy, & par la Duchesse de Nevers. Il fit ses premieres études partie à Nevers & partie à Auxerre, & vint enſuite à Paris pour y étudier en Philoſophie. Il étoit logé chez ſon oncle l'Abbé d'Orbec, Chanoine de l'Egliſe Cathédrale, d'où il alloit tous les jours au College du Pleſſis. Comme il avoit de l'eſprit & de la pénétration, il réuſſiſſoit également bien dans les ſciences ſpeculatives & dans les lettres humaines. Quand ſon cours fut fini & qu'il eût pris les premiers degrés, il étudia pendant trois ans la Théologie dans les Ecoles de Sorbonne ; mais ni les études profanes ni les ſacrées ne l'occupoient pas tout entier, & la Peinture a fait dans tous les tems de ſa vie une partie de ſon application. Il s'attacha de bonne heure à deſſiner ſous le célebre Frere Luc Recollet, deſſinateur & compoſiteur aſſez bon, mais mauvais coloriſte : en quoi M. de Piles a eu dans la ſuite un grand avantage ſur ſon maître. Celui-ci trouvant dans ſon éleve un Goût naturel & de grandes dispositions, le mit bientôt en état de dessiner d'après l'Antique. Ils prirent l'un pour l'autre une amitié qui n'a fini qu'avec leur vie.

Il avoit fait en même tems connoissance avec Alphonse du Fresnoy, qui l'estima assez pour lui communiquer son poëme Latin sur la peinture, qui n'avoit point encore paru. M. de Piles en sentit aussi-tôt tout le mérite; mais jugeant aussi qu'un ouvrage Latin, où la briéveté avec la gêne des vers met souvent de l'obscurité, ne seroit pas à la portée de tous les Peintres; il le traduisit en François, parce que M. du Fresnoy qui avoit promis de le traduire differoit toujours, soit qu'il en craignît la peine; soit qu'il aimât mieux s'occuper à de nouvelles choses, que de revenir sur les mêmes idées, sans aucun autre profit pour lui que de faire passer dans une langue vulgaire, ce qu'il avoit sû exprimer dans une langue savante. Il sût gré à M. de Piles de son travail, & revit avec soin sa traduction. La mort qui le surprit avant que M. de Piles eût achevé les remarques, lui déroba le plaisir de voir ses préceptes expliqués dans toute leur étendue avec une clarté & une intelligence merveilleuse.

Cet ouvrage qui est le premier que M. de Piles ait composé, n'a pourtant pas paru le premier. Car comme le manuscrit de M. de Piles étoit parmi les papiers de du Fresnoy, qui à sa mort furent mis entre les mains de M. Mignard, M. de Piles fut quelques années sans le ravoir. On ne peut pas soupçonner que cet habile Peintre eût peine à voir publier en François le secret de son Art. Il est plus juste de croire que M. Mignard avoit une si haute idée du poëme Latin, que selon lui, nulle traduction ne pourroit lui faire honneur. Ce fut apparemment dans cette vûe qu'il se contenta de le faire paroître en Latin ; mais le peu de débit qu'eut l'ouvrage fit voir qu'il s'étoit trompé, & justifia le dessein de M. de Piles : car aïant retiré, comme il put, sa traduction des mains de M. Mignard, il la fit imprimer à côté du Latin avec ses remarques, & dans le cours de l'année il eut le plaisir d'en voir trois éditions. M. Dryden fameux Poëte Anglois dont entr'autres ouvrages nous avons une traduction entiere de Virgile en vers Anglois, a redonné en prose Angloise tout ce que contient l'édition de M. de Piles. Il y a joint une longue & belle Préface sur le parallele de la poësie & de la Peinture, & des additions qui augmentent le mérite de son Livre, qui est un des derniers que M. Dryden ait donné au Public. Il parut à Londres en 1695. & l'on n'a rien oublié pour faire une impression qui répondît à la réputation de l'original & du traducteur.

Dans le tems que M. de Piles travailloit sur du Fresnoy, il étoit déja auprès de M. Amelot, celui qui est aujourd'hui Conseiller d'Etat, & que la grandeur de son génie & de ses emplois rendent depuis long-tems célebre dans toute l'Europe. Car en l'année 1662. M. Ménage qui connoissoit M. de Piles pour loger avec lui dans la même maison du Cloître Notre-Dame, crût rendre service à M. Amelot, Maître des Requêtes, & ancien Président du grand Conseil, en le lui proposant pour l'éducation de son fils qui avoit sept ans. Un homme sage est bienheureux quand il donne ses soins à un enfant dont le naturel se porte de lui-même à la vertu. C'est ce qui rendit si agréable à M. de Piles un emploi que les autres trouvent si rude. Il entra donc chez M. le Président Amelot en 1662. & demeura auprès de ſon fils pendant tout le cours de ſes études, qui fut d'environ neuf ans. Il voïoit avec raviſſement le ſuccès de ſes ſoins, qui d'ailleurs ont été la ſource de ſa fortune, & de la grande conſidération qu'il a eûe depuis dans le monde. Il a toujours conſervé un attachement véritable pour toute la maiſon de Meſſieurs Amelot, & il en a toujours été traité avec beaucoup d'amitié & de diſtinction. M. le Préſident, pere de ſon éleve, avoit ſolidement travaillé à lui faire un établiſſement. Et après ſa mort, qui arriva en 1671. Madame la Préſidente Amelot continua toujours d'avoir chez elle M. de Piles: & pour reconnoître ſes ſervices, elle lui donna un fonds conſiderable, qui placé ſur l'Hôtel de Ville de Lyon, pouvoit le mettre à ſon aiſe le reſte de ſa vie.

Au commencement de l'année 1673. M. Amelot qui avoit alors

dix-huit ans, & qui venoit de finir ſon Droit, alla en Languedoc avec ſon oncle l'Evêque de Lavaur, celui qui depuis fut Archevêque de Tours. L'envie de s'inſtruire & de mettre à profit un tems que les autres jeunes gens n'ont que trop accoutumé de perdre, lui fit demander à Madame la Préſidente Amelot la permiſſion de faire le voïage d'Italie. Elle y conſentit avec plaiſir, & lui envoïa M. de Piles à Montpellier pour l'accompagner. M. de Piles eut lieu de ſatisfaire ſon goût pour la Peinture pendant ce voïage qui fut de quatorze mois, & il vit tout à loiſir ce qu'il y a de plus beau & de plus précieux en Italie. M. le Duc & M. le Cardinal d'Eſtrées étoient pour lors à Rome : M. Amelot étoit logé avec eux dans le Palais Farnéſe. Et ce ne fut pas un avantage médiocre pour M. de Piles, que de ſe faire connoître à ces deux illuſtres Freres, & ſur-tout au Cardinal, qui joignoit à ses grandes qualités une inclination naturelle pour les beaux Arts, dont il connoissoit tout le prix. M. Amelot revenu à Paris en 1674. & aussi-tôt reçû Conseiller au Parlement, rendit à M. de Piles tout son loisir.

Ce fut pour lors qu'il écrivit sur la Peinture, & que joignant la théorie à la pratique, il se rendit illustre parmi les Peintres & parmi les connoisseurs. Son mérite lui attira aussi l'estime & l'amitié de plusieurs personnes de qualité, qui aimoient encore plus en lui sa probité & sa candeur, que ses talens. M. le Duc de Richelieu lui a souvent donné des marques d'une bonté particuliere : il vouloit l'avoir sans cesse auprès de lui, & comme M. de Piles lui avoit dédié quelques-uns de ses ouvrages, il lui fit présent d'un fameux tableau de Rubens, qui représente David & Abigaïl : & qui a été depuis à M. le Duc de Grammont.

En 1682. M. Amelot, qui depuis cinq ans, étoit Maître des Requêtes, fut nommé Ambaſſadeur du Roi à Veniſe. Il engagea M. de Piles à l'accompagner en qualité de Secretaire de l'Ambaſſade. Ce voïage avoit duré près de trois ans, pendant leſquels M. de Piles ſe délaſſoit des affaires, par la vûe des beaux tableaux qui font l'ornement de cette grande Ville, lorſque M. Amelot reçût ordre de paſſer à l'Ambaſſade de Portugal. Dans le même tems M. de Louvois, qui étoit Miniſtre de la guerre, & Sur-intendant des Bâtimens, aïant ſû que M. Amelot avoit auprès de lui un homme d'une grande intelligence dans la Peinture, & capable même de quelque choſe de plus important à l'Etat, écrivit à M. Amelot de diſpoſer M. de Piles à aller en Allemagne voir les riches Cabinets que l'on diſoit y être en grand nombre, ſur-tout à Gratz, afin d'y acheter des Tableaux pour le Roi. Mais il ordonna en même tems à M. de Piles de passer à Vienne, où le Marquis de Chiverny étoit alors Envoïé extraordinaire du Roi ; & de s'informer exactement de la situation des affaires. M. de Piles aïant exécuté avec tout le soin possible cette commission, revint à Paris en rendre compte au Ministre, & rejoindre M. Amelot, qui partit en 1685. pour Lisbonne, où il l'accompagna en la même qualité qu'il avoit eue auprès de lui à Venise. Comme on avoit parlé de marier M. le Prince de Conti le dernier mort, qui étoit alors Prince de la Roche-sur-Yon avec l'Infante de Portugal, fille du premier lit du feu Roi Pierre II. M. de Piles se chargea de faire comme il pourroit le Portrait de cette Princesse. Il la voïoit à la Tribune de l'Eglise, lorsque le hazard lui faisoit déranger le voile qui lui couvroit le visage. Ce même hazard faisoit qu'il la voïoit quelquefois aux fenêtres du Palais : & quoiqu'il ne l'eût vûe qu'à peine, il en avoit tellement ſaiſi tous les traits, qu'il en fit un Portrait très-reſſemblant, que M. Amelot conſerve encore dans ſon Cabinet. En 1687. M. de Piles aïant été envoïé à la Cour par M. Amelot avec des dépêches de conſéquence, il revint par Madrid ; & comme rien ne le preſſoit, il y demeura huit jours pour voir les magnifiques Tableaux du Roi d'Eſpagne, tant au Palais de Madrid, qu'à l'Eſcurial. Le Marquis de Feuquiere qui étoit alors Ambaſſadeur du Roi en Eſpagne, fit à M. de Piles tout l'accueil que méritoit la place qu'il occupoit, & la réputation qu'il avoit de vertu, d'eſprit & d'intelligence.

M. de Piles ne pouvoit quitter M. Amelot. Il le ſuivit dans l'ambaſſade de Suiſſe en 1689. il y ſigna le Traité de neutralité, que M. Amelot avoit conclu avec les Cantons ; & parce que ce traité étoit très-agréable au Roi, M. Amelot pour donner une marque de distinction à M. de Piles, le chargea de le porter à Sa Majesté.

En 1692. M. de Piles fut envoïé en Hollande pour y demeurer *incognito*, sur les prétextes que lui fournissoit sa réputation parmi les curieux de peinture, & en effet pour y agir de concert avec les personnes qui souhaitoient la paix. Nous ne dirons point ici ce qui le fit découvrir pour ce qu'il étoit : il suffit de dire qu'il fut arrêté par ordre de l'Etat, & retenu prisonnier à la Haye pendant l'espace de deux ans ; mais le peuple de la Haye qui étoit las de la guerre, & qui apprit que M. de Piles n'étoit en prison que pour avoir voulu procurer la paix, s'étant mis en devoir de le délivrer, on le transfera au Château de Louvestein, où il fut gardé encore pendant trois ans, c'est-à-dire, jusqu'à

la

la paix de Riſwik. Il s'occupa dans ſa priſon à compoſer les Vies des Peintres : & comme dans une ſolitude ſi grande & ſi longue on ne peut pas toûjours travailler, il s'amuſoit à élever des oyſeaux, & à leur apprendre mille choſes. Il leur donna à tous la liberté le jour qu'il la recouvra lui-même. Malgré ces délaſſemens, ſa ſanté fut fort alterée par les incommodités & la longueur de ſa priſon. A ſon retour en France, le Roy lui donna une penſion.

M. Amelot, qui depuis dix ans étoit Conſeiller d'Etat, fut choiſi en 1705. pour aller à la Cour d'Eſpagne Ambaſſadeur extraordinaire. M. de Piles l'y ſuivit malgré ſon grand âge & ſes infirmités ; mais l'air de Madrid lui fut ſi contraire, qu'il fut obligé d'en revenir la même année. Depuis ce voyage il a vêcu encore quatre ans dans ſes occupations ordinaires & dans une grande pieté. Il mourut le 5. d'Avril de l'an-

e

née 1709. âgé de ſoixante-quatorze ans.

Il avoit l'eſprit naturellement reglé & méthodique, ſes idées étoient nettes & juſtes: ce qui étoit cauſe qu'on n'a jamais vû varier en lui ni les jugemens ni la conduite de ſa vie, qui a été d'une égalité parfaite. Il étoit bon ami, ſûr, fidele, & très-diſcret. Ces qualités étoient la ſuite de ſon caractere vrai & ſimple. Il avoit un grand fonds de Religion, & il rempliſſoit ſcrupuleuſement tous ſes devoirs.

Sa maniere de peindre conſiſtoit dans une imitation parfaite des objets, & dans une grande intelligence du Clair-obſcur & du Coloris. Les principes qu'il s'étoit faits là-deſſus étoient ſi ſûrs, qu'ils lui tenoient lieu de l'uſage de peindre qu'il n'avoit pas. Il prenoit plaiſir à faire les Portraits de ſes amis. Il a peint entre autres feu M. Deſpreaux & Madame Dacier, & le mérite de ces deux illuſtres perſonnes rendront ſon ouvrage immortel.

Il avoit pris ſoin de raſſembler un grand nombre de deſſeins des plus excellens maîtres, & entre autres pluſieurs études de Raphaël, que M. Croiſat le jeune a acheptées de ſes heritiers.

Dans les differens ouvrages que M. de Piles a donnés au public ſur la peinture, il a fait voir une grande admiration pour les Tableaux de Rubens, avec lequel il avoit non-ſeulement un rapport de Goût, mais encore quelque reſſemblance du côté de l'eſprit: car ils l'ont eû tous deux capable d'affaires. Mais pour ne parler que de la Peinture, quelques perſonnes accuſent M. de Piles d'avoir trop donné à Rubens. Nous n'entreprendrons pas de décider cette queſtion, qui a été agitée par de grands maîtres, dont les uns ſoûtenoient le Coloris, les autres le Deſſein. Nous dirons ſeulement, & il est très-vrai, que dans les écrits que M. de Piles a publiés sur ce sujet, il a parfaitement bien démêlé les principes géneraux de la peinture, & principalement les principes du Clair-obscur, dont ses plus grands adversaires ont profité.

M. de Piles étoit Conseiller d'honneur de l'Académie de Peinture & de Sculpture, dans laquelle il lisoit souvent les savantes dissertations qu'il donnoit ensuite au public. Il étoit lié d'amitié avec plusieurs des plus celebres Peintres, & sur-tout avec M. Coypel, qui est présentement à la tête de cette Academie. Leur amitié avoit commencé à Rome, lorsque M. Coypel n'étant encore qu'un enfant promettoit déja le grand succès qu'il a eû depuis. M. de Piles pour une marque particuliere de son estime & de son amitié, lui a laissé en mourant une Vierge du Corrége peinte à *guazze*.

Les ouvrages qu'il a publiés sont :

I. *Abregé d'Anatomie accommodé aux Arts de Peinture & de Sculpture, & mis dans un ordre nouveau, dont la méthode est très-facile & débarassée de toutes les difficultés & choses inutiles, qui ont toujours été un grand obstacle aux Peintres pour arriver à la perfection de leur Art. Ouvrage très-utile à ceux qui font profession du Dessein. Mis en lumiere par François Tortebat, Peintre du Roi dans son Académie Royale de Peinture & de Sculpture* 1667. On doit certainement à M. de Piles cet ouvrage, quoiqu'il ait paru sous un autre nom : c'est ce qu'on peut voir à la page 153. du Cours de Peinture. Du reste les Figures sont tirées du Livre de Vezale pour lequel le Titien les avoit dessinées. Tortebat étoit Peintre & Conseiller de l'Académie de Peinture. Il peignoit dans la maniere de Voüet dont il étoit gendre, & dont il avoit été éleve.

II. *Conversations sur la connoissance de la Peinture, & sur le jugement qu'on doit faire des Tableaux, où par occasion il est parlé de la Vie de Rubens, & de quelques-uns de ses plus beaux ouvrages.* 1677.

III. *Dissertation sur les ouvrages des plus fameux Peintres.* 1681.

IV. *Les premiers Elémens de la Peinture pratique, enrichis de Figures de proportion mesurées sur l'Antique, dessinées & gravées par Jean Baptiste Corneille, Peintre de l'Académie Royale.* 1684.

V. *L'Art de Peinture de C. A. du Fresnoy, traduit en François, enrichi de Remarques.*

VI. *Vies des Peintres, &c.* Cet ouvrage a été aussi traduit en Anglois. Dans l'édition que l'on donne ici au public, on a ajoûté pour la satisfaction des curieux, le second article de M. de la Hire, celui de M. Mignard, celui de M. Coypel, celui de Mademoiselle Cheron, & celui de Carlo-

Maratti. Ces articles qui ſont de mains differentes, rendront le Recueil plus complet.

VII. *Dialogue ſur le Coloris.* 1699.

VIII. *Cours de Peinture par principes.* 1708.

TABLE DES CHAPITRES.

LIVRE PREMIER.

Table des des Chapitres.

NOMS DES PEINTRES dont on a ſéparé les Réflexions ſur leurs Ouvrages d'avec leurs Vies.

LIVRE I.

LIVRE PREMIER.

L'IDE'E DU PEINTRE PARFAIT,

Pour servir de régle aux jugemens que l'on doit porter sur les ouvrages des Peintres.

LE Génie est la premiere chose que l'on doit supposer dans un Peintre. C'est une partie qui ne peut s'acquerir ni par l'étude, ni par le travail; il faut qu'il soit grand pour répondre à l'étendue d'un Art qui renferme autant de connoissances que la Peinture, & qui exige beaucoup de tems & d'application pour les acquerir. Supposé donc une heureuse naissance, le Peintre doit regarder la nature visible, comme son objet; il doit en avoir une idée, non-seulement comme elle se voit fortuitement dans les sujets particuliers: mais comme elle doit être en elle-même selon sa perfection, & comme

Le Genie.

La Nature parfaite.

elle feroit en effet, si elle n'étoit point détournée par les accidens.

L'Antique. Comme il est très-difficile de trouver cet état parfait de la nature, il faut que le Peintre se prévale de la recherche que les Anciens en ont faite avec beaucoup de soins & de capacité, & qu'il se serve des exemplaires qu'ils nous en ont laissés dans les ouvrages de Sculpture, qui malgré la fureur des Barbares, se sont conservés, & sont venus jusqu'à nous. Il faut, dis-je, qu'il ait une suffisante connoissance de l'Antique, & qu'il lui serve pour faire un bon choix du naturel: parce que l'Antique a toujours été regardé par les habiles de tous les tems comme la régle de la Beauté.

Le grand Goût. Qu'il ne se contente pas d'être exact & régulier, qu'il répande encore un grand goût dans tout ce qu'il fera, & qu'il évite surtout ce qui est bas & insipide.

Ce grand Goût dans l'Ouvrage du Peintre est, Un usage des effets de la nature bien choisis, grands, extraordinaires, & vraisemblables: *Grands*, parce que les choses sont d'autant moins sensibles qu'elles sont petites ou partagées; *Extraordinaires*, car ce qui est ordinaire ne touche point, & n'attire pas l'attention; *Vraisemblables*, parce qu'il faut que ces choses grandes & extraordinaires paroissent possibles, & non chimeriques.

Qu'il ait une idée juste de sa profession que l'on définit de cette sorte, *Un Art, qui par le moyen du dessein & de la couleur, imite sur une superficie plate tous les objets visibles.* Par cette définition on doit comprendre trois choses, le Dessein, le Coloris & la Composition : & bien que cette derniére partie n'y paroisse pas bien nettement exprimée, elle peut néanmoins s'entendre par ces derniers mots, *Objets visibles*, qui embrassent la matiére des sujets que le Peintre se propose de réprésenter. Le Peintre doit connoître & pratiquer ces trois parties dans la plus grande perfection qu'il est possible. On va les exposer ici avec les parties qui en dépendent.

Definition de la Peinture.

La Composition contient deux choses, l'Invention & la Disposition. Par l'Invention, le Peintre doit trouver & faire entrer dans son sujet les objets les plus propres à l'exprimer & à l'orner : & par la Disposition il doit les situer de la maniere la plus avantageuse, pour en tirer un grand effet, & pour contenter les yeux, en faisant voir de belles parties : il faut qu'elle soit bien contrastée, bien diversifiée, & liée de groupes.

La Composition. I. Partie.

Que le Peintre dessine correctement d'un bon goût & d'un style varié, tantôt héroïque & tantôt champêtre, selon le carac-

Le Dessein II. Partie.

tére des figures que l'on introduit : car l'élegance des contours qui convient aux Divinités, par exemple, ne convient nullement aux gens du commun : les Heros & les soldats, les forts & les foibles, les jeunes & les vieillards doivent avoir chacun leurs diverses formes ; sans compter que la Nature, qui se trouvé differente dans toutes ses productions demande du Peintre une varieté convenable. Mais que le Peintre se souvienne que de toutes les maniéres de dessiner, il n'y en a de bonne, que celle qui est mêlée du beau naturel & de l'Antique.

Les Attitudes. Que les Attitudes soient naturelles, expressives, variées dans leurs actions, & contrastées dans leurs membres, qu'elles soient simples ou nobles, animées ou moderées selon le sujet du Tableau & la discrétion du Peintre.

Les Expressions. Que les Expressions soient justes au sujet ; que les principales figures en ayent de nobles, d'élevées & de sublimes, & que l'on tienne un milieu entre l'exageré & l'insipide.

Les Extrémités. Que les Extrémités, j'entens la tête, les pieds, & les mains soient travaillées avec plus de précision & d'exactitude que tout le reste, & qu'elles concourent ensemble à rendre plus expressive l'action des figures.

Que les Draperies soient bien jettées, que les plis en soient grands, en petit nombre autant qu'il est possible, & bien contrastées; que les étofes en soient épaisses, ou légeres selon la qualité & la convenance des figures; qu'elles soient quelquefois ouvragées & d'espéce differente, & quelquefois simple, suivant la convenance des sujets & des endroits du Tableau, qui demandent plus ou moins d'éclat pour l'ornement du Tableau & pour l'œconomie du tout ensemble.

Les Draperies.

Que les Animaux soient principalement caractérisés par une touche spirituelle & spéciale.

Les Animaux.

Que le Païsage ne soit point coupé de trop d'objets, qu'il y en ait peu, mais qu'ils soient bien choisis. Et en cas qu'une grande quantité d'objets y soient renfermés, il faut qu'ils soient ingénieusement groupés de lumiéres & d'ombres, que le site ne soit bien lié & bien dégagé, que les arbres en soient differens de forme, de couleur, & de touche autant que la prudence & la varieté de la Nature le requiérent, & que cette touche soit toujours légére & fretillante, pour parler ainsi: que les devans soient riches, ou, par les objets, ou du moins par une plus grande exactitude de travail qui rend les choses vraies &

Le Païsage.

palpables : que le Ciel soit léger, & qu'aucun objet sur la Terre ne lui dispute son caractere à rien, à la réserve des eaux tranquilles & des corps polis qui sont susceptibles de toutes les couleurs qui leur sont opposées : des célestes comme des terrestres. Que les nuages soient d'un bon choix, bien touchés & bien placés.

La Perspective. Que la Perspective soit réguliére, & non d'une simple pratique peu exacte.

Le Coloris. III. Partie. Que dans le Coloris, qui comprend deux choses, la Couleur locale, & le Clair-obscur; le Peintre ait grand soin de s'instruire de l'une & de l'autre : c'est ce qui le distingue des artisans qui ont de commun avec lui les mesures & les proportions; & c'est encore ce qui le rend le plus véritable & le plus parfait imitateur de la Nature.

La Couleur locale. La Couleur locale n'est autre chose que celle qui est naturelle à chaque objet en quelque lieu qu'il se trouve, laquelle le distingue des autres objets, & qui en marque parfaitement le caractére.

Le Clair-obscur. Et le Clair-obscur est l'art de distribuer avantageusement les lumiéres & les ombres, tant sur les objets particuliers, que dans le géneral du Tableau : sur les objets particuliers, pour leur donner le relief & la rondeur convenable : & dans le géneral du Tableau, pour y faire voir les objets avec plaisir, en donnant occasion à la vûe de se reposer d'espace en espace, par une distribution ingénieuse de grands clairs, & de grandes ombres, lesquels se prêtent un mutuel secours par leur opposition; en sorte que les grands clairs sont des repos pour les grandes ombres; comme les grandes ombres sont des repos pour les grands clairs. Mais quoique le Clair-obscur comprenne, comme nous avons dit, la science de bien placer tous les clairs & toutes les ombres, néanmoins il s'entend plus particuliérement des grandes ombres & des grandes lumieres. Leur distribution en ce dernier sens, se peut faire de quatre façons. Premiérement par les ombres naturelles des corps. 2. Par les groupes: c'est-à-dire, en disposant les objets d'une maniére que les lumiéres se trouvent liées ensemble, & les ombres pareillement ensemble, comme on le voit à peu près dans une grappe de raisin, dont les grains du côté de la lumiére font une masse de clair, & les grains du côté opposé font une masse d'ombre, mais que le tout ne forme qu'un groupe & comme un seul objet; en sorte pourtant qu'en cet artifice il ne paroisse aucune affectation: mais que les objets se trouvent ainsi situés naturellement & comme par hazard. 3. Par les accidens d'une ombre dont la cause est supposée hors du Tableau. 4. Et enfin par la nature & le corps des couleurs que le Peintre peut donner aux objets sans en alterer le caractére. Cette partie de la Peinture est le plus grand moyen dont le Peintre se puisse prévaloir pour donner de la force à ses ouvrages, & pour rendre ses objets sensibles tant en géneral qu'en particulier.

Je ne vois pas que l'artificedu Clair-obscur ait été connu dans l'Ecole Romaine avant Polydore de Caravage, qui le trouva & qui s'en fit un principe; & je suis étonné que les Peintres qui l'ont suivi ne se soient pas aperçus que le grand effet de ses ouvrages vient des repos qu'il a observés d'espace en espace, en groupant ses lumiéres d'un côté & ses ombres d'un autre, ce qui ne se fait que par l'intelligence du Clair-obscur. Je suis étonné, dis-je, qu'ils aient laissé échaper cette partie si nécessaire, & qu'ils l'aient fait sans s'en apercevoir. Cela n'empêche pas néanmoins qu'il n'y ait quelques Ouvrages parmi ceux des Peintres Romains, où il se trouve du Clair-obscur: mais on doit regarder cela comme un bon moment du Génie, ou comme l'effet du hazard plûtôt que d'un principe bien établi.

André Boscoli Peintre Florentin a eu de forts pressentimens du Clair-obscur, comme on le voit par ses Ouvrages : mais on doit au Giorgion le rétablissement de ce principe, dont le Titien son Competiteur s'étant aperçu, il s'en est prévalu dans tout ce qu'il a fait depuis.

Dans la Flandre, Otho Venius en jetta des fondemens solides, & les communiqua à Rubens son Eléve : celui-ci les rendit plus sensibles, & en fit tellement connoître les avantages & la nécessité, que les meilleurs Peintres Flamans qui l'ont suivi, se sont rendus recommandables par cette partie : car sans elle, tous les soins qu'ils ont pris d'imiter si fidélement les objets particuliers de la Nature, ne seroient d'aucune considération.

L'accord des Couleurs.

Que dans la distribution de ses couleurs il y ait un accord qui fasse le même effet pour les yeux, que la Musique pour les oreilles.

Unité d'objet.

Que s'il y a plusieurs groupes de Clair-obscur dans un Tableau, il faut qu'il y en ait un qui soit plus sensible, & qui domine sur les autres, en sorte qu'il y ait unité d'objet, comme dans la Composition, unité de sujet.

Le Pinceau.

Que le Pinceau soit hardi & léger s'il est possible ; mais soit qu'il paroisse uni, comme celui du Corrége, ou qu'il soit inégal & raboteux, comme celui de Rembrant, il doit toûjours être moëlleux.

Les Licences. Enfin si l'on est contraint de prendre des licences, qu'elles soient imperceptibles, judicieuses, avantageuses, & autorisées; les trois premieres especes sont pour l'Art du Peintre, & la dernière regarde l'Histoire.

La Grace. Un Peintre qui possede son Art dans tous les détails que l'on vient de représenter, peut à la vérité s'assurer d'être habile, & de faire infailliblement de belles choses: mais ses Tableaux ne pourront être parfaits si la Beauté qui s'y trouve n'est accompagnée de la Grace.

La Grace doit assaisonner toutes les parties dont on vient de parler, elle doit suivre le Genie; c'est elle qui le soûtient & qui le perfectionne: mais elle ne peut, ni s'acquerir à fond, ni se démontrer.

Un Peintre ne la tient que de la Nature, il ne sait pas même si elle est en lui, ni à quel dégré il la possede, ni comment il la communique à ses Ouvrages: elle surprend le Spectateur qui en sent l'effet sans en pénétrer la véritable cause: mais cette Grace ne touche son cœur que selon la disposition qu'elle y rencontre. On peut la définir, *Ce qui plaît, & ce qui gagne le cœur sans passer par l'esprit.*

La Grace & la Beauté, sont deux choses

differentes : la Beauté ne plaît que par les régles, & la Grace plaît sans les régles. Ce qui est Beau n'est pas toûjours gracieux, & ce qui est gracieux n'est pas toûjours beau ; mais la Grace jointe à la Beauté, est le comble de la Perfection : C'est ce qui a fait dire à un de nos plus illustres Poëtes,

Et la Grace plus belle encor que la Beauté.

On a donné cette Idée du Peintre parfait le plus en abregé qu'on a pû, pour ne point ennuïer ceux qui n'ont aucun doute sur les choses qu'elle contient. Mais pour ceux qui en desirent des preuves, on a tâché de les satisfaire dans les Remarques suivantes, dans lesquelles les uns & les autres trouveront que j'y traite plusieurs matiéres qui se sont présentées naturellement, & qui ne leur seront peut-être pas indifférentes.

Les Remarques suivantes répondent par Chapitres aux parties qui composent l'Idée du Peintre parfait, desquelles on a parlé dans le précedent Abregé, & le Lecteur doit supposer ces parties dans les Chapitres qui en traitent pour les éclaircir.

REMARQUES ET ECLAIRCISSEMENS sur la précedente Idée.

CHAPITRE PREMIER.

Du Genie.

PAr le mot de Génie, on a entendu diverses choses. Les Anciens ont crû que c'étoit un esprit commis à la garde de l'homme, & qui lui inspiroit les bonnes & les mauvaises actions. Les Payens en ont fait une Divinité; & la plûpart des hommes le prennent pour le feu de l'imagination qui produit une abondance de pensées, & pour cette inspiration secrette & cet enthousiasme qui enfante les productions extraordinaires. Mais pour le concevoir par raport seulement aux Sciences & aux beaux Arts; & pour en donner une idée distincte, je croi que l'on peut dire avec beaucoup de raison,

Que nous aportons le Génie en naissant, & qu'il est confondu & mêlé avec l'esprit, comme une essence est confondue & mêlée dans un verre d'eau; ou plûtôt que c'est l'esprit même en tant qu'il est porté vers une science préferablement à une autre. Il est, pour ainsi dire, le tyran des facultés de l'ame : il les contraint à tout quitter, & les entraîne pour le servir dans les ouvrages où il est emporté lui-même par la rapidité de sa nature ; & lorsque les organes viennent à s'alterer, l'Esprit & le Genie s'affoiblissent également.

Le Génie demeure comme enseveli dans l'inaction, jusqu'à ce qu'il soit ébranlé par les occasions qui ont du raport avec lui & qui sont de son ressort. Il est comme la corde d'un instrument, laquelle ne donne aucun son à moins qu'on ne la touche.

Le Génie est en soi d'une aussi grande étendue que les régles de l'Art dont il contient les semences : & quoiqu'il contienne toutes les semences de l'Art, il n'agit jamais surement quand il agit seul par une impulsion secrette dont il ne sait pas la cause, & ne produit alors que comme une terre abandonnée.

Mais lorsqu'il est cultivé par les régles & qu'il se les est appropriées, il se met au-dessus d'elles, il leur commande en maître, il les rejette quand il lui plaît pour leur substituer quelque chose de plus heureux : il en dispose enfin comme d'un bien dont il est en possession & qu'il croit lui appartenir.

Mais la Nature qui ménage ses trésors, quand elle a donné du génie pour un Art, elle ne l'a donné que rarement universel pour toutes les parties qu'il contient. Peu de Peintres peuvent se vanter, par exemple, d'avoir été si universels daus leur profession qu'ils aient eu pour toutes les parties qu'elle contient cette pénétration pour concevoir & cette facilité pour agir, que le génie donne à ceux qui le possédent. Tel en a pour le dessein qui n'a jamais rien compris dans l'artifice du Coloris : tel réussit dans les Portraits, tel autre dans le Païsage : l'un se sent porté & se plaît à imiter exactement les naïvetés du naturel duquel il ne sait point choisir, ni animer les belles expressions. Ainsi chacun se trouve partagé de génie selon qu'il a plû à la Nature de lui en donner, & nous devons toujours estimer les talens particuliers qu'elle distribue, & les respecter quand ils sont extraordinaires.

CHAPITRE II.

De la nécessité du Génie.

LEs hommes ont beau travailler pour surmonter les obstacles qui les empêchent d'atteindre à la perfection, s'ils ne sont nés avec un talent particulier pour les

Arts qu'ils ont embrassés, ils seront toujours dans l'incertitude d'arriver à la fin qu'ils se proposent. Les régles de l'Art & les exemples d'autrui peuvent bien leur montrer les moïens d'y parvenir : mais ce n'est point assez que ces moïens soient sûrs, il faut encore qu'ils soient faciles & agréables.

Or, cette facilité ne se rencontre que dans ceux, qui avant de s'instruire des régles, & de voir les Ouvrages des autres, ont consulté leur inclination, & ont examiné s'ils étoient attirés par une lumiere intérieure à la profession qu'ils vouloient suivre. Car cette lumiere de l'Esprit, qui n'est autre chose que le Génie, nous montrant toujours le chemin le plus court & le plus facile, nous rend infailliblement heureux, & dans les moïens & dans la fin.

Le Génie est donc une lumiere de l'Esprit, laquelle conduit à la fin par des moïens faciles.

C'est un présent que la Nature fait aux hommes dans le moment de leur naissance, & quoiqu'elle ne le donne ordinairement que pour une chose en particulier, elle est quelquefois assez libérale pour le rendre général dans un seul homme. On en a vû plusieurs de cette sorte, & ceux qui sont assez heureux pour avoir reçû cette plénitude d'influences, font avec facilité tout ce qu'ils veulent faire, & ce leur est assez de s'appliquer pour réussir. Il est vrai que le Génie particulier n'étend pas ainsi son pouvoir sur toutes sortes de connoissances; mais il pénetre d'ordinaire plus avant dans celle qui est de sa domination.

Il faut donc du Génie, mais un Génie exercé par les regles, par les réflexions, & par l'assiduité du travail. Il faut avoir beaucoup vû, beaucoup lû, & beaucoup étudié pour diriger ce Génie, & pour se rendre capable de produire des choses dignes de la posterité.

Cependant comme le Peintre ne peut ni voir, ni étudier toutes les choses que demande la perfection de son Art, il est bon qu'il se serve sans scrupule des études d'autrui.

CHAPITRE III.

Qu'il est bon de se servir des études d'autrui sans aucun scrupule.

IL n'est pas possible de bien représenter les objets, non-seulement qu'on n'a point vûs, mais qu'on n'a point dessinés. Si un Peintre n'a point vû de Lion, il ne sauroit peindre un Lion; & s'il en a vû, il ne peut représenter cet animal qu'imparfaitement à moins qu'il ne l'ait dessiné ou peint d'après Nature, ou d'après l'Ouvrage d'un autre.

Sur ce pied, on ne doit pas blâmer un Peintre, qui n'aïant jamais vû ni étudié l'objet qu'il a à représenter, se sert des études d'un autre, plûtôt que de faire de son caprice qnelque chose de faux : il est nécessaire enfin qu'il ait dans sa mémoire, ou dans son porte feuille, ses propres études, ou celles d'autrui.

Après que le Peintre a rempli son esprit de la vûe des belles choses, il y ajoûte ou diminue selon son goût & selon la portée de son jugement : & ce changement se fait en comparant les Idées de ce qu'on a vû, & en choisissant ce que l'on en trouve de bon. Raphaël, par exemple, qui dans sa jeunesse n'avoit chez le Pérugin son maître, que les Idées des Ouvrages de ce Peintre; les aïant ensuite comparés avec ceux de Michelange & avec l'Antique, a choisi ce qui lui a semblé de meilleur, & s'est fait un Goût épuré, tel que nous le voïons dans ses Ouvrages.

Le Génie se sert donc de la mémoire comme d'un vase où il met en réserve les Idées qui se présentent; il les choisit avec l'aide du jugement, & en fait pour ainsi dire une provision, dont il se sert quand l'occasion s'en présente ; mais il n'en tire que ce qu'il y a mis, & n'en peut tirer autre chose. C'est ainsi que Raphaël a tiré de ses études les hautes Idées qu'il a prises de l'Antique, de même qu'Albert & Lucas ont tiré de leur méchant fond les Idées Gottiques que la pratique de leur tems & la nature de leur païs leur avoient fournies.

Un homme qui a du Génie peut inventer un sujet en general : mais s'il n'a fait l'étude des objets particuliers, il sera embarassé dans l'execution de son Ouvrage, à moins qu'il n'ait recours aux études que les autres en ont faites.

Il est même fort vraisemblable que si un Peintre n'a ni le tems, ni la commodité de voir la Nature, pourvû qu'il ait un beau Génie, il pourra étudier d'après les Tableaux, les Desseins, & les Estampes des Maîtres qui ont sû choisir les beaux endroits, & les mettre en œuvre avec intelligence ; tel, par exemple, qui voudra faire du Païsage, & qui n'aura jamais vû, ou qui n'aura pas assez observé les païs propres à être peints par leur bizarrerie, ou par leur agrément, fera très-bien de profiter des Ouvrages de ceux qui ont étudié ces païs-là, ou qui ont représenté dans leurs païsages des effets extraordinaires de la Nature. Il pourra regarder les productions de ces habiles Peintres, comme s'il regardoit la Nature, & s'en servir dans la suite pour inventer quelque chose de lui-même.

Il trouvera deux avantages en étudiant d'abord aprés les Ouvrages des habiles Maîtres : le premier est, qu'il y verra la Nature débarassée de beaucoup de choses qu'on est obligé de rejetter quand on la copie : le second est, qu'il apprendra par-là à faire un bon choix de la Nature, à n'en prendre que le beau, & à rectifier ce qu'elle a de défectueux. Ainsi un Génie bien reglé & soutenu de la Théorie, sert à mettre utilement en usage, non-seulement ses Etudes propres, mais encore celles des autres.

Leonard de Vinci a écrit que les taches qui se trouvent sur un vieux mur, formans des Idées confuses de differens objets, peuvent exciter le Génie, & l'aider à produire. Quelques-uns ont crû que cette proposition faisoit tort au Génie, sans en donner de bonnes raisons. Il est certain cependant que sur un tel mur, ou sur telle autre chose maculée, non-seulement il y a lieu de concevoir des Idées en general, mais chacun en conçoit de differentes selon la diversité des Génies, & que ce qui ne s'y voit que confusément, se débrouille & se forme dans l'esprit selon le Goût de celui en particulier qui la regarde. En sorte que l'un voit une Composition belle & riche, & les objets conformes à son Goût, parce que son Génie est fertile & son Goût bon ; & l'autre n'y voit au contraire rien que de pauvre & de mauvais Goût, parce que son Génie est froid, & son Goût mauvais.

Mais de quelque caractere que soient les esprits, chacun peut trouver sur cet objet de quoi exciter son imagination, & produire quelque chose qui lui appartienne. L'imagination s'échauffant ainsi peu à peu, se rendra capable en voïant quelques figures, d'en concevoir un grand nombre, & d'enrichir la scene de son sujet par quelques objets indécis qui y donneront lieu. Il pourra même facilement arriver que l'on enfantera par ce moïen des idées extraordinaires, qui d'ailleurs ne seroient pas venues dans l'esprit.

Ainsi ce que dit Leonard de Vinci ne fait aucun tort au Génie, il peut au contraire servir à ceux qui en ont beaucoup, comme à ceux qui n'en ont gueres. J'ajoûterois seulement à ce que dit cet Auteur, que plus on a de Génie, & plus on voit de choses dans ces sortes de taches ou de lignes confuses.

CHAPITRE IV.

DE LA NATURE.

Des actions de la Nature, & des actions d'habitude & d'éducation.

LA Nature n'est pas seulement détournée par les accidens qui se rencontrent dans ses productions actuelles : mais encore par les habitudes que contractent les choses produites. On peut donc considerer les actions de la Nature de deux manieres, ou lorsqu'elle agit elle-même de son bon gré, ou lorsqu'elle agit par habitude au gré des autres.

Les actions purement de la Nature, sont celles que les hommes feroient, si dès leur enfance on les laissoit agir selon leur propre mouvement ; & les actions d'habitude & d'éducation, sont celles que les hommes font par le moïen des instructions & des exemples qu'ils ont reçûs. De celles-ci il y en a autant que de Nations, & ces actions d'habitude sont tellement mêlées parmi les actions purement naturelles, qu'il est à mon sens très-difficile d'en connoître la difference. Les Peintres doivent néanmoins tâcher de faire cette difference ; car ils ont souvent des sujets à traiter, où ils doivent suivre la pure Nature, ou en tout, ou en partie. Il est bon qu'ils n'ignorent pas les actions differentes dont les principales Nations ont revêtu la Nature: mais comme leur difference vient de quelque affectation, qui est un voile qui déguise la vérité, la principale étude du Peintre doit être de débrouiller & de connoître en quoi consiste le vrai, le beau & le simple de cette même Nature, laquelle tire toutes ses beautés & toutes ses graces du fond de sa pureté & de sa simplicité.

Il est visible que les anciens Sculpteurs ont recherché cette simplicité naturelle, & que Raphaël a puisé dans leurs Ouvrages avec le bon Goût, celle qu'il a répandue dans ses figures. Mais quoique la Nature soit la source de la Beauté, l'Art, dit-on communément, la surpasse; plusieurs Auteurs en ont parlé dans ces termes; & c'est un Problême qu'il est bon de résoudre.

CHAPITRE V.

En quel sens on peut dire que l'Art est au-dessus de la Nature.

LA Nature doit être considerée de deux manieres, ou dans les objets particuliers, ou dans les objets en general, & en elle-même. La Nature est ordinairement défectueuse dans les objets particuliers, dans la formation desquels elle est, comme nous venons de dire, détournée par quelques accidens contre son intention, qui est toujours de faire un Ouvrage parfait. Mais si on la considere en elle-même dans son intention & dans le general de ses productions, on la trouvera parfaite.

C'est dans ce general que les anciens Sculpteurs ont puisé la perfection de leurs Ouvrages, & d'où Polycléte a tiré les belles proportions de la Statuë qu'il fit pour la posterité, & qu'on appella la Regle. Il en est de même des Peintres. Les effets avantageux de la Nature leur ont donné envie de les imiter, & une experience heureuse a réduit peu à peu ces mêmes effets en Préceptes. Ainsi ce n'est pas d'un seul objet, mais de plusieurs objets que les Regles de l'Art se sont établies.

Si l'on compare l'Art du Peintre, qui a été formé sur la Nature en general, avec une production particuliere de cette Maîtresse des Arts, il sera vrai de dire que l'Art est au-dessus de la Nature : mais si on le compare avec la Nature en elle-même, qui est le modéle du Peintre, cette proposition se trouvera fausse.

En effet, à bien considérer les choses,

quelque ſoin que les Peintres aient pris juſqu'à préſent d'imiter la Nature, on trouvera qu'elle leur a laiſſé beaucoup de chemin à faire pour arriver juſqu'à ſa perfection, & qu'elle contient une ſource de beautés qu'ils n'épuiſeront jamais. C'eſt ce qui fait dire que dans les Arts on apprend encore tous les jours, parce que l'experience & les réflexions découvrent ſans ceſſe quelque choſe de nouveau dans les effets de la Nature, qui ſont ſans nombre & toujours differens les uns des autres.

CHAPITRE VI.

De l'Antique.

ON appelle de ce mot tous les Ouvrages de Peinture, de Sculpture, & d'Architecture qui ont été faits en Egypte, en Gréce & en Italie, depuis Alexandre le Grand juſqu'à l'invaſion des Gots, qui par leur fureur & leur ignorance firent perir tous les beaux Arts. Le mot d'Antique néanmoins eſt plus particulierement en uſage pour ſignifier les Sculptures de ces tems-là, ſoit les Statues & les bas Reliefs, ou les Médailles & les Pierres gravées. Tous ces Ouvrages ne ſont pas également bons : mais dans les médiocres même, il y a un certain

caractere

caractére de beauté qui fait que les Connoisseurs les distinguent des Ouvrages modernes.

Ce n'est pas de ces Sculptures modernes que l'on entend parler ici, c'est des Sculptures Antiques les plus parfaites, & que l'on ne regarde qu'avec étonnement. Les anciens Auteurs les ont mises au-dessus de la Nature, & ne louoient la beauté des hommes, qu'autant qu'elle avoit de conformité avec les belles Statues.

* *Usque ab ungulo ad capillum summum est festivissima.*
Est ne? Considera: vide signum pictum pulcrè videris.

Je pourrois citer beaucoup d'autorités des Anciens, pour prouver ce que j'avance, mais pour ne rien répeter, je renvois le Lecteur à ce que j'ai dit touchant l'Antique dans mon Commentaire, sur l'Art de Peinture de Charles-Alfonse du Fresnoy, & je me contenterai de rapporter ici ce disoit un Peintre moderne, qui avoit beaucoup pénétré dans la connoissance de l'Antique, c'est le fameux Poussin: Raphaël, disoit-il, est un Ange comparé aux autres Peintres; c'est un Ane comparé aux Auteurs des Antiques. L'expression est extraor-

* *Plaute Epidiq. Act. 5.*

dinaire : je me ſerois contenté de dire que Raphaël eſt autant au-deſſous des Anciens, que les Modernes ſont au-deſſous de lui ; mais j'examinerai cette penſée plus exactement dans la vie de Raphaël.

Il eſt certain que peu de perſonnes ſont capables de découvrir toute la fineſſe qui eſt dans les Sculptures Antiques ; parce qu'il faut pour cela un eſprit proportionné à ceux des Sculpteurs qui les ont faites, & que ces hommes avoient le Goût ſublime, la Conception vive, & l'Exécution exacte & ſpirituelle. Ils ont donné à leurs Figures des proportions conformes au caractére de ces figures : Ils ont deſſigné les Divinités par des contours plus coulans, plus élégans, & d'un plus grand Goût que ceux des hommes ordinaires. Ils ont fait un choix épuré de la belle Nature, & ils ont excellemment remedié à l'impuiſſance où la matiére qu'ils employoient les mettoit de tout imiter.

Le Peintre ne ſauroit donc mieux faire que de tâcher à pénétrer l'excellence de ces Ouvrages, pour connoître la pureté de la Nature, & pour deſſiner plus doctement & plus élégamment. Néanmoins comme il y a dans la Sculpture pluſieurs choſes qui ne conviennent point à la Peinture, & que le Peintre a d'ailleurs des moyens d'imiter la Nature plus parfaitement que le Sculpteur, il faut qu'il regarde l'Antique comme un Livre qu'on a traduit dans une autre langue, dans laquelle il suffit de bien rapporter le sens & l'esprit, sans s'attacher servilement aux paroles de l'Original.

CHAPITRE VII.

Du grand Goût.

L'On a vû dans la définition que j'ai donnée du grand Goût par rapport aux Ouvrages de Peinture, qu'il ne s'accommode point des choses ordinaires. Or le médiocre ne se peut souffrir tout au plus que dans les Arts qui sont nécessaires à l'usage ordinaire, & non dans ceux qui n'ont été inventés que pour l'ornement du monde & pour le plaisir. Il faut donc dans la Peinture quelque chose de grand, de piquant, d'extraordinaire, capable de surprendre, de plaire, d'instruire, & c'est ce qu'on appelle le grand Goût : c'est par lui que les choses communes deviennent belles, & que les belles deviennent sublimes & merveilleuses ; car en Peinture le grand Goût, le Sublime & le Merveilleux ne sont que la même chose. *

* Voyez le dernier Chapitre de ce Livre où il est traité *du Goût*, *par rapport aux Nations*.
Voyez aussi ce qu'on a dit *du Goût*, page 35. des Conversations sur la Peinture ; & dans les termes de Peinture, au mot *Goût*.

CHAPITRE VIII.

De l'Essence de la Peinture.

NOus avons dit que la Peinture est un Art, qui par le moyen du Dessein & de la Couleur, imite sur une superficie plate tous les objets visibles. C'est ainsi à peu près que la définissent tous ceux qui en ont parlé, & personne ne s'est avisé jusqu'à présent de trouver à redire à cette définition. Elle contient trois parties, la Composition, le Dessein, & le Coloris, qui sont l'Essence de la Peinture, comme le Corps, l'Ame, & la Raison sont l'Essence de l'Homme. Et de même que ce n'est que par ces trois derniéres parties que l'Homme fait paroître plusieurs propriétés & plusieurs convenances qui ne sont pas de son Essence, mais qui en sont l'ornement; comme par exemple, les Sciences & les Vertus: tout de même aussi ce n'est que par les parties essentielles de son Art, que le Peintre fait connoître une infinité de choses qui relevent le prix de ses Tableaux, quoiqu'elles ne soient point de l'Essence de la Peinture; telles sont les proprietés d'instruire & de divertir. Sur quoi l'on peut faire une question assez considérable, qui est de savoir si la fidelité de l'histoire est de l'essence de la Peinture.

CHAPITRE IX.

Si la fidelité de l'Histoire est de l'Essence de la Peinture.

IL paroît que la Composition, qui est une partie essentielle de la Peinture, comprend les objets qui entrent dans l'Histoire, & qui en font la fidelité, que par conséquent cette fidelité doit être essentielle à la Peinture, & que le Peintre est dans la derniere obligation de s'y conformer.

A quoi on répond, que si la fidelité de l'Histoire étoit essentielle à la Peinture, il n'y auroit point de Tableau où elle ne dût se rencontrer : Or il y a une infinité de beaux Tableaux qui ne représentent aucune Histoire ; comme sont les Tableaux Allégoriques, les Païsages, les Animaux, les Marines, les Fruits, les Fleurs, & plusieurs autres qui ne sont qu'un effet de l'imagination du Peintre.

Il est vrai cependant que le Peintre est obligé d'être fidéle dans l'Histoire qu'il réprésence, & que par la recherche curieuse des circonstances qui l'accompagnent, il augmente la beauté & le prix de son Tableau : mais cette obligation n'est pas de l'essence de la Peinture, elle est seulement une bienséance indispensable, comme la Vertu & la Science le sont dans l'Homme. Ainsi de même que l'homme n'en est pas moins Homme pour être ignorant & vicieux, le Peintre n'en est pas moins Peintre pour ignorer l'Histoire. Et s'il est vrai que les Vertus & les Sciences sont les ornemens des Hommes, aussi est-il certain que les Ouvrages des Peintres sont d'autant plus estimables qu'ils font paroître de fidelité dans les sujets historiques qu'ils représentent ; supposé d'ailleurs qu'il n'y manque rien de l'imitation de la Nature, qui est leur essence.

De sorte qu'un Peintre peut être fort habile dans son Art, & fort ignorant dans l'Histoire. Nous en voyons presque autant d'exemples qu'il y a de Tableaux du Titien, de Paul Veronése, du Tintoret, des Bassans, & de plusieurs autres Venitiens : Ils ont mis leur principal soin dans l'Essence de leur Art ; c'est-à-dire, dans l'imitation de la Nature, & ils se sont moins appliqués aux choses accessoires qui peuvent être ou n'être point, sans que l'Essence en soit altérée. C'est apparemment dans ce sens-la que les Curieux regardent les Tableaux des Peintres que je viens de nommer, puisqu'ils les achétent au poids de l'or, & que ces Ouvrages sont du nombre de ceux qui tiennent le premier rang dans leurs Cabinets.

Il ne faut pas douter que si cette Essence dans les Tableaux des Peintres Vénitiens avoit été accompagnée des ornemens qui en relévent le prix, je veux dire de la fidélité de l'Histoire & de la Chronologie, ils en seroient beaucoup plus estimables : mais d'un autre côté, il est certain que la fidélité de l'Histoire ne peut servir qu'à nous instruire, & que nous devons chercher dans leurs Tableaux l'imitation de la Nature préférablement à toutes choses. S'ils nous instruisent, à la bonne heure, s'ils ne le font pas, nous aurons toûjours le plaisir d'y voir une espéce de création qui nous divertit, & qui met nos passions en mouvement.

En effet, si je veux apprendre l'Histoire, ce n'est point un Peintre que je consulterai, il n'est Historien que par accident; mais je lirai les Livres qui traitent de l'Histoire, & dont l'obligation essentielle n'est pas seulement de raconter les faits, mais de les raconter avec fidélité.

Cependant je ne prétens pas ici excuser un Peintre de ce qu'il est mauvais Historien; car l'on est toûjours blâmable de faire mal ce que l'on entreprend. Si un Peintre ayant à traiter un sujet historique, ignore les objets qui doivent entrer dans sa Composition pour la rendre fidelle, il doit soigneusement s'en instruire, ou par les Livres, ou par le moyen des Savans; & l'on ne peut nier que la négligence qu'il apportera en cela ne soit inexcusable. J'en excepte néanmoins ceux qui ont peint des sujets de dévotion, où ils ont introduit des Saints de différens tems & de différens païs, non pas de leur choix, mais par une complaisance forcée pour les personnes qui les faisoient travailler, & dont la trop grande simplicité ne leur permettoit pas de faire réflexion sur les choses accessoires qui peuvent contribuer à l'ornement de la Peinture.

L'Invention, qui est une partie essentielle de cet Art, consiste seulement à trouver les objets qui doivent entrer dans un Tableau, selon que le Peintre se les imagine, faux ou vrais, fabuleux ou historiques. Et si un Peintre s'imaginoit qu'Aléxandre fût vêtu comme nous le sommes aujourd'hui, & qu'il représentât ce Conquerant avec un Chapeau & une Perruque comme font les Comédiens, il feroit sans doute une chose très-ridicule, & une faute très-grossiére; mais cette faute seroit contre l'Histoire, & non pas contre la Peinture; supposé d'ailleurs que les choses représentées le fussent selon toutes les Régles de cet Art.

Mais quoique le Peintre représente la Nature par Essence, & l'Histoire par Accident, cet Accident ne lui doit pas être de moindre considération que l'Essence, s'il veut plaire à tout le monde, & surtout aux gens de Lettres, & à ceux qui considérant un Tableau plûtôt par l'esprit que par les yeux, font principalement consister sa perfection à représenter fidélement l'Histoire, & à exprimer les passions.

CHAPITRE X.

Des Idées imparfaites de la Peinture.

IL y a peu de personnes qui aient une Idée bien nette de la Peinture, j'y comprens les Peintres mêmes, dont plusieurs mettent toute l'Essence de leur Art dans le Dessein, & d'autres ne le font consister que dans la Couleur. La plûpart des personnes qui ont à soûtenir dans le monde un caractére spirituel, & entr'autres les gens de Lettres, ne regardent d'ordinaire la Peinture que par l'Invention, & que comme un pur effet de l'imagination du Peintre. Ils examinent la Peinture de ce côté-la seulement, & selon qu'elle leur paroît plus ou moins ingénieuse, ils louent plus ou moins le Tableau, sans en considérer l'effet, ni à quel dégré le Peintre a porté l'imitation de la Nature. C'est dans ce sens que Saint Augustin dit que la connoissance de la Peinture & de la Fable est superflue, quoique dans le même endroit ce Pere loue les Sciences profanes.

C'est en vain pour ces sortes de personnes que le Titien, le Géorgion & Paul Veronése se sont épuisés, & qu'ils ont pris tant de peine pour porter si loin l'imitation de la Nature. C'est en vain que leurs Ouvrages sont regardés par les plus habiles Peintres comme les Exemplaires les plus parfaits; ou plûtôt, c'est inutilement qu'on fait voir des Tableaux à ces personnes-la, puisque les Estampes correctes pourroient suffire pour exercer leur jugement, & pour remplir l'étendue de leur connoissance.

Je reviens à Saint Augustin, & je dis que s'il avoit eu une véritable Idée de la Peinture, qui n'est autre que l'imitation du vrai, & qu'il eût fait réflexion que par cette imitation on peut élever en mille maniéres le cœur des Fidéles à l'amour Divin, il auroit fait le Panégyrique de ce bel Art avec d'autant plus de chaleur qu'il étoit lui-même très-sensible à tout ce qui peut porter à Dieu.

Un autre Pere avoit une Idée de la Peinture plus juste, c'est Saint Grégoire de Nice, qui après avoir fait une description du Sacrifice d'Abraham, dit ces paroles: *J'ai souvent jetté les yeux sur un Tableau qui représente ce spectacle digne de pitié, & je ne les ai jamais retirés sans larmes*, tant la Peinture sait représenter les choses, comme si elles se passoient effectivement.

CHAPITRE XI.

Comment les restes de l'Idée imparfaite de la Peinture se sont conservés dans l'esprit de plusieurs personnes, depuis le rétablissement de cet Art.

Je viens de faire voir que l'Essence de la Peinture consistoit dans une fidelle imitation, à la faveur de laquelle les Peintres peuvent instruire & divertir selon la mesure de leur Génie. J'ai parlé ensuite des fausses Idées de la Peinture, & je tâcherai dans ce Chapitre de montrer comment ces Idées imparfaites se sont glissées jusqu'à nous.

La Peinture comme les autres Arts n'a été connue que par le progrès qu'elle a fait dans l'esprit des hommes. Ceux qui commencerent à la renouveller en Italie, & qui par conséquent n'en pouvoient avoir que de foibles Principes, ne laissérent pas de s'attirer de l'admiration par la nouveauté de leurs Ouvrages: Et à mesure que le nombre des Peintres s'augmenta, & que l'émulation leur donna des lumiéres, les Tableaux augmentérent de prix & de beauté. Il se forma des Amateurs & des Connoisseurs, & les choses étant venues à un certain point, on commença à croire qu'il étoit comme impossible que le Pinceau pût rien faire de plus parfait que ce qu'on admiroit en ces tems-là.

Les grands Seigneurs visitoient les Peintres, les Poëtes chantoient leurs louanges, & dès l'an 1300. Charles I. Roi de Naples, passant par Florence, alla voir Cimabué, qui étoit en réputation; & Côme de Médicis étoit tellement charmé des Ouvrages de Philippe Lippi, qu'il mit tout en usage pour vaincre la bizarrerie & la paresse de ce Peintre, afin d'en avoir des Tableaux.

Cependant il est aisé de juger par les restes de ces premiers Ouvrages, que la Peinture de ce siécle-là étoit très-peu de chose, si nous la comparons à celle que nous voyons aujourd'hui de la main des bons Maîtres. Car non seulement les parties qui dépendent de la Composition & du Dessein n'étoient pas encore assaisonnées du bon Goût, qui leur est venu depuis : mais celle du Coloris étoit absolument ignorée, & dans la Couleur des objets en particulier, qu'on appelle Couleur Locale, & dans l'intelligence du Clair-obscur, & dans l'harmonie du tout-ensemble. Il est vrai qu'ils emploïoient des Couleurs, mais la route qu'ils tenoient en cela étoit triviale, & ne servoit pas tant à représenter la verité des objets, qu'à nous en faire ressouvenir.

Dans cette ignorance du Coloris, où les Peintres avoient été élevés, ils ne concevoient pas le pouvoir de cette partie enchanteresse, ni à quel degré elle étoit capable de faire monter leurs Ouvrages. Ils ne juroient encore que sur la parole de leurs Maîtres, & n'étant occupés qu'à s'aplanir le chemin qu'on leur avoit montré, l'Invention & le Dessein faisoit toute leur étude.

Enfin après plusieurs années, le bon Génie de la Peinture suscita de grands Hommes dans la Toscane, & dans le Duché d'Urbin, qui par la solidité de leur Esprit, par la bonté de leur Génie, & par l'assiduité de leurs Etudes, élevérent les Idées des connoissances qu'ils avoient reçûes de leurs Maîtres, & les portérent à un degré de perfection, qui fera l'admiration de la Postérité.

Ceux à qui on est principalement redevable de cette perfection, sont, Léonard de Vinci, Michelange, & Raphaël : mais ce dernier, qui s'est élevé au-dessus des autres, a acquis tant de parties dans son Art, & les a portées à un degré si haut, que les louanges qu'on lui en a données, ont fait croire que rien ne lui manquoit, & ont fixé en sa Personne toute la perfection de la Peinture.

Comme il est nécessaire dans la Profession de cet Art de commencer par le Dessein, & qu'il est constant que la source du bon Goût & de la Correction se trouve dans les Sculptures Antiques & dans les Ouvrages de Raphaël qui en ont tiré leur plus grand mérite ; la plûpart des jeunes Peintres ne manquent pas d'aller à Rome pour y étudier ; s'ils n'en reviennent pas fort habiles, ils en rapportent du moins de l'estime pour les Ouvrages qu'on y admire, & la transmettent à tous ceux qui les écoutent. C'est ainsi qu'un grand nombre de Curieux & d'Amateurs de la Peinture ont conservé sur la foi d'autrui, ou sur l'autorité des Auteurs cette premiere Idée qu'ils ont reçûe ; savoir, que toute la perfection de la Peinture est dans les Ouvrages de Raphaël.

Les Peintres Romains sont aussi demeurés la plûpart dans cette opinion, & l'ont insinuée aux Etrangers, ou par l'amour de leur païs, ou par leur négligence pour le Coloris qu'ils n'ont jamais bien connu, ou par la préference qu'ils ont donnée aux autres parties de la Peinture, lesquelles étant en grand nombre les occupent le reste de leur vie.

On ne s'étoit donc attaché jusques-là qu'à ce qui dépend de l'Invention & du Dessein. Et quoique Raphaël ait inventé très-ingénieusement, qu'il ait dessiné d'une Correction & d'une Elegance achevée, qu'il ait exprimé les passions de l'ame avec une force & une grace infinie, qu'il ait traité ses sujets avec toute la convenance & toute la noblesse possible, & qu'aucun Peintre ne lui ait disputé l'avantage de la primauté dans le grand nombre des parties qu'il a possedées; il est constant néanmoins qu'il n'a pas pénetré dans le Coloris assez avant pour rendre les objets bien vrais & bien sensibles, ni pour donner l'Idée d'une parfaite imitation.

C'est pourtant cette imitation & cette sensation parfaite qui fait l'essentiel de la Peinture, comme je l'ai fait voir. Cette perfection vient du Dessein & du Coloris; & si Raphaël & les habiles Peintres de son tems n'ont eu cette derniere partie qu'imparfaitement, l'Idée de l'Essence de la

Peinture qui vient de l'effet de leurs Ouvrages, doit être imparfaite, aussi-bien que celle qui s'est introduite successivement dans l'esprit de quelqnes personnes, d'ailleurs très-éclairées.

Les Ouvrages du Titien & des autres Peintres qui ont mis au jour leurs pensées à la faveur d'une fidelle imitation, devroient, ce me semble, avoir détruit les mauvais restes dont nous parlons, & avoir redressé les Idées selon que la Nature & la Raison l'exigent d'un esprit juste. Mais comme les jeunes gens n'emportent en sortant de Rome pour aller à Venise qu'un esprit & des yeux prévenus, & qu'ils ne font d'ordinaire dans cette derniere Ville que peu de séjour, ils n'y voient que comme en passant les beaux Ouvrages qui pourroient leur donner une juste Idée de la Peinture; aussi bien loin d'y contracter une habitude du bon Coloris, qui feroit valoir les Etudes qu'ils auroient faites à Rome, & qui les rendroit irréprochables sur toutes les parties de leur Profession, ils en sortent comme ils y sont entrés.

Mais ce qui est étonnant, c'est que certains Curieux qui sont encore prévenus de cette fausse Idée, sont tellement épris de la beauté des Tableaux Vénitiens, qu'ils en donnent, avec raison, un fort grand prix; quoique ces Tableaux n'aient presque point d'autre mérite que par l'Idée, que j'ai établie de l'Essence de la Peinture.

CHAPITRE XII.

COMPOSITION.

Premiere Partie de la Peinture.

ON ne s'est servi jusqu'ici que du mot d'Invention pour signifier la premiere Partie de la Peinture : plusieurs l'ont même confondue avec le Génie, d'autres avec une fertilité de pensées, d'autres enfin avec la disposition des objets : mais toutes ces choses sont differentes les unes des autres. J'ai crû que pour donner une juste Idée de la premiere Partie de la Peinture, il falloit l'appeller Composition, & la diviser en deux ; l'Invention & la Disposition. L'Invention trouve seulement les objets du Tableau, & la Disposition les place. Ces deux Parties sont differentes à la vérité : mais elles ont tant de liaison entr'elles, qu'on peut les comprendre sous un même nom.

Dans les sujets tirés de l'Histoire ou de la Fable : l'Invention se forme par la lecture, c'est un pur effet de l'Imagination dans les sujets Métaphoriques : elle contribue à la fidélité de l'Histoire, comme à la netteté des Allegories, & de quelque maniere que l'on s'en serve, elle ne doit point tenir en suspend l'Esprit du Spectateur par aucune obscurité. Mais quelque fidélement ou ingénieusement que soient choisis les objets qui entrent dans le Tableau, ils ne feront jamais un bon effet, s'ils ne sont disposés avantageusement selon que l'œconomie & les regles de l'Art le demandent; & c'est le juste assemblage de ces deux Parties que j'appelle Composition. Ainsi je la définis de cette sorte: une partie de la Peinture qui trouve avec convenance & qui place avec avantage les objets dont le Peintre se sert pour exprimer son sujet.

CHAPITRE XIII.

DESSEIN.

Seconde Partie de la Peinture.

LE bon Goût & la Correction du Dessein sont si nécessaires dans la Peinture, qu'un Peintre qui en est dépourvû est obligé de faire des miracles d'ailleurs pour s'attirer quelque estime; & comme le Dessein est la base & le fondement de toutes les autres Parties, que c'est lui qui termine les Couleurs & qui débrouille les objets, son élegance & sa correction ne sont pas moins nécessaires dans la Peinture que la pureté du langage dans l'Eloquence.

Les Peintres qui réduisent par habitude toutes leurs Figures sous un même air & sous une même proportion, n'ont jamais bien conçû que la Nature n'est pas moins admirable dans la varieté que dans la beauté de ses productions, & que par un mêlange discret de l'une & de l'autre ils arriveroient à une parfaite imitation.

CHAPITRE XIV.

Des Attitudes.

DAns les Attitudes la Pondération & le Contraste sont fondés dans la Nature. Elle ne fait aucune action qu'elle ne fasse voir ces deux parties ; & si elle y manquoit, elle seroit, ou privée de mouvement, ou contrainte dans son action.

CHAPITRE XV.

Des Expressions.

LEs Expressions sont la pierre de touche de l'esprit du Peintre. Il montre par la justesse dont il les distribue, sa pénetration

& son discernement : mais il faut le même esprit dans le Spectateur pour les bien appercevoir, que dans le Peintre pour les bien executer.

On doit considerer un Tableau comme une Scene, où chaque Figure joue son rôle. Les Figures bien dessinées & bien coloriées sont admirables à la verité, mais la plûpart des gens d'esprit, qui n'ont pas encore une Idée bien juste de la Peinture, ne sont sensibles à ces parties, qu'autant qu'elles sont accompagnées de la vivacité, de la justesse & de la délicatesse des Expressions. Elles sont un des plus rares talens de la Peinture, & celui qui est assez heureux pour les bien traiter, y interesse non-seulement les parties du visage, mais encore toutes celles du corps, & fait concourir à l'Expression generale du sujet, les objets même les plus inanimés, par la maniere dont il les expose. Les expressions vives & naturelles font souvent oublier, ou du moins suppléer à l'imagination ce qui manque d'ailleurs dans un Tableau.

CHAPITRE XVI.

Des Extrémités.

Comme les Extrémités, c'est-à-dire, la tête, les pieds & les mains, sont plus connues & plus remarquées que les autres parties, que ce ſont elles qui nous parlent dans les Tableaux, elles doivent être plus terminées que les autres choſes, ſuppoſé que l'action où elles seront emploïées, les diſpoſe & les place d'une maniere à être bien vûes.

CHAPITRE XVII.

Des Draperies.

ON dit en terme de Peinture, jetter une Draperie, pour dire habiller une Figure, & lui donner une Draperie. Ce mot de jetter me paroît d'autant plus expreſſif, que les Draperies ne doivent point être arrangées comme les habits dont on ſe ſert dans le monde; mais qu'en ſuivant le caractere de la pure Nature, laquelle eſt éloignée de toute affectation, les plis ſe trouvent comme par hazard autour des membres, qu'ils les faſſent paroître ce qu'ils ſont; que par un artifice induſtrieux, ils les contraſtent en les marquant, & qu'ils les careſſent, pour ainſi dire, par leurs tendres ſinuoſités, & par leur moleſſe.

Les anciens Sculpteurs, qui n'avoient pas l'uſage des differentes Couleurs, parce qu'ils travailloient le même Ouvrage ſur une même matiere, ont évité la grande étendue des plis, de peur, qu'étant autour des membres, ils n'attirassent les yeux, & n'empêchassent de voir en repos le nud de leurs Figures. Ils se sont très-souvent servis de linges mouillés pour draper, ou bien ils ont multiplié les mêmes plis, afin que cette répétition fît une espece de hachûre, qui par son obscurité, rendît plus sensibles les membres qu'elles entourent. Ils ont observé cette derniere méthode plus ordinairement dans les Bas-reliefs. Mais dans l'une & dans l'autre maniere dont ils ont traité leurs Draperies, ils ont observé un ordre merveilleux de placer les plis.

Le Peintre, qui par la diversité de ses Couleurs & de ses lumieres, doit ôter l'équivoque des membres d'avec les Draperies, peut bien se regler sur le bon ordre des plis de l'Antique ; mais il ne doit pas en imiter le nombre, & il doit varier ses étofes selon le caractere de ses Figures. Les Peintres, qui n'ont point connu la liberté qu'ils avoient en cela, se sont faits autant de tort, en suivant les Sculptures Antiques, que les Sculpteurs en voulant suivre les Peintres.

La raison pour laquelle les plis doivent marquer le nud, c'est que la Peinture est une superficie plate, qu'il faut anéantir en trompant les yeux, & en ne laissant rien d'équivoque. Le Peintre est donc obligé de garder cet ordre dans toutes ses Draperies, de quelque nature qu'elles puissent être, fines, ou grosses, travaillées ou simples; mais qu'il préfere sur tout la majesté des plis à la richesse des étofes, qui ne conviennent que dans les Histoires dans lesquelles elle a été, ou pourroit être vrai-semblablement emploïée selon les tems & les coutumes.

Comme le Peintre doit éviter la dureté & la roideur dans les plis, & empêcher qu'ils ne sentent, comme on dit, le manequin, il doit de même user avec prudence des Draperies volantes. Car elles ne peuvent être agitées que par le vent dans un lieu où l'on peut raisonnablement supposer qu'il souffle; ou par la compression de l'air, quand la Figure est supposée en mouvement. Ces sortes de Draperies sont avantageuses, parce qu'elles contribuent à donner de la vie aux Figures par le contraste: mais il faut bien prendre garde que la cause en soit naturelle & vraisemblable, & de ne pas faire dans un même Tableau des Draperies volantes de côtés differens, lorsqu'elles ne peuvent être agitées que par le vent, & que la Figure est en repos; défaut dans lequel sont tombés, sans y penser, plusieurs habiles Peintres.

CHAPITRE XVIII.

Du Païsage.

SI la Peinture est une espece de création, elle en donne des marques encore plus sensibles dans les Tableaux de Païsages que dans les autres. On y voit plus generalement la Nature sortie de son cahos, & les Elemens plus débrouillés ; la Terre y est parée de ses differentes productions, & le Ciel de ses météores. Et comme ce genre de Peinture contient en racourci tous les autres, le Peintre qui l'exerce, doit avoir une connoissance universelle des parties de son Art. Si ce n'est pas dans un si grand détail que ceux qui peignent ordinairement l'Histoire, du moins spéculativement & en general. Et s'il ne termine pas tous les objets en particulier qui composent son Tableau, ou qui accompagnent son Païsage, il est obligé du moins d'en spécifier vivement le goût & le caractere, & de donner d'autant plus d'esprit à son Ouvrage, qu'il sera moins fini.

Je ne prétens pas néanmoins exclure de ce talent l'exactitude du travail ; au contraire, plus il sera recherché, & plus il sera précieux. Mais quelque terminé que soit

soit un Païsage, si la comparaison des objets ne les fait valoir, & ne conserve leur caractére, si les sites n'y sont bien choisis, ou n'y sont suppléés par une belle intelligence du Clair-obscur, si les touches n'y sont spirituelles, si l'on ne rend les lieux animés par des Figures, par des Animaux, ou par d'autres objets, qui sont d'ordinaire en mouvement, & si l'on n'y joint au bon Goût de Couleur & aux sensations extraordinaires la vérité & la naïveté de la Nature, le Tableau n'aura jamais d'entrée dans l'estime, non plus que dans le Cabinet des véritables Connoisseurs.

CHAPITRE XIX.

De la Perspective.

UN Auteur a dit, que Perspective & Peinture étoient la même chose, parce qu'il n'y a point de Peinture sans Perspective. Quoique la proposition soit fausse, absolument parlant, d'autant que le corps qui ne peut être sans ombre, n'est pas pour cela la même chose que l'ombre; néanmoins elle est véritable dans ce sens, que le Peintre ne peut se passer de Perspective dans toutes ses opérations, & qu'il ne tire pas une Ligne, & ne donne pas un coup de

Pinceau qu'elle n'y ait part, du moins habituellement. Elle regle la mésure des formes & la dégradation des Couleurs en quelque lieu du Tableau qu'elles se rencontrent. Le Peintre est forcé d'en reconnoître la nécessité, & quoiqu'il en ait, comme il doit, une habitude consommée, il s'exposera souvent à faire de grandes fautes contre cette science, s'il néglige de la consulter de nouveau, du moins dans les endroits les plus visibles, & de prendre la Régle & le Compas pour ne rien hazarder, & pour ne point s'exposer à la censure.

Michelange a été blâmé pour avoir négligé la Perspective, & les plus grands Peintres d'Italie ont été tellement persuadés que sans elle on ne pouvoit rendre une Composition réguliére, qu'ils l'ont voulu sçavoir à fond. On voit même dans quelques Desseins de Raphaël, une Echelle de dégradation, tant il étoit régulier sur ce Point.

CHAPITRE XX.

DU COLORIS.

Troisiéme Partie de la Peinture.

LA maniére peu convenable dont plusieurs de nos Peintres parloient du Coloris me fit entreprendre sa défense par un Dialogue que je fis imprimer il y a vingt-quatre ans. Pour moi je n'ai rien de meilleur à dire aujourd'hui que ce qui est contenu dans ce petit Ouvrage ; je prie le Lecteur d'y avoir recours. J'ai tâché d'y faire voir le mérite du Coloris le plus nettement qu'il m'a été possible.

CHAPITRE XXI.

De l'Accord des Couleurs.

DAns les différentes espéces de Couleurs, & dans les divers tons de lumiére qui servent à la Peinture ; il y a une harmonie & une dissonance, comme il y en a dans une Composition de Musique ; car dans la Musique il ne faut pas seulement que les Notes soient justes, mais encore il faut que dans l'exécution les Instrumens soient d'accord. Et comme les Instrumens de Musique ne conviennent pas toûjours les uns aux autres ; par exemple, le Luth avec le Haut-bois, ni le Clavessin avec la Muzette : de même, il y a des Couleurs qui ne peuvent se trouver ensemble sans offenser la vûe, témoin le Vermillon avec les Verds, les Bleus & les Jaunes. Mais comme les Instrumens les plus aigus se sauvent parmi quantité d'autres, & font quelquefois un très-bon effet ; ainsi les Couleurs les plus opposées, étant placées bien à propos entre plusieurs autres qui sont en union, rendent certains endroits plus sensibles, lesquels doivent dominer sur les autres, & attirer les regards davantage.

Le Titien (comme je l'ai remarqué ailleurs) en a usé de la sorte dans le Tableau qu'il a fait du Triomphe de Bacchus ; en effet, ayant placé Ariadne sur un des côtés du Tableau, & ne pouvant par cette raison la faire remarquer par les éclats de la lumiere qu'il a voulu conserver dans le milieu, il lui a donné une Echarpe de Vermillon sur une Draperie bleue, & pour la détacher de son fond, qui est déja une mer bleue, & parce que c'est une des principales Figures du sujet sur laquelle il veut que l'œil soit attiré. Paul Véronése s'est servi du même artifice dans sa Nôce de Cana ; car le Christ, qui est la principale Figure du sujet, étant un peu enfoncé dans le Tableau, il n'a pû le faire remarquer par le brillant du Clair-obscur ; c'est pourquoi il l'a vêtu de Bleu & de Vermillon, afin que la vûe se portât sur cette Figure.

CHAPITRE XXII.

Du Pinceau.

LE terme de Pinceau ſe prend quelquefois pour la ſource de toutes les parties de la Peinture, comme lorſqu'on dit, que le Tableau de la Transfiguration de Raphaël eſt le plus bel Ouvrage qui ſoit ſorti de ſon Pinceau : & quelquefois il s'entend de l'Ouvrage même ; & l'on dit, par exemple, de tous les Peintres de l'Antiquité, le plus ſavant Pinceau eſt celui d'Apelle. Mais ici le mot de Pinceau ſignifie ſimplement la façon extérieure dont le Peintre l'a manié pour employer les Couleurs. Et lorſque ces mêmes Couleurs n'ont point été trop agitées, ni trop tourmentées par le mouvement d'une main péſante, & qu'aucontraire le mouvement en paroît libre, prompt & léger ; on dit que l'Ouvrage eſt d'un beau Pinceau. Mais ce Pinceau libre eſt peu de choſe ſi la tête ne le conduit, & s'il ne ſert à faire connoître que le Peintre poſſéde l'intelligence de ſon Art. En un mot, le beau Pinceau eſt à la Peinture ce qu'eſt à la Muſique une belle voix ; l'un & l'autre ſont eſtimés à proportion du grand effet & de l'harmonie qui les accompagne.

CHAPITRE XXIII.

Des Licences.

LEs Licences sont si nécessaires, qu'il y en a dans tous les Arts. Elles sont contre les Régles à prendre les choses à la lettre, mais à les prendre selon l'esprit, les Licences servent de Régles quand elles sont prises bien à propos. Or il n'y a personne de bon sens qui ne les trouve à propos, lorsqu'elles contribuent à faire plus d'effet dans l'Ouvrage où on les emploie, & que par leur moyen le Peintre arrive plus efficacement à sa fin, qui est d'imposer à la vûe. Mais il n'est pas donné à tous les Peintres de les employer utilement. Il n'y a que les grands Génies qui soient au-dessus des Régles, & qui sachent se servir ingénieusement des Licences; soit qu'ils les emploient pour l'essence de leur Art, soit qu'elles regardent l'Histoire. Celles-ci méritent plus d'attention, & l'on en va parler dans l'Article suivant.

CHAPITRE XXIV.

De quelle autorité les Peintres ont représenté sous des Figures humaines les choses Divines, & celles qui sont spirituelles ou inanimées.

L'Ecriture nous parle en plusieurs endroits des Apparitions de Dieu aux hommes, ou réellement par le ministére des Anges, ou en vision par des songes & des extases. Il y a une belle description de Dieu sous la forme d'un Vieillard dans le septiéme Chapitre de Daniel, vers. 9. l'Ecriture nous parle aussi de plusieurs Apparitions d'Anges sous des formes humaines; c'est pourquoi l'Eglise dans le Concile de Nicée n'a point fait difficulté de permettre aux Peintres de représenter Dieu le Pere sous la forme d'un Auguste Vieillard, & les Anges sous des formes humaines.

Il paroît aussi que dans les sujets qui regardent la Religion, le Peintre ne fera point mal s'il peint comme vivantes les choses mêmes inanimées, quand il suit en cela l'Idée que l'Ecriture sainte nous en donne; & le Spectateur ne doit pas se scandaliser facilement quand il voit dans quelques Tableaux des sujets saints, qui sont mêlés avec quelques fictions Poëtiques ; car les fictions & la Poësie ne sont pas nécessairement quelque chose de profane. Le Livre de Job, les Pseaumes de David & l'Apocalypse sont tout Poëtiques & pleins d'expressions figurées, sans compter les Paraboles qui sont dans le reste de l'Ecriture. Ainsi, c'est suivant le Texte sacré que Raphaël dans le passage du Jourdain a peint sous une Figure humaine ce Fleuve, qui repousse ses eaux du côté de leur source. Il est autorisé en cela par l'Ecriture sainte, qui, pour se proportionner à l'intelligence des hommes, a coutume d'exprimer les choses Divines sous la figure des choses humaines, & qui pour l'instruction des Fidéles, se sert d'idées & de comparaisons palpables & sensibles. Nous en avons même un passage au sujet des Fleuves, dans le 97e Pseaume, où il est dit, que *les fleuves battront des mains, & que les montagnes tressailleront de joie en la présence du Seigneur*. Le Peintre qui a intention d'instruire & d'édifier, ne sauroit suivre un meilleur modéle.

Le Poussin qui dans son Tableau de Moïse trouvé, a tenu la même conduite pour représenter le Fleuve du Nil, en a été blâmé par quelques personnes, & voici la raison qu'ils en apportent.

Ils disent qu'il ne faut point mêler les

faux Dieux avec les choses de notre Religion ; que les fleuves sont de fausses Divinités qui étoient adorées par les Payens, qu'elles ne doivent point être introduites dans les Histoires saintes, & qu'il suffit au Peintre de représenter un fleuve simplement, & non en figure.

A quoi il est aisé de répondre, que l'Ecriture sainte, en introduisant des fleuves sous des figures humaines, n'a point eu intention de parler de ceux que les Payens adoroient, & que pouvant s'expliquer naturellement & simplement, elle s'est néanmoins servie d'un style figuré, sans crainte de séduire les Fidéles : Ainsi le Peintre Chrétien en suivant la même route, est fort éloigné de vouloir altérer la vérité de l'Histoire ; il veut au contraire, en se conformant à son Original, la faire entendre avec plus de vivacité & plus d'élégance.

Mais à l'égard des Divinités Payennes qui sont introduites comme telles, & avec les caractéres qui les font connoître, il y a plus de difficulté à les admettre dans les Compositions. De Savans Hommes ont agité cette matiére par rapport à la Poësie, & le Procès en est encore à juger. Mais le Peintre, qui n'a pas d'autre langage pour s'exprimer que ces sortes de figures, bien loin d'être blâmable de s'en servir, sera toujours applaudi des Savans qui les verront ingénieusement & prudemment employées dans ses Tableaux.

Car les fausses Divinités peuvent être considérées de deux maniéres, ou comme Dieux, ou comme figures symboliques. Comme Dieux, le Peintre ne les peut représenter que dans les sujets purement profanes, où il en est question en cette qualité; & comme figures symboliques, il peut s'en servir avec discrétion en toute autre rencontre où il les jugera nécessaires.

Rubens, qui de tous les Peintres s'est le plus ingénieusement & le plus doctement servi de ces symboles, comme on le peut voir par le Livre de l'Entrée du Cardinal Infant dans la Ville d'Anvers, & par les Tableaux de la Galerie de Luxembourg, a été censuré par quelques personnes, pour avoir introduit dans ses Compositions ces figures allégoriques, & pour avoir, dit-on, mêlé la fable avec la vérité.

Mais par l'usage que Rubens a fait de ces symboles, il n'a point confondu la fable avec la vérité; c'est plûtôt pour exprimer cette même vérité qu'il s'est servi des symboles de la fable. En effet, dans la Peinture de la Naissance de Louis XIII. il a représenté au haut du Tableau sur des nuées un peu éloignées, Castor sur son Cheval aîlé, & à côté Apollon dans son Char qui *monte* en haut, pour marquer que ce Prince est né le matin, & que l'accouchement *fut* heureux.

D'où l'on peut inferer que le Peintre n'a point eu la pensée de représenter des Dieux comme Dieux, mais seulement de peindre Castor comme une constellation qui rend heureux les évenemens, & le char d'Apollon qui va en haut, pour signifier le tems du matin.

Et si le Peintre, dans la vûe de s'exprimer avec plus d'élégance, juge à propos de représenter les Divinités de la fable parmi les figures historiques, il faut considérer ces symboles comme invisibles, & comme n'y étant que par leur signification allégorique.

C'est dans ce sens que le second Concile de Nicée, autorisé en cela par l'Ecriture, a permis de représenter aux yeux des Fidéles Dieu le Pere & les Anges sous des figures humaines. Cependant il y auroit encore plus d'inconvénient à peindre les Personnes de la sainte Trinité & les Anges, qu'il n'y en a à introduire dans la scéne d'un Tableau des Divinités payennes. Et les Chrétiens, étant prévenus contre ces apparences, entrent tout d'un coup dans l'esprit du Peintre, & les regardent comme n'y étant point, & comme un accident qui ne corrompt point la vérité.

L'autorité de peindre des aîles aux Anges se peut tirer de ceux de l'Arche d'Alliance, & du 9e. Chapitre de Daniel v. 21. Mais ces passages n'obligent pas à donner indispensablement des aîles aux Anges, puisqu'il est certain qu'ils ont toujours apparu sans aîles. Le Peintre néanmoins peut en user indifféremment, selon que son Art, le bon sens, & l'instruction des Fidéles l'exigeront.

Mais n'étant pas à propos de se servir en toutes sortes d'occasions de ce qui est permis, le Peintre doit user avec modération de l'autorité qu'il tire en cela de l'Ecriture sainte, & prendre garde, qu'en voulant ménager l'avantage de son Art, il n'altere la vérité & la sainteté du sujet qu'il aura à traiter.

CHAPITRE XXV.

Des Figures nues, & où l'on peut s'en servir.

LEs Peintres & les Sculpteurs qui sont fort savans dans le Dessein, cherchent ordinairement les occasions de faire du nud, pour s'attirer de l'estime & de la distinction: & en cela ils ſont très-louables, pourvû qu'ils demeurent dans les bornes de la verité de l'Hiſtoire, de la vraiſemblance, & de la modeſtie. Il y a des ſujets qui ſont plus favorables à repreſenter du nud les uns que les autres ; & l'on s'en peut ſervir dans les ſujets qui repreſentent ou les Fables, ou les païs chauds, dont nous n'avons point de relation ſur les modes, & point de connoiſſance parmi les Ouvrages des anciens tems. Caton le Cenſeur, au rapport de Plutarque, travailloit tout nud parmi ſes Ouvriers lorſqu'il étoit revenu du Senat ; & Saint Pierre étoit nud lorſque Notre Seigneur s'apparut à lui après ſa Réſurrection, & qu'il le trouva pêchant avec d'autres Apôtres.

On ſe peut encore ſervir du nud dans la repreſentation des ſujets allégoriques, dans celle des Dieux & des Heros de l'Antiquité Païenne : & enfin dans les autres rencontres où l'on peut ſuppoſer la ſimple Nature, & où le froid & la malignité ne regnent point. Car les habits n'ont été inventés que pour garantir les hommes du froid & de la honte.

Il y a encore aujourd'hui beaucoup de Peuples qui vont tout nuds, parce qu'ils habitent des païs chauds, où l'habitude les a mis à couvert de l'indécence & de la honte.

Enfin la regle génerale qu'on doit ſuivre en cela, eſt, comme nous avons dit, qu'il n'y ait rien contre la modeſtie & le vraiſemblable.

Les Peintres repreſentent la plûpart de leurs Figures la tête & les pieds nuds, & cela eſt conforme aux loix de la ſimple Nature, qui à l'égard de ces deux parties s'accoûtume facilement à la nudité. Nous en voïons des exemples, non-ſeulement dans les païs chauds, mais encore au milieu des plus froides montagnes des Alpes, où les enfans mêmes vont pieds nuds, l'Eté parmi les pierres & les cailloux, l'Hiver parmi la neige & les glaçons.

Mais ſi on a égard à la verité de l'Hiſtoire, on trouvera que le nud eſt une licence dont les Peintres ſe ſont mis en poſſeſſion, & de laquelle ils ſe ſervent utilement pour l'avantage de leur Art ; mais auſſi dont ils abuſent aſſez ſouvent. Je n'en excepte, ni Raphaël, ni le Pouſſin. Ils ont repreſenté les Apôtres pieds nuds contre ce qui eſt dit formellement dans l'Evangile, où Notre Seigneur leur ordonnant de ne prendre aucune précaution pour leurs habits, leur dit poſitivement de ſe contenter des ſouliers qu'ils avoient aux pieds, ſans en porter d'autres. Et dans les Actes des Apôtres, quand l'Ange délivra Saint

Pierre, il lui dit de mettre ſa ceinture, & d'attacher ſes ſouliers : d'où l'on doit inferer qu'ils s'en ſervoient ordinairement.

Il en eſt de même de Moïſe, qui dans la viſion du Buiſſon ardent, fut averti de quitter ſes ſouliers, & qui cependant eſt repreſenté par Raphaël pieds nuds dans les autres actions de ſa vie, comme ſi Moïſe n'avoit eu de chauſſure que dans le tems qu'il gardoit les troupeaux de ſon beau-pere. On pourroit rapporter ici quantité d'exemples où Raphaël & pluſieurs autres Peintres après lui ont fait des Figures ſans chauſſure, contre l'Hiſtoire & la vraiſemblance.

On remarque que les Sculpteurs Grecs ont fait plus ordinairement des Figures nues que les Romains : je n'en ſai pas d'autre raiſon, ſinon que les Grecs ont choiſi des ſujets plus convenables au deſir qu'ils avoient de faire admirer la profondeur de leur Science dans la conſtruction & dans l'aſſemblage des parties du corps humain. Ils repreſentoient dans leurs Statues plûtôt des Dieux que des hommes, & dans leurs Bas-reliefs, plûtôt des baccanales & des ſacrifices, que des hiſtoires. Les Romains au contraire, qui vouloient par leurs Statues & par leurs Bas-reliefs tranſmettre à la poſterité la mémoire de leurs Empereurs, se sont trouvés indispensablement obligés, pour ne rien faire contre l'Histoire, d'habiller leurs Figures selon la mode de leurs tems.

CHAPITRE XXVI.

De la Grace.

IL est si nécessaire que la Grace entre dans la Peinture, qu'il n'est pas besoin d'en rapporter aucunes preuves. Il se rencontre seulement une difficulté sur ce point : Savoir si la Grace est nécessaire dans toutes sortes de sujets, dans les Combats comme dans les Fêtes, dans les soldats comme dans les femmes.

Je conclus pour l'affirmative : & la raison que j'en donne est, que bien que la Grace se laisse d'abord appercevoir sur le visage, ce n'est pas néanmoins dans cette seule partie qu'elle réside. Elle consiste principalement dans le tour que le Peintre fait donner à ses objets pour les rendre agréables, même à ceux qui sont inanimés : d'où il s'ensuit que non-seulement il peut y avoir de la Grace dans la fierté d'un Soldat, par le tour qu'on aura donné à son air & à son attitude, mais qu'il y en peut avoir aussi dans une Draperie ou dans quelqu'autre chose, par la maniere dont elle sera disposée.

Après cette Idée que je viens de donner du Peintre parfait, & les preuves que j'ai apportées de chacune de ses parties, il ne reste plus que d'en faire l'application aux Ouvrages de Peinture, & de les mettre comme dans la balance, non pour en rejetter entierement ceux qui n'auront pas toutes les qualités que j'ai tâché d'établir, mais pour les estimer selon leur poids.

L'on peut au reste se servir de cette même Idée pour juger des Desseins des différens Maîtres; j'entends du dégré de leur bonté : car pour connoître l'originalité d'un Dessein, & le nom du Peintre qui en est l'Auteur, il est comme impossible d'en donner des regles, & difficile d'en parler avec justesse. Je hazarderai néanmoins d'exposer ici ce que j'ai pensé sur ce sujet, dans l'esperance que cette témerité suscitera dans la suite quelque personne éclairée, qui redressera & qui augmentera le peu que j'en aurai dit.

CHAPITRE XXVII.

Des Desseins.

LEs Desseins dont on veut parler ici sont les pensées que les Peintres expriment ordinairement sur du papier pour l'execution d'un Ouvrage qu'ils méditent. On doit encore mettre au nombre des Desseins les Etudes des grands Maîtres, c'est-à-dire, les parties qu'ils ont dessinées d'après Nature ; comme des têtes, des mains, des pieds, & des Figures entieres ; des Draperies, des Animaux, des Arbres, des Plantes, des Fleurs ; & enfin tout ce qui peut entrer dans la Composition d'un Tableau. Car soit que l'on considere un bon Dessein, par rapport au Tableau dont il est l'idée, ou par rapport à quelque Partie dont il est l'étude, il merite toujours l'attention des Curieux.

Quoique la connoissance des Desseins ne soit pas si estimable ni si étendue que celle des Tableaux, elle ne laisse pas d'être délicate & piquante, à cause que leur grand nombre donne plus d'occasion à ceux qui les aiment, d'exercer leur critique, & que l'Ouvrage qui s'y rencontre est tout esprit. Les Desseins marquent davantage le caractére du Maître, & font voir si son génie est vif ou pesant; si ses pensées sont élevées ou communes; & enfin s'il a une bonne habitude & un bon Goût de toutes les parties qui peuvent s'exprimer sur le papier. Le Peintre qui veut finir un Tableau, tâche de sortir, pour ainsi dire, de lui-même, afin de s'attirer les louanges qu'on donne aux parties dont il sent bien qu'il est dépourvû: mais en faisant un Dessein, il s'abandonne à son génie, & se fait voir tel qu'il est. C'est pour cette raison que dans les Cabinets des Grands, on y voit non-seulement des Tableaux, mais que l'on y conserve encore les Desseins des bons Maîtres.

Cependant il y a peu de Curieux de Desseins, & parmi ces Curieux, s'il y en a qui connoissent les manieres, il y en a bien peu qui en connoissent le fin. Les Demi-Connoisseurs n'ont point de passion pour cette curiosité, parce que ne pénetrant pas encore assez avant dans l'esprit les Desseins, ils n'en peuvent goûter tout le plaisir, & sont plus sensibles à celui que donnent les Estampes qui ont été gravées avec soin d'après les bons Tableaux. Cela peut venir aussi par la crainte d'être trompés, & de prendre, comme il arrive assez souvent, des Copies pour des Originaux, faute d'experience.

Il y a trois choses en géneral à remarquer dans les Desseins : la Science, l'Esprit, & la Liberté. Par la Science, j'entends une bonne Composition, un Dessein correct & de bon Goût, avec une louable intelligence du Clair obscur : sous le terme d'Esprit, je comprens, l'expression vive & naturelle du sujet en géneral, & des objets en particulier : la Liberté n'est autre chose qu'une habitude que la main a contractée pour exprimer promptement & hardiment l'Idée que le Peintre a dans l'esprit: & selon qu'il entre de ces trois choses dans un Dessein, il en est plus ou moins estimable.

Quoique les Desseins libres portent ordinairement beaucoup d'Esprit avec eux, tous les Desseins librement faits ne sont pas pour cela spirituellement touchés ; & si les Desseins savans n'ont pas toujours de la Liberté, il s'y rencontre ordinairement de l'Esprit.

Je pourrois nommer ici quantité de Peintres, dont les Desseins ont beaucoup de Liberté sans aucun Esprit, ou dont la main hardie ne produit que des expressions vagues. J'en pourrois nommer aussi de fort habiles, dont les Desseins paroissent estantés, quoique savans & spirituels ; parce que leur main étoit retenue par leur jugement, & qu'ils se sont attachés préferablement à toutes choses, à la justesse de leurs contours, & à l'expression de leur sujet. Mais je croi qu'il est mieux de ne nommer personne, & d'en laisser le jugement aux autres.

On peut dire à la louange de la Liberté, qu'elle est si agréable, qu'elle couvre souvent, & fait excuser beaucoup de défauts; qu'on attribue plûtôt à une impétuosité de veine, qu'à l'insuffisance. Mais il faut dire aussi que la Liberté de main ne paroît presque plus Liberté, quand elle est renfermée dans les bornes d'une grande régularité, encore qu'elle y soit effectivement. C'est ainsi que dans les Desseins de Raphaël les plus arrêtés, il y a une Liberté délicate qui n'est bien sensible qu'aux yeux savans.

Enfin il y a des Desseins où il se rencontre peu de correction, qui ne laissent pas d'avoir leur mérite, parce qu'il y a beaucoup d'Esprit & de Caractere. On peut mettre sous cette espece les Desseins de Guillaume Baur, ceux de Rembrant, ceux du Bénédette, & de quelques autres.

Les Desseins touchés & peu finis ont plus d'Esprit, & plaisent beaucoup plus que s'ils étoient plus achevés, pourvû qu'ils aient un bon Caractere, & qu'ils mettent l'Idée du Spectateur dans un bon chemin. La raison en est que l'imagination y supplée toutes les parties qui y manquent, ou qui n'y ſont pas terminées, & que chacun les voit ſelon ſon Goût. Les Deſſeins des Maîtres qui ont plus de Génie que de Science, donnent ſouvent occaſion de faire l'experience de cette verité. Mais les Deſſeins des excellens Maîtres, qui joignent la Solidité à un beau Génie, ne perdent rien pour être finis ; auſſi doit-on eſtimer les Deſſeins ſelon qu'ils ſont terminés, ſuppoſé que les autres choſes y ſoient également.

Quoique l'on doive préferer les Deſſeins dans leſquels il ſe trouve plus de parties, l'on ne doit pas rejetter pour cela ceux où il ne s'en rencontreroit qu'une ſeule, pourvû qu'elle y ſoit d'une maniere à faire voir quelque Principe, ou qu'elle porte avec elle une ſingularité ſpirituelle, qui plaiſe, ou qui inſtruiſe.

On ne doit pas non plus rejetter ceux qui ne ſont qu'eſquiſſés, & où l'on ne voit qu'une très-legere Idée, & comme l'eſſai de l'imagination : parce qu'il eſt curieux de voir de quelle maniere les habiles Peintres ont conçû d'abord leurs penſées avant que de les digerer, & que les eſquiſſes font encore connoître de quelle touche les grands Maîtres ſe ſervoient pour caracteriſer les choſes avec peu de traits. Ainſi pour ſatisfaire pleinement à la curioſité, il ſeroit bon d'avoir d'un même Maître des Desseins de toutes les façons, c'est-à-dire, non-seulement de sa premiere, de sa seconde, & de sa derniere maniere, mais encore des esquisses très-legers, aussi-bien que des Desseins très-finis. J'avoue cependant que les Curieux purement spéculatifs, n'y trouveroient pas si bien leur compte que ceux qui, aïant aussi de la pratique manuelle, sont plus capables de goûter cette curiosité.

Il y a une chose, qui est le Sel des Desseins, & sans laquelle je n'en ferois que peu ou point du tout de cas; & je ne puis mieux l'exprimer que par le mot de Caractere. Ce Caractere donc consiste dans la maniere dont le Peintre pense les choses, c'est le sceau qui le distingue des autres, & qu'il imprime sur ses Ouvrages comme la vive image de son Esprit. C'est ce Caractere qui remue notre imagination; & c'est par lui que les habiles Peintres, après avoir étudié sous la Discipline de leurs Maîtres, ou d'après les Ouvrages des autres, se sentent forcés par une douce violence à donner l'essor à leur Génie, & à voler de leurs propres aîles.

J'exclue donc du nombre des bons Desseins ceux qui sont insipides, & j'en trouve de trois sortes. Premierement ceux des Peintres, qui, bien qu'ils produisent de grandes Compositions, & qu'ils aient de l'exactitude & de la correction, répandent néanmoins dans leurs Ouvrages une froideur qui transit ceux qui les regardent. Secondement, les Desseins des Peintres, qui aïant plus de mémoire que de Génie, ne travaillent que par la reminiscence des Ouvrages qu'ils ont vûs, ou qui se servent avec trop peu d'industrie, & trop de servitude de ceux qu'ils ont présens. En troisiéme lieu, les Desseins des Peintres qui s'attachent à la maniere de leurs Maîtres sans en sortir, ni sans l'enrichir.

La connoissance des Desseins comme celle des Tableaux, consiste en deux choses, à découvrir le nom du Maître, & la bonté du Dessein.

Pour connoître si un Dessein est d'un tel Maître, il faut en avoir vû beaucoup d'autres de la même main avec attention, & avoir dans l'Esprit une Idée juste du Caractere de son Génie, & du Caractere de sa Pratique. La connoissance du Caractere du Génie demande une grande étendue, & une grande netteté d'Esprit pour retenir les Idées sans les confondre ; & la connoissance du Caractere de la Pratique dépend plus d'une grande habitude, que d'une grande capacité : c'est pour cela que les plus habiles Peintres ne sont pas toujours ceux qui décident

décident avec plus de justesse en cette matière. Mais pour connoître si un Desseinest beau, & s'il est Original ou Copie, il faut avec le grand usage beaucoup de délicatesse & de pénétration ; je ne crois pas même qu'on le puisse faire sans avoir outre cela quelque Pratique manuelle du Dessein, encore peut-on s'y laisser surprendre.

Il me paroît qu'il est aisé d'inferer de tout ce que l'on vient de lire, que la comparaison des Ouvrages de Peinture avec l'Idée que l'on a établie du Peintre parfait, est le meilleur moyen pour bien connoître le degré d'estime qui leur est dû ; mais comme on n'a pas d'ordinaire un assez grand nombre de Tableaux en sa disposition, ni des Desseins assez finis pour exercer sa critique, & pour s'acquerir en peu de tems une habitude de bien juger, les bonnes Estampes pourront tenir lieu de Tableaux ; car à la réserve de la Couleur Locale, elles sont susceptibles de toutes les parties de la Peinture. Et outre qu'elles abrégeront le tems, elles sont très-propres à remplir l'Esprit d'une infinité de connoissances. Le Lecteur ne sera peut-être pas fâché de trouver ici ce que j'ai pensé sur cette matiére.

CHAPITRE XXVIII.

De l'utilité des Estampes, & de leur usage.

L'Homme naît avec un desir de savoir, rien ne l'empêche tant de s'instruire, que la peine qu'il a d'apprendre, & la facilité qu'il a d'oublier ; deux choses dont la plûpart des hommes se plaignent avec beaucoup de raison : car depuis que l'on recherche les Sciences & les Arts, & que pour les pénétrer on a mis au jour une infinité de Volumes, on nous a mis en même tems devant les yeux un objet terrible & capable de rebuter notre esprit & notre mémoire. Cependant nous avons plus que jamais besoin de l'un & de l'autre, ou du moins, de trouver les moyens de les aider dans leurs fonctions. En voici un très-puissant, & qui est une des plus heureuses productions des derniers siécles. C'est l'Invention des Estampes.

Elles sont arrivées dans notre siécle à un si haut degré de perfection, & les bons Graveurs nous en ont donné un si grand nombre sur toutes sortes de matiéres, qu'elles sont devenues les dépositaires de tout ce qu'il y a de plus beau & de plus curieux dans le monde.

Leur Origine est de 1460. Elle vient d'un nommé Maso Finiguerra Orfévre de Florence, qui gravoit sur ses Ouvrages, & qui en les moulant avec du souffre fondu, s'apperçût que ce qui sortoit du moule marquoit dans ses empreintes les mêmes choses que la gravure, par le moyen du noir que le souffre avoit tiré des tailles. Il essaya d'en faire autant sur des bandes d'argent avec du papier humide, en passant un rouleau bien uni par-dessus, ce qui lui réüssit. Cette nouveauté donna envie à un autre Orfévre de la même Ville, nommé Baccio Baldini de tenter la même chose, le succès lui fit graver plusieurs planches de l'Invention & du Dessein de Sandro Botticello; & sur ces Epreuves André Manteigne, qui étoit à Rome, se mit aussi à graver plusieurs de ses propres Ouvrages.

La connoissance de cette Invention ayant passé en Flandres, Martin d'Anvers, qui étoit alors un Peintre fameux, grava quantité de Planches de son Invention, & en envoya plusieurs Estampes en Italie, lesquelles étoient marquées de cette façon, M. C. Vasari, dans la Vie de Marc-Antoine en rapporte la plûpart des sujets, dont il y en a un entr'autres, (c'est la vision de Saint Antoine) que Michelange, encore fort jeune, trouva d'une Invention si extraordinaire, qu'il voulut la colorier. Aprés Martin d'Anvers, Albert Dure commença à paroître, & nous a donné une infinité de belles Estampes, en bois & au burin, qu'il envoya ensuite à Venise pour les faire vendre. Marc-Antoine qui s'y trouva alors, fut si surpris de la beauté de ces Ouvrages, qu'il en copia trente-six pieces qui représentent la Passion de Notre-Seigneur: & ces Copies furent reçûes dans Rome avec d'autant plus d'admiration, qu'elles étoient plus belles que les Originaux. Dans ce même tems Ugo du Carpi, Peintre Italien, d'une capacité médiocre, mais d'un esprit inventif, trouva par le moïen de plusieurs Planches de bois la maniére de faire des Estampes qui ressemblassent aux Desseins de Clair-obscur. Et quelques années après on découvrit l'Invention des Estampes à l'eau forte, que le Parmésan mit aussi-tôt en usage.

Ces premiéres Estampes attirérent par leur nouveauté l'admiration de tous ceux qui les virent, & les habiles Peintres qui travailloient pour la gloire, voulurent s'en servir pour faire part au monde de leurs Ouvrages. Raphaël entr'autres employa le burin du fameux Marc-Antoine pour graver plusieurs de ses Tableaux & de ses Desseins; & ces admirables Estampes ont été autant de Renommées, qui ont porté le nom de Raphaël par toute la Terre. Depuis Marc-Antoine un grand nombre de Graveurs se sont rendus recommandables, en Allemagne, en Italie, en France, & dans les Païs-Bas, & ont mis au jour, au burin, & à l'eau-forte une infinité de sujets de tous genres, Histoires, Fables, Emblêmes, Devises, Médailles, Animaux, Païsages, Fleurs, Fruits, & généralement toutes les productions visibles de l'Art & de la Nature.

Il n'y a personne de quelque Etat & de quelque Profession qu'il soit, qui n'en puisse tirer une grande utilité : les Théologiens, les Réligieux, les Gens dévots, les Philosophes, les hommes de Guerre, les Voyageurs, les Géographes, les Peintres, les Sculpteurs, les Architectes, les Graveurs, les Amateurs des beaux Arts, les Curieux de l'Histoire & de l'Antiquité, & enfin ceux, qui n'ayant point de profession particuliére que celle d'être honnêtes gens, veulent orner leur Esprit des connoissances qui peuvent les rendre plus estimables.

On ne prétend pas que chaque personne soit obligée de voir tout ce qu'il y a d'Estampes pour en tirer de l'utilité : Au contraire, leur nombre presque infini & qui présenteroit tout à la fois tant d'Idées différentes, seroit plûtôt capable de dissiper l'Esprit, que de l'éclairer. Il n'y a que ceux, qui en naissant, l'ont apporté d'une grande étendue & d'une grande netteté, ou qui l'ont exercé quelque tems dans la vûe de tant de diverses choses, qui puissent les voir toutes sans confusion, & en profiter.

Mais chaque particulier peut choisir des sujets qui puissent, ou rafraîchir sa mémoire, ou fortifier ses connoissances, & suivre en cela l'inclination qu'il a pour les choses de son Goût & de sa profession.

Aux Théologiens, par exemple, rien n'est plus convenable que les Estampes qui regardent la Religion & les Mystéres, les Histoires saintes & tout ce qui découvre les premiers Exercices des Chrétiens & leur persécution, les Bas-reliefs Antiques, qui instruisent en beaucoup d'endroits des Cérémonies de la Religion Payenne, & enfin tout ce qui a rapport à la nôtre, soit saint, soit profane.

Aux Dévots, les sujets qui élévent l'Esprit à Dieu, & qui peuvent l'entretenir dans son Amour.

Aux Réligieux, les Histoires sacrées en général, & ce qui concerne leur Ordre en particulier.

Aux Philosophes, toutes les Figures démonstratives qui regardent non-seulement les expériences de Physique, mais toutes celles qui peuvent augmenter les connoissances qu'ils ont des choses naturelles.

A ceux qui suivent les Armes, les Plans & les Elévations des Places de guerre, les Ordres de Batailles, & les Livres de Fortification, dont les Figures démonstratives font la plus grande partie.

Aux Voyageurs, les Vûes particuliéres des Palais, des Villes, & des lieux considérables, pour les préparer aux choses qu'ils ont à voir, ou pour en conserver les Idées quand ils les auront vûes.

Aux Géographes, les Cartes de leur Profession.

Aux Peintres, tout ce qui peut les fortifier dans les parties de leur Art; comme les Ouvrages Antiques, ceux de Raphaël & du Carache pour le bon Goût, pour la correction du Dessein, pour la grandeur de maniére, pour le choix des airs de Tête, des passions de l'Ame, & des Attitudes: ceux du Corrége pour la grace & pour la finesse des expressions: ceux du Titien, du Bassan & des Lombards pour le caractére de la vérité, & pour les naïves expressions de la Nature, & surtout pour le Goût du Païsage: ceux de Rubens pour un caractére de grandeur & de magnificence dans ses Inventions, & pour l'artifice du Clair-obscur: ceux enfin, qui, bien que défectueux dans quelque partie, ne laissent pas de contenir quelque chose de singulier & d'extraordinaire. Car les Peintres peuvent tirer un avantage considérable de toutes les différentes maniéres de ceux qui les ont précedés.

Aux Sculpteurs, les Statues, les Bas-reliefs, les Médailles, & les autres Ouvrages Antiques avec ceux de Raphaël, de Polydore, & de toute l'Ecole Romaine.

Aux Architectes, les Livres qui concernent leur Profession, & qui sont pleins de Figures démonstratives de l'Invention de leurs Auteurs, ou copiées d'aprés l'Antique.

Aux Graveurs, un choix de Piéces de différentes maniéres, soit au burin ou à l'eau-forte. Ce choix leur doit servir aussi pour voir le progrés de la Gravure depuis Albert Dure jusqu'à présent. Ils examineront avec soin les Ouvrages de Marc-Antoine, de Corneille Cort, des Carraches, des Sadelers, de Goltius, de Muler, de Vostermans, de Pontius, de Bolsvert, de Vischer; & enfin d'un grand nombre d'autres Graveurs que je ne nomme point, qui ont eu un caractére particulier, & qui par différentes voies se sont tous efforcés d'imiter, ou la Nature, quand ils ont fait de leur Invention, ou les Tableaux de différentes maniéres, quand ils ont eu pour fin la fidelité de leur imitation. En comparant ainsi l'Ouvrage de tous ces Maîtres, ils peuvent juger qui sont ceux qui ont le mieux entendu la conduite des Tailles, le ménagement de la lumiére, & la valeur des tons par rapport au Clair-obscur; qui ont sçû le mieux accorder dans leur burin la délicatesse avec la force, & l'esprit de chaque chose avec l'extrême exactitude; afin que profitant de ces Lumiéres, ils ayent la louable ambition d'égaler ces habiles Maîtres, ou de les surpasser.

Aux Curieux de l'Histoire & de l'Antiquité, tout ce que l'on voit de gravé de l'Histoire Sainte & Profane, & de la Fable; les Bas-Reliefs Antiques, la Colonne Trajanne & la Colonne Antonine, les Livres de Médailles & de Pierres gravées, & plusieurs Estampes qui ont du rapport à la connoissance qu'ils veulent s'acquerir, ou se conserver.

A ceux enfin, qui, pour être plus heureux & plus honnêtes gens, veulent se former le Goût aux bonnes choses, & avoir une teinture raisonnable des beaux Arts, rien n'est plus nécessaire que les bonnes Estampes. Leur vûe avec un peu de réflexion les instruira promptement & agréablement de tout ce qui peut exercer la raison, &

fortifier le jugement. Elles rempliront leur mémoire des choses curieuses de tous les tems & de tous les Païs: & en leur apprenant les différentes Histoires, elles leur apprendront les diverses maniéres dans la Peinture. Ils en jugeront promptement par la facilité qu'il y a de feuilleter quelques papiers, & de comparer ainsi les Productions d'un Maître avec celles d'un autre. De maniére qu'en épargnant le tems, elles épargneront encore la dépense. Car il est presque impossible d'amasser en un même lieu des Tableaux des meilleurs Peintres dans une quantité suffisante, pour se former une Idée complete sur l'Ouvrage de chaque Maître. Et quand avec beaucoup de dépense on auroit rempli un Cabinet spacieux de Tableaux de différentes maniéres, il ne pourroit y en avoir que deux ou trois de chacune; ce qui ne suffit pas pour porter un jugement bien précis du Caractére du Peintre, ni de l'étendue de sa capacité. Au lieu, que par le moyen des Estampes, vous pouvez sur une table voir sans peine les Ouvrages des différens Maîtres, en former une Idée, en juger par comparaison, en faire un choix, & contracter par cette pratique une habitude du bon Goût & des bonnes maniéres, surtout, si cela se fait en présence de quelque personne qui ait du discernement dans ces sortes de chôses, & *qui* en sache distinguer le bon d'avec le médiocre.

Mais pour ce qui est des Connoisseurs & des Amateurs des beaux Arts, on ne peut leur rien prescrire, tout est soûmis, pour ainsi parler, à l'empire de leur connoissance; ils l'entretiennent par la vûe, tantôt d'une chose, & tantôt d'une autre, à cause de l'utilité qu'ils en reçoivent & du plaisir qu'ils y prennent. Ils ont celui de voir dans ce qui a été gravé d'après les Peintres fameux, l'origine, le progrès & la perfection des Ouvrages; ils les suivent depuis le Giotto & André Manteigne, jusqu'à Raphaël, au Titien & aux Caraches. Ils examinent les différentes Ecoles de ces tems-là, ils voient en combien de branches elles se sont partagées par la multiplicité des Disciples, & en combien de façons l'Esprit humain est capable de concevoir une même chose, qui est l'Imitation, & que delà sont venues tant de diverses maniéres, que les Païs, les Tems, les Esprits, & la Nature par leur diversité nous ont produites.

Entre tous les bons effets qui peuvent venir de l'usage des Estampes, on s'est ici contenté d'en rapporter six, qui feront juger facilement des autres.

Le premier est de divertir par l'imitation, & en nous représentant par leur Peinture les choses visibles.

Le 2e. est de nous instruire d'une maniére plus forte & plus prompte que par la parole. *Les choses*, dit Horace, *qui entrent par les oreilles prennent un chemin bien plus long, & touchent bien moins que celles qui entrent par les yeux, lesquels sont des témoins plus sûrs & plus fidéles.*

Le 3e. D'abréger le tems que l'on emploieroit à relire les choses qui sont échapées de la mémoire, & de la rafraichir en un coup d'œil.

Le 4e. De nous représenter les choses absentes comme si elles étoient devant nos yeux, & que nous ne pourrions voir que par des voyages pénibles, & par de grandes dépenses.

Le 5e. De donner les moyens de comparer plusieurs choses ensemble facilement, par le peu de lieu que les Estampes occupent, par leur grand nombre, & par leur diversité.

Et le 6e. De former le Goût aux bonnes choses, & de donner au moins une teinture des beaux Arts, qu'il n'est pas permis aux honnêtes gens d'ignorer.

Ces effets sont généraux : mais chacun en peut sentir de particuliers selon ses lumiéres & son inclination ; & ce n'est que par ces effets particuliers que chacun peut regler la collection qu'il en doit faire.

Car il est aisé de juger, que dans la diversité des conditions dont on vient de parler, la curiosité des Estampes, l'ordre & le choix qu'il y faut tenir dépendent du Goût & des vûes que chacun peut avoir.

Ceux qui aiment l'Histoire, par exemple, ne recherchent que les sujets qui y sont renfermés, & pour ne laisser rien échaper à leur curiosité, ils y tiennent cet ordre, qu'on ne peut assez louer. Ils suivent celui des Païs, & des Tems : tout ce qui regarde chaque Etat en particulier est contenu dans un ou dans plusieurs Portefeuilles, & l'on y trouve :

Premierement, les Portraits des Souverains qui ont gouverné un Païs, les Princes & les Princesses qui en sont descendus, ceux qui ont tenu quelque rang considérables dans l'Etat, dans l'Eglise, dans les Armes, dans la Robe : ceux qui se sont rendus recommandables dans les differentes Professions, & les Particuliers qui ont quelque part dans les Evenemens historiques. Ils accompagnent ces Portraits de quelques lignes d'écriture, qui marquent le caractere de la Personne, sa Naissance, ses Actions remarquables, & le tems de sa Mort.

2. La Carte generale & les Cartes parti-

culieres de cet Etat, les Plans & les Elevations des Villes, ce qu'elles enferment de plus considerable; les Châteaux, les Maisons Roïales, & tous les lieux qui ont merité d'être donnés au Public.

3. Tout ce qui a quelque rapport à l'Histoire : comme les Entrées de Ville, les Carouzels, les Pompes Funébres, les Catafalques, ce qui regarde les Céremonies, les Modes & les Coutumes; & enfin toutes les Estampes particulieres qui sont historiques.

Cette recherche qui est faite pour un Etat, est continuée pour tous les autres avec la même suite & la même œconomie. Cet ordre est ingénieusement inventé, & l'on en est redevable à un Gentilhomme *, assez connu d'ailleurs par son merite extraordinaire, & par le nombre de ses Amis.

Ceux qui ont de la passion pour les beaux Arts en usent d'une autre maniere. Ils font des Recueils par rapport aux Peintres & à leurs Eleves : ils mettent, par exemple, dans l'Ecole Romaine, Raphaël, Michelange, leurs Disciples, & leurs Contemporains. Dans celle de Venise, le Giorgion, le Titien, les Bassans, Paul Véronése, Tintoret, & les autres Venitiens. Dans celle de Parme, le Corrége, le Parmésan, &

* *Mr. de Ganiéres.*

ceux qui ont suivi leur Goût. Dans celle de Bologne, les Caraches, le Guide, le Dominiquain, l'Albane, Lanfranc, & le Guarchin. Dans celle d'Allemagne, Albert Dure, Holbens, les petits Maîtres, Guillaume Baure, & autres. Dans celle de Flandres, Otho-Vénius, Rubens, Vandeix, & ceux qui ont pratiqué leurs maximes: ainsi de l'Ecole de France, & de celles des autres Païs.

Quelques-uns assemblent leurs Estampes par rapport aux Graveurs, sans avoir égard aux Peintres; d'autres par rapport aux sujets qu'elles représentent, d'autres d'une autre façon, & il est juste de laisser à chacun la liberté d'en user selon ce qui lui semblera le plus utile & le plus agréable.

Quoiqu'on puisse en tout tems & à tout âge tirer de l'utilité de la vûe des Estampes, néanmoins celui de la Jeunesse y est plus propre qu'un autre: parce que le fort des jeunes gens est la mémoire, & qu'il faut pendant qu'on le peut se servir de cette partie de l'ame, pour en faire un amas, & pour les instruire des choses qui doivent contribuer à leur former le jugement.

Mais si l'usage des Estampes est utile à la Jeunesse, il est d'un grand plaisir & d'un agréable entretien à la Vieillesse. C'est un tems propre au repos & aux réflexions, &

dans lequel, n'étant plus dissipés par les amusemens des premiers âges, nous pouvons avec plus de loisir goûter les agrémens que les Estampes sont capables de nous donner; soit qu'elles nous apprennent des choses nouvelles, soit qu'elles nous rappellent les Idées de celles qui nous étoient déja connues; soit qu'ayant du Goût pour les Arts, nous jugions des différentes Productions que les Peintres & les Graveurs nous ont laissées; soit que n'ayant point cette connoissance, nous soyons flattés de l'espérance de l'acquérir; soit enfin que nous ne cherchions dans ce plaisir, que celui d'exciter agréablement notre attention par la beauté & par la singularité des objets que les Estampes nous offrent. Car nous y trouvons les Païs, les Villes, & les lieux considérables que nous avons lûs dans les Histoires, ou que nous avons vûs nous-mêmes dans nos Voyages. De manière que la grande variété, & le grand nombre des choses rares qui s'y rencontrent, peuvent même servir de Voyage, mais d'un Voyage commode & curieux à ceux qui n'en ont jamais fait, ou qui ne sont pas en état d'en faire.

Ainsi il est constant par tout ce que l'on vient de dire, que la vûe des belles Estampes qui instruit la Jeunesse, qui rappelle

& qui affermit les connoissances de ceux qui sont dans un âge plus avancé ; & qui remplit si agréablement le loisir de la Vieillesse, doit être utile à tout le monde.

On n'a point crû devoir entrer dans un plus grand détail de tout ce qui peut rendre recommandable l'usage des Estampes ; l'on croit que le peu qu'on en a dit, est suffisant pour induire le Lecteur à tirer des conséquences conformes à ses vûes & à ses besoins.

Si les Anciens avoient eu en cela le même avantage que nous avons aujourd'hui, & qu'ils eussent par le moyen des Estampes transmis à la Posterité tout ce qu'ils avoient de beau & de curieux, nous connoîtrions distinctement une infinité de belles choses dont les Historiens ne nous ont laissé que des idées confuses. Nous verrions ces superbes monumens de Memphis & de Babylone, & ce Temple de Jerusalem que Salomon avoit bâti dans sa magnificence. Nous jugerions des Edifices d'Athénes, de Corinthe & de l'ancienne Rome, avec plus de fondement encore & de certitude, que par les seuls fragmens qui nous en sont restés. Pausanias, qui nous fait une description si exacte de la Gréce, & qui nous y conduit en tous lieux comme par la main, auroit accompagné ses Discours de Figures démonstratives, qui seroient venues jusqu'à nous, & nous aurions le plaisir de voir, non seulement les Temples & les Palais de cette fameuse Grece tels qu'ils étoient dans leur perfection, mais nous aurions aussi hérité des anciens Ouvriers l'Art de les bien bâtir. Vitruve, dont les démonstrations ont été perdues, ne nous auroit pas laissé ignorer tous les instrumens & toutes les machines qu'il nous décrit, & nous ne trouverions pas dans son Livre tant de lieux obscurs, si les Estampes nous avoient conservé les Figures qu'il avoit faites, & dont il nous parle lui-même. Car en fait d'Arts, elles sont les lumiéres du Discours, & les véritables moyens par où les Auteurs se communiquent: C'est encore faute de ces moyens que nous avons perdu les Machines d'Archiméde & de Héron l'Ancien, & la connoissance de beaucoup de Plantes de Dioscoride, de beaucoup d'Animaux, & de beaucoup de Productions curieuses de la Nature, que les veilles & les méditations des Anciens nous avoient découvertes. Mais sans nous arrêter à regretter des choses perdues, profitons de celles que les Estampes nous ont conservées, & qui nous sont présentes.

L'IDÉE que je viens d'exposer du Peintre-parfait, peut à mon avis aider les Curieux dans le jugement qu'ils feront de la Peinture : mais comme la Connoissance des Tableaux demande encore quelque chose de plus pour être tout-à-fait complette, j'ai crû être obligé de dire ici ce qui me paroît sur cette matiére.

CHAPITRE XXIX.

De la Connoissance des Tableaux.

UNe des choses les plus essentielles dans la connoissance des Tableaux, c'est le Génie, il en faut dans le bon Connoisseur ainsi que dans le bon Peintre : mais comme le Génie ne peut s'acquerir, il faut toûjours le supposer, ou du moins au défaut du Génie un grand amour pour la Peinture.

Il y a trois sortes de Connoissances sur le fait des Tableaux.

La premiere consiste à découvrir ce qui est bon & ce qui est mauvais dans un même Tableau.

La seconde regarde le nom de l'Auteur.

Et la troisiéme va à savoir, si un Tableau est Original ou Copie.

I.

Ce qu'il y a de bon & de mauvais dans un Tableau.

La premiere de ces Connoissances, qui est sans doute la plus difficile à acquérir, suppose de la pénétration & de la finesse d'Esprit, avec une intelligence des Principes de la Peinture. Et de la mesure de ces choses, dépend celle de la connoissance de cet Art. La pénétration & la délicatesse de l'Esprit servent à juger de l'Invention, de l'Expression générale du sujet, des Passions de l'Ame en particulier, des Allégories, & de ce qui dépend du Costume * & de la Poëtique: Et l'intelligence des Principes fait trouver la cause des effets que l'on admire, soit qu'ils viennent du bon Goût, de la Correction ou de l'Elégance du Dessein; soit que les Objets y paroissent disposés avantageusement, ou que les Couleurs, les Lumiéres & les Ombres y soient bien entendues.

Ceux qui n'ont pas cultivé leur Esprit par les connoissances des Principes, au moins spéculativement, pourront bien être sensi-

* *Mot de l'Art, qui signifie les modes, les tems, & les lieux.*

bles à l'effet d'un beau Tableau : mais ils ne pourront jamais rendre raison des jugemens qu'ils en auront porté.

J'ai tâché par l'Idée que j'ai donnée du Peintre parfait, de venir aux secours des lumiéres naturelles, dont les Amateurs de Peinture sont déja pourvûs. Je ne prétens pas néanmoins les faire pénétrer dans tous les détails des parties de la Peinture, ils sont plûtôt de l'obligation du Peintre, que du Curieux, je voudrois seulement mettre leur bon Esprit sur des voies qui pûssent les conduire à une connoissance, qui découvrît, du moins en général, ce qu'il y a de bon & de mauvais dans un Tableau.

Ce n'est pas que les Amateurs de ce bel Art, qui auroient assez de Génie & d'inclination ne pûssent entrer, pour ainsi dire, dans le Sanctuaire, & acquérir la connoissance de tous ces détails, par les lumiéres que des réflexions sérieuses leur procureroient insensiblement.

Le Goût des Arts étoit tellement à la mode du tems d'Aléxandre, que pour les connoître un peu à fond, on faisoit apprendre à dessiner à tous les jeunes Gentilshommes; de sorte que ceux qui avoient du talent, le cultivoient par l'exercice; ils s'en prévaloient dans l'occasion, & se distinguoient par la supériorité de leur connoissance. Je renvoie donc ceux, aumoins qui n'ont pas acquis cette pratique manuelle, à l'Idée que j'ai donnée de la perfection.

II.

De quel Auteur eſt un Tableau.

La connoiſſance du nom des Auteurs vient d'une grande pratique, & pour avoir vû avec application quantité de Tableaux de toutes les Ecoles, & des principaux Maîtres qui les compoſent. De ces Ecoles on en peut compter ſix : la Romaine, la Vénitienne, la Lombarde, l'Allemande, la Flamande, & la Françoiſe. Et après avoir acquis par un grand Exercice une idée diſtincte de chacune de ces Ecôles, s'il eſt queſtion de juger de qui eſt un Tableau, on doit rapporter cet Ouvrage à celle de qui on croira qu'il approche le plus ; & quand on aura trouvé l'Ecole, il faudra donner le Tableau à celui des Peintres qui la compoſent, dont la maniére a plus de conformité avec cet Ouvrage. Mais de connoître bien cette maniére particuliére du Peintre, c'eſt à mon avis où conſiſte la plus grande difficulté.

On voit des Curieux qui ſe font une idée d'un Maître ſur trois ou quatre Tableaux qu'ils en auront vûs, & qui croient après cela avoir un titre ſuffiſant pour décider ſur ſa maniére, ſans faire réflexion aux ſoins plus ou moins grands que le Peintre aura pris à les faire, ni à l'âge auquel il les aura faits.

Ce n'eſt pas ſur les Tableaux particuliers du Peintre : mais ſur le géneral de ſes Ouvrages qu'il faut juger de ſon mérite. Car il n'y a point de Peintre qui n'ait fait quelques bons & quelques mauvais Tableaux, ſelon ſes ſoins & le mouvement de ſon Génie. Il n'y en a point auſſi qui n'ait eu ſon commencement, ſon progrès & ſa fin ; c'eſt-à-dire, trois maniéres : la premiére, qui tient de celle de ſon Maître ; la ſeconde, qu'il s'eſt formée ſelon ſon Goût, & dans laquelle réſide la meſure de ſes talens, & de ſon Génie ; & la troiſiéme, qui dégénére ordinairement en ce qu'on appelle maniére : parce qu'un Peintre, après avoir étudié long-tems d'après la Nature, veut jouir, ſans la conſulter davantage, de l'habitude qu'il s'en eſt faite.

Quand un Curieux aura donc bien conſideré les différens Tableaux d'un Maître, & qu'il s'en ſera formé une idée complette de la maniére que je viens de le dire, alors il lui ſera permis de juger de l'Auteur d'un Tableau, ſans être ſoupçonné de témérité. Cependant quoiqu'un bon Connoiſſeur, habile par ſes talens, par ſes réflexions, & par ſa longue expérience, puiſſe quelquefois ſe tromper ſur le nom de l'Auteur, il ſera du moins vrai de dire, qu'il ne peut ſe tromper ſur la juſteſſe & ſur la ſolidité de ſes ſentimens.

En effet, il y a des Tableaux faits par des Diſciples, qui ont ſuivi leurs Maîtres de fort près, & dans le ſavoir, & dans la maniére. On a vû pluſieurs Peintres qui ont ſuivi le Goût d'un autre Païs que le leur, comme il y en a eu, qui, dans leur Païs même, ont paſſé d'une maniére à une autre, en changeant ainſi & en cherchant une maniére particuliére, ils ont fait pluſieurs Tableaux fort équivoques, & dont il eſt difficile de déterminer l'Auteur.

Néanmoins, cet inconvénient ne manque pas de reméde pour ceux, qui, non contens de s'attacher au caractére de la main du Maître, ont aſſez de pénétration pour découvrir celui de ſon Eſprit: un habile homme peut facilement communiquer la maniére dont il exécute ſes Deſſeins: mais non pas la fineſſe de ſes penſées. Ce n'eſt donc pas aſſez pour découvrir l'Auteur d'un Tableau, de connoître le mouvement du Pinceau, ſi l'on ne pénétre dans celui de l'Eſprit: & bien que ce ſoit beaucoup d'avoir une idée juſte du Goût que le Peintre a dans ſon Deſſein, il faut encore entrer dans le caractére de ſon Génie, &

dans

dans le tour qu'il eſt capable de donner à ſes conceptions.

Je ne prétens pas néanmoins réduire au ſilence ſur cette matiere un Amateur de Peinture, qui n'aura, ni vû, ni examiné ce grand nombre de Tableaux, il eſt bon au contraire de parler pour acquerir & pour augmenter la connoiſſance. Je voudrois ſeulement que chacun meſurât ſon ton ſur ſon experience : la modeſtie qui ſied bien à ceux qui commencent, convient même aux plus experimentés, ſur-tout dans les choſes difficiles.

III.

Si un Tableau eſt original, ou Copie.

Mon intention n'eſt pas de parler ici des Copies médiocres, qui ſont d'abord connues de tous les Curieux, encore moins des mauvaiſes qui paſſent pour telles aux yeux de tout le monde. Je ſuppoſe une Copie faite par un bon Peintre, laquelle merite une ſerieuſe reflexion, & mettre en ſuſpend, au moins durant quelque tems, la déciſion des connoiſſeurs les plus habiles. Et de ces Copies, j'en trouve de trois ſortes.

La premiere eſt faite fidélement, mais ſervilement.

La ſeconde eſt legere, facile, & non fidelle.

Et la troiſiéme eſt fidelle, & facile.

La premiere, qui eſt ſervile & fidelle, rapporte, à la verité, le Deſſein, la Couleur & les Touches de l'Original : mais la crainte de paſſer les bornes de la préciſion, & de manquer à la fidelité, appeſantit la main du Copiſte, & la fait connoître ce qu'elle eſt, pour peu qu'elle ſoit examinée.

La ſeconde, ſeroit plus capable d'impoſer, à cauſe de la legereté du pinceau, ſi l'infidelité des contours ne redreſſoit des yeux habiles.

Et la troiſiéme, qui eſt fidelle & facile, & qui eſt faite par une main ſavante & legere, & ſur-tout dans le tems de l'Original, embaraſſe les plus grands Connoiſſeurs, & les met ſouvent au hazard de prononcer contre la verité, quoique ſelon la vraiſemblance.

S'il y a des choſes qui ſemblent favoriſer l'originalité d'un Ouvrage, il y en a auſſi qui paroiſſent la détruire; comme la répetition du même Tableau, l'oubli où il a été durant beaucoup de tems, & le prix modique qu'il a coûté. Mais encore que ces conſiderations puiſſent être de quelque poids, elles ſont ſouvent très-frivoles faute d'avoir été bien examinées.

L'oubli d'un Tableau vient ſouvent, ou des mains entre leſquelles il tombe, ou du lieu où il eſt, ou des yeux qui le voient, ou du peu d'amour que celui qui le possede peut avoir pour la Peinture.

Le prix modique procede ordinairement de la necessité ou de l'ignorance de celui qui vend.

Et la repetition d'un Tableau, qui est une cause plus specieuse, n'est pas toujours une raison bien solide. Il n'y a presque point de Peintre qui n'ait repeté quelqu'un de ses Ouvrages, parce qu'il lui aura plû, ou parce qu'on lui en aura demandé un tout semblable. J'ai vû deux Vierges de Raphaël, lesquelles ayant été mises par curiosité l'une auprès de l'autre, persuaderent les Connoisseurs qu'elles étoient toutes deux Originales. Titien a répété jusqu'à sept ou huit fois les mêmes Tableaux, comme on joue plusieurs fois une Comedie qui a réussi. Et nous voyons plusieurs Tableaux répétés des meilleurs Maîtres d'Italie disputer encore aujourd'hui de bonté & de primauté. Mais combien en voyons-nous d'autres qui ont trompé les Peintres même les plus habiles? Et parmi plusieurs exemples que j'en pourrois donner, je me contenterai de rapporter ici celui de Jules Romain, que j'ai tiré de Vasari.

Frederic II. Duc de Mantoue, passant à Florence pour aller à Rome saluer le Pape Clement VII. vit dans le Palais de Medicis, au dessus d'une porte, le Portrait de Leon X. entre le Cardinal Jules de Medicis & le Cardinal de Rossi. Les Têtes étoient de Raphaël, & les Habits de Jules Romain, & le tout étoit merveilleux. En effet le Duc de Mantoue, après l'avoir consideré, en devint si amoureux, qu'il ne pût s'empêcher quand il fut à Rome de le demander au Pape. Sa Sainteté fit aussi-tôt écrire à Octavien de Medicis, qu'il fît encaisser le Tableau, & qu'il l'envoyât à Mantoue. Octavien qui étoit un grand Amateur de Peinture, & qui ne vouloit pas priver Florence d'une si belle chose, trouva moyen d'en differer l'envoi, sous prétexte de faire faire au Tableau une bordure plus riche. Ce délai donna le tems à Octavien de faire copier le Tableau par André del Sarte, qui en imita jusqu'aux petites taches qui étoient dessus. Cet Ouvrage en effet étoit si conforme à son Original, qu'Octavien lui-même avoit de la peine à les distinguer, & que pour ne s'y pas tromper, il mit une marque derriere la Copie, & l'envoya à Mantoue quelques jours après. Le Duc la reçut avec toute la satisfaction possible, ne doutant point que ce ne fût l'Ouvrage de Raphaël non plus que Jules Romain, qui étoit auprès de ce Prince, & qui seroit demeuré toute sa vie dans cette opinion, si Vasari, qui avoit vû faire la

Copie ne l'avoit désabusé. Car celui-ci étant arrivé à Mantoue fut très-bien reçû de Jules Romain, qui, après lui avoir montré toutes les curiosités de ce Duc, lui dit qu'il leur restoit encore à voir la plus belle chose qui fût dans le Palais, c'étoit le Portrait de Leon X. de la main de Raphaël; & le lui ayant montré, Vasari lui dit, *qu'il étoit en effet très-beau, mais qu'il n'étoit pas de Raphaël.* Jules Romain l'ayant plus attentivement consideré. *Comment*, repliqua-t'il, *il n'est pas de Raphaël? Est-ce que je ne reconnois pas mon Ouvrage, & que je ne vois pas les coups de Pinceau que j'y ai donnés moi-même? Vous n'y prenez pas assez garde*, repartit Vasari, *car je puis vous assurer que je l'ai vû faire à André del Sarte: & cela est si vrai, que vous trouverez derriere la toile une marque qu'on y mit exprès pour ne le pas confondre avec l'Original.* Jules Romain ayant donc tourné le Tableau, & s'étant apperçû de la verité fut fort étonné, & dit: *Je l'estime autant que s'il étoit de Raphaël, & même davantage: car il n'est pas naturel d'imiter un si excellent Homme, jusqu'à tromper.*

Puisque Jules Romain, tout habile qu'il étoit, après avoir été averti, & après avoir examiné le Tableau, persistoit vivement à se tromper dans le jugement qu'il faisoit sur son propre Ouvrage, comment pourroit-

trouver étrange que des Peintres, moins habiles : que lui, se laissassent surprendre sur l'Ouvrage des autres ? C'est ainsi que la verité se peut quelquefois cacher à la science la plus profonde, & que manquer sur les faits, n'est pas toujours manquer à la justesse de ses jugemens.

Cependant quelque équivoque que soit un Tableau sur l'originalité ; il porte néanmoins assez de marques exterieures pour donner lieu à un Connoisseur d'en dire, sans témerité ce qu'il en pense bonnement ; non pas comme une derniere décision, mais comme un sentiment fondé sur une solide connoissance.

Il me reste encore à dire quelque chose sur les Tableaux, qui ne sont ni Originaux, ni Copies, lesquels on appelle Pastiches de l'Italien, *Pastici*, qui veut dire, Pâtés : car comme les choses differentes qui assaisonnent un Pâté ne sont mêlées ensemble que pour faire sentir un seul goût, de même toutes les imitations qui composent un pastiche ne tendent qu'à faire paroître une verité.

Un Peintre qui veut tromper de cette sorte, doit avoir dans l'esprit la maniere & les principes du Maître dont il veut donner l'idée, afin d'y réduire son Ouvrage, soit qu'il y fasse entrer quelque endroit d'un

Tableau que ce Maître aura déja fait, soit que l'Invention étant de lui, il imite avec legereté, non seulement les Touches, mais encore le Goût du dessein, & celui du Colorris. Il arrive très-souvent que le Peintre, qui se propose de contrefaire la maniere d'un autre Peintre, ayant toûjours en vûe d'imiter ceux qui sont plus habiles que lui, fait de meilleurs Tableaux de cette sorte, que s'il produisoit de son propre fond.

Entre ceux qui ont pris plaisir à contrefaire ainsi la maniére des autres Peintres; je me contenterai de nommer ici David Teniers, qui a trompé, & qui trompe encore tous les jours les Curieux, non prévenus sur l'habileté qu'il avoit à se transformer en Bassan, & en Paul Veronese. Il y a de ces Pastiches qui sont faits avec tant d'adresse, que les yeux même les plus éclairés y sont surpris au premier coup d'œil. Mais après avoir examiné la chose de plus près, ils démêlent aussi-tôt le Coloris d'avec le Coloris, & le Pinceau d'avec le Pinceau.

David Teniers, par exemple, avoit un talent particulier pour contrefaire les Bassans: mais le Pinceau coulant & leger qu'il a employé dans cet artifice, est la source même de l'évidence de sa tromperie. Car son Pinceau qui est coulant & facile, n'est ni si spirituel, ni si propre à caracteriser les objets que celui des Bassans, sur-tout dans les Animaux.

Il est vrai que Teniers a de l'union dans ses Couleurs : mais il y regnoit un certain Gris auquel il étoit accoutumé, & son Coloris n'a, ni la vigueur, ni la suavité de celui de Jacques Bassan. Il en est ainsi de tous les Pastiches, & pour ne s'y point laisser tromper, il faut examiner, par comparaison à leur modele, le Goût du Dessein, celui du Coloris, & le Caractere du Pinceau.

LIVRE II.

ABREGÉ DE LA VIE DES PEINTRES.

De l'Origine de la Peinture.

QUOIQUE les Auteurs qui ont dit quelque chose de l'Origine de la Peinture, en ayent parlé diversement, tous conviennent néanmoins, que l'Ombre a donné occasion à la naissance de cét Art. Pline rapporte sur ce sujet l'Histoire d'une fille de Sicyone, appellée Corinthia, & il dit qu'un jeune homme qu'elle aimoit, s'étant endormi à la lumiere d'une lampe, l'ombre de son visage qui donnoit sur une muraille lui paroissoit si ressemblante, qu'elle en voulut tracer les extrêmités, & faire ainsi le Portrait de son Amant. S'il est vrai, comme il y a bien de l'apparence, que l'ombre a donné lieu à inventer la Peinture, l'Imitation est si naturelle à l'homme, qu'il n'aura pas attendu jusqu'au tems de Corinthia à tracer des Figures sur son Ombre, qui est aussi ancienne que lui-même.

Mais sans s'étendre sur cette pensée, & sans chercher une source aussi incertaine qu'est celle de la Peinture, on peut dire avec beaucoup de fondement, que cet Art a pris naissance en même tems que la Sculpture, l'une & l'autre ayant le Dessein pour Principe, & que dès le tems d'Abraham, où la Sculpture étoit en usage, la Peinture par consequent y étoit de la même sorte, & en pareil dégré. Elle a pû disparoître & se remontrer selon la révolution des tems. La Guerre est un Art qui détruit tous les autres, & la Peinture s'y est trouvée d'autant plus exposée, qu'elle n'est faite que pour le plaisir. Mais les beaux Arts sont comme le Phœnix, ils renaissent de leurs cendres. Ainsi il est à croire que la Peinture s'est éteinte & renouvellée plusieurs fois, même dans les premiers siecles; quoique dans un dégré très-foible, & à proprement parler, ceux à qui on en attribue l'invention n'en ont été que les Renovateurs.

Mais pour parler le langage de ceux qui ont écrit sur cette matiere après les avoir conferés ensemble, on trouvera que Gigés Lidien a inventé la Peinture en Egypte, Euchir dans la Grece, & que Bularque l'apporta de Lidie en Italie sous le Regne de

Romulus. Ce Peintre fit un Tableau, où il représenta la Bataille des Magnesiens, lequel fut trouvé si beau par Candaule Roi de Lidie, que pour le payer, il le couvrit d'or. D'où l'on peut inferer que la Peinture étoit en honneur dès ce tems-là.

Il est assez inutile de rapporter dans cet Abregé le peu que les Auteurs disent des premiers Peintres qui ont précedé la décadence de l'Empire : comme il ne reste rien de leurs Ouvrages, on a peu de curiosité de savoir ce qui les regarde ; & de charger sa memoire de leurs noms. On en peut néanmoins excepter quelques-uns, que la Renommée nous a rendus si celebres, qu'il seroit honteux de les ignorer. J'en trouve six de ce nombre : Zeuxis, Parrasius, Pamphile, Timanthe, Apelle, & Protogene. Ils vivoient dans le siécle d'Alexandre le Grand, où les beaux Arts étoient dans leur vigueur : & quoique nous n'ayons point de leurs ouvrages, on peut néanmoins juger du degré de leur perfection par ceux de Sculpture du même siécle qui sont venus jusqu'à nous, & par le grand prix dont on les payoit ; car on a donné à Timanthe, & ensuite à Apelle, pour un seul Tableau, jusqu'à cent talens, qui valent de notre monnoie, cent quatre-vingt mille livres.

Nous avons à la verité quelques morceaux

de Peinture Antique, mais ni les tems, ni les Auteurs n'en ſont point connus : le plus conſiderable eſt à Rome dans la Vigne Aldobrandine, il repreſente un Mariage. Cet Ouvrage eſt d'un grand Goût de Deſſein, & tient beaucoup de la Sculpture & des Bas-reliefs Grecs. Il eſt ſec & ſans intelligence de Groupes, ni du Clair-obſcur : mais il eſt à croire que tous les ouvrages de Peinture qui ſe faiſoient alors, ſur-tout en Grece, n'étoient pas de la même ſorte, car ce que nous liſons de Zeuxis & de Parraſius, qui ont trompé par leur Pinceau, non ſeulement les Animaux, mais les Peintres mêmes, doit nous perſuader qu'ils avoient penetré dans les Principes de la Peinture plus avant que l'Auteur de cet Ouvrage. Il eſt vrai qu'ils n'avoient pas l'uſage de peindre à l'huile, laquelle donne tant de force aux Couleurs; mais ils pouvoient avoir des ſecrets que nous ignorons. En effet, Pline nous dit qu'Apelle ſe ſervoit d'un vernis qui donnoit de la vigueur à ſes Couleurs & qui les conſervoit. Quoiqu'il en ſoit, on ne peut aller contre le témoignage univerſel des anciens Auteurs qui ont parlé des Peintres de ces tems-là, & des Ecrits deſquels on doit inferer que la Peintnre y étoit dans un haut degré de perfection, & que le nombre des habiles Peintres y étoit fort grand. On en rapportera donc ici ſeulement les Principaux.

ABREGÉ

De la Vie des ſix principaux Peintres de Grece.

ZEUXIS.

ZEUXIS, natif d'Heraclée dans la Macedoine, apprit les premiers Elemens de la Peinture dans la 85e. Olympiade, quatre cens ans avant Jeſus-Chriſt. Il s'y attacha fortement; & le ſuccès répondant à la chaleur de ſes Etudes, lui fit entreprendre des choſes hardies, qui lui donnerent de la réputation. Il étoit habile dans le Deſſein: mais il a pénetré dans le Coloris plus qu'aucun Peintre de ſon tems. Pline dit qu'Apolodore, qui le premier a trouvé les Principes du Clair obſcur & du Coloris, ouvrit à Zeuxis les portes de la peintute, & que le même Apolodore ſe plaignit que Zeuxis y étoit entré ſi avant, qu'il avoit emporté l'Art avec lui. Les Ouvrages conſiderables où il fut employé lui firent acquerir de grandes richeſſes, & n'ayant plus rien à attendre des biens de la fortune, il commença à donner liberalement ses tableaux, parce qu'il ne voyoit pas, disoit-il, qu'aucun prix les pût assez dignement payer.

Les Agrigentins lui ayant demandé le Tableau d'une Helene nue pour mettre dans leur Temple, ils lui envoyerent en même tems, ainsi qu'il l'avoit demandé, plusieurs des plus belles filles de leur Pays. Il en retint cinq, & après les avoir considerées, il se fit une idée de leurs plus belles parties pour en composer le corps qu'il avoit à représenter. Il le peignit d'après elles, & cette Figure qu'il acheva avec tant de soin, lui parut si parfaite qu'il ne feignit point de dire, des Peintres qui venoient l'admirer, qu'ils pouvoient bien la louer, mais non pas l'imiter.

Parrasius néanmoins lui disputoit le premier rang, ils convinrent de faire chacun un Tableau en concurrence. Zeuxis peignit des Raisins, & Parrasius un Rideau. L'Ouvrage du premier étant exposé, attira des Oiseaux qui vinrent bequeter les Raisins qu'il avoit peints, Zeuxis tout glorieux du suffrage de ces Animaux, dit à Parrasius qu'il fît donc voir son Tableau, & qu'on tirât ce Rideau qui le couvroit: mais se trouvant surpris par ce même Rideau, qui étoit le Tableau de Parrasius, il confessa ingenuement qu'il étoit vaincu, & que n'ayant trompé que les Oiseaux, Parrasius l'avoit trompé lui-même, tout Peintre qu'il étoit.

Zeuxis peignit un jeune homme quelque tems après, qui portoit une Corbeille de Raisins, & voyant que les Oiseaux les venoient aussi bequeter, il avoua avec la même franchise, que si les Raisins étoient bien peints, il falloit que la Figure le fût bien mal, puisque les Oiseaux n'en avoient aucune peur.

Agatharque, qui voyoit avec impatience, que Zeuxis employoit beaucoup de tems à finir ses Ouvrages, lui dit un jour, que pour lui il peignoit ses Tableaux avec assez de promptitude. Vous êtes bien heureux, répondit Zeuxis, je ne fais mes Ouvrages qu'avec beaucoup de tems & d'application; parce que je desire qu'ils soient bien, & que je suis persuadé que l'estime des choses faites en peu de tems, dure peu de tems aussi.

Quoique Zeuxis fût generalement estimé dans son siécle, il a néanmoins eu ses adversaires. Aristote lui a reproché de n'avoir pas eu le talent d'exprimer comme il faut les passions de l'ame: Quintilien dit, qu'il faisoit les extrêmités de ses Figures trop puissantes, & qu'il imitoit en cela Homere, qui se plaisoit dans les descriptions qu'il faisoit des corps, à leur donner des membres forts & robustes, même à ceux des femmes. Pline fait mention des Ouvrages de Zeuxis, & Lucien décrit avec beaucoup de soin le Tableau qu'il fit de la Famille d'un Centaure. Festus rapporte que le dernier Tableau de ce Peintre fut le Portrait d'une Vieille, & que cet Ouvrage le fit tant rire qu'il en mourut. Quoique la chose soit difficile à croire, elle n'est pas sans exemple.

Les Competiteurs de Zeuxis furent, Timanthe, Androcide, Eupompe, & Parrasius.

PARRASIUS.

PARRASIUS, natif d'Ephese, Fils & Disciple d'Evenor, étoit Emule de Zeuxis. On peut voir dans la Vie de ce dernier les Tableaux qu'ils ont faits en concurrence. Ils passoient tous deux pour les plus habiles de leur tems, qui étoit le tems des habiles: & Quintilien dit, qu'ils ont élevé la Peinture dans un haut dégré de perfection; Parrasius pour le Dessein, & Zeuxis pour le Coloris.

Les Auteurs s'accordent à donner à Parrasius la gloire d'avoir dessiné très-correctement & très-élégament, & d'avoir réprésenté les corps, non comme la Nature les avoit produits, mais comme elle pouvoit les produire ; c'est, selon cette grande idée qu'il a écrit de la Simmétrie des Corps.

Il excelloit entr'autres choses dans l'ajustement des coëffures, dans la distribution des cheveux, & dans les agrémens de la bouche : mais surtout dans l'expression des passions de l'ame, qualité qu'on ne peut assez louer.

Il avoit beaucoup de Génie & d'élevation d'esprit : mais les louanges qu'on lui donnoit, & qu'il croyoit mériter, le rendirent extrémement orgueilleux ; il parloit des autres avec mépris, & de soi-même, comme ayant conduit l'Art à sa derniére perfection. Il ne faisoit pas de difficulté de se nommer le Maître & le Prince de la Peinture : Il étoit magnifique en tout ce qui environnoit sa personne, sans affectation néanmoins, & sans contrainte.

Il avoit accoutumé de s'enthousiasmer dans ses Productions. Il ne se mettoit jamais au travail qu'il ne fût prévenu d'une disposition à y trouver du plaisir ; & il adoucissoit son travail en chantant d'un ton moderé pour lui seul. Il a fait quantité d'Ouvrages, dont les plus considérables sont rapportés dans le 35e. Livre de Pline, que les Curieux pourront consulter.

PAMPHILE.

PAMPHILE, né sous le Regne de Philippe, eut la Macédoine pour Patrie, Eupompe pour Maître, & le fameux Apelle pour Disciple. Il avoit une si grande Idée de son Art, qu'il ne croyoit pas qu'on y pût être habile sans l'étude des belles Lettres, & de la Géométrie; il étoit lui-même fort savant en ces deux choses. Sa réputation lui attira des Disciples considerables: il n'en prenoit point qu'ils ne lui payassent un talent; c'est-à-dire, six cens écus de notre monnoie durant l'espace de dix années, qu'il les retenoit dans l'Etude de la Peinture; Apelle & Melanthius lui donnerent cette somme, que Bede dit être pour chaque année seulement.

Ce fut par son avis & par son crédit que d'abord à Sicyone, & ensuite dans toute la Grece, les Jeunes gens d'une naissance libre & distinguée apprenoient à dessiner avant toutes choses, & que la Peinture se conserva depuis dans un si grand honneur, qu'il fut défendu par un Edit à tous autres qu'à ceux qui étoient nobles, d'exercer cet Art. D'où l'on peut inferer, que, si la Peinture a été estimée dans l'Antiquité par les

Peuples les plus polis ; ce n'est pas sans raison qu'aujourd'hui les Princes éclairés l'aiment & la protégent, & que les gens d'esprit se font un honneur de s'y connoître.

TIMANTHE.

TIMANTHE vivoit dans le même tems que Pamphile. On ne sait point le lieu de sa naissance ; mais il a été un des plus savans & des plus judicieux Peintres de son siécle. Parmi les Ouvrages qu'il a faits, le plus célebre, & dont quantité d'Auteurs ont parlé avec éloge, est le Sacrifice d'Iphigenie. Cette jeune Fille y paroissoit d'une beauté surprenante, & sembloit se dévouer d'elle-même à sa Patrie. Le Peintre qui y avoit représenté Calchas, Ulysse, Ajax, Menélas, amis & parens de cette Fille, s'étant épuisé à donner à chacun d'eux des caractéres différens de tristesse, selon la convenance des personnes, peignit Agamemnon, Pere d'Iphigenie, le visage caché dans sa Draperie, ne pouvant d'une autre maniére exprimer assez dignement les sentimens de sa douleur. De sorte que les expressions qui paroissoient sur le visage du Frere & de l'Oncle de cette Victime, faisoient juger de l'état douloureux où pouvoit être le Pere.

Timanthe ayant fait une autrefois dans un petit Tableau un Cyclope endormi, s'avisa, pour faire juger de sa grandeur, de peindre auprès de lui des Satires qui mesuroient son pouce avec un tyrse, qui est une espece de bâton fort haut. Pline fait mention des principaux Ouvrages de Timanthe, & dit que ce Peintre dans tous ses Tableaux donnoit à entendre beaucoup plus de choses qu'il n'y en avoit peint.

APELLE.

APELLE, que la Renommée a mis au-dessus de tous les Peintres, étoit de l'Isle de Co, dans la Grece, Fils de Pithius, & Disciple de Pamphile, dont on vient de parler. Les grands Peintres, comme les grands Poëtes se sont attirés dans tous les tems la bienveillance des Souverains : Apelle en reçût des marques singuliéres d'Alexandre le Grand, qui, non seulement honora ce Peintre de son estime, à cause de sa grande capacité, mais qui l'aima à cause de la candeur de ses mœurs.

Apelle apporta en naissant tant de disposition & d'inclination pour la Peinture, qu'afin de s'y rendre habile, il ne fit pas difficulté de donner à Pamphile son Maître un talent par an. Il avoit pour maxime de ne laisser passer aucun jour sans dessiner : ce qui donna lieu à ce Proverbe, *Nulla dies sine linea*, Nul jour sans tirer quelque ligne ; c'est-à-dire, sans s'exercer au Dessein.

La force de son Génie & l'assiduité de ses Etudes ne lui donnérent pas cette bonne opinion que les habiles prennent ordinairement d'eux-mêmes. Il ne voulut juger de sa capacité que par la comparaison de celle des autres qu'il alloit visiter. Tout le monde sait ce qui arriva entre lui & Protogene. Celui-ci demeuroit dans l'Isle de Rhodes, où Apelle fit un voyage exprès pour voir ses Ouvrages, qu'il ne connoissoit que de réputation: mais n'ayant trouvé dans la Maison de Protogene qu'une vieille femme, qui lui demanda son nom ; je vais le mettre sur cette toile, lui dit-il, & prenant un Pinceau avec de la Couleur, il y dessina quelque chose d'une extrême délicatesse. Protogene étant de retour, la vieille lui raconta ce qui s'étoit passé, & lui montra la toile. Mais lui, regardant avec attention la beauté de ces traits, dit que c'étoit Apelle qui étoit venu, ne croyant pas qu'un autre fût capable de faire une si belle chose. Et prenant d'une autre couleur, il fit sur les mêmes traits un contour plus correct & plus délicat. Et sortant ensuite, il donna ordre, que, si celui qui étoit venu retournoit, on lui montrât ce contour, & qu'on lui dît que c'étoit-là celui qu'il cherchoit. Apelle revint aussi-tôt, mais honteux de se voir vaincu, prit d'une troisiéme couleur, & parmi les traits qui avoient été faits, il en conduisit de si savans & de si merveilleux, qu'il y épuisa toute la subtilité de l'Art. Protogene les vit à son tour, & confessant qu'il ne pouvoit mieux faire, quitta la partie, & courut chercher Apelle avec empressement.

Pline qui écrit cette Histoire, dit qu'il a vû la toile avant qu'elle eut été consumée dans l'incendie du Palais de l'Empereur, & qu'il n'y avoit autre chose dessus que quelques lignes qu'on avoit assez de peine à distinguer : mais qu'on estimoit cette toile plus qu'aucun des Tableaux parmi lesquels elle étoit.

C'est à peu près de cette sorte qu'il faut entendre cet endroit de Pline: car de l'entendre d'une simple ligne partagée le long de son étendue, cela est contraire au bon sens, & choque tous ceux qui savent un peu ce que c'est que Peinture.

Ce qui peut avoir donné lieu à cette mauvaise interprétation, est à mon avis le mot de *linea* mal entendu : car *linea* en cet endroit ne veut dire autre chose que Dessein, ou Contour. Pline s'en sert lui-même en cette signification dans un autre endroit, où il dit d'Apelle, qu'il ne passoit aucun jour sans dessiner; *Nulla dies sine linea* : car ce n'est pas à tirer de simples lignes qu'Apelle s'occupoit, mais à se faire une habitude d'un Dessein correct.

On doit entendre de même le mot de *Subtilitas*, non pour donner l'idée d'une ligne très-déliée, mais de la précision & de la finesse du Dessein. Ainsi la subtilité n'est pas dans la ligne, simplement comme ligne, mais dans l'intelligence de l'Art, qu'on fait connoître par des lignes.

J'avoue pourtant que le mot de *Tenuitas*, qui se rencontre dans le même endroit de Pline peut faire quelque difficulté, elle n'est pas néanmoins sans réponse; car on peut fort bien entendre par ce mot, la finesse & la précision d'un contour. Mais je soûtiens encore qu'il seroit tout-à-fait contre le bon sens, d'entendre que la Victoire dans le Combat d'Apelle & de Protogéne ne consistât qu'à faire une ligne plus déliée qu'une autre; & que si Pline, qui s'est mal expliqué en cet endroit, l'a entendu de cette derniére façon, il avoit peu de connoissance des beaux Arts : quoiqu'il soit aisé de juger d'ailleurs qu'il les aimoit passionément.

L'envie, qui se rencontre ordinairement parmi les gens de la même Profession, ne trouva point d'entrée dans l'ame d'Apelle ; & s'il cherchoit à s'élever, c'étoit par rappart à son Art dont il connoissoit l'étendue, & dont il aimoit la gloire. D'où vient qu'il n'avoit pas moins de soin de l'avantage de ses Emules, que du sien propre, & qu'ayant reconnu la capacité de Protogéne, il le rendit recommandable aux Rhodiens, & lui fit payer des Ouvrages incomparablement plus que ce Peintre n'avoit accoutumé de les vendre.

Apelle étoit circonspect, mais facile dans ses Productions. L'Elégance & la Grace qu'il répandoit dans ses Tableaux n'empêchoient point la vérité que le Peintre doit à la Nature, & il faisoit ses Portraits avec tant de fidelité, que quelques Astrologues ne faisoient pas de difficulté de s'en servir pour tirer l'horoscope des personnes qu'il avoit peintes.

Alexandre qui visitoit souvent Apelle, par le plaisir que lui donnoit sa conversation & ses maniéres, trouvoit bon qu'il lui parlât sans complaisance; ce Prince en avoit même beaucoup pour lui : il le témoigna bien à l'occasion du Portrait de Campaspe, qu'il lui fit faire. Campaspe étoit très-belle, & celle de toutes les Concubines de ce Prince qui lui tenoit le plus au cœur ; & comme Alexandre s'apperçût qu'elle avoit

percé

percé du même trait celui d'Apelle, il la lui donna, faisant voir par-là, dit Pline, non seulement l'affection qu'il avoit pour ce Peintre, mais qu'après avoir vaincu les Nations, il savoit encore se vaincre soi-même : Grand par son courage, s'écrie t-il, mais plus Grand encore par l'empire qu'il avoit sur ses passions.

Apelle fit plusieurs fois le Portrait d'Alexandre, & comme ce Monarque ne trouvoit pas à propos de laisser profaner son Image par la main des Ignorans, il fit un Edit, par lequel il défendit à tous les Peintres de faire son Portrait, à l'exception du seul Apelle : de même qu'il ne donna permission par le même Edit qu'à Pyrgotele de graver ses Médailles, & à Lisippe de les représenter par la fonte des métaux.

Quoiqu'Apelle fût fort exact dans son Ouvrage, il savoit jusqu'à quel point il devoit travailler sans fatiguer son Esprit. Il dit un jour, parlant de Protogéne, qu'il étoit habile, mais qu'il gâtoit souvent les belles choses qu'il faisoit à force de les vouloir perfectionner; qu'il ne savoit pas quitter son travail, que le trop étoit plus à craindre que le trop peu, & que c'étoit être bien savant, que de savoir ce qui suffit.

Un de ses Disciples lui montrant un Tableau pour en savoir son sentiment, & ce Disciple lui disant qu'il l'avoit fait fort vîte, & qu'il n'y avoit emploïé qu'un certain tems. *Je le voi bien sans que vous me le disiez*, répondit Apelle, *& je suis étonné que dans ce peu de tems-là même, vous n'en aïez pas fait davantage de cette sorte.*

Un autre Peintre lui faisant voir le Tableau d'une Helene qu'il avoit peinte avec soin, & qu'il avoit ornée de beaucoup de Pierreries, il lui dit : *O mon ami, n'aïant pû la faire belle, vous n'avez pas manqué de la faire riche.*

Mais s'il disoit son sentiment avec simplicité, il recevoit de la même maniere celui des autres ; & pour en éloigner toute complaisance, il exposoit ses ouvrages aux passans, & se tenoit caché derriere pour écouter ce qu'on en diroit, dans le dessein d'en profiter. De sorte qu'un Cordonnier passant un jour devant la maison d'Apelle, & y trouvant un Tableau ainsi exposé, reprit avec liberté quelque défaut qu'il apperçût à une Sandale, laquelle fut changée incontinent après : mais le lendemain repassant par le même endroit, tout glorieux de voir qu'on avoit profité de sa critique, censura aussi-tôt une Cuisse où il n'y avoit rien à redire : ce qui obligea Apelle de sortir de derriere sa toile, & de dire au Cordonnier que ſon jugement ne paſſoit pas la Sandale : ce qui paſſa dans la ſuite en Proverbe. Je ne ſai s'il y a beaucoup d'Apelles aujourd'hui, mais il y a des Cordonniers plus que jamais.

Une autre marque de la ſimplicité d'Apelle, c'eſt qu'il avouoit qu'Amphion l'emportoit ſur lui pour la Diſpoſition, & Aſclépiodore pour la régularité du Deſſein : pour lui il ne le cédoit à perſonne pour la Grace, qui étoit ſon talent particulier. Quand il regardoit les Ouvrages des grands Peintres, il en admiroit les beautés, mais il n'y trouvoit pas, diſoit-il ingénûment, cette Grace, que lui ſeul ſavoit répandre dans tout ce qu'il peignoit.

Apelle n'a jamais peint ſur les murailles, ni ſur aucune autre choſe qu'on n'auroit pû ſauver d'un embraſement. Il vouloit qu'on pût tranſporter les Ouvrages des habiles Peintres d'un Païs dans un autre, & ne pouvoit ſouffrir qu'un Tableau ne pût appartenir qu'à un ſeul Maître ; parce que la Peinture, diſoit-il, eſt un bien commun à toute la Terre.

Pline fait la deſcription des plus beaux Ouvrages d'Apelle, & l'on peut juger de leur excellence par le prix qu'il en recevoit : car on les lui païoit quelquefois cent talens, & d'autres fois ſans compte, & avec profuſion.

PROTOGÉNE.

PROTOGÉNE étoit de Caune, Ville de Carie, sujette aux Rhodiens. On ne sait qui étoient, ni son Maître, ni ses Parens. Il est assez vraisemblable qu'il n'a point eu d'autre Maître que les Ouvrages publics, & que ses Parens étoient pauvres: car il l'étoit si fort lui-même, qu'il étoit contraint au commencement de peindre des Navires pour gagner sa vie. Sa plus grande ambition n'étoit pas de se faire riche, mais de se faire habile. C'est pour cela qu'il vivoit retiré du commerce du monde, afin d'être moins distrait dans les Etudes qu'il jugeoit nécessaires pour la perfection de son Art.

Il finissoit extrêmement ses Tableaux. Apelle dit de lui, qu'il ne savoit pas se retirer de dessus son Ouvrage, & qu'à force de le travailler il en diminuoit la beauté, & fatiguoit son Esprit. Il vouloit que les choses peintes parussent vraies, & non vraisemblables: ainsi à force d'exiger de son Art plus qu'il ne devoit, il en retiroit moins qu'il n'auroit pû faire.

Le plus beau de ses Ouvrages est le Tableau de Jalisus. Plusieurs Auteurs en parlent sans en faire la description, & sans dire quel étoit ce Jalisus, que quelques-uns croient avoir été un insigne Chasseur.

Pendant sept années que Protogéne emploïa à peindre ce Tableau, il ne prit point d'autre nourriture que des Lupins cuits dans de l'eau, qui lui servoient de boire & de manger, afin que cet aliment simple & léger lui laissât toute la liberté de son imagination.

Apelle aïant vû cet Ouvrage, en fut tellement frappé, qu'il resta sans parole, n'aïant point de termes pour exprimer l'Idée de beauté que ce Tableau avoit formée dans son Esprit. Ce fut ce même Tableau qui sauva la Ville de Rhodes, que le Roi Démétrius tenoit assiegée, parce que ne pouvant la prendre que du côté où travailloit Protogéne, & par où ce Prince avoit résolu d'y mettre le feu, il aima mieux renoncer à sa conquête, que de perdre une si belle chose.

Protogéne avoit son Attelier dans un jardin au Fauxbourg de Rhodes, c'est-à-dire, dans le Camp des Ennemis, sans que le bruit des Armes fut capable de le distraire de son travail. Et le Roi l'aïant fait venir, & lui aïant demandé avec quelle assurance il pouvoit ainsi travailler dans les dehors d'une Ville assiégée; il lui répondit, qu'il savoit bien que la Guerre qu'il avoit entreprise étoit contre les Rhodiens, & non pas contre les Arts. Ce qui obligea le Roi de lui donner des Gardes pour sa sûreté, étant ravi de pouvoir conserver cette Main savante qu'il avoit sauvée.

Aulugéle rapporte que les Rhodiens pendant le Siége de leur Ville envoïerent une Ambassade à Démétrius, pour le prier de sauver ce Tableau de Jalisus : ils lui representerent que s'il étoit Victorieux, il pourroit orner son Triomphe de ce rare Ouvrage ; & que s'il étoit contraint de lever le Siége, on pourroit lui reprocher, que ne les aïant pû vaincre, il avoit retourné ses Armes contre Protogéne; ce qu'aïant écouté paisiblement de la bouche des Ambassadeurs, il fit retirer son Armée, & épargna par ce moïen, & le Tableau de Jalisus, & la Ville de Rhodes.

Je ne rapporterai point ici ce Combat mémorable de concurrence entre Apelle & Protogéne, le Lecteur pourra le voir dans la Vie d'Apelle : j'ajoûterai seulement que ce dernier aïant demandé à Protogéne combien il se faisoit païer de ses Tableaux, & Protogéne lui aïant répondu, une somme assez modique, (selon le triste sort de ceux qui sont contraints de travailler pour gagner leur vie) Apelle touché de l'injustice qu'on faisoit à la beauté de ses Ouvrages, lui païa cinquante talens pour un seul

Tableau, il fit même courir le bruit qu'il vouloit le faire passer & le vendre pour son Ouvrage propre. Ce qui ouvrit les yeux aux Rhodiens sur le mérite de Protogéne, & leur fit retirer des mains d'Apelle le Tableau qu'il avoit acheté, mais ce ne fut qu'en augmentant le prix.

Pline dit que ce Peintre travailla aussi de Sculpture. Consultez cet Auteur, si vous en voulez savoir davantage des Ouvrages de Protogéne, desquels il parle, aussi-bien que de plusieurs autres habiles Peintres. Je rapporterai pourtant ici un endroit de Quintilien, où l'on voit les talens particuliers de six fameux Peintres. *Protogéne*, dit-il, *excelloit pour l'exactitude; Pamphile & Mélanthius pour l'ordonnance; Antiphilus pour la facilité; Théon Samien pour la fécondité des Idées; & Apelle pour la Grace & pour les Conceptions ingénieuses.*

Pline dit que les habiles Peintres de ce tems-là ne se servoient que de quatre couleurs capitales, dont ils composoient toutes les autres. Ce n'est point ici le lieu de raisonner là-dessus, non plus que sur la comparaison de la Peinture Antique avec la Moderne. On peut dire seulement que si la Peinture à huile, qui a été mise en usage depuis 250. ans, a un grand avantage sur la Détrempe pour la facilité de peindre, &

pour l'union des Couleurs, les Anciens avoient des Vernis qui donnoient de la force à leurs couleurs brunes; & que leur blanc étoit plus blanc & plus éclatant que le nôtre. De sorte qu'aïant par ce moïen plus d'étendue de degrés de Clair-obscur, ils pouvoient imiter certains objets avec plus de force & de verité, qu'on ne fait par le moïen de l'huile. Le Titien a connu cet avantage, & s'en est voulu servir dans quelques Tableaux où il a emploïé du blanc à détrempe; mais la diversité de ces deux façons d'emploïer les couleurs, est une sujettion qui a pû dégoûter le Titien de cette pratique.

Je dirai encore des Peintres & des Sculpteurs de ces tems-là, que reconnoissant qu'il n'y avoit point d'Ouvrage si accompli où l'on ne pût ajoûter toujours quelque perfection, ils observerent, en mettant leur nom, d'exprimer que l'Ouvrage n'étoit pas achevé, quoiqu'ils y eussent fait tout leur possible: Nous en voïons des exemples sur les Statues Grecques où l'on trouve, par exemple: *Glicon d'Athénes, faisoit cet Ouvrage; Praxitéle, faisoit cet Ouvrage: Athénodore, Lysipe, &c. faisoit cet Ouvrage*, & non pas, *a fait*.

Bien des gens aujourd'hui ne sont pas si scrupuleux, & sont bien éloignés de croire que ce qui sort de leurs mains ne soit pas dans la derniere perfection.

LIVRE III.

ABREGE' DE LA VIE DES PEINTRES ROMAINS ET FLORENTINS.

CIMABUE'.

LEs beaux Arts s'étant éteints dans l'Italie par l'invasion des Barbares, le Sénat de Florence fit venir des Peintres de la Grece pour rétablir la Peinture dans la Toscane, & Cimabué fut leur premier Disciple. Ce Peintre étoit d'une noble Famille de Florence, & ses Parens qui lui trouverent de la disposition pour les Sciences, l'y firent appliquer. Il s'y exerça quelque tems: mais l'arrivée de ces Peintres Grecs réveilla son inclination, & le détermina entierement du côté de la Peinture. Les progrès considérables qu'il y fit augmenterent son courage, & lui acquirent tant de réputation, que Charles I. Roi de Naples, pasſant par Florence, allà voir Cimabué, & crût être fort regalé par la vûe des Ouvrages de ce Peintre. L'on en voit encore quelques reſtes à Florence. Il peignit, ſelon l'uſage du tems, à fraiſque & à détrempo, la Peinture à l'huile n'étant pas encore trouvée : il ſavoit auſſi l'Architecture. Il mourut en 1300. âgé de 70. ans, & eut pour Diſciple Giotto.

ANDRÉ TAFFI

DE Florence, ſe rendit recommandable par une nouvelle ſorte de Peinture. Il quitta Florence pour aller à Veniſe, où l'on avoit appellé quelques Peintres Grecs, comme on avoit fait à Florence. Ils y travailloient en Moſaïque dans l'Egliſe de S. Marc. André fit amitié avec eux, & entr'autres avec un nommé Appollonius, qu'il amena à Florence, où il apprit de lui la méthode & les ſecrets de cette Peinture, qui avoit la grace de la nouveauté, & qui étoit curieuſe à cauſe de ſa durée. Ils firent enſemble pluſieurs Hiſtoires de la Bible dans l'Egliſe de S. Jean, & ces Ouvrages mirent Taffi en réputation. Mais il en fit un qui lui attira beaucoup plus de gloire, & une grande récompenſe du Public : c'étoit un Christ de la hauteur de ſept Coudées, qu'il avoit travaillé avec un grand ſoin. Les louanges qu'il en reçût lui furent d'un grand préjudice ; car ſe voïant eſtimé de tout le monde, il négligea les ſoins de ſa Profeſſion, pour ne ſonger plus qu'à gagner de l'argent, dont il étoit fort avide. Ses Ouvrages donnerent de l'émulation à Gaddo Gaddi & à Giotto, & furent comme une ſemence qui produiſit pluſieurs Peintres dans la Toſcane. Il mourut âgé de 81. ans, en 1294.

GADDO GADDI

DE Florence, s'adonna auſſi à la Moſaïque, où il s'attira beaucoup d'eſtime dans Rome & dans la Toſcane, parce qu'il deſſinoit mieux que tous les autres Peintres de ſon tems. Après avoir fait de grands Ouvrages en pluſieurs lieux, il ſe retira à Florence, où il en fit de petits comme pour ſe repoſer. Il ſe ſervoit pour cela de coquilles d'œufs, qu'il faiſoit teindre en diverſes couleurs, & qu'il emploïoit avec beaucoup de patience. Il mourut en 1312. âgé de 73. ans.

MARGARITONE'

NAtif d'Arezzo dans la Toscane, fut Peintre & Sculpteur. Le Pape Urbain IV. lui fit faire quelques Tableaux dans S. Pierre, & Gregoire X. étant mort dans la Ville d'Arezzo, les Habitans l'emploïerent à travailler de Sculpture le Tombeau de ce Pape. Cette occasion servit à Margaritoné pour faire voir dans un même lieu des marques de sa capacité en l'une & en l'autre Profession : car il enrichit de plusieurs Tableaux la Chapelle où étoit la Statue de marbre qu'il avoit faite. Il mourut âgé de 77. ans.

GIOTTO

NE' dans un Bourg auprès de Florence, contribua beaucoup au progrès de la Peinture. Sa Mémoire s'est conservée, non-seulement par ce grand Tableau de Mosaïque qui est sur la Porte de l'Eglise de Saint Pierre de Rome, que Benoît IX. lui fit faire, & par les louanges que lui ont donné les Poëtes de son tems : mais encore par la Statue de marbre que les Florentins lui éleverent sur son Tombeau. Le Proverbe Italien, *Tu sei piu rondo ché l'O di Giotto*, dont on se sert pour exprimer un Esprit grossier, est fondé sur ce que le Pape Benoît IX. voulant juger de la capacité des Peintres de Florence, qui étoient alors en grande réputation, envoïa quelqu'un sur le lieu pour rapporter un Dessein de chacun d'eux; cette personne s'étant adressée à Giotto, celui-ci fit sur du papier un Cercle parfait à la pointe du pinceau, & d'un seul trait de main: *Tenez*, lui dit-il, *portez cela au Pape, & lui dites que vous l'avez vû faire. C'est un Dessein que je vous demande*, répondit l'autre. *Allez seulement*, repliqua Giotto: *Je vous dis que Sa Sainteté ne demande pas autre chose.* C'est sur cela que le Pape lui donna la préference, & le fit venir à Rome, où il peignit entr'autres choses le Tableau de Mosaïque dont on vient de parler. Il répresente la Barque de Saint Pierre, agitée par la tempête: & il est connu de tous les Peintres sous le nom de *la Nave del Giotto*. Cette histoire du Cercle de Giotto fait voir qu'en ces tems-là la hardiesse de la main avoit la meilleure part à l'estime qu'on faisoit des Tableaux & des Peintres, & que les veritables Principes du Coloris n'étoient que peu ou point connus. Giotto a travaillé en beaucoup d'endroits: à Florence, à Pise, à Rome, à Avignon, à Naples, & en d'autres lieux d'Italie. Il mourut en 1336. âgé de 60. ans, & eut plusieurs Disciples comme on le verra dans la suite.

BONAMICO BUFALMACO.

DE Florence, étoit ingénieux dans ses Compositions, & enjoué dans sa conversation.

Comme il peignoit dans un Couvent de Filles la Vie de Jesus-Christ, il y entra un jour assez mal proprement vêtu, & les Religieuses lui aïant demandé pourquoi le Maître lui-même ne venoit pas travailler, il répondit qu'il viendroit bientôt. Il forma cependant une Figure qu'il composa de deux chaises & d'un pot qu'il mit au-dessus, les couvrit d'un manteau & d'un chapeau, & tourna cette Figure du côté de l'Ouvrage. Les Religieuses étant retournées peu de tems après, & étonnées de voir ce nouvel Ouvrier, il leur dit que c'étoit-là le Maître. La plaisanterie reconnue les divertit, & leur apprit en même-tems que l'habit ne faisoit pas l'habile homme.

Peignant une autre fois pour l'Evêque d'Arezzo, il trouvoit souvent en retournant au travail ses Pinceaux en desordre;

& son Ouvrage tout barbouillé, il s'en mit fort en colere : & comme tous les domestiques s'en disculperent, il voulut épier celui qui lui faisoit la piece. Aïant donc un jour quitté l'Ouvrage de bonne heure, il ne fut pas plûtôt retiré à quartier qu'il vit un Singe prendre les Pinceaux à son tour, dont il alloit gâter ce qui venoit d'être fait, si Bufalmaco ne l'en eût empêché.

Un de ses Amis nommé Bruno, le consultant sur le moïen de donner plus d'expression à son Sujet, Bufalmaco lui dit qu'il n'y avoit qu'à faire sortir les paroles de la bouche de ses Figures par des rouleaux où elles seroient écrites. Bruno crût de bonne foi cet avis, qui ne lui avoit été donné qu'en plaisantant, & s'en servit dans la suite, comme ont depuis fait très-ridiculement plusieurs Peintres, qui, pour enrichir sur Bruno, ajoûterent des réponses à des demandes, faisant faire ainsi à leurs Figures une espece de conversation. Bufalmaco mourut en 1340.

STEPHANO DE FLORENCE, ET PIETRO LAURATI de Sienne,

DIsciples de Giotto, ont été les premiers qui ont pris garde à faire paroître le nud sous les Draperies, & à observer plus régulierement la Perspective. Stephano a travaillé à Florence, à Pise & à Assise, & Laurati à Sienne & à Arezzo. Stephano mourut en 1350. âgé de 49. ans.

AMBROGIO LORENZETTI de Sienne, ET PIETRO CAVALLINI

DE Rome, étoient Discisples de Giotto. Lorenzetti joignit à la Peinture l'étude des belles Lettres & de la Philosophie, & fut le premier qui peignit les Pluies, les Tempêtes, & l'effet des Vents. Il mourut âgé de 83. ans. Cavallini, qui étoit Peintre & Sculpteur, a fait entr'autres Ouvrages le Crucifix qui est dans l'Eglise de S. Paul de Rome: & qui, dit-on, a parlé à Sainte

Brigitte. Ce Peintre étoit regardé comme un Saint, à cause de son humilité & de sa pieté. Il est enterré dans la même Eglise de Saint Paul, aïant vécu 85. ans.

SIMON MEMMI

DE Sienne, augmenta considérablement les progrès du Dessein. Il avoit beaucoup de Génie, & faisoit bien les Portraits: & comme il étoit grand Ami de Pétrarque, il peignit celui de la belle Laure. Il mourut en 1345. âgé de 60. ans. Il eut un Frere nommé Lippo, qui mourut en 1357.

TADEO DI GADDO GADDI, ET ANGELO GADDI son Fils,

ONt tous deux peint dans la maniere du Giotto, dont ils avoient été Disciples. Angélo s'est fort attaché à exprimer les passions de l'ame, & il étoit ingénieux dans ses Inventions. Il étoit bon Architecte, & c'est lui qui a bâti la Tour de *Sancta Maria del Fiore*, & le Pont qui est sur l'Arno à Florence. Il mourut en 1350. âgé de 50. ans.

THOMAS GIOTTINO

Fils & Disciple de Stephano, dont on a parlé ci-dessus ; & parce qu'il avoit aussi été Disciple de Giotto, il fut appellé Giottino. Il fut plus habile que ses Maîtres; mais la trop grande vivacité de son Esprit, qui rendit son corps délicat, ne lui permit pas de poursuivre le vol qu'il avoit pris. Il a travaillé beaucoup à Florence, & mourut d'épuisement & de langueur en 1356. âgé de 32. ans.

ANDRE' ORGAGNA

De Florence, avoit dans sa jeunesse appris la Sculpture, & il étoit outre cela Poëte & Architecte : Son Génie étoit fertile, & sa maniere étoit à peu près comme celle des autres Peintres de son tems. La plûpart de ses Ouvrages sont à Pise ; & dans le Jugement Universel qu'il a peint, il a representé ses Amis dans la gloire du Paradis, & ses Ennemis dans les supplices de l'Enfer. Il mourut en 1389. âgé de 60. ans.

LIPPO

DE Florence, s'est mis fort tard à la Peinture, & n'a pas laissé par la bonté de son Esprit de se faire habile homme. Il a été le premier qui a fait voir de l'intelligence dans le Coloris. Il avoit un Procès, dans lequel il s'étoit fort opiniâtré, & aïant un jour maltraité de paroles sa Partie, elle l'attendit le soir au coin d'une rue, & lui donna un coup d'épée au travers du corps, dont il mourut environ l'an 1415.

LEON-BAPTISTE ALBERT

D'Une Famille noble de Florence, avoit l'esprit d'une grande étendue, & l'avoit cultivé par la connoissance des belles Lettres & des Mathematiques. Il étoit fort instruit des beaux Arts, de la Peinture, de la Sculpture, & de l'Architecture : il a écrit en Latin de tous les trois avec beaucoup de suffisance. Ses grandes spéculations ne lui ont pas permis de rien laisser de fort considerable de sa Peinture. Mais comme il étoit fort aimé du Pape Nicolas V. il s'emploïa beaucoup dans ses Bâtimens, dont quelques-uns se voient encore avec admiration. Il a auſſi écrit de l'Arithmetique, & fait quelques Ouvrages qui regardent la Vie Civile.

PIETRO DELLA FRANCESCA.

DE l'Etat de Florence, ſe plaiſoit à repréſenter des Sujets de nuit & des Combats. Le Pape Nicolas V. l'emploïa à peindre dans le Vatican : il y avoit fait entr'autres deux Tableaux, qui furent mis à bas par le commandement de Jules II. pour y en ſubſtituer deux autres, que Raphaël fit du miracle du Saint Sacrement arrivé à Bolſéne, & de S. Pierre dans ſa Priſon. Il a fait beaucoup de Portraits, & a écrit de l'Arithmetique & de la Géometrie. Il eut pour Diſciples LAURENTINO D'ANGELIO d'Arezzo, & LUCAS SIGNORELLI.

Sous le Pontificat du même Pape Nicolas V. travailloient à Rome & dans pluſieurs autres Villes d'Italie divers Peintres, qui étoient alors en réputation : comme GIOVANNI D'A PONTE, AGNOLO GADDI, BERNA DE SIENNE, DUCIO, JACOB CASSENTINO, SPINELLO, ANTONIO VENETIANO, GERARDO STARNINA qui alla travailler en Eſpagne, LORENZO Religieux de CMALDOLI, TADEO BARTOLO, LORENZO BICCI, PAOLO, ſurnommé

Uccello, parce qu'il faisoit bien des Oiseaux; Masaccio, qui se distingua des autres par le bon Goût qu'il fit paroître dans les Tableaux : & quoiqu'il soit mort à vingt-deux ans, les Ouvrages qu'il fit ne laisserent pas d'ouvrir les yeux aux habiles gens qui sont venus après lui. Il mourut en 1443. Laurentino d'Angello, Disciple de Pietro della Francesca, & plusieurs autres, parmi lesquels Jean Angelic merite d'être distingué.

JEAN ANGELIC

De Fiésole, Religieux de Saint Dominique, se rendit considerable par sa Peinture : mais encore plus par sa fervente pieté, & par une humilité si profonde, qu'il refusa l'Archevêché de Florence que Nicolas V. lui offrit. Ce Pape l'emploïa pour les Peintures de sa Chapelle, & lui fit faire quelques Ouvrages de Miniature dans des Livres d'Eglise. Dans ses meilleurs Tableaux il laissoit quelquefois des fautes grossieres, pour moderer les louanges qu'il en auroit pû esperer. Il observoit de ne se mettre jamais à l'Ouvrage qu'il n'eût satisfait à son Office. Il a beaucoup travaillé à Rome & à Florence, & les sujets de ses Tableaux étoient toujours Théologiques. Quand il lui arrivoit de peindre un Crucifix, ce n'étoit jamais sans répandre des larmes. Son habileté & sa douceur lui firent beaucoup de Disciples. Il mourut en 1455. âgé de 68. ans, & fut enterré à Sainte Marie de la Minerve, où l'on voit en marbre sa Sépulture & son Portrait.

PHILIPPE LIPPI

DE Florence, fit un usage de l'Etat Monastique bien different de celui de Jean Angelic, dont nous venons de parler: car après avoir été élevé dans un Couvent de Carmes dès l'âge de huit ans, & après avoir pris l'Habit à seize, il arriva que *Masaccio*, peignant une Chapelle dans le même Couvent, & Lippi l'aïant vû travailler plusieurs fois, celui-ci conçût une grande passion pour la Peinture; il se mit à dessiner avec attache: la grande facilité qu'il y trouva, réveilla le talent qu'il avoit pour cet Art, & l'empêcha de vaquer aux Exercices de son Couvent & à l'Etude. Les louanges de *Masaccio*, qui étoit surpris des progrés du Novice, fortifierent tellement la tentation qu'il avoit de quitter son Habit, que n'y pouvant plus résister, il sortit de son

Monastere. Il s'en alla dans la Marche d'Ancone, où aïant trouvé quelques Amis, avec lesquels il se mit sur un Vaisseau pour une partie de divertissement, il fut pris par des Corsaires qui le menerent en Barbarie. Il y souffrit extrêmement pendant dix-huit mois, jusqu'à ce que s'amusant à dessiner un jour sur une muraille avec du charbon le Portrait de son Patron, dont il avoit l'Idée pleine, il s'attira de l'admiration par la ressemblance qu'on y trouva. Cela amolit le cœur du Patron, qui après lui avoit fait faire quelques Portraits, le mit en liberté. De là Lippi passa à Naples, où le Roi Alphonse l'emploïa : mais l'amour de la Patrie le fit retourner à Florence. Il y travailla pour le Duc Côme de Médicis, duquel il gagna l'affection, & lui fit quantité d'Ouvrages. Comme l'amour des femmes le détournoit de son travail & lui faisoit perdre trop de tems, ce Duc, qui étoit impatient de voir finir un Tableau qu'il lui avoit ordonné, le fit enfermer dans une chambre pour le contraindre à travailler, & lui fit donner abondamment tout ce qui lui étoit nécessaire. Lippi au bout de deux jours coupa ses draps par bandes, descendit par sa fenêtre, & se mit en liberté.

Un Citoïen de Florence, lui fit faire ensuite un Tableau de Vierge pour un Monastere où il avoit une très-belle Fille pensionnaire. Ce Pere & les Religieuses du Couvent voulurent bien lui permettre de se servir de cette Pensionnaire pour modelle. Comme il la peignoit, se trouvant seul avec elle, il la corrompit par ses discours, & l'Ouvrage étant fini, il enleva cette Fille, qui y consentit. Il en eut un Fils appellé Philippe, qui fut aussi Peintre.

A quelque tems de là, faisant un Ouvrage dans une Eglise de Spoléte, il devint amoureux d'une femme, & s'étant opiniâtré à la poursuivre contre les avis qu'on lui donnoit, les parens de cette femme l'empoisonnerent l'année 1488. en la cinquante-septiéme de son âge. Le Grand Duc lui fit faire une Sépulture de marbre, & *Angelus Politianus* fit son Epitaphe en vers Latins.

Tous les Peintres précedens n'ont point eu le secret de peindre à l'huile, ils peignoient à fresque ou à détrempe, & pour cette derniere sorte de Peinture ils détrempoient leurs Couleurs, tantôt avec des œufs, & tantôt avec de l'eau mêlée de gomme, ou de colle fondue.

ANTOINE

ANTOINE DE MESSINE

AINSI appellé, parce qu'il étoit de Messine, a été le premier des Italiens qui a peint à huile. Quelqu'affaire l'ayant appellé à Naples, il y vit un Tableau que le Roi Alfonse avoit reçû depuis peu de Flandres : il fut surpris de la vivacité, de la force & de la douceur des Couleurs de ce Tableau, & voyant d'ailleurs qu'elles pouvoient se nettoyer avec de l'eau sans être effacées, il quitta toutes ses affaires pour aller à Bruges trouver Jean Van-Eik, qu'on lui avoit dit être l'Auteur de cet Ouvrage. Il lui fit présent de quantité de Desseins Italiens, & gagna tellement son esprit par ses manieres complaisantes, qu'il tira de lui le Secret de peindre à huile. Antoine s'en sentit si obligé, qu'il voulut toujours demeurer à Bruges pendant la vie de Jean Van-Eik. Mais après la mort de ce Peintre il retourna dans sa Patrie, & s'alla ensuite établir à Venise, où il mourut, & où l'on voit une Epitaphe qui contient son Eloge.

Il eut entr'autres Disciples un certain DOMINIQUE, auquel par reconnoissance de son attachement il fit part de son Secret. Ce Dominique fut appellé à Florence pour quelques Ouvrages : il y trouva ANDRE DEL

CASTAGNO, qui de Païsan s'étant fait Peintre, & qui ayant vû l'estime où étoit cette nouvelle façon de peindre, employa toutes les souplesses & toutes les complaisances artificieuses dont il étoit capable pour avoir l'amitié de Dominique, & tirer par là cette nouvelle invention. Il en vint à bout, Dominique l'aima, voulut demeurer avec lui, lui découvrit tout ce qu'il savoit, & lui fit part de ses Emplois. Mais l'avidité du gain ne laissa pas André long-tems en repos, il se mit dans l'esprit, que s'il étoit seul, tout le profit de Dominique lui reviendroit, & sans songer qu'il n'avoit pas d'ailleurs la même capacité, il prit la résolution de se défaire de son Bienfaiteur. Il alla pour cet effet l'attendre un soir au coin d'une rue, & l'ayant assassiné, il retourna promptement dans sa chambre, & s'y occupa de quelque Ouvrage, comme s'il n'en étoit pas sorti. Il avoit fait le coup si secrétement, que Dominique n'ayant point reconnu son meurtrier, se fit porter chez ce cruel Ami pour en recevoir du secours, & mourut entre ses bras. Cet assassinat auroit été enseveli avec André, si lui-même ne l'avoit déclaré au lit de la mort. Ce fut cet André, qui pour avoir peint à Florence contre le Palais du Podesta par ordre de la République l'exécution des Conjurés, qui avoient conspiré contre les Médicis, fut appellé dans la suite *Andrea de gl'impicatti.*

Dans ce même tems travailloient dans l'Italie VITTORÉ PISANO, qui étoit bon Ouvrier pour les Coins de Médailles. GENTILLÉ D'A FABRIANO, que le Pape Martin V. employa à Saint Jean de Latran, & qui mourut à 80. ans.

LAURENZO COSTA, qui peignit à Bologne & à Ferrare, & qui eut pour Disciples le Dosse & Hercule de Ferrare.

CÔME ROSSELLI, qui peignit dans le Vatican pour Sixte IV. & qui mourut âgé de 68. ans, en 1484.

DOMINIQUE GHIRLANDAI

FLORENTIN, fut premierement Orfévre, & s'occupant plus à dessiner qu'aux Ouvrages ordinaires de cette Profession, il s'abandonna au penchant qu'il avoit pour la Peinture. Il y fut habile : mais sa principale réputation ne vient pas tant de ses Ouvrages, que d'avoir été Maître du Grand Michelange : il mourut en 1493. âgé de 44. ans. Il eut trois Fils, qui furent tous trois Peintres, David, Benoît, & Rodolphe.

ANDRE' VERROCHIO

FLORENTIN, ſavoit en même tems l'Orféverie, la Géométrie, la Perſpective, la Gravûre, la Muſique, la Peinture, & la Sculpture. Ses Tableaux à la vérité étoient peints durement, & ſes Couleurs aſſez mal entendues, mais il étoit ſavant dans le Deſſein, & gracieux dans ſes airs de Têtes, principalement des femmes. Il en avoit beaucoup deſſiné à la plume, qu'il manioit très-bien. Il trouva le moyen de mouler avec du plâtre les viſages des perſonnes mortes & vivantes, pour en faire les Portraits; en ſorte que de ſon tems cela fut fort en uſage. Il ne ſe contentoit pas de la vraiſemblance des choſes, il vouloit les approfondir, & faiſoit ſouvent pour cela des expériences de Mathématiques. Comme il faiſoit fort bien les Chevaux, & qu'il ſavoit l'Art de fondre & de couler les métaux, les Vénitiens voulurent ſe ſervir de lui pour ériger une Statue Equeſtre de bronze à Barthelemi de Bergame, à qui ils devoient les bons ſuccès de leurs armes. Il en fit le modéle de cire en grand : mais un autre lui aïant été préferé pour fondre l'Ouvrage, il en conçût tant de dépit, qu'il caſſa la tête &

les jambes à son modéle, &c. s'enfuit. Le Sénat de Venise le fit poursuivre inutilement; & le bruit s'étant répandu, que si on l'attrapoit, il lui en coûteroit la tête, il fit réponse à cette menace, que si on lui coupoit la tête, il seroit impossible de lui en faire une autre, au lieu qu'il pouvoit facilement faire au modele de son Cheval une nouvelle tête, plus belle encore que la premiere. Cette réponse fit sa paix, mais il n'eut pas le plaisir de mettre le Cheval en place : car s'étant échauffé à le fondre, il en gagna une pleuresie dont il mourut en 1488. âgé de cinquante-six ans. Leonard de Vinci & Piétre Pérugin ont été ses Disciples.

PHILIPPE LIPPI le Fils,

FLORENTIN, étoit Fils de ce Philippe Lippi dont nous avons parlé, & Disciple de *Sandro Boticello*. Il avoit beaucoup de vivacité & de Génie, & renouvella dans les ornemens de Clair-obscur, qu'il faisoit la maniére antique, telle qu'on la voit dans les frises d'Architecture & ailleurs. Il peignit à Rome plusieurs choses, & entr'autres une Chapelle pour le Cardinal Caraffe dans l'Eglise de la Minerve. Il fit aussi quelques Tableaux pour Matthias Corvinus Roi de Hongrie. Ce Lippi étoit de fort bonnes mœurs, & sa vie étoit un grand reproche pour celle de son Pere. Il mourut en 1505. âgé de 45. ans.

BERNARDIN PINTURRICHIO

VOulut se distinguer par une nouvelle façon de peindre : car, outre les couleurs vives qu'il employoit, il faisoit de relief l'Architecture & les ornemens qui se trouvoient dans la composition de ses Tableaux ; ce qui est une chose contraire à l'Art de peinture, qui suppose une superficie plate. Aussi personne ne l'a-t-il suivi en cela. On montre à Sienne dans la Bibliotheque du Dome, comme une belle chose, la Vie du Pape Pie II. qu'il a peinte. Raphaël sortant de chez Piétre Pérugin l'aida dans cet Ouvrage. Pinturrichio a peint au Vatican plusieurs choses pour Innocent VIII. & pour Alexandre VI. La cause de sa mort est assez curieuse à savoir. Etant à Sienne, les Religieux de S. François qui vouloient avoir un Tableau de sa main, lui donnerent une chambre pour travailler plus commodément, & afin que le lieu ne fût embarassé d'aucune chose inutile à son Art, ils en ôterent tous les meubles, à la réserve d'une vieille Armoire qui leur sembla trop difficile à transporter. Pinturrichio, dont le naturel étoit vif & impatient, voulut qu'on l'ôtât à l'heure même: mais en la transportant, il s'en rompit une piece, dans laquelle il y avoit cinq cens Ducats d'or cachés. Cela surprit tellement Pinturrichio, & lui donna un déplaisir si sensible de n'avoir pû profiter de ce trésor, qu'il en mourut peu de tems après en l'année 1513. & la cinquante-neuviéme de son âge.

SANDRO BOTICELLO

FLORENTIN, fut Disciple de *Philippe Lippi* qui avoit été Carme, & grand Compétiteur de *Dominico Ghirlandai*. Il avoit des Lettres, & fit un Commentaire sur le Danté, qu'il accompagna de Figures. Cet Ouvrage lui consuma beaucoup de tems, & il mourut sans avoir la satisfaction de le voir imprimer. Ce fut l'année 1515. la soixante-dix-huitiéme de son âge.

ANDRE' MANTEIGNE

NE' dans un Village auprès de Padoue, gardoit les moutons dans sa jeunesse; & comme on s'apperçût, qu'au lieu d'en avoir soin, il s'amusoit à les dessiner; on le mit chez un Peintre nommé Jacques Squarcioné, qui le trouva dans la suite si aimable, qu'il l'adopta pour son fils & l'institua son heritier. Le progrès qu'il fit en peu de tems dans la Peinture lui attira une grande réputation & beaucoup d'Ouvrage, il n'avoit que dix-sept ans, qu'on lui fit faire le Tableau d'Autel de Sainte Sophie de Padoue, & les quatre Evangelistes. Jacques Bellin fut tellement émerveillé de cette Peinture, qu'il donna à Manteigne sa Fille en mariage. Squarcioné, qui avoit toujours vêcu en jalousie avec Bellin, piqué d'ailleurs que ce Fils adoptif eût fait cette Alliance sans le consulter, bien loin de continuer ses louanges & sa protection aux Ouvrages de Manteigne, les décrioit à cause de leur secheresse & de la trop grande attache que ce Disciple avoit aux Statues Antiques; au lieu, disoit-il, de se servir du Naturel. Ce reproche fit du bien à Manteigne, qui se corrigea, & qui néanmoins ne quitta jamais l'inclination louable qu'il avoit pour les Antiques: disant, que c'étoit à ces belles choses qu'il devoit son avancement, & qu'elles l'avoient tiré tout d'un coup de la pauvreté du Naturel. Il est vrai qu'au lieu d'ajoûter au Goût de l'Antique la vérité & la tendresse du Naturel, il s'est contenté de mêler quelques Portraits parmi ses Figures. Il travailla pour le Duc de Mantoue, & fit ce beau triomphe de Jules Cesar, qui a été gravé de Clair-obscur en neuf feuilles, & qui par sa beauté est aussi le Triomphe de Manteigne. Le Pape Innocent VIII. l'ayant appellé pour lui donner de l'Ouvrage, ce Duc ne voulut point le laisser aller sans le faire Chevalier de son Ordre. Manteigne grava lui-même sur des Planches d'Etain plusieurs choses d'après ses Desseins, & les Italiens le font Inventeur de la Gravûre au Burin pour les Estampes. Il mourut à Mantoue en 1517. âgé de soixante-six ans.

FRANCESCO FRANCIA

DE Boulogne, étoit né avec tant de belles qualités d'esprit & de corps, qu'il s'attira l'estime & l'amitié des grands Seigneurs. Il fut d'abord Orfévre, puis il s'adonna à graver des Coins de Médailles, où il excella. Mais son Génie se sentant trop à l'étroit dans cet Exercice, il se tourna du côté de la Peinture, où son inclination le portoit. La facilité qu'il y trouva lui donna tant de courage & tant d'application à l'étude, qu'il devint dans cet Art un des plus habiles de son tems. Il fit plusieurs Ouvrages pour divers lieux d'Italie, principalement pour le Duc d'Urbin. La grande réputation de Raphaël lui donna de violens desirs de voir de ses Ouvrages: mais comme il ne pouvoit pas faire commodément le voyage de Rome à cause de son grand âge, il se contenta de s'en expliquer par Lettres à ses amis, qui le dirent à Raphaël; cela fit naître un commerce d'honnêteté entre ces deux Peintres: car Raphaël avoit oüi parler du mérite & de l'habileté de Francia. Raphaël peignoit alors ce Tableau si renommé de Sainte Cecile pour une Eglise de Bologne; lorsqu'il fut achevé, il l'adressa à Francia, & le pria de le placer, & de vouloir bien auparavant corriger les fautes qu'il y trouveroit. Francia à l'ouverture de sa Lettre fut transporté de joie, il tira le Tableau de sa caisse, il l'admira, il en fut vivement touché, mais en même tems il eut le cœur si abattu de voir cet Ouvrage fort au-dessus des siens, qu'il tomba dans une mélancolie & dans une langueur, dont il mourut quel-tems après. Ce fut en l'année 1518. la soixante-huitiéme de son âge.

LUCA SIGNORELLI

DE Cortone, étoit Disciple de *Piétro della Francesca*, & peignoit tellement en sa maniére, que leurs Ouvrages ont presque toujours été confondus. Ce Luca étoit un habile Dessinateur, & Michelange l'estimoit tant, qu'il n'a pas fait difficulté de se servir dans son Jugement de quelque chose de celui que Luca avoit peint à Orviette avec beaucoup d'imagination & de capacité. Il a peint aussi à Lorette, à Cortone & à Rome.

Son Fils, qui étoit un jeune homme bienfait, & dont il esperoit beaucoup, fut malheureusement tué à Cortone. La nouvelle qu'on lui en apporta l'affligea sensiblement: mais s'armant de constance, il le fit porter dans son Attelier, & sans verser des larmes, il le peignit pour en conserver la mémoire, ne trouvant point de consolation que dans son Art, qui lui rendoit ce que la mort lui avoit ravi. Il alla ensuite à Rome, où le Pape Sixte IV. l'avoit appellé, & après y avoir peint plusieurs Sujets de la Génése, il revint en sa Patrie. Comme il avoit beaucoup de bien, il ne travailla plus que pour son plaisir. Il mourut en 1521. âgé de quatre-vingt-deux ans.

PIETRO COSIMO

AInsi appellé de *Cosimo Rosselli*, dont il étoit éleve, & aux Ouvrages duquel il a longtems travaillé, principalement au Vatican pour Sixte IV. où l'on remarque que la Peinture de l'Ecolier étoit au-dessus de celle du Maître. Sa capacité lui attira beaucoup de Disciples, & entr'autres André del Sarte & François de Sangalle. Il aimoit la solitude, & vivoit d'une maniére assez extraordinaire. L'attache qu'il avoit à son Art lui faisant oublier le boire & le manger. Il craignoit si fort le Tonnere, que longtems après qu'il étoit passé, on le trouvoit en quelque coin envelopé de son manteau. Rien ne lui donnoit plus d'inquiétude que le cri des petits enfans, la toux fréquente des enrumés, le bruit des cloches & le chant des Moines: la pluie étoit au contraire un de ses plus grands plaisirs. Il est mort dans un délire que la paralysie lui avoit causé. Ce fut l'année 1521. la 80e. de son âge.

LEONARD DE VINCI

ETοit d'une noble famille de la Toscane, dont il ne dégenera point; car il étoit de bonnes mœurs, & bien fait de Corps & d'Esprit. Il eut pour tous les Arts tant de talens, qu'il les savoit à fond, & les mettoit en pratique avec exactitude. Cette grande varieté de connoissance, au lieu d'affoiblir celle qu'il avoit de la Peinture, la fortifia à tel point, qu'il n'y a point eu de Peintre avant lui qui ait approché de sa capacité, & qu'il n'en viendra point dont il ne soit regardé comme une source où il y a beaucoup de choses à puiser. Il étoit Disciple avec *Piétre Pérugin* d'*André Verrochio*, lequel a pû lui donner occasion de réveiller ses talens; car le Maître & le Disciple étoient nés tous deux avec le même Génie, excepté que celui de Leonard étoit plus étendu. Il a peint à Florence, à Rome & à Milan; & beaucoup de ses Tableaux se sont répandus par toute l'Europe. Il fit entr'autres dans le Réfectoire des Dominicains de Milan, une Céne de Notre-Seigneur d'une beauté exquise. Il n'en acheva pas le Christ, parce qu'il cherchoit un modéle propre au caractére qu'il imaginoit lorsque les Guerrés l'obligérent de quitter Milan. Il en avoit fait autant de Judas: mais le Prieur du Couvent, dans l'impatience de voir finir cet Ouvrage, pressa si fort Leonard, que ce Peintre peignit la Tête de ce Religieux importun à la place de celle de Judas. Il étoit occupé sans cesse de Réflexions sur son Art, & il n'y a point de soins & d'étude qu'il n'ait mis en usage pour arriver au dégré de perfection, auquel il l'a possedé. Il étoit fort attaché à l'expression des passions de l'ame, comme une chose qu'il croïoit des plus nécessaires à sa Profession, & surtout pour s'attirer l'approbation des gens d'Esprit. Le Duc de Milan lui donna la direction d'une Académie de Peinture que ce Prince avoit établie dans la Capitale de son Etat. C'est-là qu'il écrivit le Livre de Peinture, que l'on a imprimé à Paris en 1651. & dont le Poussin a fait les Figures. Il écrivit aussi beaucoup d'autres choses, qui ont été perdues lorsque Milan fut pris par François Premier. Leonard se retira à Florence, où il peignit la grande Sale du Conseil, & où il trouva la réputation de Michelange fort établie, ce qui forma une vive émulation entr'eux : Leonard étant allé à Rome à l'Election de Leon X. Michelange s'y trouva aussi, & leur jalousie s'y étant augmentée à l'excès, Leonard passa en France. Il y fut bien reçû. Il y soûtint par sa présence & par ses Ouvrages la réputation qu'il s'étoit établie ; & le Roi François Premier lui donna toutes les marques possibles d'estime & d'amitié. Ce Prince eut une bonté pour lui si distinguée, que l'étant allé visiter dans sa maladie, Leonard se leva sur son séant pour remercier Sa Majesté, & le Roi l'embrassant pour le faire remettre dans son lit, ce Peintre expira entre ses bras en 1520. âgé de soivante-quinze ans.

REFLEXIONS

Sur les Ouvrages de Leonard de Vinci.

LEs Tableaux de Leonard de Vinci que l'on voit dans les Cabinets des Princes & des Particuliers ne contiennent que peu de Figures, & j'avoue que je n'ai pas vû assez clair dans ce qui nous reste des grandes Compositions de ce Peintre, pour juger de l'étendue de son Génie. Mais ce que les Historiens ont écrit de ses Ouvrages, qui sont aujourd'hui presque entiérement ruinés, nous doit persuader qu'il avoit une veine abondante, que ses mouvemens étoient vifs, son Esprit solide, & orné de beaucoup de connoissances, & qu'ainsi ses Inventions devoient être d'une grande beauté. L'on en peut même juger ainsi par les Desseins qui sont de sa main, & que l'on voit entre les mains des Curieux. Enfin ce qui nous reste de ses Productions suffit pour nous persuader que c'étoit un grand Peintre.

Son Dessein est d'une grande correction & d'un grand Goût, quoiqu'il paroisse avoir été formé sur le Naturel plûtôt que sur l'Antique. Mais sur le Naturel de la même maniére que les anciens Sculpteurs l'en ont tiré ; c'est-à-dire par de savantes recherches, & en attribuant à la Nature, & non pas tant ses Productions ordinaires, que les Perfections dont elle est capable.

Les Expressions de Leonard de Vinci sont très-vives & très-spirituelles. J'ai un Dessein de sa main de cette fameuse Céne qu'il a peinte à Milan, & dont on ne voit presque plus aucun vestige. Ce Dessein seul est une preuve suffisante, pour montrer combien il pénétroit dans le cœur humain, & avec quelle vivacité, quelle varieté & quelle justesse il en savoit représenter tous les mouvemens. Mais plûtôt que d'en parler sur mon jugement, il est plus à propos de rapporter ici celui de Rubens sur le mérite d'un si grand Homme.

C'est ainsi qu'il en parle dans un Manuscrit Latin, dont l'Original est entre mes mains, & que j'ai fidélement traduit de cette sorte.

LEONARD DE VINCI *commençoit par examiner toutes choses selon les regles d'une exacte Théorie, & en faisoit ensuite l'application sur le Naturel dont il vouloit se servir. Il observoit les bienseances, & fuyoit toute affectation. Il savoit donner à chaque objet le caractere le plus vif, le plus specificatif & le plus convenable qu'il est possible, & poussoit celui de la majesté jusqu'à la rendre divine. L'ordre & la mesure qu'il gardoit dans les Expressions étoit de remuer l'imagination, & de l'élever par des parties essentielles, plûtôt que de la remplir par les minuties, & tâchoit de n'être en cela, ni prodigue, ni avare. Il avoit un si grand soin d'éviter la confusion des objets, qu'il aimoit mieux laisser quelque chose à souhaiter dans son Ouvrage, que de rassasier les yeux par une scrupuleuse exactitude: mais en quoi il excelloit le plus, c'étoit comme nous avons dit, à donner aux choses un caractere qui leur fût propre, & qui les distinguât l'une de l'autre.*

Il commença par consulter plusieurs sortes de Livres. Il en avoit tiré une infinité de lieux communs, dont il avoit fait un Recueil, il ne laissoit rien échapper de ce qui pouvoit convenir à l'expression de son sujet & par le feu de son imagination, aussi-bien que par la solidité de son Jugement, il élevoit les choses divines par les humaines, & savoit donner aux hommes les dégrés differens qui les portoient jusqu'au caractere de Héros.

Le premier des exemples qu'il nous a laissés, est le Tableau qu'il a peint à Milan de la Cêne de Notre-Seigneur, dans laquelle il a représenté les Apôtres dans les places qui leur conviennent, & Notre-Seigneur dans la plus honorable au milieu de tous, n'ayant personne qui le presse, ni qui soit trop près de ses côtés. Son Attitude est grave, & ses bras sont dans une situation libre & dégagée, pour marquer plus de grandeur, pendant que les Apôtres paroissent agités de côté & d'autre par la véhémence de leur inquiétude, dans laquelle néanmoins il ne paroît aucune bassesse, ni aucune action contre la bienséance. Enfin par un effet de ses profondes spéculations, il est arrivé à un tel dégré de perfection, qu'il me paroît comme impossible d'en parler assez dignement, & encore plus de l'imiter.

Rubens s'étend ensuite sur le dégré auquel Leonard de Vinci possedoit l'Anatomie. Il rapporte en détail toutes les Etudes & tous les Desseins que Leonard avoit faits, & que Rubens avoit vûs parmi les curiosités d'un nommé Pompée Leoni, qui étoit d'Arezzo. Il continue par l'Anatomie des Chevaux, & par les Observations que Leonard avoit faites sur la Physionomie, dont Rubens avoit vû pareillement les Desseins; & il finit par la méthode dont ce Peintre mesuroit le corps humain.

S'il m'est permis d'ajoûter quelque chose aux paroles de Rubens, je dirai qu'il n'a pas parlé du Coloris de Leonard de Vinci; parce que n'aïant fait ses remarques que des choses qui lui pouvoient être utiles par rapport à sa profession, & n'aïant rien trouvé de bon dans le Coloris de Leonard, il a passé cette partie de la Peinture sous silence: aussi est-il vrai que les carnations de Leonard donnent la plûpart dans la couleur de lie, que l'union qui se rencontre dans ses Tableaux tient beaucoup du violet, & que cette couleur y domine. Ce qui vient, à mon avis, de ce que du tems de Leonard l'usage de la Peinture à huile n'étoit pas encore bien connu, & que les Florentins ont ordinairement négligé la partie du Coloris.

PIETRE PERUGIN

NE' à Pérouse de parens fort pauvres, se mit d'abord chez un Peintre de la même Ville qui lui apprenoit peu de choses, & qui le traitoit fort mal. Sa pauvreté lui fit avoir patience, & l'envie de gagner pour se tirer de la misere le fit dessiner jour & nuit pour s'avancer de soi-même. Dès qu'il se sentit capable de travailler pour sa subsistance, il s'en alla à Florence chercher un autre Maître, il se mit sous André Verrochio avec Leonard de Vinci. Il s'y rendit habile, & y prit une maniére gracieuse dans les airs de Tête, que son Maître pratiquoit, principalement dans les Têtes de femmes. Il a fait quantité d'Ouvrages, & presque tous pour des Eglises & pour des Couvents. Un jour comme il travailloit à fresque pour des Religieux de Florence, qui sont auprès de la Porte Pindane, le Prieur qui lui fournissoit de l'azur d'Outremer ne lui en donnoit qu'à mesure qu'il l'employoit en sa présence; mais le Pérugin voyant cette défiance nettoyoit à tous momens dans un pot d'eau, aux yeux mêmes du Prieur, les brosses dont il se servoit actuellement, en sorte qu'il sortoit des pinceaux autant d'azur qu'il en étoit entré dans l'Ouvrage, le Prieur cependant étoit tout étonné que l'enduit tirât une si grande quantité d'Outremer, & ne croïant pas en avoir assez pour finir l'Ouvrage, il alla songer au moien de s'en pourvoir; mais le Pérugin aïant écoulé l'eau de son pot, & aïant fait sécher l'Outremer qui étoit au fond, le rendit au Prieur, & lui dit, qu'une autre fois il ne se défiât pas d'un honnête homme. Cependant il étoit lui-même fort avare & fort défiant ; & parce qu'il étoit aussi fort laborieux, il gagna du bien à Florence & à Rome, où il travailla pour Sixte IV. Il se retira à Pérouse, où il fit encore beaucoup d'Ouvrages, aidé de Raphaël & de ses autres Disciples. Pérugin avoit épousé une très-belle femme, qui lui servoit de modéle pour ses Vierges, & il l'aimoit avec passion. Il n'aimoit pas moins son argent ; car lorsqu'il s'alloit promener dans les Domaines qu'il avoit acquis autour de Pérouse, il portoit toujours avec soi la cassette où il mettoit son argent, jusqu'à ce qu'un filou s'en étant apperçû, le déchargea en chemin de ce fardeau. Pérugin en eut tant de douleur, qu'il en mourut quelque tems après en 1524. âgé de soixante-dix huit ans.

RAPHAEL SANZIO

NAquit à Urbin le jour du Vendredi Saint en 1483. Son Pere étoit un Peintre fort médiocre, & son Maître fut Pietre Pérugin. Ses principaux Ouvrages sont à fresque dans les Sales du Vatican, & ses

Tableaux de chevalet ſont diſperſés en divers lieux de l'Europe. Comme il avoit l'Eſprit excellent, il connut que la perfection de la Peinture n'étoit pas bornée à la capacité du Pérugin; & pour chercher ailleurs les moïens de s'avancer, il alla d'abord à Sienne, où le Pinturrichio ſon Ami le mena pour faire les cartons des Tableaux de la Bibliotheque: mais à peine en avoit-il fait quelques-uns, que ſur le bruit des Ouvrages que Leonard de Vinci & Michelange faiſoient à Florence, il s'y tranſporta pour les voir & pour en profiter. En effet, dès qu'il eut conſideré la maniére de ces deux Grands Hommes, il prit la réſolution de changer celle qu'il avoit contractée chez ſon Maître; il retourna à Pérouſe, où il trouva beaucoup d'occaſions d'exercer ſon Pinceau: mais le reſſouvenir des Ouvrages de Leonard de Vinci lui fit faire une ſeconde fois le voyage de Florence, & après y avoir travaillé quelque tems à fortifier ſa maniére, il alla à Rome, où Bramante ſon parent, qui avoit préparé l'Eſprit du Pape ſur le mérite de Raphaël, lui procura l'Ouvrage de Peinture qu'on devoit faire au Vatican. Raphaël commença par le Tableau qu'on appelle l'Ecole d'Athenes, puis la Diſpute du ſaint Sacrement, & enſuite les autres qui ſont dans la Chambre de la Signature. Les ſoins qu'il y prit ſont incroyables ; auſſi ne furent-ils pas infructueux, car la réputation de ces Ouvrages porta le nom de Raphaël par tout le Monde. Il forma la délicateſſe de ſon Goût ſur les Statues & ſur les Bas-reliefs Antiques qu'il deſſina longtems avec une extrême application. Et il joignit à cette délicateſſe une grandeur de maniére, que la vûe de la Chapelle de Michelange lui inſpira tout d'un coup. * Ce fut Bramante ſon Ami qui l'y fit entrer contre la défenſe génerale que lui en avoit fait Michelange en lui en confiant la clef. Outre les peines que Raphaël ſe donnoit en travaillant d'après les Sculptures, il entretenoit des gens qui lui deſſinoient dans l'Italie & dans la

* Piétre Bellori dans ſon Livre intitulé : *Deſcritioni delle imagini dipinte d'a Raphaëlle nelle Camere del Vaticano*, combat cette Hiſtoire de toute ſa force, & prétend que Raphaël ne doit ſon grand Goût qu'à l'étude qu'il a faite d'après l'Antique. Mais Vaſari, qui a connu Michelange & Raphaël, & , qui , bien loin d'avoir été contredit par aucun Ecrivain de ces tems-là, ſe trouve ſoûtenu en cela par trois Auteurs qui ont écrit en particulier la Vie de Michelange. Mais ce qui eſt une grande préſomption, que Raphaël ait voulu profiter des Ouvrages de Michelange pour agrandir ſa maniére, c'eſt que j'ai un Deſſein de la main de Raphaël, au dos duquel Deſſein eſt une Etude du même Raphaël, deſſinée d'après une Figure que Michelange a peinte dans la Chapelle du Pape.

Gréce tout ce qu'ils pouvoient découvrir des Ouvrages Antiques, dont il profitoit selon l'occasion. On remarque qu'il n'a laissé que peu ou point du tout d'Ouvrages imparfaits, & qu'il finissoit extrêmement ses Tableaux, quoique très-promptement. Il se donnoit tous les soins possibles pour les réduire dans un état qu'il n'eut rien à se reprocher; & c'est pour cela qu'on voit de lui un crayon de petites parties: comme des mains, des pieds, des morceaux de draperies, qu'il dessinoit trois ou quatre fois pour un même sujet, afin de prendre ce qui lui en sembleroit de meilleur. Quoiqu'il ait été fort laborieux, on voit fort peu de Tableaux faits de sa propre main; il s'occupoit plus ordinairement à dessiner, pour ne point laisser inutile le grand nombre d'Eleves qui ont executé ses Desseins en plusieurs endroits, principalement dans les Loges, & dans les Apartemens du Vatican; dans l'Eglise de Notre-Dame de la Paix, & dans le Palais Ghigi, à la réserve de la Galatée & d'un seul Angle, où sont les trois Déesses qu'il a peint lui-même. Son temperament doux le fit aimer de tout le monde, & principalement des Papes de son tems. Le Cardinal de sainte Bibiane lui offrit sa Niéce en mariage, & Raphaël s'y étoit engagé: mais dans l'attente du Cha-

peau

peau de Cardinal que Leon X. lui avoit fait esperer, il en differoit toujours l'execution.

La passion qu'il avoit pour les femmes le fit perir à la fleur de son âge : car un jour qu'il s'y étoit excessivement abandonné, il se trouva surpris d'une fiévre ardente, & les Médecins, à qui il avoit celé la cause de son mal, l'aïant traité comme d'une pleuresie, acheverent d'éteindre les restes de chaleur qui étoient dans un corps déja épuisé. Sa mort arriva le même jour que sa naissance : il mourut le Vendredi-Saint de l'année 1520. en la trente-septiéme de son âge. Le Cardinal Bembo fit son Epitaphe, qu'on lit dans l'Eglise de la Rotonde où il fut enterré. Je n'en rapporterai que ces deux Vers :

Ille hic est Raphaël timuit quo sospite vinci
Rerum magna parens & moriente mori.

Ses Disciples furent Jules Romain, Jean-Francesque Penni, surnommé, *il Fattoré*, Pellegrin de Modéne, Perrin del Vague, Polidor de Caravage, Mathurin, Bartholomæo d'a Bagna Cavallo, Timothée d'a Urbino, Vincent d'a San Geminiano, Jean d'Udiné, & autres. Quelques Flamans fort habiles ont aussi été ses Disciples, & l'ont aidé dans l'execution de ses grands Ouvrages: comme Bernard Van-Orlay de Bruxelles, Michel Coxis de Malines, & autres, qui, étant retournés en leur Païs, eurent soin de l'execution de ses Desseins de Tapisserie. Outre ses Eleves, il y avoit une grande quantité de jeunes Etudians & d'Amateurs de Peinture, qui fréquentoient sa maison, & qui l'accompagnoient souvent à la promenade. Michelange l'aïant un jour rencontré accompagné de cette sorte, lui dit en passant, qu'il marchoit suivi comme un Prevôt : & Raphaël lui répondit; que lui il alloit tout seul comme le Bourreau. Il y eût toujours beaucoup de jalousie entre ces deux grands Peintres, comme il arrive d'ordinaire entre les personnes de la même Profession, lorsque leurs sentimens ne sont point reglés par la modestie.

REFLEXIONS

Sur les Ouvrages de Raphaël.

DEpuis le rétablissement de la Peinture en Italie, il n'y a point eu de Peintre qui ait acquis tant de réputation que Raphaël. Il avoit un Génie fort élevé, & pensoit très-finement; sa veine étoit fertile, & l'auroit paru bien davantage, si elle n'avoit point été moderée par la grande exactitude avec laquelle il terminoit toutes choſes.

Il étoit riche dans ſes Inventions. Il paroît qu'il avoit des Principes très-délicats pour diſpoſer les choſes qu'il avoit inventées ; & ſi ſes Figures n'étoient pas groupées de lumieres & d'ombres, elles l'étoient par leurs actions d'une maniere ſi ingénieuſe, que les groupes en ont été toujours regardées avec plaiſir. Ses Attitudes ſont nobles ſelon leurs convenances, contraſtées ſans affectation, expreſſives, naturelles, & font voir de belles parties.

Son Deſſein eſt très-correct, & il y a joint la juſteſſe, la nobleſſe & l'élegance de l'Antique à la naïveté de la Nature, ſans affecter aucune maniere. Il a fait voir beaucoup de varieté dans ſes Figures, & encore plus dans ſes airs de Têtes, qu'il tiroit de la Nature comme de la mere de la Diverſité, en y ajoûtant toujours un grand Caractere dans le Deſſein.

Ses Expreſſions ſont juſtes, fines, élevées, piquantes : elles ſont moderées ſans froideur, & vives ſans exagération.

Ses Draperies ont été de petite maniere dans ſes commencemens, mais de grand Goût ſur la fin, & jettées avec un bel artifice ; les plis en ſont dans un bel ordre, & marquent toujours le nud en le flattant ;

pour ainsi dire, avec délicatesse; principalement à l'endroit des jointures.

On peut néanmoins reprocher à Raphaël d'avoir habillé ses Figures presque toujours de même étoffe dans les sujets qui en pourroient souffrir la varieté & en recevoir plus d'ornement : je parle pour les sujets historiques, car pour les fabuleux & pour les allégoriques, dans lesquels on introduit des Divinités, on doit y avoir plus d'égard à la majesté des plis qu'à la richesse des étoffes.

Comme Raphaël prenoit un extrême soin de dessiner correctement, & qu'il étoit jaloux, pour ainsi dire, de ses Contours, il les a marqués un peu trop durement, & son Pinceau est sec, quoique leger & uni. Son Païsage n'est ni de grand Goût, ni d'un beau-faire.

Ses Couleurs locales n'ont rien de brillant ni de choquant : elles ne sont ni bien vraies, ni bien sauvages; mais les ombres en sont un peu trop noires. Il n'a jamais eu pour le Clair-obscur une intelligence bien nette, quoiqu'il semble par ses derniers Ouvrages qu'il l'ait cherché, & qu'il ait tâché de l'acquerir; comme on le peut voir dans les Tapisseries des Actes des Apôtres, & dans son Tableau de la Transfiguration, Mais ce qui manquoit à Raphaël du côté du

Coloris, ſe fait oublier par quantité d'autres parties qu'il a poſſedées. Il a fait des Portraits ſi bien entendus de couleur & de lumiere, que de ce côté-là ils pourroient entrer en comparaiſon avec ceux du Titien. Il en eſt de même du Saint Jean qui eſt dans le Cabinet de Monſieur le Premier Préſident ; car ce Tableau dans toutes les parties de la Peinture mérite d'être reconnu pour le Chef-d'œuvre de Raphaël.

Le Pouſſin a dit de ce grand Peintre, qu'il étoit un Ange comparé aux Peintres Modernes, & qu'il étoit une Aſne comparé aux Antiques. Ce jugement ne peut regarder que les penſées, le goût & la juſteſſe du Deſſein, & les Expreſſions. Les penſées de l'Antique ſont ſimples, élevées & naturelles, celles de Raphaël le ſont auſſi : le Deſſein de l'Antique eſt correct, varié ſelon les convenances, & d'un grand Goût ; celui de Raphaël l'eſt tout de même : l'Antique eſt ſavant & précis dans la collocation des muſcles, & délicat dans leurs offices ; Raphaël n'a point ignoré cette partie. Il faut avouer néanmoins que ceux qui ont étudié ſoigneuſement l'Anatomie par rapport à la Peinture, peuvent obſerver ſur l'Antique une plus grande préciſion, & une plus grande délicateſſe encore dans l'action des muſcles qu'on ne la voit : je ne dirai pas dans

Raphaël, mais dans quelque Peintre que ce soit.

Je tombe d'accord que cette grande justesse & cette grande délicatesse de l'action des muscles regle la précision des contours: mais je ne vois pas que Raphaël s'en soit assez écarté pour le réputer un Asne en comparaison de l'Antique. Le Poussin pouvoit se contenter de dire, comme je l'ai remarqué ailleurs, que dans la partie du Dessein, l'Antique étoit autant au-dessus de Raphaël, que Raphaël étoit au-dessus des autres Peintres. Il est vrai que Raphaël a formé la grandeur de son Goût sur les belles Statues, & qu'au sortir de chez le Pérugin son Maître, elles lui enseignerent le bon chemin; il les suivit tête baissée au commencement: mais s'étant apperçû sur la fin que le chemin de la Peinture étoit different de celui de la Sculpture, il ne retint des enseignemens de celle-ci que ce qu'il en falloit pour son Art, & du reste il s'en éloigna à mesure qu'il avançoit en âge & en lumiere. On remarque sensiblement cette difference dans les Tableaux qu'il a peints en differens tems, dont les derniers approchent plus du caractere de la Nature.

Au contraire, le Poussin aussi-bien qu'Annibal Carrache, quitterent ce qu'ils avoient de ce caractere de la Nature à meſure qu'ils s'attacherent plus fortement à l'Antique. Ils pouvoient tenir la même conduite que Raphaël, faire l'un, & non pas omettre l'autre ; car cet excellent Homme n'a pas ſeulement retenu de l'Antique le bon Goût, la nobleſſe & la beauté, mais il y a vû une choſe, que, ni le Pouſſin, ni le Carrache n'y ont pû appercevoir. C'eſt la Grace. Ce don de la Nature lui avoit été fait avec tant de plenitude, qu'il l'a répandue dans tout ce qui eſt ſorti de ſon Pinceau : il n'y a perſonne qui lui puiſſe diſputer cet avantage, à moins que ce ne ſoit le Corrége ; & ſi la Grace a réparé ce qui manquoit à celui-ci du côté de la régularité du Deſſein, Raphaël en a fait un uſage, qui a mis dans un beau jour la profonde connoiſſance qu'il avoit, non-ſeulement dans le Deſſein, mais encore toutes les parties qui lui ont attiré la réputation du premier Peintre du monde.

GIROLAMO GENGA

QUi étoit auſſi d'Urbin, étudia ſous Piétre Pérugin en même-tems que Raphaël. Il s'adonna particulierement à l'Architecture, & mourut en 1551. âgé de ſoixante-quinze ans.

JULES ROMAIN

ETοit le bien-aimé Disciple de Raphaël, tant à cause de son habileté dans la Peinture, que pour l'agrément de ses mœurs. Il avoit pris entierement le Goût de son Maître, non-seulement dans l'execution des Desseins qu'il en recevoit, mais encore dans ce qu'il faisoit de lui-même. Raphaël le traitoit comme s'il eût été son Fils, & l'institua son héritier avec Jean-Francesque Penni, surnommé *il Fattoré*. Après la mort de Raphaël, ces deux Peintres acheverent plusieurs Ouvrages que leur Maître avoit laissés imparfaits. Jules Romain étoit non-seulement excellent Peintre, mais il entendoit encore parfaitement l'Architecture. Le Cardinal de Medicis, qui fut depuis Clement VII. l'emploïa pour bâtir le Palais, qu'on appelle aujourd'hui la Vigne Madame; & après en avoir conduit l'Architecture, il en fit la peinture & les ornemens.

La mort de Leon X. déconcerta un peu Jules Romain par l'Election d'Adrien VI. dont le Pontificat, qui ne dura qu'un an, auroit éteint les beaux Arts dans Rome, s'il eût duré long-tems : mais Clement VII. lui succéda. Il ne fut pas plûtôt élû, qu'il fit travailler Jules Romain à la Sale de Constantin, où l'Histoire de cet Empereur avoit été commencée par Raphaël qui en avoit fait tous les Desseins. Cet Ouvrage étant achevé, Jules s'occupa à faire plusieurs Tableaux pour des Eglises & pour des particuliers. Sa maniere commença à changer, & à donner dans le rouge & dans le noir pour le Coloris, & dans le sévere pour le Dessein.

Frederic de Gonzagues Marquis de Mantoue, informé de la capacité de Jules, l'attira dans ses Etats ; sa bonne fortune l'y conduisit : car aïant fait les Desseins de vingt Estampes fort dissolues, qui avoient été gravées par Marc-Antoine, & ausquelles l'Aretin avoit ajoûté autant de Sonnets, il auroit été séverement puni s'il se fût trouvé à Rome dans ce tems là ; le traitement qu'on fit à Marc Antoine en est une preuve. On mit ce Graveur en prison ; il souffrit beaucoup, & il lui en auroit couté la vie, si le credit du Cardinal de Médicis & celui de Bache Bandinelle ne l'eussent sauvé. Cependant Jules Romain travailloit à Mantoue, où il donnoit des marques éternelles de son extrême habileté dans l'Architecture & dans la Peinture. Il y bâtit le Palais du T. & rendit la Ville de Mantoue plus belle, plus forte & plus saine. Et à l'égard de ses Ouvrages de Peinture, on peut dire que c'est principalement à Mantoue que le Génie de Jules Romain a pris l'essor, & qu'il s'est montré tel qu'il étoit. Il mourut à Mantoue en 1546. âgé de cinquante-quatre ans, au grand regret du Marquis, qui l'aimoit extrêmement. Il laissa un Fils nommé Raphaël, & une Fille mariée à Hercule Malatesse. Entre ses Disciples, les meilleurs ont été le Primatice qui vint en France, & un Mantouan, nommé Rinaldi, qui mourut jeune.

REFLEXIONS

Sur les Ouvrages de Jules Romain.

JULES ROMAIN a été le premier, le plus savant & le plus perseverant des Disciples de Raphaël. Son Imagination qui étoit comme ensevelie dans l'execution des Desseins de son Maître pendant tout le tems qu'il demeura sous sa discipline, prit tout d'un coup l'essor quand elle se vit en liberté, ou plûtôt comme un torrent, qui aïant été retenu, rompt ses digues, & se fait un cours impétueux; de même, Jules Romain, après avoir produit plusieurs Tableaux de chevalet, & peint des grands Ouvrages dans les Sales du Vatican sur les

Desseins de Raphaël, soit devant, ou après la mort de cet illustre Maître, changea aussi-tôt de maniere, & se laissa emporter par le cours rapide de son Génie dans les Ouvrages qu'il peignit à Mantoue. Ce n'étoit plus cette veine gracieuse, ni ce doux feu d'Imagination, qui, tout empruntés qu'ils étoient, ne laissoient pas de mettre en doute si quelques Tableaux qui sortoient de sa main étoient de lui ou de son Maître. Etant donc tout-à-fait à lui, il anima ses Ouvrages par des Idées plus séveres, plus extraordinaires, & plus expressives encore, mais moins naturelles que celles de Raphaël : ses Inventions étoient ornées de Poësies, & ses Dispositions peu communes, & de bon Goût.

Les Etudes qu'il avoit faites dans les belles Lettres lui furent d'un grand secours dans celles de la Peinture ; car en dessinant les Sculptures Antiques, il en tira les marques d'érudition, que nous voïons dans ses Tableaux.

Il semble qu'il n'ait été occupé que de la grandeur de ses pensées Poëtiques, & que pour les executer avec le même feu qu'il les avoit conçûes, il se soit contenté d'une pratique de Dessein dont il avoit fait choix, sans varier, ni ses airs de têtes, ni ses Draperies. Il est même assez visible que ſon Coloris, qui n'a jamais été fort bon, ſoit devenu encore plus négligé; car ſes Couleurs locales, qui donnent dans la brique & dans le noir, ne ſont ſoûtenues d'aucune intelligence de Clair-obſcur. Sa façon de deſſiner fiere, & ſes Expreſſions terribles lui ſont tellement tournées en habitude, que ſes Ouvrages en ſont très-aiſés à reconnoître. Cette maniere eſt très-grande à la verité, parce qu'il l'avoit formée ſur les Bas-reliefs Antiques qu'il avoit étudiés très-ſoigneuſement, & principalement ceux des Colomnes Trajane & Antoniane, qu'il a entierement deſſinées. Mais ces belles choſes qui ſuffiſent pour faire ſeules un Sculpteur habile, ont beſoin d'être accompagnées des verités de la Nature pour former un grand Peintre: les Draperies qui contribuent ordinairement à la majeſté des Figures, ſont la honte des ſiennes; car elles ſont pauvres, & de méchant Goût.

On voit peu de varieté dans ſes airs de Tête, celle qu'on trouve dans ſes Ouvrages conſiſte ſeulement dans la differente eſpece d'objets dont il a rempli ſes Compoſitions, & dans les ajuſtemens qui les enrichiſſent: elle vient de l'univerſalité de ſon Génie pour tous les genres de Peinture; car il a fait également bien les Figures, les Païſages & les Animaux; en ſorte que ses Ouvrages seront toujours, en ce qu'ils contiennent, l'admiration de tous les habiles gens.

JEAN-FRANCESQUE PENNI
surnommé
IL FATTORE',

CE dernier nom lui fut donné à cause du soin qu'il prenoit de la dépense & du ménage de Raphaël, chez lequel il a toujours demeuré avec Jules Romain. Il étoit fort habile, principalement dans le Dessein. Il a fait beaucoup de choses sur les pensées de Raphaël, qui passent pour être de Raphaël même, sur-tout dans le Palais Ghisi, comme on le peut remarquer quand on l'examine avec attention. Il avoit une inclination particuliere pour le Païsage, qu'il faisoit très-bien, & qu'il enrichissoit de belles fabriques.

Après la mort de son Maître, il s'associa avec Jules Romain & Perrin del Vague. Tous trois ensemble acheverent ce que Raphaël avoit laissé d'imparfait, tant de l'Histoire de Constantin, que de quelques autres Ouvrages du Palais de Belvedere. Mais ils se séparerent à l'occasion d'une Copie que le Pape vouloit faire faire du Tableau de la Transfiguration, parce que ce Tableau avoit été destiné pour la France. Il Fattoré alla à Naples, dans le dessein de travailler pour le Marquis del Vaste, mais sa complexion délicate ne lui permit pas d'y vivre long-tems, il y mourut en 1528. âgé seulement de quarante ans.

LUCA PENNI

EToit Frere de Jean-Francesque dont on vient de parler. Il travailla quelque tems avec Perrin del Vague son Beau-frere à Gennes & en d'autres lieux d'Italie. Il passa ensuite en Angleterre, où il fit plusieurs choses pour le Roi Henri VIII. & pour divers Marchands. Il peignit aussi à Fontainebleau pour François I. & en dernier lieu, il s'attacha à la Gravûre.

ANDRE' DEL SARTE

DE Florence, étoit Fils d'un Tailleur d'habits qui le mit chez un Orfévre, où il demeura sept ans, pendant lesquels il avoit plus d'attache à dessiner qu'à travailler d'Orfévrerie. De là il entra chez un Peintre médiocre, nommé Jean Batile, qu'il quitta bientôt après pour aller à Florence sous Pietro Cosimo. Il emploïoit chez ce Peintre tous les Dimanches & toutes les Fêtes à dessiner d'après les bons Maîtres, mais ordinairement d'après Leonard de Vinci, & d'après Michelange, ce qui le rendit habile en peu d'années. Il trouva son Maître trop lent dans l'execution de ses Ouvrages, & se retira. Il fit amitié avec Francia Bigio: ils demeurerent ensemble, & peignirent plusieurs choses dans Florence & dans quelques Monasteres du voisinage. Il a fait beaucoup de Vierges. On lui reprochoit de s'être servi des Estampes d'Albert Dure dans un Ouvrage qu'il fit pour les Carmes. Baccio Bandinelli voulut apprendre la Peinture de lui, mais comme André le mit d'abord à des Ouvrages difficiles, il dégoûta ce Disciple, qui se jetta du côté de la Sculpture. La réputation d'André s'étant accrue, il fit des Tableaux pour divers lieux: il en fit un entr'autres qui lui attira de grandes louanges, & qui est une des meilleures choses qu'il ait faites; c'est un S. Sebastien pour l'Eglise de S. Gal.

Il vint en France sur les instances de François I. Il y fit quelques Tableaux, & quoiqu'il eût commencé celui de S. Jerôme pour la Reine, il quitta cet Ouvrage: il obtint du Roi son congé pour aller à Florence, sous prétexte d'amener sa femme, de qui il venoit, disoit-il, de recevoir une Lettre fort pressante : mais au lieu de revenir dans le tems qu'il avoit promis, il mangea l'argent qu'il avoit gagné, & celui qu'il avoit reçû du Roi pour acheter des Tableaux. Enfin après avoir fait quelques Ouvrages avec Francia Bigio, pour se tirer de la misére, il mourut de la peste à Florence, abandonné de sa femme & de ses Amis, l'an 1530. le quarante-deux de son âge. Il laissa plusieurs Eleves, entr'autres Giacomo d'a Pontormo, Andrea Squazella, qui travailla en France, Giacomo Sandro, Francesco Salviati, & Georges Vasari.

Le même Vasari raconte qu'André del Sarte copioit si parfaitement, qu'un jour Octavien de Medicis lui aïant fait faire une Copie du Portrait de Leon X. avec quelques Cardinaux, pour envoyer au Duc de Mantoue, au lieu de l'Original que le Pape Clement VII. avoit promis à ce Prince, il le fit avec tant de justesse, que Jules Romain, qui, sous la conduite de Raphaël en avoit fait les habits, la prît toujours pour l'Original, & dit à Vasari, qui l'en vouloit desabuser : *Ne vois-je pas les propres coups que j'y ai donné moi-même ?* Cependant Vasari lui aïant fait voir la toile par derriere, Jules Romain fut convaincu de la verité.

J'ai rapporté cet endroit plus au long dans le Chapitre 27. de la Connoissance des Tableaux.

JACQUES DE PONTORME

DE la Toscane, à l'âge de treize ans se mit sous la discipline de Leonard de Vinci, puis sous celle de Mariotto Albertinelli, qu'il quitta pour Pierre de Cosimo, & celui-ci pour André del Sarte, d'où il se retira n'aïant encore que dix-neuf ans. Il se mit donc en son particulier, quoique pauvre, & s'adonna tellement à l'étude, que ses premiers Ouvrages publics firent dire à Michelange que ce jeune homme éleveroit la Peinture jusqu'au Ciel. Pontorme n'étoit jamais content de ce qu'il faisoit: mais les louanges qu'on lui donnoit soûtenoient son courage. Il fit beaucoup d'Ouvrages à Florence, qui lui donnerent de la réputation. Aïant entrepris de peindre la Chapelle de S. Laurent pour le Duc de Florence, & voulant dans cet Ouvrage, qui dura douze ans, se montrer supérieur à tous les autres, il fit voir au contraire qu'il étoit devenu inférieur à lui-même. Il étoit fort honnête homme & fort humble: mais ce qu'on ne peut assez louer, c'est que parmi ces bonnes qualités, il ne pouvoit souffrir qu'on dît du mal des absens, dont il prenoit toujours le parti. Tous ses Ouvrages ont été faits à Florence, où il est mort d'hydropisie en 1556. âgé de 63. ans.

BACCIO BANDINELLI

DE Florence. Son nom est Barthelemi, dont on a fait le diminutif Baccio. Son Pere étoit Orféyre, & son Maître s'appelloit Jean-Francesco Rustico, habile Sculpteur, chez lequel Leonard de Vinci alloit fort souvent; car Rustico & Leonard étoient tous deux éleves d'André Verrochio, qui étoit Sculpteur, Peintre & Architecte, & qui avoit beaucoup de connoissance dans les Mathématiques. Quoique Baccio Bandinelli ait fait avec d'extrêmes soins toutes les études nécessaires pour devenir un savant Peintre, ses Tableaux n'ont jamais été bien reçûs, à cause du Coloris qui n'en valoit rien. Ce mauvais succès lui fit abandonner la Peinture, & l'obligea de ne songer plus qu'à la Sculpture, dans laquelle il a été un fort habile homme. Il avoit une grande estime de ses propres Ouvrages jusqu'à les mettre en parallele avec ceux de Michelange, dont il supportoit la réputation avec peine. Ses Ouvrages sont à Rome & à Florence, où il est mort en 1559. âgé de 72. ans.

POLIDORE DE CARAVAGE

NAtif du Bourg de Caravage dans le Milanois, vint à Rome dans le tems que le Pape Leon X. faisoit travailler à quelques Edifices du Vatican, & ne sachant à quoi s'occuper pour gagner sa vie, car il étoit fort jeune, il se mit à servir de manœuvre & à porter le mortier aux Massons qui travailloient à ce Bâtiment. Il exerça ce pénible & bas emploi jusqu'à l'âge de 18. ans. Raphaël emploïoit alors dans le même lieu plusieurs jeunes Peintres, qui executoient ses Desseins. Polidore, qui portoit souvent le mortier dont on faisoit l'enduit de leur fresque, fut touché par la vûe des Peintures, & sollicité par son Génie de se faire Peintre. Il s'attacha d'abord aux Ouvrages de Jean d'Udiné, & le plaisir qu'il avoit de voir travailler ce Peintre, commença à déveloper le talent qu'il avoit pour la Peinture. Il se rendit assidu & complaisant auprès de ces jeunes hommes qu'il voïoit travailler; il fit amitié avec eux, & leur aïant communiqué son dessein, il en reçût des leçons qui augmenterent son courage. Il se mit à dessiner avec ardeur, & il avança si prodigieusement, que Raphaël en fut étonné, & qu'à quelque tems de là il l'emploïa parmi les autres : mais il se distingua si fort dans la suite, que comme il eut plus de part à l'execution des Loges de Raphaël, il en eut là principale gloire. Les soins qu'il savoit que son Maître avoit pris de dessiner les Sculptures Antiques, lui firent prendre le même chemin ; il passa les jours & les nuits à dessiner ces belles choses, & à faire une Etude exacte de l'Antiquité. Les Ouvrages infinis qu'il a faits à Rome, & dont il a enrichi les Façades de plusieurs Bâtimens le font assez connoître.

Il a fait peu de Tableaux de chevalet, & presque tous ses Ouvrages sont à fresque & d'une même couleur, à l'imitation des Bas-reliefs. Il s'est quelquefois servi dans ces sortes d'Ouvrages de la maniere qu'on appelle Egratignée, laquelle consiste dans la préparation d'un fond noir sur lequel on applique un enduit blanc ; & en ôtant cet enduit avec une pointe de fer, on découvre par hachûre ce noir qui fait les ombres. Cette maniere résiste davantage aux injures du tems, mais elle fait moins de plaisir à la vûe, car elle est fort dure. L'amour que Polidore avoit pour l'Antique ne lui a point fait oublier les recherches qu'un

Peintre doit faire du Naturel, car il étoit habile par l'un & par l'autre.

Il fit dans les commencemens une étroite amitié avec Mathurin de Florence, & la conformité de leur Génie les fit Compagnons d'Etude & d'Emplois, ce qui dura jusqu'à la mort de Mathurin, laquelle arriva par la peste en 1526. Polidore, après avoir conjointement avec Mathurin, rempli Rome de ses Ouvrages, songeoit à jouir tranquillement du fruit de ses travaux, lorsqu'en 1527. Rome fut assiegée par les Espagnols, & que les habiles gens se virent forcés de succomber aux malheurs de la Guerre, ou de s'enfuir. Polidore prit le parti d'aller à Naples, où il fut contraint de travailler avec des Peintres médiocres sans pouvoir se faire distinguer; car la Noblesse du Païs étoit alors plus curieuse de beaux Chevaux que de Peinture. Se voïant donc sans Emploi, & contraint de dépenser ce qu'il avoit gagné à Rome, il passa en Sicile; & comme il étoit aussi bon Architecte que bon Peintre, ceux de Messine lui donnerent la conduite des Arcs de Triomphe qu'on dressa à l'Empereur Charles-Quint, lorsqu'il retourna de l'expédition de Tunis. Cet Ouvrage fini, Polidore ne trouvant plus à Messine d'emploi proportionné à la grandeur de son Génie, & n'y étant plus retenu que par les careſſes d'une femme qu'il aimoit, il prit la réſolution de retourner à Rome, & retira dans ce deſſein l'argent qu'il avoit à la Banque : mais comme il étoit à la veille de ſon départ, ſon valet, qui épioit depuis long-tems l'occaſion de le voler, s'étant aſſocié avec quelques gens de ſa trempe, ils le ſurprirent dans ſon lit, où ils l'étranglerent, & le percerent de coups de poignards. Après avoir commis cette horrible aſſaſſinat, ils porterent le corps de Polidore près la porte de la femme qu'il aimoit, pour faire croire que quelque rival l'avoit tué dans cette maiſon : mais Dieu permit que le crime fût découvert. Les Aſſaſſins s'étant ſauvés, on ne ſongeoit plus qu'à plaindre la triſte deſtinée de Polidore, lorſque le valet, feignant de la plaindre auſſi en préſence d'un Homme de qualité, ami de ſon Maître, le faiſoit d'une maniere ſi peu naturelle, que le Gentilhomme s'en apperçût, & le fit arrêter. Le valet ſe défendit mal, il fut appliqué à la queſtion, il avoua tout, & fut condamné à être écartelé. Polidore fut extrêmement regretté des Habitans de Meſſine, qui lui firent d'honorables Obſeques dans l'Egliſe Cathédrale, où il fut enterré en 1543.

REFLEXIONS

Sur les Ouvrages de Polidore.

DAns l'avidité que Polidore avoit d'apprendre, il crût qu'il ne pouvoit mieux faire que de suivre les traces de son Maître : & sachant que Raphaël avoit formé son Goût de Dessein sur les Sculptures Antiques, il se mit à les étudier fort assiduement, il s'y attacha avec tant d'amour, que la principale occupation de sa vie a été de les imiter. On en voit encore de beaux restes aux Façades de plusieurs Maisons à Rome, sur lesquelles il a peint des Bas-reliefs de son Invention.

Son Génie qui étoit extrêmement vif & fertile, & l'Etude qu'il avoit faite sur les Bas-reliefs, le porterent à representer des Combats & des Sacrifices, des Vases antiques, des Trophées d'Armes, & des ornemens composés de tout ce que l'Antiquité nous a laissé de plus remarquable en cette matiere.

Mais ce qui est tout-à-fait surprenant, c'est que nonobstant l'extrême application qu'il donnoit aux Sculptures Antiques, il ait reconnu la nécessité du Clair-obscur dans la Peinture, & qu'il ait été le seul de l'Ecole

Romaine qui s'en soit fait des principes, & qui l'ait pratiqué. En effet les grandes masses de lumiere & d'ombre qu'il a observées font bien voir qu'il étoit persuadé que les yeux avoient besoin de ces repos pour jouir des Tableaux plus à leur aise. C'est en vûe de ce principe que dans les Frises qu'il a peintes de blanc & de noir, il a ramassé ses objets dont il a composé des Groupes avec tant d'intelligence, qu'il n'est pas possible d'en voir de plus beaux ailleurs.

L'amour qu'il avoit pour l'Antique, ne l'a point empêché d'étudier le naturel, & son Goût de dessein, qui est très-grand & très-correct, est un mélange de l'un & de l'autre : il en avoit une pratique facile & excellente, & ses airs de Têtes sont fiers, nobles & expressifs.

Ses pensées sont élevées, ses dispositions remplies d'attitudes bien choisies ; ses Draperies bien jettées, & ses Païsages d'un bon Goût.

Son Pinceau étoit leger & moéleux: mais depuis la mort de Raphaël, qui l'emploïa dans les grands Ouvrages du Vatican, il a très-rarement colorié, ne s'appliquant plus qu'à des Ouvrages à fresque de Clair-obscur.

Le Génie de Polidore a beaucoup de rapport à celui de Jules Romain; leurs Con-

ceptions

ceptions étoient vives & formées sur le goût de l'Antique ; leur Dessein grand & severe, & la voie qu'ils ont tenue étoit nouvelle & extraordinaire : la difference qui est entr'eux, c'est que Jules Romain animoit ses Compositions Poëtiques par la seule impetuosité de sa veine ; & que Polidore avoit une attention particuliere à se servir du contraste, comme du plus puissant moyen pour donner de l'ame & du mouvement à ses Ouvrages. Il paroît encore que le génie de Polidore a été plus naturel, plus pur & mieux reglé que celui de Jules Romain.

ANDREA COSIMO, ET MORTUO D'A FELTRO

ONt été les premiers qui ont mis les Ornemens en usage dans les Ouvrages de Peinture moderne, l'un & l'autre s'y sont rendus fort habiles, & ont travaillé de Clair-obscur de la maniére qu'on appelle Egratignée, en Italien *Sgrafitti*. André a vécu 64. ans, & Mortuo s'étant mis dans les Armes, faute d'Ouvrage, fut tué à 45. ans dans un combat qui se donna entre les Venitiens & les Turcs.

MAISTRE ROUX

NE' à Florence, n'a point eu de Maître dans la Peinture; il s'est attaché aux Ouvrages de Michelange, & a voulu se faire une maniere particuliere; son genie étoit fécond, & sa maniere de dessiner un peu sauvage, quoique savante. Il a beaucoup travaillé à Rome & à Perouse du tems de Raphaël; les malheurs qui agiterent sa vie, lui donnerent occasion de venir en France, où François I. lui donna une pension & la direction des Ouvrages qui se faisoient alors à Fontainebleau; Sa Majesté lui donna aussi une Chanoinie de la Sainte Chapelle, de sorte que l'affection du Roi, & son propre mérite le mirent en grande réputation. On peut juger de son habileté par la grande Galerie de Fontainebleau, qui est de sa main.

Maître Roux étoit bien fait, & il avoit cultivé son esprit par plusieurs connoissances: mais il ternit toutes ses belles qualités, par la mort honteuse qu'il se procura à lui-même, car ayant fait arrêter François Pellegrin son intime ami, sur le soupçon que celui-ci lui avoit volé une somme considerable, il le mit entre les mains de la Justice, qui après l'avoir appliqué à la Questtion, le déclara innocent. Pellegrin étant en liberté publia un Libelle contre Maître Roux, qui ne croyant pas se pouvoir montrer jamais avec honneur, envoya querir à Melun du poison, sous prétexte d'en faire du Vernis, & le prit à Fontainebleau, dont il mourut en 1541.

FRANÇOIS MAZZOLI,
DIT
LE PARMESAN,

NAquit à Parme l'an 1504. il apprit la Peinture de deux de ses cousins, & s'avança fort en peu de tems par la vivacité & la facilité d'esprit dont la nature l'avoit pourvû. La réputation des Ouvrages de Raphaël & de Michelange l'attirerent à Rome, n'ayant encore que vingt ans; il y étudia avec beaucoup d'assiduité d'après les bonnes choses, & sur-tout d'après Raphaël; il y peignit plusieurs Tableaux, qui le firent estimer, & qui lui acquirent l'affection du Pape Clement VII. Il étoit si appliqué à son Ouvrage, que le même jour que les Espagnols entrerent dans Rome, & qu'ils en firent le pillage, les Soldats trouverent le Parmesan qui travailloit avec tranquillité, comme autrefois Protogene dans Rhodes; cette securité surprit les premiers Espagnols, qui entrerent chez lui : la beauté de sa Peinture les surprit & les toucha de telle sorte qu'ils se retirerent sans lui faire aucun mal ; mais après ceux-là, il en vint d'autres qui lui prirent tout ce qu'il avoit. Il s'en retourna en sa Patrie, & passant par Bologne, il trouva l'occasion de faire beaucoup d'Ouvrages, qui l'y arrêterent assez long-tems, après quoi il se rendit à Parme, où il peignit encore beaucoup. Il jouoit bien du Luth, & y donnoit quelquefois plus de tems qu'à sa Peinture. Ce qu'on lui peut reprocher avec fondement, est de s'être tellement abandonné à la Chimie, qu'il en quitta non seulement la Peinture, mais le soin de sa propre personne, & qu'il en devint tout sauvage. Il a gravé en bois de Clair-obscur, quelques-uns de ses Desseins, & plusieurs à l'eau forte, ayant été le premier qui ait mis en usage cette sorte de Gravûre, du moins en Italie. Il entretenoit chez lui un Graveur appellé Antonio Frentano, qui lui vola à Bologne toutes ses planches de bois & de cuivre, & tous ses Desseins : & bien qu'on en eût recouvert une bonne partie, ce vol mit le Parmesan comme au désespoir : Enfin s'étant opiniâtré à la Chimie, il y perdit son tems, son argent, & sa ſanté, & mourut dans un état miſerable d'une diarée, accompagnée de fievre, en 1540. n'ayant que trente-ſix ans.

REFLEXIONS
ſur les Ouvrages du Parmeſan.

LE genie du Parmeſan étoit entierement tourné du côté de l'agrément & de la gentilleſſe; & quoiqu'il imaginât avec facilité, il ne ſongeoit pas tant à remplir ſes Compoſitions d'objets convenables, qu'à deſſiner ſes figures d'un air gracieux, & à leur donner des Attitudes qui fiſſent voir de belles parties, & qui donnaſſent de la vie & de l'action. Mais comme il n'avoit pas l'eſprit d'une grande étendue, l'attention qu'il donnoit à ſes Figures en particulier diminuoit beaucoup celle qu'il devoit à l'expreſſion de ſes figures en general. Ses penſées d'ailleurs étoient aſſez communes, & l'on ne voit pas qu'il ait penetré bien avant dans le cœur de l'homme, ni dans les paſſions de l'ame: mais bien que la Grace, qui eſt dans ſes Ouvrages, ne ſoit pour ainſi dire que ſuperficielle, elle ne laiſſe pas de ſurprendre les yeux par beaucoup de charmes.

Il inventoit facilement, & donnoit beaucoup de Grace à ses Attitudes, aussi bien qu'à ses têtes ; & l'on peut juger par ses Ouvrages, qu'il cherchoit plûtôt à plaire par cet endroit, qu'il n'étoit occupé de la veritable expression de son Sujet. Il consultoit peu la nature, qui est la mere de la diversité, ou il la réduisoit à l'habitude qu'il avoit contractée, gracieuse, à la vérité; mais qui tomboit en ce qu'on appelle maniere. Le Peintre, qui regarde la Nature comme son objet, la doit considerer dans la varieté comme dans le nombre de ses effets : & si l'on pardonne au Peintre la réïtération dans un même Ouvrage, ce ne doit être qu'à l'égard de ses Desseins pour lesquels il ne doit pas consulter si exactement la Nature, ni prendre les mêmes soins qui sont reservés pour les Tableaux. Je sai d'ailleurs, que quelques Etudes que les Peintres fassent d'après le Naturel, leur Goût particulier les détermine toujours à de certains choix qui les rappellent, & dans lequel ils tombent insensiblement. Il est certain que le Parmesan a souvent réïteré les mêmes airs & les mêmes proportions : mais son choix est si beau, que ce qui a fait plaisir une fois dans ses Ouvrages, le fait encore par tout où il se retrouve.

Son Goût de Dessein est svelte & savant mais idéal & maniere. Il affectoit de faire les extrêmités des membres délicates, & un peu décharnées. Ses Attitudes ſont nobles, vives, & agréablement contraſtées; ſes airs de Têtes gracieux, plûtôt que de grand Gout; ſes Expreſſions, generales & ſans caractere; ſes Draperies legeres, & bien contraſtées; elles ſont à la verité d'une même étoffe, & les plis en ſont fort indécis: mais comme ils ſont en petit nombre, ils donnent un Gout de grandeur aux parties qu'elles couvrent. Il en a fait ſouvent de volantes, qui donnent beaucoup de mouvement à ſes Figures, mais dont la cauſe n'eſt pas toujours fort juſte.

Malgré la vivacité de ſon Eſprit & la facilité de ſon Pinceau il a fait peu de Tableaux, ayant employé la plus grande partie de ſon tems à faire des Deſſeins & à graver des Planches. Le peu que j'ai vû de ſa Peinture me donne une idée d'un aſſez bon Clair-obſcur: mais ſa Couleur locale eſt fort ordinaire & peu recherchée. C'eſt le Parmeſan, qui le premier a trouvé le ſecret, par le moyen de deux Planches de cuivre, d'imprimer ſur un papier de demi-teinte le blanc & le noir, & de donner ainſi plus de rondeur aux Eſtampes: mais il n'a pas continué de ſe ſervir de cette Invention, qui demande trop de ſoin; voyant d'ailleurs que ſes Eſtampes, toutes ſimples, étoient recherchées de tout le monde, & qu'elles servoient même de modele à plusieurs habiles Peintres de son tems.

PERRIN DEL VAGA

NE' dans la Toscane, où il fut élevé, dans une grande pauvreté, n'avoit que deux mois quand sa Mere mourut. Son Pere étoit soldat, & une Chevre fut sa nourrice. Etant venu jeune à Florence, on le mit chez un Epicier, où il s'attacha particulierement à porter aux Peintres les Couleurs & les Pinceaux dont ils avoient besoin. Il prit de-là occasion de dessiner, & se rendit en peu de tems le plus habile des jeunes Peintres de Florence. Un Peintre mediocre, nommé Vaga, s'en allant à Rome le mena avec lui, d'où vient qu'on l'a toujours depuis appellé del Vaga; car son nom est Buonacorsi. A Rome il travailloit la moitié de la semaine pour les Peintres, & il employoit l'autre moitié avec les Dimanches & les Fêtes à dessiner pour son Etude. Il faisoit un mélange de toutes les bonnes choses: tantôt on le trouvoit parmi les ruines à rechercher les Ornemens Antiques, ou à dessiner les bas-reliefs, tantôt dans la Chapelle de Michelange, & tantôt dans les Sales du Vatican, s'attachant aussi en même tems à l'Anatomie & aux autres Etudes qui sont necessaires pour faire un grand Peintre. Les fruits de cette conduite le firent bientôt connoître des plus habiles; en sorte que Raphaël le prit avec Jean d'Udiné pour l'aider dans l'exécution de ses Desseins.

De tous ceux qui travailloient de son tems, il n'y en avoit point qui entendît si bien les ornemens, ni qui donnât dans le Gout de Raphaël avec plus d'assurance, de Grace & de hardiesse, ainsi qu'on en peut juger entr'autres choses par les Tableaux des Loges qu'il a exécutés; savoir, le passage du Jourdain, la chute des murs de Jerico, le combat où Josué fit arrêter le Soleil, la Nativité de Notre-Seigneur, le Batême & la Céne. L'affection qu'avoit pour lui Raphaël lui procura d'autres Ouvrages considerables dans le Vatican, & Perrin lui en vouloit marquer sa reconnoissance, par une attache particuliere: mais la peste le fit sortir de Rome, & retourner à Florence, où après avoir fait quelques Ouvrages il revint à Rome, parce que la maladie y avoit cessé. Raphaël étant mort Perrin s'associa avec Jules Romain & Francesco il Fattore, pour les Ouvrages qui restoient à faire dans le Vatican; & pour cimenter leur amitié, il épousa dans le même tems la Sœur de Francesco en 1525. Mais en 1527. le Siege que les Espagnols mirent devant Rome les sépara. Perrin y fut pris, & racheté d'une grosse rançon. Il s'en alla à Genes, où il eut occasion de peindre un Palais que le Prince Doria venoit d'y faire bâtir. Il se servit dans cet Ouvrage de cartons dont il fit voir publiquement l'usage à un Peintre nommé Jerôme Trevisan qui s'en étoit raillé, & à plusieurs autres qui y étoient accourus dans l'esprit d'en profiter. De là il passa à Pise pour s'y établir, à la sollicitation de sa femme : mais après y avoir fait quelques Ouvrages, il retourna à Genes, & y travailla encore pour le même Prince Doria. Ensuite il alla une seconde fois à Pise, & de-là à Rome, où le Pape Paul III. & le Cardinal Farnese lui donnerent tant d'ouvrage, qu'il fut contraint d'en commettre l'exécution à d'autres, se contentant d'en faire les Desseins.

En ce même tems le Pape fit venir le Titien à Rome pour y faire quelques Portraits, & Perrin en conçût tant de chagrin & de jalousie, qu'il mit tout en usage pour l'obliger de n'y faire que peu de séjour, & de s'en retourner à Venise, ce qui lui réussit : le grand nombre des Ouvrages de Perrin, & la vivacité avec laquelle il y travailloit épuiſerent ſes Eſprits dans la fleur de ſon âge ; de ſorte qu'à quarante-deux ans il ne paſſoit plus le tems qu'à voir ſes Amis, & il vivoit ainſi doucement lorſqu'une apoplexie l'emporta l'an 1547. le quarante-ſeptiéme de ſon âge.

REFLEXIONS

Sur les Ouvrages de Perrin del Vaga.

DE tous les Diſciples de Raphaël il n'y en a point qui ait conſervé plus longtems le caractere de ſon Maître que Perrin del Vague; j'entends le caractere exterieur; & comme on dit, la maniere de deſſiner : car il s'en faut beaucoup qu'il ait penſé auſſi finement que lui. Il avoit un Genie ſingulier pour décorer les lieux ſelon leur uſage. Ses inventions en ce genre de Peinture ſont très-ingenieuſes, il y a par tout de l'Ordre & de la Grace, & les Diſpoſitions qui ſont mediocres dans ſes Tableaux ſont merveilleuſes dans ſes Ornemens. Il les a compoſés de grandes, de petites & de moyennes parties, qui ſont placées avec tant d'intelligence, qu'elles ſe font valoir l'une l'autre par la comparaiſon & par le contraſte : les Figures qu'il y a fait entrer ſont diſpoſées & deſſinées du Gout de Raphaël ; & ſi Raphaël lui a donné dans les commencemens, comme il faisoit à Jean d'Udiné, de legers Esquisses d'Ornemens, il les a executés dans un détail admirable; & par l'habitude qu'il y a contractée, & par la vivacité de son Esprit, il s'est acquis en ce genre une réputation universelle. La Tapisserie des sept Planettes en sept pieces, dont Perrin fit les Desseins pour Diane de Poitiers, & qui est aujourd'hui chez Monsieur le Premier President, est une preuve suffisante pour confirmer ce que je viens de dire.

JEAN DUDINÉ,

AInsi appellé, à cause de la Ville d'Udiné dans le Frioul, dans laquelle il nâquit en 1494. alla fort jeune à Venise, & son inclination le portant à la Peinture, il se mit sous la Discipline du Giorgion où il passa quelques années. De-là il alla à Rome, où Balthazar Castilioni, Secretaire du Duc de Mantoue, le donna à Raphaël. Jean d'Udiné faisoit bien les Figures, mais comme il s'étoit appliqué particulierement à l'Etude des Animaux, & sur-tout des Oiseaux, dont il avoit fait un livre; que d'ailleurs il avoit étudié avec soin les Ornemens Antiques, & qu'il se plaisoit à peindre d'a-

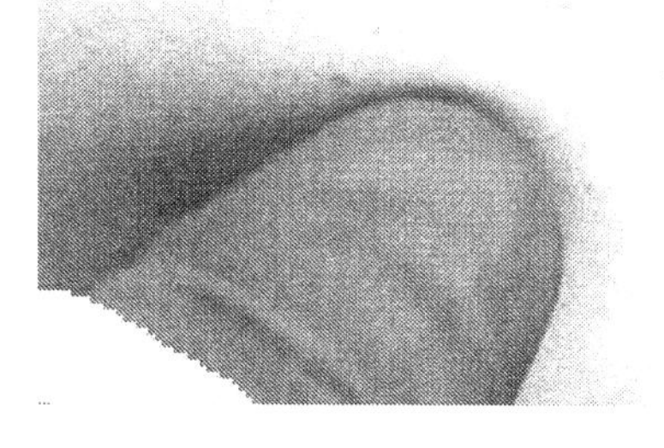

près Nature les objets inanimés qui servent aux ajustemens & aux décorations des Ouvrages, toutes ces choses lui étoient plus faciles à faire & plus avantageuses pour acquerir de la gloire. Cela fit que Raphaël l'employa à exécuter les Ornemens qui entroient dans la Composition de ses Tableaux, ou qui les accompagnoient. Il lui fit faire aussi les Ornemens de Stuc, qu'il entendoit fort bien, le tout sur les Desseins de Raphaël, ou du moins sur ses Esquisses. Les Instrumens deMusique qui sont dans le Tableau de la sainte Cecile de Bologne, par exemple, sont de la main de Jean d'Udiné, aussi-bien que tous les Ornemens des Loges, & ceux de la Vigne Madame. C'est à lui que nous devons le renouvellement du Stuc & la façon de l'employer. C'est lui qui a trouvé la véritable matiére dont les Anciens se servoient pour cette sorte de travail, qui étoient de la chaux & de la poudre de marbre très-fine: ce qui a toujours été pratiqué depuis par les Ouvriers modernes. Jean d'Udiné avoit toujours esperé quelque récompense du Pape Leon X. qui étoit fort content de ses Ouvrages: mais s'en voyant frustré par la mort de ce Pontife, il se dégoûta de la Peinture, & se retira à Udiné. Quelque tems après avoir quitté sa Profession, qui fut en 1550. il lui reprit envie de retourner à Rome par un motif de dévotion, & quoiqu'il se fût mis en habit de Pélerin, & que déguisé de cette sorte il se mêlât parmi le bas peuple, Vasari l'ayant rencontré par hazard à la Porte Pauline, le reconnut, & le fit résoudre de travailler pour le Pape Pie IV. pour lequel Jean d'Udiné fit ensuite plusieurs Ouvrages d'Ornemens. Il étoit si fort attaché au plaisir de la Chasse, qu'on le croit inventeur de la Vache artificielle dont on se sert pour approcher des Oiseaux sauvages. Il mourut en 1564. âgé de soixante-dix ans, & fut enterré dans l'Eglise de la Rotonde, auprès de Raphaël son Maître, comme il l'avoit desiré.

PELLEGRIN DE MODENE

A Travaillé avec les autres Disciples de Raphaël aux Ouvrages du Vatican, & a fait de son chef plusieurs Tableaux dans Rome. Après la mort de son Maître il s'en retourna à Modene, où il a beaucoup travaillé. Il mourut des blessures qu'il reçût en voulant sauver son Fils, qui venoit de commettre un meurtre dans une Place publique de la Ville de Modene.

DOMINIQUE BECCAFUMI,

Autrement appellé,

MICARIN DE SIENNE,

NE' dans un Village près de Sienne, étoit Fils d'un Paysan * dont il gardoit les moutons. Un Bourgeois de Sienne appellé Beccafumi, passant par hazard auprès de lui s'apperçût qu'il traçoit avec un bâton des Figures sur le sable d'un ruisseau; cela lui en donna bonne opinion & excita sa bienveillance; il le prit à son service, & le fit apprendre à dessiner. Comme le Génie de Dominique le portoit du côté de la Peinture, il s'y rendit habile; il copia d'abord quelques Tableaux d'après le Pérugin; ensuite il alla à Rome, où il se fortifia extrêmement d'après les Ouvrages des bons Maîtres, surtout d'après ceux de Raphaël & de Michelange. Se sentant en état de se soûtenir par lui-même, il s'en retourna à Sienne, il fit beaucoup de Tableaux à huile & à détrempe, & de grands Ouvrages à fresque, qui le mirent en crédit. Mais ce qui soûtiendra longtems sa réputation, c'est l'Ouvrage du Pavé de la grande Eglise

* Ce Paysan s'appelloit Pacio, & avoit accoutumé d'appeller son Fils Mécarino.

de Sienne: Cet Ouvrage est de Clair-obscur, & se fait par le moyen de deux sortes de pierres de rapport, l'une blanche pour les jours, l'autre de demi-teinte, pour en former les ombres: & ces pierres étant ainsi jointes dans les dimensions convenables au Clair-obscur des objets que l'on y veut représenter, on y donne le trait, l'union, la rondeur & les forces par des hachures assez profondes pour recevoir la poix noire dont on les remplit. J'ai un Dessein en forme de Frise, de la longueur de trois aunes, que Beccafumi a fait dans la derniere exactitude pour l'exécution de ce Pavé. Un Peintre de Sienne nommé Duccio inventa cette maniére de travail en 1356. mais Beccafumi l'a beaucoup perfectionnée. Il a gravé plusieurs choses en Bois sur ses Desseins. Il travailloit aussi fort bien de Sculpture, & savoit couler les métaux. Il en donna des preuves dans la Ville de Genes, où il alla sur la fin de sa vie; & après y avoir fait voir d'autres marques de sa capacité & de son industrie; il y mourut en 1549. âgé de soixante-cinq ans.

BALTHAZAR PERUZZI,

DE la même Ville de Sienne, étoit en réputation dans le même tems. Il a peint au Palais Ghisi, dans les Eglises, & sur les Façades de beaucoup de Maisons de Rome. Il savoit fort bien les Mathématiques, & entendoit l'Architecture parfaitement : c'est lui qui a renouvellé les anciennes décorations de Théâtres, comme il le fit paroître du tems de Leon X.

Quand le Cardinal Bernard de Bibienne fit représenter devant ce Pape la Comedie intitulée, *La Calandra*, qui est une des premieres Comedies Italiennes qui aient paru sur le Théâtre, Balthazar en composa les Scenes, & les orna de tant de places, de rues & de diverses sortes de Bâtimens, que la chose fut admirée de tout le monde. Aussi doit-il être consideré comme celui qui a ouvert le chemin aux Ingenieurs & aux Machinistes en ce genre-là. Il fut employé en divers Ouvrages, tant à Saint Pierre qu'ailleurs ; & c'est lui qui prépara le magnifique Appareil du Couronnement de Clement VII. Mais il eut le malheur de se trouver à Rome en 1527. que cette Ville fut saccagée par l'Armée de l'Empereur

Charles-Quint : les Soldats qui le pillerent le maltraiterent extrémement, & il ne se retira de leurs mains, qu'en faisant le Portrait de Charles de Bourbon. Si-tôt qu'il fut en liberté, il alla s'embarquer à Porto-Hercolé pour passer à Sienne, où il arriva en chemise après avoir été volé. Ceux de Sienne l'employerent aux Fortifications de leur Ville. Il retourna à Rome, où il fit les Desseins de quelques Palais. Il y commença son Livre des Antiquités de Rome, & un Commentaire sur Vitruve, dont il faisoit les Figures à mesure qu'il travailloit sur cet Auteur : mais sa mort arrêta cet Ouvrage en 1536. étant âgé seulement de trente-six ans. On croit qu'il fut empoisonné par ses envieux. Sebastien Serlio hérita de ses Ecrits & de ses Desseins, dont il s'est beaucoup servi dans les Livres d'Architecture qu'il a donnés au Public.

MICHELANGE BONAROTTI,

FIls de Loüis Bonarotti Simoni, de l'ancienne Maison des Comtes de Canosses, naquit en 1474. dans le château de Chiusi, qui est du territoire d'Arezzo en Toscane, dans lequel son Pere & sa Mere demeuroient alors ; ils le mirent en nourrice dans un Village appellé Settiniano, où il y avoit plusieurs Sculpteurs; le Mari de sa Nourrice l'étoit aussi : ce qui fit dire à Michelange, qu'avec le lait, il avoit sucé l'Art de la Sculpture. La violente inclination qu'il avoit pour le Dessein, obligérent ses parens de le mettre sous la discipline de Dominique Ghirlandaï; le progrès qu'il y faisoit excitoit tellement l'envie de ses Camarades qu'il y en eut un entre autres nommé Torrigiano qui lui donna un coup de poing dans le nés, dont il a porté les marques toute sa vie. Il crut que le meilleur moïen de se venger, étoit de vaincre, comme il fit par ses Etudes & par ses Ouvrages, la jalousie de ses Competiteurs, & de s'acquerir l'estime des Grands.

Il se servit de l'amour que Laurent de Médicis avoit pour les beaux Arts, & il érigea dans Florence une Academie de Peinture & de Sculpture. Il y donnoit ses soins avec application & avec succès, lorsque les troubles de la Maison de Médicis le firent aller à Bologne & à Venise, d'où il retourna bientôt à Florence. Ce fut en ce tems-là, qu'aïant fait la Figure d'un Cupidon, il la porta à Rome, & lui aïant cassé un bras qu'il retint, il enterra le reste dans un lieu où il savoit qu'on devoit fouiller : cette Figure y aïant été trouvée, fut vendue pour Antique au

Cardinal de saint Gregoire, à qui Michelange découvrit la chose, en lui montrant le bras qu'il en avoit reservé.

Les Ouvrages qu'il fit à Rome, mais beaucoup plus les avis de Bramante suscité par Raphaël, déterminerent le Pape à lui faire peindre sa Chapelle. Michelange pour se faire aider dans cette Peinture, fit venir plusieurs Florentins, & entr'autres Grannaccio Bugiardino, & Juliano di san Gallo; ce dernier entendoit fort bien la Fresque, où Michelange avoit peu de pratique. Cet Ouvrage étant achevé trompa l'attente de bien des Peintres, & surtout de Raphaël, qui dans la vûe de le faire échouer le lui avoit fait procurer par Bramante. Celui-ci à qui, comme nous l'avons déja remarqué dans la vie de Raphaël, Michelange avoit toujours confié la clef de la Chapelle pendant qu'on y travailloit, avec défense de laisser voir son Ouvrage; y fit un jour entrer Raphaël, qui trouva cette Peinture d'un si grand Gout de Dessein, qu'il résolut d'en profiter. En effet, dans le premier Tableau que Raphaël peignit depuis, qui est le Prophete Isaïe, qu'on exposa aussi-tôt dans l'Eglise saint Augustin, Michelange reconnut sans hésiter l'infidelité de Bramante. Ce Trait est la plus grande louange qu'on puisse jamais donner aux Ouvrages de Michelange, & une preuve en même tems de la bonne-foi de Raphaël, qui en cela voulut profiter de ce qu'il trouvoit de bon dans les Ouvrages de ses ennemis, bien moins pour sa propre gloire, que pour celle de sa profession.

Après la mort de Jules II. Michelange alla à Florence, où il fit cet Ouvrage admirable de la Sépulture des Ducs de Toscane: il fut interrompu par les Guerres; car on l'obligea de travailler aux Fortifications de la Ville, & prévoïant que ces précautions qu'on avoit prises trop tard seroient inutiles, il sortit de Florence pour aller à Ferrare, & de-là à Venise. Le Doge Gritti tâcha de le retenir pour le faire travailler; mais tout ce qu'il en put tirer, ce fut un Dessein pour le Pont de Rialto; car Michelange étoit encore excellent Architecte, comme on le peut voir par le Palais Farnese, par sa Maison, & par le Capitole, qui est un Edifice d'un grand Goût.

Etant retourné à Florence, il y peignit pour le Duc de Ferrare la Fable de Léda avec Jupiter en Cigne: mais comme on ne faisoit pas assez d'estime de cet Ouvrage, Michelange l'envoïa en France par Minio son Disciple avec deux boëtes de Desseins, qui étoient la meilleure partie des pensées qu'il avoit faites. Le Roi François Premier acheta la Léda qu'il fit mettre à Fontainebleau, & le reste fut dissipé par la mort inopinée de Minio. Cette Léda étoit représentée dans une passion d'Amour si vive & si lascive, que M, des Noyers Ministre d'Etat sous LOUIS XIII. l'a depuis fait brûler par principe de conscience.

Michelange fit par ordre de Paul III. la Peinture du Jugement Universel, qui est une source inépuisable pour ceux qui cherchent une profondeur de Science, & un grand Goût dans le Dessein. Michelange s'est donné des soins incroïables pour la perfection de son Art. Il aimoit fort la solitude, & disoit que la Peinture étoit jalouse & demandoit un homme tout seul & tout entier. Sur la demande qu'on lui fit; pourquoi il ne se marioit pas? il répondit, que la Peinture étoit sa femme, que ses Ouvrages étoient ses Enfans.

Michelange avoit de grandes idées, qu'il ne devoit point à ses Maîtres. La vûe des Ouvrages de l'Antiquité, & l'élévation de son Génie les lui avoient inspirées. Il étoit savant & correct dans son Dessein, & le goût en est terrible, pour me servir de ce mot. Ceux qui n'y trouvent pas toute l'élégance de l'Antique, seront toujours contraints d'avouer, que c'est un puissant reméde contre la pauvreté de la Nature ordinaire. Raphaël, comme nous l'avons remarqué lui est obligé du changement, que la vûe de la Chapelle Sixte apporta à sa maniére, qui tenoit encore beaucoup de Piétre Perrugin. Plusieurs néanmoins qui demeurent d'accord de la grandeur des pensées de Michelange, les trouvent peu naturelles, & quelquefois extravagantes. Ils disent aussi que son Dessein est chargé, quoique savant; qu'il a pris trop de licences contre les régles de la Perspective; & qu'il n'a point entendu la partie de Coloris: On en parlera dans les Réflexions sur ses Ouvrages; il suffit de dire que ce grand Homme a non seulement été aimé & estiiné de tous les Souverains de son tems, mais qu'il sera encore l'admiration de toute la posterité, Il mourut à Rome en 1564, âgé de 90. ans. Le Duc Côme de Médicis le fit déterrer la nuit en secret, & fit porter son corps à Florence, où il fut enterré une seconde fois dans l'Eglise de Sainte Croix, dans laquelle on lui fit des obseques magnifiques, & où l'on voit sa sépulture en marbre, qui consiste en trois Figures admirables; La Peinture, la Sculpture, & l'Architecture, toutes trois de sa main,

REFLEXIONS

Sur les Ouvrages de Michelange.

MICHELANGE eſt un des premiers qui ait banni de l'Italie la petite maniére & les reſtes du Gottique. Son Génie étoit d'une vaſte étendue, & ſon temperament avoit déterminé ſon Goût à la ſeverité & à la bizarrerie; En ſorte néanmoins que parmi ſes imaginations bizarres, s'il y avoit des choſes extravagantes, il y en avoit auſſi d'une beauté ſinguliere, mais de quelque genre que fuſſent ſes penſées, elles avoient toujours du Grand.

Comme les habiles gens de ce tems-là faiſoient conſiſter tout le mérite de la Peinture dans l'excellence du Deſſein, Michelange fit en cette partie des Etudes incroïables, & s'y rendit très-profond, comme on le voit par ſes Ouvrages de Peinture & de Sculpture: mais il ne pût jamais joindre à ſon grand Goût, la pureté ni l'Elegance des contours: parce qu'aïant regardé le corps humain dans ſa plus grande force, & aïant peut-être pouſſé trop loin ſon imagination là-deſſus, il a fait les membres de ſes Figures trop puiſſans, & a chargé, comme on dit, ſon Deſſein. Ce n'eſt pas qu'il ait négligé

négligé l'Antique, mais c'est que ne voulant être redevable qu'à lui-même de la connoissance de son Art, il a encore plus examiné la Nature qu'il regardoit comme son objet, que les Statues anciennes dont il ne vouloit point être copiste.

Il entendoit parfaitement l'emboiture des os, l'emmanchement des membres, l'origine, l'insertion, & l'office des muscles: mais il paroît qu'il avoit peur qu'on ne s'apperçût pas combien il étoit profond en cette Science, car il a prononcé si fortement les parties du Corps, qu'il semble avoir ignoré que par-dessus les Muscles il y a une peau qui les adoucit. Il a néanmoins gardé en cela plus de mesure dans sa Sculpture que dans sa Peinture.

Ses Attitudes sont la plûpart desagréables, ses airs de Tête fiers, ses Draperies trop adherentes, & ses Expressions peu naturelles; mais parmi tout le sauvage de ses productions, on y trouve assez souvent de l'élévation dans les pensées, & de la noblesse dans les Figures. Enfin la grandeur de son Goût est proprement un remede contre la bassesse du Goût Flamand: il servit même à Raphaël, comme nous avons dit, pour le tirer de la secheresse de Piétre Pérugin.

Michelange ignoroit tout ce qui dépend du Coloris, & ses Carnations donnent entierement dans la brique pour les Clairs, & dans le noir pour les Ombres, soit qu'il ait peint ses Tableaux, ou qu'il y ait fait travailler les Peintres Florentins qu'il avoit appellés pour l'aider dans ses grands Ouvrages. Il n'en est pas de même des Tableaux que Fra-Bastian del Piombo a faits d'après les Desseins de Michelange : la Couleur en est meilleure & tient beaucoup du goût Venitien.

Mais pour revenir au Dessein de Michelange, qui est le plus grand merite de ses productions ; si ce Peintre ne l'a pas rendu parfait de tout point, il y a fait remarquer du moins tant de profondeur, que ses Ouvrages peuvent contribuer beaucoup à rendre habiles les jeunes Etudians, qui auront assez de discernement pour en faire un bon usage. Cependant il y auroit lieu d'être surpris, que la réputation de Michelange se fût conservée jusqu'à nous dans un si grand éclat, s'il n'avoit été encore plus celebre par la connoissance parfaite qu'il avoit de la Sculpture & de l'Architecture Civile & Militaire, que par celle de la Peinture.

SEBASTIEN DE VENISE,

Appellé communément

FRA-BASTIAN DEL PIOMBO,

AINSI nommé à cause d'un Office de Fratel del Piombo, que le Pape Clement VII. lui donna. Il étoit de Venise, son premier Maître fut Jean Bélin, qu'il quitta à cause du grand âge de ce Peintre, pour se mettre chez le Giorgion, où il prit un bon goût de couleur qu'il n'a jamais quitté. Il étoit déja en réputation à Venise, lorsque Augustin Ghisi le mena à Rome, où il s'attacha à Michelange. Celui-ci lui en sut si bon gré, qu'il prit un soin extraordinaire de l'avancer dans le Dessein, & de justifier par là le choix que ce Disciple avoit fait en s'attachant à lui, au préjudice de Raphaël son competiteur. Car alors les Peintres de Rome étoient partagés, les uns pour Raphaël, & les autres pour Michelange. Non seulement Fra-Bastian ne choisit point Raphaël pour son Maître, mais il en voulut faire son Emule, c'est dans ce Dessein qu'il fit un Tableau en concurrence de celui de la Transfiguration que Raphaël faisoit alors pour François Premier, & dans ce Tableau Fra-Bastian représenta la Résurrection du Lazare; cette Peinture est dans l'Eglise Cathedrale de Narbonne.

Après la mort de Raphaël, Fra-Bastian par son propre merite & par la puissante protection de Michelange se fût vû à la Tête des Peintres de Rome, si Jules Romain n'eût pas balancé son crédit. Il est vrai qu'il peignoit d'une grande maniere, & il suffit de dire que ses Ouvrages tenoient beaucoup de Michelange pour le Dessein, & du Giorgion pour le Coloris; mais il étoit fort long à ce qu'il faisoit, ce qui l'a obligé de laisser plusieurs Ouvrages imparfaits. Il y en a un très-beau de lui dans la Chapelle du Roi à Fontainebleau; il répresente la Visitation de la Vierge.

Fra-Bastian se brouilla néanmoins avec Michelange, sur ce qu'il entreprit de faire un Ouvrage à huile contre son sentiment; ce Maître lui disant que cette sorte de Peinture étoit propre à une femme, & que la fresque étoit veritablement l'Ouvrage d'un homme. Comme son Office du Plomb lui donnoit de quoi subsister honnêtement, & que d'ailleurs son temperament le portoit au repos, il ne songea plus qu'à passer doucement la vie, s'exerçant tantôt à la Poësie,

& tantôt à la Musique, car il jouoit fort bien du Luth. Il trouva le moyen de peindre à huile sur les Murailles, sans que les Couleurs en fussent alterées; c'étoit par un enduit composé de Poix, de Mastic & de Chaux vive; il mourut en 1547. âgé de soixante-deux ans.

DANIEL RICCIARELLI

De Volterre.

CE dernier nom qui est le plus commun lui a été donné à cause de Volterre Ville de la Toscane. où il a pris naissance en 1509. Il fut Disciple, premierement d'Antoine de Verceil, & puis de Baltazar de Sienne: Mais dans la suite il s'attacha entierement à la maniere de Michelange qui le protegea dans les occasions; ses plus beaux ouvrages sont à Rome à la Trinité du Mont. Il quitta la Peinture pour se faire Sculpteur, & c'est de lui que nous avons le Cheval de Bronze qui est à la Place Royale de Paris; ce Cheval devoit servir pour porter la Statue d'Heuri II. Mais Daniel n'eut pas le tems d'achever cet Ouvrage, prévenu par la mort qu'une trop grande application à son travail & son humeur mélancholique lui avoit avancée en 1566. dans la cinquante-septiéme année de son âge.

FRANÇOIS PRIMATICE

NE' à Bologne de parens Nobles, qui lui voyant une forte inclination au Dessein, le laisserent aller à Mantoue, où il fut six ans sous la discipline de Jules Romain; il se rendit si habile en cet espace tems, que sur le Dessein de Jules, il faisoit des Batailles de Stuc en Bas-reliefs, & surpassoit en cela & en Peinture les autres Eleves qui étoient à Mantoue.

Il travailloit ainsi à aider Jules Romain dans l'exécution de ses Desseins, lorsque le Roi François Premier ayant fait demander en 1531. un jeune homme qui entendît bien les Ouvrages de Stuc, on lui envoya le Primatice. La confiance que le Roi avoit en l'habileté de ce Peintre, fit que Sa Majesté l'envoya à Rome, en 1540. pour acheter des Antiques. Il en rapporta cent vingt-quatre Statues avec quantité de Bustes, & fit mouler par Jacques Baroches de Vignole la Colonne Trajane, & les Statues de Venus, de Laocoon, de Commode, du Tibre, du Nil, & de la Cléopatre de Belvedere, afin de les jetter en Bronze,

Après la mort de Maître Roux, le Primatice fut pourvû de la Charge d'Intendant des Bâtimens, & acheva en peu de tems la Gallerie que ce Peintre avoit commencée. Il fit porter à Fontainebleau tant de Statues, ou de Marbre, ou de Bronze, que ce lieu paroissoit une autre Rome. Dans les Ouvrages qu'il y fit de Peinture & de Stuc, il se servit de Roger de Bologne, de Prospero Fontana, de Jean-Baptiste Bagnacavallo, & surtout de Nicolas de Modene qu'on appella Messer Nicolo, dont l'habileté & la diligence surpassoit celle des autres.

L'estime que toute la France conçut pour le Primatice alla à tel point, qu'on n'entreprenoit aucun Ouvrage considerable sans l'avoir consulté, & qu'il ordonnoit tout ce qui se faisoit dans les Fêtes, dans les Tournois, & dans les Mascarades. Il fut pourvû de l'Abbaye de saint Martin de Troyes, & vivant d'une maniere liberale & distinguée, il n'étoit pas seulement regardé comme un habile Peintre, mais comme un des Grands de la Cour. C'est lui & le Maître Roux qui ont apporté le bon Goût en France; car avant eux, tout ce qui se faisoit dans les Arts étoit peu considerable, & donnoit dans le Gottique; le Primatice, mourut fort âgé.

PELLEGRIN TIBALDI, DIT PELL. DE BOLOGNE,

NE' à Bologne, fils d'un Architecte Milanois, eut tant de Genie pour les beaux Arts, que s'étant mis de lui-même à dessiner les belles choses, à Bologne & à Rome, il devint l'un des plus habiles de son tems en Peinture & en Architecture Civile & Militaire. Ce fut dans la Ville de Rome qu'il donna les premieres preuves de sa capacité, & que l'on rendit justice à son merite. Mais quelque bon succès qu'eussent ses Ouvrages, l'Ouvrier n'en étoit pas plus heureux; soit qu'il n'eût pas le talent de se faire valoir, ou qu'il n'eût pas celui de se contenter. De sorte qu'un jour le Pape Gregoire XIII. étant sorti par la Porte Angelique pour prendre l'air, & s'étant détourné du grand chemin, il entendit une voix plaintive qui lui paroissoit venir de derriere un Buisson: il la suivit peu à peu, & vit un homme couché par terre au pied d'une haie: le Pape s'en approcha, & ayant reconnu Pellegrin, il lui demanda ce qu'il avoit à se plaindre. *Vous voyez*, répondit

Pellegrin, *un homme au désespoir. J'aime ma Profession, il n'y a point de peines que je ne me sois données pour m'y rendre habile; je travaille avec assiduité, je tâche à perfectionner mon Ouvrage jusqu'à ne le pouvoir quitter ni me contenter moi-même, & tous ces soins sont si peu récompensés, que je ne puis vivre de mon travail. Ne pouvant donc soutenir cet état cruel, je suis venu ici à l'écart, résolu d'y mourir de faim pour me délivrer des miseres de ce monde.*

Le Pape lui fit une grosse réprimande sur cette étrange résolution; & lui ayant ensuite remis l'esprit & fait reprendre courage, il lui promit toutes sortes de secours. Comme la Peinture avoit été jusques-là fort ingrate à Pellegrin, Sa Sainteté lui conseilla de s'appliquer à l'Architecture, dans laquelle il avoit fait voir beaucoup d'habileté, & l'assura qu'il l'employeroit dans ses Bâtimens. Pellegrin profita de ce conseil. Il devint grand Architecte, & grand Ingenieur, & bâtit de superbes Edifices, qui devoient lui donner les moyens d'être content.

Etant retourné en son Païs le Cardinal Borromée lui fit faire à Pavie le Palais de la Sapience, & il fut choisi par les Milanois pour avoir l'Intendance du Bâtiment qui se faisoit alors de leur Eglise Cathédrale. De là il fut appellé en Espagne par Philippe II. pour travailler de Peinture & d'Architecture au Palais de l'Escurial. Il y fit quantité d'Ouvrages, qui plûrent tellement à ce Roi, qu'aprés lui avoir fait compter cent mille Ecus, il l'honora du Titre de Marquis. Pellegrin chargé d'honneurs & de biens s'en retourna à Milan, où il mourut au commencement du Pontificat de Clement VIII. âgé d'environ soixante-dix ans.

FRANÇOIS SALVIATI

DE Florence, se mit d'abord à dessiner chez André del Sarte, où il fit amitié avec Vasari, qui étoit aussi Disciple du même Maître. Ils le quitterent l'un & l'autre pour Baccio Bandinelli, où ils profiterent plus en deux mois qu'ils n'avoient fait ailleurs en deux ans. François s'étant rendu très-habile, le Cardinal Salviati l'attacha à son service, & c'est de-là que lui vient le nom de Salviati. Sa maniere de dessiner approcha fort de celle de Raphaël. Il travailloit également bien à fresque, à huile & à détrempe. Il vint en France en 1554. & y fit quelques Ouvrages à fresque pour le Cardinal de Lorraine, qui n'en fut pas fort satisfait; ce qui dégouta Salviati aussi-bien que la faveur & la réputation de Maître Roux, des Ouvrages duquel il avoit fait trop de railleries pour n'en pas apprehender les ſuites. Enfin étant retourné en Italie, & y ayant peint divers tableaux à Rome, à Florence & à Veniſe, ſon humeur inquiete, chagrine & irréſolue lui cauſa la maladie dont il mourut en 1563. âgé de cinquante-trois ans.

TADEE' ZUCCRE

NAtif d'Agnolo in Vado dans le Territoire d'Urbin, étoit Fils d'un Peintre mediocre, qui, connoiſſant ſa foibleſſe, & préferant l'éducation de ſon Fils, à ſa propre utilité, le mena à Rome à l'âge de quatorze ans pour profiter des avis des bons Peintres: mais il s'adreſſa mal. Il le mit chez un certain Pierre Calabrois, dont la femme faiſoit mourir de faim Tadée, & le contraignit par ſon avarice de chercher un nouveau Maître. Il n'en prit point d'autre néanmoins que les Ouvrages de Raphaël & les Sculptures Antiques; ce qui étant fortifié de la beauté de ſon Genie, le rendit habile en peu de tems. Il étoit facile, abondant & gracieux dans ce qu'il faiſoit: & moderoit la vivacité de ſon Eſprit par une grande prudence, Il n'a pas travaillé hors de l'Italie, mais seulement à Rome & à Caprarole. Il mourut en 1566. âgé de trente sept ans. Cette mort prématurée lui fit laisser beaucoup d'Ouvrages imparfaits, que son frere Frederic acheva.

GEORGES VASARI

NAtif d'Arezzo en Toscane, fut premierement Disciple de Guillaume de Marseille, Peintre sur Verre; ensuite d'André del Sarte, & enfin de Michelange. On ne peut pas dire de lui comme de beaucoup d'autres Peintres que son inclination pour la Peinture l'a violenté: mais l'on peut dire avec plus de vraisemblance, que ses Réflexions & son bon Esprit l'y ont déterminé, & l'y ont conduit plûtôt que son Genie. Après les troubles de Florence il s'en retourna en son Païs, où ayant trouvé que son Pere étoit mort de la Peste, il se vit chargé de deux Freres & de trois Sœurs, qu'il étoit contraint de faire subsister du gain de son travail. Il peignoit à fresque dans les Villages de côté & d'autre: mais ne croyant pas pouvoir gagner assez par la Peinture, pour soutenir la charge de sa famille, il quitta sa Profession pour se faire

Orfevre, à quoi il ne trouva pas mieux son compte.

Il se remit donc à la Peinture, avec une grande envie de devenir habile; il dessina avec ardeur & avec perseverance toutes les Sculptures Antiques & tous les Ouvrages de Peinture qui étoient de quelque merite: & quoiqu'il se fût beaucoup fortifié dans la partie du Dessein, en copiant toute la Chapelle de Michelange, il ne laissa pas néanmoins de dessiner avec le Salviati tous les Ouvrages de Raphaël & de Balthazar de Sienne; & non content d'avoir dessiné tout le jour, il employoit une partie de la nuit à copier ce qu'avoit dessiné son Camarade. Il se persuada qu'après toutes ces fatigues il étoit en état d'entreprendre toutes sortes d'Ouvrages, & d'en sortir avec succès. Il ne comptoit que pour peu de chose la partie du Coloris, parce qu'il n'en avoit pas une juste idée: aussi s'est-il bien trompé dans son calcul; car quoiqu'il fût un fort bon Dessinateur, ses Ouvrages ne lui ont point attiré jusqu'ici toute l'estime qu'il s'en étoit promise, ce qui vient ou de ce qu'il a ignoré l'intelligence des Couleurs, ou du moins de ce qu'il a negligé la molesse du Pinceau. Cependant la grande pratique qu'il avoit dans le Dessein lui donnoit une merveilleuse facilité, & lui faisoit produire quantité d'Ouvrages. Il étoit bon Architecte, & entendoit fort bien les Ornemens. Les Ouvrages qu'il fit à Florence, tant d'Architecture que de Peinture le mirent en credit dans la Maison des Médicis, où il gagna quelque argent, dont il maria deux de ses Sœurs. Il avoit beaucoup de vertus morales, qui, jointes à sa politesse, lui attirerent l'estime des Cardinaux de son tems. Celui de Medicis qui le protegeoit particulierement, l'engagea à travailler sur les Vies des Peintres. Il nous en a laissé trois volumes, dont Annibal Caro fait l'éloge, en disant qu'elles sont écrites poliment & judicieusement. On lui reproche néanmoins d'y avoir trop loué les Peintres de son Pays; c'est-à-dire les Florentins. Quoiqu'il en soit, la Peinture lui doit un monument éternel, pour avoir transmis à la Posterité la mémoire de tant d'habiles Hommes, dont la plûpart des noms seroient déja ensevelis dans l'oubli, sans les soins qu'il a pris de les éterniser. Outre ces Vies de Peintres, il a fait imprimer des Raisonnemens sur les Ouvrages qu'il a peints, dont les principaux sont à Rome, à Florence & à Bologne. Il mourut à Florence en 1578. âgé de soixante-quatre ans. Son Corps fut transporté à Arezzo, où il fut enterré dans une Chapelle ornée d'Architecture, qu'il avoit fait bâtir pendant sa vie.

FREDERIC ZUCCRE

NE' dans un Village du Duché d'Urbin appellé *Agnolo in Vado*, fut amené par ses parens à Rome à l'occasion du Jubilé de 1550. On le donna à son Frere Tadée, qui étoit déja un des celebres Peintres d'Italie. Il fut son Disciple, & dans la suite sentant un peu ses forces, il porta impatiemment les corrections de son Frere. Ils ont beaucoup travaillé tous deux à Caprarole ; & Frederic acheva les Ouvrages que Tadée avoit laissé imparfaits dans Rome, où il mourut, n'ayant que trente-sept ans. Frederic fut employé pat le Pape Gregoire XIII. pour quelques Ouvrages qui lui attirerent des differends avec les Officiers de Sa Sainteté ; & pour se venger de leurs mauvais offices, il fit le Tableau de la Calomnie, qui a depuis été gravé par Corneille Cort, où il représenta avec des oreilles d'âne tous ceux qui l'avoient offensé. Il l'exposa publiquement sur la porte de l'Eglise de S. Luc le jour de la Fête de ce Saint, & sortit de Rome pour éviter la colere du Pape.

Il travailla en France pour le Cardinal de Lorraine, & à l'Escurial pour Philippe II.

ſans que, ni l'un, ni l'autre fuſſent contens de ſon Ouvrage. Il fut plus heureux en Angleterre, où il fit le Portrait de la Reine Elizabeth, & quelques autres Ouvrages qui furent applaudis. Enfin après être retourné en Italie, & avoir travaillé quelque tems à Veniſe, Gregoire XIII. le rappella, & lui pardonna. Ce fut en ce tems-là que ſe prévalant de la protection du Pape, il mit à execution le Bref que Sa Sainteté avoit donné pour l'érection d'une Académie de Peinture. Il y fut élu Prince, & l'affection qu'il portoit à ſon Art, lui fit bâtir à ſes frais une Maiſon où ſe tenoit l'Aſſemblée des Peintres. Il alla enſuite à Veniſe pour y faire imprimer les Livres qu'il a compoſés ſur la Peinture. De-là il paſſa à la Cour de Savoie, & dans un voyage qu'il fit à Lorette, il mourut à Ancone âgé de ſoixante-ſix ans, environ l'an 1602.

RAPHAEL D'A REGIO,

FIls d'un Païſan, qui lui faiſoit garder des Oies, ſe déroba de ſon Pere & s'en alla à Rome, où il ſuivit le mouvement du Genie extraordinaire qu'il avoit pour la Peinture; & s'étant mis ſous la Diſcipline de Frederic Zuccre, où il ne fut qu'un an, il y fit un si merveilleux progrès, qu'il étoit presque égal à son Maître. Il a fait plusieurs belles choses dans le Vatican, à Sainte Marie Majeure, & en d'autres lieux de Rome. Il étoit beau & bien fait, & l'on dit qu'étant devenu amoureux d'une jeune fille, sa passion fut si violente qu'il en mourut. Il avoit un Camarade nommé Paris, qui l'aidoit dans ses Ouvrages.

RICHARD

NAtif de Bresse, étoit un de ceux dont Raphaël se servoit dans ses Ouvrages du Vatican, & qui d'ailleurs n'a pas fait beaucoup parler de lui. Un jour ayant fait pour l'Eglise des Florentins un Tableau de son Invention, où il avoit représenté Pilate qui montroit JESUS-CHRIST au Peuple, il demanda à Raphaël laquelle des Têtes lui sembloit la meilleure, croyant qu'on jugeroit en faveur de celle du Christ; mais Raphaël lui répondit que la meilleure en étoit une qui ne se voyoit que par derriere, voulant dire par-là que toutes ses Expressions n'étoient pas justes au sujet qu'il représentoit, quoique les Têtes fussent bonnes d'ailleurs.

FREDERIC BAROCHE

NÉ' à Urbin vint à Rome dans sa jeunesse, & n'a point eu d'autre Maître, à proprement parler, que les belles choses qu'il y étudia avec beaucoup de soin. Il y peignit beaucoup de choses à fresque du tems de Paul III. & s'en étant retourné à Urbin, il y passa le reste de sa vie. Mais fort incommodé d'un vomissement & d'une foiblesse d'estomach, qui ne lui permettoit pas de travailler plus de deux heures par jour. Il a néanmoins vécu très-long-tems avec ce mal, qui lui venoit (à ce que l'on a cru) d'avoir été empoisonné dans une salade qu'un Peintre envieux de sa réputation lui prépara dans un repas qu'il lui donna, de sorte que les remedes qui ne le guerirent pas entierement, l'empêcherent néanmoins de mourir. C'est un des plus gracieux, des plus judicieux, & des plus habiles Peintres qui ayent jamais été. Il a fait quantité de Portraits & de Tableaux d'Histoires, & son Génie étoit particulierement pour les sujets de dévotion.

On reconnoît dans ses Ouvrages un grand penchant pour la maniere du Correge: & quoiqu'il dessinât plus correctement que ce

Peintre, ses contours n'étoient, ni d'un si grand Goût, ni si naturels. Il prononçoit trop les parties du corps, & dessinoit les pieds d'un petit enfant, du même caractere qu'il auroit fait ceux d'un homme. Il faisoit ses Etudes au Pastel, & les réduisoit ordinairement à sa maniere.

Il se servoit pour faire ses Vierges, d'une Sœur qu'il avoit, & pour le petit Christ, d'un enfant de cette même Sœur. Il a gravé lui-même à l'eau-forte quelques-uns de ses Tableaux. Il est mort à Urbin en 1612. âgé de quatre-vingt-quatre ans. Vanius a été son Disciple.

FRANÇOIS VANIUS

DE Sienne, a été Disciple du Baroche sans lui être inferieur. Il avoit un talent extraordinaire pour les sujets de dévotion. Il est mort en 1615. âgé de quarante sept ans.

JOSEPIN,

AInsi appellé par contraction de Joseph d'Arpin, qui est un Château dans la Terre de Labour au Royaume de Naples, où il naquit en 1570. Il étoit Fils de Mutio Polidoro, Peintre si mediocre, qu'il n'étoit employé qu'à faire des *Ex Voto* de Village. Joseph vint à Rome, où il contracta une maniere de dessiner legere & agréable, qui dégenera dans une pratique qui ne tenoit, ni de l'Antique, ni de la Nature recherchée. Comme il avoit beaucoup d'esprit & de Genie, il se fit valoir auprès des Papes & des Cardinaux, qui lui procurerent beaucoup d'emploi. Il eut un violent Competiteur en la personne du Caravage, dont la maniere étoit entierement opposée à la sienne. Ce qu'il a fait de plus digne d'estime, sont les Batailles qu'il a peintes au Capitole, du reste il n'a fait qu'effleurer la Peinture, sans en approfondir aucune partie. Il mourut en 1640. âgé de quatre-vingts ans. La plûpart des Peintres de son tems suivoient sa maniere, & les autres celle du Caravage.

PASQUALIN DELLA MARCA.

N'Est ici nommé, que parce que en un an il fit un progrès dans la Peinture, qui passe pour un prodige. Il y a des Tableaux de lui dans l'Eglise des Chartreux aux termes de Diocletian.

Cet exemple doit encourager ceux qui, bien qu'avancés en âge, se sentent assez de genie, assez d'ordre dans l'esprit, & assez de santé pour courir en peu de tems la Lice de la Peinture.

PIETRE T. TE

NAtif de Luques, porté dès sa jeunesse au Dessein, fut excité de voir Rome par la renommée des Peintures & des Peintres qu'on y voyoit alors. Il y alla en habit de Pellerin, & n'étant pas assez instruit de ce qui regardoit la Profession qu'il vouloit suivre, il vivoit dans la derniere misere, & passoit comme il pouvoit le tems à dessiner les Ruines, les Statues & les Peintures de Rome. Sandrart dit qu'un jour entr'autres l'ayant trouvé dans un pitoyable état, & comme à demi brute, dessinant des Ruines autour de Rome, il eut pitié de sa pauvreté, l'emmena chez lui, pourvût à ses vêtemens & à sa nourriture, l'employa à dessiner plusieurs choses de la Galerie Justiniane, & le recommanda ensuite à d'autres personnes qui le firent travailler. Il étoit si sauvage, & si misantrope, qu'à peine Sandrart pouvoit-il jouir de sa conversation. Il avoit dessiné les Antiques tant de fois, qu'il les savoit par cœur : mais il y avoit en cela tant de fougue & de libertinage de genie, qu'il n'a tiré pour son Art aucun avantage raisonnable de toutes ses peines : celles qu'il a prises dans ses Ouvrages de Peinture lui ont encore moins réussi, comme on le voit par le petit nombre de ses Tableaux, par le peu de cas qu'on en fait, par ses mauvaises Couleurs, & par la dureté de son Pinceau. Ainsi ce qu'il a fait de plus louable, sont ses Desseins & ses Estampes, dont une petite partie a été gravée par lui, l'autre par Cesar Teste, & quelques-unes encore par d'autres Graveurs. On y voit beaucoup d'imagination, de gentillesse, & de pratique : mais peu d'intelligence dans le Clair-obscur, peu de raison, & peu de justesse. Etant un jour assis sur le bord du Tibre pour dessiner quelque Vûe, un coup de vent enleva son chapeau, & en voulant le retenir, l'extension de son bras emporta son corps. Il tomba dans l'eau, & se noya ainsi malheureusement environ l'an 1648.

PIETRE BERETIN

DE Cortone dans la Toscane, élevé & protegé dans la Maison de Sachetti à

Rome, a été l'un des plus agréables Peintres qui aïent jamais paru. Son génie étoit fécond, ses pensées fleuries, & son exécution facile. Comme son talent étoit pour les grands Ouvrages, & que son imagination étoit vive, il ne pouvoit se contraindre à finir un Tableau de tout point ; ce qui fait que ses petits Tableaux, quand on les voit de près, paroissent fort éloignés du mérite de ceux qu'il a fait en grands.

Il étoit peu correct dans le Dessein, peu expressif dans les passions, peu régulier dans les plis de ses Draperies, & maniére par tout. Mais partout aussi on voit de la Grandeur, de la Noblesse, & de la Grace. Non pas de cette Grace particuliere que Raphaël & le Corrége avoient en partage, & qui touche vivement le cœur des gens d'esprit : mais une grace génerale qui plaît à tout le monde, & qui consiste plûtôt dans l'habitude qu'il avoit de faire partout des airs de Têtes agréables, que dans un choix singulier d'Expressions convenables à chaque objet. Car, comme je l'ai déja dit, il avoit de la peine à retourner sur lui-même, & à descendre dans le détail de chaque chose. Il ne cherchoit qu'un beau Tout-ensemble, & les Platfons des Eglises, des Galeries, des Palais des Grands ; bien loin de l'étonner, étoient la pâture la plus convenable à son génie. Il en a donné des preuves autentiques à Rome, dans l'Eglise neuve des Peres de l'Oratoire, dans le Palais des Barberins, dans le Palais Pamphile, & dans plusieurs autres lieux de Rome & de Florence.

Son Coloris n'avoit rien de mauvais, surtout dans ses carnations, qui auroient encore été meilleures, si elles avoient été plus variées & plus recherchées. Pour les autres Couleurs locales, il ne s'est écarté de l'Ecole Romaine, qu'en leur donnant de l'union entr'elles, & cet agrément que les Italiens appellent *Vagezza.* Les Ornemens qui accompagnoient ses Ouvrages étoient d'une grande Idée : il faisoit le Païsage d'un bon goût, & il a mieux entendu la Peinture à fresque, que tous ceux qui l'ont pratiquée avant lui.

Pietre de Cortone étoit d'un naturel doux, d'un entretien agréable, de moeurs integres, charitable, officieux, bon ami, & disant du bien de tout le monde. Il étoit si laborieux, que la goute dont il étoit fort travaillé, ne l'empêchoit pas de peindre : mais la vie trop sédentaire, & l'excès de son application augmentant ce mal peu à peu, firent mourir cet excellent Homme à l'âge de soixante ans, en 1669.

LIVRE IV.

LIVRE IV.

ABREGE' DE LA VIE DES PEINTRES VENITIENS.

JACQUES BELLIN

DE Venise, eut pour Maître Gentillé d'a Fabriano, & fut Concurrent de ce Dominique qui fut assassiné par André del Castagno. Il n'est pas si connu par ses Ouvrages, que par la bonne éducation qu'il donna à ses Fils Gentil & Jean, qui ont été les Sources de l'Ecole Vénitienne. Il mourut environ l'an mil quatre cent soixante & dix.

GENTIL BELLIN

DE Venise, Fils aîné de Jacques dont on vient de parler, étant le plus habile des Peintres Vénitiens de son tems, fut emploïé par le Senat avec son Frere Jean à peindre dans la Sale du Grand Conseil, & fit beaucoup d'autres Ouvrages à Venise, la plûpart à détrempe, parce que la Peinture à huile n'étoit pas encore bien en usage. Mahomet II. Empereur des Turcs aïant vû un de ses plus beaux Tableaux l'admira, & desira d'en avoir l'Auteur pour le faire travailler. Il en écrivit à la République, qui le lui envoïa. Gentil fut bien reçû du Grand Seigneur, il fit quelques Ouvrages qui plurent à Sa Hautesse, principalement des Portraits : Et comme les Turcs ont de la vénération pour Saint Jean-Baptiste, Gentil en peignit la Décolation, & la fit voir à Mahomet, pour en avoir l'approbation, comme de ses autres Tableaux. Mais le Grand Seigneur trouva à redire que la peau du cou, dont la tête venoit d'être séparée, étoit trop haute ; & pour confirmer sa critique, il envoïa querir sur le champ un Esclave, à qui il fit couper la Tête en présence de Bellin, afin qu'il fût convaincu, qu'incontinent après la séparation de la tête, la peau se retire en bas, le Peintre fut si effraïé de cette cruelle démonstration, qu'il ne crût pas pouvoir demeurer en repos ni en sûreté à Constantinople : il demanda son congé sous quelque prétexte, & il l'obtint. Le Grand Seigneur lui fit des présens, lui mit une Chaîne d'or au cou, & écrivit à la République des Lettres de recommandation en sa faveur: ce qui fut cause que la République lui assigna une pension considérable pour toute sa vie, & le fit Chevalier de Saint Marc. Il mourut en 1501. âgé de quatre-vingt ans.

JEAN BELLIN

FRere & Disciple de Gentil Bellin, a établi les fondemens de l'Ecole Vénitienne par la pratique de l'huile, & par le soin qu'il prit de peindre toutes choses d'après Nature. On voit beaucoup de ses Tableaux à Venise: le dernier où il a travaillé est une Baccanale qu'il fit pour Alphonse I. Duc de Ferrare, & la mort l'aïant surpris sur cet Ouvrage, Titien l'acheva, & y fit un beau Paysage. Ce Disciple habile, mais respectueux, pour laisser la gloire du Tableau à son Maître, y écrivit ces mots: (Joannes Bellinus M. CCCCCXIV.) Giorgion fut son Disciple avec le Titien. Bellin mourut en 1512. âgé de quatre-vingt-dix ans: son Portrait & celui de son Frere sont dans le Cabinet du Roi.

REFLEXIONS

Sur les Ouvrages de Jean Bellin.

JACQUES & Gentil Bellin ont dessiné de méchant Goût, & ont peint fort sechement : mais Jean Bellin aïant eu le secret de peindre à huile, a manié le Pinceau plus tendrement, quoiqu'il paroisse encore beaucoup de secheresse dans ses Ouvrages. Cependant il mérite qu'on le distingue de ceux qui l'ont précedé ; c'est lui qui a transmis libéralement aux Peintres qui l'ont suivi la pratique de peindre à l'huile, qu'il avoit tirée par adresse d'Antoine de Messine ; & il a travaillé le premier à joindre l'union à la vivacité des Couleurs, laquelle faisoit avant lui le plus grand mérite des Peintres Vénitiens ; ainsi l'on voit tout ensemble dans les Tableaux de Jean Bellin une grande propreté dans ses Couleurs, & un commencement d'harmonie qui a pû reveiller le talent du Giorgion.

Les progrès étonnans de ce Disciple, & ceux du Titien ont même ouvert les yeux de leur Maître, car les Tableaux de la premiere maniére de Jean Bellin sont très-secs, & ceux de la derniere sont assez soûtenus de Dessein & de Coloris, pour trouver quelque place dans les Cabinets des Curieux, & l'on en voit quelques-uns chez l'Empereur, qui tiennent du Giorgion pour la fierté de la Couleur & de la Lumiére.

Le goût de son Dessein est un peu Gottique, & ses attitudes ne sont pas d'un bon choix, mais ses airs de tête sont assez Nobles.

On ne voit point de vives expressions dans ses Tableaux, & les Sujets qu'il a traités n'y ont guéres donné d'occasion, car la plûpart sont des Vierges. Il a néanmoins fait tous ses efforts pour copier exactement la Nature, & il a terminé plus servilement ses Ouvrages, qu'il ne s'est utilement attaché à leur donner un grand caractére.

LES DOSSES

DE Ferrare se sont rendus recommandables par leur bon Goût de couleur, & surtout dans les Païsages qu'ils faisoient très-bien; Alphonse Duc de Ferrare les emploïa beaucoup, & les honora de sa bienveillance. Ils ne furent pas si heureux auprès du Duc d'Urbin François Marie, qui les fit travailler à Fresque dans son nouveau Palais, que l'Architecte Genga venoit de bâtir, car ce Duc n'étant pas satisfait de cette Peinture la fit détruire. Il est vrai que malgré tous les soins qu'ils y avoient aportés, ils n'ont jamais rien fait qui méritât moins de louange, tant il est vrai que les soins sont fort inutiles dans l'exécution, quand une fois l'Ouvrage est mal conçû. Ils soûtinrent pourtant leur réputation après cette disgrace; car ils firent depuis ce temslà de fort belles choses. L'Aîné ne pouvant plus travailler à cause de son grand âge, subsista le reste de ses jours d'une Pension que le Duc Alphonse lui donna, & mourut fort vieil. Son Cadet nommé Baptiste lui survéquit, & fit encore beaucoup d'Ouvrages.

LE GIORGION

AInsi appellé à cause de son courage & de sa taille avantageuse nâquit en 1478. dans le Bourg de Castel Franco de la Marche Trévisane. Et quoiqu'il fût d'une naissance médiocre, il avoit l'esprit fort élevé, il étoit Galant, il aimoit la Musique, il avoit la voix agréable, & jouoit bien des Instrumens. Il s'exerça d'abord à dessiner avec soin d'après les Ouvrages de Leonard de Vinci; & il se mit ensuite sous Jean Bellin pour apprendre à peindre: Mais son génie lui aïant formé un Goût ſupérieur à celui de ce dernier Maître, il le cultiva par la vûe, & par la conſidération du Naturel, qui dans la ſuite lui ſervit toujours de témoin fidéle dans tous ſes Ouvrages. Son Goût fier & terrible plût extrêmement au Titien, qui dans la vûe d'en profiter étoit ſouvent chez lui, & cultivoit ſoigneuſement l'amitié qu'ils avoient contractée chez Jean Bellin leur commun Maître; mais le Giorgion, qui étoit jaloux de la nouvelle maniére qu'il avoit trouvée, ne manqua pas de moïens honnêtes pour interdire ſa maiſon au Titien; de ſorte que dans la ſuite celui-ci devint ſon Concurrent par le ſoin qu'il prit de copier la Nature, & par ſes réflexions, il paſſa même le Giorgion dans la recherche des délicateſſes du Naturel; mais ce même Giorgion s'eſt conſervé dans la poſſeſſion d'un Goût où perſonne n'eſt encore arrivé. Les Ouvrages du Giorgion ſont la plûpart à Veniſe; & comme il a beaucoup peint à freſque & qu'il a peu vécu, ſes Tableaux de Cabinet ſont extrêmement rares. Il mourut en 1511. âgé ſeulement de trente-deux ans.

REFLEXIONS

Sur les Ouvrages du Giorgion.

COmme le Giorgion n'a vécu que trente-deux ans, & qu'il a fait peu de grands Ouvrages, on ne sauroit bien juger de la grandeur de son Génie. La plus grande composition qu'il ait faite, est à Venise sur la Façade de la Maison où s'assemblent les Marchands Allemands du côté qui regarde le grand Canal. Il fit cette Peinture en concurrence du Titien, qui peignit un autre côté de ce Bâtiment ; mais ces deux Ouvrages étant presque entiérement ruinés par le tems, il est difficile d'en tirer une conjecture bien solide : ainsi il faut se renfermer dans un petit nombre de Tableaux de Chevalet, & dans plusieurs Portraits qu'il a faits : Et comme on se peint toujours dans ses Ouvrages de quelque Nature qu'ils puissent être, l'on voit par ceux que le Giorgion nous a laissés, que ce Peintre avoit de la facilité dans l'esprit & de la vivacité dans l'imagination.

Son Goût de Dessein est délicat, & a quelque chose de l'Ecole Romaine, quoiqu'il ne soit pas autant prononcé qu'il seroit nécessaire pour la perfection de son

Art ; car le Giorgion avoit encore plus de soin de donner à ses Figures de la rondeur que de la correction.

Son Goût étoit grand, piquant, & son travail facile ; c'est lui qui le premier a emploïé les Couleurs fiéres, & l'on peut regarder comme une chose étonnante le saut qu'il a fait tout d'un coup, de la maniére de Jean Bellin au degré suprême où il a porté le Coloris, en joignant à une extrême force une extrême suavité.

Il entendoit très-bien le Clair-obscur, & l'harmonie du tout ensemble ; il ne se servoit pour ses Carnations que de quatre Couleurs capitales, dont le judicieux mélange faisoit toute la différence des âges & des sexes. Mais dans ces quatre Couleurs, on ne doit vraisemblablement y comprendre ni le blanc qui tient lieu de la lumiere, ni le noir qui en est la privation.

Il paroit que les Principes qu'il avoit trouvés étoient simples, qu'il les possédoit parfaitement, & que son plus grand artifice étoit de faire valoir les choses par la comparaison.

Ses Païsages sont d'un goût exquis pour les Couleurs & pour les oppositions, & il avoit joint à son Art le secret de faire monter la force de ses Couleurs, & d'en conserver la fraîcheur, surtout dans les verds.

Titien aïant connu le dégré où le Giorgion avoit élevé son Art, s'imagina que ce Peintre avoit passé les bornes de la verité; il voulut, pour ainsi dire, apprivoiser cette fierté de Coloris qu'il trouvoit trop sauvage; il la modera par une varieté de teintes, afin de rendre les Objets plus naturels & plus palpables; mais quelques efforts qu'il ait fait pour surpasser son Emule, il est vrai de dire que le Giorgion s'est toujours maintenu dans un poste d'où personne n'a pû encore jusqu'ici le déposseder; & il est certain que si le Titien a fait courir quelques Peintres dans la carriere du bon Coloris, c'est Giorgion qui la leur a ouverte.

TITIEN VECELLI

D'Extraction Noble, nâquit à Cador dans le Frioul, l'année 1477. il n'avoit que dix ans quand ses parens le donnerent à un de ses oncles, qui demeuroit à Venise, lequel voïant l'inclination que ce jeune homme avoit pour la Peinture, le mit chez Jean Bellin, où il demeura fort longtems. Il ne faisoit ses études que sur le Naturel qu'il copioit servilement, sans rien ajoûter ni retrancher. Mais en 1507. aïant reconnu le grand effet des Ouvrages du

Giorgion, il ſuivit ſa maniére, en ſorte que ſans faire de lignes il imitoit les vérités de la Nature qu'il regardoit avec d'autres yeux qu'auparavant, & qu'il étudioit avec une extrême application. Cela n'empêchoit pas qu'il ne s'exerçât d'ailleurs à deſſiner ſoigneuſement, & qu'il ne ſe rendît habile dans la partie du Deſſein.

Giorgion s'étant aperçû du progrès que le Titien avoit fait pour avoir conſideré ſa maniére, rompit tout commerce avec lui. Ils vécurent depuis en jalouſie juſqu'à ce que la mort qui enleva Giorgion à trente-deux ans, laiſſât le champ libre au Titien. A l'âge de vingt-huit ans il mit au jour l'Eſtampe en bois du Triomphe de la Foi, où ſont les Patriarches, les Prophétes, les Apôtres, les Evangeliſtes & les Martyrs; & cet Ouvrage donna une grande opinion de ce qu'il devoit être un jour, & fit dire, que s'il avoit vû les Antiques, il paſſeroit Raphaël & Michelange.

Il a peint à Freſque dans Vicence, un Portique où il a repréſenté l'Hiſtoire de Salomon; à Veniſe le Palais Grimani; à Padoue quelques Hiſtoires de Saint Antoine. Les trois Baccanales qui ſont tombées dans la poſſeſſion du Cardinal Aldobrandin, ont été faites à Ferrare pour le Duc Alfonſe; celle de ces Baccanales où il y a une femme nue, qui dort sur le devant du Tableau, avoit été commencée par Jean Bellin. Titien en peignant ces trois Baccanales, se servit pour modéle de sa Maîtresse appellée Violente; il fit aussi le Portrait du Duc & de la Duchesse qui ont été gravés par G. Sadeler.

En 1546. il fut appellé à Rome par le Cardinal Farnese, pour faire le Portrait du Pape; il y en fit aussi d'autres, & quelques Tableaux de peu d'Ouvrage, qui furent admirés par Michelange & par Vasari, lesquels ne purent néanmoins s'empêcher de plaindre les Peintres Vénitiens de s'attacher si peu au Dessein. Titien a fait quantité d'Ouvrages publics & particuliers, tant à fresque qu'à huile, sans compter une infinité de Portraits. Il a fait trois fois celui de Charles-Quint. Cet Empereur pour s'en exprimer, disoit qu'il avoit reçû trois fois l'immortalité des mains du Titien: Aussi le fit-il Chevalier & Comte Palatin, en lui assignant en même tems une grosse pension. Henri III. ne crut pas devoir sortir de Venise, sans visiter ce Peintre, & tous les Poëtes de son tems ont célébré ses louanges. Ses Tableaux de Chevalet se sont répandus par toute l'Europe; les plus beaux sont à Venise, en France & en Espagne. Il n'y a point de Peintre qui ait vécu si long-tems que le Titien, ni qui ait mené une vie si tranquille & si heureuse; si l'on en retranche la jalousie du Pordemon, laquelle néanmoins ne tourna qu'à l'avantage du Titien; Du reste il fut aimé & estimé de tout le monde, & comblé d'honneurs & de biens. Il mourut de la peste en 1576. âgé de quatre vingt-dix-neuf ans.

Il a eu beaucoup de Disciples, dont les principaux sont François Vecelli son Frere, Horace Vecelli son fils, le Tintoret & d'autres Vénitiens.

Mais outre ces Italiens, il y avoit trois Flamans, dont le Titien faisoit grand cas, Jean Calcar, Diteric Barent, & Lambert Zustrus, qui tous trois sont morts jeunes.

REFLEXIONS

Sur les Ouvrages du Titien.

QUoique le Titien n'eût pas un Génie brillant & élevé, il l'avoit néanmoins assez fécond pour traiter de grands sujets de toutes natures: il n'y a pas eu de Peintre plus universel, ni qui ait sû mieux imprimer le véritable caractére à chaque objet qu'il a voulu représenter. Sa premiere éducation sous Jean Bellin, la fréquentation qu'il a eue avec le Giorgion, l'Étude opiniâtrée de dix années à copier le Naturel avec la derniere exactitude; mais pardessus toutes choses la solidité de son esprit & de ses Réflexions, lui ont découvert les Mysteres de son Art, & l'ont fait pénetrer dans l'essence de la Peinture plus avant qu'aucun autre Peintre; & si le Giorgion lui a montré le but où il devoit tendre, il en a fraïé le chemin sur un fond solide où tous ceux qui l'y ont suivi, se sont maintenus dans une estime particuliere; de sorte que s'il n'y avoit jamais eu de Titien, il n'y auroit peut-être jamais eu de Bassan, de Tintoret, de Paul Veronese, ni quantité d'autres Maîtres, qui ont donné dans l'Europe de glorieuses marques de leur capacité.

Mais si le Titien a été fidéle dans l'imitation de la Nature, il l'a été très-peu dans la représentation de l'Histoire, n'aïant presque point fait de Tableaux où il n'ait été en cela repréhensible.

Quoique l'on ne voie pas un grand feu dans ses dispositions, elles ne laissent pas d'être bien remplies & bien entendues, & il étoit fort régulier à donner à ses Figures des Attitudes qui fissent voir de belles parties.

Le soin qu'il prenoit de concerter judicieusement le Tout-ensemble de ses Ouvrages, lui a fait répeter plusieurs fois les mêmes compositions pour éviter de nouvelles peines ; & l'on voit de sa main plusieurs Tableaux de Magdeléne, & de Venus & Adonis de sa main, où il a seulement changé le fond, afin qu'on ne pût douter qu'ils ne fussent tous Originaux. Ce n'est pas qu'il ne soit à présumer qu'il se prévaloit du secours de ses Eleves, & surtout de trois Flamans, qui étoient d'excellens Peintres, entre lesquels Diteric Barent étoit le Disciple favori du Titien. Après que de tels Eleves ont épuisé leurs industries à rendre leurs Copies équivoques, & que leur Maître avec des yeux frais les a retouchées, & y a répandu son esprit ; qui doute qu'elles ne doivent être estimées de sa propre main, aussi-bien que le premier Original ?

Le Titien a formé son Goût de Dessein sur la Nature ; il a fait comme Policléte, il en a recherché le beau, & il y a réussi dans les Femmes & dans les Enfans ; il a dessiné celles-là d'un Goût délicat, il leur a imprimé un air Noble, & les a accompagnées de certaines coëffures & de certains ajustemens particuliers qui ne plaisent pas moins par leur simplicité & par leur négligence que par le bon tour qu'il leur a donné ; il n'a pas été tout-à-fait si heureux dans les Figures d'Hommes, elles ne sont pas toujours correctes ni dessinées avec élegance.

Cependant il a fait en cela comme Michel-ange, il s'est proposé dans son goût de Dessein de suivre la Nature dans sa plus grande vigueur, il a tenu les Muscles puissans, & il a donné par-là un grand caractere à ses Figures : la difference qui se trouve entre lui & Michelange, c'est que celui-ci étoit plus profond dans le Dessein, & qu'il a mêlé au goût de l'Antique une prononciation sensible des Muscles; au lieu que le Titien a négligé l'Antique, & s'est contenté de charger ses Figures d'hommes en augmentant plûtôt qu'en diminuant la tendresse du naturel auquel il s'est uniquement attaché.

On ne voit point d'exageration dans ses attitudes, elles sont simples & naturelles, & il paroît que dans ses Têtes, il a été plus occupé d'une fidelle imitation de la Nature exterieure, pour ainsi dire, que d'une vive expression des passions de l'ame.

Le Titien n'a pas toujours peint de belles Draperies, & s'il a parfaitement imité les Etoffes, il les a souvent mal disposées, & leurs plis tiennent plûtôt du hazard que d'un bon ordre & d'un bon principe.

Il passe pour très-constant dans l'esprit de tous les Peintres, qu'il a fait le Païsage mieux qu'aucun autre de sa Profession. Ses Sites sont composés de peu d'objets, mais bien choiſis ; les formes de ſes arbres bien variées, leurs touches légeres, moëleuſes & ſans maniére : mais ce qu'il a obſervé aſſez régulierement, eſt de faire voir dans ſes Païſages quelque effet extraordinaire de la nature, lequel fait une ſenſation piquante, & remue le cœur par ſa ſingularité & par ſa vérité.

Tout ce qui dépend du Coloris eſt merveilleux dans le Titien, & s'il n'a pas été auſſi fier que le Giorgion en cette Partie, il a été plus exact & plus délicat. Ses Couleurs locales ſont recherchées avec une ſavante fidelité, & toujours placées d'une maniére à faire valoir un objet par la comparaiſon d'un autre, enſorte qu'il ſupplée autant qu'il eſt poſſible par la force de ſon Art, à la foibleſſe des Couleurs qui d'elles-mêmes ne peuvent atteindre à tous les effets de la Nature. La vérité qui ſe trouve dans ſes mêmes Couleurs locales eſt ſi grande qu'elles ne laiſſent aucune idée des Couleurs qui ſont ſur la Palette. Il ſemble qu'on ne ſauroit dire que les Carnations du Titien, par exemple, ſoient faites avec telles & telles Couleurs ; mais plûtôt, que c'eſt véritablement de la chair, & que ſes Draperies ſont de véritables étoffes: Ainſi chaque choſe y conſerve ſon caractére, ſans qu'aucune des Couleurs qui en ſont la compoſition s'y faſſe diſtinguer.

On ne peut nier que le Titien n'ait eu l'intelligence du Clair-obscur, & quand il ne l'a pas fait paroître par le principe des Groupes de lumieres & d'ombres qu'il comparoit à la Grape de raisin, il l'a fait suffisamment connoître par la nature des Couleurs qu'il savoit donner aux Draperies, & par la distribution des objets, dont la couleur naturelle convenoit à la place qu'il lui donnoit, ou pour venir sur le devant, ou pour rester sur le derriere, ou pour contribuer aux tournans, ou enfin pour faire l'effet qu'il en vouloit tirer.

Ses oppositions sont fieres & suaves tout-ensemble, & il a tiré l'harmonie de ses Couleurs de la connoissance qu'il avoit de leur nature, plûtôt que de la participation des Clairs & des Bruns, comme a fait Paul Véronese.

Il a extrêmement terminé ses Ouvrages, & n'a point eu de maniére bien sensible dans le maniement de son Pinceau; parce que l'exactitude de ses recherches & le soin qu'il prenoit de moderer une Couleur par une autre a effacé les apparences d'une main libre quoiqu'elle y fût en effet. Il est vrai que les marques sensibles de cette liberté ne sont pas sans mérite, elles égaïent l'Ouvrage, & réjouissent les yeux, quand elles procedent d'une habitude épurée, & du feu de l'imagination ; mais il y a dans les Ouvrages du Titien des touches si spirituelles & si conformes au caractere des Objets, qu'elles picquent le goût des veritables Connoisseurs beaucoup plus que les coups fort sensibles d'une main hardie.

Le Titien a eu quatre manieres, celle de Jean Bellin son Maître, celle de Giorgion son compétiteur, une troisiéme qui étoit fort étudiée, mais qui lui étoit propre, & la quatriéme qui avoit dégéneré en habitude, mais toujours solide ; la premiere étoit un peu seche ; la seconde étoit d'une extrême fierté ; comme on le peut voir par le Tableau de saint Marc, qui est à Venise dans la Sacristie de la Saluté, par celui des cinq Saints, qui est dans la petite Eglise de S. Nicolas, & par quelques-autres : la troisiéme consistoit dans une juste & belle imitation de la Nature : elle étoit extrêmement travaillée par les exactes recherches qu'il faisoit en retouchant par-ci par-là, tantôt avec des Teintes vierges dans les Clairs, & tantôt avec des glacis dans les ombres, & qui à cause de ces minuties en paroît moins libre, mais qui est pourtant & plus forte, & plus finie.

La quatriéme étoit une maniere libre qu'il a mise en usage sur la fin de sa vie, ne pouvant plus se donner tant de fatigues, ou croïant avoir trouvé le moïen de les surmonter : c'est de cette derniere maniere qu'ont été peints les Tableaux de l'Annonciation & de la Transfiguration qui sont à San Salvator, le saint Jacques de san Lio, le saint Laurent des Jesuites, le saint Jerôme de sancta Maria Nova, la Pentecôte de la Saluté, & plusieurs autres de cette nature. Ainsi l'on peut voir à Venise cinquante Tableaux exposés en public, dans lesquels le Titien a donné à connoître toutes les manieres dont je viens de parler.

Au reste si les Peintres de l'Ecole Romaine ont surpassé le Titien en vivacité de génie dans les grandes Compositions & dans le goût du Dessein, personne ne lui dispute l'excellence du Coloris, & il a toujours été en cela la Boussole des veritables Peintres.

FRANÇOIS VECELLI,

Frere de Titien,

SUivit d'abord les Armes : mais la Paix s'étant faite en Italie, il vint trouver son frere à Venise, où s'étant adonné à la Peinture, il y prenoit un si grand vol, que le Titien étoit allarmé du goût excellent dont il peignoit: & craignant qu'il ne devînt plus habile que lui, il le dégoûta de la Peinture, & le porta à prendre une autre profession. Il choisit celle de faire des Cabinets d'Ebene ornés de Figures & d'Architecture : ce qui ne l'empêcha pas de peindre quelquefois pour ses amis. Les Tableaux qu'il fit d'abord, & qui exciterent la jalousie du Titien, sont dans le goût du Giorgion, & passent pour être de ce Peintre dans l'esprit de la plûpart des gens.

HORACE VECELLI,

Fils du Titien,

FAisoit des Portraits dans la maniere de son Pere. Il n'a fait que peu d'autres Ouvrages, car la Chimie l'occupoit plus que la Peinture. Il mourut de la Peste à la fleur de son âge, la même année que son Pere, qui fut celle de 1576.

JACQUES ROBUSTI,

surnommé

LE TINTORET,

AInsi appellé, parce qu'il étoit fils d'un Teinturier. La vivacité de son esprit le fit occuper à plusieurs choses dans sa jeunesse, principalement à la Musique & à la Peinture. Mais s'étant entierement déterminé à celle-ci, il se proposa Michelange pour Guide dans le Dessein, & se mit sous la discipline du Titien pour le Coloris. Il n'y perdit pas son tems; car il sût pénetrer si avant dans les principes de son Maître, qu'il lui en donna de la jalousie : l'Ecolier s'en apperçût, & s'étant retiré chez lui, il se fit par un exercice assidu une maniere particuliere, qui tendoit néanmoins toûjours à Michelange & au Titien. Tintoret continuant ainsi de s'exercer avec beaucoup d'ardeur & d'application, devint comme un prodige de Peinture, tant à cause de l'abondance de ses pensées tout extraordinaires, que par son bon goût, & par la promptitude dont il faisoit ses Tableaux, il laissoit peu de choses à peindre aux autres, parce qu'il sollicitoit puissamment les Ouvrages, & les faisoit pour le prix que l'on vouloit : aussi a-t-il rempli tout Venise de ses Peintures : & si parmi cette grande quantité il y en a beaucoup de médiocres, & comme on dit, de strapassées, il faut avouer qu'il y en a aussi beaucoup d'excellentes. Il a fait un nombre infini de Portraits, qu'il a finis ou croqués selon l'argent dont il étoit convenu. Comme il y avoit encore une place à remplir dans la même chambre de l'Ecole de ſaint Roch, où il a fait ce beau Crucifix, pluſieurs Peintres ſe préſenterent, & offrirent de faire chacun un Deſſein, afin qu'on préferât celui qui ſeroit trouvé le meilleur. Les Concurrens étoient Joſeph Salviati, Frederic Zuccre, Paul Veroneſe, & le Tintoret. Les Confreres de ſaint Roch accepterent la propoſition, & fixerent un jour pour recevoir les Deſſeins. Mais le Tintoret au lieu de Deſſein, apporta le Tableau tout fait, & ſans autre façon le mit en la place dont il étoit queſtion. Les autres Peintres eurent beau s'en plaindre, & dire que ce n'étoit point un Tableau qu'on avoit demandé, mais un Deſſein, le Tableau demeura en ſa place. Les Confreres, qui auroient bien voulu un Ouvrage d'une autre maniere que de celle du Tintoret, pour le plaiſir de la varieté, dirent à ce Peintre, que s'il n'ôtoit ſon Tableau d'où il l'avoit mis, il n'en ſeroit pas paié : *He bien*, leur dit-il, *je vous en fais préſent.* Et le Tableau eſt encore aujourd'hui dans le même lieu. Il eſt étonnant que Tintoret aïant fait tant d'Ouvrages avec une extrême vivacité, ait pû vivre 82. ans, qui eſt l'âge où il mourut d'un mal d'eſtomac, qu'une trop grande application lui avoit cauſée. Il fut enterré dans l'Egliſe de la Madonna dell Horto, en l'année 1594.

REFLEXIONS

Sur les Ouvrages du Tintoret.

DE tous les Peintres Venitiens, je n'en trouve point dont le génie ait été si fecond & si facile que celui du Tintoret. Ce Peintre eut assez de pénetration pour bien comprendre tous les principes du Titien, ausquels il s'étoit attaché : mais il avoit trop de feu pour les executer exactement ; & de l'inégalité de son esprit est venue l'inégalité de ses Ouvrages. C'est ce qui fit qu'Annibal Carrache, étant à Venise, écrivit à Louis Carrache son Cousin, qu'il avoit trouvé le Tintoret quelquefois égal au Titien, & quelquefois bien audessous du Tintoret.

L'amour qu'il avoit pour sa Profession lui a fait recherher néanmoins tout ce qui pouvoit le rendre habile. Les soins qu'il a pris de dessiner d'après les bonnes choses, & entr'autres d'après Michelange, lui ont fait prendre un bon goût de Dessein : mais la vivacité de son imagination a souvent empêché qu'il ne fût correct. Ses Attitudes sont presque toutes contrastées à l'excès, & quelquefois extravagantes : j'en excepte les femmes, qu'il a peintes assez gracieuses.

Il

Il a disposé ses Figures, plûtôt par rapport au mouvement qu'il vouloit donner par tout, qu'à la nature & à la vraisemblance, ce qui lui a pourtant réussi en quelques occasions. Il a assez bien caracterisé la plûpart de ses Sujets. Ses Têtes sont dessinées d'un grand goût : mais il est rare d'en voir dont les expressions soient fines & piquantes.

Il a compris la nécessité du Clair-obscur, & il l'a executé ordinairement par de grandes glissades de lumieres & d'ombres, qui se débrouillent en se poussant l'une l'autre par leur opposition, & dont la cause est supposée hors du Tableau, ce qui est d'un grand secours dans les grandes ordonnances, pourvû que le passage des opposés soit menagé avec esprit, & que leurs extrémités ne soient point trenchantes.

Ses couleurs locales sont bonnes, & ses carnations dans ses meilleurs Ouvrages approchent fort de celles du Titien : elles sont à mon avis d'un caractere meilleur que celle de Paul Veronese ; j'entends plus vraies & plus sanguines.

Il a fait quantité de Portraits de differens mérites, selon le tems qu'il y emploïoit, & selon l'argent qu'il en recevoit; les meilleurs approchent fort de ceux du Titien. Son Pinceau est très-ferme & très-

M

vigoureux ; ſon labeur facile, & ſes touches ſpirituelles. Enfin Tintoret eſt un modele des plus capables de donner de l'ardeur à un jeune homme qui veut prendre avec un bon goût de couleur une maniere expéditive.

MARIA TINTORETTA,

Fille du Tintoret,

INſtruite par ſon Pere, a fait quantité de Portraits d'hommes & de femmes. Elle ſe plaiſoit à la Muſique, & jouoit fort bien de divers Inſtrumens. Son Pere l'aïant mariée à un Allemand, la voulut avoir toujours dans ſa maiſon, à cauſe de la tendreſſe qu'il avoit pour elle : mais il eut le chagrin de la voir mourir à trente ans en 1590.

PAUL CALIARI VERONESE

NAquit à Verone en 1537. Son Pere nommé Gabriel Caliari étoit Sculpteur ; ſon Maître a été un de ſes Oncles nommé Badile, dont la maniere n'étoit pas mauvaiſe. Les premiers Ouvrages publics de Paul ont été faits à Mantoüe, & dans quelques autres Villes d'Italie, mais aïant trouvé beaucoup d'emploi à Veniſe, il s'y établit.

Il s'est fort attaché à la nature ; & il a fait tout son possible pour la voir par les yeux du Titien.

Comme il savoit où prendre ses Modeles quand il en avoit besoin pour ses Carnations, il avoit aussi des étoffes de differentes natures, dont il se servoit selon l'occasion. Ses ouvrages publics ont presque tous été faits en concurrence du Tintoret, qui travailloit en même-tems d'un autre côté : & quand leurs Ouvrages étoient faits, les sentimens des Connoisseurs se trouvoient partagés. Cependant on a toujours trouvé plus de force dans les Ouvrages du Tintoret, & plus de grace & de magnificence dans ceux de Paul Veronese. On voit de ses Tableaux par toute l'Europe, parce qu'il en a fait une quantité prodigieuse.

Il n'y a presque pas d'Eglise à Venise qui ne conserve quelque Ouvrage de sa main : mais les principales marques de sa grande capacité sont dans le Palais de S. Marc, à S. Georges, & à S. Sebastien. Il fit un voïage à Rome, à l'occasion de Jerôme Grimani, Procurateur de S. Marc, que la République envoïoit auprés du Pape : mais il n'y demeura pas long-tems, aïant laissé à Venise beaucoup d'Ouvrages commencés.

Paul Veroneſe étoit homme de bien, pieux, civil, officieux, religieux dans ſes promeſſes, ſoigneux dans l'éducation de ſes enfans, magnifique dans ſes manieres d'agir, auſſi-bien que dans ſes habits : & quoiqu'il eût amaſſé du bien, il n'avoit pas d'autre ambition que celle de devenir habile dans la Peinture. Le Titien l'aimoit & l'eſtimoit beaucoup. Le Roi d'Eſpagne Philippe II. le vouloit avoir pour peindre à l'Eſcurial : mais Paul s'en diſpenſa à cauſe qu'il étoit occupé aux Ouvrages du Palais de S. Marc, & Frederic Zuccre fut envoyé en ſa place.

Il avoit une grande idée de ſa profeſſion, & diſoit que la Peinture étoit un don du Ciel, que pour en bien juger il falloit en avoir de grandes connoiſſances, qu'un Peintre ſans le ſecours de la Nature préſente ne feroit jamais rien de parfait, qu'on ne devoit point mettre dans les Egliſes de peintures qui ne fuſſent d'un habile homme, parce que l'admiration excitoit la dévotion : & qu'enfin la partie qui couronnoit toutes celles de la Peinture conſiſtoit dans la probité & dans l'intégrité des mœurs. Il eſt mort d'une fiévre en 1588. âgé de 58. ans. Sa ſépulture eſt à S. Sebaſtien, où l'on voit ſon portrait en bronze.

REFLEXIONS

Sur les Ouvrages de Paul Veronese.

QUelque beau que ſoit le génie d'un Peintre, quelque abondante que ſoit ſa veine, quelque facilité qu'il ait dans l'exécution de ſes penſées, s'il ne réflechit ſerieuſement ſur le ſujet qu'il a à traiter, & s'il n'échauffe ſon imagination par la lecture des bons auteurs, il ne produira ſouvent que des choſes communes, & tombera quelquefois juſques dans l'ineptie. Paul Veroneſe en eſt un exemple aſſez ſenſible : ſon talent étoit merveilleux, il travailloit facilement, & ſon génie lui auroit fait produire toujours de belles choſes ſi ſes ſoins avoient toujours ſecondé ſon génie. Il a fait une infinité de Tableaux : & ſelon les lieux, & les perſonnes pour qui il travailloit, il méditoit plus ou moins ſes Compoſitions. Le Palais de S. Marc à Veniſe, les Autels principaux des principales Egliſes, & quelques maiſons de Nobles conſervent encore aujourd'hui ce qu'il a fait de plus beau. Mais pour les differens Autels des Egliſes communes, & pour les particuliers, qui ſur ſa réputation, voulurent avoir des Tableaux de ce grand Peintre, il ſemble qu'au lieu de prendre toutes les peines néceſſaires pour ſoûtenir ſa réputation, il ait travaillé ſeulement de pratique, plus occupé de l'envie d'expédier ſon ouvrage, que du ſoin de le bien faire. De ſorte que ſes inventions ſont tantôt plates, & tantôt ingénieuſes.

Son talent étoit pour les grandes Ordonnances, il les rempliſſoit agréablement. Il y mettoit beaucoup d'eſprit, de verité & de mouvement : mais le choix des objets n'en étoit pas judicieux. Il faiſoit entrer dans ſa Compoſition tout ce que ſon imagination lui fourniſſoit de grand, de ſurprenant, de nouveau & d'extraordinaire : & enfin il ſongeoit plûtôt à orner la ſcene de ſon Tableau, qu'à le rendre convenable aux tems, aux coûtumes & aux lieux : il y introduiſoit ſouvent de l'Architecture que ſon frere Bénédetto lui peignoit ordinairement, & la magnificence de ces Bâtimens donnoit de la grandeur à ſes ouvrages.

Ses diſpoſitions n'ont pas été des mieux entendues par rapport au Clair-obſcur, il n'en avoit aucun principe, & il réuſſiſſoit en cela, tantôt bien, tantôt mal, ſelon les differens mouvemens de ſon génie. On en peut dire autant de ſes Attitudes, dont la plûpart ſont ſans choix.

Cependant il y a beaucoup de feu & de

fracas dans ses grands Ouvrages ; mais à les examiner de près, on trouve peu de finesse dans ses expressions, soit pour le sujet en géneral, ou pour les passions en particulier : & il est rare d'en voir de lui qui soient bien touchantes. Il a eu cela de commun avec tous les Venitiens, qui consumoient toute leur application à imiter l'exterieur de la nature.

Ses Draperies sont toutes modernes, selon le tems où il vivoit, & selon la rencontre des étrangers Levantins, dont il y a toujours un grand nombre à Venise, & dont il se servoit pour les airs de tête, aussi bien que pour les habillemens. Comme ses Draperies sont la plûpart d'étoffes de differentes especes, & que les plis en sont grands & bien entendus, elles font une grande partie des beautés qui se trouvent dans les Tableaux de Paul Veronese. On ne s'en étonnera pas, quand on saura qu'il avoit chez lui quantité de ces belles étoffes differentes, & qu'il en fut vendu à son inventaire pour quatre mille livres.

Le soin qu'il prenoit souvent d'imiter les étoffes d'après le naturel lui a acquis une telle habitude en cela, qu'il a fait plusieurs riches Draperies de pratique, qu'on croiroit être faites d'après le vrai.

Quoiqu'il ait eu de l'inclination pour

le Deſſein du Parmeſan, le ſien eſt néanmoins de mauvais goût, ſi l'on en excepte les Têtes, qui ont du grand, du noble, & quelquefois du gracieux. Ses Figures ſont pourtant bien enſemble ſous leurs habits : mais les Contours du nud ont peu de goût & de correction, & ſur-tout les pieds. Il paroît neanmoins qu'il a pris ſoin de deſſiner les femmes avec quelque élegance, ſelon l'idée qu'il s'étoit fait du beau Naturel; car pour l'Antique, il ne l'a jamais connu.

Je n'ai jamais vû de Païſages conſiderables de Paul Veroneſe : il a fait des Ciels dans quelques-unes de ſes grandes Compoſitions qui ſont merveilleux : mais ſes Lointains & ſes Terraſſes ont un air de détrempe.

Il n'a jamais compris l'artifice du Clair-obſcur, & ce qui s'en trouve dans quelques-uns de ſes Tableaux, n'eſt que l'effet d'un bon mouvement de ſon génie, indépendamment du principe : mais pour les Couleurs locales, il les a bien entendues, ſe ſervant pour les faire valoir, du principe de la comparaiſon. Quoique ſon inclination le portât à une maniere vague & lumineuſe, qu'il ait emploïé quelquefois des couleurs fortes & obſcures, & que ſes Carnations ſoient vraies & recherchées avec des teintes vierges, elles ne ſont pourtant, ni ſi fraîches que celles du Titien, ni ſi vigoureuſes & ſanguines que celles du Tintoret; il me paroît même qu'il y en a beaucoup qui tiennent un peu du plombé, ce qui n'empêche pas néanmoins qu'il n'ait mis dans le géneral de ſes Couleurs un accord admirable, principalement dans ſes Draperies, auſquelles il a donné un brillant, une varieté & une magnificence qui lui ſont ſingulieres. L'harmonie qui s'y trouve vient ordinairement des glacis & des couleurs rompues qu'il a employées, leſquelles participant l'une de l'autre, ont infailliblement de l'union. Cependant on voit des Tableaux, qu'on dit être de lui, où les Couleurs ſont aigres & diſcordantes : mais je ne voudrois pas garantir que tous les Tableaux qu'on attribue à Paul Veroneſe, ſoient pour cela de ſa main; car il avoit un frere & un fils qui ont ſuivi ſa maniere.

On voit dans ſes Ouvrages un grand faire par tout; ſon execution eſt ferme, ſon pinceau leger, & ſa réputation ſoutenue d'aſſez de parties pour le conſerver dans le rang des Peintres du premier ordre.

Je n'omettrai pas ici que le Tableau des Nôces de Cana, qu'il a fait à S. Georges Major de Veniſe, eſt très-diſtingué de ſes autres Ouvrages, & qu'il eſt non-ſeulement le triomphe de Paul Veronese, mais que peu s'en faut qu'il ne soit le triomphe de la Peintnre.

BENOIST CALIARI

Peintre & Sculpteur,

ETоit frere de Paul Veronese, & l'aidoit considerablement dans ses Ouvrages, car c'étoit un homme très laborieux, sa maniere de peindre étoit semblable à celle de son frere, & comme il étoit éloigné de toute ambition, ses Ouvrages ont été confondus avec ceux de Paul. Il mourut en 1598. âgé de 60. ans.

CHARLES ET GABRIEL CALIARI,

ETоient fils de Paul Veronese, le premier avoit un très-beau génie pour la Peinture, & dès l'âge de dix-huit ans il faisoit de belles choses. On croit qu'il auroit surpassé son Pere s'il eût vécu longtems : mais comme il étoit extrêmement délicat, & qu'il travailloit avec une grande application, il se gâta la Poitrine, & mourut en 1596. en la vingt-sixiéme année de son âge. Gabriel son frere s'exerça aussi dans la peinture, mais comme il n'y avoit pas grand talent, il la quitta pour se mettre dans le négoce, où il peignit, néanmoins par intervalle. Il mourut de la peste en 1631. âgé de 63. ans.

JEAN-ANTOINE REGILLO,

dit

PORDENON,

ETοit de Pordenon, qui est un Bourg du Frioul à vingt milles d'Udiné. Il étoit issu de l'ancienne maison des Sacchi, & le veritable nom de sa branche étoit Licinio; mais l'Empereur l'aïant fait Chevalier, il prit de-là occasion de changer son nom, à cause de la haine qu'il avoit pour un de ses freres qui l'avoit voulu assassiner, & prit celui de Regillo. Il n'a point eu d'autres Maîtres dans la Peinture, que le grand amour qu'il avoit pour elle, & pour les Ouvrages du Giorgion son ami & son émule: & aprés avoir pénetré les principes de celui-ci, il s'attacha comme lui à imiter les beaux effets de la Nature; cela joint à la force de son génie & à l'ambition de se faire habile l'a rendu un des plus célebres Peintres du monde.

Il ne le cédoit point au Titien, & il y avoit entr'eux une si grande jalousie, que Pordenon, craignant quelque insulte de la part de son Compétiteur, étoit toujours sur ses gardes ; & lorsqu'il peignoit le Cloître de S. Etienne de Venise, il travailloit l'épée au côté avec une rondache auprès de lui, selon l'usage des braves de ce tems-la. Il avoit une veine feconde, il dessinoit d'un bon goût, & n'étoit guéres inferieur au Titien dans le Coloris : il a beaucoup travaillé à fresque, il la faisoit avec facilité & y donnoit une grande force. Ses principaux Ouvrages publics sont à Venise, à Udiné, à Mantoue, à Vicence, à Genes, & dans le Frioul.

Il alla à Ferrare par ordre du Duc Hercules II. pour y achever des Desseins de Tapisserie qu'il avoit commencés à Venise: mais à peine fut-il arrivé qu'il tomba malade & mourut sans avoir achevé cet Ouvrage qui contenoit les Travaux d'Ulisse. Ce fut en l'année 1540. en la cinquante-sixiéme de son âge, non sans quelque soupçon de poison. Le Duc Hercules lui fit faire de somptueuses funerailles. Pordenon avoit un Neveu nommé Pordenon comme lui, & qui étoit son Disciple : on en parlera dans son lieu. Il eut encore un autre Disciple appellé Pomponio Amalteo, qui fut son Gendre.

JEROME MUTIAN

NE' à Bresse en Lombardie, étudia quelque tems sous le Romanini, qu'il quitta pour s'attacher à la maniere du Titien : mais cherchant à se fortifier dans le Dessein, il alla à Rome où il travailla avec Tadée Zuccre. Il y dessina beaucoup d'aprés l'Antique, & d'aprés les bons Tableaux, & y fit quantité de Portraits. Il acheva les Desseins des Bas-reliefs de la Colonne Trajane, que Jules Romain avoit commencés ; il les fit graver, & Ciaconius y a joint ses explications. Le Pape Gregoire XIII. fit travailler Mutian, & ce fut en sa consideration que ce Pontife fonda à Rome l'Academie de S. Luc par un Bref que Sixte V. confirma.

Quoique le Mutian fût habile dans l'Histoire, il faisoit encore plus volontiers le Païsage qu'il entendoit fort bien ; sa maniere avoit quelque chose de la Flamande dans la touche des arbres que les Italiens n'ont pas si fort recherchée, & qui est néanmoins d'un grand Ornement dans les Païsages ; il accompagnoit ses tiges d'arbres, de tout ce qu'il croïoit les devoir rendre agréables, & qui leur apportoit de la varieté : il imitoit ordinairement des Châtaigniers, & disoit qu'il n'y avoit point d'arbres plus propres à être peints. Corneille Cort a gravé d'après lui sept grands Païsages, qui sont fort beaux. Le Mutian mourut en 1590. âgé de 62. ans. Il laissa par son Testament deux maisons à l'Academie de S. Luc de Rome, & ordonna que si ses héritiers mouroient sans enfans, tous ses biens tourneroient au profit de la même Academie, pour bâtir un Hospice, où pourroient se retirer les jeunes Etudians qui viendroient à Rome, & qui auroient besoin de ce secours.

JACQUES PALME,
dit
LE VIEUX PALME,

NE' dans le Territoire de Bergame en 1548. a peint d'une grande force de couleurs soutenue d'un assez bon Dessein; Comme il étoit Disciple du Titien, j'ai crû qu'il étoit plus convenable de le placer dans l'Ecole Venitienne que dans celle de Lombardie où il a pris naissance. Sa maniere étoit si conforme à celle de son Maître, que celui-ci aïant commencé une descente de Croix, que la mort l'empêcha d'achever, le Palme fut choisi pour y mettre la derniere main, ce qu'il fit avec respect pour la mémoire du Titien, comme il voulut le témoigner par les paroles suivantes qu'on lit encore aujourd'hui dans ce Tableau.

Quod Titianus inchoatum reliquit,
Palma reverenter perfecit,
Deoque dicavit opus.

Entre ses Ouvrages que l'on voit à Venise, la sainte Barbe qui est dans l'Eglise de sainte Marie Formose, est son plus beau. Il mourut en 1596. âgé de 48. ans, ce qui fait voir qu'on ne l'appelle vieux, que parce qu'il a précedé celui qu'on appelle le jeune Palme, qui étoit son Neveu, & disciple du Tintoret, & qui a peint dans la maniere de son Maître. Il a fait quantité d'Ouvrages à Venise, où il est mort en 1623.

JACQUES DU PONT,

dit

LE BASSAN,

ETtoit fils d'un Peintre médiocre nommé François du Pont, lequel de Vicence s'étoit venu établir à Bassan charmé par la situation du lieu, & qui eut un grand soin de l'éducation de Jacques, dont nous parlons. Ce Fils après avoir reçû de son Pere les premieres Instructions de la Peinture, alla à Venise, où il étudia sous Boniface Venitien, & ensuite d'après les Tableaux du Titien & du Parmesan. Etant retourné à Bassan, il y suivit la pente de son génie qui le portoit à peindre toutes choses d'après le Naturel qu'il eut depuis toujours présent dans l'execution de ses Ouvrages. Quoiqu'il dessinât fort bien les Figures, il s'attacha plus particulierement à l'imitation des Animaux & du Païsage, à cause que ces choses étoient plus communes & plus avantageuses dans le lieu de sa demeure; aussi y a-t'il parfaitement réussi. Enfin c'étoit un excellent Peintre, sur-tout dans les sujets de Campagne: & si dans les Histoires sérieuses, qu'il n'a pas si souvent traitées, on n'y voit pas toute la nobleſſe & toute l'élegance qui ſeroit à ſouhaiter, on y trouve du moins beaucoup de force, de fraîcheur & de verité.

L'amour qu'il avoit pour ſon Art, & la facilité qu'il trouvoit dans l'execution, lui ont fait faire une prodigieuſe quantité de Tableaux qui ſont diſperſés par toute l'Europe; car il travailloit ordinairement pour des Marchands, qui les tranſportoient en differens lieux. Il mourut en 1592. âgé de quatre-vingt-deux ans. Il laiſſa quatre Fils, François, Léandre, Jean-Baptiſte & Jérôme.

FRANÇOIS BASSAN.

QUi étoit l'aîné ſe retira à Veniſe, & ſurpaſſa ſes autres freres dans ſa Profeſſion. Il étoit fort rêveur, & ſa mélancolie le jetta inſenſiblement dans une manie ſi étrange, qu'il s'imaginoit ſouvent que les Sergens le pourſuivoient. Un jour entendant heurter un peu fort à ſa porte, il crut qu'on le venoit prendre, & s'étant jetté par la fenêtre de ſa Chambre il ſe caſſa la tête contre le pavé: ce fut en l'année 1594. la 44e. de ſon âge.

LE CHEVALIER LEANDRE

SOn Frere ſuivit comme lui la maniere de Jacques leur Pere, mais il ne donnoit pas à ſes Tableaux tant de force que François. Il s'attacha plus particulierement aux Portraits. Celui qu'il fit du Doge Marin Grimani, lui attira le Colier de ſaint Marc. Il étoit toujours vétu fort proprement, il aimoit la dépenſe, & fréquentoit les honnêtes gens; mais il s'étoit mis fortement dans la tête qu'on le vouloit empoiſonner. On dit que ces foibleſſes étoient naturelles aux quatre Fils de Jacques du Pont, parce que leur Mere avoit du penchant à la folie. Le Chevalier Leandre, mourut à Veniſe en 1623.

Les deux autres Freres ne ſe ſont guéres occupés qu'à copier les Ouvrages de leur Pere. Jean-Baptiſte mourut en 1613. & Jérôme, qui de Médecin s'étoit fait Peintre, mourut en 1622.

REFLEXIONS

Sur les Ouvrages des Baſſans.

JAcques Baſſan qui étoit le Pere des trois autres, eſt le ſeul dont je prétens parler ici ; parce que je ne regarde ſes Fils que comme ſes Copiſtes, n'aïant employé dans leurs Tableaux, que les études de leur Pere, & s'il y avoit quelque choſe de plus, ils l'ont produit par réminiſcence, plûtôt que par génie ; en un mot s'ils ont quelque mérite, c'eſt une émanation de celui de leur Pere.

Jacques Baſſan étoit véritablement né pour la Peinture ; car de tous les Peintres je n'en vois point qui aïent moins ſuivi la maniére de leurs Maîtres que celui-ci ; il le quitta pour ſe jetter entre les bras de la nature, qui lui aïant donné ce qu'il avoit de génie lui donna auſſi dans ſa Patrie les productions les plus propres à le cultiver. Le Baſſan conſidera d'abord cette Maîtreſſe des Arts par les caracteres qui la rendent plus ſenſible & plus reconnoiſſable ; il en écarta le faux, & après l'avoir étudiée quelque tems avec application dans des objets particuliers, il en compoſa des Tableaux d'un mérite ſingulier.

Si ſon talent n'étoit pas pour le genre héroïque ni pour les Hiſtoires, qui demandent de la dignité, il a bien traité les ſujets Champêtres, & ceux qui étoient proportionnés à la meſure de ſon génie ; car de quelque maniere que fuſſent ſes objets, il les ſavoit diſpoſer avantageuſement pour l'effet du tout-enſemble ; & s'il a mal ajuſté, & mal tourné certaines choſes particulieres, il les a du moins rendues vraies & palpables.

Son Deſſein n'étoit ni noble ni élegant, parce que la plûpart de ſes ſujets ne l'exigeoient pas ainſi, mais il étoit correct dans ſon genre. Ses Draperies étoient triſtes, & il y entroit bien autant de pratique que de vérité dans leur exécution.

Ses couleurs locales conſervoient très-bien leur caractere, ſes carnations ſont d'une grande fraîcheur & d'une grande vérité. Ses couleurs ſe lient admirablement bien avec celles de la nature. Son Païſage eſt d'un très-bon goût, les Sites en ſont bien choiſis, le Clair-obſcur bien entendu, les touches ſpirituelles, & les couleurs toujours vraies dans les Lointains, mais ſouvent trop noires dans les proches, quoiqu'il ſemble qu'il eût voulu par-là conſerver le caractere des objets lumineux. Il a fait beaucoup de ſujets de nuit, & l'habitude qu'il avoit priſe à faire des Ombres fortes, peut auſſi avoir contribué à celles qu'il a emploïées quelquefois hors de propos dans des ſujets de jour.

Son Pinceau qui eſt ferme & pâteux eſt conduit avec une telle juſteſſe que perſonne n'a touché les animaux avec tant d'Art &

de précision. Je ne sai pas s'il y a beaucoup de ses Tableaux en France, mais je sai bien que ceux que j'ai vûs dans les Eglises de Bassan, ont une fraîcheur & un brillant qui m'ont paru extraordinaire, & que je n'ai vû nulle part ailleurs.

JULE LICINIO,

dit

PORDENON LE JEUNE,

DE Venise, Disciple du grand Pordenon son Oncle, étoit bon Dessinateur & avoit une grande intelligence de la fresque. La conformité des noms a fait que l'on a confondu les Ouvrages du Neveu avec ceux de l'Oncle. Cependant il a travaillé en beaucoup d'endroits. Il a peint à fresque la façade d'une maison à Augsbourg, dans laquelle demeure présentement M. Chanterel. Cet Ouvrage s'est très-bien conservé, & pour honorer la mémoire de son Auteur, les Magistrats de la Ville y ont fait mettre cette inscription. *Julius Licinius Civis Venetus & Augustanus hoc Ædificium his picturis insignivit, hicceque ultimam manum posuit, an.* 1561. c'est-à-dire, *Jule Licinio Citoïen de Venise & d'Augsbourg a rendu cette maison célebre par cet Ouvrage de Peinture qu'il acheva en* 1561. Il vivoit dans le même tems que le Bassan. On n'en sait pas davantage, Vasarini Rodolfi n'en aïant point parlé, peut-être à cause de la ressemblance des noms & du mérite.

On auroit dû trouver parmi les Peintres Vénitiens Jean d'Udiné, qui est à la page 204. & Fra-Bastian del Piombo page 219. Mais comme les Vies de ces deux Peintres ont beaucoup de rélation avec celles de Raphaël & de Michelange, on á crû que l'on devoit les y joindre.

Je renouvelle ici l'avertissement que j'ai donné au Lecteur dans ma Préface, que les jugemens que j'ai faits dans mes réflexions sur les Ouvrages des Peintres ne sont pas sur un nombre choisi de leurs Tableaux, mais sur le géneral de leurs productions.

LIVRE V.

ABREGE' DE LA VIE DES PEINTRES LOMBARS.

ANTOINE CORREGE,

AInsi appellé, de la Ville de Corrége dans le Modénois, où il nâquit en 1472. Depuis le renouvellement de la Peinture en Italie, c'est-à-dire, depuis Cimabué jusqu'au tems de Raphaël : cet Art qui n'avoit eu que de foibles commencemens n'est arrivé dans un si grand dégré de perfection, que peu à peu. Les Disciples ajoûtoient toujours quelque progrès à ce qu'ils avoient reçû de leurs Maîtres ; & il n'y a rien en cela que ce qui arrive ordinairement à tous les Arts. Mais il faut ici admirer & respecter un Genie, qui contre le cours ordinaire, sans avoir vû, ni Rome, ni les Antiques, ni les Ouvrages des habiles Gens; sans Maître, sans protection, sans sortir de ſon Païs, au milieu de la pauvreté & ſans autre ſecours que l'étude de la nature, & l'affection qu'il avoit au travail, a produit des Ouvrages d'un genre ſublime, & dans les penſées, & dans l'exécution. Ses principaux Ouvrages ſont à Parme & à Modéne, & ſes Tableaux de cabinet ſont très-rares.

La renommée de Raphaël donna envie au Correge de voir Rome; il y conſidera attentivement les Tableaux de ce grand Peintre; & le long ſilence qu'il avoit gardé en les voïant fut interrompu par ces mots, *Anchio ſon Pittore. Encore ſuis-je Peintre.* Cependant tous les beaux Ouvrages qu'il avoit faits juſques-là n'avoient pû le tirer de l'extrême miſere où il ſe trouvoit, parce que le poids de ſa famille étoit grand, & la récompenſe de ſes travaux fort petite.

Etant un jour allé à Parme recevoir un païement de deux cens livres, on le lui fit tout en monnoïe de Cuivre qu'on appelle des quadrins. La joie qu'il avoit de porter cet argent à ſa femme l'empêcha de faire attention au poids dont il ſe chargeoit dans un tems de chaleurs, & pendant douze milles de chemin qu'il faiſoit à pied, de ſorte que s'étant trop échauffé de cette charge, il gagna une Pleureſie, dont il mourut en 1513. âgé de quarante ans.

REFLEXIONS

REFLEXIONS
Sur les Ouvrages du Correge.

NOus ne voyons pas que le Correge ait rien emprunté des autres. Tout est nouveau dans ses Ouvrages : ses conceptions, son dessein, sa couleur, son pinceau. Et cette nouveauté ne va qu'au bien, car ses pensées sont très-élevées, sa couleur délicate & naturelle, & son pinceau paroît manié par la main d'un Ange. Ses contours ne sont pas corrects à la verité, mais ils sont d'un grand Goût ; ses airs de tête gracieux & d'un choix singulier, principalement des femmes & des petits enfans. Et si l'on joint à tout cela l'union qui paroît dans son travail, & le talent qu'il avoit de remuer les cœurs par la finesse de ses expressions, on n'aura pas de peine à croire que la connoissance de son Art lui venoit plûtôt du Ciel que de ses études.

FRANCESCO FRANCIA, qui devroit être ici, a été mis parmi les Peintres Romains à la page 153. tout de même que Polidore de Caravage à la page 187. le Parmesan à la page 195. Pellegrin de Modene à la page 206. & le Primatice à la page 222. Cela a été fait ainsi, parce qu'on a été plûtôt emporté par la maniere qu'ils ont suivie, qu'on n'a pris garde au païs où ils sont nés. Peut-être aussi que le Lecteur n'aura pas été fâché de trouver les Disciples de Raphaël à la suite de leur Maître.

LES CARACHES,

LOUIS, AUGUSTIN, & ANNIBAL.

Les Caraches qui ont acquis par leurs Ouvrages tant de gloire & de réputation, étoient Louis, Augustin, & Annibal, tous trois de Bologne.

Louis vint au monde en 1555. Il étoit Cousin-Germain d'Augustin & d'Annibal, & comme il étoit plus âgé qu'eux, & qu'il s'avança de bonne heure dans sa profession, il fut aussi leur Maître. Le sien fut au commencement Prosper Fontaine, qui ne lui croyant pas un esprit assez plein de feu, tâcha de le détourner de la Peinture, & le rebuta de maniere que Louis quitta son Ecole. Mais son talent releva son courage, & lui fit prendre la résolution de n'avoir point d'autre Maître que les Ouvrages des grands Peintres. Il alla d'abord à Venise, où le Tintoret ayant vû de son Ouvrage, l'encouragea, & lui prédit qu'il seroit un jour des premiers de sa profession : ce qui lui fit poursuivre le dessein qu'il avoit formé de se rendre habile. Il étudia donc le Titien, le Tintoret, & Paul Veronese à Venise : le Passignant, & André del Sarte à Florence : le Parmesan & le Correge à Parme : & Jules Romain à Mantoue. Mais de tous ces Maîtres, celui qui lui toucha le cœur plus vivement, fut le Correge, dont il a depuis toujours suivi la maniere.

AUGUSTIN naquit en 1557. & ANNIBAL en 1560. Leur Pere s'appelloit ANTOINE, & étoit Tailleur d'habits. Il tâcha de les élever avec soin. Il fit étudier Augustin, dont l'inclination sembloit le porter aux Lettres : mais comme son Génie l'emportoit encore plus fortement du côté des Arts, on le mit chez un Orfevre, qu'Augustin quitta bientôt pour retourner chez son Pere, où il s'occupa de plusieurs connoissances indifferemment. Il s'adonnoit à tout ce qui lui venoit en fantaisie : à la Peinture, à la Gravûre, à la Poësie, aux Mathématiques, à jouer des Instrumens, à la Danse, & à d'autres Exercices louables qui ornoient, mais qui partageoient son esprit.

ANNIBAL au contraire n'avoit attention qu'à la Peinture. Cet Art qui le lia avec son Frere, les obligea tous deux de l'étudier enſemble : mais la diverſité de leur tempera-ment faiſoit qu'ils ſe pointilloient ſans ceſ-ſe, & empêchoit tout le fruit de leurs études. Auguſtin étoit timide & ſtudieux ; Annibal courageux & entreprenant : Auguſtin recherchoit l'amitié & la converſation des gens d'eſprit & de naiſſance, Annibal n'aimoit que ſes égaux, & fuyoit les gens de qualité ; Auguſtin vouloit ſe prévaloir de ſon droit d'aîneſſe, & de la diverſité de ſes connoiſſances, Annibal les mépriſoit, & ne ſongeoit qu'à deſſiner ; Auguſtin étoit pointilleux ſur la méthode d'étudier avec profit, & Annibal plus vif, ſe faiſoit partout un chemin facile. Ainſi dans l'impoſſibilité apparente de les accorder, leur Pere les ſépara & envoya l'aîné chez Louis Carache, qui voulut bientôt après les avoir tous deux, & qui trouva par ſa douceur & par ſa prudence le moyen de moderer cette antipathie qui étoit entr'eux naturellement. Il ſe ſervit pour cela de l'ardeur qu'il avoit pour ſon Art, il leur en inſpira le même amour, & leur promit de leur communiquer les connoiſſances qu'il y avoit acquiſes ; car il paſſoit déja pour habile. Enfin le zele qu'ils avoient pour leur profeſſion s'augmentant tous les jours par les progrès étonnans qu'ils y faiſoient, les lia tous trois d'amitié, & leur fit oublier toute autre chose que le soin de se rendre habiles.

AUGUSTIN néanmoins interrompoit souvent ses études de Peinture par celles de la Gravûre, qu'il apprenoit de Corneille Cort, ne voulant pas quitter un exercice pour lequel il avoit fait paroître beaucoup de génie dès l'âge de quatorze ans. Mais quoiqu'il se soit rendu très-savant en cette partie, l'amour & le talent qu'il avoit pour la Peinture, le rappelloient toujours à cet Art, comme à son centre.

ANNIBAL, qui ne s'écarta jamais de sa Profession, fit pour s'y fortifier un voyage dans la Lombardie & à Venise. Il fut enthousiasmé dans Parme à la vûe des Ouvrages du Correge : il en écrivit à Louis, & le pria d'exciter Augustin de l'y aller joindre, disant qu'ils ne pourroient jamais trouver une meilleure école pour devenir habiles ; que, ni Tibaldi, ni Colini, ni Raphaël même de la sainte Cecile n'avoient rien fait de comparable aux merveilles qu'il voyoit dans les Tableaux du Correge ; que tout y étoit grand & gracieux, qu'Augustin & lui étudieroient ensemble ces belles choses avec plaisir, & qu'ils vivroient en bonne intelligence.

De la Lombardie, Annibal alla à Venise, où les nouveaux charmes qu'il trouva dans les Oeuvres du Titien, du Tintoret, & de

Paul Veronese, lui firent copier avec soin des Tableaux de ces grands hommes.

Enfin après que chacun des trois eût mis à profit les réflexions qu'ils avoient faites sur les Ouvrages des autres, ils s'unirent si parfaitement ensemble, que depuis ce tems-là ils ne se quitterent point. Louis continua de faire part de ses lumieres à ses Cousins, & ceux-ci les reçûrent avec toute l'avidité & la reconnoissance possible. Il leur proposa ensuite d'unir leurs sentimens & leur maniere, & sur la difficulté qu'ils lui représentoient de pouvoir penetrer tous les principes d'un Art si profond, & d'en éclaircir tous les doutes, il leur répondit qu'il n'y avoit point d'apparence que trois personnes qui ne cherchoient que la vérité, & qui avoient bien vû & bien examiné les differentes manieres, pûssent se tromper.

Ils se résolurent donc de poursuivre & d'augmenter la méthode qu'ils avoient commencée : ils firent en divers endroits quelques Ouvrages, qui malgré toutes les traverses des envieux, leur acquirent du crédit & des amis. Ainsi se voyant établis dans une réputation considerable, ils jetterent les premiers fondemens de cette célebre Académie, qu'ils établirent à Bologne, & qui a passé depuis sous le nom des Caraches.

C'est-là que tout ce qu'il y avoit de jeunes Etudians, qui donnoient de grandes esperances, venoient prendre des Leçons; & c'est-là que les Caraches enseignoient liberalement & avec bonté les choses qui étoient proportionnées à la portée de leurs Disciples. Ils y établirent des modeles bien choisis d'hommes & de femmes : Louis eut le soin d'y faire apporter des Statues & des Bas-reliefs Antiques. Ils y avoient des Desseins des meilleurs Maîtres, & des Livres curieux sur toute matiere. Un certain Antoine de la Tour, grand Anatomiste, y enseignoit ce qui regarde la liaison & le mouvement des muscles par rapport à la Peinture. On y faisoit souvent des Conferences, & non seulement les Peintres, mais les Savans y proposoient des difficultés ; les doutes qui en résultoient étoient toûjours éclaircis par les décisions de Louis, à qui on avoit recours comme à l'Oracle. Tout le monde y étoit bien reçû, & les jeunes gens y étant excités par l'émulation, passoient les jours & les nuits à étudier : car, bien que les heures y fussent reglées pour les differentes matieres que l'on y traitoit, l'on pouvoit néanmoins profiter en tout tems des Antiques, & des Desseins que l'on y voyoit. Le Comte Malvasie dit, que ce qui a soutenu cette Academie, c'est les principes de Louis, les ſoins d'Auguſtin, & le zele d'Annibal.

La réputation des Caraches s'étant répandue juſqu'à Rome, le Cardinal Odoard Farneſe, qui vouloit faire peindre la Galerie de ſon Palais, fit venir Annibal à Rome pour l'éxecution de ſon Deſſein, & ce Peintre fit ce voyage d'autant plus volontiers, qu'il avoit une très-grande envie de voir les Ouvrages de Raphaël, les Statues & les bas-reliefs Antiques.

Le goût qu'il prit aux Sculptures des Anciens lui fit changer ſa maniere Bologneſe, qui tenoit beaucoup de celle du Correge, pour ſuivre une méthode plus ſavante, plus recherchée, & plus prononcée, mais plus ſéche & moins naturelle dans le deſſein & dans la couleur. Il eut occaſion de la mettre en uſage en pluſieurs Ouvrages qu'il y fit, & entre autres dans celui de la Gallerie du Palais Farneſe, où Auguſtin qui l'étoit venu trouver l'aida, & pour l'ordonnance & pour l'execution. Mais ſoit qu'Auguſtin voulût trop régenter dans cet Ouvrage, ſoit qu'Annibal en voulût avoir toute la gloire, ce dernier ne pût ſouffrir que ſon frere continuât d'y travailler, quelques ſoûmiſſions & quelques offres qu'Auguſtin lui fît pour l'adoucir.

Le Cardinal Farneſe voyant cette meſ-intelligence, envoya Augustin à Parme dans le dessein de le faire travailler pour le duc Ranuccio son frere. Il y peignit une Chambre ; mais on lui suscita pendant cet Ouvrage tant de sujets de chagrin, que ne pouvant le surmonter, il se retira dans un Couvent de Capucins pour se préparer à une mort qu'il sentoit prochaine. Elle arriva en 1605. étant âgé seulement de quarante-cinq ans.

Il laissa un fils naturel nommé Antoine, dont Annibal prit soin, le fit étudier, & l'instruisit dans la Peinture. Cet Antoine a donné tant de preuves de sa capacité, même dans le peu d'Ouvrages qu'il a laissé dans Rome, qu'on croit qu'il auroit surpassé son Oncle Annibal s'il avoit vécu plus long-tems. Il mourut à l'âge de trente-cinq ans, en 1618.

Le Comte Malvasie, dit qu'Annibal eut tout sujet de se repentir de la dureté avec laquelle il avoit traité son frere à Rome, & qu'ayant eu dans la suite des Tableaux à faire où les conseils & l'érudition d'Augustin lui étoient nécessaires, il auroit été assez embarassé sans le secours de Louis Carache. Mais il n'y a gueres de vraisemblance à cela, puisque Agucchi qui avoit toûjours assisté Annibal de ses avis dans les compositions qu'il avoit faites, ne lui auroit pas manqué dans le besoin, & que nous voïons d'ailleurs par ses desseins la fertilité & la beauté de son genie.

On fit à Augustin de celebres obseques à Bologne, dont on peut voir les circonstances dans la description que nous en a laissée le Comte Malvasie.

Cependant Annibal continua la Galerie du Cardinal Farnese, il y prit des soins incroïables, & quoiqu'il fût consommé dans sa profession, il n'a pas fait la moindre chose dans cet ouvrage qu'il n'ait consulté la nature, ni peint la moindre partie de ses Figures, pour laquelle il n'ait fait monter un modele sur l'échaffaut, & n'ait ainsi dessiné exactement toutes les Attitudes.

Bonconti l'un de ses disciples, étonné de tous les soins qu'il prenoit, & du peu d'égard qu'on y avoit, écrivant à son Pere, lui dit entr'autres choses, qu'Annibal n'avoit que dix écus par mois, quoiqu'il fit des Ouvrages qui en méritoient mille, qu'il fût à l'ouvrage depuis le matin jusqu'au soir, & qu'il se tuât à force de travailler : Voici les propres termes de la Lettre rapportée par le Comte Malvasie. *Voglio ch egli sappia che Messer Annibale Carazzi non altro ha dal suo che scuti dieci di moneta il mese & parte per lui e servitore, & una Stanzietta alli tetti, e lavora & tira la caretta tutto il di come un Cavallo, & fa loge camare e sale, quadri & ancone e lavori da mille scuti, e stenta, e crepa & ha poco gusto ancora di tal servitú ma questo di gratia non si dica ad alcuno.* Enfin après des soins inconcevables, aïant mis cette Galerie dans le dégré de perfection où nous la voïons, il esperoit que le Cardinal Farnese lui donneroit une récompense proportionnée à la qualité de l'Ouvrage, & à l'espace de huit années qu'il avoit travaillé pour lui, mais un Espagnol nommé Don Jean de Castro qui gouvernoit l'esprit de ce Cardinal, lui persuada que selon la supputation qu'il avoit faite, Annibal seroit bien payé de la somme de cinq cens écus d'or; on les lui porta, & il fut tellement frappé de cette injustice qu'il ne put dire un seul mot à celui qu'on lui envoïa.

Ce procedé fit une terrible impression sur son esprit; le chagrin qu'il en eut le rendit tout languissant, & abregea de beaucoup sa vie. De sorte que peu après son retour de Naples où il étoit allé pour rétablir sa santé que la débauche des femmes avoit d'ailleurs un peu ruinée, il mourut à Rome en 1606. âgé de quarante-neuf ans.

Pendant qu'Annibal travailloit à Rome, Louis étoit recherché de tous les côtés dans la Lombardie, principalement pour des Tableaux d'Eglise, où l'on peut juger de sa capacité & de sa facilité par le grand nombre qu'il en a fait, & par la préference qu'on lui donnoit sur tous les autres Peintres.

Dans le tems qu'il y étoit le plus occupé, Annibal le sollicita si puissamment d'aller à Rome pour l'aider de ses conseils dans l'Ouvrage de la Galerie Farnese, qu'il ne put se dispenser de faire ce voïage; & après avoir corrigé plusieurs choses dans cette Galerie, & avoir peint lui-même une de ces Figures nues, qui soûtiennent le Médaillon de Sirinx, il s'en retourna à Bologne, n'aïant été que très-peu de tems à Rome. Enfin après avoir établi & soûtenu la réputation des Caraches, il mourut dans le lieu de sa naissance en 1618. âgé de soixante-trois ans.

Louis né en 1555. & mort en 1618.
Augustin né en 1557. & mort en 1605.
Annibal né en 1560. & mort en 1609.

Les Caraches ont eu quantité de disciples, dont les plus célebres sont le Guide, le Dominiquin, Lanfranc, Siste Badalocchi, l'Albane, le Guerchin, Antoine Carache, le Mastelletta, le Panico, Baptiste, Bonconti, le Cavédon, le Taccone, &c. Quand les Caraches n'auroient pas toute la réputation qu'ils se sont acquise par eux-mêmes l'excellence de leurs Disciples auroit rendu leur nom celebre à la posterité.

REFLEXIONS

Sur les Ouvrages des Caraches.

Lorsque Michelange de Caravage & le Chevalier Josepin tenoient à Rome le timon de la Peinture, que le premier qui dessinoit d'un très méchant goût s'attiroit beaucoup d'éleves, parce qu'il étoit grand Coloriste, & que Josepin s'étoit jetté dans une maniere expeditive, sans goût, & sans exactitude, le bon genie de la Peinture suscita l'Ecole des Caraches pour soutenir ce bel Art, qui couroit risque de tomber en décadence du côté de la composition, & du dessein.

La nature en pourvoïant les Caraches d'un beau genie, leur donna une ardeur incroïable pour leur profession : ils l'ont suivie par leur talent, & l'ont perfectionnée par l'assiduité de leurs études, par l'opiniâtreté de leur travail & par la docilité de leur esprit. Les mêmes principes sur lesquels ils avoient établi cette célebre Ecole, qui portoit leur nom, leur servoient de guide dans l'éxécution de leurs Ouvrages. Leurs manieres sont assez semblables, &

toute la difference qui s'y rencontre ne vient que de la diversité de leur temperament. Louis avoit moins de feu, plus de grandeur, plus de grace & plus d'onction: Augustin plus de gentillesse, & Annibal plus de fierté & de singularité dans ses pensées, plus de profondeur dans le dessein, plus de vivacité dans les expressions, & plus de fermeté dans l'execution.

Les Caraches ont tiré des Sculptures Antiques, & de tous les meilleurs Maîtres, ce qu'ils ont pû en tirer pour se faire une bonne maniere, mais ils n'ont point tari les sources; car s'ils ont puisé dans l'antiquité, dans Raphaël, dans le Titien, & dans le Correge beaucoup de choses, ils en ont encore plus laissé qu'ils n'en ont pris.

Quoique le caractere d'Annibal ait été plûtôt pour des sujets prophanes, que pour ceux de dévotion, il en a traité néanmoins quelques-uns de ces derniers fort pathétiquement, & sur-tout de l'histoire de saint François. Mais Louis en ce genre surpassoit Annibal, en ce qu'il donnoit à ses Vierges des airs gracieux à la maniere du Correge, le genie d'Annibal le portant plus volontiers à la fierté qu'à la délicatesse, & à l'enjouement qu'à la modestie. Pour Augustin il a souvent interrompu l'exercice de la Peinture par la Gravûre qu'il entendoit parfaitement, & par d'autres exercices: ainsi aïant fait peu de Tableaux, on les a confondus la plus grande partie avec ceux de son frere.

Comme Annibal n'avoit point étudié, & qu'il donnoit toute son attention à la Peinture; souvent dans ses grandes Compositions il se servoit du secours de son frere Augustin, & de celui de Monsignor Agucchi, en faisant toûjours passer leurs lumieres par celles de son genie.

Les Caraches ont tous trois dessiné d'un grand goût. Celui d'Annibal s'est encore augmenté dans le sejour qu'il fit à Rome, comme on le peut voir par les ouvrages qu'il a faits au Palais Farnese. Ce dessein est chargé à la vérité: mais cette charge est néanmoins si belle & si savante, qu'elle fait plaisir à ceux mêmes qui la censurent; car son goût de dessiner est un composé de l'Antique, de Michelange & de la nature. Mais comme l'affection qu'il prenoit pour les beautés nouvelles lui faisoit oublier les anciennes, la maniere Romaine lui fit quitter la Bolognese, qui étoit molle & pâteuse; & à mesure qu'il voulut augmenter dans le goût du Dessein, il diminua dans celui du Coloris. Ainsi ses derniers Ouvrages sont d'un Dessein plus prononcé, mais d'un Pinceau moins tendre, moins fondu, & moins agréable.

Ce défaut est commun presque à tous ceux qui ont correctement dessiné. Ils ont crû qu'ils perdroient le fruit de leurs travaux, s'ils laissoient ignorer au monde à quel point ils possedoient cette partie, & qu'on leur pardonneroit assez tout ce qui leur manque d'ailleurs, quand on seroit content de la régularité de leurs desseins. Ils ont eu si peur qu'elle n'échapât aux yeux, qu'ils n'ont point eu de scrupule de les offenser par la crudité de leurs Contours.

Annibal a eu un excellent goût pour le Païsage. Ses Arbres sont d'une forme exquise, & d'une touche très-legere. Les desseins qu'il en a faits à la plume ont un caractere & un esprit merveilleux. Ses touches sont choisies, & elles consistent en peu de traits, mais elles expriment beaucoup, & ce que je dis de ses Païsages convient encore à tous ses autres desseins. Dans tous les objets visibles de la nature il y a un caractere qui les specifie, & qui les fait paroître plus sensiblement ce qu'ils sont. Annibal a sû prendre ce caractere, & s'en est servi dans ses desseins avec beaucoup d'esprit & de justesse.

Malgré l'estime qu'il avoit pour les Ouvrages du Titien & du Correge, son Coloris n'est gueres sorti de la voie commune: il n'a pas pénetré dans l'artifice du Clair-obscur, & ses Couleurs locales ne sont pas bien précieuſes. Ainſi ce qui ſe trouve de bon dans ſes Tableaux touchant le Coloris n'eſt pas tant l'effet des principes de l'Art, que des bons momens de ſon genie, ou des réminiſcences du Titien & du Correge.

Cependant nous ne voïons point de Peintre qui ait été plus univerſel, plus facile, ni plus aſſuré dans tout ce qu'il faiſoit, ni qui ait eu une approbation plus generale qu'Annibal.

Je ne veux pas omettre ce que j'ai oui dire à un grand Miniſtre d'un merite ſingulier ſur la difference qu'il trouvoit entre Raphaël & Annibal Carache : Il ſemble, me dit-il, que Raphaël ait choiſi ſes principaux modeles parmi les gens de la Cour, & Annibal dans la bourgeoiſie.

GUIDO RENI.

NE' à Bologne en 1574. étoit fils de Daniel Reni, excellent Muſicien. Il étudia les principes de ſon art chez Denys Calvart Flamand, qui étoit alors en reputation : mais l'Académie des Caraches faiſant parler d'elle à Bologne, le Guide quitta ſon Maître pour travailler ſous eux ; il s'y appliqua avec tant de ſoin, que ſes premiers ouvrages étoient entierement dans le maniere de ces nouveaux Maîtres, entre lesquels il eut une prédilection pour Louis parce qu'il trouvoit beaucoup de grace & de grandeur dans ce qu'il faisoit. Il chercha ensuite une maniere à laquelle il pût s'arrêter. Il alla à Rome où il en copia de toutes sortes, il étoit charmé des Tableaux de Raphaël d'un côté, & la force de ceux de Caravage lui plaisoit d'un autre. Il essaya de tout, & s'arrêta enfin à une maniere qui pût plaire à tout le monde. En effet, celle qu'il s'est formée est si grande, si facile, & si gracieuse, qu'elle lui a acquis beaucoup de bien & de réputation.

Michelange de Caravage, qui se croyoit offensé par le changement subit que le Guide fit d'une maniere forte & brune à une autre toute opposée, parla des Ouvrages de ce Peintre d'une façon insultante, & qui auroit eu de grandes suites, si le Guide par sa prudence, n'avoit évité de se commettre avec un homme d'un temperament impetueux.

Le Guide étant retourné à Bologne y acquit beaucoup de gloire par le soin dont il travailloit ses Tableaux : & comme il se voyoit recherché de tous côtés par les grands Seigneurs, qui vouloient avoir de ses ouvrages, il fixa un prix à ses Tableaux selon le nombre des Figures qui les compoſoient, pour chacune deſquelles il ſe faiſoit payer cent écus Romains.

Le Guide ſe voyoit ainſi fort à ſon aiſe, & vivoit honorablement quand la paſſion du jeu s'empara de ſon eſprit. Il y fut malheureux, & les pertes qu'il fit, le réduiſirent enfin dans la neceſſité. Ses amis prirent ſoin de lui faire enviſager ſon état : mais il ne lui fut pas poſſible de ſe corriger. Il envoïoit vendre ſous main à vil prix des Tableaux dont il avoit refuſé beaucoup d'argent, & il n'avoit pas plûtôt reçû ce petit ſecours, qu'il alloit chercher ſes joueurs pour avoir ſa revanche. Enfin, comme une paſſion en affoiblit une autre, celle qu'il avoit pour ſon Art diminua à tel point, qu'en travaillant il ne ſongeoit plus comme auparavant à ſa gloire : mais ſeulement à expedier ſes tableaux pour avoir de quoi ſubſiſter. Ses principaux Ouvrages ſont dans les Cabinets des Grands. Il travailloit également bien à huile & à freſque. Celui de ſes Tableaux qui a fait le plus de bruit dans Rome, eſt celui qu'il peignit en concurrence du Dominiquin dans l'Egliſe de S. Gregoire. Au reſte le Guide étoit de ſi bonnes mœurs, qu'à la paſſion du jeu près, c'étoit un homme accompli. Il mourut à Bologne en 1642. âgé de ſoixante-ſept ans.

REFLEXIONS
Sur les Ouvrages du Guide.

QUoiqu'il n'y ait pas une grande vivacité dans les productions du Guide, l'on voit néanmoins que s'il n'a pas fait beaucoup de grandes compositions, c'étoit plûtôt faute d'occasion, que de fertilité de veine. Il faut avouer pourtant que son genie n'étoit pas également propre à traiter toutes sortes de sujets. Les matieres pathétiques & celles de dévotion étoient les plus conformes à son temperament: la grandeur, la noblesse, la douceur & la grace étoient le vrai caractere de son esprit; & il les a tellement répandues dans tous ses Ouvrages, qu'elles sont les principales marques qui le distinguent d'avec les autres Peintres.

Il pensoit assez finement, & ses objets sont ordinairement bien disposés en general, & les figures en particulier.

Comme le Guide a été le premier & le plus affectionné de tous les éleves des Caraches, il se conforma d'abord à leur Goût de dessein, & à leur maniere. Il s'en fit une dans la suite qui n'étoit pas si ferme, si prononcée, ni si savante que celle d'Annibal; mais qui approche plus du caractere de la nature, ſur-tout dans les extrémités, les têtes, les pieds & les mains. Il y obſervoit certaines tendreſſes, & y deſſinoit certaines parties d'une façon particuliere : comme les yeux grands, la bouche petite, les narines un peu ſerrées, les mains & les pieds plûtôt potelés, que ſenſiblement articulés, ſur-tout les pieds un peu courts, & les orteils ſerrés ; Et enfin il eſt vraiſemblable, que s'il n'a pas prononcé ſi exactement l'articulation des membres, ce n'eſt pas tant pour avoir oublié ce qu'il en ſavoit, que pour fuir une eſpece de pédanterie, qu'il y a, diſoit-il, à les trop marquer. Mais l'excès qu'on doit éviter, ne diſpenſe pas du milieu que l'on doit ſuivre.

Pour les Têtes elles ſont du merite de celles de Raphaël, ſoit dans la correction du deſſein, ſoit dans la fineſſe des expreſſions, ſur-tout celles qui regardent en haut. Il faut dire auſſi qu'il a traité peu de ſujets qui fuſſent capables de lui fournir une aſſez grande diverſité d'expreſſions pour être entierement comparé en ce genre à Raphaël : cette beauté touchante, qui fait le mérite des Têtes du Guide, conſiſte à mon avis, non ſeulement dans la régularité des traits, mais encore dans un air précieux qu'il a donné aux bouches, lequel tient un milieu délicat entre le rire & le mélancolique ; &

dans un accord de ces mêmes bouches ; avec une certaine modestie qu'il a mise dans les yeux.

Ses Draperies sont bien jettées, & d'un grand Goût ; les plis en sont amples, & quelquefois cassés : il s'en servoit ingénieusement pour remplir les vuides, & pour grouper les membres & les lumieres de ses Figures, principalement quand elles étoient seules. Enfin personne n'a mieux entendu les ajustemens de draperies, ni personne n'a plus noblement habillé, sans qu'il y paroisse aucune affectation.

On ne voit point de païsage de sa main, & quand il traitoit quelque sujet qui en demandoit, de quelque étendue, il se servoit d'une main étrangere.

Son Coloris étoit semblable à celui des Caraches dans les Tableaux de sa premiere maniere. Il en fit même quelques-uns dans la maniere du Caravage, mais le trop grand travail qu'il y trouva, & le moyen qu'il cherchoit de plaire à tout le monde, le détermina à une maniere claire, que les Italiens appellent *Vague*. Il fit dans cette pratique plusieurs Tableaux très-agréables, & dans une grande union de couleurs, quoique plus foibles : mais s'étant accoûtumé peu à peu à cette foiblesse : il négligea ses carnations, ou peut-être les voulant faire plus délicates, il donna dans un gris, qui alla souvent jusqu'au livide.

Pour le Clair-obscur il l'a absolument ignoré, comme a fait toute l'Ecole des Caraches, si ce n'est qu'à l'imitation de Louis Carache son principal Maître, il ne l'ait pratiqué souvent par la grandeur de son Goût plûtôt que par principe, en retranchant de tous ses objets les minuties qui partagent la vûe.

Le Pinceau du Guide étoit leger & coulant, & ce Peintre étoit tellement persuadé que la liberté de la main étoit nécessaire pour plaire, qu'après avoir quelquefois peiné son Ouvrage, il donnoit par dessus des coups hardis, pour ôter l'idée du tems & du grand travail qu'il avoit coûté.

L'état où le jeu l'avoit réduit sur la fin de sa vie ne lui permit pas de se servir de cet artifice, il fallut travailler promptement pour avoir de quoi vivre, & cette promptitude laissa sur ces dernieres Peintures, qui n'étoient pas fort finies, une liberté naturelle.

Enfin, de quelque maniere, & en quelque tems qu'il ait peint ses Tableaux, il y a mis une finesse dans les pensées, une noblesse dans les figures, une douceur dans les expressions, une richesse dans les ajustemens, & par tout une grace, qui lui ont attiré une admiration universelle.

DOMINIQUE ZAMPIERI, DIT LE DOMINIQUIN,

NE' à Bologne en 1581. d'une famille honnête, a été long-tems disciple des Caraches. Il avoit l'esprit tardif, mais excellent; ce qu'il dessinoit pour ses études étoit fait avec tant de peine, & tant de circonspection que les autres disciples ses camarades le regardoient comme un homme qui perdoit son tems; ils disoient que ses ouvrages étoient labourés à la charue, & ils l'appelloient le bœuf: mais Annibal qui connoissoit son caractere, leur dit que ce bœuf à force de labourer rendroit son champ si fertile qu'un jour il nourriroit la Peinture; Prophétie si veritable, que les Tableaux du Dominiquin sont aujourd'hui une source où il y a d'excellentes choses à puiser, & que les ouvrages publics que ce savant Peintre a fait, à Rome, à Naples & à Grotta Ferrata, sont des témoignages éternels de sa grande capacité. Le Tableau de la Communion de saint Jerôme, qu'il fit à Rome pour l'Eglise de ce Saint plut tellement au Poussin, que ce fameux Peintre contoit

contoit la Transfiguration de Raphaël, la descente de Croix de Daniel de Volterre, & le saint Jerôme du Dominiquin, pour les trois plus beaux Tableaux de Rome. Il ajoûtoit qu'il ne connoissoit point d'autre Peintre pour les expressions que le Dominiquin. Comme il a beaucoup travaillé à fresque, ses Tableaux à huile sont peints avec quelque sécheresse.

Il étoit bon Architecte, & le Pape Grégoire XV. lui donna l'intendance des Palais & des Bâtimens Apostoliques. Il aimoit la solitude, & lorsqu'il alloit par les rues, on remarquoit qu'il avoit attention aux actions des particuliers qu'il rencontroit en chemin, & qu'il en dessinoit souvent quelque chose sur ses tablettes. Il étoit d'un temperament doux & avoit un procedé fort honnête; cependant il experimenta une cruelle persécution de la part de ses envieux, & principalement à Naples; ce qui lui causa un extrême chagrin dont il mourut en 1641. âgé de soixante ans.

REFLEXIONS

Sur les Ouvrages du Dominiquin.

JE ne ſai que dire du génie du Dominiquin ; je ne ſai pas même s'il y avoit quelque choſe dans l'ame de ce Peintre qui méritât ce nom, ou ſi la bonté de ſon eſprit & la ſolidité de ſes réflexions lui ont tenu lieu de génie & lui ont fait produire des Ouvrages dignes de la poſterité. Car il avoit apporté en naiſſant une humeur taciturne, & fort éloignée de cette activité que demande la Peinture. Les études de ſa jeuneſſe ont été obſcures, ſes premiers travaux mépriſés, ſa perſeverance traitée de tems perdu, & ſon ſilence de ſtupidité. La ſeule opiniâtreté dans le travail, malgré les conſeils & la riſée de ſes camarades, lui amaſſoit peu à peu en ſecret un tréſor de ſcience qui devoit être découvert en ſon tems. Enfin ſon eſprit envelopé comme un Ver-à-ſoie dans ſa coque, après avoir longtems travaillé dans une eſpece de ſolitude, ſe ſentant dévelopé des filets de l'ignorance, & échauffé par l'activité de ſes penſées, prit l'eſſor & ſe fit admirer non-ſeulement des Caraches qui l'avoient ſoûtenu, mais encore de leurs disciples qui avoient tâché de le rebuter.

Dès les commencemens ses pensées étoient judicieuses, elles s'éleverent beaucoup dans la suite, & peu s'en faut qu'elles ne soient arrivées jusqu'au sublime ; si l'on ne veut dire qu'il y ait porté quelques-uns de ses Ouvrages, comme les Angles du Dôme de Saint André à Rome, la Communion de saint Jerôme, le David, l'Adam & l'Eve, qui sont chez le Roi ; Notre-Seigneur qui porte sa Croix, qui est chez Monsieur l'Abbé de Camps, & quelques autres.

Il a eu un assez bon choix d'attitudes, mais il a très-mal entendu la collocation des Figures & la disposition du tout-ensemble. D'ailleurs pour le goût & la correction du dessein, pour l'expression du sujet en géneral, & des passions en particulier ; pour la varieté & la simplicité des airs de têtes, il n'est gueres inferieur à Raphaël. Il a été comme lui très-jaloux de ses contours, & il les a marqués encore plus séchement ; & quoiqu'il n'ait pas eu tant de noblesse & de grace, il n'en a pourtant pas manqué.

Ses draperies sont très-mauvaises, très-mal jettées, & d'une dureté extrême. Son Paisage est du goût des Caraches, mais exécuté d'une main pesante. Ses carnations donnent dans le gris & tiennent peu du caractere de la vérité : mais son clair-obscur est encore plus mauvais. Son pinceau est pesant & son ouvrage fort sec.

Comme les progrès qu'il faisoit dans la Peinture ne s'augmentoient que par le travail & par les réflexions, ses ouvrages ont acquis avec l'âge un accroissement de mérite, & ce sont les derniers qui lui ont attiré plus de louanges. Ainsi il est vraisemblable de dire que les parties de la Peinture que le Dominiquin possedoit, étoient une récompense de ses fatigues, plûtôt qu'un effet de son génie. Mais fatigues ou génie, ce qu'il a produit de bon est d'une nature à servir de modele à tous les Peintres qui le suivront.

JEAN LANFRANC.

NE' à Parme le même jour que le Dominiquin en 1581. de parens pauvres, qui pour s'en décharger le menerent à Plaisance, & le firent entrer au service du Comte Horace Scotti. Il n'y faisoit que charbonner les murailles, & trouvoit le papier trop petit pour y grifonner ses idées. Le Comte voïant les dispositions de ce jeune homme, le mit chez Augustin Carache, après la mort duquel il alla à Rome où il étudia ſous Annibal. Celui-ci le fit travailler à S. Jacques des Eſpagnols, & le trouva aſſez capable pour lui confier l'exécution de ſes deſſeins en des ouvrages où il a laiſſé de quoi douter s'ils ſont du Maître ou du Diſciple.

Son génie étoit de peindre à freſque dans des lieux ſpacieux, comme on le peut remarquer par ſes grands ouvrages, & ſur tout par la Coupole de ſaint André de Laval, où il a beaucoup mieux réuſſi que dans ſes Tableaux de médiocre grandeur; il deſſinoit du goût d'Annibal Carache, & tant qu'il demeura ſous la conduite de cet illuſtre Maître, il fut toujours correct: mais après la mort d'Annibal il ſe laiſſa aller à l'impetuoſité de ſon génie, ſans prendre autrement garde à la régularité de ſon Art. Il a gravé à l'eau-forte les Loges de Raphaël, conjointement avec Siſto Badalocchi, & l'un & l'autre dedierent cet ouvrage à Annibal leur Maître. Lanfranc peignit pour Urbain VIII. l'Hiſtoire de ſaint Pierre, qui a été gravée par PietroSanti, & d'autres ouvrages dans l'Egliſe de ſaint Pierre. Ce Pape en fut ſi content qu'il le fit Chevalier.

Lanfranc fut heureux dans ſa famille; ſa femme qui étoit fort aimable lui donna des enfans qui de ſa maiſon faiſoient une eſpece de Parnaſſe, par les talens qu'ils avoient pour la Poësie & pour la Musique ; sa fille aînée, qui chantoit & qui jouoit très-bien de divers instrumens y contribua plus que les autres. Il mourut en 1647. âgé de soixante-six ans.

REFLEXIONS

Sur les Ouvrages de Lanfranc.

LE génie de Lanfranc, échauffé par les études qu'il fit d'après les ouvrages du Correge, & surtout d'après la Coupole de Parme, le porta dans un enthousiasme de vastes pensées. Il chercha avidement les moïens de faire de semblables productions ; & celles que l'on voit de lui à Rome & à Naples persuadent facilement qu'il étoit capable de grandes entreprises. Aussi avoit-il un talent particulier pour les exécuter. Rien ne l'étonnoit, & il a fait des figures de plus de vingt pieds de haut dans la Coupole de saint André de Laval, qui font un très-bon effet, & qui ne paroissent d'en bas que d'une proportion naturelle & convenable. On voit dans ses grands Ouvrages qu'il vouloit joindre la fermeté du dessein d'Annibal au grand goût & à la suavité du Correge. Il tâcha même d'en imiter toute la grace : mais il ne savoit pas que la nature, qui en fait present à qui elle veut, ne lui en avoit accordé qu'une petite mesure. Ses idées étoient capables à la verité d'embrasser de grands Ouvrages, & son génie n'étoit pas assez souple pour retourner sur lui-même, & pour s'appliquer à les terminer ; c'est ce qui fait que ses Tableaux de chevalet ne sont pas si estimables que ce qu'il a peint à fresque : la vivacité d'esprit, & la liberté de main étant très-propres à ce genre de Peinture.

Lanfranc eut un goût de dessein semblable à celui de son Maître ; c'est-à-dire toûjours grand & toûjours ferme : mais il n'en conserva pas la correction jusqu'à la fin. Ses grandes compositions font un grand fracas, cependant si on en veut examiner le détail, on n'y trouvera aucune expression qui interesse.

Son coloris n'est pas si recherché que celui d'Annibal ; les teintes de ses carnations sont triviales, & les ombres en sont un peu noires. Il a ignoré, comme son Maître, l'artifice du Clair-obscur. Il l'a quelquefois mis en usage comme lui par un bon mouvement de son esprit, & non par principe.

Les Ouvrages de Lanfranc partent d'une veine bien opposée à celle du Dominiquin. Ce dernier s'est fait Peintre en dépit de

Minerve; celui-là étoit né avec un genie heureux; Dominiquin inventoit avec peine, & digeroit ensuite ses compositions avec un jugement solide, & Lanfranc laissoit tout faire à son genie, dont les productions couloient de source: Dominiquin s'est étudié à exprimer les passions particulieres, & à surpasser son maître dans la régularité des contours, & Lanfranc s'est contenté d'une expression generale, & de suivre Annibal dans le goût du dessein: Dominiquin, qui dans ses études avoit toûjours fait agir sa raison, augmenta sa capacité jusqu'à la mort; & Lanfranc, qui n'étoit appuyé que sur une pratique exterieure de la maniere d'Annibal, diminua toûjours après la mort de ce Maître: Dominiquin executoit ses Ouvrages d'une main pesante & tardive, & Lanfranc l'avoit prompte & legere. Enfin il est difficile de voir deux éleves nourris dans la même école, & nés sous la même planette, qui soient plus opposés l'un à l'autre, & qui aient des temperamens si contraires: mais cette opposition n'empêche pas qu'on ne puisse les admirer tous deux en les regardant par leurs bons côtés.

FRANÇOIS ALBANE,

NE' à Bologne en 1578. eut pour pere un Marchand de ſoie qui le voulut faire inutilement de ſa profeſſion ; car le penchant de ſon fils le portant à la Peinture, il ſe mit d'abord chez Denys Calvart où étoit le Guide : celui-ci étant déja fort avancé, enſeigna à ſon camarade les principes du deſſein ; & étant ſorti de chez ſon Maître pour ſe mettre ſous les Caraches, il l'y attira auſſi. Après que l'Albane y eut fait un progrès conſiderable, il s'en alla à Rome, où l'étude des belles choſes le fortifia tellement dans ſon Art, que ç'a été un des plus ſavans & des plus agréables Peintres d'Italie.

Etant de retour à Bologne il épouſa en ſecondes nôces une femme qui lui apporta en dot une grande beauté, & beaucoup de complaiſance ; ainſi il trouva en elle le repos de ſa maiſon, & un modele parfait pour les femmes, qu'il auroit à peindre. Elle eut de beaux enfans dans la ſuite, & l'Albane prit autant de plaiſir à les peindre, que ſa femme en avoit à les tenir, ou dans ſes mains, ou ſuſpendus avec des bandelettes, ſelon l'attitude dont il avoit beſoin;

c'est ce qui lui a donné occasion de peindre tant de sujets où Venus, les Amours, ses Nymphes, & les Déesses avoient toujours beaucoup de part. Il se servoit utilement & ingenieusement des lumieres qu'il avoit reçûes des belles Lettres, pour enrichir ses inventions des fictions de la poësie; on lui reproche seulement de n'avoir pas assez varié ses figures, & d'avoir donné presque par tout le même air & la même ressemblance. Ce qui vient de ce qu'il se servoit toujours des mêmes modeles, & qu'il en avoit l'idée remplie. On voit fort peu de grandes figures de sa main; & comme il a peint ordinairement en petit, ses Tableaux se sont dispersés comme des pierres précieuses par toute l'Europe. Ils ont été payés d'un grand prix, sur-tout dans ces derniers tems. Ils sont devenus fort à la mode, & étant savans & agréables, ils plaisent à tout le monde. Ce Peintre à passé quatre-vingt-deux ans dans une vie paisible, qu'il changea pour une meilleure en 1660. Francesco Mola & Jean-Baptiste Mola ont été ses Disciples.

REFLEXIONS

Sur les Ouvrages de l'Albane.

COmme la joie plaît à la plûpart du monde, les Tableaux de l'Albane, qui inspirent cette passion, sont d'autant mieux reçûs, qu'ils sont soûtenus par des pensées ingenieuses. Son génie reveillé par l'étude des belles Lettres, le porta à enrichir ses inventions des ornemens de la Poësie. Sa Veine étoit abondante & facile, & il a fait un grand nombre de compositions remplies de figures. Il étoit savant dans le dessein; & comme il se servoit toujours des mêmes modeles, il tomboit aisément dans la repetition, principalement dans celle des mêmes airs de têtes qu'il rendoit fort gracieux; ce qui fait que de toutes les manieres, il n'y en a point de plus facile à connoître que celle de l'Albane.

Les sujets qu'il a traités ne sont pas d'une nature à faire juger s'il savoit entrer dans les differentes passions, & celles qu'il a exprimées tendent presque toutes à la joie, & ne sont pas fort fines. Ainsi l'on peut dire que la grace qui paroît dans ses ouvrages ne vient pas si précisement de son génie, que de l'habitude de sa main.

Ses attitudes & ses draperies sont d'un assez bon choix. Il étoit universel; & son Païsage, qui est plus agréable que savant, est comme ses têtes, d'un même dessein & d'une même touche.

Son coloris est frais, & ses carnations sont de teintes sanguines, mais peu recherchées. Il a été fort inégal dans la force de ses couleurs, ayant fait des sujets en pleine campagne, les uns forts de couleurs, les autres foibles. Quant au Clair-obscur & à l'union des couleurs, quoiqu'il n'en ait pas connu le principe, le bon sens ou le hazard l'y ont quelquefois conduit.

Son travail paroît extrêmement fini: & bien que ses Tableaux soient peints avec facilité, on y voit fort peu de touches libres.

FRANÇOIS BARBIERI,

surnommé

LE GUERCHIN DA CENTO.

QUantité de Peintres ont conservé toute leur vie le nom qui leur a été donné dans leur jeunesse en Italie, & qui vient quelquefois d'un défaut corporel; comme *il Gobbo*, *il Bamboccio*, *&c.* C'est ainsi que François Barbieri n'a été nommé Guercino que parce qu'il étoit louche. Ce Peintre nâquit à Bologne en 1597. Il apprit les principes de son Art chez des Peintres de Bologne d'une médiocre capacité. Il les quitta pour l'Academie des Caraches où il dessina d'une grande maniere & d'une grande facilité, mais d'un goût naturel plûtôt qu'idéal. Lorsqu'il voulut se former une maniere de dessiner, il examina celles des Peintres de son tems. Celle du Guide & de l'Albane lui semblerent trop foibles ; & sans les blâmer, il se détermina à donner à ses Tableaux beaucoup plus de force, & s'approcha de la façon de faire du Caravage qui lui plaisoit assez ; étant persuadé qu'on ne pouvoit bien imiter le relief de la nature, qu'en prenant les avantages que les ombres & les couleurs fortes peuvent donner. Il étoit néanmoins fort ami du Guide, pendant la vie duquel il demeura toûjours à Cento, qui est auprès de Bologne, & ne rentra dans la Ville qu'après la mort de ce Peintre. Il a toûjours suivi cette façon de peindre forte, si ce n'est sur la fin, contre son sentiment, & seulement, disoit-il, pour gagner de l'argent & pour plaire aux ignorans, que la réputation du Guide & de l'Albane avoit entraînés ; c'est ainsi qu'il parloit. La verité est que de tous les éleves des Caraches, il n'y en a point eu de moins agréables. Il inventoit facilement, mais il eût été à souhaiter qu'il eût joint à la fierté de sa maniere plus de noblesse dans les airs de têtes & plus de verité dans les couleurs locales. Ses carnations donnent un peu dans le plombé, quoique dans le general elles ne manquent pas d'harmonie, & que ce qui est à desirer dans ses Tableaux ne puisse pas empêcher qu'il ne passe dans l'esprit des Connoisseurs pour un grand Peintre.

Au reste, s'il est recommandable par sa Peinture, il ne l'est pas moins par ses vertus morales. Il aimoit le travail & la solitude; il étoit sincere dans ses paroles, ennemi de la raillerie, humble, civil, charitable, dévot, & d'une chasteté reconnue. Quand il sortoit de chez-lui, il étoit presque toûjours accompagné de plusieurs Peintres, qui le suivoient comme leur Maître, & le respectoient comme leur Pere: car il les assistoit de son conseil, de son crédit, & de sa bourse même, quand ils en avoient besoin. Quoiqu'il fût fort humble, il n'avoit rien de bas dans ses manieres, & il joignit à la droiture de ses moeurs une hardiesse honnête, qui le fit aimer des Grands. Comme il étoit laborieux, il amassa beaucoup de bien, qu'il employoit à faire plaisir à tout le monde. Il donna de grandes sommes pour faire bâtir des Chapelles, & fit de belles fondations à Bologne & ailleurs. Il mourut en 1667. âgé de soixante dix ans, & fit deux neveux ses heritiers, n'ayant point été marié, & ayant toûjours vécu dans une grande pureté.

REFLEXIONS

Sur les Ouvrages du Guerchin.

LE Guerchin a étudié quelque tems dans l'Ecole des Caraches; cependant il ne paroît pas qu'il en ait le caractere, & son goût est singulier. Son genie étoit facile, & non pas élevée, ni ses pensées fines. On voit rarement de la noblesse dans ses figures, & ses expressions n'interessent que médiocrement.

Son goût de dessein est grand & naturel, il n'est pas néanmoins fort élégant. Son inclination a toujours été pour un coloris fort; car ayant voulu dans les commencemens suivre le Guide son ami, & voïant que ce Peintre quittoit sa premiere maniere pour en prendre une plus claire, & comme disent les Italiens, plus vague, il se jetta sans hesiter dans celle du Caravage, qu'il a moderée selon son choix.

Il a donné de l'union à ses couleurs par l'uniformité de ses ombres rousses : mais peu de fraicheur à ses carnations. Son goût le portoit néanmoins à imiter le vrai, & il l'a fait souvent avec succès, & quelquefois servilement & sans choix. Il tiroit ses lumieres de fort haut, & il affectoit de faire des ombres fortes pour attirer les yeux, & pour donner une grande force à ses Ouvrages ; ce qui se remarque encore plus sensiblement dans ses desseins que dans ses Tableaux. Ces derniers se soûtiendront toujours par la force des ombres, par l'accord des couleurs, par ce qu'il y a de grand dans le goût du dessein, par la molesse du Pinceau, & par un certain caractere de verité.

MICHELANGE MERIGI,
dit communement
MICHELANGE DE CARAVAGE,

NE' dans un Bourg du Milanois appellé Caravage, s'est rendu très-célebre par une maniere extrêmement forte, vraie, & d'un grand effet, de laquelle il est Auteur. Il peignoit tout d'aprés nature dans une chambre où la lumiere venoit de fort haut. Comme il a exactement suivi ses modeles, il en a imité les défauts comme les beautés, car il n'avoit point d'autre idée que l'effet du naturel present. Il disoit que les Tableaux qui n'étoient pas faits d'après nature, n'étoient que de la guenille, & que les figures qui les composoient n'étoient que de la carte peinte.

Sa maniere qui étoit nouvelle fut suivie de beaucoup de Peintres de son tems, & entr'autres du Manfréde & du Valentin. On ne peut nier que cette maniere ne soit d'une verité surprenante, & qu'elle n'ait beaucoup de pouvoir sur les yeux même les plus éclairés. Elle a presque entraîné l'Ecole des Caraches, car sans parler du Guerchin, qui ne l'a jamais abandonnée, le Guide & le Dominiquin ont été tentés de la suivre: mais le goût du dessein qui s'y trouve attaché, & le choix de sa lumiere, toûjours le même dans toutes sortes de sujets, les en a dégoûtés. Ses Tableaux sont dispersés dans les Cabinets de l'Europe; il y en a plusieurs à Rome & à Naples: il y en a un aux Dominicains d'Anvers, que Rubens appelloit son Maître.

Le mépris avec lequel il parloit des ouvrages d'autrui, lui attira des querelles, & sur-tout avec Josepin, dont il se moquoit ouvertement. Un jour la dispute s'échauffa tellement entr'eux, que Michelange, par un effet d'emportement, tire l'épée contre son Competiteur, & il en coûta la vie à un jeune homme nommé Tomassin, qui tenant pour Josepin, vouloit les séparer. Michelange après cette action fut contraint de chercher un azile chez le Marquis Justiniani, chez lequel il peignit l'incredulité de saint Thomas, & un Cupidon, qui sont deux morceaux admirables.

Justiniani lui obtint sa grace, & lui fit des reprimandes de son emportement: mais Michelange se voyant en liberté ne pût pas moderer sa bile, il alla trouver Josepin [illegible] lui fit un appel. Celui-ci lui répondi[illegible] étoit chevalier, & qu'il ne tiroit l'[illegible] avec ses pareils. Le Caravage piqué [illegible] cette réponse s'en alla à Malte, fit ses Ca-ravanes, & reçût l'Ordre de Chevale[illegible] qualité de Frere servant. C'est-là qu'il [illegible] Tableau de la Decolation de saint [illegible] pour l'Eglise de Malte, & le Portrai[illegible] grand Maître de Vignacourt, qui est aujourd'hui dans le Cabinet du Roi.

Etant ainsi revêtu de l'Ordre de Malte, il revint à Rome, dans le dessein d'obliger Josepin de se battre contre lui, mais une grosse fievre vint au secours de Josepin, & fit mourir le Caravage en 1609.

REFLEXIONS

Sur les Ouvrages de Michelange de Caravage.

LEs idées du Caravage ressemblent à son temperament ; elles étoient fort inégales, & jamais fort élevées. Ses dispositions étoient bonnes, son dessein d'un méchant goût, & il n'en savoit pas assez pour bien choisir, ou pour bien corriger la nature : toute son application étoit dans le Coloris, & il y a merveilleusement réussi. Ses couleurs locales sont extrêmement recherchées, & par une belle intelligence de lumiere, jointe à une exacte varieté de teintes fondues les unes dans les autres, sans être corrompues ni tourmentées, comme on dit, par le Pinceau, il a sû donner une étonnante vérité à ses ouvrages.

Ses attitudes paroissent sans choix. Ses draperies sont vraies, mais mal jettées, & ses Figures ne sont pas accompagnées de l'ajustement qui leur seroit convenable. Il n'a connu, ni les graces, ni la noblesse : & si l'on en trouve dans ses Tableaux, ce n'est point par choix, ni pour avoir fait obéir le naturel à son idée ; c'est parce que ce même naturel, dont il étoit esclave, se trouvoit ainsi par hazard.

Cependant il a fait des Tableaux d'une assez grande composition, qu'il a finis avec une extrême exactitude ; & s'il y manque quelque chose dans quelque partie de la Peinture, on peut dire que les Portraits qu'il a faits sont sans reproche.

Ses expressions ne sont pas bien sensibles. Il semble que ne faisant que peu ou point du tout d'attention à ce qui peut contribuer à l'agrément d'un Tableau, il n'ait songé qu'à rendre ses objets palpables. Il l'a fait par un bon Clair-obscur, par un excellent goût de couleur, par une force terrible, par une agréable suavité, & par un Pinceau le plus moëleux qui fut jamais.

BARTHOLOMEO MANFREDI

DE Mantoue, disciple du Caravage, a imité sa maniere de fort près. Ses Tableaux sont presque tous des sujets de joueurs de cartes ou de dés. Il est mort jeune.

JOSEPH RIBERA,
dit
L'ESPAGNOLET,

NAtif de Valence en Espagne, disciple du Caravage, peignoit comme son Maître d'une maniere forte, & s'attachoit au naturel; mais son Pinceau n'étoit pas si moëleux que celui de Michelange. L'Espagnolet se plaisoit à peindre des sujets mélancoliques. Ses Ouvrages sont dispersés par toute l'Europe. Naples, où il a fait un long séjour, en conserve beaucoup, & de beaux.

LIVRE VI.

ABREGE' DE LA VIE DES PEINTRES ALLEMANS ET FLAMANS.

HUBERT & JEAN VAN-EYK,

FReres, natifs de Masseyk sur la Meuse, ont été les premiers qui dans les Païs-bas aïent fait quelque chose digne d'attention : Aussi doit-on les regarder comme les Fondateurs de l'Ecole Flamande. Hubert étoit l'aîné, & Jean qui étoit son éleve, travailla avec tant d'assiduité, qu'il devint bientôt son égal. Ils avoient tous deux de l'esprit & du génie. Ils travaillerent de concert, & se rendirent fort célebres par leurs ouvrages. Ils peignirent plusieurs sujets pour Philippe le Bon Duc de Bourgogne. Le Tableau qu'ils firent pour l'Eglise de S. Jean de Gand, attira l'admiration du Public, & Philippe I. Roi d'Espagne n'en aïant pû obtenir l'original, en fit faire une copie qu'il emporta en Espagne. Le sujet en est tiré de l'Apocalypse, où les Vieillards adorent l'Agneau. Ce tableau est encore aujourd'hui regardé comme une merveille: il est fort frais, parce que l'on a eu soin de le conserver; il est couvert, & il ne se montre qu'aux jours de Fêtes, ou à la priere de quelque grand Seigneur.

Après la mort d'Hubert, qui arriva en 1426. Jean son frere se retira à Bruges, ce qui lui donna dans la suite le nom de Jean de Bruges. C'est lui, qui en cherchant des vernis pour donner plus de force à ses ouvrages, trouva que l'huile de lin mêlée avec des couleurs, faisoit un assez grand effet, sans qu'il fût besoin même d'aucun vernis. C'est à lui que la Peinture est redevable de la perfection où elle est parvenue depuis par le moïen de cette nouvelle invention. Ainsi les ouvrages de Jean de Bruges aïant augmenté de beauté, se répandirent dans les Cabinets des Grands.

Le Tableau qu'il envoïa à Alphonse Roi de Naples, fut cause que le secret de peindre à huile entra en Italie, comme on l'a fait voir dans la vie d'Antoine de Messine. Jean de Bruges se fit estimer, non seulement par sa peinture, mais aussi par la solidité de son esprit. En sorte que le Duc de

Bourgogne lui donna une place dans son Conseil. Il mourut à Bruges où il fut enterré dans l'Eglise de saint Donat. Il avoit une sœur nommée Marguerite qui renonça au mariage, pour exercer avec plus de liberté la Peinture qu'elle aimoit passionnément.

ALBERT DURE

A Cela de commun avec Raphaël d'Urbin, qu'il vint au monde le jour du Vendredi Saint; ce fut à Nuremberg, en 1471. Il eut pour pere Albert Dure très-habile Orfevre, de qui notre Albert apprit en même tems l'Orfevrerie & la Gravûre. A quinze ans il se mit sous la discipline de Michel Wolgemut habile Peintre à Nuremberg. En quoi Van-Mander n'a pas été bien informé; puisqu'il le fait disciple de Martin Schon. Il est vrai qu'Albert avoit envie d'en faire son Maître; mais la mort de Martin Schon ne lui donna pas le tems d'exécuter son dessein.

Après avoir passé trois ans chez son Maître, il en emploïa quatre à voïager en Flandre, en Allemagne & à Venise; & à son retour, il se maria à vingt-trois ans. C'est environ ce tems-là qu'il commença à met-

tre

tre en lumiere quelques Estampes de sa façon. Il grava les trois Graces, & des Têtes de mort, avec d'autres Ossemens; un Enfer avec des Spectres diaboliques dans la maniere d'Israël de Malines; au-dessus de ces trois femmes, il y a un Globe sur lequel on voit ces trois Lettres, *O. G. H.* qui veulent dire en Allemand, O Gott Hüte! *O Dieu, gardez-nous des enchantemens!* Il avoit pour lors 26. ans, car c'étoit en 1497. Aïant mis ainsi son génie en mouvement, il s'attacha de lui-même à l'étude du dessein, & y devint si habile qu'il servoit de regle à tous ceux de son tems, & que plusieurs Italiens même tiroient de ses Estampes un grand avantage: ce qu'ils ont encore fait long-tems depuis, mais avec plus d'adresse & de déguisement.

Il a eu soin dans toutes ses Planches, de mettre l'année qu'elles ont été gravées, qui est une chose dont les curieux ont sujet de se louer, car ils peuvent jnger par-là à quel âge il les a travaillées. Dans la grande Passion de Notre-Seigneur qu'il a gravée, il a disposé la Céne selon l'opinion d'Æcolampade. La mélancolie est sa plus belle piece, & les choses qui entrent dans la composition de ce sujet, sont une preuve de l'habileté d'Albert: ses Vierges sont encore d'une beauté singuliere.

Albert marquoit aussi sur ses Tableaux, l'année qu'ils avoient été peints, & Sandrart qui en a vû plus que personne, n'en remarque point avant l'année 1504. Celà voudroit dire qu'Albert n'en a point fait avant l'âge de 33. ans, du moins de considerables.

L'Empereur Maximilien donna à Albert pour les Armoiries de la Peinture trois écussons, deux en chef & un en pointe.

La réputation d'honnête homme, dans laquelle il vivoit, son bon esprit & son éloquence naturelle, le firent élire membre du Conseil de la Ville de Nuremberg. Son Génie universel le faisoit travailler avec facilité aux affaires de la République, & à celles de sa maison; il étoit laborieux, d'un tempérament doux, & dans un établissement qui auroit dû lui procurer du repos, si sa femme ne s'y étoit point opposée: elle étoit de si mauvaise humeur, que quoiqu'ils n'eussent point d'enfans, & qu'ils eussent fait une fortune considerable, elle le tourmentoit jour & nuit pour l'augmenter: ce qui l'obligea pour s'en séparer de faire un voïage au Païs-bas, où il fit grande amitié avec Lucas de Leyde. L'inquiétude de cette femme, ses larmes & les promesses de mieux vivre à l'avenir, obligérent les amis d'Albert de lui écrire les dispositions où elle étoit. Il se laissa persuader ; il revint : mais elle ne pût jamais tenir sa promesse, & malgré la prudence & la douceur de son mari, elle le traita comme auparavant, & le fit mourir de déplaisir à l'âge de 57. ans, en 1528.

Albert a écrit lui-même la vie de son pere en 1524. Sandrart la rapporte après celle du fils. Albert y écrit la plûpart des choses que l'on vient de dire de lui-même. Il y parle avec une sincerité fort humble de la peine que son pere avoit à vivre dans sa profession, & la misere où il a été lui-même dans sa premiere jeunesse. Ce qui est de surprenant en sa vie, c'est d'avoir travaillé avec tant d'assiduité à un si grand nombre d'ouvrages, dans des tems fort difficiles, & avec une femme extraordinairement fâcheuse. Il a écrit de la Géometrie, de la Perspective, des Fortifications & de la proportion des Figures humaines. Plusieurs Auteurs parlent de lui avec éloge, & entr'autres Erasme & Vasari.

RE'FLEXIONS

Sur les Ouvrages d'Albert Dure.

NOus n'avons personne qui ait fait voir dans les Arts un Génie plus étendu & plus universel qu'Albert Dure. Après les avoir tentés presque tous & s'y être exercé quelque tems, il s'est enfin déterminé à la Peinture & à la Gravûre. Quoique le tems qu'il donnoit à l'une & à l'autre ait dû partager son application & affoiblir la bonté de ses ouvrages, il les a néanmoins poussées toutes deux à une telle perfection qu'on ne peut souhaiter dans l'une ni dans l'autre une plus grande exactitude, ni une plus grande fermeté que celles qu'il a eues. Mais comme l'exemple & les premieres choses qui se présentent aux yeux dans les commencemens que l'on s'attache à une profession, déterminent le goût, & font prendre un certain tour aux pensées : il ne manquoit à celles d'Albert pour être mises dans un beau jour, que d'être dirigées, ou par une bonne éducation, ou par la vûe des ouvrages antiques. Sa veine étoit fertile, ses compositions grandes, & malgré le goût Gottique qui regnoit de ſon tems, ſes productions étoient une ſource, où non-ſeulement les Peintres de ſon païs, mais pluſieurs d'entre les Italiens alloient aſſez ſouvent puiſer.

Il étoit ferme dans ſon exécution ; il y faiſoit ce qu'il y vouloit faire, & la propreté jointe à l'exactitude qu'il emploïoit dans ſon travail, ſont une preuve qu'il poſſédoit parfaitement les principes qu'il s'étoit établis, & qui ne rouloient que ſur le deſſein : cependant il eſt étonnant qu'après les ſoins extrêmes qu'il avoit pris pour connoître la ſtructure du corps humain, & après avoir trouvé une belle proportion entre toutes celles qu'il a données au public, il s'en ſoit ſi peu ſervi dans ſes ouvrages : car à l'exception de ſes Vierges & des Vertus, qui accompagnent le triomphe de l'Empereur Maximilien, tout ce qu'il a fait eſt d'un Goût de deſſein tout-à-fait pauvre : il s'eſt attaché uniquement à la nature ſelon l'idée qu'il en avoit, & bien loin d'en relever les beautés & d'en rechercher les graces, il en a rarement imité les beaux endroits que le hazard fournit aſſez ſouvent : il a été plus heureux dans le choix de ſes païſages : on trouve ſouvent parmi ceux qu'il a faits, des Sites agréables & extraordinaires.

Enfin ſes Ouvrages qui ont été dans ſon

tems & dans son païs les plus estimés, ne méritent pas aujourd'hui qu'on entre dans un plus grand détail des parties de la Peinture : car pour y trouver un bon endroit il en faut essuïer beaucoup de mauvais. Néanmoins on ne peut nier qu'au Goût près, Albert n'ait été savant dans le dessein, & que la nouveauté de ses Estampes ne lui ait acquis par tout beaucoup de réputation, & n'ait fait dire à Vasari, que, *Si cet homme si rare, si exact, & si universel, avoit eu la Toscane pour patrie, comme il a eu la Flandre, & qu'il eût pû étudier d'après les belles choses que l'on voit dans Rome, comme nous avons fait nous autres, il auroit été le meilleur Peintre de toute l'Italie, de même qu'il a été le genie le plus rare & le plus célebre qu'aient jamais eu les Flamans.*

GEORGES PENS

DE Núremberg a beaucoup étudié les Ouvrages de Raphaël, & a joint à la Peinture l'art de graver en Taille-douce. Marc Antoine s'est servi de lui dans les Planches qu'il a mises au jour. Etant de retour en son païs, il a peint & gravé plusieurs choses de son invention, qui sont autant de preuves de la beauté de son Génie

& de ſon habileté, il marquoit ſon nom par ces deux Lettres ainſi diſpoſées P. G.

PIERRE CANDITO

DE Munic étoit habile homme. Il a peint preſque tout le Palais de Maximilien Duc de Baviere, au ſervice duquel il étoit. C'eſt lui qui a fait les deſſeins des Hermites de Baviere, que Raphaël & Jean Sadeler ont gravés auſſi-bien que pluſieurs autres choſes de ſon deſſein. On voit encore de lui quatre Docteurs de l'Egliſe, gravés par Gilles Sadeler.

Dans le même tems vivoit Matthieu Grunewalt, fort eſtimé dans ſon tems & qui peignoit dans la maniere d'Albert.

CORNEILLE ENGLEBERT

DE Leyde vivoit auſſi dans le même tems : on voit de lui de fort bonnes choſes à Leyde & à Utrecht. Il a eu deux fils qui ont fort imité ſa maniere, Cornelius Cornelii, & Lucas Cornelii : celui-ci, dans l'état miſérable où étoit la Peintute ſe fit Cuiſinier ; mais forcé par ſon Génie, il reprit ſa premiere profeſſion, & devint habile Peintre.

Il passa en Angleterre où le Roi Henri VIII. lui donna de l'emploi, & le prit en affection.

BERNARD VAN-ORLAY

De Bruxelles étoit au service de Marguerite Gouvernante des Païs-bas, pour laquelle il fit beaucoup d'ouvrages; il en fit aussi plusieurs, pour les Eglises de son païs. Quand il avoit quelque Tableau de consequence à faire, il couchoit des feuilles d'or sur son impression, & peignoit dessus, ce qui a conservé ses couleurs fraîches & leur a donné en certains endroits beaucoup d'éclat; principalement dans une lumiere céleste, qu'il a peinte au Tableau du Jugement universel qui est à Anvers, dans la Chapelle des Aumônes. Il a fait quantité de desseins de Tapisseries pour l'Empereur Charles V. & a eu le principal soin de faire exécuter celles du Pape, & des Souverains de ce tems-là, sur les desseins de Raphaël dont il avoit été disciple.

MICHEL COXIS

DE Malines, apprit les principes de ſon Art ſous Bernard Van-Orlay, après quoi il alla en Italie où il fut diſciple de Raphaël, des idées duquel il ſe ſervoit ordinairement pour faire des Tableaux : car il avoit de la peine à produire quelque choſe de lui-même ; il deſſinoit & colorioit dans le goût de Raphaël. Etant de retour en Flandre, il conduiſit les Tapiſſeries qui ſe faiſoient ſur les deſſeins du même Raphaël, & mourut à Anvers en 1592. âgé de 95. ans.

LUCAS DE LEYDE

EUt ſon Pere pour Maître : mais la nature l'avoit déja pourvû de tant de diſpoſitions avantageuſes, qu'il a commencé à graver dès l'âge de neuf ans, & qu'à quatorze il a fait des planches conſiderables, par la quantité & par la beauté du travail qui s'y rencontre. Sa Peinture alloit de pair avec ſa gravûre, & l'une & l'autre étoient faites avec un ſoin & une propreté admirables. Il avoit une extrême ardeur pour l'étude de ſa profeſſion ; & ſi le tems qu'il a paſſé dans la recherche des effets de la nature de ſon païs avoit été emploïé à conſiderer l'antique, on pourroit dire de lui ce qu'on a dit d'Albert Dure en pareille occaſion, que ſes ouvrages auroient été admirés de tous les ſiécles. Il étoit magnifique dans ſa dépenſe & dans ſes habits.

Il y avoit entre Lucas & Albert un commerce d'amitié très-ſincere, & une émulation ſans jalouſie : enſorte que quand Albert mettoit au jour quelque planche, Lucas en produiſoit une autre ; & pendant qu'ils en laiſſoient le jugement au public, ils ſe donnoient des louanges l'un à l'autre. Cette amitié s'augmenta beaucoup dans leur entrevûe, lorſqu'Albert fit un voïage en Hollande.

Quelque tems après Lucas en fit un pour viſiter les Peintres de Zelande & de Brabant : mais outre qu'il y dépenſa beaucoup pour ſatisfaire ſa génerosité, il lui en coûta la vie ; car on prétend que dans un repas qu'on lui donna à Fleſſingue, il fut empoiſonné par la jalouſie de quelqu'un de ſa profeſſion. Etant de retour chez lui, il paſſa ſix années dans une vie languiſſante, & preſque toujours couché. Ce qui lui faiſoit plus de peine en cet état d'infirmité, c'étoit de ne pouvoir travailler à ſon aiſe :

mais il avoit tant d'amour pour ſon Art, que malgré ſon indiſpoſition, il ne pouvoit s'empêcher de travailler ſur ſon lit; & ſur ce qu'on lui repréſentoit que cette application avanceroit ſa mort : *Hé bien*, dit-il, *je veux que mon lit me ſoit un lit d'honneur.* Il mourut à l'âge de trente-neuf ans, en 1533. Il n'eſt pas hors de la vraiſemblance que le véritable poiſon dont il eſt mort ne ſoit la trop grande application qu'il avoit au travail dans un âge trop tendre, où la nature auroit formé de meilleurs principes de ſanté, ſi elle n'en avoit point été détournée.

QUINTIN MESSIS,

dit

LE MARECHAL D'ANVERS,

APrès avoir exercé près de vingt ans le métier de Maréchal, tomba malade d'une langueur qui ne lui permettoit pas de travailler aſſez pour gagner ſa vie : il ſe retira chez ſa mere pour y trouver ſa ſubſiſtance : mais elle étoit ſi vieille & ſi pauvre qu'elle avoit beaucoup de peine elle-même à s'entretenir. Dans ces tems-là un de ſes amis l'étant allé voir, lui montra par hazard une Image qu'un Religieux lui venoit de donner : il se sentit à la vûe de cette Estampe violemment poussé à la copier ; ce qu'aïant fait avec quelque succès, l'envie de se faire Peintre lui vint dans la pensée. Il suivit cette inclination, & se trouvant dans la Peinture comme dans son élement, il guérit de sa langueur. L'amour qu'il eut pour la fille d'un Peintre, qui étoit fort belle, & qui étoit en même tems aimée d'un Peintre plus habile que lui, fut un puissant aiguillon pour le faire étudier, & pour lui faire rechercher avec soin tout ce qui pouvoit contribuer à le rendre habile, & à supplanter son Rival.

D'autres content cette histoire autrement. & veulent que l'amour lui ait ôté le marteau de la main pour y mettre le pinceau, c'est l'opinion la plus commune : c'est ainsi que son Epitaphe le dit, & l'on voit quelques Epigrammes sur ce pied-là. On trouve beaucoup de ses Tableaux à Anvers, & entr'autres une descente de Croix dans l'Eglise de Notre-Dame. Il ne faisoit ordinairement que des demi-Figures & des Portraits. Ainsi ses Ouvrages aïant été faciles à transporter, se sont dispersés de tous côtés dans les Cabinets de l'Europe. Sa maniere, qui n'avoit rien de celle des autres Peintres, étoit fort finie, & forte de couleurs. Il vêquit fort long-tems, & il mourut l'an 1529.

JEAN DE CALCAR, OU CALKER,

NAtif de la Ville de Calcar dans le Duché de Cleves, a été un excellent homme : mais une mort prématurée ne lui a pas donné le tems de se montrer au monde. En 1536. il entra chez le Titien, où il fit un si grand progrès, que beaucoup de Tableaux & de desseins, à la plume de la main de ce Disciple, passent pour être de Titien même : en quoi beaucoup d'habiles Connoisseurs sont tous les jours trompés. De Venise il alla à Rome, où après s'être rendu la maniere de Raphaël très-familiere, il passa à Naples, & y mourut en 1546. C'est lui qui a dessiné les Figures anatomiques du Livre de Vésal, & les Portraits des Peintres qui sont à la tête des vies que Vasari en a écrites. Cela seul suffiroit pour faire son éloge. Il a fait un Tableau entr'autres d'une Nativité accompagnée d'Anges, où la lumiere vient du petit Christ : cet Ouvrage est admirable ;

Rubens qui en étoit possesseur, l'a voulu garder jusqu'à la mort, & à son inventaire Sandrart l'acheta, & le revendit à l'Empereur Ferdinand, qui en faisoit beaucoup d'estime.

PIERRE KOUC

EToit d'Alost, & Disciple de Bernard Van Orlay, qui l'avoit été de Raphaël. Il alla à Rome où la disposition qu'il avoit à profiter des bonnes choses lui fit prendre un très-bon Goût, & lui acquit par l'exercice une grande correction dans le dessein. Etant de retour en son païs, il se chargea de la conduite de quelques Tapisseries qu'on faisoit sur les desseins de Raphaël : & se voyant sans enfans, & veuf après deux ans de mariage, il se laissa aller à la persuasion de quelques Marchands de Bruxelles, qui l'engagerent au voyage de Constantinople : mais ne trouvant rien à faire dans ce païs-là que des desseins de Tapis, à cause que la Religion du païs ne permet pas de représenter des Figures, il s'occupa à dessiner en son particulier des Vues des environs de Constantinople, & les façons de vivre des Turcs, dont il nous a laissé les Estampes en bois, qui seules peuvent faire juger de ſon mérite. Dans cet Ouvrage il a fait ſon Portrait ſous la figure d'un Turc qui eſt debout, & qui montre au doigt un autre Turc qui tient une pique. Après ſon voyage de Conſtantinople il alla s'établir à Anvers, il y fit beaucoup de Tableaux pour l'Empereur Charles-Quint; & ſur la fin de ſa vie il écrivit de la Sculpture, de la Géometrie, & de la Perſpective, & traduiſit en Flamand Vitruve & Serlio; car il étoit bon Architecte. Il mourut en 1550.

ALBERT ALDEGRAF,

DE la Ville de Souſt en Weſtphalie, où il a peint dans l'Egliſe de ce lieu-là pluſieurs choſes, & entr'autres une Nativité digne d'admiration. Il a fait peu de choſes ailleurs, s'étant occupé beaucoup plus à graver, ainſi qu'on le peut voir par le grand nombre de ſes Eſtampes, par leſquelles on peut juger qu'il étoit correct dans ſon deſſein, gracieux dans ſes expreſſions, & né pour être un grand Peintre, s'il eût vû l'Italie.

JEAN DE MABUSE

NAtif d'un Village de Hongrie appellé Mabuse, étoit contemporain de Lucas de Leyde. Après avoir beaucoup travaillé dans sa jeunesse, & voyagé en Italie & ailleurs, il vint en Flandre, où il fit connoître le premier la maniere de composer les Histoires, & d'y faire entrer du nud, ce qui ne s'y étoit point pratiqué jusqu'alors. On voit de ses Ouvrages en plusieurs lieux des Païs-bas, & en Angleterre. Il fut fort sage & fort studieux dans sa jeunesse, mais dans la suite il s'adonna au vin.

Il a été assez long-tems au service du Marquis de Vérens, qui étant averti que l'Empereur Charles-Quint devoit loger chez lui, voulut pour le recevoir, que tous ses domestiques fussent habillés de Damas blanc, & Mabuse comme les autres. Mabuse, au lieu de laisser prendre sa mesure pour lui faire une espece de robe, avec laquelle il devoit figurer selon le projet qu'on en avoit fait, voulut qu'on lui donnât l'étoffe, sous prétexte d'imaginer quelque bizare ajustement : mais c'étoit en effet pour la vendre, & pour en porter l'argent au cabaret, comme il fit ; car sachant que l'Empereur ne devoit arriver que le ſoir, il crut qu'il lui ſeroit facile de ſe tirer d'affaire. Comme le jour de l'arrivée de l'Empereur approchoit, Mabuſe au lieu d'étoffe, colla du papier blanc enſemble, y peignit un Damas à grandes fleurs, fit lui-même ſa robe, & parut dans le Cortége. On le plaça entre un Poëte & un Muſicien, qui étoient pareillement Domeſtiques du Marquis.

L'Empereur trouva ce Cortége ſi galant, quoiqu'il ne l'eût vû qu'aux flambeaux, qu'il voulut le lendemain matin le voir paſſer encore une fois avec plus d'attention, il ſe mit pour cela à une fenêtre, & le Marquis auprès de lui; & quand Mabuſe paſſa au milieu de ſes deux camarades, l'Empereur remarqua l'étoffe du Peintre, & dit qu'il n'avoit jamais vû de ſi beau Damas. Le Marquis le fit venir, & la fourberie que l'on reconnut fit extrêmement rire l'Empereur; cependant le Marquis fort en colere de ce que Mabuſe avoit donné lieu au monde de croire que pour faire honneur à l'Empereur il faiſoit habiller ſes gens de papier, le fit mettre en priſon, où il demeura aſſez long-tems: il ne laiſſa pas de travailler dans la priſon, & d'y faire quantité de beaux deſſeins. Il mourut en 1562.

JEAN SCHOREL

ETtoit d'un Village auprès d'Alcmar en Hollande appellé Schorel ; il a été disciple de Mabuse, & a travaillé aussi quelque tems chez Albert Dure. Après avoir fait quelques tours en Allemagne, il rencontra un Religieux fort curieux de Peinture qui s'en alloit à Jerusalem, & qui lui donna envie de faire aussi ce voyage. Il dessina dans Jerusalem & sur les bords du Jourdain, comme dans les autres lieux qui avoient été sanctifiés par la présence de JESUS-CHRIST, tout ce que la pieté & la curiosité peuvent suggerer. Il s'est utilement servi de ces desseins dans les Tableaux qu'il a faits depuis. A son retour il alla à Venise où il travailla quelque tems, & de-là à Rome, où il dessina d'après Raphaël & Michelange, & d'après les Sculptures antiques & les ruines des anciens édifices. Le Pape Adrien VI. qui monta pour lors sur la Chaire de S. Pierre lui donna l'intendance des Ouvrages du bâtiment de Belvédere : mais après la mort d'Adrien, qui ne tint le Pontificat qu'un an & huit mois, il s'en retourna dans les Païs-bas. Il s'arrêta à Utrecht où il a beaucoup travaillé.

Dans ce voyage il passa par la France, où l'amour de la vie tranquille lui fit refuser l'offre que le Roi François I. lui fit de le prendre à son service. Il étoit doué de plusieurs vertus & de plusieurs sciences : il étoit Musicien, Poëte & Orateur : il savoit le Latin, le François, l'Italien & l'Allemand. La douceur de sa conversation jointe à tant de bonnes qualités, le faisoit aimer de tous ceux qui le connoissoient. Il mourut en 1562. âgé de soixante-sept ans. Deux ans avant son décès, Antoine More son disciple fit son Portrait.

LAMBERT LOMBARD

DE Liege, rechercha avec grand soin tout ce qu'il crut pouvoir l'avancer dans sa profession, il étudia fort d'après les Antiques, & fut le premier qui apporta en son païs une méthode éloignée du Gout Gottique & Barbare qui y régnoit. Il forma chez lui une espece d'Académie, où il eut pour disciples entr'autres Hubert Goltius, Franc Flore, & Guillaume Caye. On voit quelques Estampes d'après ses Ouvrages qui font juger de son Goût ; Sandrart prétend avec quelques autres que Suavius & Lombard ne sont qu'une même personne ; il dit que Lombard dans sa jeunesse s'appelloit Lambert Suterman, qui en Allemand signifie doux, & qu'il a voulu exprimer dans la suite ce surnom par le mot Latin *Suavius*, & que sur ce principe il a marqué ses Estampes de cette sorte, *L. Suavius inventor* : Il ajoute que Van-Mander s'est trompé en faisant deux hommes de Lombard & de Suavius ; les Curieux peuvent en cela exercer leur critique par la comparaison des Estampes, marquées de ces deux noms, que Sandrart attribue à un même homme en differens tems. Dominique Lampson Secretaire de l'Evêque de Liége assez connu par son érudition, a écrit la vie de Lombard qui étoit son intime ami.

Le même Lampson a fait des Vers à la louange de Lucas Gassel, très-bon Païsagiste de ce tems-là, mais paresseux, qui a vécu & est mort à Bruxelles.

JEAN HOLBEIN

EToit fils de Jean Holbein, Peintre assez habile, qui quitta Augsbourg lieu de sa naissance & où il avoit travaillé long-tems, pour s'aller établir à Basle : c'est dans cette derniere Ville que naquit notre Holbein en 1498. Il apprit de ſon pere, avec une extrême avidité, ce qui regardoit la Peinture: mais l'élévation de ſon génie le mit bientôt au-deſſus de ſon Maître, & lui fit faire dans la ſuite des Ouvrages d'une grande force & d'un grand caractere. Il a fait à Baſle, dans la Maiſon de Ville un Tableau de huit compartimens, où ſont autant de ſujets de la Paſſion de Notre-Seigneur; & dans le marché au Poiſſon, il a peint une Danſe de Païſans, & les Danſes de la mort; ces deux Ouvrages ont été gravés en bois.

Eraſme dont il avoit fait le Portrait pluſieurs fois, & qui étoit de ſes amis, jugeant bien que le païs des Suiſſes n'étoit pas propre à faire juſtice au talent de Holbein, lui propoſa de paſſer en Angleterre, promettant de lui préparer les voies pour être bien reçû du Roi, par le moyen de Thomas Morus. Holbein s'y réſolut d'autant plus volontiers qu'il avoit une femme dont la mauvaiſe humeur troubloit tout le repos de ſa vie. Il fit en Angleterre, un très-grand nombre de Portraits admirables, entr'autres celui du Roi Henri VIII. & de ſes enfans, Marie, Edouard, & Elizabeth; Il y a peint des Tableaux d'hiſtoires en divers lieux; il y en a deux ſur-tout qui ſont d'une grande compoſition, l'un eſt le triomphe des Richeſſes, & l'autre l'état de la

Pauvreté. Frederic Zuccre que le Roi d'Angletere avoit fait venir d'Italie, fut extrémement ſurpris en voyant les Ouvrages de Holbein, & dit qu'ils n'étoient inferieurs ni à Raphaël, ni au Titien. Holbein peignoit également bien en toute ſorte de maniere, à freſque, à guazzo, à huile & en miniature; il deſſinoit au craïon & à la plume, avec une merveilleuſe facilité, & la quantité de ſes deſſeins eſt innombrable.

Il lui arriva en Angleterre une affaire, qui ſans la protection du Roi l'auroit fait périr. Sur le bruit de la réputation d'Holbein, un Comte de la premiere qualité alla pour le voir : mais comme il étoit occupé à peindre quelque figure d'après le naturel, il le fit prier de remettre à un autre jour l'honneur qu'il lui vouloit faire. Le Comte traitant la choſe de hauteur voulut entrer, força la porte & monta bruſquement l'eſcalier, au haut duquel il trouva Holbein, qui fort en colere le pouſſa rudement, le culbuta du haut en bas, & le bleſſa extrémement. La vûe de ce ſpectacle attira beaucoup de monde, & les Gens de la ſuite du Comte étant en fureur voulurent venger l'affront que leur Maître venoit de recevoir : mais Holbein après avoir barricadé ſa porte eut le tems de ſe ſauver par deſſus la couverture de la maiſon, & d'aller prévenir le Roi, ſur ce qui lui étoit arrivé. Sa Majeſté lui promit ſa protection ; le Comte arriva quelque tems de là pour ſe montrer tout meurtri de ſes bleſſures : mais le Roi lui défendit de rien attenter contre Holbein. Ce Peintre mourut de peſte à Londres en 1554. âgé de cinquante ſix ans. Il eſt étonnant qu'un homme né en Suiſſe, & qui n'avoit jamais vû l'Italie, ait eu un auſſi bon goût & un auſſi beau génie pour la Peinture. Il eſt à remarquer que Holbein peignoit de la main gauche, comme faiſoit Turpilius cet ancien Peintre Romain.

Sandrart raconte que Rubens étant un jour venu voir Hontorſt à Utrecht, & pourſuivant ſon chemin à Amſterdam, il fut accompagné de pluſieurs Peintres, entre leſquels étoit Sandrart. Comme on parloit en chemin des Ouvrages des habiles gens, & que l'on tomba ſur Holbein, Rubens en fit l'éloge & conſeilla de bien regarder la Danſe des Morts de ce Peintre, diſant qu'il y avoit beaucoup à profiter auſſi-bien que dans les Eſtampes en bois de Stimmer ; & que lui Rubens en avoit deſſiné beaucoup de choſes dans ſa jeuneſſe. Il eut un très-bon diſciple en la perſonne de Chriſtophle Amberger d'Augſbourg, qui a fait quantité d'Ouvrages à freſque dans l'Allemagne.

TOBIE STIMMER

De Schaffouse a été un fort bon Peintre; il en a donné des preuves dans les Ouvrages à fresque qu'il a faits sur les façades de quelques maisons qu'il a peintes à Francfort, & dans sa patrie, aussi bien que par plusieurs Tableaux qu'il a faits à Strasbourg, & pour le Marquis de Bade. Entre un grand nombre d'Estampes en bois que l'on voit de lui, celles de la Bible, qui parurent en [illegible]86. ont un mérite particulier; & c'est d'elles que Rubens disoit un jour à Sandrart, qu'il avoit beaucoup profité. Sandrart appelle lui-même ce livre un trésor de science pour la Peinture. Bernard Jobius Imprimeur à Strasbourg a mis au jour beaucoup de ses Estampes. Stimmer est mort jeune; il avoit deux freres, dont l'aîné peignoit sur le verre, & le plus jeune gravoit en bois merveilleusement bien; je n'en ai que cette notion generale.

JEAN CORNEILLE VERMEYEN

Né dans un Village près d'Harlem, étoit attaché auprès de l'Empereur Charles-

Charles-Quint & le suivit dans plusieurs voïages, & entr'autres dans celui de Tunis, dont il a peint l'expédition en plusieurs sujets qui ont étéexécutés en Tapisseries magnifiques que Philippe II. laissa en Portugal & qui s'y voient encore aujourd'hui. Il a beaucoup travaillé à Arras dans le Monastere de saint Gervais, à Bruxelles & dans plusieurs autres Villes des Païs-bas. L'Empereur Charles-Quint, prenoit plaisir à le voir: car outre qu'il étoit beau & bien-fait, il avoit une barbe si longue, qu'encore qu'il fût debout elle traînoit jusqu'à terre; ce qui le fit appeller Jean le Barbu. Il mourut à Bruxelles en 1559. âgé de cinquante-neuf ans; sa sépulture est à saint Georges, où il a fait lui-même son Epitaphe.

ANTOINE MORE

NAtif d'Utrecht, disciple de Jean Schorel, a été un grand imitateur de la nature & d'une maniere forte, vraie & résolue. Il a fait dans les Cours d'Espagne, de Portugal & de l'Empereur Charles V. quantité de Portraits qu'on lui païoit extrêmement cher, outre les présens qu'on lui faisoit; de sorte qu'il devint fort riche. Il a aussi voïagé en Italie. Quoique son principal emploi fût de faire des Portraits; il ne laissoit pas de faire quelquefois des Tableaux d'histoire par intervalle. Il y en a un dans le Cabinet de M. le Prince de Condé, où est représenté Notre-Seigneur ressuscité, entre S. Pierre & S. Paul. Le marchand qui vendit le Tableau à ce Prince, avoit beaucoup gagné cette année-là à le montrer dans la Foire S. Germain. C'est un morceau d'une grande force & d'une grande verité. Antoine More mourut à Anvers âgé de cinquante-six ans.

PIERRE BRUGLE,

appellé

LE VIEUX BRUGLE,

APris son nom du Village de sa naissance appellé Brugle, auprès de Breda. Il étoit fils d'un Païsan & disciple de Pierre Kouc, dont il épousa la fille. Il travailla ensuite chez Jerôme Kouc, dans la maniere duquel il a fait beaucoup de choses; il passa en France & de-là en Italie, qu'il a toute parcourue.

Quoiqu'il ait traité toutes sortes de sujets, ceux néanmoins qui lui plaisoient davantage étoient des Jeux, des Danses, des Nôces, ou d'autres Assemblées de Païsans, parmi lesquels il se mêloit souvent pour remarquer plus précisement leurs actions, & ce qui se passoit parmi eux dans ces rencontres; aussi, personne n'a rien fait de mieux en ce genre-là. Il a étudié le Païsage dans les montagnes du Frioul; il étoit fort studieux & fort particulier, n'occupant son esprit que de ce qui pouvoit contribuer à l'avancer dans sa profession, où il s'est rendu très-célebre: il y a beaucoup de ses Tableaux dans le Cabinet de l'Empereur, & le reste de ses ouvrages est dispersé en plusieurs autres lieux, principalement dans les Païs-bas. On voit qu'il s'est fait agréger dans l'Académie des Peintres d'Anvers en 1551.

FRANC FLORE.

Fils d'un bon Sculpteur d'Anvers, s'est exercé dans la profession de son pere jusqu'à l'âge de vingt ans qu'il alla à Liege pour étudier la Peinture sous Lambert Lombard. Delà il alla en Italie, où il s'appliqua extrêmement à dessiner ce qu'il trouvoit à son goût, & surtout les ouvrages de Michelange. Etant de retour en son païs, il y acquit une grande réputation & beaucoup de bien, par la bonté & par le grand nombre de ses ouvrages; mais quoiqu'il eût un fort bon esprit & qu'il fût agréable dans la conversation, il se laissa tellement aller à l'amour du vin, qu'il se rendit insuportable à ses amis même. Cependant il n'aimoit pas moins le travail que le vin. Il peignoit tous les jours sept heures avec attache & avec plaisir, & trouvoit ensuite assez de tems pour voir ses amis. Il ne jouoit que par contrainte, & il avoit coutume de dire, Le travail est ma vie, & le jeu est ma mort. On l'appelloit dans son tems, le Raphaël de la Flandre. Il mourut en 1570. âgé de cinquante ans.

CHRISTOPHLE SCHOUARTS

NAtif d'Ingolstad, fut Peintre du Duc de Baviere. Il a fait quantité d'ouvrages à Munik, tant à fresque qu'à huile; Sandrart en parle très-avantageusement, & comme du plus habile de son tems, surtout à fresque. Il mourut en 1594.

GUILLAUME KAY

De Breda avoit étudié à Liege avec Franc Flore, ſous Lambert Lombard. Sandrart après l'avoir loué comme un habile Peintre, en fait l'éloge comme d'un très-honnête homme : il demeuroit à Anvers où il vivoit d'une maniere magnifique en toutes choſes ; il a fait un grand nombre de Portraits peu inferieurs à ceux d'Antoine More.

Un jour qu'il faiſoit le Portrait du Duc d'Albe, & qu'il avoit feint qu'il n'entendoit pas l'Eſpagnol, un Officier de la Juſtice criminelle vint demander à ce Duc ſes ordres touchant le Comte d'Egmont, à quoi il répondit qu'on l'exécutât ſans perdre de tems. Cet ordre fit tant d'impreſſion ſur l'eſprit du Peintre, qui aimoit la Nobleſſe de ſon païs, qu'étant retourné chez lui, il tomba malade, & en mourut en 1568.

HUBERT GOLTIUS

Natif de Venlo, & élevé à Wirtbourg où étoient ſes Parens, a été diſciple de Lambert Lombard. Il a eu un génie particulier pour l'antiquité, & c'est lui qui a mis au jour de si gros & de si beaux Volumes de l'Histoire des Médailles. Il a fait peu de choses de Peinture. Il a été marié deux fois, & la mauvaise humeur de sa seconde femme le fit mourir de chagrin.

PIERRE & FRANCOIS POURBUS

PEre & Fils : le premier natif de Goude & celui-ci de Bruges, chacun a laissé dans les Eglises du lieu de sa naissance de grands Tableaux, qui sont encore aujourd'hui des marques de leur capacité. François après avoir été disciple de son pere le fut aussi de Franc Flore, qu'il surpassa, quant à l'intelligence des couleurs. François a été plus habile que son pere, & c'est de lui dont on voit dans l'Hôtel de Ville de Paris de fort beaux Portraits. Le pere mourut en 1583. & le fils en 1622.

DITERIC BARENT

D'Amsterdam, fils d'un assez mauvais Peintre, mais disciple cheri du Titien, chez lequel il demeura assez long-tems, & de qui il fit le Portrait qui se voit encore à Amsterdam, chez Pierre Isaac Peintre. Il avoit beaucoup d'esprit, de politesse & d'érudition. Depuis son retour il fixa sa demeure à Amsterdam, où il a fait de belles choses, & y mourut en 1582. âgé de quarante-huit ans.

JEAN BOL

DE Malines, né en 1534. a été un fort habile homme, il a presque toûjours travaillé en petit, tant à huile qu'en miniature, & à détrempe. Il a été emploïé deux ans pour l'Electeur Palatin à Heydelberg, de là à Mons ; & enfin à Amsterdam, où il est mort en 1593. âgé de cinquante-neuf ans. Goltius a gravé l'Epitaphe de Bol, où il a fait entrer le Portrait de ce Peintre, Jacques & Roland Saveri ont été ses disciples.

MARTIN HEMSKERC

FIls d'un Païsan du Village d'Hemskerc dans la Hollande, parut si grossier & si lourd au Maître chez qui on le mit à Harlem, qu'il le renvoya chez ſon pere Hemſkerc. A quelque tems de-là, ſollicité par ſon genie, il entra chez un autre Maître où il profita beaucoup par ſon application. (C'étoit en effet un fruit de l'arriere-ſaiſon.) Il ſe mit enſuite ſous la diſcipline de Schorel, dont il avoit oüi parler; ſon génie s'y dévelopa peu à peu; & il devint un Peintre corect, facile & abondant en inventions. Il alla à Rome où il ne fut que trois ans contre le deſſein qu'il avoit formé d'y reſter beaucoup plus long-tems, s'il n'en avoit point été empêché par quelque accident, qui le contraignit de partir. Il retourna dans les Païs-bas, & s'arrêta à Harlem, où il a demeuré le reſte de ſa vie; la plûpart de ſes ouvrages ſe voient en Eſtampes; & Vaſari qui les rapporte preſque toutes en détail, en parle avec éloge: & dit, que Michelange en voulut colorier une qu'il trouva à ſon goût. Il paroît néanmoins par ces Eſtampes, que Hemſkerc n'avoit aucune intelligence du Clair-obſcur, & que ſa maniere de deſſiner eſt ſéche. Il mourut en 1574. âgé de ſoixante-ſeize ans.

CHARLES VER-MANDER

EToit né Gentilhomme dans une Terre noble de Flandres appellée Meulebrac, dont son pere étoit Seigneur. Ce pere le fit élever avec soin ; & comme son fils fit voir un grand penchant pour la Peinture, il le mit sous la discipline de Lucas de Heer, Peintre fort celebre en ce tems-là ; & puis ensuite chez Pierre Udalric, où il fit plusieurs Tableaux de l'Histoire sainte. Il s'exerçoit en même tems à composer des Comedies ; car la poësie étoit encore un de ses talens. A vingt-six ans il alla à Rome, où après avoir travaillé trois ans, il passa en Allemagne, & fit à Vienne plusieurs Arcs de Triomphe pour l'entrée de l'Empereur Rodolphe ; ensuite de quoi il retourna à Meulebrac sa patrie.

Les Guerres de la religion qui s'augmenterent, le contraignirent de se retirer dans Courtrai, où il a peint des Tableaux d'Eglise, & sur-tout à sainte Catherine.

Comme il s'en retournoit à sa Terre de Meulebrac, il fut volé & dépouillé tout nud. Se voyant réduit à cette extrêmité, il s'embarqua sur un vaisseau qui le mena à Harlem, où il se rétablit dans l'abondance, & s'occupa à la Peinture & à la Poësie. Il y fit entr'autres choses l'Histoire de la Passion, qu'un nommé de Geyen a gravée. Il établit dans la même Ville d'Harlem, avec Goltius & les Corneilles, une Académie pour y dessiner d'après nature, & pour y exercer les jeunes Peintres. Ses ouvrages en Prose & en Poësie sont en si grand nombre, qu'il seroit trop long de les rapporter ici. Outre un Traité de Peinture, il a mis au jour la Vie des Peintres Flamans. L'ignorance d'un Medecin le tua en 1607. à l'âge de cinquante-huit ans. Il fut enterré à Amsterdam dans la vieille Eglise.

Il eut un fils aussi appellé Charles, qui hérita de son pere l'esprit, l'humeur, & la science. Le Roi de Danemarc l'attira à Coppenhague, où il a toûjours demeuré en réputation d'habile homme.

MARTIN DE VOS

D'Anvers, a voyagé par toute l'Italie. Il étoit correct dans son dessein, & facile dans ses inventions : mais l'on ne trouve rien de bien piquant dans ses ouvrages ; ils sont néanmoins en grand nombre, & la plûpart ont été gravés, & se voient en Estampes. C'est d'après ses desseins que les Sadelers ont gravé les hermites. Il a fait aussi les desseins de la Vie de J. C. que Vierx a gravés pour les Evangiles de Natalis. Il étoit fort gros, & après avoir vécu fort vieil, il mourut en 1604.

JEAN STRADAN

NE' à Bruges en 1527. de la célebre famille des Stradans, laquelle après la mort de Charles de Goude treiziéme Comte de Flandre, qu'elle fit assassiner comme Tyran, dans l'Eglise de saint Donaes de Bruges, fut presque tout-à-fait éteinte, ou du moins dispersée de côté d'autre. Le Peintre dont nous parlons alla en Italie, & s'arrêta à Florence, où il fit quantité d'ouvrages à fresque & à huile pour le grand Duc. Vasari le fit travailler aux Peintures qui ont été faites dans la Chambre de ce Prince. Il dessinoit fort bien les Chevaux, & son génie le portoit à peindre des Chasses. Il mourut en 1604. âgé de soixante quatorze ans. Tempeste a été son disciple.

BARTHELEMI SPRANGER

NE' en 1546. fils d'un Marchand d'Anvers, apprit les principes de son Art de plusieurs maîtres, & s'en alla à Rome, où il fut domestique du Cardinal Farnese. Ce Cardinal l'ayant pris en sa protection, le donna à Pie V. qui l'emploïa à Belvedere, où Spranger fit un Tableau du Jugement dernier en trente-huit mois, & ce Tableau est encore aujourd'hui au dessus du Tombeau de ce même Pape. Pendant qu'il y travailloit, Vasari dit à sa Sainteté, que ce que Spranger faisoit étoit autant de tems perdu, soit que l'envie le fît parler, ou que la maniere de Spranger lui déplût, ce qui est plus vraisemblable; car il est étonnant que Spranger, qui a formé sa maniere en Italie, l'ait faite si contraire aux belles choses qu'il avoit devant les yeux, & se soit laissé emporter au feu d'une imagination si peu reglée: ce que je dis, sans vouloir diminuer l'esprit de ses ouvrages & le merite qui s'y trouve d'ailleurs; car ils plûrent à bien des gens, & sur-tout au Pape, qui lui donna ordre de les continuer, avec cette condition néanmoins, que Spranger, avant que de commencer les Tableaux qu'il auroit entrepris pour sa sainteté, en feroit voir les desseins, pour y corriger ce qu'on trouveroit à propos, ce qui donna lieu à Spranger de finir ses pensées, qu'il n'avoit jusques-là qu'esquissées très-legerement, selon la vivacité de son imagination. Surquoi l'on peut faire cette reflexion ; que ce n'est pas le goût du dessein qui a plû au Pape, & à ceux des Romains, qui donnoient leur approbation aux Tableaux de Spranger, & qu'il faut par consequent qu'il y ait quelque partie dans la maniere de ce Peintre, laquelle étant inconnue à Vasari, n'a pas laissé de faire son effet sur les yeux non prevenus & de soûtenir l'ouvrage de ce Peintre.

Spranger, après avoir fait quantité de Tableaux en divers lieux de Rome, fut choisi par Jean de Bologne, Sculpteur du Duc de Florence, pour être envoyé à l'Empereur Maximilien II. qui lui avoit demandé un habile Peintre. Spranger fit pour cet Empereur, & pour Rodolphe qui lui succeda une grande quantité d'ouvrages à Vienne & à Prague.

L'amour de la Patrie lui fit faire un voïage dans les Villes des Païs bas, d'où il étoit absent depuis trente-sept ans ; & après y avoir été reçu avec de grands honneurs, il retourna à Prague, où il s'étoit établi. Il y mourut fort âgé.

HENRI GOLTIUS,

FIls de Jean Goltius, habile Peintre sur Verre, est né en 1558. dans un Village du Duché de Juliers, appellé Mulbrec. Il apprit à Harlem sa profession, & s'y maria. Il épousa une veuve qui avoit un fils appellé Mathan, à qui Goltius apprit à graver. Les chagrins que lui causerent quelques affaires domestiques le jetterent dans une phtysie & dans un crachement de sang, qui après lui avoir duré trois ans sans qu'il y trouvât de remede, le firent résoudre, comme par désespoir, d'aller en Italie. Ses amis, qui trouverent son dessein bizarre, n'oublierent rien pour l'en détourner, & lui faire voir le danger où il exposoit une vie aussi attaquée qu'étoit la sienne. Il leur répondit, qu'il aimoit mieux mourir en apprenant quelque chose, qne de vivre dans la langueur où il étoit dans son païs. Il passa par les principales Villes d'Allemagne, il y visitoit les Peintres & les Curieux ; & n'y voulant pas être connu, de son Valet il fit son Maître, au service duquel il feignoit d'être attaché en qualité de Peintre. Il eut par ce moyen le plaisir d'entendre ce que les uns & les autres disoient de ses ouvrages ſans le connoître. Ce déguiſement, l'exercice du voïage, & l'air different des païs par où il paſſoit, changerent tellement la ſituation de ſon eſprit, & la diſpoſition de ſon corps, qu'il ſe trouva délivré de tous ſes maux, & qu'il reprit ſa premiere ſanté.

Il deſſina une infinité de choſes dans Rome & dans Naples, tant d'après l'Antique, que d'après Raphaël, Polidore, & les autres bons Maîtres. Il y fit peu d'ouvrages de Peinture; & ſon mal l'y ayant repris, il en guérit par l'uſage du lait que les Médecins lui ordonnerent. Ils lui conſeillerent auſſi de retourner à ſon air natal. Il revint donc à Harlem, où il grava pluſieurs choſes en divers manieres, & enfin s'en étant fait une particuliere, il mit au jour quantité de belles Eſtampes d'après les deſſeins qu'il avoit apportés d'Italie.

On peut juger par les Eſtampes qui ſont de ſon invention, que ſon goût de deſſein n'étoit pas bien naturel, & que ſa maniere avoit quelque choſe de ſauvage : mais qu'il conduiſoit ſon Burin avec une fermeté & une legereté incomparable. Il eſt mort à Harlem en 1617. âgé de cinquante-neuf ans.

JEAN DAC

APpellé ainsi, à cause que son pere étoit d'Aix la Chapelle; car pour lui, il étoit né à Cologne en 1556. Après avoir été quelque tems sous la discipline de Spranger, il alla étudier sa profession dans les principales Villes d'Italie ; de-là il repassa en Allemagne, où l'Empereur Rodolphe le prit en affection & le renvoya à Rome pour y dessiner les Antiques. Il ne faut pas s'étonner des soins où descendoit ce Prince, pour avancer les ouvriers, en qui il voïoit du génie ; car il aimoit passionnément les beaux Arts, & s'y connoissoit très-bien. Jean Dac, à son retour fit beaucoup d'ouvrages pour l'Empereur, qui sont très-dignes de louange, & qui le firent passer pour le plus habile de son tems. Sa prudence le mit en grande consideration auprès de ce Prince : mais il ne se servit de son credit que pour obliger plusieurs personnes de mérite. Il mourut à la Cour Imperiale, comblé d'honneurs & de biens.

JOSEPP HAINS

DE Berne, étoit entretenu par l'Empereur Rodolphe en même tems que Jean Dac, Spranger, Hufnagle, Brugle, Roland Savary, Jean & Gilles Sadeler, & quelques autres. Il fut envoïé en Italie par l'Empereur, non ſeulement pour y deſſiner les plus belles ſtatues, mais auſſi les plus beaux Tableaux, & la réuſſite de ſon voyage lui attira une ſinguliere protection de ce Prince. Il a fait beaucoup d'ouvrages pour l'Empereur, qui ont été la plûpart gravés par les Sadelers, par Lucas Kilian, & par Iſaac Mayer de Francfort, il eſt mort à Prague fort regretté des honnêtes gens, parce qu'il étoit lui-même fort honnête homme; il en a eu un fils qui étoit auſſi Peintre.

MATHIEU & PAUL BRIL *freres*

D'Anvers ont été bons Païſagiſtes, & bons Topographes. Mathieu étoit déja établi dans les ouvrages du Vatican, lorſque Paul ſon frere l'y alla trouver: ils y ont beaucoup travaillé à freſque. Mathieu mourut en 1584. & Paul son puîné, qui a vécu soixante-douze ans, & qui n'est mort qu'en 1622. a fait quantité de Tableaux. Ils sont aujourd'hui dispersés dans les Cabinets des curieux, & sont en grande estime.

CORNEILLE CORNEILLE

D'Harlem fils de Pierre Corneille, habile Peintre, est né en 1562. & bien qu'il n'ait jamais été en Italie, il a néanmoins fait de fort belles choses & de bons disciples; il établit avec Charles Van-Mandre, une Académie de Peinture à Harlem environ l'an 1595.

ADAM VAN ORT

D'Anvers, fils de Lambert Van Ort dont il avoit aussi été disciple, peignoit en grand, & étoit en réputation de son tems: les emplois continuels qu'on lui donna, l'empêcherent de sortir de son païs. Il fut le premier maître de Rubens, & mourut à Anvers âgé de quatre-vingt-quatre ans en 1641.

OTHO VENIUS

HOllandois, d'une famille considerable de la Ville de Leyde, né en 1556. fut élevé par ses parens dans les belles Lettres. Il apprit en même tems à dessiner d'Isaac Nicolas. Il n'avoit que quinze ans lorsque les guerres civiles l'obligerent de quitter son païs; & s'étant retiré à Liege, il y acheva ses études, & y donna des marques de la beauté de son esprit. Il y fut particulierement connu du Cardinal Groosbek, qui lui donna des Lettres de recommandation pour aller à Rome, où il fut reçû dans la maison du Cardinal Maducio. Son génie actif le fit appliquer en même tems à la Philosophie, à la Poësie, aux Mathématiques & à la Peinture. Il fit un grand progrès dans le dessein sous la discipline de Frederic Zuccre, & d'après les bonnes choses, à quoi il joignit une belle intelligence du Clair-obscur. De sorte qu'il passa en Italie pour un homme des plus universels & des plus ingénieux de son tems. Venius demeura sept ans à Rome, pendant lesquels il fit plusieurs beaux ouvrages de son Pinceau; & étant passé de-là en Allemagne, il fut reçû au service de l'Empereur, & ensuite à celui du Duc de Baviere, & de l'Electeur de Cologne : mais tous les avantages qu'on lui proposa dans ces Cours étrangeres ne furent pas capables de l'y arrêter longtems; il vint offrir son service au Prince de Parme, qui gouvernoit alors les Païs-bas, & fit son Portrait armé de toutes pieces d'une maniere qui confirma l'estime qu'on avoit conçûe de son habileté. Après la mort du Prince de Parme, Venius se retira à Anvers, où il fit quantité d'excellens ouvrages de peinture, que l'on voit encore dans les principales Eglises. Quelque tems après, l'Archiduc Albert, qui avoit succedé au Prince de Parme, le fit aller à Bruxelles, & lui donna l'intendance des monnoïes. Parmi ces occupations embarrassantes, Venius ne laissa pas de travailler du Pinceau; il fit les Portraits de l'Archiduc & de l'Infante Isabelle, en grand, qui furent envoïés à Jacques Roi de la Grande Bretagne; & pour signaler son érudition aussi-bien que son pinceau, il mit en lumiere plusieurs ouvrages, qu'il a enrichis de figures de son dessein. Ceux qui sont venus à ma connoissance, & dans lesquels je trouve beaucoup d'Art & de grace, sont les emblêmes d'Horace, la vie de saint Thomas d'Aquin, & les emblêmes d'amour. Vénius dédia ceux de l'Amour profane à l'Infante Isabelle, qui l'obligea d'en faire de pareils ſur l'Amour divin. Le Roi Louis XIII. lui fit faire de belles offres pour l'attirer ; mais il ne pût jamais ſe résoudre à quitter ſon païs, ni le ſervice de ſon Prince. C'a été le premier qui depuis Polidore de Caravage, a réduit le Clair-obſcur en un principe que Rubens a perfectionné & répandu par tous les Païs-bas. Il mourut à Bruxelles en 1634. âgé de ſoixante-dix-huit ans. Il eut deux freres, Gilbert qui fut Graveur, & Pierre qui fut Peintre. Il a eu auſſi la gloire d'élever dans ſon Art, le célebre Rubens.

JEAN ROTENAMER

Est né à Munic en 1564. Il apprit de ſon pere les commencemens de la peinture; mais ce fut en Italie qu'il forma ſa maniere ſur les ouvrages du Tintoret, dont il fut diſciple. Il a peint à freſque & à huile ; il inventoit facilement & agréablement. Il a peint à freſque beaucoup de maiſons à Munic & à Augſbourg, qui ſont encore des marques de ſa capacité. Rotenamer gagnoit beaucoup par ſes ouvrages : mais comme il aimoit la dépenſe, il eſt mort pauvre.

PIERRE CORNEILLE DERYK

DE la Ville de Delft, a tellement imité la maniere du Bassan, qu'on y a souvent été trompé.

PIERRE-PAUL RUBENS

QU'on peut nommer en quelque maniere l'honneur de la peinture, étoit originaire d'Anvers, où son pere Jean Rubens, noble d'extraction exerçoit la charge de Conseiller dans le Senat, lorsque les guerres civiles l'obligerent d'abandonner sa patrie, & de se retirer à Cologne. Ce fut en cette derniere Ville, & en 1577. que naquit Pierre-Paul Rubens. Le soin que ses parens prirent de son éducation, & la vivacité de son esprit lui rendirent facile tout ce qu'on lui voulut faire apprendre; de sorte qu'on le regardoit comme un sujet digne de succeder à la charge de son pere. Mais il ne s'étoit encore déterminé à aucune profession, quand la mort de son pere & le ralentissement des armes fit retourner sa famille à Anvers. Il y continua ses études des belles Lettres; & par intervalle, il se divertissoit à dessiner, se sentant porté à cet exercice par la nature qui en avoit jetté de profondes racines dans ſon eſprit. En effet la violente inclination qu'il témoigna pour la Peinture, fit réſoudre ſa mere à lui permettre d'aller deſſiner chez Adam Van-Oort, qui étoit pour lors un Peintre de reputation: mais après y avoir été aſſez de tems pour ſentir ce que ſon génie demandoit de lui, il quitta ce Maître & s'attacha à Otho Venius. Celui-ci étoit non ſeulement un bon Peintre, mais un bel eſprit; qui ſavoit ſon Art par principes, & qui étoit ſavant dans les belles Lettres. Toutes ces qualités firent une ſi étroite liaiſon entre le maître & le diſciple, que Rubens qui d'abord n'avoit eu deſſein que de s'inſtruire de la peinture pour ſon plaiſir, s'y donna entierement, y étant porté d'ailleurs par les pertes que les guerres lui avoient cauſées.

La facilité qu'il avoit d'apprendre, & ſon aſſiduité dans le travail, l'aïant rendu en peu de tems égal à ſon maître, il crût qu'il ne lui reſtoit plus que de voïager pour profiter des belles choſes. Il alla d'abord à Veniſe, où il ſe fit dans l'Ecole du Titien des Principes ſolides pour le Coloris.

Ce fut en cette Ville, qu'aïant fait amitié avec un Gentilhomme du Duc de Mantoue, celui-ci lui propoſa de la part de ſon maître d'entrer au ſervice de ce Prince en la même qualité de Gentilhomme. Les peintures excellentes qui sont à Mantoue, desquelles Rubens avoit ouï parler, furent le seul motif qui l'engagea d'accepter ce parti. Il s'y attira une consideration particuliere du Duc; & après y avoir étudié soigneusement les ouvrages de Jules Romain, il passa à Rome, où il s'appliqua fortement aux recherches que demandoit son Art. Il mettoit à profit les choses qui étoient de son goût; tantôt en les copiant, & tantôt en faisant des réflexions, qu'il mettoit par écrit, & qu'il accompagnoit ordinairement d'un dessein leger à la plume, portant toujours sur lui un caïer de papier à cette intention. Il eut occasion pendant cet exercice de faire des Tableaux d'Autel dans l'Eglise de sainte Croix, & dans l'Eglise neuve des Peres de l'Oratoire.

Il y avoit sept ans qu'il continuoit en Italie les études de sa profession, quand il apprit que sa mere étoit dangereusement malade. Cette nouvelle le contraignit de retourner à Anvers; & quoiqu'il eût pris la poste, il trouva sa mere morte en arrivant, cela l'obligea de songer au mariage. Il épousa Catherine de Brentes, avec laquelle il vécut quatre années. Il l'aimoit extrêmement; & pour apporter quelque remede à l'affliction que sa mort lui causa, il quitta Anvers pour

pour quelque tems, fit un voïage en Hollande; & passant par Utrecht, visita Huntorst, qu'il estimoit beaucoup. Sandrart, qui demeuroit chez ce Peintre comme son disciple, accompagna Rubens dans toutes les Villes de Hollande; & dit que dans le chemin, Rubens (en parlant des ouvrages de Peinture, qu'il avoit vûs dans son voïage) estimoit sur-tout la maniere de peindre de Huntorst, & les compositions de Blomart; & que les petits Tableaux de Corneille Polembourg lui plaisoient si fort, qu'il pria ce Peintre de lui en faire quelques-uns. Rubens épousa en secondes nôces Helene Forman, qui étoit une Helene en beauté, & qui lui fut d'un grand secours dans les figures de femmes qu'il avoit à peindre.

La réputation de Rubens s'étant étendue par toute l'Europe, il n'y eut pas un Peintre qui ne voulût avoir un morceau de sa main: & comme il étoit extrêmement sollicité de toutes parts, il fit faire sur ses desseins coloriés, & par d'habiles disciples, un grand nombre de Tableaux, qu'il retouchoit ensuite avec des yeux frais, avec une intelligence vive, & avec une promptitude de main qui y répandoit entierement son esprit, ce qui lui acquit beaucoup de biens en peu de tems: mais la difference de ces ſortes de Tableaux, qui paſſoient pour être de lui, d'avec ceux qui étoient véritablement de ſa main, fit du tort à ſa réputation; car ils étoient la plûpart mal deſſinés, & legerement peints.

La Reine Marie de Médicis aïant ſouhaité que Rubens peignît les deux Galeries de ſon Palais de Luxembourg, il vint à Paris pour voir les lieux, & pour en faire ſes deſſeins. L'une de ces Galeries étoit deſtinée pour l'Hiſtoire de la vie de cette Reine, & l'autre pour la vie du Roi Henri IV. Rubens commença par l'Hiſtoire de la Reine, & l'acheva: mais la mort du Roi, qui arriva incontinent après, ne lui permit pas d'achever l'Hiſtoire de ce Prince, de laquelle il avoit commencé beaucoup de Tableaux. La Reine, qui aimoit la peinture, & qui deſſinoit fort proprement, voulut que Rubens fît deux Tableaux de ſon Hiſtoire en ſa préſence, pour avoir le plaiſir de le voir peindre.

Dans le tems que Rubens étoit à Paris, le Duc de Buquingam eut occaſion de faire connoiſſance avec lui. Il goûta ſon eſprit, & lui aïant trouvé beaucoup de pénetration & de ſolidité, il en parla à l'Infante Iſabelle, qui le fit nommer Ambaſſadeur par ſon Neveu Philippe IV. pour aller en Angleterre traiter la Paix, qu'il conclut enſuite entre Philippe IV. Roi d'Eſpagne, & Charles premier Roi de la Grande Bretagne. Charles, en reconnoiſſance de cet heureux ſuccès, lui fit preſent en plein Parlement d'une Epée & d'un Cordon, l'une & l'autre enrichis de diamans, de la valeur de douze mille écus. Et étant allé en Eſpagne rendre compte à Philippe IV. de la Commiſſion, il y reçût auſſi des préſens conſiderables. Il y fit les Portraits de la Maiſon Roïale, & en copia pour lui-même quelques-uns du Titien.

Pendant le ſéjour que Rubens fit en Eſpagne, dom Jean Duc de Bragance, (qui fut enſuite Roi de Portugal) lequel aimoit la Peinture, & aïant oui parler de Rubens, écrivit à quelques Seigneurs de ſes amis qui étoient à la Cour de Madrid, pour les prier de faire enſorte que Rubens l'allât voir à Villa-Vizoſa, qui étoit le lieu de ſa réſidence. Rubens entreprit ce voïage avec plaiſir; mais comme les amis de ce Duc lui avoient donné avis que Rubens étoit parti avec un train magnifique; cela l'épouvanta tellement, qu'il envoïa un Gentilhomme à ſa rencontre, pour lui dire que le Duc ſon Maître, aïant été contraint de partir pour une affaire importante, le prioit de n'aller pas plus avant, & d'accepter un préſent de cinquante Piſtoles, pour le dédommager de la dépense qu'il avoit faite sur le chemin. Rubens réfusa les cinquante Pistoles, & répondit qu'il n'avoit pas besoin de ce petit secours, & qu'il en avoit apporté deux mille pour dépenser à la Cour de ce Duc en quinze jours de tems qu'il avoit résolu d'y demeurer.

Rubens étant de retour en Flandres, y exerça la charge de Secretaire d'Etat, dont le Roi d'Espagne l'avoit pourvû; mais il ne quitta point pour cela la Peinture; la vaste étendue de son esprit suffisoit à l'une & à l'autre. Enfin, comblé d'honneurs & de biens, il mourut à Anvers d'une goute remontée en 1640. âgé de 63. ans. Il a laissé deux fils de sa seconde femme, & il obtint pour l'aîné la charge de Secretaire d'Etat en survivance.

Il étoit d'un naturel doux & bien faisant, d'un génie de feu, & d'un esprit élevé, qu'il avoit cultivé par beaucoup de connoissances. Ses manieres polies, & ses mœurs reglées lui attiterent l'estime & l'amitié des personnes de consideration. Il savoit six Langues, & se servoit de la Latine pour écrire aux Savans, & pour faire ses observations sur la Peinture.

Jamais Peintre n'a fait, ni un si grand nombre, ni de si grands Ouvrages que Rubens; les Palais des Princes, & les Eglises de Flandres en rendent de bons témoignages. Il eſt difficile de dire où ſont ſes plus beaux Tableaux : toute l'Europe conſerve des gages de ſa capacité : il ſemble néanmoins que les Villes d'Anvers & de Paris ſoient les dépoſitaires de ſes Peintures les plus précieuſes : les habiles Connoiſſeurs, & les ſavans Peintres qui les examineront avec ſoin, n'auront pas de peine à ſe perſuader que Rubens a porté non-ſeulement la Peinture dans un haut degré, mais qu'il a ouvert un chemin qui conduit facilement à la perfection de cet Art.

Il a eu quantité de bons diſciples : comme, David Teniers, Vandeik, Jordans, Juſte, Soutmans, Diepembeck, Van-Tulden, Van-Mol, Van-Houk, Eraſme Quillinius, & pluſieurs autres : mais entre tous ceux qui ont été ſous ſa diſcipline, celui qui lui a fait le plus d'honneur, & qui s'eſt le plus diſtingué, a été Vandeik.

Rubens s'étoit propoſé au commencement de ſuivre la maniere de peindre de Michelange de Caravage; mais la trouvant trop remplie de travail, il s'en fit une plus expéditive & plus conforme à ſon génie.

Un Peintre Chimiſte nommé Brendel, l'étant venu voir, lui demanda s'il vouloit s'aſſocier avec lui pour le grand Oeuvre; qu'il avoit peu de choſe à faire pour y arriver, & qu'il l'assuroit par-là d'une fortune considerable. Rubens lui répondit qu'il étoit venu trop tard de vingt ans, aïant trouvé lui-même la Pierre Philosophale par le moïen de ses pinceaux & de ses couleurs.

Un habile Peintre d'Anvers, mais paresseux & débauché, appellé Janson se plaignant de la fortune, & jaloux de celle de Rubens, le défia, & lui proposa de faire chacun un Tableau en concurrence, dont certains Connoisseurs seroient les Juges. Rubens, sans accepter le défi, se contenta de lui répondre, qu'il lui cedoit volontiers, qu'il n'avoit qu'à continuer à bien faire, que pour lui il continueroit aussi de son côté à faire du mieux qu'il pourroit, & que le Public leur rendroit justice.

REFLEXIONS

Sur les Ouvrages de Rubens.

IL est aisé de voir par les ouvrages de Rubens, que ce Peintre avoit un génie du premier ordre : & comme il l'avoit cultivé par une érudition profonde dans toute sorte de litterature, par une recherche très-exacte des choses qui regardent sa profession, & par un travail très-assidu, ses inventions ſont ingénieuſes, & accompagnées de toutes les circonſtances, qui peuvent dignement remplir un ſujet : il en a peint de toutes ſortes, & pluſieurs fois les mêmes, mais très-differemment. Aucun Peintre n'a traité ſi doctement, ni ſi clairement que Rubens les ſujets Allegoriques : & comme l'Allegorie eſt une eſpece de langage, que par conſéquent l'uſage doit l'autoriſer, & qu'elle doit auſſi être entendue de pluſieurs : il y a introduit ſeulement les ſymboles que les Médailles & les autres monumens de l'Antiquité ont rendus familiers, du moins entre les Savans.

Si ce Peintre a ſû inventer d'une maniere ingénieuſe les objets qu'il faiſoit entrer dans ſes compoſitions, il avoit encore l'art de les diſpoſer ſi avantageuſement, que non-ſeulement chaque objet en particulier fait plaiſir à voir, mais qu'il contribue encore à l'effet du tout enſemble.

Quoique Rubens ait paſſé ſept années en Italie, qu'il ait fait un Recueil conſiderable de Médailles, de Statues, & de Pierres gravées ; qu'il ait examiné, connu & loué la beauté de l'Antique, comme on le peut voir dans un manuſcrit de ce Peintre, dont l'Original eſt entre mes mains, ſa premiere éducation, & le naturel de ſon païs dont il se servoit, l'ont fait tomber malgré lui dans un caractere Flamand, & lui ont quelquefois fait faire un mauvais choix, qui donne atteinte à la régularité de son dessein. Mais si l'on blâme, comme il est juste, cette foiblesse par tout où elle se rencontre, aussi-bien que certains emmenchemens outrés, il est juste aussi que les personnes éclairées reconnoissent, que bien-loin d'avoir ignoré la partie du dessein, il a fait paroître dans le géneral de ses ouvrages, qu'il y avoit beaucoup de pénétration. L'on voit dans la Ville de Gand un Tableau de sa main, représentant la chûte des Damnés, où il y a près de deux cens figures, dessinées d'un bon goût, & d'une grande correction. Cela fait voir que les fautes où Rubens est tombé contre le dessein, ne viennent que de la rapidité de ses productions.

Nous avons à Paris quantité de Tableaux de Rubens, & sur-tout dans la Galerie du Palais de Luxembourg. J'y renvois les Juges desinteressés, & l'on y trouvera du moins dans les Divinités & dans les Figures principales dequoi se satisfaire en cette matiere.

Il a exprimé ses sujets avec beaucoup d'énergie & de netteté, il y a fait entrer beaucoup de grandeur & de noblesse. Ses expressions particulieres sont justes au sujet ; il n'y en a point qui n'interessent le spectateur, & l'on en trouvera beaucoup qui vont même jusqu'au sublime.

Ses attitudes sont simples, naturelles, sans froideur, contrastées & animées sans exagération, & variées avec prudence.

Les ajustemens de ses figures sont de bon goût, & ses draperies jettées avec art : elles sont diversifiées & convenables, selon le sexe, l'âge & la dignité des personnes : les plis en sont grands, bien placés, & marquent le nud sans affectation.

Ses païsages sont faits avec la même intelligence que ses figures ; & quand il a voulu représenter des Sites naturellement ingrats & insipides, comme sont ceux de Flandre, il les a rendus piquants par l'artifice du Clair-obscur, & par les accidens qu'il y a introduits ; la forme des arbres n'y est pas fort élegante, elle suit celle de son païs, & les touches n'en sont pas si précieuses que celles du Titien.

Son Architecture est pesante & tient du Gottique : il a souvent pris des licences ; mais elles sont judicieuses, avantageuses & imperceptibles.

Tout ce qui dépend du Coloris est admirable dans Rubens : il a porté la science du Clair-obscur plus loin qu'aucun Peintre,

& il en a fait sentir la nécessité.

Il a réduit en précepte par ses exemples le moïen de plaire aux yeux. Il rassembloit ingénieusement ses objets à la maniere d'une grappe de Raisin, dont les grains éclairés ne font tous ensemble qu'une masse de lumiere, & dont ceux qui sont dans l'ombre ne font qu'une masse d'obscurité : ensorte que tous ces grains ne faisant qu'un seul objet, sont embrassés par les yeux sans distraction, & peuvent être en même tems distingués sans confusion. C'est cet assemblage d'objets & de lumiere qu'on appelle groupe ; & quelque grand que fut le nombre de figures qui entroient dans la composition de son Tableau, on n'y voïoit jamais plus de trois groupes, afin que la vûe ne fût point dissipée par une multiplicité d'objets détachés & sensibles : mais il a toujours eu dans cet artifice l'industrie de le cacher, & il n'y a que ceux qui sont instruits de ses principes qui puissent s'en appercevoir.

Ses carnations sont très-fraîches, chacune dans son caractere : ses teintes sont justes & emploïées d'une main libre sans les trop agiter par le mélange, de peur que venant à se corrompte, elles ne perdent trop de leur éclat, & de la verité qu'elles font d'abord paroître dans les premiers jours de l'ouvrage. Rubens obſervoit d'autant plus cette maxime, que la plûpart de ſes ouvrages étant grands & par conſéquent vûs d'une diſtance un peu éloignée, il vouloit y conſerver le caractere des objets & la fraîcheur des carnations.

C'eſt dans cette vûe que non-ſeulement il a menagé la fleur & la virginité de ſes teintes, mais qu'il s'eſt ſervi des couleurs les plus vives pour en tirer l'effet de ſon intention ; il y a réuſſi, & c'eſt le ſeul qui ait ſû joindre à cet éclat un grand caractere de verité, & conſerver parmi tant de brillant une harmonie, & une force ſurprenante. Ainſi l'on peut regarder ce ſuprême degré, où Rubens a monté ſes couleurs, comme un des plus eſtimables talens de ce Peintre.

Il étoit univerſel, & faiſoit également bien l'Hiſtoire, les Portraits, le Païſage & les Animaux, & tout ce qui peut entrer dans la compoſition d'un Tableau.

Son labeur eſt leger, ſon Pinceau moéleux, & ſes Tableaux finis ſans être, comme on dit, aſſommés de travail. Comme il avoit pluſieurs diſciples qui executoient ſes deſſeins, on lui attribue ſouvent pluſieurs choſes qu'il n'a jamais faites : mais les ouvrages que Rubens a peints lui-même ont un caractere qui laiſſe peu de choſe à ſouhaiter. L'heureuſe facilité dans l'exécution,

& l'effet merveilleux qu'on y remarque ne viennent pas tant de ſon expérience conſommée, que de la certitude de ſes principes.

ADAM ELSEIMER

NE' à Francfort en 1574. étoit fils d'un Tailleur d'habits, & diſciple de Philippe Uffembac, homme d'eſprit, & qui ſe mêlant de beaucoup de choſes avoit une grande théorie, mais peu de pratique dans ſon art. Adam s'étant fortifié dans ſa profeſſion par l'exercice & par les leçons de ſon Maître, s'en alla à Rome, où il a paſſé le reſte de ſa vie. Il étoit fort ſtudieux, & quoiqu'il ait peint en très-petit à huile, il a extrêmement fini toutes choſes, avec une bonne intelligence du coloris, & une compoſition ingénieuſe. Le Comte Gaude, d'Utrecht, a gravé d'après lui ſept pieces d'une grande politeſſe & d'une grande force. On voit encore pluſieurs Eſtampes gravées d'après ſes Ouvrages, en partie par lui-même, à l'eau-forte, & en partie par Magdeléne du Pas, & par d'autres.

Il avoit une ſi grande mémoire, qu'il lui ſuffiſoit de voir quelque choſe ſans la deſſiner pour la retenir parfaitement & la peindre à quelques jours de-là avec fidelité. Quoiqu'il fût en grande réputation dans Rome, & qu'il vendît cher ses Tableaux, le soin avec lequel il les finissoit, ne lui permettoit pas d'en faire assez pour fournir à la dépense de sa maison ; le chagrin qu'il en avoit retenoit encore sa main, & le réduisit à ne vivre quasi plus que d'emprunt. De sorte que ne pouvant satisfaire aux dettes qu'il avoit contractées de toutes parts, il fut mis en prison où il tomba malade ; & quoiqu'on l'en eût fait sortir, sa maladie continua, & ne pouvant survivre à sa disgrace, il mourut de douleur regretté des Italiens-mêmes qui l'avoient en une estime particuliere. En effet, il avoit une si grande intelligence de sa profession, que ses études & son exactitude dans le travail ont rendu ses Ouvrages de la derniere curiosité. Il a eu un disciple nommé Jacques Erneste Thoman de Landau, qui a fait des Tableaux fort approchans de ceux d'Adam, & qu'on prendroit même pour être de ce Maître.

ABRAHAM BLOMART

NÉ à Gorcum en 1567. suivit son pere à Utrecht, où il fut élevé, & où il a toujours demeuré. Son pere étoit Architecte, & ses Maîtres ont été plusieurs Peintres mediocres, que le hazard lui avoit donnés; aussi compta-t-il pour perdu tout le tems qu'il avoit passé chez eux. Il se forma une maniere sur la nature même & sur le mouvement de son génie; il étoit facile, abondant, gracieux & universel: il entendoit bien le Clair-obscur, & faisoit ses draperies de grands plis, qui faisoient un bon effet; mais son goût de dessein tenoit de son païs. On voit quantité d'estampes faites d'après lui, par de fort bons Graveurs. Il est mort en 1647. âgé de quatre-vingts ans. Il a eu trois fils, dont Corneille Blomart, cet excellent Graveur étoit le plus jeune.

HENRI STENVIK.

STenvik étoit le lieu de sa naissance. Il étoit disciple de Jean Vriés, son inclination l'a porté à faire en petit des Perspectives des dedans d'Eglises, & il a fait en ce genre-là tout ce que l'on peut faire. Les guerres de Flandres le contraignirent de sortir de son païs pour aller à Francfort, où après avoir exercé long-tems sa profession, il y mourut en 1603. Il a laissé un fils qui a suivi le même genre de Peinture, & qui a beaucoup travaillé en Angleterre pour le Roi Charles, où il vivoit honorablement. Après sa mort sa Veuve alla s'établir à Amsterdam, où elle gagnoit sa vie à peindre aussi des perspectives.

ABRAHAM JANSON

D'Anvers, étoit né avec un génie merveilleux pour la Peinture, & dans sa jeunesse, il a fait des choses qui le mettoient bien au-dessus de tous les jeunes Peintres de son tems: mais l'amour s'empara tellement de son cœur, qu'il sacrifia sa profession à l'assiduité qu'il rendoit à une jeune fille d'Anvers, & l'ayant épousée; il ne songea plus qu'à dépenser le bien qu'il avoit, aux divertissemens & à la bonne chere. Cette vie épuisa bientôt ce qu'il avoit de bien; & au lieu de s'en prendre à sa paresse, il s'irrita contre le peu de justice que l'on rendoit, lui sembloit-il, à son merite. Et jaloux de celui de Rubens, il défia ce Peintre, & lui proposa certaines personnes pour juger de leurs Ouvrages quand ils seroient faits. Mais Rubens lui répondit sans accepter le défi, qu'il lui cédoit volontiers, & que le Public leur rendroit justice. On peut voir des ouvrages de

Janson dans quelques Eglises d'Anvers : il y a entr'autres une descente de Croix qu'il a faite pour la grande Eglise de Bosleduc, que l'on prenoit pour être de Rubens, & qui dans la verité n'est pas inferieure aux ouvrages de ce grand Peintre.

GERARD SEGRE

D'Anvers, alla à Rome, & après y avoir étudié quelque tems les principes de son art, il se jetta entierement dans la maniere de Manfrede : il l'a suivie très-long-tems & a dans la suite encheri, pour ainsi dire, sur la force & sur l'union des couleurs de ce Peintre, comme on le peut voir par les ouvrages qu'il a faits à Anvers : mais la maniere de Rubens, & celle de Vandyk s'étant emparées de l'approbation universelle ; Segre fut contraint de changer la sienne pour vendre ses Tableaux, en quoi il réussit fort bien, ayant l'esprit bon & flexible ; & étant d'ailleurs solidement fondé dans les regles de son art. Il est mort à Anvers en 1651. & a laissé un fils qui a suivi la même profession.

MICHEL JANSON MIREVELT

NE' à Delft, en 1568. d'un pere Orfevre, étoit disciple d'Antoine de Monfort de Blocland, & apprit la Peinture avec beaucoup de facilité. Quoiqu'il ait fait plusieurs Tableaux d'histoires avec grand succès, les occasions le porterent peu-à-peu à se déterminer aux portraits qu'il faisoit très-bien & très-facilement; la grande réputation qu'il s'y étoit acquise, lui en fit faire une prodigieuse quantité, & lui fit gagner beaucoup de bien; car il les avoit fixés à 150. florins chacun. Guillaume Jacques Delft en a gravé d'après lui un fort grand nombre & d'une grande beauté.

CORNEILLE SCHUT

D'Anvers avoit apporté en naissant une vive imagination & un grand talent pour la Peinture, comme on le voit par ses ouvrages qu'il assaisonnoit d'idées Poëtiques. Il étoit peu employé; & comme il en attribuoit la cause à la réputation de Rubens, il s'emporta contre ce Peintre & le traita d'avare: mais Rubens ne s'en vengea qu'en lui procurant de l'ouvrage.

GERARD HOMTORST

D'Utrecht, né en 1592. passoit pour un des premiers Peintres de son tems. Il a été discipIe de Blomart. Il alla ensuite à Rome, où après ses études de dessein, il s'exerça à faire des sujets de nuit avec tant d'application & de succès que personne jusqu'ici ne les a mieux représentés. Etant de retour à Utrecht, il fit plusieurs Tableaux d'histoires. Il étoit si reglé dans ses mœurs, & si honnête dans ses manieres, qu'il s'étoit attiré la plûpart des enfans de qualité d'Anvers, qui alloient apprendre à dessiner chez lui. Il montra aussi à dessiner & à peindre aux enfans de la Reine de Bohéme, Sœur de Charles Roi d'Angleterre, c'est-à-dire à deux fils; savoir, le Prince Palatin & le Prince Robert, & à quatre filles; entre lesquelles la Princesse Sophie, & l'Abbesse de Maubuisson se distinguerent par l'habileté de leur pinceau.

Le Roi d'Angleterre Charles premier attira Homtorst à Londres, où ce Peintre fit de grands ouvrages pour cette Majesté. Etant de retour en Hollande, il peignit dans les maisons de plaisance du Prince d'Orange quantité de grands sujets Poëtiques, tant à fresque qu'à huile, & entr'autres dans le Palais appellé la maison du Bois, à demi-lieue de la Haye.

ANTOINE VANDEIK.

NE' à Anvers en 1599. a eu le plus heureux Pinceau qui ait paru jusqu'ici, si l'on en excepte celui du Correge, qui seul peut lui disputer. Vandeik a été premierement disciple de Jean Bale, puis de Rubens, qu'il aida dans ses ouvrages les plus considerables : il alla en Italie, & fut peu de tems à Rome : il s'arrêta davantage à Venise, où il écrêma, pour ainsi dire, le Titien & toute son Ecole, pour fortifier sa maniere. Il en donna des preuves dans la Ville de Gennes où il fit quantité de beaux Portraits, & où ses ouvrages triomphérent d'une cabale de jaloux qui s'étoient élevés contre lui. A son retour en Flandres, il fit plusieurs Tableaux d'histoire qui rendirent son nom célebre de toutes parts : mais comme il prévit qu'il seroit beaucoup plus emploïé dans les Cours des Princes, à faire des Portraits, & que ce genre de Peinture étoit plus propre à lui établir une grosse fortune, il voulut aussi se faire connoître par ce talent dont la nature l'avoit particulierement favorisé. C'est dans cette vûe qu'il fit les Portraits des plus célebres Peintres de son tems, & qu'il les travailla avec beaucoup de soin. Le Cardinal de Richelieu le voulut attirer en France : mais n'étant pas content de la réception qu'on lui fit, il passa en Angleterre, où le Roi Charles le demandoit, & il en fut reçû avec caresses. Les occasions continuelles d'y peindre les Personnes de la Maison Roïale & les Seigneurs de la Cour, ne lui donnerent pas le tems de s'occuper beaucoup à faire des Tableaux d'histoires. Il y fit une très-grande quantité de Portraits, qu'il travailla avec beaucoup de soin dans les commencemens : mais qu'il peignit sur la fin avec beaucoup de promptitude, les faisant fort legers d'ouvrages. Quelqu'un de ses amis lui en demandant la raison : il répondit, qu'après avoir travaillé longtems pour sa réputation, il étoit raisonnable de travailler aussi pour sa cuisine. Ce fut ainsi qu'il amassa beaucoup de bien, & qu'aïant épousé une femme de grande qualité, il soutint dans sa maison une dépense magnifique. Il est mort à Londres en 164[illegible] âgé de 42. ans. Il est assez vraisemblable que cette mort prématurée vint d'un épuisement d'esprit que lui avoit causé l'activité dont il a travaillé à la prodigieuse quantité d'ouvrages qui ſont ſortis de ſes mains. Hanneman & Remy, ont été ſes meilleurs diſciples.

REFLEXIONS

Sur les Ouvrages du Vandeik.

IL n'y a point de Peintre qui ait tant profité des enſeignemens de ſon Maître que Vandeik a fait de ceux de Rubens; mais quoique cet illuſtre diſciple ſoit venu au monde avec un beau génie, qu'il ait eu un jugement ſolide; que par une imagination très-vive il ait compris facilement, & qu'il ait pratiqué de bonne heure tous les principes de Rubens, il n'avoit pas néanmoins l'eſprit d'une ſi grande étendue que ſon maître.

Ses compoſitions ſont bien remplies & conduites par les mêmes maximes que celles de Rubens; mais ſes inventions ne ſont pas ſi ſavantes, ni ſi ingénieuſes. Bien qu'il fut peu correct & peu fondé dans la partie du deſſein : il a fait pourtant des choſes en ce genre-là qui ſont dignes d'eſtime, lorſqu'il a voulu obſerver la nature avec la délicateſſe de ſon choix.

Il a fait les Portraits d'un genre ſublime; il les a diſpoſés d'une maniere qui leur donne une vie ſurprenante, & une grace infinie. Il les a toujours habillés ſelon la mode des tems. Il a tiré de cette mode tout ce qui pouvoit être avantageux à ſa peinture : & il a fait voir par-là, que quand le Peintre joint à l'art un beau génie, il ſe fait jour partout, & qu'il trouve les moïens de répandre des beautés ſur les choſes les plus ingrates.

Vandeik a deſſiné les têtes & les mains dans la derniere perfection : & il a donné à celles-ci une délicateſſe & une belle proportion dont il s'étoit fait une habitude. Il ſavoit choiſir les attitudes convenables aux perſonnes, & les momens les plus avantageux des viſages. Il en obſervoit tous les agrémens, il les conſervoit dans ſa mémoire, & il imitoit ainſi non-ſeulement ce qu'il voïoit dans ſon modelle ; mais ce qu'il croïoit poſſible & capable d'en ſoûtenir un bon caractere, ſans alterer la reſſemblance. De ſorte que parmi la verité des Portraits de Vandeik, on y voit un art que les Peintres qui l'ont précedé ont rarement mis en uſage. Il eſt ſi difficile de garder en cela une meſure bien juſte, qu'il faut avoir les yeux de Vandeik pour voir tout ce qu'il y a à voir ſur cette matiere, & pour ne point paſſer les bornes preſcrites par la nature. Je ne ſai pas même ſi Vandeik, tout

Vandeik qu'il étoit, n'a pas abusé de cet artifice sur la fin de sa vie : mais je sai bien qu'il s'en faut beaucoup que ses derniers Portraits soient de la bonté de ceux qu'il a peints dans ses commencemens.

Ce Peintre a eu l'esprit formé de très-bonne heure ; car ce qu'il a fait de plus fort & de plus recherché, a été peint dans sa jeunesse, & dans un tems où il a voulu établir sa réputation. C'est ce qu'il a fait par les Portraits des plus habiles Peintres de ses amis, & par ceux qu'il a peints à Gennes, & dans les premieres années de sa résidence en Angleterre. On en voit beaucoup des derniers qui sont legers d'ouvrage, foibles de couleur, & qui donnent, comme on dit, dans le plombé : son pinceau néanmoins est heureux par tout, il est leger, il est coulant, il est moéleux, & ne contribue pas peu à la vie, que Vandeik a sû donner à tout ce qu'il a peint : mais si les ouvrages que ce Peintre a produits ne sont pas tous dans le dernier degré de perfection, ils portent néanmoins tous avec eux un grand caractere d'esprit, de noblesse, de grace, & de verité. De sorte que l'on peut dire, qu'à la réserve du Titien, Vandeik a surpassé tous ceux qui, jusqu'ici, ont fait des Portraits, & que ses Tableaux d'histoire tiennent rang parmi ceux des

Peintres de la premiere classe dans l'estime des bons Connoisseurs.

ADRIEN BRAUR

D'Oudenarde, né en 1608. peignoit en petit. Il se plaisoit à représenter ce qui se passoit entre les Païsans de sa nation, & ses sujets étoient bas d'ordinaire : mais il y avoit dans ses ouvrages une si vive expression, & une si grande intelligence de couleurs, que ses Tableaux se païoient au poids de l'or. Cependant, comme il aimoit la débauche, & qu'il n'avoit aucun soin de sa personne, ni de son menage, il vivoit dans la derniere pauvreté, dont il se railloit lui-même, étant d'ailleurs d'une humeur enjouée. Mais son déreglement ne lui permit pas de faire paroître long-tems sa belle humeur ; car il mourut à trente-deux ans, n'aïant pas laissé de quoi l'ensevelir. On l'enterra d'abord dans un Cimetiere commun : mais l'estime de ses ouvrages augmentant tous les jours, les Curieux & les Magistrats d'Anvers voulurent conserver sa mémoire par une sépulture plus honorable. On déterra son corps, & on l'inhuma de nouveau avec un grand concours de monde dans l'Eglise des Carmes.

Le

Le Tombeau magnifique qu'on lui éleva est encore aujourd'hui une marque de la vénération que les Citoïens d'Anvers ont eue de tout tems pour le mérite.

CORNEILLE POLEMBOURG

D'Utrecht, né en 1586. a été disciple de Blomart. Il alla à Rome, & dessina quelque tems d'après Raphaël. Il s'attacha ensuite au païsage, se proposant Adam Elsheimer pour modele. Enfin, après avoir étudié la nature même, il se fit une maniere particuliere, qui est vraie & agréable, suivant en cela son génie, qui le porta toujours à travailler en petit. Il retourna en son païs, où il se mit fortement à travailler pour se faire connoître par ses ouvrages. Le Roi d'Angleterre qui en vit quelques-uns, l'attira par une pension annuelle. Il retourna à Utrecht, d'où ses Tableaux, faciles à transporter, à cause de leur petitesse, répandirent bientôt sa renommée dans les Païs-bas. Rubens fut si touché de sa maniere, en passant par Utrecht, qu'il lui commanda quelques Tableaux, que Sandrart eut soin de lui faire tenir. Mais aujourd'hui ses ouvrages sont connus & estimés par toute l'Europe. Il mourut en 1660. âgé de soixante-quatorze ans.

ROLAND SAVERY

FLamand, fils d'un Peintre médiocre, s'attacha d'abord à imiter d'après nature des Animaux de toutes les especes, & il s'y rendit si habile, que l'Empereur Rodolphe, qui avoit bon goût, le fit travailler quelque tems, & l'envoïa ensuite dans le Frioul pour étudier le païsage d'après le vrai, ce qu'il fit avec soin. Ses desseins sont ordinairement faits à la plume, accompagnés de lavis de couleurs differentes, & approchantes de la nature qu'il dessinoit. Toutes ses études étoient ramassées dans un grand Livre, qu'il consultoit au besoin; & ce Livre demeura entre les mains de l'Empereur. Gilles Sadeler, & Isaac son Disciple ont gravé plusieurs de ses païsages. Le plus beau de tous est celui où se trouve représenté saint Jerôme, gravé par Isaac. Il est mort à Utrecht fort vieux.

JEAN TORRENTIUS

D'Amsterdam, peignoit ordinairement en petit, & quoiqu'il ne soit jamais sorti de son païs, il a fait des choses d'une grande force, & d'une grande verité. Il aimoit à peindre des nudités dissolues, & ses amis le lui reprocherent plus d'une fois : mais au lieu de profiter de leurs avis, il eut le malheur, pour excuser son mauvais penchant, de tomber dans une horrible hérésie, qu'il répandit lui-même. Il en fut repris par la Justice ; & n'aïant point voulu confesser ce qu'on déposoit contre lui, il mourut dans les tourmens de la Question. Ses Tableaux lascifs furent publiquement brûlés par la main du Boureau en 1640.

FREDERIC BRENDEL

DE Strasbourg, peignoit à gomme avec beaucoup d'esprit & de facilité. Il a été maître de Guillaume Baur.

GUILLAUME BAUR

DE Strasbourg, disciple de Brendel, a été un Peintre d'un grand génie: mais la rapidité de son imagination l'a empêché de se purger du goût de son païs par l'étude des antiques & du beau naturel ; car le séjour qu'il fit à Rome lui servit plûtôt pour étudier le païsage & l'architecture, qu'il a faite d'un grand goût, que pour le nud; qu'il a très-mal dessiné. Il ne peignoit qu'en petit à gomme sur du velin, & assez legerement. Ses expressions generales & ses compositions sont d'une beauté qui va souvent jusqu'au sublime. La Vigne Madame est le naturel dont il s'est servi pour étudier les arbres, comme les Palais de Rome & des environs pour l'architecture. Il a gravé lui-même à l'eau-forte les Métamorphoses d'Ovide, qui sont de son invention, & qui font un Volume; & il a fait graver d'après ses desseins plusieurs sujets de l'Histoire Sainte, & autres par Melchior Kussel, qui font un autre Volume. On peut juger par ces deux Livres de l'étendue du génie de Guillaume Baur. Il mourut à Vienne peu de tems après son mariage, en 1640.

HENRI GAUD COMTE PALATIN

NE' à Utrecht d'une famille illustre, se porta de lui-même au dessein avec tant d'affection, qu'il n'y avoit point de jeunes Peintres de son tems qui dessinassent mieux que lui. Il alla à Rome du tems qu'Adam Elseimer y étoit, il fit avec lui grande amitié, & non ſeulement il acheta de ce Peintre ce qu'il trouva de fait de ſes ouvrages, & ce qu'il pût tirer de lui pendant ſon ſéjour à Rome: mais il le païa encore d'avance ſur ce qu'il devoit lui faire pendant quelques années. Henri étant de retour à Utrecht grava d'après les Tableaux d'Adam les ſept pieces, qui ſont admirées des curieux pour leur ſinguliere beauté. Une fille qui le vouloit épouſer lui donna en 1624. un Filtre, qui, au lieu de le rendre amoureux, lui fit perdre l'eſprit; enſorte qu'il étoit tout hébété quand on lui parloit d'autre choſe que de peinture, de laquelle il raiſonna toujours d'un très-bon ſens juſqu'à la mort.

DAVID TENIERS,

le Vieux,

D'Anvers, a été diſciple de Rubens dans ſon païs, & l'a été dans Rome d'Adam Elſeimer: de ſorte qu'étant de retour à Anvers, & voulant faire un mélange de Rubens & d'Adam, il ne s'occupa qu'à peindre des Tableaux de petites figures, qui lui ont donné beaucoup de réputation. Il mourut en 1649.

JEAN VAN-HOUC

D'Anvers, étoit un des bons disciples de Rubens. Il alla à Rome, où l'on admira l'intelligence qu'il avoit dans le coloris. En retournant dans son païs, il passa par Vienne, où l'Archiduc Leopold le retint, & le fit travailler jusqu'en 1650. qui est l'année où la mort surprit Van-Houc, étant encore jeune.

JACQUES FOUQUIER

FLamand, issu de bonne maison, disciple de Mompre, a été un des plus célebres & des plus savans païsagistes qui aient paru jusqu'ici. Ses Tableaux ne sont differens de ceux du Titien que par la diversité des païs qu'ils représentent; car pour les principes, ils sont les mêmes, & les couleurs également bonnes & bien entendues. Il a peint quelque tems pour Rubens, chez qui il apprit les principes les plus essentiels de son art; puis en Allemagne pour l'Electeur Palatin, & enfin en France, où après avoir travaillé longtems, & s'être bien fait païer de ses ouvrages, sa mauvaiſe conduite le fit mourir pauvre chez un Peintre appellé Silvain, qui demeuroit au Fauxbourg ſaint Jacques. Il a eu deux éleves, qui ſe ſont toûjours attachés à ſa maniere; Rendu & Bellin.

PIERRE DE LAER,

dit

BAMBOCHE,

D'Harlem, avoit un merveilleux génie pour la Peinture, quoiqu'il ne l'ait cultivée qu'à peindre en petit. Il étoit univerſel, & fort ſtudieux dans toutes les choſes qui regardoient ſa profeſſion. Il fit un grand ſéjour à Rome, où il s'attira l'amitié & l'eſtime des premiers Peintres. Sa maniere eſt fort ſuave & vraie. Le nom de Bambozo lui fut donné par les Italiens, à cauſe de ſa figure extraordinaire; il avoit les jambes fort longues, le corps fort court, & la tête enfoncée entre les épaules: mais cette difformité étoit bien réparée par la beauté de ſon eſprit, & par la bonté de ſes mœurs. Il mourut à Harlem âgé de ſoixante ans, s'étant laiſſé tomber dans un foſſé, où il ſe noya. Il ſemble que par ce genre de mort Dieu voulut tirer vengeance d'un crime dont Bamboche étoit coupable. Etant à Rome avec quatre autres Hollandois dans une maison qui étoit sur le bord du Tibre, ils furent tous cinq surpris plusieurs fois mangeans de la viande en Carême, sans aucune nécessité : un Ecclesiastique qui les avoit souvent avertis de ne le plus faire, les surprit encore une fois; & comme il vit que les voies de la douceur étoient inutiles, il les menaça un soir comme ils soupoient de les déferer à l'inquisition. La chose s'étant extrêmement aigrie, ces Protestans jetterent l'Ecclesiastique dans la Riviere. On a remarqué que ces cinq Hollandois ont tous peri par les eaux.

JEAN BOTH
& son Frere
HENRI

D'Utrecht, disciples de Blomart, l'un & l'autre fort studieux & fort attachés à leur profession. Etant à Rome, Henri s'adonna au païsage, & suivit la maniere de Claude le Lorrain; l'autre s'étudia à faire des Figures & des Animaux, & suivit la maniere de Bamboche, tous deux arriverent au but qu'ils s'étoient proposés; ils s'accorderent à travailler dans un même Tableau dont l'un faisoit le païsage & l'autre les figures, & les animaux; en sorte néanmoins que l'on auroit crû que tout l'ouvrage eût été peint de la même main. La grande facilité qu'ils s'étoient acquise dans le travail, & le prompt débit qu'ils avoient de leurs Tableaux, firent qu'ils continuerent à peindre de cette sorte, jusqu'au malheur qui arriva à Henri, lequel étant à Venise & se retirant chez lui la nuit, tomba dans un canal où il périt; il étoit complice du crime de Bamboche. Jean retourna a Utrecht où il continua de travailler avec réputation.

DANIEL SEGRE

D'Anvers, Jesuite, frere de Gerard Segre, s'adonna à peindre des Fleurs & s'y est mis en grand estime par la fraîcheur & la legereté dont il les faisoit, la disposition qu'il leur donnoit étoit ordinairement pour servir de bordure à quelque petit Tableau, dont il menageoit la place.

BALTAZAR GERBIER

D'Anvers, né en 1592. peignoit à Gomme en petit, & ses ouvrages plûrent tellement au Roi d'Angleterre Charles premier, que ce Prince l'attira à sa Cour. Le Duc de Bouquingam l'y ayant connu & lui ayant trouvé de la pénétration dans l'esprit, en parla sur ce pied au Roi, qui le fit Chevalier & l'envoïa à Bruxelles, où il a été long-tems en qualité d'Agent des affaires de sa Majesté Britannique.

HERMAN SUANEFELD

QU'on appelloit à Rome communément Hermite, non seulement parce qu'on le trouvoit toûjours seul dans les ruines des environs de Rome, à Tivoli, à Frescati & autres lieux; mais encore parce qu'il quittoit souvent la compagnie de ses camarades pour étudier le païsage d'après nature. Il s'est rendu habile en ce genre-là, sans négliger l'étude des figures qu'il dessinoit de fort bon goût.

GELDORP.

Etoit un Peintre dont il n'eſt ici parlé qu'à cauſe de l'induſtrie qu'il avoit pour gagner ſa vie. Comme il manioit paſſablement bien les couleurs, & qu'il avoit de la peine à deſſiner, il avoit fait faire par d'autres Peintres, pluſieurs têtes, pluſieurs pieds, & pluſieurs mains ſur du papier dont il avoit fait des Poncis pour lui ſervir dans ſes Tableaux, & vivoit ainſi aux dépens des ignorans.

OLIVIER

De Londres, peignoit à gomme toutes ſortes de ſujets : mais il s'eſt occupé davantage à faire des Portraits. Il en a fait quantité dans les Cours des Rois d'Angleterre Jacques & Charles, & perſonne n'a mieux fait que lui en ce genre-là. Il a eu un diſciple nommé Couper, qui paſſa au ſervice de la Reine Chriſtine de Suede.

Leli Anglois a fort bien fait les Portraits dans la maniere de Vandeik, tant pour les têtes que pour les habits & les ajuſtemens.

CORNEILLE VAN HEEM

D'Anvers, a peint dans un haut degré de perfection, les fruits, les fleurs, & autres choses inanimées.

ABRAHAM DIPEMBEC

DE Bosleduc, s'est fort occupé dans sa jeunesse à peindre sur le verre, & s'étant mis ensuite dans l'Ecole de Rubens, y devint un de ses meilleurs disciples. Il inventoit facilement & ingenieusement : les Estampes qu'on a gravées, d'après lui en sont de bons témoignages, & entr'autres celles qui sont dans le Livre intitulé le Temple des Muses, qui suffit seul pour faire l'éloge de ce Peintre.

DAVID TENIERS
le Jeune,

A Peint ordinairement en petit, il dessinoit bien, & sa maniere est ferme & d'un Pinceau leger, ç'a été un Prothée pour les copies, & il s'est transformé en autant de Tableaux qu'il en a voulu contrefaire ; en ſorte qu'on y eſt encore tous les jours trompé : c'eſt par ſes ſoins que la Gallerie de l'Archiduc Leopol a été gravée, aïant pour lors la direction des originaux.

RAMBRAN VAN REIN

LE ſurnom de Van Rein lui vient du lieu de ſa naiſſance qui eſt un Village ſitué ſur le bras du Rhin qui paſſe à Leyde ; il étoit fils d'un Meûnier, & diſciple d'un aſſez bon Peintre d'Amſterdam appellé Leſman : mais il ne devoit la connoiſſance qu'il a acquiſe dans ſa profeſſion qu'à la bonté de ſon eſprit & à ſes reflexions. Il ne faut néanmoins chercher dans ſes ouvrages, ni la correction du deſſein, ni le gout de l'antique. Il diſoit lui-même, que ſon but n'étoit que l'imitation de la nature vivante, ne faiſant conſiſter cette nature que dans les choſes créées, telles qu'elles ſe voient. Il avoit de vieilles armures, de vieux inſtrumens, de vieux ajuſtemens de tête, & quantité de vieilles étoffes ouvragées; & il diſoit que c'étoit-là ſes antiques. Il ne laiſſoit pas, malgré ſa maniere, d'être curieux de beaux deſſeins d'Italie, dont il avoit un grand nombre auſſi-bien que de belles Estampes, dont il n'avoit pas profité: tant il est vrai que l'éducation & l'habitude ont beaucoup de pouvoir sur nos esprits. Cependant il a fait quantité de Portraits, d'une force, d'une suavité & d'une verité surprenantes.

Sa gravure à l'eau forte tient beaucoup de sa maniere de peindre. Elle est expressive & spirituelle, principalement ses Portraits dont les touches sont si à propos, qu'elles expriment & la chair & la vie: le nombre des Estampes qui sont de sa main est d'environ deux cens quatre-vingt. On y voit son Portrait plusieurs fois, & l'on peut juger par l'année qui y est marquée qu'il est né avec le siécle; & de toutes ces dates que l'on voit sur ses Estampes, il n'y en a point au de-là de 1628. ni après 1659. Il y en a quatre ou cinq qui font voir qu'il étoit à Venise en 1635. & 1636. Il se maria en Hollande, & il a gravé le Portrait de sa femme avec le sien, il a retouché plusieurs de ses Estampes jusqu'à quatre & cinq fois pour en changer le clair-obscur, & pour chercher un bon effet. Il paroît que le papier blanc n'étoit pas toûjours de son goût pour les impressions: car il a fait tirer quantité de ses épreuves sur du papier de demi-teinte, principalement sur du papier de la Chine, qui est d'une teinte rousse & dont les épreuves sont recherchées des Curieux. Il y a dans sa gravûre une façon de faire qui n'a pas encore été connue que je sache; elle a quelque chose de la maniere noire, mais celle-ci n'est venue qu'après.

Il savoit fort bien qu'en Peinture on pouvoit, sans beaucoup de peine, tromper la vûe en representant des corps immobiles & inanimés; & non content de cet artifice assez commun, il chercha avec une extrême application celui d'imposer aux yeux par des figures vivantes. Il en fit entr'autres une épreuve par le portrait de sa servante qu'il exposa à sa fenêtre, dont toute l'ouverture étoit occupée par la toile du Tableau. Tous ceux qui le virent y furent trompés, jusqu'à ce que le Tableau ayant été exposé durant plusieurs jours, & l'attitude de sa servante étant toûjours la même, chacun vint enfin à s'appercevoir qu'il étoit trompé. Je conserve aujourd'hui cet ouvrage dans mon cabinet.

Quoique Rambrant eût un bon esprit, & qu'il eût gagné beaucoup de bien, son penchant le portoit à converser avec des gens de basse naissance. Quelques personnes qui s'interessoient à sa réputation, lui en voulurent parler: quand je veux délasser mon esprit, leur dit-il, ce n'est pas l'honneur que je cherche, c'est la liberté. Et comme on lui reprochoit un jour la singularité de sa maniere d'emploïer les couleurs qui rendoient ses Tableaux raboteux ; il répondit, qu'il étoit Peintre, & non pas Teinturier. Il mourut à Amsterdam l'an 1668.

REFLEXIONS

Sur les Ouvrages de Rambrant.

LEs talens de la nature tirent leur plus grand prix de la façon de les cultiver, & l'exemple de Rambrant est une preuve très-sensible du pouvoir que l'habitude & l'éducation ont sur la naissance des hommes. Ce Prince étoit né avec un beau génie & un esprit solide ; sa veine étoit fertile, ses pensées fines & singulieres, ses compositions expressives, & les mouvemens de son esprit fort vifs : mais parce qu'avec le lait il avoit sucé le goût de son païs, qu'il avoit été élevé dans une vûe continuelle d'un naturel pesant, & qu'il avoit connu trop tard une verité plus parfaite que celle qu'il avoit toûjours pratiquée, ses productions se tournerent du côté de son habitude, malgré les bonnes semences qui étoient dans son esprit ; ainsi on ne verra point dans Rambrant, ni le goût de Raphaël, ni celui de l'antique, ni pensées Poëtiques, ni élegance de dessein; on y trouvera seulement, tout ce que le naturel de son Païs, conçû par une vive imagination, est capable de produire. Il en a quelquefois relevé la bassesse par un bon mouvement de son génie: mais comme il n'avoit aucune pratique de sa belle proportion, il retomboit facilement dans le mauvais goût auquel il étoit accoûtumé.

C'est la raison pour laquelle Rambrant n'a pas beaucoup peint de sujets d'histoires, quoiqu'il ait dessiné une infinité de pensées qui n'ont pas moins de sel & de piquant que les productions des meilleurs Peintres. Le grand nombre de ses desseins que j'ai entre mes mains en est une preuve convaincante à qui voudra leur rendre justice: Et bien que ses Estampes ne soient pas inventées avec le même esprit que les desseins dont je parle, on y voit néanmoins un Clair obscur & des expressions d'une beauté peu commune.

Il est vrai que le talent de Rambrant ne s'est pas tourné à faire un beau choix du naturel: mais il avoit un artifice merveilleux pour l'imitation des objets presens; l'on en peut juger par les differens Portraits qu'il a faits, & qui bien loin de craindre la comparaiſon d'aucun Peintre, mettent ſouvent à bas, par leur preſence, ceux des plus grands Maîtres.

Si ſes contours ne ſont pas correcᵹs, les traits de ſon deſſein ſont pleins d'eſprits, & l'on voit dans les Portraits qu'il a gravés que chaque trait de pointe, comme dans ſa Peinture chaque coup de Pinceau, donnent aux parties du viſage un caractere de vie & de verité, qui fait admirer celui de ſon genie.

Il avoit une ſuprême intelligence du Clair-obſcur, & ſes couleurs locales ſe prêtent un mutuel ſecours l'une à l'autre, & ſe font valoir par la comparaiſon. Quoique Rambrant ait traité des ſujets ſous l'aparence de toutes ſortes de lumieres; il ſemble néanmoins qu'il ait affecté d'expoſer ſes modeles ſous une lumiere haute & reſſerrée, ou ſous une lumiere d'accident; afin que les ombres étant plus fortes & les parties éclairées plus ramaſſées, les objets en paruſſent plus vrais & plus ſenſibles. C'eſt dans cette intention qu'il a peint la plûpart de ſes Portraits, & qu'il a choiſi plus volontiers des ſujets ſuſceptibles de ces ſortes de lumieres. Ses carnations ne ſont pas moins vraies, moins fraîches, ni moins recherchées dans les ſujets qu'il a répreſentés, que celles du Titien. Ces deux

Peintres étoient convaincus qu'il y avoit des couleurs qui se détruisoient l'une l'autre par l'excès du mélange ; qu'ainsi il ne falloit les agiter par le mouvement du Pinceau que le moins qu'on pouvoit. Ils préparoient par des couleurs amies une premiere couche la plus approchante du naturel qu'il leur étoit possible. Ils donnoient sur cette pâte toute fraîche par des coups legers & par des teintes Vierges, la force & les fraîcheurs de la nature, & finissoient ainsi le travail qu'ils observoient dans leur modele. La difference qui est entre ces deux Peintres sur ce sujet, c'est que le Titien rendoit ses recherches plus imperceptibles & plus fondues, & qu'elles sont dans Rambrant très-distinguées à les regarder de près ; mais dans une distance convenable, elles paroissent très-unies par la justesse des coups, & par l'accord des couleurs. Cette pratique est singuliere à Rambrant, elle est une preuve convaincante qne la capacité de ce Peintre est à couvert du hazard, qu'il étoit maître de ses couleurs, & qu'il en possedoit l'art en souverain.

GERARD DAU

DE Leyde, a été disciple de Rambrant, & quoique sa maniere d'operer soit fort éloignée de celle de son maître, il lui devoit néanmoins l'intelligence & les principales regles de son art dans la partie du coloris; il peignoit en petit à huile, & ses figures qui pour l'ordinaire ne passent pas la hauteur d'un pied, sont aussi terminées que si elles étoient grandes comme le naturel. Il ne faisoit rien que d'après le vrai qu'il regardoit dans un miroir convexe. Il a fait peu de Portraits de grands Seigneurs & de Dames; parce que ces sortes de personnes n'ont ordinairement ni le tems ni la patience de se tenir aussi longtems que l'exigeoit ce Peintre. La femme d'un Résident de Dannemark, laquelle vouloit avoir son Portrait de la main de Girard Dau lui servit de modele cinq jours durant, pour une main seulement, sans parler de la tête. Aussi faut-il avouer que ses ouvrages sont terminés comme la nature même sans rien perdre de la fraîcheur, de l'union, ni de la force des couleurs, non plus que de l'intelligence du Clair-obscur.

La grandeur ordinaire de ſes Tableaux ne paſſoit pas un pied, & le prix qu'il s'en faiſoit païer étoit tantôt de ſix cens livres, tantôt de huit cens, & tantôt de mille livres, plus ou moins ſelon le tems qu'il y avoit emploïé : car pour regler ſon prix il comptoit chaque heure à vingt ſols. Son Cabinet étoit percé d'une lumiere haute pour avoir des ombres avantageuſes, & du côté d'un Canal pour éviter la poudre ; il faiſoit broïer ſes couleurs ſur une glaçe de criſtal : ſa Palette & ſes Pinceaux étoient ſoigneuſement enfermés dans une boëte quand il ne travailloit pas ; & lorſqu'il ſe mettoit au travail il demeuroit quelque tems aſſis en repos pour laiſſer raſſoir la pouſſiere. Quand il voïoit un beau tems il quittoit ſon ouvrage, & alloit prendre l'air pour réparer les eſprits qu'il conſumoit dans un travail ſi attachant.

Il y a beaucoup de réflexions à faire ſur cette maniere de peindre, & je ne ſai ſi elle eſt auſſi imitable qu'elle eſt admirable. Car le feu que demande la Peinture ne s'accorde gueres avec une patience ſi extraordinaire, & avec l'attention qu'il faut donner à un ſi grand détail. Il ſemble que la belle intelligence de l'Art conſiſte à faire avec peu d'ouvrage, que les Tableaux paroissent finis dans leur distance : mais Girard Dau étoit persuadé au contraire que le grand travail étant compatible avec la belle intelligence, il falloit faire tout ce que l'on découvroit sur le modele dans une distance raisonnable.

Ce que l'on peut dire à cela, c'est que les Tableaux de Girard Dau étant composés de peu de figures, fatiguoient peu l'imagination, & qu'il étoit né avec un talent particulier pour ses ouvrages.

FRANÇOIS MIRIS

De Leyde, disciple de Girard Dau, a suivi entierement la maniere de son Maître, si ce n'est qu'il avoit un meilleur goût de dessein, plus de gentillesse dans ses compositions, & plus de suavité encore dans ses couleurs. Il se servoit comme lui du miroir convexe. Comme il est mort fort jeune, il a fait peu de Tableaux. Il y en a un entr'autres de la grandeur de quinze pouces, où il a représenté une boutique d'étoffe, la Marchande & un Acheteur. Plusieurs étoffes y paroissent dévelopées les unes auprès des autres, & l'on y reconnoît leur diversité très-sensiblement. Les figures, & tout ce qui entre dans la composition du Tableau sont admirables. Il eut deux mille francs pour cet ouvrage : & tous ceux qu'on voit de lui, font regretter avec raison la mort précipitée d'un si habile homme. Miris vivoit sans souci, sans regle, sans œconomie, & dépensoit beaucoup : cette mauvaise conduite lui attira des dettes, pour lesquelles il fut mis plusieurs fois en prison. Une fois entr'autres qu'il y étoit retenu plus qu'à l'ordinaire, on lui proposa de peindre pour passer le tems, & que s'il vouloit faire quelque Tableau en païement, on lui procureroit sa liberté. Il répondit qu'il lui étoit impossible de travailler, que la vûe des grilles & le bruit des verroux lui troubloient l'imagination. Cette vie mal reglée le fit mourir à la fleur de son âge en 1683.

HANNEMAN

De la Haye, a été disciple de Vandeik, & a toujours suivi la maniere de son Maître avec succès. Il a fait quantité de Portraits, qui sont répandus dans toute la Hollande ; & ceux qu'il a copiés d'après Vandeik, passent souvent pour originaux, aussi-bien que quelques autres qu'il a faits d'après nature.

JACQUES JORDANS

D'Anvers, né en 1594. apprit les principes de son Art chez Adam Van-Ort: ce qui n'empêchoit pas qu'il n'allât chez les autres Peintres qui étoient à Anvers, desquels il examinoit les ouvrages; & faisant d'un autre côté des études particulieres sur la nature même, il est devenu par ce moïen Auteur de sa maniere, & l'un des plus habiles Peintres des Païs-Bas. Il ne lui manquoit que d'avoir vû l'Italie, ainsi qu'il le témoignoit lui-même par l'estime qu'il faisoit des Maîtres de ces païs-là, aussi-bien que par l'avidité avec laquelle il copioit les Titiens, les Paul Véronéses, les Bassans, & les Caravages, quand il en pouvoit trouver. Ce qui l'empêcha de faire ce voïage d'Italie, fut son mariage, qu'il contracta trop jeune avec la fille d'Adam Van-Ort son Maître. Son talent étoit pour les grands Tableaux, & sa maniere étoit forte, vraie & suave.

On a dit que Rubens, d'où il avoit puisé ses meilleurs principes, & pour qui il travailloit, craignant qu'il ne le surpassât dans l'intelligence du coloris, l'occupa longtems à faire en détrempe de grands patrons de Tapisseries

Tapisseries pour le Roi d'Espagne, d'après les esquisses coloriées que Rubens en avoit faites ; & qu'il affoiblit ainsi par une habitude contraire, cette maniere forte avec laquelle Jordans représentoit si sensiblement la verité. Il a fait quantité d'ouvrages pour la Ville d'Anvers, & pour toute la Flandre. Il en a fait aussi de considerables pour les Rois de Suéde & de Danemark. Il étoit infatigable dans le travail, & il réparoit ses esprits par la conversation de ses amis, qu'il visitoit le soir, & par une humeur enjouée, dont la nature l'avoit pourvû. Il mourut en 1678. âgé de 84. ans.

ERASME QUILLINUS

D'Anvers, né en 1607. après avoir professé la Philosophie, se laissa conduire à l'amour qu'il avoit pour la peinture, & s'étant mis sous la discipline de Rubens, il est devenu très-bon Peintre. Il a peint dans son païs & dans les lieux d'alentour plusieurs grands ouvrages pour les Eglises & pour les Palais, & a laissé en mourant une grande estime de lui, avec une merveilleuse réputation de son mérite, sans que de sa part il ait jamais cherché autre chose que le plaisir qu'il trouvoit dans l'exercice de la Peinture.

JOACHIM SANDRART

NE' à Francfort le 12e. de Mai 1606. fils de Laurent Sandrart, après avoir fait ses études de Grammaire, s'adonna à la Gravûre, & à l'âge de quinze ans il alla à pied jusqu'à Prague s'offrir pour disciple à Gilles Sadeler, qui le détourna de la gravûre, & lui conseilla de se mettre à la peinture. Il suivit cet avis, & passa à Utrecht, où il se mit sous la discipline de Gerard Hontorst, qui le mena avec lui en Angleterre, d'où il sortit en 1627. que le Duc de Bouquingam fut tué. Parmi les belles choses qu'il vit en Angleterre, il est fait mention dans sa vie des douze Empereurs du Titien, plus grands que nature, qui ont été gravés par G. Sadeler. Il y est dit aussi qu'après la mort du Duc de Bouquingam, l'Empereur Ferdinand III. fit acheter les Tableaux du Cabinet de ce Duc, dont il orna son Palais de Prague, & qui y sont encore en partie.

Il fut à Venise, où il copia les plus beaux Tableaux du Titien, & de Paul Véronese. De-là il passa à Rome avec le Blond Graveur, son Cousin-germain, où après quelque tems de séjour, il se rendit des plus considerables dans la peinture, en sorte que le Roi d'Espagne aïant souhaité douze Tableaux des douze plus habiles Peintres qui se trouvassent pour lors dans Rome, on lui en envoïa du Guide, du Guerchin, de Josepin, de Massimi, de Gentileschi, de Piétre de Cortone, du Valentin, d'André Sacchi; de Lanfranc, du Dominiquin, du Poussin, & de Sandrart. Le Marquis Justiniani l'aïant connu, souhaita de l'avoir chez lui, & lui donna la direction de la gravûre des Statues de sa Galerie.

Sandrart, après avoir fait un long séjour à Rome, alla à Naples, en Sicile, & à Malte: & s'en retournant à Francfort, il passa par la Lombardie. Après s'être marié à Francfort, il quitta l'Allemagne à cause de la famine, & s'en alla à Amsterdam, où il tint Assemblée de Curieux: ensuite il retourna en Allemagne, où il prit possession de la Terre de Stokau dans le Duché de Neubourg, de laquelle il avoit hérité, mais la trouvant un peu délabrée, il vendit tout ce qu'il avoit de beaux Tableaux, de desseins, & autres curiosités pour la rétablir. Cependant à peine fut-elle en état de lui donner du plaisir, que dans les guerres d'Allemagne, les François la brûlerent entierement. Il la rétablit plus belle qu'elle n'étoit ; & craignant une seconde invasion, il la vendit, & s'alla établir à Ausbourg, où il se mit à travailler à divers ouvrages, & entr'autres à celui des douze mois de l'année en grand, lesquels ont été gravés en Hollande avec des Vers Latins, qui en font la description.

Sa femme étant morte, il quitta Augsbourg, & alla demeurer à Nuremberg, où il érigea une Academie de Peinture, & où il a mis au jour plusieurs volumes qui regardent sa profession, ausquels il a travaillé jusqu'à l'âge de 77. ans, ainsi qu'il le dit lui-même.

De tous ses Livres, le plus considerable est celui de la Vie des Peintres, dans lequel il a abregé Vasari & Ridolfi pour ce qui regarde les Peintres Italiens, Charles Ver-Mandre pour les Flamans du siécle passé ; & du reste il a écrit sur les Mémoires qu'il a pû recouvrer, & sur ce qui étoit de sa connoissance : & c'est-là que l'on a puisé la plus grande partie de ce que l'on a dit dans cet Abregé-ci touchant les Peintres Flamans de ce siécle.

Cette vie de Sandrart est écrite fort au long à la fin du Livre dont je viens de parler. Celui qui en est l'auteur n'y a point mis le jour de la mort de ce Peintre. Il y fait mention d'un grand nombre de Tableaux fort grands & fort chargés d'ouvrage, & de quantité de Portraits, le tout de la main de Sandrart. Il parle enfin de Sandrart comme d'un très-habile Peintre. Comme je n'ai point vû de sa peinture, je ne puis porter aucun jugement de sa capacité : il semble néanmoins qu'on n'en devroit faire qu'un cas très-médiocre, si l'on en juge par les Estampes de ce Livre dans lesquelles il a fait mettre son nom. Ce qu'on peut sûrement louer de ses Livres, est l'amour qu'il avoit pour l'avantage de son Art, & l'intention qu'il a eûe de rendre service aux jeunes Peintres de sa Nation, en leur mettant devant les yeux les belles Statues, & les beaux édifices de Rome.

HENRI VERSCURE

Peintre Hollandois.

LA nature orne le monde par la varieté des génies, comme elle embellit la terre par la diversité de ses fruits ; & quoiqu'elle produise les uns & les autres, tantôt plûtôt & tantôt plus tard, elle sait donner à chacun son agrément & son mérite. Henri Verscure né à Gorcum en 1627. fils d'un Capitaine qui étoit au service des Etats, étoit un fruit précoce que son pere prit soin de faire cultiver dès son bas âge; car s'étant apperçû de l'inclination que son fils fit paroître pour la Peinture, dans le tems que ce jeune homme commençoit à se servir de sa raison, il le mit dès l'âge de huit ans chez un Peintre de Gorcum, qui ne faisoit que des Portraits. Henri s'y occupa à dessiner jusqu'à l'âge de treize ans, auquel il quitta ce Maître pour aller à Utrecht sous la discipline de Jean Bot, qui étoit pour lors en réputation. Il y demeura six ans, après lesquels se sentant assez fort dans la pratique de son Art pour profiter des belles choses qui sont en Italie, il en fit le voïage à vingt ans. Il alla d'abord à Rome, & s'y occupa dans les premieres années à dessiner des figures, & à fréquenter les Academies : mais comme son Génie le portoit à peindre des Animaux, des Chasses & des Batailles, il fit une étude particuliere de tout ce qui pouvoit lui être utile dans ce talent. Il s'appliqua au paisage, & à dessiner les fabriques qui sont non-seulement aux environs de Rome, mais dans tout le reste de l'Italie. Cet exercice lui donna du goût pour l'Architecture : il s'y rendit habile, & l'on voit par ses Tableaux l'inclination qu'il avoit pour cet

Art, & le bon Goût qu'il y avoit contracté. Les Villes où il a fait le plus de séjour dans son voïage, sont Rome, Florence, & Venise. Il s'attira dans cette derniere Ville de la considération des personnes de qualité par ses ouvrages & par ses manieres. Enfin, après avoir demeuré dix ans en Italie, il se mit en chemin pour retourner en son Païs : il passa par la Suéde & par la France, & dans le séjour qu'il fit à Paris, il rencontra le fils du Bourgmestre Marsevin qui alloit en Italie, & qui le fit résoudre sans beaucoup de peine de l'y accompagner. Il y retourna donc, & y demeura encore trois ans, après lesquels il revint en Hollande, & arriva à Gorcum en 1662.

Ce fut alors que son talent pour les Batailles le sollicita puissamment de s'y occuper. Il s'abandonna entierement à son Génie ; & pour l'exercer avec succès, il étudia exactement tout ce qui se passe dans les Armées. Il suivit celle des Etats en 1672. Il y fit une étude particuliere des Chevaux de toute nature, & de toute usage : il y dessina les divers campemens, ce qui se passe dans les Combats, dans les Déroutes, & dans les Retraites : ce qui arrive après une victoire dans un champ de bataille parmi les morts & les mourans ; pêle-mêle avec les chevaux & les armes abandonnées. Son Génie étoit beau & fertile, & quoiqu'il y eût un grand feu dans ses pensées & dans son travail, comme il avoit beaucoup étudié d'après nature, il s'étoit fait un Goût particulier qui ne dégeneroit point en ce qu'on appelle maniere, mais qui renfermoit une grande varieté dans les objets, & qui tenoit plus du Romain, que de celui de son Païs, excepté que les sujets qu'il a traités, sont presque tous modernes. Les Scenes de ses Tableaux sont ordinairement fort belles, & les Figures qu'il y fait entrer sont toujours pleines d'esprit. Son plus grand divertissement étoit l'étude de sa profession: il avoit toujours le craïon à la main, & il sortoit rarement d'un lieu qu'il n'en eût dessiné quelque chose de son Goût, ou d'après nature, ou d'après quelque bon Tableau, soit Figures, Bâtimens ou Animaux. C'est pour cela qu'il portoit toujours sur lui un cahier ou un Livre fort mince de papier blanc fait exprès, ainsi que j'en ai vû une vingtaine remplis de ses études. Ses plus beaux ouvrages sont à la Haye, à Amsterdam, & à Utrecht. La droiture de ses mœurs, & la bonté de son esprit lui donnerent part à la Magistrature de sa Ville; mais il n'accepta cet honneur, qu'à la charge de ne point quitter l'exercice de la peinture, qu'il aimoit plus que sa vie. Il passoit ainsi tranquillement ses jours, honoré dans sa charge, estimé dans son Art, & aimé de tout le monde, lorsque s'étant mis sur mer pour faire un petit voïage, un coup de vent le fit perir à deux lieues de Dort, le 26. Avril 1690. à l'âge de 62. ans. J'ai entre mes mains un grand Volume plein de ses desseins, dont l'inspection en dit plus que je n'en viens d'écrire.

GASPAR NETSCHER

NE' à Prague en Bohéme, d'un pere qui mourut au service de la Pologne en qualité d'Ingenieur, & d'une mere qui fut contrainte, à cause de la Religion Catholique qu'elle professoit, de sortir brusquement de Prague avec trois fils qu'elle avoit, & dont Gaspar étoit le plus jeune. A quelques lieues de-là elle s'arrêta dans un Château, qui lorsqu'on y pensoit le moins, fut assiegé; & qui n'aïant jamais voulu se rendre, fut affamé de telle sorte, que les deux freres de Gaspar y moururent de faim.

La mere se voïant menacée du même sort, trouva moïen de sortir la nuit du Château, & de sauver avec elle le seul enfant qui lui restoit. Tout lui manquoit excepté le courage ; & s'étant mise en chemin son fils entre ses bras, le hazard la conduisit à Arnhem, dans le païs de Gueldres, où elle trouva quelque secours pour sa subsistance, & pour élever son fils.

Un Docteur en Médecine nommé Tulkens, homme riche & d'un grand mérite, prit le jeune Netscher en amitié, & eut soin de ses études, dans l'intention d'en faire un Médecin : mais la force du Génie de Netscher l'entraîna du côté de la peinture. Dans ses études il ne pouvoit s'empêcher de grifoner quelque dessein sur le même papier où il écrivoit ses thêmes, & n'aïant pas été possible de lui faire surmonter cette inclination, on crût qu'il valoit mieux l'y abandonner entierement.

On le mit chez un Vitrier (qui étoit le seul homme dans Arnhem qui sût un peu peindre) pour lui faire apprendre à dessiner. Mais à quelque tems de-là, se sentant plus fort que son Maître, il s'en alla à Deventer chez un nommé Terburg, qui étoit en même tems Bourgmestre de sa Ville, & habile Peintre. Il faisoit toutes choses d'après nature, & il avoit un talent si particulier pour bien peindre les satins, que dans toutes les compositions de ses Tableaux il se donnoit occasion d'y faire entrer de cette étoffe, & de la disposer de telle sorte, qu'elle reçût la principale lumiere. Netscher a beaucoup retenu de cette inclination, & s'il ne l'a pas suivie dans tous ses sujets, comme a fait son maître, il s'en est servi dans plusieurs de ses Tableaux, mais toujours avec prudence.

Après avoir acquis chez Terburg une grande pratique du Pinceau, il retourna en Hollande, où il travailla long-tems pour des Marchands de Tableaux, qui, abusant de sa facilité, lui païoient très-peu ses ouvrages, & les vendoient fort cher. Cette rigueur le dégoûta, & lui fit prendre la résolution d'aller à Rome. Il s'embarqua sur un Vaisseau qui alloit à Bourdeaux, où étant arrivé, il se logea chez un Marchand, dont il épousa la parente. Ainsi un amour plus fort que celui qu'il avoit pour la peinture interrompit son voïage d'Italie, & le fit retourner en Hollande.

Il s'arrêta à la Haye, le bon succès de ses ouvrages l'y fit établir; & l'experience lui fit connoître que le meilleur parti qu'il eût à prendre pour faire subsister une famille qui devenoit nombreuse, étoit de se mettra dans les Portraits. Il s'acquit dans ce genre de Peinture tant d'habileté & de réputation, qu'il n'y a point de famille considerable en Hollande qui n'ait des Portraits de sa main, & que la plûpart des Ministres étrangers ne pouvoient se résoudre à quitter la Hollande sans emporter un Portrait de Netscher. Ce qui fait qu'on en voit dans tous les païs de l'Europe. Dom Francisco de Melo Ambassadeur de Portugal ne se contenta pas d'avoir le sien, mais il en emporta encore beaucoup d'autres, qui sont aujourd'hui à Lisbonne chez l'Archevêque de cette Ville-là.

Charles II. Roi d'Angleterre, charmé des ouvrages de Netscher, fit son possible pour l'attirer à son service par une forte pension : mais Netscher, qui avoit gagné assez de bien pour vivre heureux, préfera la tranquilité dont il jouissoit, à la vie tumultueuse d'une grande Cour. Cependant les douleurs qu'il souffroit pendant le cours de sa vie en troublerent souvent la douceur : la gravelle dont il avoit été tourmenté dès l'âge de vingt ans, avec la goute qui s'y joignit dans la suite le firent mourir à la Haye en 1684. à l'âge de 48. ans.

Netscher a été un des meilleurs Peintres des Païs-bas, de ceux au moins qui n'ont travaillé qu'en petit; son dessein étoit assez correct, mais son Goût en cette partie-là ne sortoit point de celui de son païs. Il entendoit fort bien le Clair-obscur, & entre ſes couleurs locales, qui étoient toutes bonnes, il avoit un talent particulier pour bien faire le linge. Sa maniere de peindre étoit très-moéleuſe, ſans touches apparentes, finie néanmoins, ſans être penée, ni comme on dit, eſtantée. Quand il vouloit donner la derniere main à quelque ouvrage, il y paſſoit un vernis, qui avant de ſecher, lui donnoit le tems d'y travailler deux ou trois jours de ſuite : il lui donnoit en même tems le moïen de remanier à ſon gré les couleurs, qui, n'étant, ni trop dures, ni trop liquides, pouvoient ſe lier facilement à celles qu'il y mettoit de nouveau, ſans rien perdre de leur fraîcheur, ni de leur premiere qualité.

LIVRE VII.

ABREGE' DE LA VIE DES PEINTRES FRANÇOIS.

IL est difficile de marquer le tems auquel la Peinture a commencé en France: car lorsque François I. fit venir d'Italie le Roux & le Primatice, la France n'étoit pas dépourvûe de Peintres, qui se trouverent en état de travailler sous la conduite de ces deux Maîtres, avec quantité d'autres Italiens qui passerent en France. Ces François étoient Simon le Roi, Charles & Thomas Dorigni, Louis François, & Jean Lerambert; Charles Charmoi, Jean & Guillaume Rondelet, Germain Munier, Jean du Breuil, Guillaume Hoey, Eustache du Bois, Antoine Fantose, Michel Rochetet, Jean Samson, Girard Michel, Jannet, Corneille de Lion, du Mourier le pere, & Jean Cousin.

Quoique de tous ces Peintres il y en eût

de plus habiles les uns que les autres, leurs ouvrages néanmoins n'ont rien d'assez considerable pour attirer l'attention des Curieux de notre siécle, si ce n'est qu'on en veuille excepter Jannet, Corneille de Lion, du Moutier, & Jean Cousin : de ceux-ci, les trois premiers ont fait une prodigieuse quantité de Portraits, parmi lesquels ils s'en trouve d'assez beaux.

JEAN COUSIN.

POur ce qui est de Jean Cousin, il mérite un éloge particulier. Il étoit de Soucy auprès de Sens, & l'attache qu'il eut pour les beaux Arts dans sa jeunesse, l'y rendirent profond, & sur-tout dans les parties de Mathématiques, qui conduisent à la régularité du dessein : aussi a-t-il été assez correct en cette partie de la peinture, & il en a donné un Livre au Public, qui s'est imprimé une infinité de fois, & qui seul, quoique très-petit & de peu d'apparence, conservera long-tems la mémoire de Jean Cousin. Il a aussi écrit de la Géometrie & de la Perspective. Comme de son tems la mode étoit de peindre sur le verre, il s'y est plus attaché qu'à faire des Tableaux. On en voit de beaux ouvrages dans les Eglises aux environs de Sens, & dans quelques-unes de Paris, & entr'autres dans celle de saint Gervais, où il a peint sur les vitres du Chœur le martyre de saint Laurent, la Samaritaine, & l'histoire du Paralytique. On voit dans la Ville de Sens quelques Tableaux de sa façon, & plusieurs Portraits : mais de tous ses ouvrages, le plus estimé est le Tableau du Jugement universel, qui est dans la Sacristie des Minimes du bois de Vincennes, & qui se voit gravé par Pierre de Jode Flamand, bon dessinateur. Ce Tableau fait voir la fertilité du Génie de son Auteur, par la quantité de figures dont il est composé : ce que l'on y pourroit souhaiter, ce seroit seulement un peu plus d'élegance dans son Goût de dessein.

Il épousa la fille du Lieutenant géneral de Sens, & l'emmena à Paris, où il passa le reste de ses jours. Son savoir & ses manieres agréables l'introduisirent à la Cour, & lui attirerent de la considération pendant les regnes d'Henri II. de François II. de Charles IX. & d'Henri III.

Comme il travailloit aussi de Sculpture, il fit le Tombeau de l'Amiral Chabot, qui est aux Celestins de Paris, dans la Chapelle d'Orleans. On ne sait pas précisement combien Jean Cousin a vécu, mais on sait seulement qu'il vivoit en 1589. & qu'il est mort fort âgé.

DU BREUIL & BUNEL.

CEs deux Peintres après la mort du Primatice, furent chargés des ouvrages de Peinture les plus considerables. Le premier peignit à Fontainebleau quatorze Tableaux à fresque dans une des chambres qu'on appelle des Poëles, & fit avec Bunel la petite Galerie du Louvre, qui fut brûlée en *1660*. Ils moururent sous le regne d'Henri IV.

MARTIN FREMINET

DE Paris, eut pour maître son pere, qui étoit un assez mauvais Peintre : mais l'émulation que lui donnerent les jeunes gens, qui suivoient alors la même profession, lui fit faire le voïage d'Italie. Son principal séjour fut à Rome, où il demeura sept ans, & ses principales études furent d'après Michelange ; en sorte que tout ce qu'il a fait depuis, tient beaucoup de la maniere de ce grand Peintre. On peut en juger par la Chapelle de Fontainebleau, qui est peinte de sa main. Il commença cet ouvrage sous le regne d'Henri IV. qui lui donna des marques de son estime, & il le continua sous celui de Louis XIII. qui l'honora de l'Ordre de saint Michel. Mais il ne jouit pas long-tems de cet honneur, ni des faveurs de la Cour, car avant que cet ouvrage fût entierement achevé, il tomba malade, & mourut en 1619. âgé de 52. ans.

Il y eut beaucoup de Peintres qui succéderent à Friminet, mais qui, bien loin de perfectionner sa maniere, laisserent tomber encore une fois la Peinture en France dans un Goût fade, qui dura jusqu'au tems que Blanchard & Vouet arriverent d'Italie. Et comme ces Peintres ne laissoient pas de travailler dans les Maisons Roïales, je les nommerai ici pour ne point perdre le fil de l'Histoire; ce sont du Perac, Jerôme Baullery, Henri Lerambert, Pasquier Testelin, Jean de Brie, Gabriel Honnoit, Ambroise du Bois, & Guillaume du Mée.

FERDINAND ELLE,

QUoique natif de Malines, ne doit pas laisser de trouver place parmi les François, aïant presque toujours travaillé à Paris, où il a fait quantité de beaux Portraits, pendant que Louis, Henri, & Charles Baubrun, qui avoient des habitudes à la Cour, se faisoient beaucoup mieux païer que lui, quoiqu'ils fussent inferieurs dans leur Art. Il a laissé deux fils, qui ont suivi la même profession.

VARIN

NAtif d'Amiens, peignoit à Paris avec assez de succès, & c'est de sa main que nous avons le Tableau du grand Autel de l'Eglise des Carmes Déchaussés près le Palais de Luxembourg. Il est d'autant plus raisonnable d'en faire mention, qu'il a aidé le Poussin à l'acheminer dans la Carriere de la Peinture.

JACQUES BLANCHART

DE Paris, né en 1600. apprit les commencemens de la Peinture chez Nicolas Bollery son oncle, d'où il se retira à l'âge de vingt ans pour faire le voïage d'Italie. Etant à Lyon, quelques ouvrages qui lui offrirent le moïen d'augmenter la pratique qu'il avoit dans son Art, l'y retinrent quatre ans: il alla ensuite à Rome, il y passa dix-huit mois, après lesquels il se rendit à Ve-mise, où le coloris du Titien, & de l'Ecole Venitienne le charma si fort, qu'il se tourna entierement de ce côté-là. Il en fit sa principale étude avec tant de succès, qu'un Noble Venitien, qui vouloit avoir de ses ouvrages, l'engagea de travailler : mais le peu de satisfaction que ce Peintre en eut le dégoûta si fort, qu'il quitta Venise pour retourner en France. La nouveauté, la beauté, & la force de son pinceau attirerent les yeux de tout Paris; & il devint tellement à la mode, qu'il n'y eut pas un Curieux qui ne voulût avoir un morceau de sa main. Et c'est ainsi que ses Tableaux de chevalet se sont répandus de tous côtés.

Il a peint à Paris deux Galeries : la premiere est dans la maison qui appartenoit à M. le Président Perrault, & l'autre où il représenta les douze mois de l'année, étoit à M. de Bullion Surintendant des Finances. Mais de tous ses ouvrages, celui qui a le plus soûtenu sa réputation, c'est le Tableau qu'il fit à Notre-Dame pour le premier jour de Mai. Il représente la Descente du S. Esprit, & cette Eglise le conserve cherement, comme le plus beau de tous les Tableaux que l'on y voit.

Blanchart dans la fleur de son âge se voïoit ainsi en état d'établir une fortune considerable, lorsqu'une fiévre & une fluxion de poitrine l'emporterent à l'âge de trente-huit ans. Il fut marié deux fois, & eut de sa premiere femme un fils & deux filles. Le fils, qui embrassa de bonne heure la même profession, soûtient encore avec honneur la réputation de son pere.

Il est aisé de juger que de tous les Peintres François il n'y en a point eu qui ait si bien colorié que Blanchart. On ne voit pas qu'il ait beaucoup fait de grandes compositions: mais ce qu'on voit de lui dans les Galeries dont j'ai parlé, & son Tableau qui est dans l'Eglise de Notre-Dame, font assez voir qu'il ne manquoit pas de Génie, & que s'il n'a pas fait de grandes compositions, c'est qu'on l'occupoit à des Tableaux de Vierges, qui lui ôtoient l'occasion de traiter des sujets d'une plus grande étendue.

SIMON VOUET

NE' à Paris en 1582. étoit fils & disciple de Laurent Vouet Peintre médiocre. Il se rendit en peu de tems assez habile par les études qu'il faisoit d'ailleurs, pour suivre à l'âge de vingt ans M. de Sancy, qui alloit Ambassadeur à Constantinople, & qui le choisit pour être son Peintre. Il y peignit le Portrait du grand Seigneur: & quoiqu'il lui fût impossible de le peindre autrement que de mémoire, & pour l'avoir vû seulement à l'Audience que ce Prince donna à l'Ambassadeur, il le fit néanmoins très-ressemblant: & après avoir peint quelques autres Portraits à Constantinople, il en partit pour se rendre en Italie. Il y resta quatorze ans, il y fut Prince de l'Academie de saint Luc à Rome, & le Roi Louis XIII. qui en consideration de sa capacité lui avoit donné une pension durant son séjour en Italie, l'en fit revenir en 1627. pour travailler dans les maisons Roïales, & sur-tout au Luxembourg.

La facilité que ce Peintre avoit de faire des Portraits au craïon & au pastel fut admirée du Roi, qui prenoit plaisir à le voir travailler, & qui voulût qu'il lui montrât à dessiner; en quoi Sa Majesté fit en peu de tems de grands progrès, de maniere que le Roi fit des Portraits fort ressemblans de plusieurs personnes de sa Cour.

La réputation de Vouet s'augmenta de jour à autre, & lui attira quantité de grands ouvrages. Je n'en ferai point ici le détail, les Palais & les maisons considerables de Paris en sont remplies; & d'ailleurs il a fait un grand nombre de Tableaux pour les Eglises, & pour divers particuliers.

Il avoit suivi à Rome la maniere du Caravage & du Valentin : mais sa réputation lui aïant attiré une infinité d'ouvrages de toutes sortes, il se fit une maniere beaucoup plus expéditive par de grandes ombres, & par des teintes generales peu recherchées, qu'il mit en pratique, en quoi il réussit, d'autant plus qu'il avoit une grande legereté de pinceau. Il y auroit lieu de s'étonner de la prodigieuse quantité d'ouvrages qu'il a faits, si on ne savoit qu'un grand nombre de disciples assez habiles, qu'il avoit élevés dans sa maniere, exécutoient avec facilité ses desseins, quoique très-peu terminés.

La France lui a obligation d'avoir détruit une maniere fade & barbare qui y regnoit, & d'avoir commencé d'y introduire le bon Goût, conjointement avec Blanchart, dont on vient de parler. La nouvelle maniere de Vouet, & le bon accueil qu'il faisoit à tout le monde le firent suivre des Peintres de son tems, & lui attirerent des disciples de toutes parts, & de ceux qui vouloient faire profession de la Peinture, & de ceux qui suivoient d'autres Arts dépendans du dessein. Ainsi tous les Peintres, qui dans ces derniers tems, ont donné au public des marques de leur capacité, ont été disciples de Vouët : comme le Brun, Perrier, P. Mignard, Chaperon, Person, le Sueur, Corneille, Dorigny, Tortebat, Belli, du Fresnoy; & plusieurs autres qu'il emploïoit pour faire des ornemens & des desseins de Tapisseries: comme Juste d'Egmont, Vandrisse, Scalberge Fatel, Bellin, Van Boucle, Bellange, Corelle, &c. sans compter un grand nombre de jeunes gens qui alloient dessiner chez lui. Dorigny qui étoit son gendre, aussi-bien que son éleve, a gravé à l'eau-forte la plus grande partie des ouvrages de son beau-pere. Vouet épuisé d'esprits par la prodigieuse quantité de ses Productions, plûtôt que chargé d'années, mourut en 1641. âgé de 59. ans. Il a eu un frere nommé Aubin Vouet, qui peignoit dans sa maniere, & qui étoit passablement habile.

Les ouvrages de Vouet étoient agréables par comparaison à ceux, qui jusqu'à lui avoient été faits en France, mais ils tomboient tous en ce qu'on appelle maniere, tant pour le dessein que pour le coloris: ce dernier principalement y étant par tout assez mauvais, l'on ne voit dans ses figures aucunes expressions des passions de l'ame, & il se contentoit de donner à ses têtes un certain agrément géneral qui ne vouloit rien dire. Le plus grand mérite de ses ouvrages vient de ses plafonds, qui ont donné à ses disciples l'idée d'en faire de plus beaux,

que

que tout ce que les François avoient faits jusques-là.

Vouet a eu cet avantage par-dessus les autres Peintres, qu'il n'y en a jamais eu dont la maniere ait été si adherente dans le cœur & dans la main de ses éleves. Mais l'on peut dire, que si d'un côté cette maniere a relevé le goût fade qui regnoit en France lorsqu'il y arriva, d'un autre côté elle étoit si peu naturelle, si sauvage, & d'ailleurs si facile, & reçûe avec tant d'avidité, qu'elle a infecté l'idée de tous ses disciples, jusqu'à leur faire prendre une habitude, dont ils ont eu toutes les peines du monde à se défaire; & comme j'ai déja dit, cette maniere expeditive n'étoit pas tant celle de Vouet, que celle de son interêt.

NICOLAS POUSSIN

NAquit à Andely, petite Ville de Normandie, en 1594. Sa famille étoit néanmoins originaire de Soissons, où il y a des Officiers de son nom dans le Présidial. Son pere Jean Poussin étoit d'extraction noble, mais né avec peu de bien, en sorte que son fils, déterminé par l'état où se trouvoit sa famille, & par la violente inclination qu'il avoit pour la peinture, sortit de la maiſon de ſon pere à l'âge de dix-huit ans pour venir à Paris s'inſtruire des premiers élemens de cet Art.

Un Seigneur de Poitou qui l'avoit pris en affection le mit chez Ferdinand, Peintre de Portraits, que le Pouſſin quitta au bout de trois mois pour entrer chez un nommé Lallemant, où il ne fut qu'un mois; parce que ne croïant pas s'avancer aſſez ſous la diſcipline de tels Maîtres, il les abandonna, dans la vûe de tirer plus de profit de l'étude qu'il ſe propoſa de faire ſur les Tableaux des grands maîtres.

Il travailla quelque tems à détrempe, & il s'y exerçoit avec une grande facilité, lorſque le Cavalier Marin, qui ſe trouva pour-lors à Paris, & qui connut le génie du Pouſſin, voulut l'engager à faire avec lui le voïage d'Italie: mais ſoit que le Pouſſin, eût quelque ouvrage qui le retînt à Paris, ou qu'il fût rebuté de deux tentatives qu'il avoit faites inutilement pour aller à Rome, il ſe contenta de promettre au Cavalier qu'il le ſuivroit bientôt. En effet, après avoir peint à Paris quelques Tableaux, & entr'autres celui qui eſt à Notre-Dame, & qui repréſente la mort de la Vierge, il partit pour l'Italie, âgé pour lors de trente ans.

Il trouva à Rome le Cavalier Marin, qui lui fit mille careſſes, & qui dans la vûe de lui rendre ſervice, en parla avantageuſement au Cardinal Barberin, en lui diſant: *Vederete un giovanne che à une furia di diavolo.* Comme le Cavalier, de qui le Pouſſin attendoit beaucoup de ſecours & de protection, mourut peu de tems après l'arrivée de ce Peintre, & que le Cardinal Barberin, qui avoit envie de le connoître, n'en avoit point eu le tems, le Pouſſin ſe trouva à Rome ſans ſecours & ſans connoiſſance: il eut toutes les peines du monde d'y ſubſiſter; il étoit contraint de donner ſes ouvrages, ſon unique reſſource, pour un prix qui païoit à peine ſes couleurs. Néanmoins il ne perdit pas courage, & le parti qu'il prit, fut de travailler aſſiduement à ſe rendre habile. La néceſſité où il étoit de ſe paſſer de peu pour ſa nourriture & pour ſon entretien, fit qu'il demeura longtems retiré ſans fréquenter perſonne, s'occupant entierement à faire de ſerieuſes études ſur les belles choſes, qu'il deſſinoit avec ardeur.

Malgré la réſolution qu'il avoit faite de copier les Tableaux des grands maîtres, il s'y exerça fort peu. Il croïoit que c'étoit aſſez de les bien examiner, & d'y faire ſes réflexions, & que le ſurplus étoit un tems perdu: mais il n'en étoit pas de même des figures Antiques. Il les modeloit avec ſoin; & il en avoit conçû une ſi grande idée, qu'il en fit son principal objet, & qu'il s'y attacha entierement. Il étoit persuadé que la source de toutes les beautés & de toutes les graces venoit de ces excellens ouvrages, & que les anciens Sculpteurs avoient épuisé celles de la nature, pour rendre leurs figures l'admiration de la posterité. La grande liaison qu'il avoit avec deux habiles Sculpteurs, l'Algarde, & François Flamant, chez lequel il demeuroit, a pû fortifier, & peut-être susciter cette inclination. Quoiqu'il en soit, il ne s'en est jamais éloigné, & elle a toujours augmenté avec ses années, comme il est aisé de le voir par ses ouvrages.

Il copia, dit-on, dans ses commencemens quelques Tableaux du Titien, dont la couleur & la touche du païsage lui plaisoit fort, pour accompagner le bon goût de dessein qu'il avoit contracté sur l'Antique. L'on remarque en effet que ses premiers Tableaux sont peints d'un meilleur goût de couleur que les autres: mais il fit bientôt paroître par la suite de ses ouvrages, & à les regarder dans le géneral, que le coloris n'étoit dans son esprit que d'une médiocre considération, ou qu'il croioit le posseder suffisamment pour ne rien ôter à ses Tableaux de la perfection qu'il y vouloit mettre.

Il est vrai qu'il avoit tellement étudié

toutes les beautés de l'Antique, l'élegance, le grand goût, la correction, & la diversité des proportions, les expressions, l'ordre des draperies, les ajustemens, la noblesse, le bon air, & la fierté des têtes; les manieres d'agir, la coutume des tems & des lieux: & enfin tout ce que l'on peut voir de beau dans ces restes de Sculpture antique, que l'on ne peut assez admirer l'exactitude avec laquelle il en a enrichi ses Tableaux. Il auroit pû, comme Michelange, surprendre le jugement du public. Celui-ci fit la Statue d'un Cupidon, & aprés en avoir cassé le bras, qu'il retint, il enterra le reste de la Figure dans un endroit où il savoit qu'on devoit fouiller; & cet ouvrage y aïant été trouvé, tout le monde le prit pour Antique: mais Michelange aïant présenté à son tronc le bras qu'il avoit reservé, convainquit de prévention tous ceux qu'il avoit trompés. On peut croire avec autant de raison, que si le Poussin avoit peint à fresque sur un morceau de muraille, & qu'il en eût retenu quelque partie, il auroit facilement laissé croire que sa peinture étoit l'ouvrage de quelque fameux Peintre de l'antiquité, tant elle a de conformité avec celles que l'on a ainsi découvertes, & qui sont véritablement antiques.

Il nourrissoit cet amour des Sculptures

antiques, en les allant examiner souvent dans les vignes qui sont autour de Rome, où souvent il se retiroit seul pour y faire plus en repos ses réflexions. C'est aussi dans de semblables retraites qu'il consideroit les effets extraordinaires de la nature, par rapport au païsage, & qu'il y dessinoit des Terrasses, des Lointains, des Arbres, & tout ce qui se rapportoit à son goût, qui étoit excellent.

Outre l'étude exacte que le Poussin a faite d'après l'antique, il s'est encore fort attaché à Raphaël & au Dominiquin, comme à ceux qu'il croïoit avoir le mieux inventé, le plus correctement dessiné, & le plus vivement exprimé les passions de l'ame : trois choses que le Poussin a toujours regardées comme les plus essentielles à la Peinture.

Enfin ce grand homme n'a rien négligé de toutes les connoissances qui pouvoient le rendre parfait dans ces parties, non plus que pour l'expression de ses sujets en general, qu'il a enrichis de tout ce qui peut réveiller l'attention des Savans.

On ne voit point de grand ouvrage de lui, & la raison qu'on en peut donner, c'est que les occasions ne s'en sont pas présentées. Ainsi l'on ne doit pas douter que ce ne soit le seul hazard qui a fait qu'il s'est attaché à peindre des Tableaux de chevalet d'une grandeur propre à pouvoir entrer dans les Cabinets, & tels que les curieux les lui demandoient.

Le Roi Louis XIII. & M. de Noyers, Ministre d'Etat, & Sur-intendant des bâtimens, lui écrivirent à Rome pour l'obliger de venir en France : il s'y resolut avec beaucoup de peine. On lui assigna une pension, & on lui donna aux Thuilleries un logement tout meublé. Le Poussin fit pour la Chapelle du Château de saint Germain le Tableau de la Céne, & celui qui est à Paris dans le Noviciat des Jesuites. Il commença dans la Galerie du Louvre les Travaux d'Hercule, dans le tems que la brigue de l'Ecole de Vouet le chagrinoit par les médisances & les mauvais discours qu'elle faisoit des Ouvrages dont on vient de parler : cela joint à la vie tumultueuse de Paris, dont il ne pouvoit s'accommoder, lui fit prendre la résolution secrette de retourner à Rome, sous pretexte de mettre ordre à ses affaires domestiques, & d'en emmener sa femme. Mais quand il fut à Rome, soit qu'il s'y trouvât comme dans son centre, soit que la mort du Cardinal de Richelieu & celle du Roi, qui arriverent pendant ce tems-là, le déterminassent, il ne voulut jamais revenir en France.

Il continua donc de travailler à ses Tableaux de chevalet ; car ils ont tous été faits à Rome pour envoïer à Paris, les François y ont même fait passer ceux qui étoient demeurés en Italie, & qu'ils ont pû avoir pour de l'argent, n'ayant pas moins d'estime pour ces excellens ouvrages que pour ceux de Raphaël. Félibien, qui a écrit la vie de ce Peintre fort soigneusement & fort amplement, rapporte tous ces Tableaux, & fait la description de ceux qui sont les plus estimés.

Le Poussin, après avoir fourni une heureuse carriere, mourut à moitié paralytique en 1665. âgé de soixante-onze ans. Il avoit épousé la sœur du Gaspre, de laquelle il n'eut point d'enfans. Et voici ce qui donna lieu à ce mariage. Le Poussin étant tombé dans une facheuse & dangereuse maladie, la sœur de Gaspre par une humeur officieuse, s'insinua auprès de lui, prit connoïssance de son mal, le pensa jusqu'à ce qu'il fût entierement guéri. Le Poussin sensible aux soins extrêmes de cette fille à laquelle il se croyoit redevable de la vie, l'épousa par reconnoissance. Ses biens ne passoient pas soixante mille livres : mais il comptoit pour beaucoup son repos, & le sejour de Rome ; où il vivoit sans ambition.

Un jour le Prélat Massimi, qui a depuis

été Cardinal, l'étant allé voir, la conversation dura insensiblement jusqu'à la nuit: & comme le Prélat s'en alloit, le Poussin sa lampe à la main marcha devant, l'éclaira le long de l'escalier, & le conduisit ainsi jusqu'à son Carosse. Ce qui fit tant de peine à M. Massimi, qu'il ne pût s'empêcher de lui dire : *Je vous plains beaucoup, M. Poussin, de n'avoir pas seulement un Valet*: *Et moi*, répondit le Poussin, *je vous plains beaucoup plus, Monseigneur, d'en avoir un si grand nombre.*

Il ne faisoit jamais de marché pour le payement de ses Tableaux : mais il écrivoit sur le derriere de la toile le prix qu'il en vouloit, & on le lui envoyoit incontinent.

Le Poussin n'a fait aucun disciple, & la plûpart des Peintres l'estiment sans l'imiter, soit qu'ils trouvent sa maniere inaccessible, ou qu'y étant une fois entrés, ils n'en puissent assez dignement soutenir le caractere.

REFLEXIONS

Sur les Ouvrages du Poussin.

LE Poussin étoit né avec un beau & grand génie pour la peinture : l'amour qu'il eut d'abord pour les Figures antiques, les lui fit étudier avec tant de soin, qu'il en savoit toutes les beautés, & toutes les differences : qu'il en chercha la source dans l'étude de l'anatomie, & qu'enfin il s'acquit dans ce goût-là une habitude consommée du dessein. Mais dans cette partie-là même au lieu de tourner ses yeux sur la nature, comme sur l'origine des beautés, dont il étoit épris, il regarda cette maîtresse des Arts beaucoup au dessous de la Sculpture, à laquelle il l'avoit assujettie : en sorte que dans la plûpart de ses Tableaux, le nud de ses Figures tient beaucoup de la pierre peinte, & porte avec lui plûtôt la dureté des marbres, que la délicatesse d'une chair pleine de sang & de vie.

Ses inventions dans les Histoires & dans les Fables qu'il a traitées, sont ingenieuses aussi bien que ses allegories. Il a bien choisi ses sujets, & les a traités avec toutes leurs convenances, principalement les hetoïques. Il y a introduit tout ce qui peut les rendre agréables & instructifs : il les a exprimés selon leur veritable caractere en joignant les passions de l'ame en particulier à l'expression du sujet en general.

Ses païsages sont admirables par les sites, par la nouveauté des objets qui le composent, par la verité des terrasses, par la varieté des arbres & la legereté de leurs touches, & enfin par la singularité des sujets qu'il y fait entrer. Desorte qu'il les auroit rendus parfaits s'il les avoit un peu plus fortifiés par les couleurs locales, & par l'artifice du Clair-obscur.

Quand l'occasion s'en presentoit il ornoit d'Architecture ses Tableaux. Il la faisoit d'un excellent goût, & la réduisoit régulierement en Perspective qu'il savoit parfaitement.

Il n'a pas été toûjours heureux à disposer ses Figures ; on peut au contraire lui reprocher de les avoir souvent distribuées dans la plûpart de ses compositions trop en Bas-reliefs, & sur une même ligne, & de n'avoir pas donné assez de varieté & de contraste à ses attitudes.

Ses draperies sont ordinairement d'une même étoffe par tout, & les plis qui y sont en grand nombre ôtent une prétieuse simplicité qui auroit donné beaucoup de grandeur à ses ouvrages.

Quelque grand que fût son génie, il ne put suffire à toutes les parties de la peinture : car cet amour qu'il eut pour l'antique fixa tellement son esprit, qu'il l'empêcha de bien considerer son Art de tous les côtés ; je veux dire qu'il en negligea le coloris : ainsi à regarder ses ouvrages en generale, on connoîtra facilement qu'il a ignoré cette partie soit dans les couleurs locales soit dans le Clair-obscur. De-là vient que la plus grande partie de ses Tableaux donnent dans le gris, & nous paroissent sans force & sans effet. On peut néanmoins en excepter les ouvrages de sa premiere maniere & quelques-uns de la seconde. Mais si l'on approfondit les choses, on trouvera que ce qu'il y a de bon du côté de la Couleur, vient plûtôt d'une reminiscence de Tableaux du Titien qu'il avoit copiés, que de l'intelligence des principes de ce Peintre Venitien. Enfin il paroît que le Poussin comptoit le coloris, pour très-peu de chose, & l'on voit dans sa vie écrite par Bellori & par Félibien, un aveu sincere qu'il ne le possedoit pas, & qu'il l'avoit comme abandonné : ce qui marque évidemment qu'il n'en avoit jamais eu la théorie. En effet ses couleurs telles qu'on les voit employées ne sont que des teintes generales, & non pas l'imitation de celles du naturel qu'il ne voïoit que rarement : je parle de ses Figures & non pas de son païsage, où il paroît avoir eu plus de soin de consulter la nature; la raison en est palpable, c'est que n'ayant pas trouvé de païsage dans le marbre antique, il a été contraint de le chercher dans le naturel.

Pour le Clair-obscur il n'en a jamais eu l'intelligence, & s'il s'en rencontre quelquefois dans ses Tableaux, c'est un pur effet du hazard, puisque s'il avoit connu cet artifice, comme un des plus essentiels à la peinture, tant pour reposer la vûe, que pour donner de la force & de la verité à toute la composition du Tableau, il l'auroit toûjours pratiqué, il auroit cherché les moyens de grouper avantageusement ses objets & ses lumieres, au lieu qu'elles sont tellement dispersées que l'œil ne sait bien souvent où se jetter : mais sa principale attention étoit de plaire aux yeux de l'esprit, quoiqu'il soit très-constant que tout ce qui est d'instructif dans la peinture ne doit se communiquer à l'esprit que par la satisfaction des yeux, c'est-à-dire, par une parfaite imitation du naturel, qui est la fin essentielle du Peintre.

Le peu d'attache qu'avoit le Poussin, à imiter la nature, qui est la source de la varieté, l'a fait tomber souvent dans des repetitions trop sensibles d'airs de têtes & d'expressions.

Son génie le portoit dans un caractere noble, mâle & severe plûtôt que gracieux; & c'est précisément dans les ouvrages de ce Peintre ou l'on s'aperçoit que la grace n'est pas toujours où se trouve la beauté.

Sa maniere est nouvelle & singuliere, il en est l'Auteur, & l'on ne peut nier que dans les parties qu'il possedoit, son style, comme nous avons dit, ne soit grand & heroïque: & qu'à tout prendre, le Poussin ne soit non seulement le plus habile de sa nation, mais qu'il n'aille de pair avec les plus grands Peintres d'Italie.

FRANCOIS PERRIER.

Fils d'un Orfevre de la Franche-Comté se débaucha & quitta ses parens pour aller à Rome, étant encore fort jeune; mais comme l'argent lui manqua bientôt; il se laissa aller aux persuasions d'un Aveugle qui ayant envie de faire le même voyage lui proposa de le conduire pendant le chemin. Perrier étant arrivé à Rome en cet équipage, fut assez embarrassé pour trouver quelque autre ressource qui lui donnât moyen de subsister. Il souffrit beaucoup dans les commencemens: mais la necessité où il se trouvoit & la facilité de son génie, le mirent bientôt en état de gagner sa vie. Il s'acquit dans le dessein une pratique aisée, agréable & de bon goût; ce qui fit que plusieurs jeunes gens s'adressoient à lui pour leur retoucher leurs desseins, & que quelques étrangers en achetoient des siens pour les envoyer à leurs parens, & s'attirer par là de l'estime, & des secours dans leur dépense.

Il se fit connoître du Lanfranc dont il tâcha de suivre la maniere, & il s'acquit au Pinceau la même facilité qu'il avoit au crayon. Se sentant animé par la promptitude avec laquelle il manioit les couleurs, il se résolut de retourner en France; & étant arrivé à Lyon, il s'y arrêta pour peindre le Cloître des Chartreux. Enfin étant arrivé à Paris, & ayant travaillé quelque tems pour Vouet qui étoit alors maître de tous les grands ouvrages, il fit un second voyage en Italie où après avoir demeuré dix ans, il revint à Paris en 1645. Ce fut en ce tems-là qu'il peignit la Gallerie de l'Hôtel de la Vrilliere, & qu'il fit pour divers particuliers plusieurs Tableaux de chevalet. Il mourut Professeur de l'Academie.

Il a gravé plusieurs choses à l'eau forte qui sont pleines d'esprit, & entr'autres les plus beaux Bas-reliefs de Rome, cent des plus celebres antiques, & plusieurs choses d'après Raphaël.

Il grava aussi de Clair-Obscur quelques Antiques d'une maniere dont on lui attribue l'invention ; mais qui avoit été mise en usage par le Parmesan, ainsi que je l'ai remarqué ailleurs. Cette maniere consiste en deux planches de cuivre qui s'impriment sur un même papier de demi-teinte, dont l'une qui est gravée à l'ordinaire imprime le noir, & l'autre dans laquelle consiste tout le secret imprime le blanc.

JACQUES STELLA

NAquit en 1596. Il étoit fils de François Stella Flamand de nation, lequel à son retour d'Italie s'arrêta à Lyon, s'y établit, & y eut Jacques, dont nous parlons. Ce fils n'avoit que neuf ans lorsque son pere mourut ; & après s'être soigneusement exercé dans la peinture, & s'être rendu capable de profiter des belles choses que l'on voit en Italie, il en entreprit le voyage à l'âge de vingt ans. Son passage par Florence lui donna occasion de se faire connoître du grand Duc Cosme de Medicis, qui voulant faire un superbe appareil pour les nôces de son fils, l'arrêta & lui donna le moyen d'exercer son génie.

Ce Prince ayant d'abord reconnu l'habileté de Stella, le logea & lui donna une pension pareille à celle de Callot qui étoit pour lors à Florence. Après que Stella eut demeuré sept ans en cette Ville, & qu'il y eut fait plusieurs ouvrages de peinture, de desseins, & de gravûre, il passa à Rome où il demeura onze ans à faire de sérieuses études sur les Sculptures antiques & sur les peintures de Raphaël, & s'étant fait une habitude du bon goût, il peignit quantité de Tableaux qui ont été gravés, & s'acquit une grande réputation dans Rome, il prit la résolution de retourner en France, dans le dessein néanmoins de passer au service du Roi d'Espagne, qui l'avoit fait demander avec instance.

Il passa par Milan, où il refusa la direction de l'Academie de peinture que le Cardinal Albornos lui offrit. Etant arrivé à Paris il ne songea plus qu'à se préparer au voyage d'Espagne: mais le Cardinal de Richelieu qui en eut avis l'arrêta, par l'esperance qu'il lui donna d'un parti plus glorieux & plus utile. Il le presenta au Roi qui lui donna une pension de mille livres, & un logement dans les Galleries du Louvre.

Stella n'eut pas plûtôt donné des preuves de sa capacité que le Roi le fit Chevalier de Saint Michel, & après avoir reçû cet honneur, il peignit pour le Roi quantité de grands Tableaux dont la plûpart furent envoïés à Madrid. Il travailla aussi pour plusieurs Eglises, & pour divers particuliers.

Comme il étoit fort laborieux, & que les jours d'hiver sont fort courts, il emploïoit les soirées à faire des desseins de l'Histoire Sainte, de jeux champêtres, de jeux d'enfans, qui tous ont une suite de quantité de feuilles, car ils ont été gravés aussi bien que plusieurs Frontispices de Livres de l'impression du Louvre, & divers ornemens antiques avec une frise de Jules Romain, dont il avoit apporté les desseins d'Italie. L'amour qu'il avoit pour son Art, & sa trop grande attache au travail, le rendirent si delicat, que quelques années avant sa mort, il traîna une vie languissante, & qu'à l'âge de soixante-un ans, il mourut en 1647.

REFLEXIONS

Sur les Ouvrages de Stella.

STella étoit un beau génie, facile dans ses productions, propre à traiter toutes sortes de sujets: mais tourné du côté de l'enjoué, plûtôt que du grave & du terrible, noble dans ses inventions, moderé dans ses expressions, aisé & naturel dans ses attitudes, un peu froid dans ses dispositions, mais agréable partout.

Le long séjour que Stella fit en Italie lui donna un bon goût de dessein; son avidité pour apprendre, le rendit correct dans ses contours; & son assiduité au travail lui acquit une heureuse facilité. Son coloris étoit un peu crû, ses couleurs locales peu caracterisées, & ses carnations de pratique, & un peu alterées de vermillon. Comme son travail degenere en maniere, il est aisé de juger qu'il consultoit rarement la nature: mais à tout prendre, Stella étoit un Peintre qui avoit beaucoup de mérite, & qui n'avoit besoin que d'étudier un peu les manieres Vénitiennes pour rendre la sienne plus estimable.

MARTIN DE CHARMOIS,

Sieur de Lauré, a procuré tant d'avantages à la peinture Françoise, qu'on ne peut sans ingratitude le passer ici sous silence. La passion qu'il avoit pour la peinture & pour la Sculpture, le fit pénetrer assez avant dans la théorie de ces deux Arts pour s'y exercer avec facilité, & pour s'attirer l'estime des Connoisseurs de son tems. Il n'étoit ni Peintre ni Sculpteur de profession ; & le seul plaisir qu'il trouvoit à exercer son génie, le portoit à manier tantôt le pinceau, & tantôt l'ébauchoir. L'idée qu'il avoit conçûe de la Peinture, le fit joindre aux plus habiles d'entre les Peintres, pour les retirer de l'oppression des maîtres, & pour leur faire exercer librement le plus libre de tous les Arts. Il leur fit connoître la noblesse de leur profession, & après les avoir encouragés à exécuter le projet qu'ils avoient fait de secouer le joug de la maîtrise, il emploïa ce qu'il avoit de crédit & d'amis pour retirer la peinture de l'état languissant où elle étoit parmi les métiers, & pour la remettre en honneur dans les Arts liberaux. Il assembla les plus habiles dont il fit un corps, que les douze plus anciens gouvernoient sous sa direction.

C'est ainsi qu'il jetta les premiers fondemens de la célebre Académie de peinture que le Roi a établie dans son Royaume, logée dans son Palais, soûtenue par des Officiers & des Professeurs, & animée par des pensions qu'elle distribue au corps de l'Académie, & aux particuliers qui les méritent.

De Charmois étoit Secretaire du Maréchal de Schomberg Colonel du Regiment des Gardes Suiſſes. Et quoiqu'il fût obligé par ſon emploi à des aſſiduités indiſpenſables, il ſavoit ſi bien ménager ſon tems qu'il en donnoit une bonne partie au plaiſir qu'il prenoit à peindre. Je ne ſai ni le tems qu'il a vécu, ni celui de ſon Directorat dans l'Académie, mais il eſt conſtant qu'il exerça cette charge avec toute la prudence qu'on pouvoit attendre de ſon zele & de ſon mérite.

EUSTACHE LE SUEUR.

NE' à Paris en 1617. diſciple de Vouet, avoit un ſi grand talent pour la peinture, qu'il ne lui manquoit pour s'y rendre accompli qu'une école plus heureuſe que celle de ſon maître. Il inventoit avec facilité, il a rempli dignement les ſujets qu'il a traités; & il étoit ingénieux, ſage, & délicat dans le choix des objets dont il compoſoit ſes Tableaux. Il cherchoit dans ſon deſſein le goût de l'antique : mais à force d'y vouloir paroître délicat, il a ſouvent donné une proportion trop ſvelte, & a fait quelquefois ſes figures d'une longueur demeſurée. Ses attitudes ſont ſimples & nobles, ſes expreſſions fines, ſingulieres &

très-propres au ſujet. Ses draperies jettées dans le goût des derniers ouvrages de Raphaël, & il a obſervé dans ſes plis l'ordre de l'antique & la nature des étoffes qu'il a emploïées.

Son coloris eſt de teintes generales ſans choix & ſans recherches. Le peu de ſoin qu'il a pris de quitter en cela la maniere de Vouet, fait connoître qu'il ne l'a pas crue ſi mauvaiſe, ni que cette partie fût auſſi importante à ſon Art qu'elle l'eſt en effet, ou que remettant à un autre tems d'y faire plus d'attention & de l'acquerir, il ſe contentoit alors d'une pratique reçûe, & qui à la reſerve de celle de Blanchard, étoit generale dans Paris. Quoiqu'il en ſoit, le Sueur a ignoré les couleurs locales & l'intelligence du Clair-obſcur; mais pour les autres parties il en étoit ſi fort occupé, qu'il y avoit lieu d'eſperer, que s'il avoit vécu plus longtems, il auroit achevé de ſecouer tous les mauvais reſtes qu'il avoit encore de ſon maître, & que s'il eût une fois goûté les manieres Vénitiennes, il les auroit ſuivies dans le coloris, comme il ſuivoit les Romaines dans le deſſein.

Car incontinent après la mort de Vouet, il s'apperçût du mauvais chemin où ce maître l'avoit engagé, & par la conſideration des ouvrages antiques qui ſont en France,

& par la vûe des Desseins & des Estampes des bons maîtres Italiens, & surtout de Raphaël, il prit une route plus épurée, & fit voir que les belles choses que nous avons en France sont suffisantes pour prendre un bon goût de dessein sans aller à Rome, supposé une heureuse naissance & du génie pour la peinture. Les ouvrages de le Sueur nous en sont un bon témoignage, & entr'autres celui de la vie de saint Bruno qui est dans le Cloître des Chartreux de Paris, & qui à mon sens est le plus considérable qu'il ait fait. L'on peut juger par la maniere dont il en a traité les sujets & dont ils sont exécutés, que le Sueur en savoit assez pour disputer le rang aux premiers Peintres de sa nation.

LAURENT DE LA HIRE

ETοit dans son tems en grande réputation. Il fut le seul de tous les Peintres ses compatriotes qui ne suivit point la maniere de Vouet. La sienne n'étoit pas d'un meilleur goût, elle étoit plus recherchée, plus finie, & plus naturelle, mais toujours insipide. Ses païsages sont plus estimés que ses Figures, il les finissoit fort & les peignoit proprement. Il étoit tellement attaché à la Perſpective Aërienne qu'il confondoit toujours ſes lointains dans l'exalaiſon ſelon la méthode qu'il avoit appriſe de Deſargues. Il en uſoit dans ſes Figures comme dans ſes lointains, car à la reſerve de celles qui étoient ſur les premieres lignes, toutes les autres ſe perdoient dans un brouillard à meſure qu'elles s'éloignoient. Son fils a quitté la peinture pour ſuivre la rapidité de ſon génie qui le portoit aux Mathématiques, dans leſquelles il s'eſt rendu un des plus célebres de nos jours.

AVIS.

Le Mémoire qui ſuit a été fourni par Monſieur de la Hire, de l'Academie des Sciences, & Profeſſeur au College Royal.

LAurent de la Hire nâquit à Paris en 1606 il n'eut point d'autre maître dans la peinture que ſon pere qui lui en donna les premiers principes : mais ſon inclination pour cet Art le fit avancer en fort peu de tems en s'attachant ſeulement à la nature, dans quantité de grands Tableaux d'hiſtoire qu'il peignoit pour ſes études. Il en fit un entr'autres qui repréſentoit le Martyre de ſaint

ſaint Barthelemi qui lui acquit beaucoup de réputation. On peut avoir ce Tableau dans l'Egliſe de ſaint Jacques du Haut-pas, ce Tableau eſt peint d'une grande maniere & d'une grande force. Mais l'eſtime qu'il s'étoit acquiſe dans un tems où il n'y avoit perſonne à Paris qui fût de ſa force, lui donna beaucoup d'ouvrage, ce qui le fit tomber dans une maniere qui étoit plus foible que celle qu'il avoit ſuivie d'abord.

Il faiſoit pluſieurs Tableaux de Cabinet qu'il finiſſoit avec un très-grand ſoin, & qu'il ornoit d'architecture & de païſage qu'il entendoit très-bien. Il ne laiſſoit pas de faire, ſuivant l'occaſion, pluſieurs grands Tableaux d'Egliſe, ſans ſortir de ſa maniere.

Vers ces tems-là, il fit tous les deſſeins des Tapiſſeries pour l'Egliſe de S. Etienne du Mont, qui étoient très-finis à la pierre noire, ſur du papier biſtré & lavés par deſſus, & rehauſſés de blanc, dont il n'y en a eu que quelques-uns d'executés. On attribue aujourd'hui ces deſſeins à Euſtache le Sueur, mais fauſſement, & ce qui a donné lieu à cette erreur entre les curieux, eſt qu'un des freres de le Sueur peignoit en grand d'aprés les deſſeins de la Hire les patrons pour ces Tapiſſeries.

Enfin les antiques qu'on apporta à Paris, & quelques Estampes d'après les plus grands maîtres d'Italie, lui firent ouvrir les yeux, & il fit alors un Tableau d'une Descente de Croix pour le grand Autel des Capucins de Rouen, qui est son dernier ouvrage de cette nature. Car quelques infirmités sur la fin de ses jours ne lui permirent que de faire des païsages en petit qu'il peignoit très-proprement, & qui étoient très-finis & fort recherchés : Il mourut en 1656.

Son fils Philippe avoit un grand amour pour la peinture ; & comme il étoit charmé de ce qu'on voïoit à Paris d'après Raphaël, il passa en Italie, & il s'arrêta dans Rome pendant quelques années à étudier avec assiduité d'après les Tableaux de ce grand Peintre : mais enfin, son inclination qui avoit été portée à la Géometrie dès son enfance, & l'étude qu'il en faisoit comme par récréation, lui firent découvrir quelques nouveautés dans cette science, qu'il fit imprimer en 1672. ce qui lui acquit une place dans l'Academie des Sciences entre les grands hommes qui composent cet illustre Corps, & une charge de Professeur dans le College Roïal de France, qu'il possede encore à present.

MICHEL DORIGNY

NAtif de ſaint Quentin en Picardie, diſciple & Gendre de Vouet, a ſuivi de fort près la maniere de ſon beau-pere, dont il a gravé à l'eau-forte la plus grande partie des ouvrages, & leur a donné le véritable caractere de leur Auteur. Il mourut Profeſſeur de l'Academie en 1665. âgé de 48. ans.

CHARLES ALFONSE DU FRESNOY

NE' en 1611. fils d'un célebre Apoticaire de Paris, qui le fit élever avec tout le ſoin poſſible, dans la vûe d'en faire un Médecin. Les premieres années qu'il paſſa dans le College ſeconderent heureuſement le deſſein de ſon pere par les grands progrès qu'il y faiſoit : mais ſi-tôt qu'il fut dans les hautes Claſſes, & qu'il commença à goûter la Poëſie, le génie qu'il avoit pour elle ſe dévelopa, & il remporta en ce genre-la les prix dans les Claſſes où il ſe trouva. Son inclination ſe fortifia pat l'exercice,

& à en juger par ces commencemens, il devoit être un jour un des plus grands Poëtes de son siécle, si l'amour de la peinture, dont il devint également épris, n'avoit partagé son talent.

Enfin, il ne fut plus question de Médecine, il se déclara tout-à-fait en faveur de la Peinture, malgré la résistance de ses parens, qui, sans avoir égard à la violente inclination de leur fils, se servirent de tous les mauvais traitemens dont ils purent s'aviser pour le détourner de la résolution qu'il avoit prise, parce qu'ils n'avoient qu'une idée basse de la Peinture, & qu'ils ne la regardoient que comme un vil métier, & non comme le plus noble de tous les Arts.

Cependant toute la résistance que l'on mit en usage, ne fit qu'accroître cette passion naissante, & sans perdre le tems à déliberer, du Fresnoy s'abandonna entierement au génie qui le sollicitoit. Il avoit environ vingt ans lorsqu'il commença à prendre le craïon, & qu'il alla dessiner chez Perrier & chez Voüet. Mais à peine eut-il été deux ans dans cet exercice, qu'il partit pour aller en Italie. Il y arriva en 1634. & Mignard l'y étant allé trouver en 1636. ils lierent ensemble une amitié, qui dura jusqu'à la mort.

Pendant les deux premieres années que du Fresnoy passa à Rome, il n'étoit point en état de gagner de quoi subsister : ses parens d'ailleurs, dont il avoit méprisé les avis sur sa profession, l'avoient abandonné, & le fond dont il s'étoit pourvû avant de partir, fut à peine suffisant pour faire son voïage. Ainsi n'aïant dans Rome ni amis, ni connoissances, il se vit réduit à une telle extrêmité, qu'il ne se nourrissoit la plûpart du tems que de pain & d'un peu de fromage. Cependant il étoit bien moins inquiet de cet état fâcheux, qu'occupé de ses études de peinture, qu'il continuoit avec chaleur, lorsque l'arrivée de Mignard le mit un peu plus au large.

Comme l'esprit de du Fresnoy étoit d'une trempe à ne se pas contenter d'une connoissance médiocre, il voulut fouiller son Art jusqu'à la racine, & en tirer toute la quintessence ; il étudia avec application Raphaël & l'Antique, & il dessinoit tous les soirs aux Academies avec une avidité extraordinaire : & à mesure qu'il pénétroit son Art, il en faisoit des remarques, qu'il écrivoit en vers Latins. Une lumiere lui en donnoit une autre, & son esprit s'étant peu-à-peu rempli de toutes les connoissances nécessaires à sa profession, il forma le dessein d'en composer un Poëme, qui lui coûta beaucoup de veilles & de réflexions. Il le communiqua à tous les habiles gens, dont il pouvoit tirer des lumieres, ou de l'approbation.

Il avoit un amour extraordinaire pour les ouvrages du Titien, auquel il donnoit la préference sur tous les autres, à cause, disoit-il, que de tous les Peintres, le Titien étoit le plus grand imitateur de la nature. Il en copia à Rome tout ce qu'il y a de plus beaux Tableaux avec un soin qui n'est pas croïable.

Il entendoit fort bien le Grec & les Poëtes : & le tems qu'il donnoit à la lecture & à parler de peinture aux gens d'esprit qu'il trouvoit disposés à l'entendre, lui en laissoit peu pour travailler ; il paroissoit d'ailleurs qu'il avoit de la peine à peindre, soit que sa profonde Théorie lui retînt la main, ou que n'aïant appris de personne à manier le pinceau, il eût contracté une maniere peu expéditive : quoi qu'il en soit, ses ouvrages sont en petit nombre.

Comme il avoit fort étudié les élemens d'Euclides, & qu'il avoit un excellent goût pour l'Architecture, il commença par peindre des restes d'Architecture qui sont aux environs de Rome. Il les vendoit pour subsister, & les donnoit presque pour rien. Tous ses ouvrages se réduisent environ à cinquante Tableaux d'Histoires, & quelques païsages qu'il a peints pour des particuliers, ſans compter toutes les copies qu'il a faites d'après le Titien.

De tous ſes ouvrages, celui qu'il aimoit le plus, étoit ſon Poëme ſur la peinture. Quelque envie qu'il eût de le faire imprimer, comme il ſavoit bien qu'il étoit inutile de lui faire voir le jour, ſans une Verſion Françoiſe, & que la longue abſence de ſon païs lui avoit, pour ainſi dire, fait oublier ſa langue, il differa toujours de le rendre public.

Enfin je le mis en notre langue à ſa priere, & ſelon ſon intention. Il alloit, diſoit-il, travailler à un Commentaire pour éclaircir davantage ſes penſées, quand il fut ſurpris d'une paralyſie, dont il mourut chez un de ſes freres à quatre lieues de Paris, en 1665. âgé de 54. ans.

REFL XIONS

Sur les Ouvrages de du Freſnoy.

J'Ai connu du Freſnoy familierement: il m'avoit donné ſon amitié & ſa confiance: & il ſouffroit que je le viſſe travailler, (ce qu'il ne permettoit à perſonne, à cauſe de la peine qu'il avoit à peindre.) Le grand nombre de connoiſſances, dont il avoit l'esprit rempli, & sa mémoire qui les lui fournissoit facilement quand il en avoit la moindre occasion, faisoient que sa conversation, quoique très-utile, étoit si pleine de digressions, qu'il en perdoit souvent le sujet principal : ce qui a fait dire à plusieurs personnes que cela venoit d'une abondance de pensées que la vivacité de son imagination lui causoit. Pour moi, qui l'ai vû de près, & qui l'ai fort observé, il m'a parû que son imagination étoit très-belle à la verité, mais qu'elle n'étoit point vive, & que le feu dont elle étoit remplie, étoit assez moderé. Cela est si vrai, qu'il ne se contentoit jamais de ses premieres pensées; mais qu'il les repassoit & les digeroit dans son esprit avec toute l'application imaginable. Il se servoit pour les embellir des convenances qu'il croïoit nécessaires, & des lumieres qu'il tiroit de son érudition.

Ce fut selon les principes qu'il avoit établis dans son poëme, qu'il tâcha d'executer ses pensées. Il travailloit avec beaucoup de lenteur, & je lui aurois souhaité cette grande vivacité qu'on lui attribuë, pour donner plus d'esprit à son pinceau, & pour mettre ses idées en plus beau jour. Cependant il ne laissoit pas d'aller à ses fins par la Théorie : & il y a lieu d'être étonné que cette même Théorie, qui devoit le rendre assuré de la bonté de son ouvrage, ne lui ait pas rendu la main plus hardie. Ce qu'on peut dire à cela, est, que la grande speculation a besoin d'une grande pratique, & que du Fresnoy n'avoit que celle qu'il s'étoit acquise de lui-même par le peu de Tableaux qu'il avoit faits.

Il est aisé de voir par ses ouvrages qu'il cherchoit le Carache dans le goût du dessein, & le Titien dans le coloris : ainsi qu'il s'en expliquoit souvent. Nous n'avons point eu de Peintre François qui ait tant approché du Titien que du Fresnoy, à en juger entr'autres par les deux Tableaux qu'il fit à Venise pour le noble Marc Paruta, dont l'un représente une Vierge à demi corps, & l'autre une Venus couchée. Ce qu'il a peint en France tient encore de ce goût-là, principalement ce qu'il a fait au Rinci pour M. Bordier Intendant des Finances : cette Peinture passant pour le plus beau de ses ouvrages au jugement des connoisseurs. Mais si le peu de Tableaux qu'il a faits ne sont pas suffisans pour répandre son nom en divers endroits de l'Europe, celui de son Poëme sur la peinture le fera vivre autant que cet Art sera en quelque estime dans le monde.

NICOLAS MIGNARD

DE Troyes en Champagne, frère aîné de Pierre Mignard, surnommé le Romain, n'a pas eu dans son tems là même réputation que celui-ci, mais il avoit assez de parties dans la peinture pour se tirer aussi-bien que lui du nombre des Peintres ordinaires. Leur pere qui s'appelloit Pierre, & qui avoit servi le Roi dans ses armées l'espace de vingt ans, laissa la liberté à ses deux fils de suivre l'inclination qu'ils avoient pour la peinture. Nicolas en apprit les commencemens chez le meilleur Peintre qui se trouvoit pour lors à Troyes : & pour se fortifier dans sa profession, il alla étudier à Fontainebleau d'après les Figures antiques qui s'y trouvent, & d'après les peintures du Primatice. Mais voïant que la source des beautés qu'il étudioit étoit en Italie, il en voulut faire le voïage. L'occasion de certains ouvrages l'arrêta quelque tems à Lyon : mais beaucoup plus à Avignon, où il devint amoureux d'une fille qu'il épousa à son retour d'Italie, (ce qui le fit appeller Mignard d'Avignon.) Après avoir passé deux ans à Rome, & quelques années à Avignon chez son beau-pere, il fut appellé à la Cour par le Roi, qui l'avoit connu lorsqu'il passa en Avignon, dans le tems de son mariage avec l'Infante d'Espagne en 1659.

Mignard étant arrivé à Paris, y fut emploïé pour la Cour & pour des particuliers en divers ouvrages, où il donna des preuves de sa capacité. Il fit quantité de Portraits : mais son talent étoit plûtôt pour les Histoires. Il inventoit ingénieusement, & se plaisoit à traiter des sujets poëtiques. Le feu de son imagination étoit pourtant médiocre, & il compensoit cela par une grande exactitude, & par une grande propreté dans son travail. La trop grande attache qu'il y avoit le fit mourir d'hydropisie en 1668. au grand regret de tous ceux qui l'avoient connu ; car il n'étoit pas moins honnête homme, que bon Peintre. Il étoit pour lors Recteur de l'Academie, laquelle assista à ses funerailles dans l'Eglise des Feuillans, où il fut enterré.

CLAUDE VIGNON

NAtif de Tours, suivit d'abord la maniere de Michelange de Caravage, & fit dans ce goût-là des Tableaux d'une grande force. La promptitude avec laquelle il travailloit lui procura beaucoup d'emploi, & pour y satisfaire, il rendit sa maniere plus expéditive encore, mais beaucoup moins forte que ce qu'il avoit accoûtumé de faire. Il produisoit facilement, & sa façon d'emploïer ses teintes, étoit de les mettre en place sans les lier, & de peindre en ajoûtant toujours des couleurs, & non pas en les mêlant par le mouvement du pinceau; en sorte que la superficie de ses Tableaux en est très-raboteuse. Ainsi sa maniere, qui n'est qu'une pure pratique manuelle, est très-aisée à connoître. Comme il consultoit rarement la nature & l'antique, & que ses inventions & ses expressions n'avoient rien de particulier ni d'extraordinaire, ses Tableaux ne sont pas recherchés des curieux. Il étoit fort consulté pour la connoissance des manieres, & pour le prix des Tableaux. Il mourut en 1670. dans un âge fort avancé.

SEBASTIEN BOURDON

NAtif de Montpellier, avoit un génie de feu, qui ne lui a pas permis de réflechir beaucoup, ni de s'appliquer suffisamment aux parties les plus essentielles de son Art. Les études qu'il en fit en Italie, furent même interrompues par quelque querelle qui l'obligea d'en sortir après n'y avoir fait que peu de séjour. Cependant il avoit un génie facile, qui lui a fait produire dans ses premiers Ouvrages assez de bonnes choses, pour donner des esperances d'une habileté extraordinaire.

Les Guerres civiles de France qui y suspendirent les travaux des beaux Arts, lui firent faire le voïage de Suede, où la réputation de la Reine Christine l'avoit attiré. Mais cette Reine ne lui ayant donné pour tout emploi que son Portrait à peindre, il n'y fit pas grand séjour; & son génie de feu ne pouvant s'accommoder de l'inaction, le fit revenir bientôt en France chercher des occasions de s'exercer. S'il n'a pas rempli tout ce que l'on attendoit de lui, il a du moins soutenu sa réputation par des compositions extraordinaires, & par des expressions vives. Mais comme son génie n'étoit pas conduit par un jugement bien solide, il s'évaporoit souvent en des imaginations outrées; & qui après avoir fait plaisir au Spectateur par leurs bizarreries piquantes, tombent dans le sauvage pour peu qu'on les examine. Il n'en est pas de même de son païsage, il le faisoit très-bien; & j'en ai vû plusieurs, qui sont de beaux effets de son imagination, & que la bizarrerie ne rend que plus agréables, parce qu'il y entre certains effets extraordinaires, qu'il a étudiés d'après le naturel, & qu'il a exécutés d'une main prompte & facile. Il est vrai que les sites qui en sont peu communs, n'en sont pas bien réguliers, & ne s'accordent pas souvent dans leur plan. Il finissoit peu ses Ouvrages, & les plus finis même ne sont pas toûjours les plus beaux.

Il paria une fois contre un de ses amis, qu'il peindroit en un jour douze têtes d'après le naturel, & grandes comme le naturel, & gagna. Ces têtes ne sont pas des moindres qui soient sorties de son pinceau. Il se servoit souvent de l'impression de la toile quand il avoit du poil à faire, non pas en laissant l'impression découverte, mais en la découvrant avec l'ante de son pinceau.

Il a fait quantité d'ouvrages, dont les plus considerables sont, la Gallerie de M. de Bretonvilliers dans l'Isle de Notre-Dame, & les sept Oeuvres de Misericorde, qu'il a gravées lui-même à l'eau-forte. Celui de tous ses Tableaux qu'on estime davantage, est le martyre de S. Pierre, qu'il fit pour le Mai de l'Eglise de Notre-Dame, & que l'on y conserve comme un des plus beaux de tous ceux qu'elle contient.

Il étoit Calviniste de Religion, mais d'ailleurs de très-bonnes mœurs, & fort eſtimé dans l'Academie dont il étoit Recteur. Il travailloit pour le Roi dans l'appartement bas des Tuileries lorſque la mort le ſurprit en 1671. âgé d'environ ſoixante ans.

SIMON FRANCOIS

NE' à Tours en 1606. ſe tourna dès ſon bas-âge du côté de la dévotion. Il voulut même ſe faire Capucin : mais ſes parens l'en ayant empêché, il cherchoit une profeſſion qui fût propre à tenir ſon cœur élevé à Dieu, lorſqu'il vit par hazard un Tableau de la Nativité de Notre-Seigneur qui le toucha tellement, que dans la vûe d'en pouvoir faire de ſemblables, il prit la réſolution de ſe faire Peintre. Ainſi ce n'eſt point par une violente inclination qu'il embraſſa la Peinture, mais par une vocation qui paroiſſoit avoir quelque choſe d'extraordinaire ; car ſon génie étoit aſſez froid, quoiqu'il eût d'ailleurs l'eſprit aſſez ſolide pour faire ſon chemin dans la route ordinaire de la Peinture.

Il n'eut point d'autre Maître que les bons Tableaux qu'il copia. Il fit d'abord quelques portraits ; & M. de Béthune ſon protecteur, qui s'en alloit Ambaſſadeur à Rome, le mena avec lui, & lui procura une pension du Roi. Il demeura en Italie jusqu'en 1638. & à son retour, passant par Bologne, il lia amitié avec le Guide qui lui fit son Portrait.

A son arrivée en France il fut assez heureux pour être le premier Peintre qui eût l'honneur de faire le Portrait du Dauphin que la Reine venoit de mettre au monde. Ce premier ouvrage lui réussit si bien, qu'il avoit lieu d'esperer que la Cour, qui en étoit contente, & qui lui promettoit de la protection, le porteroit dans la suite, & lui procureroit de grands Ouvrages : mais quelque disgrace qu'il n'avoit point méritée étant venue à la traverse, lui fit quitter la Cour pour mener une vie retirée & plus convenable à son dessein.

C'est-là qu'il songea tout de bon à ne s'occuper de sa Peinture que pour son salut, & qu'il résolut de ne plus faire de Tableaux que de dévotion, dans laquelle il se fortifia tellement que le reste de sa vie a été le modele d'un parfait Chrétien. Entre toutes les vertus qu'on lui a vû exercer, celle de la patience a été la plus remarquable, car étant affligé de la Pierre pendant les huit dernieres années de sa vie, on lui en a vû supporter les douleurs avec une constance incroyable. Il mourut en 1671. & la pierre qu'on lui trouva après ſa mort peſoit une livre.

On ne voit point de ſes Tableaux dans les Cabinets : il y en a dans quelques Egliſes de Paris, & il n'eſt pas difficile en les voyant de juger que leur Auteur étoit plus dévot qu'habile Peintre. Très-habile pourtant, en ce qu'il a ſû ſe ſervir de ſon Art, pour acquérir le Ciel plûtôt qu'une vaine réputation.

PHILIPPE DE CHAMPAGNE

NE' à Bruxelles en 1602. de parens d'une médiocre naiſſance, mais gens de bien, témoigna dès ſon enfance une inclination extraordinaire pour la Peinture. Il changea pluſieurs fois de maîtres qui n'étoient que des Peintres médiocres, à la réſerve de Fouquiere qui lui apprit à faire du païſage. Pour les autres genres de Peintures, il ne les doit qu'à ſon aſſiduité au travail & à l'envie qu'il avoit de s'avancer.

Dans l'ardeur qu'il avoit d'apprendre, il chercha quelqu'un qui pût lui donner des inſtructions : mais n'ayant trouvé perſonne de la capacité qu'il ſouhaitoit, il ſe réſolut à n'en prendre d'autre que la nature qu'il imita depuis, ſans beaucoup de choix, quoiqu'aſſez regulierement.

A l'âge de dix-neuf ans il forma le dessein d'aller en Italie, & fit son compte aussi de passer par la France & de s'y arrêter autant qu'il le jugeroit à propos selon l'occasion. Etant arrivé à Paris il se mit chez l'Alleman fort mauvais Peintre; mais fort employé. Il le quitta pour se retirer en son particulier, & se logea au College de Laon, où le Poussin après son premier retour d'Italie demeuroit aussi; cette rencontre lia une espece d'amitié entr'eux, & fit qu'un Peintre nommé du Chesne, qui bien qu'ignorant, avoit entrepris les ouvrages de Peinture du Palais de Luxembourg, les employa tous deux dans ce Palais, Poussin à quelques petits ouvrages dans les Lambris, & Champagne à faire quelques Tableaux dans l'appartement de la Reine. Elle les trouva si fort à son gré que du Chesne en témoigna une forte jalousie, d'où Champagne qui aimoit la paix prit occasion de s'en retourner à Bruxelles pour voir son frere, & de là faire le voyage d'Italie par l'Allemagne. Mais à peine étoit-il arrivé à Bruxelles que l'Abbé de saint Ambroise, qui étoit Sur-intendant des Bâtimens, lui fit savoir la mort de du Chesne & le fit revenir en France. Il y prit aussi-tôt possession de la direction des Peintures de la Reine, qui lui donna un logement dans le Luxembourg & douze cens livres de pension. Ce fut en ce tems-là qu'elle le fit travailler aux Carmelites & qu'il épousa la fille de du Chesne. Comme il aimoit son Art, & qu'il étoit fort laborieux, il a fait à Paris, & dans le Royaume une infinité d'ouvrages. On en voit entr'autres lieux aux deux Couvents des Carmelites du Fauxbourg S. Jacques, & de la rue Chapon ; au Calvaire du Fauxbourg S. Germain ; au Palais Royal ; dans le Chapitre de Notre-Dame de Paris & dans plusieurs Eglises : sans compter une infinité de Portraits qu'il faisoit fort ressemblans, & qu'il finissoit beaucoup. M. Poncet Conseiller en la Cour des Aides, qui étoit de ses amis, le ptia un jour de Dimanche de faire celui de sa fille, qui devoit faire profession le Lundi aux Carmelites de la rue Chapon, n'y ayant plus que ce jour-là où les gens du monde pussent la voir ; mais Champagne faisant scrupule de peindre un Dimanche ne voulut jamais, quoi qu'on lui pût dire & offrir, se laisser vaincre aux prieres de son ami ; car outre qu'il étoit bon Chrétien, il étoit fort désinterressé, comme on en jugera par ce que je vais rapporter ici.

Le Cardinal de Richelieu n'ayant jamais pû faire quitter à Champagne le service de la Reine par les promesses qu'il lui avoit fait faire de lui établir une grosse fortune pour lui & pour les siens, ne pût s'empêcher de louer sa fidelité & de l'estimer d'autant plus qu'il persistoit dans son attachement. Le premier Valet de Chambre du Cardinal qui lui avoit fait la proposition, ajoûta qu'il n'avoit qu'à souhaiter, & que son maître ne lui refuseroit rien. A quoi Champagne répondit, que si M. le Cardinal pouvoit le rendre plus habile Peintre qu'il n'étoit, ce seroit la seule chose qu'il ambitionneroit le plus: mais comme cela n'étoit pas possible, il ne desiroit de son Eminence que l'honneur de ses bonnes graces. Cette réponse qui fut rapportée au Cardinal, bien-loin de l'aigrir, ne fit qu'augmenter l'estime qu'il avoit pour ce Peintre. Quoique Champagne refusât de se donner au Cardinal, il ne refusoit pas pour cela de travailler pour lui. Il lui fit entr'autres choses son Portrait à diverses fois, qui est un des meilleurs qu'il ait peint en toute sa vie.

Il étoit depuis long-tems dans une grande réputation, lorsque le Brun arriva d'Italie. Celui-ci par sa capacité & par le moyen de ses protecteurs, gens puissans, prit bientôt le timon de la Peinture, & fut fait dans la suite premier Peintre du Roi, sans que Champagne en ait témoigné la moindre jalousie.

Il eut de son mariage un fils & deux filles ; de ces trois enfans il ne lui resta qu'une fille qu'il aimoit tendrement ; & comme elle se fit Religieuse à Port-Royal où elle étoit pensionnaire, cela donna à Champagne de l'attachement pour ce Couvent, & pour les personnes qui y avoient quelque relation qu'on appelloit en ce tems-là du nom de Janseniste. Il mourut en 1674. âgé de soixante-douze ans, estimé de tous ceux qui le connoissoient, tant pour sa Peinture, que pour ses mœurs.

REFLEXIONS

Sur les Ouvrages de Champagne.

LA forte inclination que Champagne fit voir dès son bas-âge pour la Peinture, n'étoit accompagnée d'aucune élevation. Ce n'est pas qu'il n'ait fait quantité de compositions, & qu'il n'eût de la facilité à inventer : mais son génie étoit froid, & son goût tenoit beaucoup de son païs.

Il s'est toujours fort attaché au naturel, & à imiter avec assez de fidelité ses modeles : mais il ne les savoit pas disposer d'une façon à leur donner de la vie & du mouvement. Il n'a pas bien connu ce qu'il faut retrancher du vrai pour le rendre moëleux, leger, & de bon goût, ni ajoûter ce peu qui le fait paroître animé; il me semble en un mot que tout son savoir étoit dans son modele dont il étoit esclave, bien loin de le faire obéir à son génie, ou du moins aux regles de son Art. Je ne vois pas même qu'il ait penetré les bons principes de la peinture, ni qu'à la reserve du dessein où il a fait voir assez de régularité, mais peu de goût, il ait fait rien sentir de bien piquant dans aucun de ses Tableaux.

Je ne puis celer néanmoins que j'ai vû de lui beaucoup de bonnes choses pour les couleurs locales, beaucoup de têtes bien imitées & fortes de couleurs; mais dont la plûpart n'étoient point tout-à fait exemptes de l'immobilité & de l'indolence qui est ordinaire aux modeles même vivans.

De représenter la nature en la corrigeant, de suppléer toutes les beautés dont elle est susceptible, & de lui distribuer des lumieres & des ombres avantageuses qui l'accompagnent, c'est l'ouvrage d'un Peintre parfait: mais il est toujours d'un bon Peintre de l'imiter avec facilité telle qu'elle se rencontre, d'en faire voir un caractere fidele quand même il ne l'orneroit que de beautés qu'elle a présentes, sans pénetrer toutes celles qui pourroient lui convenir. C'est dans ce ſens que Champagne a pû meriter l'eſtime que l'on en a fait dans ſon tems avec d'autant plus de juſtice qu'il faiſoit le païſage d'une bonne methode, qu'il entendoit fort bien la perſpective, qu'il finiſſoit extrêmement tous ſes ouvrages, & qu'enfin il exerça long-tems la charge de Recteur dans l'Academie.

JEAN-BAPTISTE DE CHAMPAGNE

AUſſi de Bruxelles, neveu de Philippe, dont on vient de parler, fut élevé par ſon oncle dans la peinture. L'union dans laquelle ils vivoient, & l'eſtime qu'ils avoient l'un pour l'autre, fit prendre au neveu la même maniere qu'avoit ſuivie ſon oncle, en degenerant un peu de force & de verité. Du reſte ils avoient les mêmes ſentimens dans leur profeſſion & dans leur morale, celui-ci fit un voyage en Italie, qui ne dura que quinze mois, ſans prendre d'autre Goût que celui que les ouvrages de ſon oncle lui avoient inſpiré. Il mourut profeſſeur de l'Academie en 1681. âgé d'environ quarante trois ans.

NICOLAS LOIR

DE Paris, fils d'un habile Orfevre, ne manquoit pas de génie pour inventer, ni de feu pour executer. Il n'y avoit néanmoins rien en cela qui passât le Peintre ordinaire. On n'y remarque, ni finesse de pensée, ni caractere particulier qui eût quelque élévation. Il avoit un bon Goût de dessein, de la propreté & de la facilité dans tout ce qu'il faisoit ; & sans se donner le tems de digerer ses pensées, à peine les avoit-il produites qu'il les exécutoit, souvent même en discourant avec le monde, par la grande habitude qu'il s'étoit acquise, & par l'heureuse mémoire des choses qu'il avoit vûes en Italie. Il ne demeuroit court sur aucun sujet & faisoit également bien les Figures, le Païsage, l'Architecture & les Ornemens. On voit dans Paris quantité de ses Ouvrages tant publics que particuliers, plusieurs Galeries & Appartemens, & entr'autres pour le Roi dans le Palais des Tuileries. Il mourut en 1679. âgé de cinquante-cinq ans, étant pour lors professeur à l'Academie.

CHARLES LE BRUN

DE Paris, apporta en naissant toutes les dispositions pour former un grand Peintre. Il se servit de son talent dès qu'il pût se servir de sa raison. Il le cultiva par des études continuelles, & il le fit valoir par la fortune, qui seconda son mérite, & qui ne l'abandonna jamais. Il étoit fils d'un Sculpteur médiocre qui demeuroit dans la Place Maubert. Ce Sculpteur fut employé à quelque ouvrage dans le Jardin de l'Hôtel Seguier. Il avoit accoutumé d'y mener son fils, & de lui faire copier quelques desseins auprès de lui. M. le Chancelier s'y étant un jour allé promener, vit ce jeune homme qui dessinoit avec tant de facilité & d'application pour son âge, qu'il ne douta point que ce ne fût l'effet d'un génie au-dessus du commun. La physionomie de cet enfant lui plût. Touché de ces bonnes dispositions, il l'obligea de lui porter de tems en tems de ses desseins, & voulut bien dans la suite prendre soin de son avancement, & l'aider de quelque secours d'argent pour lui donner du courage.

Ce jeune homme, animé par des récompenses, fit des progrès surprenans, en sorte que M. le Chancelier le recommanda à Vouet, qui peignoit alors la Bibliotheque de l'Hôtel Seguier, & qui étoit regardé de tous nos Peintres comme le Raphaël de la France.

Le Brun fit à l'âge de quinze ans deux ouvrages qui surprirent les Peintres de ce tems-là: le premier étoit le Portrait de son ayeul, & l'autre représentoit Hercule assommant les chevaux de Diomede. Après quelque tems, M. le Chancelier Seguier connut par les progrès qu'avoit fait le Brun, & par l'avidité que ce jeune Peintre avoit d'apprendre, qu'il étoit tems de le faire voïager en Italie. Il l'y envoïa en 1639. Il l'y entretint par une grosse pension l'espace de trois ans, pendant lesquels le Brun cultiva son génie par toutes les connoissances qui l'ont conduit au dégré de perfection où il s'est élevé. Les jeunes Peintres qui reviennent de Rome passent ordinairement à Venise pour prendre au moins quelque teinture du bon coloris: mais le Brun n'eut pas cette curiosité.

Le premier Tableau qu'il fit à son retour d'Italie, fut le Serpent d'airain, qui est dans le Convent des Religieux de Picpus, & ensuite quelques autres pour M. le Chancelier son protecteur.

Il sentoit fort bien ce qu'il valoit, par

comparaiſon aux Peintres de ſon tems, & l'envie qu'il avoit de ſe faire connoître lui faiſoit ſolliciter vigoureuſement les ouvrages qui devoient être expoſés au public. Ce fut dans cette vûe qu'il fit à Notre-Dame deux années de ſuite le Tableau du Mai. Il peignit la premiere année le martyre de ſaint André, & la ſeconde le martyre de ſaint Etienne. Le Sueur, dont nous avons parlé, étoit le ſeul Concurrent qui lui pût diſputer : mais ſoit qu'on trouvât le Brun plus habile ou plus à la mode, ſoit que le nombre de ſes amis fût plus grand, il emportoit toujours ſur ſon Competiteur les grandes occaſions de ſe ſignaler.

La Galerie de M. Lambert dans l'Iſle Notre-Dame, & le Seminaire de ſaint Sulpice établirent ſi ſolidement ſa réputation, que M. Foucquet, Sur-intendant des Finances, le voulut avoir pour les ouvrages de Peinture qui devoient embellir ſa Maiſon de Vaux-le-Vicomte. Le Brun y a laiſſé des témoignages de la profondeur de ſon génie & de ſon ſavoir, ſurtout dans l'Appartement que l'on appelle la Chambre des Muſes. On y voit un Plat-fond qui paroît un des meilleurs Tableaux qu'il ait faits.

M. Foucquet, pour attacher le Brun entierement à ſon ſervice, lui donna une penſion de douze mille livres, outre le paiement de ses ouvrages. Et après la détention de M. Foucquet, le Roi qui vouloit rendre son Royaume florissant par les Arts, aussi-bien que par les sciences, jetta les yeux sur le Brun : Sa Majesté l'anoblit ; Elle l'honora de l'Ordre de saint Michel, & le fit son premier Peintre.

C'est dans ce poste qu'il rendit son mérite encore plus sensible au Roi, & que M. Colbert Ministre d'Etat, & Sur-intendant des Bâtimens, le regarda comme le plus grand Peintre du monde. Ce fut sur ses projets que be Ministre proposa à Sa Majesté d'affermir les fondemens de l'Académie de Peinture, & de la rendre la plus célebre qui ait jamais été en ce genre-là. Les revenus en furent augmentés. On y établit de nouveaux Statuts, & elle fut composée d'un Protecteur, d'un Vice-Protecteur, d'un Directeur, d'un Chancelier, de quatre Recteurs, de quatorze Professeurs, dont il y en auroit un pour l'Anatomie, & un autre pour les Mathématiques, de plusieurs adjoints aux Recteurs & aux Professeurs, de plusieurs Conseillers, d'un Secretaire, & de deux Huissiers.

Ce fut aussi sur les Mémoires de le Brun, que le Roi établit une Académie à Rome, pour y entretenir un Directeur qui eût soin que les Pensionnaires, que le Roi y envoie de tems en tems, se rendissent capables de bien servir Sa Majesté dans les ouvrages de Peinture, de Sculpture, & d'Architecture.

Le Brun avoit un zele très-ardent pour faire fleurir les beaux Arts en France; il répondoit en cela aux bonnes intentions du Roi, & M. Colbert étant chargé de faire exécuter ses ordres, s'en rapportoit entierement à le Brun. Ce Peintre prenoit non seulement le soin des choses en géneral, mais il n'en épargnoit aucuns pour ses Tableaux en particulier. Il s'instruisoit à fond du sujet qu'il avoit à traiter ou par la lecture des bons Auteurs, ou par les Savans qu'il consultoit.

Il a fait à Sceaux, & dans plusieurs maisons de Paris des ouvrages que la renommée a rendus recommandables. Mais les plus considerables sont chez le Roi en plusieurs grands Tableaux de l'Histoire d'Alexandre, au Plat-fond de la grande Galerie de Versailles, & au grand Escalier du même lieu.

Quand le Roi choisit le Brun pour son premier Peintre, il lui donna en même tems la direction génerale des Manufactures des Gobelins, & il l'exerça avec tant d'application, qu'aucun ouvrage ne s'y faisoit qui ne fût de son Dessein. Il mourut en 1690. dans son logement des Gobelins.

Sa Sepulture est dans une Chapelle qu'il avoit acquise à saint Nicolas du Chardonnet, où sa veuve lui a fait ériger un magnifique Mausolée.

REFLEXIONS

Sur les Ouvrages de Charles le Brun.

LA facilité avec laquelle le Brun a fait ses études de peinture à Rome, & les premiers Tableaux qu'il peignit à son arrivée, firent naître une grande opinion de sa capacité. Il n'amusa point le public par des commencemens louables qui fissent seulement présumer ce qu'il devoit être un jour: il fit comme le figuier, qui au contraire des autres arbres commence par produire ses fruits, sans les faire préceder de fleurs qui en sont les esperances. Tout ce qui est sorti de sa main a toujours été regardé comme l'ouvrage d'un grand maître, en sorte que l'on peut dire en quelque façon, que les progrès qu'il a faits dans son Art, n'ont pas été pour se faire habile, puisqu'il l'étoit déja, mais pour devenir un des premiers Peintres de son siécle.

Il avoit un beau génie, l'esprit pénetrant, & le jugement solide; il inventoit facilement, mais avec réflexion. Il ne faisoit rien entrer dans la composition de ses Tableaux qu'il n'y eut bien pensé ; il consultoit les Livres & les Savans, pour ne rien obmettre de ce qui pouvoit bien remplir son sujet; il l'exprimoit ingénieusement & avec une vivacité qui n'avoit rien de l'emportement. On crut d'abord à la vûe de ses premiers ouvrages, dont les sujets étoient presque tous de dévotion, que son talent étoit particulier pour la douceur & pour la tendresse : mais il a bien fait connoître par les Tableaux qu'il a faits depuis, que son génie étoit universel, & qu'il pouvoit également bien traiter l'enjoüé, comme le sérieux, & le tendre comme le terrible.

Il a traité ses sujets allegoriques avec beaucoup d'imagination : mais au lieu d'en tirer les symboles de quelque source connue, comme de la Fable, & des Médailles antiques, il les a presque tous inventés, ainsi ces sortes de Tableaux, deviennent par-là des énigmes, que le spectateur ne veut pas se donner la peine d'éclaircir.

Il a toujours estimé l'Ecole Romaine pour le dessein, mais il a eu une pente à suivre celle de Bologne, & particulierement le goût d'Annibal Carache, dans lequel il avoit acquis une facilité merveilleuse. Et si dans cette partie il n'étoit pas tout-à fait si spirituel que ce Peintre ; il étoit moins chargé, plus égal, plus gracieux, & toujours correct. Ses Attitudes sont d'un beau choix, naturelles, expressives, contrastées judicieusement : ses draperies bien jettées, flattant & marquant le nud avec discrétion, sans y mêler néanmoins l'agréable varieté des étoffes particulieres. Ses expressions sont belles dans tout ce qu'il a voulu représenter, & le traité curieux qu'il a composé des passions de l'ame, avec des Figures démonstratives, fait voir la grande attention qu'il y avoit apportée. Il semble pourtant qu'en cela même, il a trop generalement suivi l'idée qu'il s'en étoit faite, en sorte qu'elle a dégeneré en habitude & en ce qu'on appelle maniere. Cette habitude est belle à la verité : mais faute d'examiner la nature, & de voir qu'elle peut exprimer une même passion de differentes façons, & qu'il y en a de particulieres qui sont vives & piquantes, il a privé ses ouvrages d'un prix qui non seulement leur auroit donné entrée dans les Cabinets des Curieux, mais qui leur y auroit procuré une place considerable.

Ce que je dis de cette generale expression des passions de l'ame peut avoir lieu pour le dessein tant des Figures que des airs de tête que le Brun a représentées, car ils sont presque toujours les mêmes, quoique d'un très-beau choix : ce qui vient sans doute, ou d'avoir réduit la nature à l'habitude avoit contractée, ou de n'y avoir pas assez consideré les diversités dont elle est susceptible & dont les productions singulieres ne sont pas moins l'objet du Peintre que les génerales.

Le Brun reconnut assez dès son retour d'Italie, le besoin qu'il avoit de se défaire des teintes sauvages & triviales dont Vouet son maître s'étoit servi pour la prompte expédition de ses ouvrages : il fit ce qu'il pût pour en sortir, il les rendit plus moderées & plus approchantes de la verité : mais quelque effort qu'il ait fait pour s'en défaire entierement, il a toujours retenu le style de se servir de teintes trop generales dans ses draperies comme dans ses carnations, & de n'avoir pas eu assez d'égard aux reflets qui contribuent beaucoup à la force & à la rondeur des objets, aussi-bien qu'à l'union & à la verité de l'imitation.

Ses couleurs locales sont mauvaises, & il n'a point fait assez d'attention à donner par cette partie le véritable caractere à chaque objet ; ce qui est la seule cause pour laquelle ses Tableaux sentent toujours, comme on dit, la palette, & ne font point cette fidelle sensation de la nature. Et pour preuve de ce que j'avance ici, il n'y a qu'à mettre un des meilleurs Tableaux de le Brun, auprès de quelque autre des meilleurs de l'Ecole Vénitienne. Cette comparaison est excellente, non seulement en cette occasion, mais en toute autre où il s'agira de juger des couleurs locales.

Cette pratique où étoit le Brun, jointe au peu de soin qu'il a eu d'emploïer les bruns sur le devant de ses Tableaux, & l'opinion où il étoit que les grands clairs ne pouvoient être placés sur le derriere, lui ont fait faire beaucoup d'ouvrages de peu d'effet.

Il n'en a pas usé de même pour l'intelligence du Clair-obscur, & quoiqu'il n'y ait pas fait une attention bien formelle dans ses premiers tems, il en a connu la necessité absolue dans un âge plus avancé, & l'a pratiquée avec succès. Les grands Tableaux qu'il a peints de l'Histoire d'Alexandre en sont des preuves bien sensibles.

Ces dernieres productions, qui sont les meilleures qu'il ait faites en sa vie, sont plus que suffisantes pour faire voir l'étendue de sa capacité & de son génie, & les Estampes qui en ont été gravées avec soin porteront sa gloire par toute la terre.

Le Brun étoit universel par tous les genres de Peintures, à la reserve du paisage. Son Pinceau étoit leger & coulant,

Il joignit une extrême facilité à une extrême exactitude. Enfin, quelque chose qu'on puisse lui reprocher du côté de sa maniere trop ideale, trop peu variée, & trop peu naturelle, il avoit d'ailleurs assez de parties pour tenir un rang considerable parmi les habiles Peintres : & quoique la brigue ait pû dire, ou faire pour obscurcir ses talens, sa mémoire en est déja vengée, & la posterité continuera, sans doute, de rendre la justice qui est due à son mérite.

AVERTISSEMENT.

Madame la Comtesse de Feuquiere, n'ayant pas jugé à propos de fournir un Mémoire touchant la vie & les principaux ouvrages de feu Mr. Pierre Mignard son Pere, Premier Peintre du Roi ; le Libraire a crû faire plaisir au Public d'extraire ce qui suit des Hommes Illustres de Mr. Perrault.

PIERRE MIGNARD.

Pierre Mignard nâquit à Troyes en Champagne au mois de Novembre 1610 son pere passa la plus grande partie de sa vie à la guerre où il reçût plusieurs blessures qui l'obligerent enfin à quitter le service, Il eut deux fils, l'aîné ayant pris le parti de la peinture, il destina à la Médecine son cadet, qui est celui dont je parle. Ce jeune fils avoit une si forte inclination pour la profession de son frere, & tant de génie pour ce bel Art, que lorsqu'il accompagnoit le Médecin qu'on avoit choisi pour l'instruire, il ne s'occupoit qu'à dessiner les attitudes des malades, & de ceux qui les servoient. Il peignit dès lors dans un même Tableau la femme du Médecin, ses enfans & un domestique, avec tant de ressemblance & un si bon goût, quoiqu'il n'eût pas encore douze ans, que les plus habiles auroient pû l'avouer.

Ce premier essai, qui marquoit ce qu'il devoit être un jour, détermina son Pere à lui laisser suivre une profession pour laquelle la nature lui avoit donné de si heureuses dispositions. Le progrès qu'il y fit en très-peu de tems fut tel, que le Maréchal de Vitry ayant vû les ouvrages de ce jeune Peintre, qui n'avoit que quinze ans, le demanda à son Pere pour peindre sa Chapelle de Coubert, où tous ceux qui la virent furent frappés de la beauté de son imagination. Le Maréchal charmé de sa vivacité, l'emmena à Paris, & le mit sous la conduite de Monsieur Vouet premier Peintre du Roi, homme alors d'une grande réputation. Il s'attacha d'abord à imiter son

Maître, & le fit si parfaitement, qu'on ne pouvoit distinguer leurs ouvrages. Mais l'excellence de son génie lui fit bientôt reconnoître ce qu'il y avoit de foible dans Vouet; & dès qu'il eût vû les Tableaux que le Maréchal de Crequy rapporta d'Italie, il forma le dessein d'aller à Rome, où il arriva sous le Pontificat d'Urbain VIII.

Sa premiere application fut de quitter la maniere de Vouet: il chercha de meilleurs modeles dans les Antiques, & dans les Tableaux de Raphaël & du Titien. Le bon goût qu'il prit dans cette étude, mit ses Tableaux en si grande réputation, qu'ils se répandirent bientôt dans la Sicile, dans la Catalogne & dans l'Espagne. Les Italiens mêmes, naturellement jaloux des étrangers & remplis du mérite de leurs Peintres, ne purent s'empêcher de lui rendre justice.

Il alla de Rome à Venise, & fut comblé d'honneurs & de présens par tous les Princes dans les Etats desquels il passa. A Venise il s'attacha particulierement à l'étude du coloris, où il acheva de se perfectionner. Il demeura depuis à Rome vingt-deux ans de suite, pendant lesquels il peignit les papes Urbain VIII. Innocent X. & Alexandre VII. les Cardinaux & les grands Seigneurs souhaiterent tous d'avoir leurs Portraits de sa main. Il continuoit à travailler avec un grand succès, lorsque le Cardinal Mazarin lui envoïa les ordres du Roi & de la Reine Mere pour revenir en France, où il a peint le Roi dix fois, & plusieurs fois toute la Famille Royale.

Les principaux ouvrages qu'il fit depuis son retour en France, sont la Coupe du Val de Grace, qui est le plus grand morceau de peinture à fresque qui soit dans l'Europe. Il a peint aussi à fresque la Chapelle des Fonds de saint Eustache, un Plat-fond dans l'Arsenal, & un autre à l'Hôtel de Longueville qui représente une Aurore. Il a peint à Versailles la petite Gallerie du Roi, & un grand Cabinet de l'Appartement de Monseigneur. Mais son Chef-d'œuvre est la Gallerie & le grand Salon de saint Cloud qu'il acheva en moins de quatre ans. Il paroît dans ces ouvrages une si belle Ordonnance, tant de force & tant de grace, que les Connoisseurs qui viennent d'Italie, y trouvent, comme le remarqua d'abord le Cardinal Ranucci, toute la beauté des peintures des Caraches, du Guide & du Dominiquin.

Le Roi pour honorer son mérite, lui donna des Lettres de Noblesse en 1687. & Monsieur le Brun premier Peintre du Roi, étant mort en 1690. Sa Majesté lui donna les charges de son premier Peintre, de Directeur & Chancelier de son Académie Royale de Peinture & Sculpture, & de Directeur des Manufactures des Gobelins.

Dans le tems qu'il tomba malade de la maladie dont il est mort, il finissoit un Tableau de saint Luc où il s'est peint lui-même tenant une palette & des pinceaux. Il y a même un petit bout de tapis qu'il laissa imparfait. Quatre mois auparavant, il avoit achevé un saint Matthieu. On voit dans ces deux derniers Tableaux faits pour le Roi, que l'âge n'avoit rien diminué de la correction de son dessein, de la force & de la legereté de son pinceau, quoiqu'il fût alors dans une extrême vieillesse. Il mourut le trente Mai 1695. âgé de 85. ans.

Il étoit extrêmement gracieux dans ses desseins, dans les attitudes nobles & aisées qu'il donnoit à ses Figures, & dans la fraîcheur agréable de son coloris. Il peignoit également en grand & en petit; ce qui se rencontre rarement dans les plus grands Maîtres. Il a donné aux Sculpteurs plusieurs desseins de Figures, & particulierement de plusieurs Termes qu'on voit à Versailles; & qui ont été travaillés sous sa conduite.

Il étoit fort laborieux, & disoit souvent, qu'*il regardoit les paresseux comme des hommes morts*. Cependant il ne pouvoit suffire à l'empressement des personnes de qualité.

qui desiroient d'avoir leurs Portraits de sa main.

Ses bonnes qualités ne se bornoient pas au talent de sa profession, son esprit, sa douceur, & l'agrément de son commerce lui firent un grand nombre d'amis qui lui furent toujours fort attachés. Son amitié étoit sure, reguliere, tendre & solide: la probité & la droiture lui furent naturelles: Enfin les honnêtes gens trouvoient dans sa conversation autant de charmes, que les Connoisseurs en remarquent dans ses ouvrages. Comme il a travaillé pendant soixante-treize ans, il est mort avec des biens considerables. Il a laissé quatre enfans, trois garçons & une fille pour laquelle il eut une tendresse singuliere qui a toujours été reciproque. Elle a épousé le Comte de Feuquiere.

On a remarqué que lorsqu'il avoit à representer ou des Vertus ou des Déesses, il les peignoit souvent sous le visage & sous la taille de sa fille; mais comme c'est une personne d'une rare beauté, on ne doit pas trouver étrange qu'il s'en soit servi pour embellir ses ouvrages.

CLAUDE GELE'E,

dit

LE LORRAIN.

LA maniere dont la fortune a tiré ce Peintre de la grande obscurité où il étoit, pour en faire un homme estimé par toute l'Europe, est tout-à-fait surprenante. Dans sa jeunesse ses parens l'envoïerent à l'Ecole, mais comme il n'y pouvoit rien apprendre, ils le mirent en apprentissage chez un Patissier. Il y acheva son tems: mais comme ce fut sans en avoir beaucoup profité, ne sachant que faire, il se mêla parmi des gens de sa profession qui alloient à Rome, pour tacher comme eux d'y gagner sa vie. Et comme il ne savoit pas la Langue, & qu'il étoit fort grossier, ne pouvant trouver de pratique, il se mit par hasard au service d'Augustin Tasse, pour lui broïer ses couleurs, pour nettoyer sa palette & ses pinceaux, pour penser son cheval, pour faire sa petite cuisine, & les autres choses nécessaires dans un ménage; car Augustin n'avoit que lui seul dans sa maison.

Ce Maître, dans l'esperance de tirer de son Valet quelque service dans le plus gros de ses ouvrages, lui apprit peu-à-peu quelques regles de Perspective.

Le Lorrain eut d'abord de la peine à comprendre ces principes de l'Art : mais lorsqu'il eut commencé à recevoir quelque petite rétribution de son travail, le courage lui vint, son esprit s'ouvrit, & il se mit à étudier avec une ferveur opiniâtrée. Il étoit à la campagne depuis le matin jusqu'à la nuit à considerer les effets de la nature, & à les peindre ou dessiner. Sandrart rapporte qu'étant à la campagne avec lui, pour étudier ensemble, le Lorrain lui faisoit remarquer, comme auroit fait un Physicien, les causes de la diversité d'une même vûe, c'est-à-dire, qui paroît tantôt d'une façon, & tantôt d'une autre pour ce qui regarde les couleurs ; ainsi qu'il paroît par la rosée du matin, ou par le serain du soir. Il avoit la mémoire si heureuse, qu'il peignoit avec beaucoup de fidelité, étant retourné chez lui, ce qu'il n'avoit fait que voir avec attention à la campagne. Il étoit si absorbé dans son travail, qu'il ne visitoit presque personne. Son divertissement étoit l'étude de sa profession ; & à force de cultiver son Talent, il a fait des Tableaux qui lui ont acquis par le monde une réputation immortelle dans le genre de peinture qu'il a embrassé. On peut conjecturer par-là ce que peut la constance dans le travail contre la pesanteur de l'esprit. Il avoit de la peine à operer, & son ouvrage ne répondant pas à son intention, il étoit quelquefois huit jours à faire & défaire la même chose. Sa touche n'a point de manieres, & il brouilloit souvent par des glacis les arbres qu'il avoit touchés.

Quelque soin qu'il ait pris de dessiner à l'Academie, il n'a jamais pû faire des figures de bon goût pour accompagner ses Païsages. Il est mort à Rome en 1678. extrêmement âgé. Le Pape Innocent X. estimoit tant les ouvrages du Lorrain, que voulant en voir l'auteur, il lui fit dire qu'il lui feroit plaisir de lui faire quelquefois cortége dans ses promenades.

NOEL COYPEL.

NOEL COYPEL, naquit à Paris le deuxiéme Décembre 1629. il étoit fils de Guyon Coypel Cadet de Normandie. Il fut conduit à Orleans par son pere, qui y étant appellé par quelques affaires, le mit sous la discipline du plus habile Peintre de la Ville nommé Poncet, éleve de Vouet.

Ce Peintre étoit fort infirme & incommodé de la goutte; de sorte que ne pouvant vaquer à ses affaires, il y employoit son jeune disciple, en qui il avoit remarqué beaucoup d'esprit & de jugement : mais comme ces sortes d'occupations détournoient Coypel de son travail, & qu'il avoit un grand amour pour la peinture ; il réparoit par les études qu'il faisoit la nuit, le tems qu'il perdoit le jour. Ayant atteint l'âge de quatorze ans, il revint à Paris ; & passant par la rue de saint Honoré, il entra par hazard dans l'Eglise des Jacobins, où un Peintre nommé Quillerier peignoit la Chapelle de S. Hiacinthe, lequel voyant ce jeune enfant regarder son ouvrage avec attention, lui demanda s'il apprenoit à peindre; le jeune enfant lui répondit qu'oui ; que s'il vouloit lui faire peindre quelque chose, il connoîtroit le peu qu'il savoit faire : Quillerier y consentit, & ayant été surpris de son ouvrage, il continua de le faire travailler pendant quelque tems.

Il se fit ensuite connoître à Charles Errard, qui pour lors entreprenoit toutes les peintures qui se faisoient pour le Roi sous les ordres de M. de Ratabon, Surintendant des Bâtimens de sa Majesté. Et comme Errard faisoit donner à ce jeune homme une paye aussi forte qu'aux plus habiles qui travailloient conjointement avec lui, M. de Ratabon s'en étonna ; & en aïant demandé la raison, Errard lui répondit, qu'il ne falloit pas payer selon l'âge, mais selon le merite.

Coypel n'a presque pas cessé depuis ce tems-là de travailler pour le Roi.

En l'année 1660. il épousa Magdeléne Herault, fille d'Antoine Herault Peintre, qui passoit pour lors pour un des plus grands Connoisseurs en beaux Tableaux, & qui en faisoit negoce. Alors le merite de Coypel fut connu des Curieux les plus considerables. Il fit les Portraits de Mylord Lokard, Ambassadeur d'Angleterre, & de sa famille, dans un même Tableau, qui fut fort estimé des Connoisseurs.

Magdeléne Herault peignoit aussi, & copioit dans la derniere perfection. Il est resté entre les mains de sa famille plusieurs belles copies d'après Raphaël, & de plusieurs autres grands maîtres, faites de sa main. Elle étoit d'une vertu & d'une pieté qui la mettoit encore audessus de ses talents.

En 1661. il acheva un Tableau où il representa saint Jacques le Majeur, qui marchant à la mort, convertit en son chemin un Gentil, qui l'embrasse. Ce Tableau fut exposé le premier jour de Mai à la grande porte de l'Eglise de Paris avec un applaudissement universel, & passe encore aujourd'hui pour un des plus beaux qui soient dans cette Eglise.

Il fit dans ces tems-là plusieurs Tableaux pour le Roi dans le vieux Louvre, & le Plat-fonds de la Salle des Machines des Thuileries. Il peignit ensuite plusieurs grands Tableaux pour le Parlement de Bretagne à Rennes qui furent fort estimés, & le sont encore aujourd'hui des Connoisseurs.

Peu de tems après il peignit pour le Roi, avec beaucoup de succès, le Plat-fonds d'un grand Salon qui étoit alors à Versailles ; mais qui malheureusement a été abattu par les changemens que l'on a faits dans le Bâtiment de ce superbe Château.

Ensuite, il donna à l'Academie Royale de Peinture & de Sculpture, où il avoit été reçû, un Tableau representant Caïn & Abel. Peu de tems après, il fut élu Professeur de la même Académie.

Dans ce même tems, il peignit le grand Cabinet du Roi au Palais Royal. On voit dans le Plat-fonds des Figures d'une correction de dessein, que l'on admireroit dans des Tableaux anciens.

Il fut ensuite choisi par M. Colbert, Ministre, Secretaire d'Etat, & Sur-Intendant des Bâtimens du Roi, pour peindre l'Appartement de Sa Majesté aux Thuileries. Tout y fut orné sous sa conduite, & sur ses desseins ; & il y a plusieurs beaux Tableaux de sa main, tant aux Plat-fonds de cet Appartement, que dans les Lambris, & au dessus des cheminées. Il y a aussi dans le petit Oratoire une Nativité de sa main, d'une grande beauté.

Il fit ensuite plusieurs beaux Tableaux aux Plat-fonds des petits Appartemens du haut du Château de Versailles, & en fit faire les ornemens sur ses desseins. Ils ont été abattus par les changemens qui se sont faits dans le Bâtiment.

En 1672. le Roi lui donna un appartement aux Galleries du Louvre; & en même tems, voulant qu'il vît l'Italie, le choisit pour directeur de son Academie de Peinture, Sculpture, & Architecture, que sa Majesté a établie à Rome; & M. Colbert qui l'honoroit de sa protection, lui conseilla de mener avec lui en ce voyage son fils, qui pour lors étoit en seconde au College d'Harcourt où il faisoit ses études, & qui cependant n'avoit pas laissé de dessiner les jours de congé à l'Academie, & d'y remporter plusieurs petits prix de dessein.

Noël Coypel partit pour Rome vers la fin de l'année 1672. & mena avec lui Antoine Coypel son fils unique, âgé pour lors d'onze ans. Il y mena aussi son beau frere Charles Herault, Peintre de l'Academie pour le païsage, & Charles Poerion son cousin, & son disciple qu'il avoit élevé chez lui dès sa plus grande jeunesse. Plusieurs autres Pensionnaires du Roi Peintres, Sculpteurs, & Architectes, partirent avec lui, & sous sa conduite. Il arriva à Rome, & prit possession du Directorat à la place de Charles Errard, qui revint en France. Peu de tems après Antoine Coypel son fils ayant remporté un prix à l'Academie de saint Luc pour un dessein d'invention, & n'ayant alors que douze ans & demi, il fut honoré de la pension du Roi.

Noël Coypel donna un nouveau lustre à l'Academie de France. Il loua un grand & magnifique Palais pour la loger; & ayant fait mouler les plus belles Statues de Rome, il en orna un grand salon. Et outre l'Academie du modele, il en établit une autre dans ce salon ponr dessigner d'après l'Antique; & pour encourager les Etudians à ce noble exercice, il y dessinoit lui-même les soirs pour leur servir d'exemple. Il fit mettre les armes de France sur la porte du Palais de l'Academie, & célebrer le jour où elles furent posées par un festin, des concerts de musique, & un feu d'artifice. Enfin il n'épargna dans sa fonction ni soins ni dépense pour faire honneur à sa nation, ce qui lui fit mériter dans Rome l'estime & l'amitié de tout le monde; tant

par

par le caractere de son esprit & de ses mœurs, que par sa grande capacité. Car il peignit à Rome les Tableaux destinés pour le Cabinet du Conseil du Roi à Versailles, & qui par les changemens qui se sont faits en bâtissant la grande Gallerie, se trouvent à présent placés dans l'Appartement de la Reine. Ces Tableaux furent exposés dans Rome à une fête qui se fit à la Rotonde, & reçurent un applaudissement géneral, ce qui fit beaucoup d'honneur à la Nation Françoise. Il fut honoré de l'amitié de M. le Duc d'Estrées, alors Ambassadeur de France à Rome : de M. le Cardinal son frere, & des plus grands Seigneurs du païs. Il fut étroitement lié d'amitié avec le Cavalier Bernin, & le Cavalier Carlo-Maratti. On le voulut faire Prince de l'Académie de S. Luc ; mais quelques raisons particulieres l'empêcherent d'accepter cet honneur. Enfin aprés avoir rempli sa carriere dans Rome pendant trois années avec distinction, il revint en France avec son fils, où il fut reçû de M. Colbert avec des marques de bonté infinies. Il y continua les ouvrages qu'il avoit commencés pour le Roi.

Quelques années aprés, il fit deux pertes qui changerent beaucoup sa situation. Magdeléne Herault sa femme mourut ; & presqu'en même tems il pleura avec toute la

France le Protecteur des Arts & le sien; c'est-à-dire, M. Colbert. M. de Louvois devint Sur-intendant des Bâtimens, & le chargea de plusieurs desseins de Tapisseries pour la Manufacture des Gobelins; & dans le même tems, il se remaria en secondes nôces avec Anne Perrin. Il continua toujours à travailler pour le Roi, & fut élû Recteur de l'Académie de Peinture : mais plus appliqué à son Art & à sa famille, qui devint fort nombreuse, qu'à faire sa Cour, il éprouva longtems que la fortune ne vient guere chercher les personnes qui ne vont pas au-devant d'elle. La force du mérite cependant l'emportant toujours, & rien n'échapant à la justice du grand Roi sous lequel nous avons le bonheur de vivre, sa Majesté lui fit l'honneur de lui donner une pension de mille écus, & de le nommer Directeur de l'Académie de Peinture après la mort de Pierre Mignard, que Sa Majesté avoit nommé de même quand Charles le Brun mourut. M. de Villa-Cerf, alors Surintendant des Bâtimens, l'honoroit de sa bienveillance, & le regardoit avec une grande distinction pour la solidité de son esprit & pour sa probité. Mais M. de Villa-Cerf s'étant demis de la charge de Surintendant des Bâtimens, & n'ayant pas vécu longtems après, Noël Coypel ressentit cette derniere perte avec la plus vive douleur. Quelques années après il ne laissa pas de faire pour l'Eglise des Invalides deux grands morceaux à fresque qui sont au-dessus de l'Autel ; & qui représentent, l'un l'Assomption de la Vierge, & l'autre son Couronnement. Mais alors âgé de soixante-dix-huit ans, les grandes fatigues d'un si pénible ouvrage, jointes à quelques déplaisirs particuliers lui causerent une longue maladie, dont il mourut le vingt-quatre Décembre 1707. âgé de soixante-dix-neuf ans, la veille de Noël, jour même de sa naissance.

Il a laissé après lui Antoine Coypel son fils, assez connu par la réputation que lui ont acquise ses grands ouvrages, dont plusieurs sont gravés. C'est lui encore qui a peint la Gallerie du Palais Royal, la voute de la Chapelle de Versailles; & fait les desseins, sur lesquels on a gravé en creux & en taille-douce l'Histoire du Roi en médailles. On en diroit davantage, s'il n'étoit pas vivant. Ce qu'on peut ajoûter, sans blesser la modestie, c'est que son mérite l'a fait choisir Directeur de l'Académie au mois de Juillet de l'année 1714. choix que Sa Majesté a approuvé avec éloge.

MADAME LE HAY.

ELizabeth Sophie Chéron, épouse de M. le Hay, naquit à Paris le troisiéme d'Octobre de l'année 1648. Son pere qui étoit de Meaux, avoit de la réputation parmi les Peintres de Portraits : il étoit Calviniste, mais Marie le Fevre sa mere étoit Catholique. Mademoiselle Chéron fit de si grands progrès dans la Peinture, qu'à l'âge de quatorze ans elle étoit déja célebre : & ce fut à cet âge que sa mere la mena à l'Abbaye de Jouarre pour y peindre l'Abbesse & des Pensionnaires illustres qui y étoient pour lors. Ce voïage fut la cause de sa conversion : car au retour de Jouarre elle se fit Catholique. C'étoit une personne pleine de mérite, soit du côté des vertus, soit par les talens. Son respect & ses égards pour sa mere, sa fidelité pour ses amis, sa sensibilité pour les pauvres, & surtout son attachement véritable à la religion Catholique ; tout cela distinguoit encore plus Mademoiselle Chéron, que son habileté dans la Musique, dans la Poësie & dans la Peinture. Nous avons d'elle un recueil de Poësies où sa piété & son génie paroissent également ; & si l'on vouloit donner au public tout ce qu'elle a fait depuis, on auroit dequoi beaucoup augmenter ce Recueil; mais nous ne parlons ici que de son mérite de Peinture. Elle réussissoit parfaitement bien surtout à peindre les femmes, mais elle ne se bornoit pas à faire des Portraits, elle a fait voir dans des Tableaux d'Histoires un grand goût de dessein, & une grande intelligence du Clair-obscur. Mais peut-être rien ne prouve-t-il tant son savoir que la maniere dont elle a dessiné en grand plusieurs cachets antiques, qui contiennent en petit de grandes compositions; & dont la plûpart gravées sur ses desseins par d'habiles maîtres, sont dans les cabinets des curieux. M. le Hay nous fait esperer le reste. On peut voir aussi des têtes antiques de sa main, dessinées avec une purete de contour & une élégance admirable. Du reste elle avoit embrassé toutes les manieres de peindre, & elle réussissoit également bien en huile, en miniature & en émail. Elle gravoit même & de bon goût.

Ses talens pour la Poësie lui mériterent une place dans l'Académie des *Ricovrati* de Padoue, qui lui en envoïa les Patentes en 1699. dans lesquelles l'Académie lui donne le surnom d'*Erato*. Son mérite de Peinture l'avoit déja fait recevoir dans l'Académie que le Roi a fondée à Paris pour les Peintres & pour les Sculpteurs. Voici l'Extrait des Registres de ce célebre Corps: *Du onziéme jour de Juin 1672. l'Académie extraordinairement assemblée, M. le Brun a présenté deux Tableaux de Portraits, faits par Damoiselle Elizabeth Chéron, lesquels ont tellement satisfait la Compagnie, qu'elle a estimé cet ouvrage très-rare, excedant même la force ordinaire de son sexe, & a résolu de lui donner la qualité d'Académicienne; & pour cet effet, a ordonné de lui expedier les Lettres nécessaires.* Qu'auroit dit l'Académie si elle avoit eu à juger du mérite de Mademoiselle Chéron, par les ouvrages qui sont depuis sortis de ses mains?

Elle mourut le 3. de Septembre 1711. avec tous les sentimens de pieté qu'on pouvoit attendre d'une personne, qui comptoit pour rien tous les talens de l'esprit au prix des vertus Chrétiennes.

Elle a laissé deux illustres Eleves, Anne & Ursule de la Croix, niéces de son mari M. le Hay.

Il n'y a que peu de tems qu'on a reçû de Rome l'Article suivant; on le donne ici en François, tel qu'il est en Italien.

CARLO MARATTI.

CARLO MARATTI étoit originaire d'Illyrie: car du tems de Soliman sa famille vint s'établir à Camerano dans la Marche d'Ancone. Ce fut là qu'il naquit en l'année 1625. Il fit voir dès son enfance un naturel très-heureux pour la peinture, & étant venu à Rome chez André Sacchi célebre Peintre & disciple de l'Albane, il s'y arrêta à la grande satisfaction de son maître, qui par les dispositions & l'intelligence du jeune éleve, prévoyoit & disoit à tout le monde qu'il seroit plus grand Peintre que lui. Il s'attacha fort aux ouvrages de Raphaël, des Caraches & du Guide ; & de ces trois manieres il s'en fit une propre, par laquelle il parvint bientôt à un haut dégré d'estime & de réputation, non seulement dans Rome & dans l'Italie, mais dans toute l'Europe. On a une infinité de ses Tableaux grands & petits, tous peints avec une extrême soin. On voit entr'autres de sa main plusieurs têtes de la sainte Vierge, qui lui ont fait beaucoup d'honneur. Il commença les peintures du Palais Altieri, mais il ne les a pas achevées, ce qui lui causa beaucoup de déplaisir ; parce qu'il s'étoit proposé de faire voir dans ce Palais toute l'étendue de son savoir. On faisoit un si grand cas de ses ouvrages, qu'on lui a donné jusqu'à six cens écus pour une demi-Figure, & trois mille écus pour un Tableau d'Autel. Il étoit en grande considération auprès de plusieurs Princes de l'Europe, auprès des Papes, & sur-tout de Clement XI. aujourd'hui regnant qui le fit Chevalier dans le Capitole, en presence du Sacré College, & qui pendant le cours de sa vie & à la mort l'a comblé d'honneurs. Carlo Maratti mourut le 15. de Novembre de l'année 1713. âgé de quatre-vingt-huit ans & sept mois. Il est enterré dans un magnifique Tombeau qu'il s'étoit préparé pendant sa vie, dans l'Eglise des Chartreux de Rome. On lui a érigé à Camerano, lieu de sa naissance, un superbe monument avec l'inscription suivante.

CAROLO MARATTI

Ex Illyria oriundo, Camerani orto,
Viro toto Orbe celeberrimo:
Quem ob singularem ejus virtutem
Clemens XI. Pontifex Max. bonarum
Artium Restitutor,
In Capitolio adstante Sacro Cardinalium
Senatu,
Equestri Cruce insignivit:
Et anteà Alex. VII. Clem. IX. Innoc. XI.
& XII. summi Pontifices
Ludovicus XIV. Galliarum, Joannes III.
Poloniæ Reges.
Christina Alexandra Suecorum
Regina

Quam plurimis honoribus, & muneribus decorarunt :
Romæ in Templo ad Diocletiani Thermas, tumulo magnificè extructo
Resurrectionem expectaturo
Cives Cameranenses Civi Optimo, & illustri
Exiguum hoc non exigui amoris documentum
Posuere
Ne tanto Viro
Cujus memoria nulla fere Europæ Civitas caret
In Natali Loco monumento deesset.
Vivebat Anno salutis M. DCC. XII.

AVERTISSEMENT.

Le second Article de M. de la Hire & les quatre derniers Articles, ont été ajoûtés dans cette Edition à l'ouvrage de M. de Piles.

DU GOUT,

Et de sa diversité, par rapport aux differentes Nations.

APrès avoir parlé des Peintres de differens endroits de l'Europe, j'ai crû qu'il ne seroit pas hors de propos de dire ici quelque chose des differens goûts des Nations. On a parlé du grand goût dans son lieu, & l'on a fait voir qu'il devoit se trouver dans un ouvrage accompli, comme dans sa fin, & dans un Peintre parfait, comme dans sa source. Mais il y a dans les hommes un goût general, qui est susceptible de pureté & de corruption, & qui devient particulier selon l'usage que l'on fait des choses particulieres. Je tâcherai d'expliquer ici la maniere dont il se détermine, & dont il se forme.

On peut, ce me semble, raisonner du goût de l'esprit, comme du goût du corps. Il y a quatre choses à considerer dans le Goût du corps.

1. L'Organe.
2. Les choses qui se mangent, ou qui sont goûtées.
3. La Sensation qu'elles causent.
4. L'Habitude que cette même Sensa-

tion rëiterée produit dans l'organe.

Il y a de même quatre choſes à conſiderer dans le goût de l'eſprit.

1. L'Eſprit qui goûte.
2. Les choſes qui ſont goûtées.
3. L'Application de ces choſes à l'eſprit, ou le jugement que l'eſprit en porte.
4. L'Habitude qui ſe fait de pluſieurs jugemens rëiterés, de laquelle il ſe forme une idée qui s'attache à notre eſprit.

De ces quatre choſes, l'on peut inferer :

Que l'eſprit peut être appellé goût, en tant qu'il eſt conſideré comme l'organe :

Que les choſes peuvent être appellées de bon ou de mauvais goût, à meſure qu'elles contiennent, ou qu'elles s'éloignent des beautés que l'art, le bon ſens, & l'approbation de pluſieurs ſiecles ont établies.

Que le jugement que l'eſprit fait d'abord de ſon objet, eſt un premier goût naturel, qui, dans la ſuite peut ſe perfectionner, ou ſe corrompre, ſelon la trempe de l'eſprit & la qualité des objets qui ſe preſentent.

Et enfin, Que ce jugement rëiteré produit une habitude, & cette habitude une idée fixe & determinée, qui nous donne un penchant continuel pour les choſes qui ont attiré notre approbation, & qui ſont de notre choix.

C'eſt ainſi que ſe forme, peu-à-peu dans l'eſprit de chaque particulier, ce que nous appellons plus ordinairement goût dans la Peinture. Du reſte, quoique tous les goûts ne ſoient pas bons, chacun eſt perſuadé que le ſien eſt le meilleur. C'eſt pourquoi l'on peut définir le goût, *l'Idée habituelle d'une choſe, conçûe comme la meilleure dans ſon genre.*

Il y a trois ſortes de goûts dans la Peinture, le goût naturel, le goût artificiel, & le goût de nation

Le goût NATUREL, eſt l'idée qui ſe forme dans notre imagination à la vûe de la ſimple nature. Il paroît que les Allemands & les Flamands ſont rarement ſortis de cette idée, & la commune opinion eſt que le Correge n'en a poiut eu d'autre. Ce qui fait toute la difference de celui-ci à ceux-là, c'eſt que les idées ſont comme les liqueurs qui prennent la forme des Vaſes où elles ſont reçûes; & qu'ainſi le goût naturel peut être bas ou élevé ſelon les talens des particuliers, & ſelon le choix qu'ils ſont capables de faire des objets de la nature.

Le Goût ARTIFICIEL, eſt une idée qui ſe forme par la vûe des ouvrages d'autrui, & par la confiance que nous avons aux conſeils de nos Maîtres; en un mot, par l'éducation.

Et le goût de NATION, est une idée que les ouvrages qui se font ou qui se voient en un païs, forment dans l'esprit de ceux qui les habitent. Les differens goûts de nations se peuvent réduire à six, le goût Romain, le goût Venitien, le goût Lombard, le goût Allemand, le goût Flamand, & le goût François.

Le goût ROMAIN, est une idée des ouvrages qui se trouvent dans Rome. Or il est certain que les ouvrages les plus estimés qui soient dans Rome, sont ceux que nous appellons Antiques & les ouvrages Modernes qui les ont imités, soit en Sculpture, soit en Peinture. Toutes ces choses consistent principalement dans une source inépuisable de beautés dudessein, dans un beau choix d'Atitude, dans la finesse des expressions, dans un bel ordre de Plis, & dans un style élevé où les Anciens ont porté la Nature, & après eux les Modernes depuis près de deux siecles. Ainsi ce n'est pas merveille si le Goût Romain étant extrémement occupé de toutes ces parties, le coloris qui ne vient que le dernier, n'y trouve plus de place. L'esprit de l'homme est trop borné, & la vie est trop courte pour approfondir toutes les parties de la Peinture, & les posseder parfaitement toutes à la fois; sur-tout dans un tems où les principes de cet Art ne ſont encore ni bien établis, ni bien connus. Ce n'eſt pas que les Romains mépriſent le Coloris, car ils ne peuvent mepriſer une choſe dont ils n'ont jamais eu une idée bien juſte; mais étant prévenus d'autres parties où ils tâchent de ſe perfectionner, & n'ayant pas le tems de s'appliquer à connoître le Coloris, ils ne l'eſtiment pas tout ce qu'il vaut.

Le Goût VENITIEN, eſt oppoſé au Goût Romain, en ce que celui-ci a un peu trop negligé ce qui dépend du Coloris, & celui-là ce qui dépend du deſſein. Comme il y a très-peu d'Antiques à Veniſe, & très-peu d'ouvrages du goût Romain, les Venitiens ſe ſont attachés à exprimer le beau naturel de leur païs. Ils ont caracteriſé les objets par comparaiſon, non ſeulement en faiſant valoir la veritable couleur d'une choſe, par la veritable couleur d'une autre; mais en choiſiſſant dans cette oppoſition une vigueur harmonieuſe de couleurs, & tout ce qui peut rendre leurs ouvrages plus palpables, plus vrais, & plus ſurprenans.

Le Goût LOMBARD, conſiſte dans un deſſein coulant, nourri, moëleux, & mêlé d'un peu d'Antique & d'un bien naturel choiſi, avec des couleurs fondues, fort approchantes du naturel, & employées d'un pinceau leger. Le Corrége est le meilleur exemple de ce Goût, & les Carraches qui ont tâché de l'imiter, ont été plus corrects que lui dans le dessein, mais inferieurs à lui dans le Goût de ce même Dessein, dans la Grace, dans la Delicatesse, & dans la fonte des Couleurs. Annibal dans le séjour qu'il fit à Rome prit tellement le Goût Romain, que je ne compte pour Lombards que les ouvrages qui ont précedé celui de la Gallerie Farnese.

Je ne mets pas non plus au nombre des Peintres Lombards ceux qui étant nés en Lombardie ont suivi ou l'Ecole Romaine, ou l'Ecole Venitienne : parce que j'ai plus d'égard en cela à la maniere que l'on a pratiquée qu'au lieu où l'on a pris naissance. Les Peintres & les Curieux qui ont mis par exemple dans l'Ecole de Lombardie, le vieux Palme, le Moretto, Lorenzo Lotto, le Moron, & plusieurs autres bons Peintres Lombards, du païs de Bresse & de Bergame, nous ont jettés insensiblement dans la confusion, & ont fait croire à plusieurs que l'Ecole Lombarde & l'Ecole Venitienne étoient la même chose ; parce que les Lombards dont je viens de parler, ont entierement suivi la maniere du Giorgion & du Titien. J'ai moi-même parlé autrefois selon cette idée confuse, parce que la plûpart de nos Peintres François en parloient ainsi : mais la raison & les Auteurs Italiens qui ont traité ces matieres m'ont remis dans le bon chemin.

Le Goût ALLEMAND, est celui qu'on appelle ordinairement Goût Gotique. C'est une idée de la nature comme elle se voit ordinairement avec ses défauts, & non comme elle pourroit être dans sa pureté. Les Allemands l'ont imitée sans choix, & ont seulement vétu leurs Figures de longues draperies dont les plis sont secs & cassés. Ils se sont plus arrêtés à finir leurs objets qu'à les bien disposer, les expressions de leurs Figures sont ordinairement insipides, leur dessein sec, leur couleur passable, & leur travail fort péné. Il y a eu néanmoins parmi les Allemands des Peintres qui meritent d'être distingués, & qui ont été en certaines parties comparables auxplus habiles d'Italie.

Le Goût FLAMAND, ne differe de l'Allemand que par une plus grande union de couleurs bien choisies, par un excellent Clair-obscur, & par un pinceau plus moëleux. J'excepte des Flamands ordinaires, trois ou quatre Flamands, disciples de Raphaël, qui rapporterent d'Italie la maniere de leur Maître, dans le dessein & dans le Coloris. J'en excepte encore Rubens &

Vandeix, qui ont regardé la nature par des yeux penetrans, & qui ont porté ses effets dans une élevation peu commune; quoiqu'ils aient retenu quelque chose du naturel de leur païs dans le Goût du dessein.

Le Goût FRANÇOIS a été toûjours si partagé, qu'il est difficile d'en donner une idée bien juste: car il paroît que les Peintres de cette Nation ont été dans leurs ouvrages assez differens les uns des autres. Dans le séjour qu'ils ont fait en Italie, les uns se sont contentés d'étudier à Rome & en ont pris le Goût: D'autres se sont arrêtés plus long-tems à Venise, & en sont revenus avec une inclination particuliere pour les ouvrages de ce païs-là, & quelques-uns ont mis toute leur industrie à imiter la nature telle qu'ils la croient voir. Parmi les plus habiles Peintres François qui sont morts depuis quelques années*, il y en a qui ont suivi le Goût de l'Adtique, & d'autres celui d'Annibal Carrache pour le Dessein, & les uns & les autres ont eu un Coloris assez trivial: mais ils ont d'ailleurs tant de belles parties, & ils ont traité leurs sujets aeec tant d'élevation, que leurs Ouvrages serviront toûjours d'ornemens à la France, & seront admirés de la posterité.

* Le Poussin & le Brun.

FIN.

NOMS DES PEINTRES dont il est parlé dans ce Volume.

A.

B.

C.

G.

H.

J.

K.

L.

M.

Sebastien

Fin des Noms des Peintres contenus en ce Volume.

APPROBATION.

J'AY lû par l'ordre de Monſeigneur le Chancelier, ce Livre, intitulé, *Abregé de la Vie des Peintres, avec des reflexions ſur leurs Ouvrages, & un Traité du Peintre parfait; De la connoiſſance des deſſeins, & de l'utilité des Eſtampes* : & j'ay crû que cette Edition, où l'Auteur a mis la derniere main, & où l'on a pris ſoin de faire quelques additions, ſeroit plus agréable encore & plus utile au Public que toutes les Editions précedentes. Fait à Paris ce dixiéme de Fevrier 1715.

Signé, FRAGUIER.

PRIVILEGE DU ROY.

LOUIS, par la grace de Dieu, Roy de France & de Navarre : A nos amez & feaux Conseillers, Maîtres des Requêtes ordinaires de notre Hôtel, Grand Conseil, Prevôt de Paris, Baillifs, Sénéchaux, leurs Lieutenans Civils, & autres nos Justiciers qu'il appartiendra, SALUT. Nôtre amé JACQUES ESTIENNE, Libraire à Paris, Nous ayant fait remontrer qu'il souhaiteroit faire imprimer un *Abregé de la Vie des Peintres, avec des Reflexions sur leurs ouvrages* ; Et un *Cours de Peinture par principes, composé par le sieur de Piles ;* s'il Nous plaisoit lui accorder nos Lettres de Privilege sur ce nécessaires : Nous lui avons permis & permettons par ces Presentes de faire imprimer ledit Livre, en telle forme, marge, caractere, conjointement ou separément, & autant de fois que bon lui semblera ; & de le vendre, faire vendre & débiter par tout notre Royaume, pendant le tems de *dix années* consécutives, à compter du jour de la datte desdites Présentes. Faisons défenses à toutes sortes de personnes, de quelque qualité & condition qu'elles soient, d'en introduire d'impression étrangere dans aucun lieu de notre obéïssance ; & à tous Imprimeurs-Libraires, & autres, d'imprimer, faire imprimer, vendre, faire vendre, débiter ni contrefeire ledit Livre, en tout ni en partie, ni d'en faire aucuns Extraits, sans la permission expresse & par écrit dudit Exposant, ou de ceux qui auront droit de lui, à peine de confiscation des Exemplaires contrefaits, & de quinze cens livres d'amende contre chacun des Contrevenans ; dont un tiers à Nous, un tiers à l'Hôtel-Dieu de Paris, l'autre tiers audit Exposant, & de tous dépens, dommages & interêts : à la charge que ces Présentes seront enregistrées tout au long sur le Registre de la Communauté des Imprimeurs & Libraires de Paris, & ce dans trois mois de la date d'icelles; que l'impression dudit Livre sera faite dans nôtre Royaume, & non ailleurs, en bon papier, & en beaux caracteres, conformément aux Reglemens de la Librairie; & qu'avant que de l'exposer en vente, il en sera mis deux Exemplaires dans notre Bibliotheque publique, un dans celle de notre Château du Louvre, & un dans celle de notre très-cher & feal Chevalier, Chancelier de France, le sieur Voysin, Commandeur de nos ordres: le tout à peine de nullité des Presentes, du contenu desquelles, Vous mandons & enjoignons de faire joüir l'Exposant, ou ses Ayans-cause, pleinement & paisiblement, sans souffrir qu'il leur soit fait aucun trouble ou empéchement. Voulons que la copie desdites Presentes, qui sera imprimée au commencement ou à la fin dudit Livre, soit tenuë pour dûëment signifiée, & qu'aux Copies collationnées par l'un de nos amez & feaux Conseillers & Secretaires, foy soit ajoûtée comme à l'Original. Commandons au premier notre Huissier ou Sergent, de faire pour l'exécution d'icelles tous actes requis & necessaires, sans demander autre permission: Et nonobstrant clameur de haro, Charte Normande, & Lettres à ce contraires; car tel est notre plaisir. Donné à Versailles le 20 jour du mois de Mars, l'an de grace 1715, & de notre Regne le soixante-douziéme. Par le Roy, en son Conseil. FOUQUET.

Registré sur le Registre, num. 3. de la Communauté des Libraires & Imprimeurs de Paris, page 924. num. 1172. conformement aux Reglemens, & notamment à l'Arrêt du Conseil du 13 Août 1703. A Paris le 29 Mars 1715. Signé ROBUSTEL, *Syndic.*

CATALOGUE

Des Livres nouvellement imprimés à Paris chez JACQUES ESTIENNE, *Libraire, ruë Saint Jacques, à la Vertu.*

TRAITÉ sur la Priere publique, & sur les Dispositions pour offrir les Saints Mysteres, & pour y participer avec fruit, *in douze*, grand papier, septiéme Edition, 2. l.

—— le même, *in douze*, petit papier. 1. l. 15 s.

—— le même, *in dix-huit*, grand papier, 1. l. 10.

—— le même, *in dix-huit*, petit papier, 1. l.

Lettres sur divers sujets de Morale & de Pieté, *par l'Auteur du Traité de la Priere publique*, troisiéme Edition, *in douze*, grand papier, 1. l. 15. s.

—— le même, *in douze*, petit papier, 1 l. 10 s.

—— le même, *in dix-huit*, grand papier, Quatriéme Edition, 1 l. 5 s.

—— le même, *in dix-huit*, petit papier, 1 l.

Sentimens qu'il faut inspirer à ceux qui s'engagent dans la profession Religieuse, *in douze*, 1 l. 10 s.

—— Méthode & Pratique des principaux Exercices de Pieté, par le même, *in douze*, seconde Edition augmentée de plusieurs Exercices pour la Confession & Communion. 1. l.

Conduite spirituelle pour les Novices, par le même, *in douze*, 1 l. 5 s.

Méditations sur les plus importantes Veritez Chrêtiennes, & sur les principaux Devoirs de la Vie Religieuse, pour les Retraites de ceux qui ont embrassé cet etat Nouvelle Edition, revûë & corrigée par l'Auteur, *in douze*, 2 l.

Exhortations aux malades & aux mourans, avec des considerations sur les Devoirs des personnes qui sont engagées par leur état à servir les malades dans les Hôpitaux, *in douze*, 1 l. 10 s.

Recueil de tous les Mandemens & Lettres Pastorales de M. FLECHIER, Evêque de Nismes, sur divers sujets; avec son Oraison funebre, *in douze*, 2 l.

—— Oeuvres mêlées, du même; contenant ses Discours, Complimens, Harangues, Poësies Latines & Françoises, &c. *in douze*, 2 l. 5 f.

—— Lettres choisies, du même, sur divers sujets; avec une Relation des Fanatiques, & des Réflexions sur les mœurs du siécle, *in douze*, 2 vol. 4 l. 10 f.

La Vie de Sainte Therese, tirée des Auteurs originaux Espagnols & des Historiens contemporains; avec un choix de ses plus belles Lettres, pour servir d'eclaircissement à l'Histoire de sa Vie, par M DE VILLEFORE, *in quarto*, 6 l.

Conferences Ecclesiastiques de Paris, où l'on concilie la Discipline de l'Eglise avec la Jurisprudence du Royaume *sur le Mariage*, & où l'on a ajouté les passages de l'Ecriture, des Conciles, des Peres, des Jurisconsultes; les Uz & Coûtumes de chaque Diocese, &c. Ouvrage non seulement nécessaire à tous Prêtres, Curez, Directeurs, Confesseurs, Avocats, &c. mais encore très-utile à toutes les personnes qui sont engagées dans l'etat du mariage, ou qui veulent s'y engager. Imprimées par l'ordre de Son Eminence Monseignur LE CARDINAL DE NOAILLES Archevêque de Paris, *seconde Edition*, revûë, corrigée & augmentée, & mise dans un meilleur ordre que la premiere, *in douze*, 5 vol. 12 l. 10 f.

La Bibliotheque des Prédicateurs, qui contient les principaux sujets de la Morale Chrêtienne, mis par ordre alphabetique, & dont chaque sujet contient six Paragraphes, *in quarto*, 8 vol. 56 l.

—— Suite du même sur les Mysteres de Nôtre-Seigneur J. C. & de la Sainte Vierge, *in quarto*, 3 vol. *sous la presse.*

Sacrifice perpétuel de Foi & d'Amour au Très-Saint Sacrement de l'Autel, par le R. P. GOURDAN, Chanoine Regulier de S. Victor, *in douze*, 2 l.

Histoire des premiers Solitaires d'Egypte; ou Lettres pour & contre, sur la fameuse question: Si les Solitaires appellez Thérapeutes, dont a parlé Philon le Juif, étoient Chrétiens; Pour servir d'éclaircissement à un Livre nouvellement imprimé, intitulé, *Philon, de la Vie contemplative*, in douze, 1 l. 10 f.

Instructions sur divers sujets de Morale pour l'éducation Chrétienne des Filles. *in douze*, 2 l.

Sermons sur tous les Mysteres de Nôtre Seigneur J. C. & de la S. Vierge, par M. l'Abbé DU JARRY, *in douze*, 2 vol.

—— Panegyriques & Oraisons funebres, *in douze* 2 vol. par le même. } 8 l.

Explication du Cantique des Cantiques, par M. HAMON; revûë & corrigée sur le manuscrit, par M. NICOLLE, *in douze*, 4 vol. 8 l.

Les Bucoliques de Virgile traduites en François, avec le Latin correct à côté, des Notes historiques & critiques, *in douze*, 1 l. 10 s.

Les Fables de Phedre traduites en vers François, avec le Latin à côté, & de courtes Notes critiques, *in douze*, 1 l. 10 s.

Cours de Peinture par principes, par M. DE PILLES; *in douze*, 2 l.

—— Abregé de la Vie des Peintres, avec des Réflexions sur leurs Ouvrages, & un Traité du Peintre parfait, de la connoissance des Desseins, & de l'utilité des Estampes, par M. DE PILLES, *Seconde Edition*, augmentée considérablement par l'Auteur; avec un Abregé de sa Vie, *in douze*, 2 l. 10 s.

Instructions en Vers mis en air pour les Religieuses, par le R. P. GUIBERT P. D L. seconde Edition, augmentée de plusieurs Instructions, *Brochure in douze*, 8 s.

La Morale Chrétienne, par feu Messire ANTOINE GODEAU Evêque de Vence, à l'usage des Curez, &c. *in douze*, 3 vol. 7 l.

—— Lettres choisies, du même; sur divers sujets, *in douze*, 1 vol. 2 l. 5 s.

Moralis Christiana ex Scriptura Sacra, Traditione, Conciliis, Patribus & Insignioribus Theologis excerpta, Auctore JACOBO BESOMBES, *in 12*, 8 vol. 12 l. 10 s.

Traductions diverses pour former le goût de l'Eloquence sur les Modeles de l'Antiquité, publiées ci-devant sous le titre d'*Oeuvres posthumes de M. de Maucroix* 2 l.

Les Catilinaires de Ciceron, avec le Latin à côté, & des Remarques. Seconde Edition, revûë, corrigée & augmentée, *sous presse*.

L'Oraison pour Marcellus, du même, *Brochure*, 4 s.

P. D. Huetii Episcopi Abrincensis Carmina, in 12 1. l. 10 s.

Le Guide des Comptables, ou Maniere de rediger soi-même toutes sortes de comptes, suivant l'hypotese de la Recette, de la Dépense, & de la Reprise, par le Sieur BERNARD D'HENOUVILLE, *in octavo*, 1 l. 10 s.

Traité des Excommunications, divisé en deux Parties, par M. l'Abbé D. P. *in douze*, 2 l. 10 s.

Traité sur la maniere d'écrire des Lettres, & sur le Ceremonial; avec un Discours sur ce qu'on appelle Usage, dans la Langue Françoise, par M. DE GRIMAREST, *in douze*, 1 l. 10 f.

Le Prince Kouchimen, Histoire Tartare. Et Dom Alvar del Sol, Histoire Napolitaine, *in douze*, 2 l.

Histoires de Pieté & de Morale, par M. l'Abbé DE CHOISI de l'Academie Françoise, *in douze*, 2 l.

Joseph, Tragedie en Vers, par M. l'Abbé GENEST, *in octavo*, 1 l.

Démonstration de l'Existence de Dieu, tirée de la connoissance de la Nature, & proportionnée à l'intelligence des plus simples, par Monseigneur l'Archevêque Duc de Cambrai. Seconde Edition, *in douze*, augmentée d'une Refutation du Systême de Spinosa, 1 l. 15 f.

Suite des Jugemens des Sçavans de M. BAILLET, *ou* Jugemens des Sçavans sur les Auteurs qui ont écrit de la Rhetorique, avec un précis de la doctrine de ces Auteurs, par M. GIBERT, ancien Recteur de l'Université de Paris, & Professeur de Rhétorique, *in douze*, 2 vol. 2 l. 5 f.

Essai d'Exhortations pour les états differens des malades, dont les Confesseurs & les Fidelles pourront se servir utilement, avec un Recueil d'Actes & Aspirations propres aux Agonizans : Et un Examen géneral sur tous les pechez de chaque état, pour aider aux malades à faire une Confession génerale, *in douze*, 2 vol. 3 l. 5 f.

Propositions importantes sur l'Homme, avec leurs dépendances.

I. Propos. L'Homme est plus que matiere & corps.

II. Propos. L'Homme est composé de deux parties, qui bien que differentes essentiellement, ne sont neanmoins qu'un Homme par leur étroite union.

III. Propos. L'Homme & le Monde ont eû un commencement.

IV. L'Homme mortel selon son corps, est immortel selon son ame, vol. *in quarto*, 6 l.

Propositions importantes sur la Religion, avec leurs dépendances, *in quarto*, 8 l.

I. Propos. Dieu est. *Contre l'Atheisme.*

II. Propos. Dieu est un. *Contre l'Idolatrie.*

III. Propos. La Religion du Deisme.

IV. Propos. Les Caracteres de la véritable Religion.

La Mechanique du feu, *ou* l'art d'en augmenter les effets, & d'en diminuer la dépense. Premiere Partie; contenant le *Traité des nouvelles cheminées* qui échauffent plus que les cheminées ordinaires, & qui ne sont point sujettes à fumer. Par M. GAUGER *in douze*, *fig.* 2 l. 10 f.

Retraite annuelle formée sur des Modeles de l'Ecriture

Sainte, &c. avec des Reflexions sur la Loi Evangelique, & le renouvellement du Baptême, *in douze*, 2 l. 5 s.

Les Lettres d'Héloïse & d'Abaïlard, mise en Vers François par le Sieur P. F. G. DE BEAUCHAMPS, *in octavo*, 10 s.

M. F. Quintiliani Institutiones oratoriæ, cum notis à D. ROLLIN, *in douze*, vol. 4 l. 10 s.

Propositions importantes sur la Religion, avec leurs dépendances, *in quarto*, 8 l.

L'Eloquence Chrétienne dans l'idée & dans la pratique, *in quarto*, 4 l.

Nraison funebre de Messire François d'Aligre, Abbé de Saint Jacques de Provins, prononcée dans l'Eglise de cette Abbaye le 16 Avril 1712. par le R. P. LENET, Chanoine Régulier de cette Maison, *in quarto*, 1 l.

Odes Sacrées sur les plus importantes verités de la Religion & de la Morale, avec deux Discours en vers, Et une Lettre de JEAN PIC, Prince de la Mirandole, &c. sur la maniere de bien vivre: Par M. B** *in octavo*, 2 l.

Livres provenans des fonds de Librairie de Mrs. Elie Josset, & Guillaune Desprez; & qui sont en grand nombre chez Jacques Estienne.

L'Imitation de J. C. avec des Reflexions, & l'Ordinaire de la Sainte Messe en Latin & en François, par M. LE TOURNEUX, *in douze*, 2 l.

—— La même, *in vingt-quatre*, 1 l.

—— *du même.* Explication Litterale & Morale sur l'Epitre de S. Paul aux Romains, *in douze*, 1 l. 10 s.

—— *du même.* Lettres a quelques personnes de la Religion Prétenduë Reformée, pour les exciter à rentrer dans l'Eglise Catholique, & pour répondre à leurs difficultés, *in douze*, 1 l.

—— *du même.* Explication des parties & des ceremonies de la Messe, avec l'Ordinaire en Latin & en François, & des Prieres du matin & du soir, *in dix-huit*, grosse lettre, 15 s.

—— le même, *in dix-huit*, petite lettre, 12 s.

On trouvera chez le même Libraire divers autres Livres sur toutes sortes de sujets, tant de France que des Païs étrangers.

CPSIA information can be obtained
at www.ICGtesting.com
Printed in the USA
BVOW11s2028100418
512843BV00052B/1016/P

9 781295 08157

THE ROMANCE LIBRARY

OLIVIA SPRING

HARTLEY PUBLISHING

First Edition: August 2024

www.oliviaspring.com

Follow Olivia on Facebook/Twitter/Instagram: @ospringauthor

TikTok: www.tiktok.com/@oliviaspringauthor

For all the romance readers.

1

JESS

'Wow!' My eyes bulged as I scanned Mrs Davis's cramped living room. 'How many books do you have?'

There were floor-to-ceiling mahogany bookcases across all four walls and stacks of books crammed onto every inch of the dated brown carpet.

At a guess, I'd say there were at least a thousand novels. Maybe more. I used to think my TBR was out of control, but this was on another level.

When Mrs Davis's green eyes narrowed and her wrinkled lips pursed, I realised I'd just broken the number one rule and that my first day working here was about to become my last.

Shit.

It wasn't like I hadn't already been told that I needed to be careful.

'Mrs Davis can be a little… prickly,' Marion from the employment agency had warned me. 'She doesn't like questions. Or people.'

'Not much I can do about being human!' I'd laughed. Marion didn't.

'She doesn't like going out,' Marion added. 'Or talking. Hence the no questions rule. You're the fifth worker we've sent in five weeks. No one's ever lasted more than one shift. Just go there, do whatever she asks and leave. Don't engage. And whatever you do, do *not* comment on her stuff!'

Great.

I'd only been here fifteen minutes and I'd successfully done all three things Marion had specifically told me not to.

But in my defence, it was a valid question.

When I'd arrived, I almost tripped over the stacks of romance novels in the hallway. And navigating my way to the wooden stool directly opposite where Mrs Davis was sat in an armchair with her nose buried in a hardback was like battling through a maze.

There were books *everywhere*.

But the bottom line was, I'd broken the rules, so now I'd be the sixth worker she'd had in six weeks. Which was a shame, because I really needed this job.

And I genuinely wanted to know how many books she had.

'What did you say?' Mrs Davis pushed her reading glasses back from the tip of her nose and I swallowed hard.

'I… er, doesn't matter,' I replied. 'Forget I said anything.'

From the way Mrs Davis was glaring at me like I'd just sprouted five heads, she had no intention of letting me off the hook that easily.

Even if Marion hadn't told me about Mrs Davis, I

could tell from the minute I saw her that she wasn't an average eighty-six-year-old.

Mrs Davis was clearly a smart woman who didn't take any prisoners. She was glamorous too. Her blusher and red lipstick were immaculate, suiting her porcelain skin perfectly, and her white hair was professionally cut into a short bob. Whereas my brown skin was completely make-up-free and a hairdresser hadn't touched my dark brown curly hair in almost two years.

When I was at home, I usually wore leggings and an old T-shirt. But Mrs Davis was wearing a navy-blue dress that was smarter than every item of clothing I owned. Especially the stonewashed jeans and pink jumper I had on now, which, like most of my wardrobe, came from the charity shop. I doubted Mrs Davis had ever worn second-hand clothes.

'You've interrupted my reading,' she snapped, 'so if you have something to say, spit it out!'

Looked like I didn't have a choice.

'You have a lot of books.' *Doh. Talk about stating the obvious.* 'I've never seen so many in one house, so I asked how many you had. I wouldn't expect you to know the *exact* number. I was just curious, that's all.'

My hand shook as I reached for the floral china teapot. I poured the tea I'd offered to make when I'd arrived into the matching teacup, hoping that the warm liquid would help steady my nerves.

'At the last count'—Mrs Davis paused and I took a large gulp, bracing myself for her response—'seventeen thousand, nine hundred and eighty-three.'

I sprayed a mouthful of tea straight in Mrs Davis's face.

'Oh my God!' I leapt to my feet, grabbed a serviette and started rubbing it over her mouth, smearing her red lipstick across her cheeks in the process. 'Shit! I mean, crap! I'm so sorry!'

Yep. This was definitely going to be the shortest job I'd ever had. And given my track record, that was saying something.

Forget lasting one shift. I wasn't even going to last an hour.

As my heart thundered in my chest, Mrs Davis calmly pulled a crisp white handkerchief from her dress pocket and dabbed it over her damp face.

'I really am so sorry! I didn't mean to spray you, but I thought you said you had almost eighteen thousand books and I was shocked. I must've misheard.'

Mrs Davis probably meant that she had close to eighteen *hundred*, not thousand. Even that was a lot. But like I'd said earlier, this room and the hallway were full of books, so around two thousand was feasible.

'No.' Mrs Davis fixed her steely gaze on me. I should just get my coat and leave now. Save her the trouble of firing me on the spot. 'You did not mishear. I have almost eighteen thousand paperbacks and hardbacks combined. And thousands more on my Kindle.'

Bloody hell.

'That's amazing!' My eyes bulged. 'I thought the two hundred books I used to have were a lot. I can't imagine having over twenty *thousand*!'

'You like reading?'

I sat up straighter. Instead of firing me, she'd asked a question. This was good. Maybe I'd make it to an hour after all and earn enough to cover my petrol.

'Yeah.' I sighed. 'I used to read all the time.'

'*Used to*?'

'Long story.'

I didn't want to talk about that now. It was still too difficult.

'Come with me.'

After resting the hardback on the table beside her, Mrs Davis got up, then weaved effortlessly through the book stacks on the floor as I trailed cautiously behind her.

At the end of the hallway, she stopped at a door I assumed led to a basement. For a split second, I wondered whether she planned to lock me down there as punishment for spraying her face with tea. But then I reminded myself to trust my gut. If I'd done that when I'd first had doubts about my ex, I wouldn't be working so hard now trying to make ends meet.

Anyway, I'd promised Marion I'd call when my shift was over, so if she didn't hear from me, hopefully she'd send out a search party.

Mrs Davis flicked a light switch, gripped the banister and slowly made her way down the wooden steps. I took a deep breath and followed her lead. When I reached the bottom of the staircase, my jaw hit the floor.

OMG.

There were rows upon rows of bookcases. Tall ones, short ones, wide ones, slim ones. All filled with beautiful books. Unlike the shelves upstairs, they were all beautifully arranged by colour.

And in the corner there was even a rolling ladder!

I felt like Belle when she walked into the library in the Beast's castle. This was every bookworm's wet dream.

'Bloody hell!' I shouted. 'You've got your own

personal home library!' My eyes widened as I took in all of the books neatly arranged on the shelves. 'And you've got all my favourites! Lucy Score, Meghan Quinn, Christina Lauren, Kennedy Ryan, D. D. Desire, Sophie Kinsella, Kristen Bailey, Emily Henry, Sarah Adams, Abby Jimenez, Elsie Silver…' I ran my hands across the spines excitedly.

She also had books from indie authors I loved, and loads of classics too.

'I read at least two romance novels a day,' Mrs Davis said like it was no big deal.

'My friend Sarah would literally *die* if she saw your collection! Have you read all of these?'

'Most of them. But I have more books than I could read in my lifetime. Especially at my age. And now I want them to go to a good home. I assume you came here by car?'

For a second I hoped she was going to suggest I take some home. Then I remembered we'd only just met. And given that I'd spat in her face five minutes ago, she wasn't going to reward me with a load of free books. Obviously she wanted me to drop them somewhere.

'Do you want me to take some to the charity shop?' It'd probably take thousands of trips and my car wasn't really up to the job, but I wanted to at least try to help.

Charities could raise a lot of money from books like this, not to mention all the joy these novels would bring to so many readers.

'Not exactly. Let's go on a little trip.'

My shoulders loosened. The fact that she wanted to leave the house with me was another positive sign.

We returned upstairs and Mrs Davis reached for an

elegant navy-blue jacket that matched her dress. As she slid her arms through the sleeves, she winced.

'Are you okay?' I asked.

'Yes.' She hobbled towards the door. She seemed fine earlier, but maybe going up the stairs had tired her out. I looped my arm in hers. 'You're very kind,' she said as we stepped outside.

'I should warn you,' I said, lowering my voice, 'my car is a little… *temperamental*. Do we have far to go?'

'It's about a forty-five-minute drive.'

Fingers crossed we'd make it that far.

'Excuse the mess.' I opened the passenger door and gathered up the sheets of paper with directions to Mrs Davis's house that were strewn across the seat.

I'd begged the receptionist at my third job to print them off at seven this morning before I left. Google Maps was one of the many things I missed about having a smartphone.

After I helped her into the car, we set off. Mrs Davis gave me directions all the way, and when we'd driven almost an hour, she announced that we'd finally arrived.

'We're going to that building'—she pointed across the road—'so best to find a parking space now.'

'Okay.' I nodded.

The road was busy, but after scanning both sides, I spotted the perfect space about a hundred metres away. I checked my mirrors, wincing when I saw the one on the passenger side was dangerously close to falling off, indicated, then drove towards it.

But just as I was about to pull into the spot, a powerful car engine roared behind me. It was so loud I almost jumped out of my skin. And before I had a chance to blink, the shiny black Ferrari sped past us and straight into the parking space.

What the hell?

I slammed on my brakes, causing Mrs Davis to jerk forward.

'Sorry!' I unbuckled my seat belt. 'Back in a sec.'

I was parked in the middle of the road, but I didn't care. I wasn't going to let this dickhead get away with stealing our space.

Just because he had a flashy sports car didn't mean he owned the street.

'Excuse me!' I banged on the window. The door opened, and as the driver stepped out, I swallowed hard.

Mr Parking Space Stealer was around six foot three and dressed in a sharp pinstriped suit which looked like it had been sewn onto his skin. He had dark hair, piercing blue come-to-bed eyes, and those lips…

Wait. Why was I looking at his lips?

I mentally slapped myself and came back to my senses.

'You just stole my parking space!' I snapped.

'Forgive me.' His eyes dropped to the ground, then his head shifted from left to right like he was looking for something. 'I must've missed the sign which said it'd been reserved *just* for you.' He lifted his gaze, his posh, velvety voice dripping with sarcasm. 'Oh, that's right: that's because there isn't one, because this is a *public* street. Where parking is available on a first come, first-served basis. And as you can see, I got here first.'

'Don't try and be clever!' I put my hands on my hips. 'You *saw* me indicating! You *knew* I was going to take the space and you deliberately jumped in front of me!'

'You were driving so slow I thought you were lost. And I'm in a hurry.'

'So am I!' Anger bubbled in my stomach.

'You snooze, you lose, sweetheart.'

'Don't call me sweetheart!'

Ignoring me, he turned away, then leant back in the car. His suit jacket rode up, giving me a prime view of his toned arse, which I immediately chastised myself for looking at.

He pulled out a slim black leather briefcase, then closed the door.

'Anyway, you should be thanking me.'

'What?' I frowned. 'Why the hell would *I* want to thank *you*?'

'Now next time you see a parking space, you'll remember not to dilly-dally and be quicker off the mark. You're welcome.'

The corner of his mouth twitched as he locked the car, then strode off.

My jaw dropped.

The audacity.

How could he be so brazen? Whatever happened to road etiquette? This was Britain: a country famous for its queuing system. He knew I was first in line for that space and he just jumped in front of me anyway.

And who the hell used the word *dilly-dally* anymore?

I went back to my car, steam pouring from my ears.

'We'll need to find another space,' I huffed.

'He was rather handsome.' Mrs Davis grinned.

'He was a cocky arsehole,' I replied, trying to ignore the fact that with his square jaw, muscular frame, dark hair and hypnotic blue eyes, he could pass as Henry Cavill's identical twin.

'Sometimes they're the most fascinating ones...'

I pushed her comment out of my head. I'd put up with enough of his type to know she was wrong.

Twenty-minutes later, we found a parking space and Mrs Davis led me down to the large, striking two-storey red-brick building. The car park was empty and the imposing iron gates were chained up.

'What is this place?'

'Nothing, at the moment. But it's what it will *become* that's important.' She paused. 'This is where my library will be.'

'Your *library*?' I frowned.

'Yes. This is where I want my books to go. I want to create a romance library. A place where readers will come together and find love between the pages. And hopefully between the walls too.' A large smile spread across her face and her eyes instantly brightened.

'That sounds like a great idea!'

I might not believe in love anymore, but I still remembered the joy that reading romance used to give me. And creating a library dedicated to the genre was genius. If you asked me, romance novels didn't get the credit they deserved.

'Thank you. And it needs to be right here, in *this* building. It's one of the best locations in town. I've been waiting years for it to come on the market and now it finally has. Look at the views.'

I turned around and in the distance I spotted a beach with golden sand and sparkling blue sea. She was right about the views. They were pretty impressive.

'I'm sure you'll make it happen, and when you do, send me an invite. I'll be your first member. I'd love to get back into reading again.'

I swallowed the lump in my throat. Reading used to be my passion. Until it was ripped away from me.

'Reading is like a holiday for the mind,' Mrs Davis beamed. 'Books allow you to experience a million different adventures without leaving home. I couldn't imagine a life without them.'

I used to feel the same. But sometimes life wasn't that simple.

Mrs Davis walked me around the exterior.

'This town is called Sunshine Bay and this'—she gestured to the old building—'used to be a school called Seaview High.'

'Was it American?' I frowned, thinking it wasn't very common for British secondary schools to have 'high' in their name.

'No. I'm not entirely sure, but I believe the creator had links to the US, so decided to call it Seaview High Secondary School. I wish I could take you inside, but it looks like the owner isn't here today. Let's go to the beach.'

Once we'd crossed the road, Mrs Davis led me across the sand, then stopped a few metres away from the sea, closed her eyes and breathed in the fresh, salty air.

Although it was almost the end of April, the weather was surprisingly warm.

Sailboats glided across the water near the horizon, and the sound of seagulls squawking echoed around us.

I stood beside her, watching the waves gently lapping against the shore. If I wasn't working, I would've loved to whip off my trainers and dip my feet in the sea. It'd been ages since I'd been to the beach.

When Mrs Davis was done, we sat down on one of the wooden benches nearby.

'Do you have a boyfriend or husband?' Mrs Davis asked.

Whoa. My head whipped around to face her. I wasn't expecting Mrs Davis to ask me a question, and definitely not something so personal.

'No.' I shook my head, hoping that'd be the end of the conversation. If love was what she wanted to chat about, I'd prefer we sat in silence.

'That's a shame.'

'Not really. Real-life boyfriends aren't as good as fictional ones.' As memories of my ex flooded my brain, a sharp pain ripped through my chest. I looked at my watch, then stood up. 'I'm really sorry, but I have to go.'

I was only booked for a four-hour shift, and by the time I'd driven Mrs Davis back, it'd be at least an hour later than my contracted hours. I wouldn't get paid for it, but it wasn't about the money. Even though thinking about books and my ex had stirred up some difficult memories and Mrs Davis wasn't exactly chatty, I'd still enjoyed it.

'Of course.' She nodded. 'Sorry to have kept you.'

'No, no. It's not that. I wish I could stay. This place is beautiful. It's just that I have another job to go to.'

Sunshine Bay was along England's south-east coast, not far from Margate, and I had to get to my bar shift in south London, which was probably at least seventy miles away. I couldn't afford to be late. Especially if Mrs Davis didn't call me back to work again.

'How many jobs do you have?'

'Three,' I said as we headed to the car. 'I do this job: y'know, being a home support worker who visits older people to help out with things at home. Plus I clean an office in the morning, then work in a bar at night.'

'What do you do in your spare time?'

'I don't have any.' I put on my seat belt, then once Mrs Davis was strapped in, I set off.

'What are your hopes and dreams?'

Jeez. For someone who didn't like questions, she was asking me a lot of them. This was starting to feel like a job interview instead of a conversation.

I could feel Mrs Davis's eyes burning into me. She was expecting a reply. I paused, not knowing how to answer.

'Earning a decent salary would be enough for me right now.'

'That's very sad,' she said.

'It is what it is.' I shrugged.

One day I hoped I could just have one job instead of running from place to place and worrying about how I was going to make ends meet. But that was life, right? It was what everyone did: work, eat, sleep, repeat.

Work was a means to an end. It was what people did to survive, not for enjoyment. Dreams weren't for people like me.

'But what about *love*?' she asked.

'What about it?' I replied flatly. I was glad that she was a fan of love, but it wasn't for me.

Thankfully Mrs Davis took the hint and for the rest of the journey we didn't speak.

As I helped her back into the house, something tugged in my chest. Although I knew she loved her books and preferred them to people, the fact that she'd be left here alone for another week made me feel bad. If I didn't have to work, I would've stayed and kept her company.

'Thank you.' She smiled.

'You're welcome,' I said, thinking I'd only driven her to see a building. Usually when I provided home support, it was more involved, like giving them a bath, cleaning up the house, doing the shopping and stuff like that.

'Don't give up on love.' She looked me deep in the eyes. 'Someone just as wonderful as a book boyfriend is out there. When the time is right, you'll find each other.'

An involuntary laugh flew from my mouth.

'Sorry.' I winced, hoping I didn't sound rude. 'It's just that… never mind.'

She'd read so many books that she believed in the fantasy of true love. But I'd seen the destruction that so-called 'love' could cause. And I wasn't in any hurry to repeat the experience.

'Until then, find love between the pages of a good book.'

'Goodbye, Mrs Davis,' I said, thinking it was best not to respond to her comment. Working three jobs didn't leave much time or energy for reading. 'Hopefully I'll see you next week?'

'Goodbye, Jessica,' she said without confirming.

Fingers crossed I'd salvaged the situation enough for her to ask me back. Time would tell.

As I bent down to stock the drinks at the bottom of the bar, I blew out a breath. It'd been a busy week and after only getting five hours sleep, I was exhausted. But I had to keep going. The bills wouldn't pay themselves.

I heard the bar stool scrape across the floor as a customer sat down.

'I'll be with you in a sec,' I called out.

'Oh good, you're already on your knees.' A sweaty man's head appeared over the top of the bar. 'That's exactly how I like my women.' He licked his lips and grinned suggestively.

My jaw dropped and my body shuddered with disgust. I quickly stood up and rushed out the back.

I wished I could say comments like that were rare at this crappy bar, but there wasn't a day that went by where I didn't get at least one inappropriate comment or some arsehole trying to cop a feel.

I also wished I could knee that sexist wanker in the balls or report him to my boss, but he was no better. And if I complained, I'd be out of a job. I hated working here. But I had no choice.

Even with this extra shift, it was still going to be a struggle to pay the rent this month. I really hoped Marion would get back to me soon about whether I was working at Mrs Davis's house tomorrow or not.

'Mick!' I called out to my boss. 'I have to use the loo and there's a customer out front.'

Without even waiting for him to reply, I dived into the toilet. Just as I closed the door, my phone started ringing. Speak of the devil.

'Hi, Marion!' I said cheerily. 'I was just thinking about you!'

'So… about Mrs Davis…' Her voice was solemn.

'Let me guess, I'm not working tomorrow?'

'No.'

My heart sank. I really needed that money. Although she wasn't the warmest woman in the world, I liked Mrs Davis, and I'd much prefer working with her than in this sleazy bar. She seemed interesting and I bet she had a lot of cool stories to tell.

There was so much I wanted to ask about her. I wanted to know about her romance library plans. I wanted to hear more about why she had so many books and I wasn't gonna lie. As unprofessional as it sounded, maybe in time I'd be able to start reading again and I was kind of hoping that if I did, she might lend me some of her novels too. I really missed reading and it would be a good way to pass the time when the bar was quiet.

'Look, I know I shouldn't have spat at her…'

'You spat at a client?'

'Yes. *No*. Not intentionally. It was an accident, but I can fix it. If you let me call her, maybe I can convince her to give me another chance. I mean, she even smiled a couple of times. *And* she asked me questions. She wouldn't have done that if she didn't at least like me a little bit. I promise I won't mess up again. Just let me speak to her.'

'That won't be possible.'

'I know it's not protocol to call clients directly, but…'

'It's not because of protocol. You can't speak to Mrs Davis because…' Marion paused. 'Because she's dead.'

'What?' My stomach plummeted. 'Oh my God! How? I only saw her last week and she seemed fine!' She was a little tired towards the end of the trip, but I thought that was just because she wasn't used to going out. 'That's really sad and so… shocking.'

'Yeah,' Marion sighed. 'And that's not the only shocking thing.'

'No? What could be more shocking than that?' I frowned.

'Her solicitor called. He needs you to come to a meeting.'

'Why?' My face crumpled.

'Because Mrs Davis left you something in her will.'

2

THEO

'How did I know I'd find you here!' Father barked as he burst into the gym in my penthouse.

I wished he wouldn't just turn up whenever he wanted. I might've had company. Then again, I couldn't remember the last time I'd brought a woman back to my place.

'Considering this is where I live'—I lowered the weight on the bar, then sat up—'the chances of finding me here were pretty high.'

'Enough of your lip, boy!' he snapped. 'I've been waiting for an update. Why are you not at the office?'

'It's six thirty in the morning. And you know I like to work out first.'

'The early bird catches the worm. I've already had *two* meetings.' He puffed out his chest, then adjusted his hand-stitched silk tie.

As always, my father was dressed immaculately. His sharp grey suit was custom-made, his shoes were so shiny you could probably see the reflection from the moon and his white skin was freshly shaved. I'd never seen him with a hint of stubble. Even though he was in his sixties, he still had a full head of hair. That was one of the few traits I hoped I'd inherit from him.

'*Good for you*,' I said sarcastically. He hated when I answered back. Or had any kind of opinion that went against his, but he'd been here for two minutes and he was already pissing me off.

'When you start running the company'—he stepped forward—'you can't have any more of these late starts. When I founded Eaves Enterprises forty years ago, I was at my desk by five, every morning. And nothing's changed. You need to get into the habit now. Forget all this gym nonsense.'

'Working out is important to me.' I reached for a towel and wiped the sweat from my face.

'Those ghastly muscles make you look like a thug.' He wrinkled his nose like my arms were covered in horseshit. 'Focus on sharpening your mind, not your body.'

I clenched my jaw as frustration bubbled inside of me. Now I'd have to go on the treadmill again to run off this conversation.

'I'll be in by seven thirty.'

Luckily my penthouse wasn't far from our main office in London's Mayfair, so once I'd shaved and showered, I'd head straight there.

'I'll be on my way to my meeting in Paris by then! Just tell me now, did you get it done?'

'Like I said when I went to view the site last week, it definitely has a lot of potential, but I couldn't get inside to see it properly.'

Sunshine Bay had a lot going for it with its sandy beach and quaint little shops. And the sea views weren't the only thing that caught my eye.

Although I'd locked horns with that woman over that parking space, it hadn't escaped my attention that she was incredibly attractive.

'For God's sake! Just call the vendor and set up a viewing!' Father snapped, dragging my thoughts away from how those jeans she wore clung to her curves and how sexy she looked, even though she was annoyed with me.

And I'll admit. She was right to be pissed off. When I walked away, I felt bad about being rude to her. Especially when I spotted the little old lady smiling at me from the passenger seat.

If it was any other day I would've gone back and given her the space. But I was in a bad mood. I'd just had another argument with my father, and he'd dumped a meeting on me at the last minute, which meant I was pushed for time. Hopefully she'd found another space quickly, though.

'I already did,' I huffed. I hated when he treated me like an idiot. 'I've been calling him constantly, but he only just replied because he said he had strong interest from another buyer. I've set up a meeting for next week.'

'Who cares if they have another offer? Just get the deal done! That building is in a prime location. Get it right and we could easily sell each apartment for a million. And the profit margins would be outstanding!' His eyes brightened and he licked his lips with excitement.

Some people got their kicks from sex or alcohol. Father got his rocks off from making more money.

'I'll do my best.' I took a swig of water and threw my towel in the laundry basket.

'Your *best* isn't good enough. Securing this site is the one and only option. You need to prove to me and the board that you're ready to take over the reins. Make it happen. Understood?'

'Got it.'

Now that the vendor had returned my call, I wasn't worried about closing the deal. I'd done my research and he wasn't some hard-nosed businessman, he was a retired teacher who was happy to sell without using a traditional estate agent. That would make my job even easier.

Eaves Enterprises, my father's real estate company, had deep pockets, so the offer I planned to bring to the table would blow the other buyer's bid out of the water.

Of course I'd start low, like Father always taught me. He might have money, but the reason he was so wealthy was because he preferred to spend as little of it as possible.

Just as I was about to get back on the treadmill, the doorbell rang.

'I'd better get that,' I said, leaving the room and exhaling. I didn't know who was ringing this early, but I was grateful for the interruption.

'Good morning, Mr Eaves!' A tall blonde in a blouse and knee-length skirt grinned as I opened the door. When I saw her clutching a suit bag, I realised that she was from concierge. 'I've brought your suit, which has been freshly dry cleaned as requested.'

'Thanks.' I lifted the top of my T-shirt up to wipe away the sweat running down my neck.

'*Oh, my!*' She blushed as her eyes fixated on my stomach.

'You caught me in the middle of a workout,' I said, hoping she'd take the hint and leave. She didn't. 'Anyway, thanks for this.'

'You're welcome! Will you be driving to the office this morning?'

'Yes.'

'Will you be using the Porsche, Ferrari or the Range Rover today, sir?'

'The Porsche will be fine.'

'Excellent! Please call down when you're ready to leave and I'll make sure it's at the front waiting for you.'

'Thank you.' I started to close the door.

'Oh!' she jumped in, still not taking the hint. 'I've arranged for the cleaner to come this afternoon, so the penthouse will be sparkling by the time you arrive home this evening.'

'Fantastic, thank you.' I plastered on a smile. 'Now I really must go.'

'Oh, right.' Her face fell. 'Of course. Well, if there's anything else you need. *Anything* at all, day or *night*... please call me and I'll *personally* take care of it.' She tilted her head and wrapped a strand of hair around her finger. 'I'm Sally.'

'Noted,' I said flatly. From the way she was staring, I assumed that when she offered to help, she wasn't referring to the professional concierge services.

Hard pass.

I had no intention of getting involved with a woman who worked in my apartment building. And definitely not one who was employed by my father.

I was about to close the door, but then I remembered something.

'Actually, Sally, there *is* something you can help me with.'

'Anything!' She beamed and her eyes widened.

'Is Harvey working this morning?'

'The doorman?' She frowned.

'Yes.'

'No, he's not here until this afternoon.'

'That's what I thought. Could you give him this?' I opened the cupboard in the hallway, pulled out a gift-wrapped box, then handed it to her.

'Let him know it's for little Freddy—his son. Tell him I wish him all the best. Just in case I don't get to see him today and tell him myself.'

During one of our chats last week, Harvey had mentioned that Freddy was going in for an operation tomorrow to have his appendix removed and was scared, so I'd got him a cuddly toy to keep him company whilst he was staying in the hospital.

'Oh. That's all you want me to do?' Sally's face fell.

'Please. Thank you. I really must go. Good day.' I closed the door before she could offer me more of her *services.*

'Who was that?' Father asked as I returned to the gym.

'Just a woman from the concierge delivering my dry cleaning.'

I wasn't going to tell him I'd given one of his staff a gift for their son. He'd tell me that it was inappropriate. Father didn't do anything to help people unless it benefitted him.

Recently I'd suggested the company set up an ongoing donation to the housing and homelessness charity Shelter. I'd had a monthly direct debit set up for years but wanted to do more. It always felt wrong that we sold properties worth millions to the rich whilst some people couldn't afford to put a roof over their heads. But of course Father declined.

'Sounded like she was interested in giving you more than just your dry cleaning. You need to be careful of those types of women. They'll deliberately trap you to get your money. That's why it's important to only associate yourself with women of the right calibre. Speaking of which, have you set up that meeting with Penelope?'

'It's on my list.' I groaned inwardly.

He called it a *meeting,* but it was a date. Penelope was the daughter of one of the richest men in London, which in Father's eyes automatically made her my perfect match. Whether we had anything in common was irrelevant.

'Time is of the essence, Theodore! You're already thirty-three. You need to get married and have a son soon so that by the time he's gone to Oxford, then done a stint at Harvard Business School, he'll still have time to learn the ropes and be ready to take over. The longer you leave it, the later you'll have to retire, and whilst you *could* continue running the business in your eighties, it'll be best all round if your son could run it for you.'

I blew out an exasperated breath. I didn't even know why I was surprised that although it hadn't been conceived yet, my unborn child already had its whole life mapped out.

Then I reminded myself that it was just the *Eaves way*. As the first-born son, it'd been the same for me.

I was tempted to ask why my child had to be a boy and not a girl when a woman could run the business just as well but decided against it. Before we debated the gender of the heir to the Eaves empire, I needed to find a woman who'd be willing to have sex *and* a baby with me.

Well, the finding the woman part had already been organised.

My stomach clenched.

I'd hoped I'd get to find my own wife and choose who became the mother of my children. But Father had chosen Penelope. And as he liked to frequently remind me, he called the shots.

I'd met Penelope a few times. She was pleasant enough. A bit too docile for my liking, but I could do worse. And like Father said earlier, when I took over the business, I'd be at the office from dawn until dusk, so we wouldn't spend much time together.

The relationship would be transactional. We'd have separate bedrooms and would only sleep together by arrangement so that she could produce the heir that Father so desperately wanted.

She'd live her life and I'd live mine.

Just thinking about it made a shiver shoot down my spine.

Even though I didn't believe in love, the whole thing sounded so cold and calculated. But if I was going to run the family business successfully, this was just how it had to be.

'I know.' I sighed, trying to ignore the bitter taste in my mouth. 'I'll set something up with Penelope.'

As Father left, I stared out the floor-to-ceiling windows overlooking the panoramic views of London and reminded myself how fortunate I was.

I had a job and apartment that most people would kill for. And my collection of sports cars would also make them green with envy.

So why did I feel so empty inside?

3

JESS

'Are you nervous?' my best friend Sarah's voice sounded from my mobile's loudspeaker that was resting on the passenger seat.

I was parked outside the solicitor's office, waiting to go in for Mrs Davis's will reading, and still couldn't get my head around the fact that he'd asked me to come.

'My stomach's in knots. I didn't sleep a wink last night.'

'I can imagine. But don't stress. It's sweet that she's left you some of her books.'

Ever since Marion called last week and dropped the double bombshell about Mrs Davis's death and the fact that I'd been included in her will, I couldn't stop thinking about the situation.

It was nice that she'd remembered I'd mentioned I didn't read anymore and left me a few books to help me out of my slump, but did I really need to attend a formal meeting just for that? In the end I decided it must be because I had to sign something so that everything could be accounted for.

'It's really kind. And considering she never invited the same worker back twice, I'm surprised she even gave me a second thought.'

'You must've made a big impression!' Sarah said. 'I wonder what books she left you. Imagine she's left you some limited-edition hardbacks with the sprayed edges, holographic foil and ribbon bookmarks! They'd be worth a pretty penny! If you sold a batch of those, you could finally buy a decent car. Well, a better one at least!'

'Having a new car would be nice, but that's not gonna happen anytime soon and I definitely wouldn't sell any books she gave me. Whatever she left, she wanted me to read, then give to charity so that other people could enjoy the story.'

'As your bestie, I get first dibs. Deal?'

'Deal. Anyway, I'd better go in.'

'Call me as soon as it's over!'

'Will do.'

After locking the car, I took a deep breath and rang the office buzzer. I was told to come to the third floor. When I arrived, I was ushered straight in.

'Miss Johnson?'

'Yes,' I replied.

'Please, take a seat. I'm Cecil. Thank you for coming. I'm just waiting for one other beneficiary, then we'll get started.'

Cecil had short dark hair and pale skin and was wearing thick-rimmed black glasses and a smart three-piece brown suit. He looked like he was in his early fifties, but it was hard to tell.

Seconds later, a man with weathered white skin and a crumpled suit burst into the room.

'Mr Davis?'

'Who else would I be?' he snapped. Cecil raised an eyebrow. 'Who are you?' Mr Davis snarled at me.

'I'm Jessica.'

'And what are you doing here?'

'I'm not entirely sure… I think perhaps your… Mrs Davis left me some books?'

I wasn't sure how they were related. It was possible he was her son as he was probably in his late fifties, but there were no obvious signs of a family resemblance, so for all I knew he could be her younger ex-husband.

'Ugh.' He grimaced. 'She was obsessed with those stupid things. I'm glad to hear your charity shop will be taking that junk away.'

'I'm not from—'

'Shall we get started?' Cecil jumped in, preventing me from clarifying why I was here.

Cecil read out a load of formalities, and once that was done, he turned over the page.

'And now to the will itself,' he announced. 'To Miss Jessica Johnson, I bequeath my entire book collection—'

'Oh my God!' I gasped.

Her *entire* collection? I thought she'd just leave me a few novels. And now I was the owner of thousands of books? *Bloody hell.*

But where would I put them? My crummy bedsit was barely big enough to do a cartwheel.

It was a shame she hadn't lived long enough to bring her library idea to life. That would've been a much better use of all those books than just giving them to me.

'I hadn't quite finished,' Cecil announced.

'Sorry, please continue.'

'I'll start again. To Miss Jessica Johnson, I bequeath my entire book collection on the understanding that it will be used to stock The Romance Library.'

'Brilliant!' I said happily. 'I'm so glad that's still going ahead.'

'Still not finished…' He glanced up from the page, then dropped his gaze again. 'I hereby appoint Miss Jessica Johnson to build and run The Romance Library on my behalf.'

'Wait, what?' My eyes flew from their sockets.

'To make this possible,' Cecil continued, ignoring my shock, 'I leave Miss Jessica Johnson the sum of one million pounds to purchase and renovate the building and bring The Romance Library to life…'

'What?' Mr Davis leapt from his chair in horror.

'In addition, Miss Jessica Johnson will be paid a salary of forty thousand pounds for the period of one calendar year to ensure that getting the library up and running can be her primary focus.'

I sat in silence.

My brain scrambled.

I tried to process what I thought I'd just heard but failed.

'This is outrageous!' Mr Davis shouted. 'Who the hell are you? And what did you do to trick my mother into this?'

I blinked rapidly. I attempted to open my mouth and speak, but the words wouldn't come out.

I desperately wanted to reply. But I was still in shock.

None of this made any sense.

'Jessica?' Cecil said softly. 'Do you understand what I just said?' I shook my head. 'Mrs Davis wants you to create and run The Romance Library for her. This has always been her dream. She called me as soon as you left her house to tell me she wanted to amend her will and came to see me the very next day to formally authorise the changes. This was her wish.'

'What were you doing at my mother's house?' Mr Davis barked. 'What did you do? Did you threaten her? You're sick! Taking advantage of a frail, vulnerable old woman for your own gain!'

'Mr Davis, I can assure you that Miss Johnson is completely innocent in all of this. Your mother has been planning this for some time—ever since she discovered that she didn't have long left on this earth. She sold her house last year to free up the cash and has been renting it from the owner ever since. She's been searching for the right person to run the library for years and told me she would know instantly when she found them. And she assured me with absolute clarity of mind that person was Miss Johnson.'

'How long have you known my mother?'

'I-I just met her,' I stuttered, finally recovering the power of speech. 'I just did one shift. I don't understand!'

'*One shift?* Why would she leave a total stranger everything she owns? I don't care what you say. This woman manipulated my mother. Look at her! She doesn't have two pennies to rub together. And now conveniently after meeting my mother precisely *once*, she's a million pounds richer! This is daylight robbery. Fraud!'

'The one million pounds is not for Miss Johnson's own personal enrichment,' Cecil clarified. 'That money has been left solely for the purpose of the library. The only funds Miss Johnson will gain personally are the first year's salary, which I and Mrs Davis's accountant will oversee. Her salary thereafter will be dependent on the success of the library.'

'Forty grand for one shift's work seems like a pretty good deal!' he scoffed. 'And what about me? What did she leave for *me*?'

'She did ask me to give you this…' Cecil reached in his drawer, pulled out a mirror and handed it to Mr Davis.

'What the hell's this for?'

'I'll read her exact words…' Cecil cleared his throat. '"To my son I bequeath my least favourite mirror so that he can take a long, hard look at himself."'

My head snapped up and I looked at Cecil, who was trying to keep a straight face. Something told me Mrs Davis wasn't a fan of her son.

'That's ridiculous! She must've left me something else?'

'Actually…' He paused. 'She did.'

'Good!' A grin spread across his face. 'I knew the old bat had some more money stored away somewhere!'

Cecil reached back into his drawer, slowly pulled out a chocolate bar and slid it across the table.

'What's this?'

'It's the other thing she left you.'

'Is this some kind of joke?'

'Not at all. It's in her will. She asked me to read you this message: "To my son, Barnaby, I considered giving you nothing. Then I decided to leave you a chocolate bar because despite what you think, I'm not completely evil."'

Her son's white skin turned scarlet, and his cheeks

were so inflated he looked like he was about to spontaneously combust.

'You won't get away with this!' He waggled his finger before storming off towards the door and slamming it behind him.

'So'—Cecil leant forward—'I know this must have come as a bit of a shock, but believe me, Meredith—Mrs Davis—would not have put you forward for this unless she believed in you.'

'But that's the thing!' I shouted. 'She didn't even know me! And I don't know the first thing about running a library, never mind setting one up! Can't you just hire an expert—a businessperson? They'd do a much better job.'

'Meredith suspected that you'd have your concerns. She asked me to give you this.' He flicked to the back of his folder and handed me a piece of paper.

I opened it up and saw that it was a handwritten note.

Dear Jessica,

If you're reading this, it means I'm no longer here and you've just been given the exciting news that I'd like you to bring to life my dream: The Romance Library.

I understand this may come as a shock, considering we only met briefly, but I've always been a firm believer in trusting my gut.

Sometimes when you meet someone, you just know. I knew within seconds of meeting my husband that he would be the love of my life and I was right. And when you saw my treasured book collection and your eyes lit up with such excitement, I knew you were the person I'd been looking for.

I'd been searching for someone who cares about books, who understands the joy that they can bring, and who would be motivated enough to see this project through.

Even during the short time we spent together, I could see that you were a hard worker. But three jobs is far too much to juggle. With this salary you can dedicate all of your time to one thing: a project that I believe will become your passion.

I know you will have doubts, but just imagine an entire library dedicated solely to romance! Aisles upon aisles of steamy romance, romcoms, sweet romance, romantasy and every delicious trope you can think of. Enemies-to-lovers, friends-to-lovers, fake-dating... it would cater to every romance lover's desires.

There could even be a bookstore for readers to buy their favourites. You could host book signings from the best romance authors. The possibilities are truly endless!

Just like the famous bookstores in New York and London, I'd love for The Romance Library to become a destination that people from all over the world flock to visit. It would be truly wonderful!

I'd like The Romance Library to be my legacy.

And there is only one person I believe can make this happen: you.

I believe in you, Jessica.

Please fulfil my dying wish and make my dream come true.

Yours sincerely,
Meredith Davis

. . .

I dropped the letter on Cecil's desk.

'Well?' he said. 'Are you willing to accept?'

'I really don't think I can do it.'

All the things Meredith had said were nice. It was great that she had such faith in me, but she was wrong. I admit, having a library dedicated to romance would be pretty cool, and having a stable salary would be amazing too—but it was too big a project for me to handle alone.

I was barely holding my own shit together, so how could I run a business when I couldn't even run my own life?

And I didn't read anymore. I couldn't. So I'd make a terrible book ambassador. Meredith deserved someone better.

'Could you do one thing for me, please?' Cecil asked.

'What's that?'

'Meredith showed you the location that she wanted to use for the library, didn't she?'

'Yes.'

'There's a meeting there tomorrow with the vendor. Another company is interested in buying the property, but he's asked to meet with us both to hear why we believe he should give it to us. Could you come with me? Help plead the case for the library? I don't know much about books and even less about romance novels!' he smiled. 'You will, of course, be paid for your time. Shall we say five hundred pounds for the day? Consider it a consultancy fee.'

Five hundred big ones for a day's work?

To some people that might not seem like a lot of money, but for me, it was a fortune. It would cover most of the rent for my shitty bedsit for almost a month. It would mean I could eat proper meals for a change. Pay my bills. I could even get my car fixed.

I wasn't able to take on the commitment of running of the library, but I could do one day's consultancy work. That'd be easy. I'd just go there, do my thing, leave and get on with my life.

'Okay,' I said. 'I have to decline the offer to do the whole library build and management thing, but I can help you tomorrow, just for the day.'

'Excellent!' Cecil clapped his hands together. 'Here.' He reached behind his desk and handed me a bag. The way this guy was giving out gifts, I should call him Santa. 'Meredith thought you might like these too.'

'Thanks!'

I opened the bag and saw a dozen different romance novels from all the authors I'd mentioned were my favourites. Steamy romance with all the tropes were the books I loved the most.

I used to spend hours lost in the pages. Until my passion had been cruelly ripped away from me.

By *him*.

The man who'd ruined my love of reading and my life.

And now I didn't know if I'd ever get it back.

I turned the key in the ignition for the fourth time, hoping that this time the car would start, but it didn't. If it didn't start in the next two minutes, I was going to be late for the meeting.

After two more failed attempts, I jumped out of the car, weighing up my options.

I couldn't afford roadside assistance, so I couldn't call someone out to fix it. There was no one I could ask to drop me there. I wouldn't get paid for the consultancy work until after the meeting, so couldn't get a cab. I pulled out my purse. I'd be late, but I had just enough to get the train.

'Cecil,' I said, calling him whilst running to the station. 'I'm so sorry, but my car wouldn't start, so I'm going to be... hello? Hello?' I glanced down at the phone screen.

Nooooo!!

Of all the times for my phone to die, it had to be now.

See. This was why I couldn't accept the offer to run the library. I was a hot mess.

Two train journeys later, I eventually found my way to Seaview High. Luckily this time the gate was open, and I spotted a light on in a room on the ground floor. I pushed open the large creaky wooden door.

As I stepped inside, a slightly musty smell hit my nostrils. Old photos and trophy cabinets lined the walls, which I assumed were once a shade of white but now looked like a greyish-brown colour.

Although it was a little dark, the hallway was long and wide, and along it I spotted a set of large double doors which I guessed must open up into a big hall that maybe they used for assemblies.

The scuffed wooden flooring had a few sections missing, but considering how old this building must be, that was to be expected.

Although this place had been well maintained, whoever took this project on would still need to do a lot of work to brighten it up and make it feel like a warm and welcoming romance library. Which was a challenge I definitely wasn't up for.

After wandering down the hallway and finding the room where I'd spotted the light, I knocked on the door.

'Come in!' a voice called out.

I opened the door and relief washed over me when I saw Cecil.

'So sorry I'm late! I had car trouble and then my phone died and…'

'You must be Miss Johnson,' the man behind the desk said as I stepped inside, wiping the sweat from my forehead with the back of my hand. He was wearing a green jumper and had a full head of dark hair and clean-shaven white skin. 'I'm Edwin Dickinson, the vendor. You've met Cecil. And this is—'

'Theodore Eaves,' the man interrupted and turned around.

As I caught sight of him, I froze.

It was the parking space thief I'd argued with when Mrs Davis had first brought me to see the building. He was dressed in another perfectly fitted suit. His crystal blue eyes caught my gaze and for a second my heart flipped until I brought myself back to my senses.

'You!' I shouted. 'What are *you* doing here?'

'Hello again.' He smirked, flashing his annoying dimples. 'I'm here to buy this building.'

4

THEO

It was *her*.

The feisty woman I'd run into the first time I'd come to do a site visit.

I recognised her instantly.

Those dark brown eyes. Her full lips. She was wearing battered jeans and a jumper that day, but I found it strangely attractive. Maybe it was the way the fabric clung to her curves. Just like that silky white blouse was clinging to her chest right now.

My pulse quickened and I told myself to look away, but my gaze remained firmly on her.

I noticed her blouse was buttoned up wrong and for a second I thought about telling her, but then I'd have to confess that I was looking at her breasts. *Jesus*. What was wrong with me? This was a business meeting. I shouldn't be ogling her. So unprofessional. I dragged my eyes to the desk.

Anyway, she might be pretty, but I was here to do a job. Like I'd just told her, I was buying this building. And now I knew *she* was the other interested party, it'd be easier than I thought.

She was clearly disorganised. She'd turned up to a business meeting twenty minutes late. And then there was the whole blouse buttons situation.

'You seem pretty sure of yourself,' she replied. 'But that doesn't surprise me. I knew you were an arrogant arse-hole when I met you!'

Edwin and the solicitor guy Cecil's eyes popped, but I smiled. I never shied away from a challenge, and I admired her for attempting to put up a fight. But this was only going to go one way: *mine*.

'I'm flattered that you remembered our encounter. And for the record, I'm not arrogant. I'm confident. There's a difference.'

'I'm sorry,' the solicitor guy piped up. 'You two know each other?'

'Yes,' she said.

'No,' I corrected her.

'We don't *know* each other. I just had the misfortune of crossing paths with him. When he stole my parking space.'

'It wasn't yours.'

'Now, now,' Edwin said. 'Let's just start fresh, shall we? So, I understand that you're *both* interested in purchasing this building?'

'Yes,' we replied in unison.

'My client, Mrs Davis, had multiple conversations with you,' Cecil chimed in. 'As far as she was concerned, it was a done deal and signing the paperwork was just a formality.'

'I *had* said I was interested in Mrs Davis's offer and we'd agreed to speak further, but when I didn't hear back from her, I assumed she was no longer interested. And that's why when Mr Eaves got in touch I agreed to meet. Of course now I know why Mrs Davis didn't return my calls,' he sighed. 'But I have *two* generous offers, which puts me in a bit of a pickle.'

'Let me make it simple for you.' I leant forward. 'Eaves Enterprises are exceptionally interested in this beautiful piece of land, and we are willing to beat whatever price *they* wish to offer.'

'And if you were successful, what would you do with it?' Edwin asked.

'Build a collection of stunning luxury apartments.'

With the views overlooking the sea, we'd make a killing. This was the perfect spot.

'So you would convert the building?'

'No. We'd start from scratch.'

'As in?'

'We'd knock everything down and create a brand-new development.'

'I see…' he said flatly. *Hmmm.* Something told me he didn't like my answer. But it didn't matter. Adding an extra zero on the cheque I intended to write would sweeten the deal. 'And you?' He turned to her. 'Remind me what Mrs Davis had planned.'

'Oh, erm, a library. We, I mean, Cecil and whoever he hires, would like to build a romance library. So it'd be filled with romance novels.'

'What?' I laughed. 'You want to build a *library*? I don't know if you've been living on another planet for the past decade, but they're *closing* libraries all over the country, not opening new ones. Unless of course your market research has identified something different?' I rested my finger on my chin and her face fell. 'You have conducted market research, haven't you?'

She didn't have to reply. The answer was written all over her face.

'My client felt that there was a very strong need for a library of this nature. Romance books are very popular. Isn't that right, Jessica?'

'Um, yeah,' she stuttered. 'Cecil's spot on. There's a big demand. Romance readers devour books. Some read multiple books a week.'

'That's *sweet*,' I smiled, 'but just because the books are *popular* doesn't make a library a viable *business*.'

'I've decided.' Edwin clapped his hands together.

I sat up straighter, excited to hear him break the news to Jessica and Cecil that they didn't have a hope in hell's chance of getting this building.

It was a no-brainer. A development of luxury apartments that would really put this town on the map, plus an offer that was significantly more than the asking price, was going to trump whatever proposition these two had in mind.

Jessica slumped back in her seat, and I almost felt bad for her. It was obvious they hadn't thought the idea through. Lending people free books wasn't going to pay the bills, and there was no way they'd get funding from the council to keep it open.

With the right backing, there was a chance they could make it work. But they'd need some kind of revenue stream like a bookstore attached. Ticketed events like book signings could help their cash flow too.

Anyway, why the hell was I thinking about their business when I was here to think about mine?

Father was counting on me to secure this site. If I got this development off the ground successfully, I'd be one step closer to becoming CEO of Eaves Enterprises. Something I'd been primed to do since birth.

I'd worked my arse off at university, then business school, and spent almost every day over the past ten years working closely with my father, learning the ropes and earning my stripes. Yes, Jessica was attractive, but this was business. I wasn't going to jeopardise my future because I felt bad for her.

'Just say the word and I'll get the paperwork drawn up.' I leant back confidently in my chair.

'Not so fast, Theodore,' Edwin warned. 'Like I said, I've made a decision. And I've decided I'll choose who gets the site *after* you've done a formal presentation.'

'What?' I jerked forward.

'I want you both to present your plans to me, *properly*. I'd like you to outline *exactly* what you intend to do with the building so I can get more of a feel about how it will look. It's not just about the money—I'd like to hear about why you think your venture will be good for this town and the community.'

'Sounds fair,' Cecil added.

Fair? It was the most ridiculous idea I'd ever heard. It was completely unnecessary. But I wasn't about to screw up my chances of securing the deal by telling him that.

'And I'd like to get to know you better,' Edwin added as I tried to keep the frown off my face. 'People buy people, isn't that what they say in business?'

'I agree,' Cecil said. 'It's about building relationships.'

Jessica was very quiet. She was probably trying to process this bullshit just like me.

'So I'll also invite you to spend some time with me to help me do that. I've resisted the urge to sell this building for many years, so I need to be sure that when I do, it goes to the right person.'

'Mr Dickinson,' I said, lowering my voice, 'I understand where you're coming from—believe me, I do. But we could save everyone a lot of time and effort if we just completed the deal today. As I mentioned earlier, Eaves Enterprises are *very* motivated to secure the land at your earliest convenience, so how about we add an extra hundred thousand pounds to our offer, to expedite the process?'

'Mr Eaves.' He clasped his hands together. 'I appreciate your generosity, but like I said, this isn't just about money. So if you are as *motivated* as you claim, then you'll agree to my terms: a presentation here in two weeks outlining your intentions and how the community will benefit. Do you accept?'

'Of course.' I smiled sweetly. I'd find a way around this. Even if I had to offer him an extra two hundred grand. I wasn't doing some dumb presentation.

'And you, Jessica?'

'Well, I… er…' she stuttered.

'We accept,' Cecil confirmed as Jessica's eyes flew from their sockets. She didn't seem happy and that had to be good news for me.

'Great!' Edwin beamed. 'I look forward to getting to know you both better.'

'Likewise.' I turned to face Jessica, who glared at me. For some reason I felt a jolt of electricity race through me.

Eyes on the prize, Theo.

I was here to get this property, not get stupid ideas in my head about some woman.

If she thought she hated me now, she was going to despise me by the time I closed this deal.

And I couldn't wait to do what I did best: win.

5

JESS

What a shitshow.

As I climbed into the passenger seat of Cecil's car, I replayed the disastrous meeting back in my head.

I'd messed up. Cecil had hired me to represent Mrs Davis's wishes. To hype up the idea of the library and sell her vision. And what had I done? I'd stuttered like an idiot and made it sound like the worst idea ever.

And that annoying *Theodore* loved every second of my humiliation. He sat there in his tailored suit with his annoyingly handsome face and intoxicating scent and grinned.

When he'd asked what market research I'd done, I wanted the ground to swallow me up. Yeah, I wasn't a businesswoman, but anyone with common sense knew that to start a business you had to have done some kind of planning or analysis.

Obviously given the short notice, I couldn't have been

expected to have done anything extensive myself, but I should've at least taken two minutes to get some rough figures on the size of the romance market.

I could've asked Cecil if Mrs Davis had looked into it so I could've said something better than 'a lot of women read romance books.'

Fuck's sake.

And if all that wasn't bad enough, when I went to the toilet and saw myself in the mirror, I realised I'd buttoned up my blouse wrong. So I'd sat through that whole meeting looking like a child who'd gotten dressed in the dark.

Reason one million and one why it was a good idea *not* to accept the offer to run the library.

'So that was *interesting*.' Cecil started the engine, then pulled out of the car park. Thankfully he'd offered to give me a lift home.

'It was a disaster. I'm so sorry I let you down. Of course I don't expect to be paid for today.'

'Nonsense. You've earned every penny.'

'Hardly.' I knew a lot of people would just agree, take the money and run, but that didn't feel right. 'I was late and I didn't say anything useful.'

'Don't be so hard on yourself. This has all been sprung on you at short notice and you had no time to prepare. Especially given the fact you're juggling multiple jobs. Despite how you feel it went, I think the vendor is interested.'

'Yeah?'

'Yes. He likes the idea of the library. He can see it has potential. If he didn't, he would've just accepted the offer from Eaves Enterprises. By inviting you to formally pitch, he's giving you a chance to prepare a proper presentation.'

'You mean he's giving *you* or whoever you hire the chance to prepare.' I frowned. I'd already said today was a one-off.

'Jessica.' Cecil pulled over on a side road, turned off the engine, then turned to face me. 'Accept the offer. Just think: you'll have the opportunity to create something really meaningful. You'll honour Meredith's dying wish. You'll create a legacy for her and for yourself. And you won't have to work three jobs anymore. You'll have a *proper* salary. Enough to rent somewhere nice and get a new car that won't break down. I'll even throw in a new smartphone. What do you say?'

Hmmm.

I paused. I had to admit, he'd struck a nerve and made some good points. If I took this job, I wouldn't have to deal with any more sleazy customers at the bar. And there'd be no more cleaning offices or people's bottoms.

I hated where I lived. My car was a piece of shit, and don't even get me started on my crappy phone.

Mrs Davis had given me a lifeline. An opportunity to change my fortunes and create something special.

Now I understood why she'd asked me all those questions about my hopes and dreams.

I'd told her I'd be happy just to have a decent job and salary. So now I had that chance and the option to live a less stressful life, I'd be crazy to turn it down.

What Cecil said was true. I genuinely believed that creating a romance library would be meaningful.

And it'd be much better for the community than some

fancy luxury flats that only a small percentage of the people from that town could afford.

But what if I failed?

'If I say no, will you find someone else?'

'No.' Cecil shook his head. 'Meredith made her wishes very clear. She wanted *you* to run it.'

'And if I don't, what will happen to the books and her money?'

'Well, as far as the money goes, no doubt her son would try and come after it.'

'Can he do that?'

'Anything's possible. As for the books, he'd probably try and destroy them out of spite.'

My stomach churned and bile rose in my throat. Cecil didn't realise it, but his words had just opened a wound I'd been trying to heal.

'I'll do it,' I blurted out.

I still wasn't convinced I was up for the task, but I'd give it my best shot.

I owed it to myself to at least try. And even though we barely knew each other, for some reason, Mrs Davis believed in me, so I owed it to her too.

'Excellent news!' Cecil beamed. 'Do you have somewhere to be right now?'

'No. You hired me for the day, so I told my other jobs I couldn't make it in.'

'Great. Let's go to my office and go through all the paperwork. The clock's ticking. There's just two weeks until the presentation, so the sooner we formalise everything and get started, the better.'

'Yeah, about the pitch…' I paused. 'I have a question.'

'Fire away.'

'What happens if I don't secure that particular building? Mrs Davis's will said that I'd have a salary for a year to get the library up and running. But what if the vendor sells the building to Eaves Enterprises? What then? Do I have to find another location and keep working on that instead?'

'No.' He sighed. 'Meredith's instructions were very specific. It's that particular building she wanted and that building only. It *has* to be secured. Failure is not an option, I'm afraid.'

Shit.

In a way, that seemed unfair. Especially as I had no control over how much Eaves Enterprises chose to bid.

'But what if the competition outbids us?'

'Remember what the vendor said: it's not just about the money. It's about the *idea* and how it will benefit the community. That's why the presentation is so important. Nail that and build a relationship with the vendor and I'm sure everything will fall into place. This is a golden opportunity, Jessica. It could change your life. The question is, how hard are you prepared to work to make it happen?'

A surge of adrenaline pulsed through me. Cecil was right. If I could put together a killer pitch and win that Edwin guy over, I really *did* stand a good chance of securing this building.

After everything I'd been through in the thirty-one years I'd been on this earth, I wanted a better life. I wanted a happier future. And this was my chance.

I hadn't dared to dream before, but now maybe I could.

I was doing this.

Although this was going to be so far out of my comfort

zone it might as well be outer space, I was going to do everything I could to nail that pitch, secure the building and get Mrs Davis's romance library off the ground.

And now I'd set my mind to it, no one, not even a sexy rich guy named Theodore Eaves, was going to stop me.

6

THEO

'What do you mean you didn't close the deal?' Father banged his hand on his antique desk.

'The vendor wants us to prepare a presentation—he's insisted we pitch to him in two weeks, then he'll make a decision.'

'Why didn't you just offer him more money?'

'I did.' I blew out a breath, frustrated at how much he underestimated me. 'But he said it's not just about the money. It's about the idea and how it will benefit the community.'

'Who cares about the stupid community?' he shouted, his face reddening by the second.

'He does. And he wants to get to know me and Jessica better.'

'Who is *Jessica*?'

'The competition.'

'And what does this woman intend on building?'

'A romance library.'

'A romance library!' he scoffed. 'What a load of

nonsense! Libraries are an outdated concept. They're closing all around the country, which has been great news for us. Why on earth would someone want to build a dying entity? She may as well open a video rental shop for goodness' sake! And *romance*? Of all of the genres, what an idiotic one to choose! Nobody takes those books seriously.'

'That's not necessarily true,' I interrupted. 'I did some research and romance is one of the biggest and most profitable genres in fiction and has a very passionate fan base.' I'd always assumed that it was popular, but even I was surprised at how voracious romance readers are.

'I can assure you that it is *not* more lucrative than property. In any case, if they're handing out free books, how can they possibly make a profit? It's a joke. You *cannot* lose this site to a stupid library. Understood?'

'Father,' I said sternly. 'I have every intention of securing the land, but you need to understand that this vendor is not like the ones we normally encounter. He seems… *sentimental*. I get the impression that he places great importance on emotions rather than figures. This isn't going to be straightforward.'

'Sounds like you're not up to the job.' He leant forward on his desk. 'How can I trust you to run a company when you can't even secure a deal in some tiny seaside town? I've just secured a multimillion-pound site in Paris. How many international deals have *you* secured this week?'

I ground my jaw and clenched my fist. *I* was the one who'd found that land in Paris. *I* was the one who'd done the groundwork. And just because he insisted on going to the final meeting, he wanted to take all the credit?

This was bullshit.

'I'll get it done,' I snapped.

'You'd better. I'm starting to think I picked the wrong son to be my successor. I'm sure Ben wouldn't have this issue. Maybe I should call him back to London to step into your shoes. He couldn't do any worse.'

My chest tightened. Sometimes I swore the only reason he had more than one child was to play us off against each other.

Little did Father know there was no way Ben would be coming back to London anytime soon. He was having too much fun in America. Dad thought he was studying, but I knew my brother and the only thing he was studying was different women's anatomy. There was no way he'd give that up to get stuck in an office working 24/7 like I did.

And as for my other brother, Tom, he'd already told Father he wasn't interested in following in the family footsteps.

I wished I'd had a choice, but it'd been decided since birth that taking over this company was my destiny. And even though sometimes I wanted to just say *fuck it* and try something else, I always came back to my senses.

My whole life had been dedicated to preparing for the moment I took over from my father. It wouldn't make sense to think about quitting when I was so close to making it happen.

'Was there anything else?' I got up from my seat. 'I need to get to work on this pitch.'

'Close the door on your way out,' Father replied bluntly, his eyes flicking straight to his computer.

As I left, I was tempted to slam the door, but I had to learn not to let him get to me.

After walking to my office, I sank into the leather sofa and squeezed my eyes shut.

I was so sick of my father always questioning my abilities. But it wouldn't be for much longer. As I pictured the day I was named CEO, a smile touched my lips. Knowing that soon I'd be the one calling the shots here was the only thing that kept me going.

Eaves Enterprises would become better under my leadership. But first I had to win this pitch.

Explaining the vision would be straightforward. But what I hadn't accounted for was the other fluffy stuff the vendor wanted, like explaining how these flats would benefit the community.

Clearly our apartments would elevate the area by attracting a more discerning clientele, which would boost the local economy. Saying that should be good enough. But I got the feeling that this Edwin guy expected more than that.

I dragged my hand over my face. Although I knew I'd have to think about it, I had other work to do, so I couldn't let this one pitch consume me.

Just as I was about to call my architect about another site I was working on, a message flashed up on my phone.

Edwin

Hello. Good to meet you earlier. I'd like you to join me for dinner tomorrow evening at Sunshine Bay's finest restaurant. Please meet at Seaview High at 7.30 p.m. and we'll go there together.

Best,

Edwin

. . .

A groan flew from my mouth. *Great.* I wasn't expecting the schmoozing to start so soon.

I wondered if this would be a one-to-one meeting or if he'd invited Jessica too. My pulse quickened and I told myself to calm down. It didn't matter if she was coming or not. She was my competitor.

The fact that for some strange reason I found her attractive was irrelevant. There could be no emotions involved, so I needed to get the stupid flashbacks of the way she looked in that skirt, the curve of her arse and her tempting full lips out of my head.

I'd go to the dinner with Edwin tomorrow night and if she was there, I'd show her what I already knew: that she was out of her depth.

Even with the help of that Cecil guy, Jessica was going to lose.

I'd do everything I could to make sure of it.

7

JESS

I stepped out of the train station into the cool evening air. I hadn't had a chance to even think about getting my car fixed.

I'd spent hours at Cecil's office yesterday going through the paperwork and confirming my new role. As well as giving me the five-hundred-pound 'consultancy fee' as promised, he'd handed me a phone and a laptop to use.

After I'd got home, showered and eaten and messaged Sarah, I'd fallen asleep. Then I'd had to get up at the crack of dawn to do my last cleaning shift, followed by an afternoon bar shift where I'd happily said I was leaving.

None of my bosses were happy about me quitting at such short notice, and it felt risky to give up those jobs without knowing whether or not I'd secure the site, but I'd decided that to stand a chance of winning this pitch, I had to give it my all. And I couldn't do that if I was exhausted from working in multiple places. Plus Cecil had said he'd arrange for the first month's salary to be paid into my account by the end of the week, which was amazing. It would be so nice not to worry about money for a change.

I'd tried to do research on the train journey to Sunshine Bay, but the train Wi-Fi kept dropping. From tomorrow, though, the proper work would begin. I was determined to nail this pitch.

As I walked to the site, my thoughts turned to tonight. I wondered if Edwin had invited Theodore or if this would be a one-to-one kind of dinner. It didn't matter, though. I wasn't going to be distracted by Theodore's intoxicating scent, his muscular arms or those hypnotic eyes.

Men were trouble. Especially good-looking men like him. All I needed to do was focus on winning over Edwin. Theodore wasn't important.

Luckily Seaview High was only a fifteen-minute walk from the station. When I arrived, I saw a flashy sports car in the car park.

Great. Theodore was here. And he'd arrived before me. That meant he'd had more time to bond with Edwin. Shit.

As I entered the building and heard the sound of laughter echoing through the corridor, my stomach sank. I knocked on the door.

'Come in!' I knew it was Edwin who'd replied. I remembered Theodore's voice being much deeper and smoother. The kind of voice I'd imagine hearing on a steamy audiobook.

Theodore's accent was posh but not in that plummy Hugh Grant kind of way. It was kind of… hot.

No, I warned myself again as I pushed the door open. *I'm not going there*. Theodore was not hot. He was the enemy, he was…

Good Lord.

When I caught sight of him standing beside Edwin's desk, I swallowed hard.

He was dressed in a tux with a black bow tie, and he looked like he'd stepped straight out of a James Bond film. The word *hot* didn't even begin to cover it. Never mind licensed to kill—looking like that, the man was licensed to *thrill.*

I caught myself swooning, then pinched my palm to snap out of the trance.

Repeat after me, my brain commanded:

Theodore's the competition.

He's the enemy.

Do not be fooled by his looks.

Remember what happened last time you fell for a handsome man.

That was all it took to bring me back to my senses.

'Hi,' I said to Edwin before nodding in acknowledgement to Theodore, then quickly tearing my gaze away. The less I looked at him the better.

'Hello, Jessica!' Edwin chirped. 'Lovely to see you again.'

'Jessica.' Theodore nodded, raking his eyes from my head down to my toes, then looking away.

No doubt he was judging my floaty orange-and-navy-blue printed dress. It was the smartest thing I could find in my wardrobe. I'd got it in the charity shop for five pounds and it was a world away from the designer tux he was wearing. I bet that cost more than three months' rent.

Edwin was dressed more casually in a jumper and brown corduroy trousers, but he still looked smarter than me. I was probably going to stick out like a sore thumb at this fancy restaurant, but there was nothing I could do about it. This was how I was, and if Edwin wanted me to dress a certain way to secure this building, then I wasn't going to do it. I wanted this job, of course I did, but I'd changed my identity for a man before and I refused to do it again.

'Shall we make tracks?' Edwin said. 'The restaurant isn't far from here. I thought it'd be good to get you better acquainted with the town.'

'Ladies first.' Theodore gestured for me to walk ahead of him.

As he got closer, that annoying woody scent surrounded me and I winced. How did he smell so good?

I quickly hurried to catch up with Edwin and create some distance between me and Theo.

'Have you visited the beach yet?' Edwin asked.

'Briefly,' I replied. 'When I came here with Mrs Davis. It's beautiful. So calm and pretty. It'd be the perfect place to sit and relax with a book borrowed from a library across the road.' I smiled.

'Indeed.' Edwin nodded.

'Or for residents to walk to from their new home,' Theodore added. 'Having a collection of luxury apartments would provide a significant boost to the local economy, which would mean more money for the town. To keep the beach clean and—'

'Are you saying the beach isn't clean?'

'No, not at all!' Theodore replied. 'I was just saying that I'm sure every town could benefit from investment.'

Edwin was silent. I'd definitely won that round. It was clear that this town meant a lot to Edwin, so I knew my complimenting the beach and saying I'd spent time here worked in my favour. If I kept this up all night, I'd definitely come out ahead.

'This town has a thriving community.' Edwin crossed the road. 'Over there on the corner is Violet's Florist'—he pointed to a small shop with a blue-and-white-striped awning and colourful floral window displays—'which has been here for three generations.'

'Very nice.' I smiled.

'Seaview B&B, which overlooks the beach, has existed for almost a hundred years.'

The cosy-looking whitewashed building had a small terracotta-tiled terrace with blue tables and chairs and pretty flower boxes lining the windowsills.

'The Seaview Arms is a popular pub that all the locals go to. It does a lovely Sunday roast, and they host different community events there too. It's an important part of the community. As is this wonderful establishment.' He stopped outside a white-and-blue restaurant with fishes painted on the window. 'Welcome to May's Fish and Chips. The finest restaurant in town.'

Theodore's eyes flew from their sockets.

'*This* is where we're eating tonight?' Horror was written all over his face.

'Yes.' Edwin smiled. 'It's been part of Sunshine Bay since 1973, when May opened it. Her daughter Candace took over a few years ago when May retired and it's still going strong. People travel from far and wide to visit. The fish is as fresh as they come, and the chips are fried to perfection.'

'Sounds great!' I grinned. Partly because I genuinely was looking forward to it and partly because Theodore's face was a picture. This definitely wasn't what he was expecting.

'Come on.' He opened the door.

As soon as we stepped inside, the mouthwatering scent of freshly fried fish and chips hit me straight away. My stomach rumbled with excitement.

The restaurant was simple in design. Pine tables and chairs with decorative silver metal fishes of different shapes were mounted on the blue wood-panelled walls to make it look like they were swimming in the sea.

The specials of the day were written in colourful chalk on a large blackboard.

Every table except one was full, and laughter and chatter filled the air. As I took in my surroundings, I noticed that people were dressed in jeans or casual clothes and my shoulders relaxed. Turned out what I'd worn was actually spot on. It was Theodore that looked out of place in his bloody tux.

'Eddie!' A woman with porcelain skin who I guessed was in her forties approached us. She was wearing a striped apron, and her long blonde hair was tied up in a ponytail. 'Great to see you! I've got your table ready. Welcome!' She smiled.

'Lovely to see you, Candace. Thought I'd introduce some new people to the best restaurant in town.'

'Flattery will get you everywhere!' she chuckled.

'This is Jessica.'

'Nice to meet you.' I reached out my hand for her to shake it.

'We don't do handshakes in here!' She pulled me into a hug and planted a kiss on each of my cheeks. 'Welcome!'

'And this is Theodore.'

'Lovely to meet you.' He took her hand and kissed it. 'Please, call me Theo.'

Good to know he didn't mind his name being shortened. Maybe that nickname just applied to people he wasn't competing against, but I was going to assume it was fine to use from now on anyway.

'Oooh, you're a charming one!' She grinned. 'Don't know if anyone's ever kissed my hand before. You probably wouldn't have either if you knew where it'd just been!' she laughed, and Theo's face fell. 'Don't worry! I was just handling raw fish, that's all. I scrubbed them afterwards, but y'know, sometimes the smell lingers!' she chuckled again. 'Let's get you seated.'

She led us over to the empty table, then gave us three menus.

'I'd recommend the cod and chips,' Edwin suggested.

'Sounds good!' I replied and Candace scribbled on her notepad.

'Er…' Theo paused, his eyes scanning the menu. 'Do you have any other fish? Perhaps some smoked salmon and new potatoes?'

'Ha! Good one!' Candace laughed. 'Always love a comedian! Is that why you're all dressed up? Are you performing at a show later?'

'No…' he mumbled. Something told me Theo was being serious when he asked for smoked salmon. 'I'll have the same as Edwin, please.'

'Excellent! And to drink?'

'Cuppa, please,' Edwin said.

'Make that two. Theo?' I raised my eyebrow. He looked like more of a champagne kind of guy.

'I'll have the same.'

We sat at the table awkwardly and when Edwin's mobile phone rang, I was relieved to have a distraction.

'I'm on my way,' he said, then hung up. 'Apologies, but I have to go.'

My face fell, and as my head jerked up, I caught Theo's horrified expression. Looked like he wasn't happy about us being left alone either.

'Perhaps it's best to cancel our order if it's not convenient to stay,' he said.

'No, no. You two go ahead and eat without me. I wouldn't want to deprive you of the opportunity to sample the best fish and chips in England! Hopefully I'll be back in about an hour.'

Edwin didn't wait for a response. Before I could protest, he'd rushed over to talk to Candace, then was out the door, leaving me and Theo sitting opposite each other in silence.

'So d'you always wear a tuxedo for dinner?' I blurted out.

'Yep. It's my standard evening uniform. Sometimes I love it so much I wear it to bed,' Theo deadpanned.

Bed.

For some reason, Theo mentioning that word made my stomach flip.

'Why do I believe you?'

'Obviously I'm joking. When Edwin said he was taking us to the finest restaurant in town, I was thinking Michelin star, so I thought I'd make an effort. If I'd known we were coming to a fish and chip shop, I would've dressed accordingly.'

'Don't tell me you actually own casual clothes!' I fake

gasped. 'I bet your idea of casual is a two-hundred-pound designer shirt and a five-hundred-pound pair of trousers.'

'Whatever,' he replied, which I took as confirmation that I was right. Oh, how the other half lived.

He reached for his bow tie, undid it, pulled it off, then unbuttoned the top of his shirt. I told myself to look away, but I couldn't.

And when he shrugged off his jacket and started rolling his crisp white shirtsleeves up to his elbows, revealing tanned, muscular forearms covered in dark hair, my cheeks heated. The way he did it was so effortlessly sexy, I felt like I was watching porn in public.

'So what's your link to this whole library thing and the old lady who died? Was she your granny?'

'Do you really care?' I folded my arms.

'Honestly?' he asked. 'Not really. But if we have to sit here for an hour until Edwin comes back, we might as well try to be civil. I can't promise how long I can keep it up before I resort to scrolling on my phone, though.'

'I worked for her,' I replied bluntly.

'You must've worked for her for a long time, then, to take this on.'

'One shift.'

'What?'

'You heard. I worked with her for less than a day. Next thing I know I find out she's died and she's included me in her will.'

'That's crazy!' he gasped. I wasn't even sure I should be telling him this. He could use it against me in the pitch. But I'd always been an open book. Pardon the pun.

'And what about you?' I asked, deciding it was safer to

change the subject. 'I'm guessing that Eaves Enterprises is your family business?'

'Correct.'

Candace brought over our teas and placed them on the table.

'Thanks,' we both replied.

'And you build ridiculously expensive flats that the majority of the population can't afford.'

'Building luxury flats for a discerning clientele is one of the things we do, yes. You make it sound like we're killing cute kittens.'

'I just think that a beautiful town like this doesn't need overpriced flats, that's all.'

'And let me guess, a library would be *much* better.'

'Yes! *Finally*, you're getting it!'

'Jessica.' He leant forward, staring deep into my eyes. 'It's only fair for me to inform you that as nice as your library idea is, I can't let you win. I *have* to secure this deal, so please don't be upset when you lose.'

'Oh, I won't be losing.' I tilted my head. 'I'll be building a library and I'm going to do it on Edwin's site.'

'Why don't you just find another location? Why put yourself through the stress of this pitch and doing something you're clearly not cut out to do? If I were you, I'd do the sensible thing and surrender now.'

'I know you'd love me to just roll over, but it's not gonna happen. Mrs Davis's wish was simple: the library can *only* be in that building. It can't be anywhere else. So it's *you* that needs to rethink, because I'm not backing down.'

I narrowed my eyes and Theo did the same. We

continued scowling, and it was only when two plates appeared in front of us that our death glare was broken.

'Two cod and chips!' Candace chirped. 'Enjoy!'

'Thank you.' I smiled.

Theo stared down at his plate like he'd just been served two hairy pig's feet.

'This looks *so* good!' I beamed.

'That depends on what your definition of *good* is,' he replied.

'Have you ever had fish and chips before?'

'Of course I have.'

'When?'

'Don't remember. It's not something Clara used to make.'

'Who's Clara? Your girlfriend?'

'No. Our cook.'

'Oh my God! You had a cook? How rich are you?' I asked. 'You must've come to the seaside to have fish and chips when you were a kid?'

'We didn't go to the seaside. Not unless you count the South of France.'

'Wow! You haven't lived!'

I knew when I first saw him that we were from different worlds, but talking to him now just highlighted that. I mean, the man drove a flashy sports car and he'd worn a tuxedo to a fish and chips restaurant. Granted, he hadn't known we were coming here, but even so, it was a bit OTT.

And his idea of the seaside was the South of France, which probably meant he hung out in places like St Tropez, Monaco and Nice. And don't even get me started on the fact that he had a cook…

Growing up, I got used to making my own dinner from a young age. I'd learnt that if I wanted to eat, I had to fend for myself.

I plucked a chip from the plate with my fingers and slipped it into my mouth. Edwin was right, they were divine. Crispy on the outside and fluffy on the inside. I couldn't wait to taste the fish.

When I glanced over at Theo, he was delicately slicing the chips into tiny pieces with his knife and fork like he was cutting into an expensive steak. *So fancy*. Eventually, after preparing a small piece of cod, he reluctantly moved the fork towards his lips.

'You look like you're about to eat a kangaroo's testicle! Don't be so worried. It's delicious!'

Once it was in his mouth, he chewed cautiously and then his eyes bulged with surprise.

'It's actually not… terrible,' he said, quickly sliding another portion onto his fork.

'Told you!' The cod was perfection, the fish so fresh and the batter light and crispy. Much better than what I'd had in London. Fish and chips were always better by the sea.

It didn't take long for us both to devour everything on our plates. Just as Candace came to take them away, I was relieved to see Edwin walking through the restaurant door.

'So!' He slid onto the seat at the head of the table. 'How was it?'

'Best fish and chips I've ever tasted!' I enthused.

'It was actually quite delicious,' Theo added.

'Excellent!' He clapped his hands together. 'Really happy you enjoyed it. So…' He paused. 'There's been a development. I'm getting some pushback from the town's residents.'

'About?' Theo asked.

'My decision to sell Seaview High.'

'But it's your land,' Theo added. 'You're free to do with it as you wish.'

'That's true,' Edwin replied. 'However, like I mentioned at our meeting yesterday, community is important to me and to everyone in this town. Ever since my parents passed, I've had offers to buy the place. But I've always declined.'

'Why?' I asked.

'Because all I've ever had was the hit-and-run buyers: the people who just want to buy the land, make money and leave. They don't care about the people. They only care about their profit margins. I want to sell to someone who fits in with the community. Who values it and wants to be a part of it. Is that you?' Edwin's gazed flicked between us.

'Absolutely,' Theo nodded.

'Of course,' I confirmed.

'Wonderful!' Edwin beamed. 'I'm delighted to hear that because that means you'll be happy to move forward with my new idea.'

'New idea?' Theo frowned.

'Yes. Originally, I thought it would be sufficient for us to meet once or twice whilst you prepare your presentation. But now I've realised that won't be enough.' As Edwin paused, my stomach tightened. Sounded like he had some other challenge up his sleeve.

'What did you have in mind?' Theo clasped his hands and placed them under his chin.

'I would like you both to stay in Sunshine Bay.'

'Stay *here*?' Theo's brows furrowed. 'For how long? A weekend?'

'No.' Edwin shook his head.

'How long were you thinking?' I asked.

My guess was that he'd like us to stay for a week. Maybe in the run-up to the presentation date.

Now that I'd committed to the challenge, I didn't mind too much. What I'd said to Edwin earlier was true. This place was pretty. And I could bet that wherever I stayed here would be a whole lot better than my crummy bedsit.

'Three weeks,' he said casually.

'Three weeks?' Theo barked, his eyes popping from their sockets. 'But you said the presentation was in *two* weeks!'

'I know. But you'll need more time to put something solid together. Let's see.' He pulled out a small diary and flicked through the pages. 'It's Wednesday today and you'll need a day or two to settle in, so let's set the revised presentation date for three weeks from Friday.'

'I can put something together in two weeks,' Theo said quickly. 'In fact, maybe I could get it done in a week. I'm sure you're a busy man. There's no need to drag the process out unnecessarily.'

'Oh, don't worry. I'm not that busy these days, and on the contrary, it's not unnecessary. This is very important to me. Everyone in this town has been here for generations. This place is known as Sunshine Bay for good reason. It's a great place to live and that's because we're very protective of the community. Like I said, if you don't know the people here and don't have ties, you won't care what happens to it.'

'I understand,' I said quickly. 'Count me in!'

It was obvious that Theo wasn't keen, and that gave me an advantage that I intended to use. If I was happy to stay here and Theo wasn't, that automatically made me the frontrunner.

'And what about you, Theo? If community isn't important to you, best that you remove your hat from the ring now and forfeit to Jessica.' We both fixed our focus on Theo, who looked like a deer caught in the headlights. 'Just say the word and it'll be a one-woman race.'

'No, no.' Theo plastered on a smile. 'I'll... I'd be happy to stay here!'

I barely knew the guy, but even I could tell he was about as happy about staying in this town as he would be about getting two root canals without anaesthetic.

'That's settled, then! I've already spoken to Glenda at the B&B and asked her to reserve two rooms.'

'B&B?' Theo's eyes were popping again. 'I wouldn't want Glenda to go to any trouble. My assistant can find a hotel or apartment nearby on Airbnb.'

'We only have one place to stay here and that's what Glenda runs. There's no Airbnb here.'

I almost snorted. Theo was shitting himself. Even if this B&B was lovely, I doubted it'd compare to the five-star lifestyle that he was used to.

Theo wasn't going to last five minutes living in this town. And when he ran back to his fancy mansion, the building would be mine.

This was perfect.

8

THEO

'We have an issue.' I took a seat at my father's desk.

I'd thought about calling him straight after the disastrous dinner with Edwin last night to break the news, but I was still trying to wrap my head around this crazy development.

How could he seriously expect me to live in that town for three weeks? The pitch and meeting for a couple of dinners was reasonable, but forcing me to stay there to secure a deal was overkill.

And there was no way I could live and work in a B&B for that long. Especially with my competitor in the same building.

I didn't have a hope in hell of concentrating with Jessica around.

When she'd first stepped into Edwin's office, I'd had to fight to stay focused. Although her dress was loose, it couldn't hide those curves, and I'd struggled to keep my eyes off her all night.

God knows what she must've thought of me, wearing a

fucking tuxedo to a fish and chips restaurant. I'd never felt so out of place.

And when she teased me about the fact that I holidayed in the South of France and had a cook, it just reminded me that we came from completely different worlds. Maybe that was why I found her so intriguing.

She was right about the whole fish and chips thing. Although we'd eaten it at boarding school, it was never something Father would've allowed at home. He would've considered it too common.

But just because I'd enjoyed one meal in the town, that didn't mean I wanted to repeat the experience for another twenty-one days.

'What's the problem? Don't tell me you've lost the opportunity to pitch?' Father sighed, preparing himself for disappointment.

'No. I'll still be pitching, but in three rather than two weeks' time.'

'Considering I wanted this deal wrapped up ASAP, that's not ideal, but it's not a disaster either. Don't be so dramatic.'

'The real issue is he's insisting I live in the town—for three weeks.'

I filled him in on Edwin's community spiel and the fact that if I didn't accept, I'd automatically forfeit the deal and it'd be given to our competitor.

'And you're sure he can't be swayed by more money? Perhaps I should speak to him.'

'I'm certain,' I snapped. Father was always looking for a way to undermine me. 'He's one of those annoyingly happy community-minded types. A tray of homemade biscuits would mean more to him than a plate of cash.'

'What a strange man.' He shook his head. In his eyes, everyone had their price. But Edwin was an anomaly.

'Maybe we should forget about this site and focus on other locations.'

'Absolutely not!' He slammed his fist on the table. 'This town has been on the list of best places to live in the UK for five years running. I've wanted to build something here for much longer than that, but no one ever sells. Now an opportunity to buy a prime piece of land has presented itself, we need to snap it up. There's no guarantee if or when it'll happen again.'

'Understood.'

Foolishly I'd hoped Father would say to forget pursuing it, but deep down I'd known he wouldn't. Because the land was so rare and in high demand, we could sell the apartments at a premium, which meant more profit. And he never turned down the opportunity to make more money.

'You have no choice. As long as you continue working on other projects remotely whilst you're there and keep me updated regularly, then it's acceptable. Provided of course you secure the deal.'

'I will.' I nodded. If I was going to be forced to stay in Sunshine Bay, I was more determined than ever to make it worthwhile.

I pulled up outside of the B&B, got out of the car, took my suitcase from the boot and sighed.

The town was pretty, I'd give it that. With its sandy beach and striking blue sea just across the road from the

B&B, I understood why people might like it. But it wasn't my kind of place.

I liked the buzz of the city. The excitement. Knowing that if I needed something at three in the morning, I wouldn't have to go far to find a shop that was open. I bet everything here closed ridiculously early, including the bars.

Assuming, of course, they had one. So far, I'd only spotted a tiny pub. Who even went to pubs anymore?

I pushed the door and stepped inside. As I took in the decor, my face fell. The floral-patterned carpet and curtains looked like it'd been there since the seventies. So did the beige wallpaper.

As I pictured my penthouse with its polished wooden floors and freshly painted white walls, I instantly felt homesick.

There didn't seem to be anyone around. I headed to the reception desk and saw there was a gold bell on the counter, so pressed it.

'Helloooo!' A smiley woman with short dark hair and white skin who was probably in her late fifties bundled into the hallway. 'I'm Glenda, the owner of this fine establishment. You must be Theodore! Ooh, you're a handsome one. Edwin should've warned me we were getting some eye candy! Welcome!'

She threw her arms around me, and my body stiffened.

'Pleasure to meet you, Glenda.' I pulled back from her embrace and thrust my hand out. 'And, please, call me Theo.'

'I'm guessing you're not a hugger!' she chuckled.

Very observant.

'Not really.' Affection wasn't something I was used to.

Mum used to hug us, but when she died, all that stopped. Depending on the circumstances, sometimes I'd kiss a lady's hand, but after Candace's joke about where hers had been last night, I wasn't feeling inspired to repeat the gesture.

'Let's see how long that lasts in this town!' she chirped.

Good God. I didn't understand how everyone in this place was so happy. Surely they must be exhausted, smiling all the time.

'Is my room ready, please?'

'Oh, yes, of course! Let me grab your key.' She pulled out an actual metal key. 'Follow me!'

I didn't even realise that hotels used actual keys anymore. The places I was used to had key cards. My chest tightened as I braced myself for what would no doubt be a room that was last decorated before I was born.

She led me up to the first floor, put the rusty key in the lock, then pushed the door open.

'*Ta da!*' she said dramatically. 'Welcome to your new home.'

I looked around the room. It had blue floral wallpaper, the same ugly carpet that was in the hallway and one of those hideous duvet covers that looked like they'd never been washed. Thank God I'd brought my own bed linen, pillows and duvet. I'd get them from the car later.

There was a tiny wooden desk, which was about a quarter of the size of the one in my corner office, a mini kettle and two mugs. I didn't know how I was going to work from here for three weeks.

'Do you have the Wi-Fi code?'

'Course! It's *Sunshine Bay*.'

'*That's* the code?'

'Yes!'

Looked like I wouldn't be using their Wi-Fi. That password was about as secure as a paper door.

'Thank you. Well, I'll just get myself settled...' I said, hoping she'd take the cue to leave.

'Before I leave, I need to show you the best bit!' She marched over to the window and pulled back the flowery net curtains to reveal a set of double doors.

She opened them and summoned me over.

Oh.

Wow.

Now she had my attention. Directly in front of me was a prime view of the beach. The waves crashed against the shore and the scent of the sea air flooded my nostrils.

'It's beautiful,' I said.

'Isn't it just! I know this B&B is probably different to what you're used to in London, but mark my words, it won't take you long to fall in love with this place!'

'Right,' I said politely. The view might be nice, but there was no way I'd be falling in love with this town. I'd be back to London the first chance I got.

'What are your plans for lunch?'

'I—no idea. I'll probably just order a takeaway. What do you have here? Uber Eats? Deliveroo?'

'Deliver*who?*'

'It's a takeaway delivery service.'

'Takeaways aren't very popular here.'

Of course they're not, I groaned internally.

'Where's the nearest Marks and Spencer or Waitrose?'

'Don't have those posh supermarkets here, love. Delia's is where most of us buy our bits and bobs. If you like, I can make you a sandwich. That's what I said I'd do for your colleague.'

'My colleague?'

'Yes, lovely Jessica.'

'She's here already?' A shot of adrenaline raced through me and my pulse quickened.

'She is indeed! In the room next door. You two are neighbours!'

Jessica's bed was right behind that wall.

That wasn't good.

'Maybe we can all sit and have lunch together, around one-ish?'

'I'm not sure how much Edwin explained,' I jumped in, 'but Jessica is not my *colleague*. We are competitors both vying for the land that Edwin owns. Having lunch together would not be wise.'

'Competitors?' She waved her hand dismissively. 'No such thing in this town. It's just having a sandwich out on the terrace. It's harmless.'

'Thanks, but I'll pass.'

Being in the same building with just a thin wall dividing us was bad enough. I didn't need to start complicating things by eating together. That would muddy the waters, and I had to be focused.

'Well, if you change your mind, you know where we'll be.' She approached the door.

I nodded, knowing that I absolutely would *not* be changing my mind.

9

JESS

Wow.

This was definitely a step up from my crummy bedsit.

As I stood at the double doors and took in the gorgeous sea views, I felt like I was on holiday.

After Edwin had dropped the bombshell about us needing to live here for three weeks, he'd settled the bill, then left the restaurant. Theo had then handed Candace a fifty-pound tip (probably just to show off) and hotfooted it out of there so fast anyone would think his chair was on fire. But I decided to take it all in my stride.

I'd committed to this challenge. It was in my interest to stay in Sunshine Bay. I'd need the community on my side to make the library a success.

And although the decor in my room was a little dated, it was much better than the place I was renting.

As well as a double bed which had seemed a bit creaky when I'd sat on it earlier, there was a dark wooden desk and matching chair which would be good to work on.

In front of the patio doors was a lovely rocking chair. I imagined pulling the curtains back, opening the doors and sitting in it whilst reading. Then again, considering how difficult it was for me to pick up a book these days, I doubted that would happen.

I exhaled. I couldn't believe my luck. Not only was I earning decent money, staying here meant I wouldn't have to travel back and forth, so I'd save money too.

Edwin said he'd deduct the cost of our stay at the B&B from the price the winner paid for the site, so I was basically staying here for free.

Yep. All I could see was advantages. That was why I'd leapt out of bed at the crack of dawn, packed my bags and headed straight here.

The sound of a male's deep voice jolted me from my thoughts. Seemed like they were coming from the room next door.

No way.

I swallowed hard as I realised it must be Theo.

That couldn't be good.

I'd just said I could only see advantages to staying in this town. But now a disadvantage had sprung to mind. Theo.

As much as I couldn't stand him, I couldn't deny the obvious: Theo was one of the hottest guys I'd ever seen. That square jaw. Those piercing blue eyes. That muscular body...

I'd only met him three times, but I'd already noticed that his presence affected me. Whenever he was around, I found it difficult to concentrate. My brain turned to mush and I couldn't stop staring.

I didn't know why I found him so fascinating when the

man was clearly an arrogant, stuck-up twat. Seriously. At my age, and after what I'd gone through with my ex, I should know better.

Unfortunately, I couldn't change the fact that we'd been forced to live and work in the same building for the next three weeks. That was out of my control. But that didn't mean I couldn't take steps to minimise the distraction.

It was simple. I just needed to avoid him. Thankfully the walls seemed to be paper thin, which meant I'd know when he was in his room or when he'd left. So I'd make sure that I only left my room when he was definitely still in his. And if he left his room, I'd stay in mine.

I knew it wasn't a perfect plan, but it was the only one I had right now. He already thought I was out of my depth, so I didn't want to be a babbling mess around him and confirm it.

I heard the tap go in his bathroom, so he was still in there. Now would be a perfect time to leave. If he'd just arrived, he'd need to unpack and get settled, which meant I had at least half an hour.

Glenda said she'd make me a sandwich and to come down anytime after one, and now it was five to. Perfect timing.

I quickly swiped the key off the table, then slipped out of the room. When I got down to the terrace overlooking the beach, Glenda was already there.

'Hello, lovely!' She smiled. 'Ready for lunch?'

'Definitely!' I said. 'The views here are stunning,' I said, taking in the sapphire-blue sea. The seagulls cried loudly as they swooped in the sky, and I spotted a little white boat bobbing up on the water in the distance. 'I should take a picture and send it to my friend.' It was so nice to have a decent phone again that could actually take photos. Not like the cheap old one I'd had before. I reached in my pocket and realised it wasn't there. 'I left it in my room. Back in a sec.'

I climbed the stairs, but as I approached the top and saw Theo standing there, I froze.

His gaze seared my skin.

'Jessica,' he said in his deep, gravelly voice.

'Theo,' I replied, stepping onto the landing.

He was blocking the path to my room. Just as I moved to the right, so did he. Then I moved to the left as Theo did the same.

Deciding that moving to the centre was best, I shuffled over, but he had the same idea, so when I stepped forward, I collided with his chest.

As my body connected with Theo's, a jolt of electricity shot through me. His torso was even firmer than I'd imagined, and the heat radiating from him sent goosebumps erupting across my skin.

'Sorry!' I quickly stepped back. 'I-I need to get to my room.'

'Of course.' He moved to the side. 'I'm… I have to get something from my car.'

'Cool. Okay. Glenda said lunch is ready if you wanted a sandwich?'

No, no, no. I shouldn't have said that. Avoiding him was the plan, remember?

'Thanks, but no,' he replied sharply before heading to the stairs.

'Suit yourself!' I snapped back. There I was trying to be nice and he'd acted like a grumpy arsehole. *Again.*

After I got my phone, I went back downstairs, and of course Theo had to come inside at the exact same moment. This time, I gave him a dirty look. If he wanted to be hostile, two could play that game.

Just as I was about to breeze past him, I heard my name being called.

'Jessica! Theo! Just the people I wanted to see!' I glanced up at the door and saw Edwin with a grin across his face.

'Hi!' I said enthusiastically.

'Are you all settled into your new home?'

'Yes, thank you. I was about to have lunch with Glenda.'

'Wonderful! And you, Theo? How's your room?'

'It's... the views are quite something,' he said.

If I found the decor dated, he must hate it.

'They are indeed. Are you joining Jessica and Glenda for lunch too?'

'I thought it best not to.'

'Oh really? Why?' Edwin's face fell.

'We're competitors and we're already working and living in the same space, so it's best if we maintain some distance.'

'Nonsense!' Edwin waved his hand in the air dismissively. 'There's no such thing as competition in this town. We're a *community*. We all work together to create a positive and happy environment. If you two are snarling or avoiding each other, it will make a hostile environment, and that won't be pleasant for Glenda, her guests or the residents of Sunshine Bay. No, no.' He shook his head. 'I must *insist* that you join Jessica for lunch.'

The blood drained from Theo's face. He wasn't happy with the idea, and the feeling was mutual.

When I'd told him Glenda was making a sandwich, I hadn't meant I wanted him to sit and eat with us. I thought he'd just take it and leave.

It was bad enough that we had to stay in the same building. I didn't need to stare at him across a table again too.

And by the sound of that little *positive happy environment* speech Edwin had just given, he wanted me and Theo to become… *friends.*

Ugh.

No way.

Hell would freeze over before I spent time with Theo voluntarily.

Once this lunch was over, I'd go straight back to my room and stay as far away from Theo as possible.

10

THEO

For fuck's sake.

This Edwin guy was really starting to get on my nerves. His incessant happiness was annoying. It was unnatural for someone to be so upbeat all the time.

His constant speeches about *community* were so repetitive I wondered if he woke up in the morning and practised them.

And now he was insisting that I get pally with the enemy? What planet was this man from and who did I have to call to get him sent back?

Jessica was my competitor, pure and simple. That was precisely why we had to keep our distance. I couldn't risk bumping into her in the hallway. Especially not after what happened earlier.

When I saw her walking up the stairs, swinging those hips, it was like my feet lost the ability to move. They may as well have been buried under concrete. I couldn't take my eyes off her.

Then when she accidentally crashed into my chest, my

brain short-circuited. My heart raced in a way I hadn't felt since… I couldn't even remember. And that wasn't the only reaction.

The sensation of her breasts pressed against me sent a jolt of desire straight to my dick. I was glad she moved away quickly and raced to her room. Otherwise, it would've been embarrassing.

I had to get a grip.

But the fact remained that I was here to get in Edwin's good books. It didn't matter that I found him annoying—the man had insisted that I eat with Jessica, so, regrettably, that was exactly what I had to do.

I didn't buy all this butter wouldn't melt image that Edwin presented. I was certain that he liked having this power over us. I hated that Edwin said jump and we had no choice but to ask how high or we'd forfeit our chance to pitch. It was blackmail dressed in pretty small-town sugar-coated packaging.

'So?' Edwin smiled. 'Will you be joining us?' I loved how he made it sound like I had a choice.

'Of course.' I plastered on a saccharine-sweet grin to mirror his. 'You're absolutely right. Community spirit is important. Forgive me. I'm so used to London life. It will take some time for me to adjust to how you do things here, so please be patient with me.'

I gave myself an internal high five. That sounded so good I actually believed it.

'I understand.' Edwin patted me gently on the back. 'Don't worry. We'll do everything we can to make you feel at home here. We want you to be one of us.'

Not a chance, but I was happy that Edwin had bought my bullshit response.

'Thank you. I'll just put my things in my room and I'll be right down to join you.' I smiled again. Two smiles in two minutes and my cheeks were already aching. I had no idea how Edwin kept this cheery thing up all day.

Minutes later, I was sat outside at a table, next to Jessica. This table was clearly designed for two, but here we were, all four of us, crammed around it.

Jessica was so close that her sweet perfume flooded my nostrils. It smelt like pineapples and coconut and mixed with the fresh sea air; it was intoxicating. Every time she moved, her scent wafted around me and my concentration faltered.

'This sandwich is delicious, thank you,' Jessica chirped. *Such a kiss-arse.* Sucking up to Glenda like that in front of Edwin just to score brownie points.

My gaze was drawn to her lips. Just thinking about the words *kiss* and *suck* sent indecent thoughts racing through my mind. I quickly took a bite of the sandwich to distract me.

'This really is lovely. I'm becoming quite a fan of the food in this town,' I added, thinking it was time to turn on the charm.

'Glad to hear it!' Edwin said. 'So what kinds of things do you two like to do in your spare time? Jessica, I'm assuming you like to read?'

'Um, yeah, yes, absolutely!' She said it enthusiastically enough, but something didn't ring true. Her gaze dropped to the floor and she took a long gulp of her tea, like she was downing a shot.

There was something she wasn't telling us.

'And you, Theo?'

'I enjoy travelling,' I said. It was the first thing that

came to mind. I couldn't remember the last time I'd travelled anywhere for pleasure, but it was a safe response. 'It's always lovely to discover new places. Much like coming here to Sunshine Bay. It feels like a holiday. It's a shame I'll be so busy working that I won't get to see more of it.'

'Oh, you must take time out to explore! There are so many beautiful beaches in the area. Margate is nearby, and they also have the Dreamland theme park.'

'There's a trip there on Saturday afternoon, isn't there, Edwin?' Glenda piped up.

'You're right! One of the residents organises excursions for the community. There's a coach booked to take everyone to and from the venue. Maybe you two can go?'

'A theme park?' Jessica's eyes bulged. 'Like with roller coasters?'

'Yes! It's brilliant. They also have a roller disco and sometimes they do concerts too. It's a big hit with youngsters like you,' Glenda said.

'That's an *excellent* idea.' Edwin reached for his phone. 'I'm sure they'll have room for two more guests. I'll give Nancy a call.'

'Th-that's okay!' Jessica jumped in. 'I wouldn't want to put you to any trouble. I'm sure it's all booked up by now!' she added nervously. 'And we wouldn't want to take two spaces away from the community.'

Although Edwin and Glenda were too high on their natural happy juice to realise, I could tell that Jessica didn't want to go. Which could work well for me. If she dropped out and I went, that'd put me in Edwin's good books.

'I'd *love* to go!' I gushed. 'And a coach trip with other

residents too? That'd be a great way to get to meet the community. Sign me up!'

A wide grin spread across Edwin's face.

Bingo.

Earlier I'd found his enthusiasm annoying, but I'd been looking at it all wrong. Now I understood. As long as I showed enthusiasm for Sunshine Bay and their silly activities, Edwin would like me. Personally I didn't care whether he did or not, but him liking me meant he'd be more likely to give me what I needed: his land.

So if he wanted me to sit and have lunch with the enemy to make him happy, I'd do it.

If I needed to play nice with the residents on some stupid coach trip, I'd do it.

Because every smile, every yes, every 'this town is wonderful' was bringing me closer to annihilating my competition.

Normally this wasn't how I liked to operate. I'd always considered myself as a fair businessman. But I needed this deal. I couldn't disappoint my father. My whole future was riding on the outcome.

Jessica might be attractive, but there was only one person who was coming out on top of this.

Me.

11

JESS

I closed the laptop and rubbed my eyes. For the past twenty-four hours, I'd barely moved from my desk. I was determined to make headway on the research for my presentation.

After that awkward lunch with Edwin, Theo and Glenda, I couldn't wait to get back to my room and lock myself away.

Sitting so close to Theo was torture. I had to focus on not making my leg accidentally touch his, which was hard given how tightly we'd all squeezed around that table.

I'd reasoned that once it was over I could avoid him for the rest of the weekend because I assumed Theo would race back to London the first chance he got. But then Glenda and Edwin had started talking about going to a theme park, which was my idea of hell.

I'd never understood why anyone would willingly go on something that would scare the living daylights out of them. Who the hell wanted to get catapulted to the top of a questionable metal structure, then dropped back to the bottom at a million miles an hour and risk having a heart attack in the process? It made no sense.

I'd hoped that because the trip was the next day it'd be booked up, but no such luck. Of course they had two spaces for us.

So in less than an hour, I'd be on a coach, heading to one of my worst nightmares with the person who was a nightmare personified.

I already planned to arrive at the meeting place early to get first dibs on a seat. There was no way I wanted to sit next to Theo. Having to go was punishment enough.

After putting an apple, a packet of crisps and some water in my handbag, I slipped out of the hotel, then dialled Sarah's number.

I'd texted her yesterday to tell her all about my move to Sunshine Bay but hadn't had a chance to speak to her properly since.

She picked up after a few rings. 'Hello, you! How's life in your new small town?'

'Nice. It's way better than my bedsit and it's nice being by the sea. Still trying to get used to this tight-knit community stuff, though. Can you believe I've been roped into going to an amusement park?'

'Oh my God! I thought you hated going on scary rides?'

'I do!'

'I'm sure you'll be fine. Is your hunky rival going?'

I winced, regretting the fact that I'd told her Theo was good-looking.

'Unfortunately, yes.'

'Oooh, more forced proximity! Love it! And with you two beavering away in the rooms next to each other, it's practically a workplace romance. Your life right now is like a series of tropes. All we need to add now is a bit of enemies-to-lovers!' She laughed.

'Stop! There will be no enemies-to-lovers shenanigans with me and him. I have to focus. I did a lot of research today, but I've still got so much work still to do.' I blew out a breath as I thought about the stuff I'd found out so far.

What I'd attempted to communicate in the meeting was true. Romance was one of the biggest genres in the world. The most recent figures I found valued the romance market at something like $1.44 billion, which was huge.

That at least showed there was a demand for romance books in general. The challenge I had now was trying to work out how that showed that there was demand for *this* library—and how I could make money from it.

With Mrs Davis's extensive book collection, at least I wouldn't be short of books for people to borrow.

Then again, although she had a lot of books, most people liked to borrow the latest novels, so it was possible that if a lot of her collection was, say, ten, twenty or thirty years old, apart from some classics, it might not interest readers.

I'd have to have a budget to keep stocking the newest and most popular releases, which would have the most demand, and that wouldn't be cheap.

The trouble was that whilst I thought a million pounds was a lot of money, now I was starting to realise it'd only cover the cost of buying Seaview High, some basic renovations, furniture and the running costs for the first few months. I'd still need to find a way to pay for heating, electricity, furniture and probably at least one other full-time member of staff to cover my day off long-term.

So I'd spent this morning brainstorming how to bring in some extra revenue. Mrs Davis had suggested in that letter that I could sell books, but I'd never ordered any for a shop before, so I wasn't sure if I needed a minimum order. Then we'd need some sort of card machine and till to take payments and I had no idea how much all that cost.

She'd also said she wanted the library to help people 'find love between the walls', but how would that be possible? If most romance readers were female and a fair amount of them were looking for a male partner, how would the library bring them together? I just couldn't see how I'd encourage a flock of single men through the doors. And even if by some miracle I did, how would they get talking when libraries were supposed to be silent, solitary spaces?

My head was spinning. I had a lot to do if I was going to put together a convincing pitch in three weeks.

'Sounds intense,' Sarah said sympathetically.

'It really is. I'm going to need to dedicate every spare moment I have to this pitch. Which was why going to a stupid theme park is inconvenient.'

'Can't you just say you don't want to go?'

'No. Edwin, the guy who owns Seaview High, made it clear that building relationships is important to him, so I suppose I just have to see this trip as part of the pitch.'

'Makes sense.'

'Anyway, how are you?'

'Not bad. Same old, same old. Although an author sent me a signed paperback to read and review yesterday!'

'That's amazing!'

'I'm going to take some photos for Instagram, then spend the weekend reading it and writing my review, so I'm all *booked* up!' She laughed.

'Very funny!' I chuckled.

I was glad Sarah was still enjoying posting about books on social media. I used to dabble in it every now and again, but my ex never really liked me doing it. And when I got into my reading slump, I stopped altogether. I couldn't exactly maintain a bookish account if I couldn't even bring myself to pick up a novel.

'Thanks! I've been waiting to use that line all day.'

'You need to get out more!'

'No chance. These books aren't going to read themselves! I will, of course, make an exception to come and look at your fairy godmother's book collection—I mean, to come and visit my dear friend!'

'It's okay. I know you only want me for the books! But, yeah, it would be nice if you could make it to Sunshine Bay one weekend. I feel like I haven't seen you in ages.'

Sarah was based in the Midlands. We'd met on Instagram about three years ago after liking each other's posts for ages and realising we both loved romance books.

We'd only met in real life a handful of times, but our friendship was real. We chatted on the phone and messaged regularly, and I knew she always had my back.

It was times like these that I wished we lived closer, but I was just happy to have her in my life.

I didn't have many friends. When I started dating my ex, he preferred me to spend my time with him and I lost contact with a lot of them. At first I thought it was romantic that he wanted us to spend so much time together, but as the relationship progressed, I realised it was a giant red flag.

'I know. I'll deffo come and visit soon.'

I looked up at the street name. It shouldn't be too far now. Once I'd passed a cute-looking bakery called Sweet Treats, I spotted the coach parked up.

'I'd better go.'

'Okay, hon. Good luck and let me know how it goes.'

'Will do. And happy reading!'

Once I hung up, I walked towards a woman with dark hair holding a clipboard who was chatting with a few other people who were milling around.

'Hi. I'm here for the Dreamland trip.'

'I'm Nancy and you must be Jessica.' She smiled. 'You and your friend Theo are the talk of the town!'

'Theo's n—' I was about to correct her and tell her that Theo was not my friend, but then I remembered that rubbish Edwin had said about not having competitors and the importance of us getting along. 'Theo's *nice*,' I lied.

'He most certainly is!' She grinned. 'Very easy on the eye! There were a lot of residents who were keen to sit next to him, but don't worry, we saved that special seat just for you.'

'Sorry, what?' I blinked quickly.

'We saved you a seat. Next to Theo. He's on the coach waiting for you.'

My eyes bulged. Theo was there *already*? I hadn't heard him leave, so I was sure he was still in his room.

'But I thought the coach didn't leave until two?' I glanced at my watch. It was barely half past one.

'At Sunshine Bay, we like to be extra early. Theo was

one of the first to arrive. He's already fitting in so well! Do you want me to show you to your seat?'

'No, thank you, it's okay.' I smiled, trying to mask the frustration bubbling inside me.

Theo was always one step ahead. Not only had he arrived early, but he already seemed to have charmed the trip organiser. But this was the last time I'd let him beat me.

I stormed onto the coach to see a crowd of women all huddled together towards the back. A loud rumble of laughter erupted as I got closer, and I saw that the source of the entertainment was Theo.

Theo was wearing a white T-shirt which exposed his muscular forearms and a pair of dark jeans. So he *did* do casual clothes. They suited him. Too much.

'You're so funny!' one of the women gushed, touching his bicep. 'And what happened next?'

They all looked captivated. Their eyes were wide and their lips were parted. They were eagerly anticipating his words as if he'd just promised to reveal the secret to eternal youth.

Just as Theo opened his mouth to speak, he spotted me.

'Jessica!' he announced. 'How nice of you to *finally* join us!'

What a twat. He made it sound as if I was late when there was still half an hour until the departure time.

'Theo, how nice to see you!' I narrowed my eyes and plastered on a fake smile. 'I see you've already made some friends.'

'Yes!' he beamed. 'This is Paula, Martha, and Lydia and Janine. Did I get everyone's names right?'

'Yes!' they chorused.

'That's *so* impressive,' the woman with red hair said. 'I'm terrible with names, but you've remembered everyone's. Brains *and* good looks! You're the total package!'

'You're too kind.' Theo clutched his heart as if he was touched and had never been told he was hot before. 'So, ladies, this is Jessica.'

'Oh!' The redhead's face fell. 'Are you two... y'know. *Together*?'

'God, no!' I blurted out in horror and the women looked at me like I was a lunatic. 'What I mean is, we work together. We're sort of colleagues.'

'Great!' she beamed, clearly relieved that the coast was clear for her to continue flirting.

'They're both interested in renovating Seaview High,' one of the women whose name I couldn't remember explained. 'Edwin's invited them to stay in town for three weeks so they can get a feel for the place before he makes his decision.'

'Oh yeah, I remember Mum saying something about that.'

'Erm, speaking of Edwin,' I said, scanning the coach, 'he's coming today, right?'

'Hello!' a voice boomed from a speaker. I looked up and saw Nancy at the front of the coach clutching a mic. 'If you could all please take your seats so I can do a final head count, that'd be great. With any luck, we might be able to leave a bit earlier than planned!'

The whole coach cheered like they'd just been told they'd won the lottery. Everyone really was so happy here.

As people started taking their seats, I had a brainwave.

'Er, Janet?' I called out to the redhead.

'It's Janine.'

'Sorry, *Janine*. Want to swap seats with me?'

'Really?' Her eyes widened with shock, then sparkled like I'd just put a giant chocolate cake in front of her.

Although the journey wasn't long, the last thing I wanted was to sit next to Theo. That was the whole reason I'd got here early in the first place.

'Course!'

'Er, Jessica,' Theo jumped in. 'That's a lovely idea, but remember we need to go through the document Edwin sent over?'

'Document?' I frowned.

'Didn't you see the email?'

'No!' My heart raced. How had he received something from Edwin and I hadn't? 'Sorry, Janine. Looks like I need to stay with Theo.'

'Oh. Okay.' Her shoulders slumped as she headed back to the front of the coach.

Shit. Sitting there, far away from Theo, would've been perfect.

I slid onto the seat, taking care not to make contact with his body. But it was difficult. His arms were so big they didn't fit within his own seat. I scooted over a little so that some of my bum was hanging off the edge of my aisle seat. Anything to avoid touching him.

The coach engine sounded and seconds later the driver indicated, then set off.

'So show me this email,' I said, deliberately trying not to look at him. It should be criminal for a man to look that good. Especially one with his personality.

Theo leant forward, bringing his mouth to my ear. The sensation of his warm breath on my skin sent shivers down my spine.

'There's no email,' he said softly. 'I just didn't want to sit next to her.'

He moved his head back casually and sat up in his seat as if he hadn't just sent my body into meltdown.

But that didn't make sense. I knew that Theo didn't like me, and I'd made it obvious that the feeling was mutual.

The redhead, on the other hand, was clearly into him and she was pretty, so why hadn't he wanted to sit next to her?

12

THEO

I'd dodged a bullet. But in doing so, I'd put myself in the firing line for another dangerous situation.

Never would I have thought that I'd ask Jessica to sit next to me, but it was the lesser of two evils. From the moment that we were introduced, Janine had made it very clear that she liked me.

If the flirtation and suggestive comments didn't make it obvious, the fact that she'd repeatedly stroked my bicep did. I wasn't someone who liked physical contact from strangers. I preferred a firm handshake to the cheek kiss greeting that'd become so popular. So Janine's incessant pawing made me uncomfortable.

In any other situation, I would have no issue with telling her exactly what I thought. But this was Sunshine Bay: the town of endless smiles and happiness. I had to show Edwin I was embracing the community. So if I told Janine to keep her hands off me and caused a scene, that wouldn't be good.

That was why having Jessica sit next to me was the

best solution. I knew with absolute certainty that even if I was the last man on earth and we needed to have sex to ensure the future of the human race, she wouldn't touch me with a ten-foot bargepole.

A flash of desire shot through me. I'd felt that same sensation when I'd whispered in her ear. I didn't want to get so close to her, but I couldn't exactly tell her out loud that I'd made up the whole Edwin email thing because I knew that was the only way she'd agree to sit next to me. Even though there was no one sitting behind us, the people in front might have heard.

When I'd leant in closer to her, Jessica's scent hit me like a truck. It was so sweet and intoxicating.

I inhaled deeply, then came to my senses. I shouldn't be thinking about how good she smells. Or about having sex with her.

This was so awkward.

Now we were sitting together, I supposed we'd need to pretend to be friends. Which meant we had to talk. And considering how often Jessica kept shifting away from me in her seat, it was obvious that she'd rather pucker up with a poisonous snake than make conversation with me.

But as much as I didn't want to, I had to try.

'Have you been to many theme parks?'

As soon as the words flew out of my mouth, I groaned. That was so lame. It was like saying 'do you come here often' to a woman in a bar.

'No,' she replied flatly.

As suspected, that went down like a lead balloon.

'What ride are you looking forward to going on the most?'

It was another pathetic question, but I was trying.

Since the minute we'd first met, Jessica and I had sparred. I wasn't used to being civil with her.

'The coach journey back here.'

I sighed and pulled out my phone. I didn't have her number, but Edwin had included us both on an email with the address for the B&B, so if I wanted to speak to her, I'd have to use that. I wouldn't be whispering in her ear again. It wasn't safe.

After saving her email address, I typed out a message.

To: jess1293@hmail.com
From: Theodore@eavesenterprises.com
Date: Saturday 3rd May, 13.49
Subject: Communication

Dear Ms Johnson,

For the sake of keeping up appearances, please could you respond with more than just monosyllabic responses.

Yours sincerely,

Theo

'Check your email,' I said.

'Why? Is there another phantom message from Edwin?'

'Just do it.'

She sighed and whipped out her phone, then started typing. My phone pinged.

Rather than just talking to me, which was the whole point of my email, she'd sent me a message.

To: Theodore@eavesenterprises.com
From: jess1293@hmail.com
Date: Saturday 3rd May, 13.52
Subject: Communication

Dear Mr Eaves,

I'd rather eat an elephant's testicles than have a conversation with you.

Yours sincerely,

Ms Johnson

As I read her email, I snorted.

To: jess1293@hmail.com

From: Theodore@eavesenterprises.com
Date: Saturday 3rd May, 13.56

Subject: Communication

Dear Ms Johnson,

Nice to know your culinary preferences.

Now that I am aware that you are partial to sucking balls, might I suggest you opt for sampling a right whale's testicles? They can weigh 1,000 kg, so you won't go hungry.

If you require additional recommendations, please don't hesitate to ask.

Yours sincerely,

Theo

As I fired off the email, my face broke into a grin. From the corner of my eye, I saw her unlock her screen to read the message.

To: Theodore@eavesenterprises.com
From: jess1293@hmail.com

Date: Saturday 3rd May, 13.59
Subject: Communication

Dear Mr Eaves,

Thanks for your suggestions, but I'll pass.

Yours sincerely,

Ms Johnson

To: jess1293@hmail.com
From: Theodore@eavesenterprises.com
Date: Saturday 3rd May, 14.03
Subject: Communication

Dear Ms Johnson,

The offer for recommendations still stands. If the right whale's testicles are too much of a mouthful, perhaps the tuberous bush cricket's balls would be a better fit for your appetite.

Yours sincerely,

Theo

To: Theodore@eavesenterprises.com
From: jess1293@hmail.com
Date: Saturday 3rd May, 14.06
Subject: Communication

Dear Mr Eaves,

So random! Why did you pick a cricket as a suggestion?

Yours sincerely,

Ms Johnson

To: jess1293@hmail.com
From: Theodore@eavesenterprises.com
Date: Saturday 3rd May, 14.11
Subject: Communication

Dear Ms Johnson,

I can assure you that nothing I do is random.

To answer your question, despite the fact that he's one of the tiniest animals, the tuberous bush cricket has the biggest testicles in the world in comparison to his body weight.

Specifically, his balls make up 14% of his total mass.

Yours sincerely,

Theo

To: Theodore@eavesenterprises.com
From: jess1293@hmail.com
Date: Saturday 3rd May, 14.14
Subject: Communication

Dear Mr Eaves,

How do you know this shit?

Yours sincerely,

Ms Johnson

To: jess1293@hmail.com

From: Theodore@eavesenterprises.com
Date: Saturday 3rd May, 14.17
Subject: Communication

Dear Ms Johnson,

Long story.

If you're interested in knowing another fascinating fact about tuberous bush crickets, just say the word.

Yours sincerely,

Theo

To: Theodore@eavesenterprises.com
From: jess1293@hmail.com
Date: Saturday 3rd May, 14.21
Subject: Communication

Dear Mr Know It All,

Go on, then. Tell me.

I can tell showing how smart you are turns you on, so I'll give you another opportunity to peacock your knowledge.

Call it my good deed for the day.

Yours sincerely,

Ms Johnson

To: jess1293@hmail.com
From: Theodore@eavesenterprises.com
Date: Saturday 3rd May, 14.26
Subject: Communication

Dear Ms Johnson,

So you think I'm smart? Thanks for the compliment!

There are many things that turn me on, and I can assure you that talking about the size of a cricket's bollocks isn't one of them.

Seeing as you asked, the female tuberous bush cricket mates with up to twenty-three different males in her two-month adult life. Could be because having big balls helps them to outperform their rivals or gives them the capacity to spread their seed to more females. Can't remember the exact reason.

Maybe they should change that famous saying to 'fucking like crickets' instead of rabbits!

Yours sincerely,

Theo Smarty Pants

As Jessica read my email, she laughed. A warm sensation filled my chest. I couldn't remember ever hearing her laugh around me, and I liked the fact that I'd brought that smile to her face.

For a second I'd worried about including the sentence about the things that turned me on, but I knew she would never be interested in what did, so I reasoned that it was fine.

To: Theodore@eavesenterprises.com
From: jess1293@hmail.com
Date: Saturday 3rd May, 14.32
Subject: Communication

Dear Mr Smarty Pants,

Thanks for sharing your knowledge of crickets.

Interesting to know that the humble little tuberous bush cricket trumps the right whale in the battle of the testicles.

Just goes to show that size doesn't always matter.

Yours sincerely,

Ms Johnson

To: jess1293@hmail.com
From: Theodore@eavesenterprises.com
Date: Saturday 3rd May, 14.35
Subject: Communication

Dear Ms Johnson,

You're welcome.

That depends. Sometimes size *does* matter. Wouldn't you agree?

Yours sincerely,

Big Theo

I knew I was skating close to the edge with that email, so I was intrigued to see her reaction.

To: Theodore@eavesenterprises.com
From: jess1293@hmail.com
Date: Saturday 3rd May, 14.39
Subject: Communication

Dear Little Theo,

True. But there's no point having something big if you don't know how to use it.

Yours sincerely,

Ms Johnson

To: jess1293@hmail.com
From: Theodore@eavesenterprises.com
Date: Saturday 3rd May, 14.42
Subject: Communication

Dear Ms Johnson,

Are we still talking about crickets?

Yours sincerely,

Theo 'Skills' Eaves

As I hit send on the email, I smirked. Her comment about *knowing how to use it* could've been completely innocent, but I suspected there was some innuendo there, so I couldn't resist calling her out on it. I was curious to know how she'd respond.

She read the message, then slipped her phone into her bag.

Dammit.

Jessica may have said she didn't want to have a conversation with me, but even though it was a written exchange rather than a verbal one, we'd still interacted.

And she'd called me smart. Never mind the fact that she probably meant it in a 'you're an arsehole for trying to show off some random wildlife facts you know' kind of way, I'd still take it as a compliment.

I was also claiming the fact that I'd made her smile. Maybe the ice queen was thawing a little towards me.

Although we were still rivals, something inside me wondered if I could chip away a little more at her hard exterior today.

As the driver pulled up outside the theme park, I smiled. Looked like I wouldn't have to wait long to find out.

13

JESS

We'd arrived at the theme park.

Part of me was relieved. I got the feeling that if I'd continued replying to Theo's messages, I'd wander into dangerous territory.

I didn't know why I'd made that comment about there being no point in having something big if you didn't know how to use it.

Actually, that was a lie. I knew why I'd said it. Because ever since I'd been forced to sit next to Theo, my thoughts had started straying from PG to X-rated.

That comment about there being *many things that turned him on* didn't help. It was only natural to want to know what those things were, right? That was when I'd started thinking about what he'd be like in bed.

Then I'd caught myself. Having these thoughts about my competitor wasn't right, so I'd stopped replying. And I was glad the coach had pulled into this car park not long after he'd messaged so he couldn't ask why.

'We're here!' Nancy announced.

Everyone gathered their things before getting off.

I quickly headed out to join them. If I could make friends with some of the other residents, I wouldn't have to hang out with Theo. Or if I set him up with Janine, they could go off together and I could be on my own.

Just as I was about to go over to her, someone touched my shoulder.

'Can I have a word?' When I turned around, I saw it was Theo. He gestured me away from the crowd.

'What's up?'

'Thanks for sitting next to me,' he said. 'I didn't mean to lie about the Edwin email thing. It's just that Janine was getting a bit… handsy and I didn't want to be rude.'

'You never minded being rude to me!'

'That's different. She made me uncomfortable and I didn't want to create a scene.'

'Oh…'

I'd just assumed that he'd like the attention, which I now realised was wrong.

'Anyway, I just asked around and looks like Edwin isn't here and no one's sure if he's coming anymore. So if you're not keen on being here, you probably don't have to stay.'

'You'd love that, wouldn't you!' I crossed my arms. Just when I was starting to feel sorry for him, he showed his true colours.

'What do you mean?' He frowned.

'You'd love me to leave so when Edwin turns up you can tell him I went home and get in his good books!'

'No!' He shook his head. 'That wasn't why I told you. It's just, when Glenda and Edwin mentioned going to the theme park yesterday, I got the impression that you were afraid of going.'

'I'm fine!' I raised my voice. There was no way I was giving him the satisfaction of discovering one of my fears. 'And I'm definitely not leaving.'

'Fair enough.' He held his hands up in surrender. 'I was just trying to help, that's all.'

'There you are!' Nancy came over. 'I thought you'd run off to the rides already! So the coach will be leaving at seven p.m. sharp. You're free to do whatever you like during that time, but I'd like to meet up with you at some point to take some photos.'

'Photos?' My brow furrowed.

'Yes. Edwin sends his apologies, but he's not sure he'll be able to make it. But he asked me to take some photos of our newest residents for the community newsletter.'

I groaned inside. The last thing I wanted was any photographic evidence of my spending time with Theo, but I couldn't say no when Edwin wanted to check that we were making an effort to get along.

'Great!' I said as enthusiastically as I could. 'If you can't find me, just call!'

Edwin had asked if he could pass our numbers on to Nancy when he'd booked the ticket.

'Will do. You kids have fun together!' She winked before rushing off.

'We should exchange numbers too,' Theo said.

'Why would I want to give *you* my number?'

'Could be useful. And it'd save us from having to email…' He smirked.

'I'll pass.'

'Suit yourself. Come on.' He started walking towards

the entrance. 'Seeing as Edwin's got Nancy spying on us, we may as well make the most of it. Which ride do you want to go on first?'

The truth was I didn't want to go on any of them.

I took in the theme park in front of me. There was an assortment of rides—a big wheel, a merry-go-round, a railway and of course a roller coaster. My stomach twisted.

Then I had an idea.

'Do they have bumper cars here?'

'Think so.'

'Let's do that.'

Having the opportunity to crash into Theo repeatedly was definitely something I could get on board with.

Once we'd bought our tokens, we headed over to the dodgems, queued up, then climbed into our cars.

'You're going down, Eaves!' I shouted happily.

'Given your love of testicles, I thought it'd be *you* who'd be *going down*!' He smirked.

'Ha-ha, very funny.' I rolled my eyes. I'd known it was only a matter of time before that balls email conversation reared its ugly head. *Head* probably wasn't the best choice of word.

As soon as our cars started up, I made a beeline for Theo and crashed into him.

'That's for stealing my parking space.' I smashed into him.

'You sure you want to do this? Once I start to ram you, I won't stop.'

My cheeks heated. I knew he was referring to what he'd do with his bumper car, but my mind went straight to the gutter.

When I was working three jobs, I was too exhausted to

even think about sex, but after a few days of going at a slower pace, my libido seemed to be coming back to life. The fact that Theo was ridiculously hot didn't help.

'Bring it on!'

'Don't say I didn't warn you.'

He backed up and just as I thought he was going in the opposite direction, he crashed into me, causing my head to jolt. I returned the favour, and for the next few minutes we repeated the same pattern.

He'd ram into me hard and I'd try and do it back, harder. And he wasn't fazed. The harder I hit him, the bigger his smile grew. The sadist was actually enjoying it.

When the bell sounded to signal that our time was up, I was a bit disappointed.

'That was fun!' He stepped out of the car.

'Yeah. It was good to crash into you without worrying about getting arrested.'

'I enjoyed banging you too.' His eyes darkened and a bolt of pleasure shot straight to my core.

And for the second time today, I wondered what it would feel like if Theo really did *bang* me.

Our eyes locked for a few seconds, then the screech of a little girl crying because she'd dropped her ice cream jolted me out of my trance.

'We should… see what other rides they have.'

'Yes.' He cleared his throat. 'Let's go.'

We went on multiple different rides. Luckily I convinced Theo to go on the tamer ones, like the Busy Bee Coaster, which was like a children's roller coaster, and the

Gallopers carousel. He'd suggested we go on the Waltzer: the car that turned clockwise, then anticlockwise. Although it made me dizzy and my stomach churned a little, I was grateful that none of the rides had been scary.

We passed the Rock 'n' Roller roller coaster and as Theo stopped, my stomach churned.

'Fancy a ride on this?'

'Erm, maybe later.'

'This is the best time to go on,' one of the people in front of us said. 'It's not normally this quiet.'

Just as I was contemplating how to wriggle out of it without looking stupid, Nancy came up behind us.

'Great timing! I was just about to call you for the photo. You going on?' She pointed. 'Let me take a photo of you two before you do. Then I'll take another one at the end—as a before and after! Edwin will love that! *Smile!*'

Theo stood awkwardly beside me and I pasted on a grin, trying to ignore the knots in my gut.

'You're up!' The attendant ushered us forward.

'You don't have to go on if you're scared,' Theo said, lowering his voice.

'I'm not! I'm *fine*!' I marched forward and got into the car.

As Theo slid in next to me and I started to realise the enormity of what I was doing, my heart thundered against my chest.

I should've just said no. But I didn't want him to think I was weak. I had to do this.

'It's not too late to get out,' Theo said.

'I'm *fine*,' I repeated, trying to convince myself.

As the barriers locked, my pulse raced and my hands started to shake.

The engine started up and the car slowly began to climb up the track. I squeezed my eyes shut. If I just kept them closed and counted to a hundred, it'd soon be over.

The car travelled higher and higher, then suddenly shot down the first slope before racing around the track.

'Shit, shit, shiiiitt!!!' I screamed as it hurtled to the left before shooting upwards and dropping down at what felt like a million miles an hour, taking my poor stomach along for the ride.

I felt sick. My heart was beating so fast, any minute now it was going to fly from my chest.

The screams of exhilaration and happiness from the other passengers rang in my ears. They were enjoying it, but I was so scared I could feel the tears welling in my eyes.

This was a huge mistake.

Just as I was about to start sobbing like a baby, I felt a warm hand resting on top of mine.

'Breathe,' Theo said in my ear, his warm breath tickling my skin. My eyes were still squeezed shut. I could hear his voice over all the background noise. 'You're going to be okay. I've got you.'

He squeezed my hand tighter, and somehow even though the roller coaster was still zipping around the track at lightning speed, I felt my heart rate slowing.

The sensation of my hand inside Theo's warm palm was so comforting. It made me feel safe. Like I was wrapped in a cosy blanket.

'It's almost over,' he said, gently squeezing my hand again. 'Let's count from fifty to one together. Forty-nine, forty-eight, forty-seven…'

I counted with him, and before I knew it, the car slowed down, then stopped.

'There,' he said. 'It's over. You can open your eyes now.'

When I slowly opened them, Theo's face was in front of me. And as my gaze met his a fluttering sensation erupted inside my belly.

Theo could've easily taken the piss out of me. He could've called me a wuss for being afraid of a stupid ride. But he didn't.

There wasn't spite or evil in his eyes. Only concern and kindness.

'You okay?' he asked softly.

'Yeah,' I mumbled. I was still trying to get my head around what had just happened. I looked down and saw that we were still holding hands. I sent a message to my brain to let go, but it didn't register.

'How was it?' Nancy beamed with enthusiasm. My head jerked up and I quickly snatched my hand away from Theo's.

Nancy was holding her phone up, ready to take a photo, and the last thing I needed to see in the town newsletter was a picture of me and Theo holding hands.

Yeah, we were supposed to pretend to like each other, but this wasn't a fake-dating romance situation.

'We should get out,' I said to Theo as I stood up and stepped out of the car. 'They need to let the new people on.'

'Yes, of course.' He followed me out.

After we'd posed for a couple of photos, Nancy finally left us alone.

'Er, thanks, for…' I said as we started walking.

'It was nothing.' Theo waved his hand dismissively.

I was tempted to agree, but the truth was, it wasn't nothing. What he'd done was kind. Thoughtful.

As I thought about how my palm had felt in his, I swallowed hard because the reality was, it didn't feel like nothing. It felt like more.

And that was a *big* problem.

14

THEO

After closing my room door, I plonked myself on the edge of the bed and dragged my hands down my face.

What a day.

I'd just got back from the theme park and I was drained. Not physically—mentally.

Turned out that trying not to look at someone you're attracted to for hours was exhausting. I couldn't remember the last time I'd felt like this. And it was just my luck that the woman I was drawn to was the one woman I absolutely could not have.

Jessica was off limits for so many reasons.

Despite the crap Edwin said about there being no competitors in this town, the bottom line was that Jessica was standing in the way of me fulfilling my lifelong purpose: becoming CEO of Eaves Enterprises. That meant she was the enemy. Pure and simple.

I'd spent my whole life working towards taking over

from my father. I couldn't let my goal get derailed because I was attracted to her.

Secondly, even if she wasn't my rival, which she most definitely was, we came from two completely different worlds, so we could never have a relationship. Father had made it clear that he expected me to settle down with a woman who came from the same background—like Penelope. Which reminded me, I was supposed to call her.

Penelope was the kind of woman I should be with. But if that was true, why couldn't I get Jessica out of my head?

I blamed that stupid roller-coaster ride. Up until that point, I had things under control. Sort of. Whilst I'll admit that things had steered slightly off course with that email exchange, I'd reined it in. It was all going well until I saw the look of pure terror across Jessica's face.

Competitor or not, I couldn't just sit there knowing she was petrified. Despite what she thought of me, I wasn't an arsehole. Which was why I did what any gentleman would do: tried to calm her down by reaching for her hand.

It wasn't planned. I didn't even realise I'd done it until I felt an electric sensation shoot through me. And then it was too late. She'd grasped my hand tightly like she was falling off a cliff and gripping my palm was the only thing that would save her.

Jessica's hand was so cold too. It was like the fear had sucked all the warmth from her body and she needed my heat to revive her. So I couldn't exactly pull away.

And if I was being perfectly honest, I didn't want to.

I liked the feeling of her hand in mine.

I liked knowing that in some way it helped to calm her down.

I liked that for once I'd done something useful. Made a nice change from the constant criticism from my father.

Just mentioning him turned my blood cold and snapped me out of my thoughts.

What the fuck was wrong with me? If he knew I was thinking about how nice it was to hold my competitor's hand, he'd kick me out of the company. And then where would I be?

I couldn't afford to have these thoughts about Jessica. I had to keep my eyes on the prize.

After reaching for my phone, I selected my youngest brother's number. I needed a distraction.

'Brother!' I smiled at the screen. I always preferred to video-call him so I could see his face. He had tanned skin and dark hair that was slightly shorter than mine, and whilst my eyes were blue like Mum's, he'd inherited Father's brown eyes. 'How are you?'

'Mr. T! I'm good, bro, can't complain! Enjoying life here in LA, you know how it is!' Ben grinned. It must be early afternoon over there, and in the background I could see clear blue sky and palm trees.

'Actually, I don't. What are you up to over there?'

'Bit of this and a bit of that. Mainly *that*.' He flipped the screen and I saw a woman stood beside the pool in a rather revealing bikini.

That was typical of Ben. He was always enjoying himself. Usually with multiple women and as far away from London as possible.

After getting his degree, he'd gone travelling around Asia and Australia for a few years.

When he'd returned to London, he'd never managed to hold down a job, much to our father's dismay.

Then last year, when he'd started getting pressured to join the family business, he'd jetted off to the US—allegedly to study, but I wasn't entirely convinced he spent much time in a classroom.

'How's the studying going?' I asked.

'Careful, you're starting to sound like Daddy Dearest. Where are you anyway? Looks like you're trapped on some awful 1970s film set.'

'I'm in a B&B in a seaside town called Sunshine Bay.'

'A *B&B*?' He wrinkled his nose. When I explained all about the pitch and why I was here, Ben couldn't stop laughing. 'That's hilarious!'

'It really isn't.' I shook my head.

'What are the women like in this town?'

'That's irrelevant,' I said, pushing thoughts of Jessica out of my head. 'I'm here for business. To seal the deal, that's all.'

'Lighten up, dude! All work and no play makes a very boring Theo. You need to get laid. When was the last time you had a decent shag?'

'None of your business,' I snapped, thinking I couldn't actually remember. A month ago? Maybe three? Could be more.

'That long, huh? You need to get back on the horse pronto. Better still, come over here. I've lost count of the amount of women who've asked if I have a brother. There's not enough of me to go around!'

He laughed again and I rolled my eyes.

I loved my brother dearly, but he really was a man whore. I supposed I should be happy that at least one of us was enjoying life.

'Thanks, but some of us have work to do. You know

Father doesn't believe in taking holidays.'

'Ugh,' he groaned. 'That man is suffocating. Why do you think I came here? *Way* too much pressure. I take my hat off to you, T. Can't be easy carrying the weight of the Eaves name on your shoulders.'

I sighed. It wasn't. As the eldest, I didn't have the luxury that Ben had as the youngest brother. I was next in line, so I never had the opportunity to swan off whenever I wanted like Ben or our middle brother, Tom.

'It is what it is. Anyway, I'd better go. I was just calling to check on you.'

'Appreciate that, big brother. Don't work too hard and catch up soon!'

After I hung up, I leant back on the bed. I missed Ben. As much as he had that party boy image, he was a good guy, and as well as being my brother, he was one of the few people I considered a friend.

Working around the clock like Father demanded hadn't left much time to maintain friendships, never mind relationships.

If ever I needed anything or someone to speak to, I always turned to my brothers. They were the only ones who understood what Father was like and the pressure I was under.

I sent a quick message to Tom to check he was okay, then got up, strode to the bathroom and turned on the shower.

Time to wash away the day.

And rid my mind of all those ridiculous thoughts about Jessica.

~

When my alarm went off at six a.m. I was tempted to hit the snooze button and have a lie-in like most people did on a Sunday. But I couldn't slack off. It'd already been three days since I'd last worked out, and that wasn't good. Healthy body, healthy mind.

Plus I'd always found that exercise was good for burning off certain *frustrations*.

I jumped out of bed, put on my tracksuit bottoms, a vest and my trainers, then was out the door.

As far as I knew, there wasn't a gym in Sunshine Bay, and I couldn't exactly bring my gym equipment here. But what I could do is run.

After crossing the road to the beach, I inhaled the fresh sea air. This town might not be what I was used to, but I had to admit, going for a run on a beach wasn't a terrible way to start my day.

After I'd warmed up, I set off. Running on the soft, dry sand was harder than my usual treadmill runs, but hard was good. I needed to stay strong.

And as nice as the views were from the floor-to-ceiling windows in my home gym, they didn't compare to the scenic views of the Sunshine Bay coastline.

In the distance, a fishing boat bobbed in the sea. The sounds of the waves crashing against the shore surrounded me. As I picked up the pace, I inhaled and exhaled deeply. This was the best run I'd had in ages.

Forty minutes later, I headed back to the hotel, regretting the fact that I hadn't taken a towel, because now I was dripping with sweat.

I'd wrongly assumed that because it was cold, I wouldn't need one.

After wiping my forehead with the back of my hand, I

dried it on my vest and used my other hand to open the B&B door. I was glad it was early, so no one else would be up.

I was wrong.

I'd barely taken three steps into the hallway when I spotted Jessica walking towards me.

Good Lord.

She was dressed in a pink vest top with sparkles and tiny matching shorts which exposed her bare legs. And she looked like she'd walked straight out of my dreams.

I swallowed hard and willed my body not to react.

'Oh!' Her eyes widened. 'I, er, I wasn't expecting anyone to be down here. I… I came to get some water.'

'So I see.' I fixed my gaze on the glass in her hand in an effort not to look at her nipples, which were poking through her top.

'Did you go to the gym or… or something?' she stuttered, her eyes fixating on my arms.

I was supposed to be looking at her glass of water, not her face, but I couldn't tear my eyes away.

Despite not wearing a scrap of make-up, she still looked stunning. Jessica had a colourful silk scarf wrapped around her head and for some reason it made me smile.

It was clear: Jessica loved colour. I hadn't known her long, but everything about her was always so bright and bold. A world away from the sea of black and grey suits I was used to seeing every day.

'No,' I said, remembering she'd asked me a question. 'I went for a run on the beach.'

'Very nice,' Jessica replied, then bit her lip. Her eyes shifted from looking at my arms to my chest, down to my feet and then back up again.

Wait.

She was checking me out.

The woman had shamelessly undressed me with her eyes.

This was new.

I was certain she hated me.

Then again, I'd just done exactly the same thing and I didn't like her either.

Our eyes locked and we stood there in silence.

Every time I told myself to look away, somehow I couldn't. It was like there was a magnetic force drawing us together.

'You're both up! Excellent.' Glenda came through the door clutching a loaf of bread in her hand.

'Um, yes,' I answered without thinking. Of course we were up. 'Good morning,' I corrected myself.

'I-I just came to get some water,' Jessica repeated. 'And he's looking all hot and sexy, I mean *sweaty* because he went at it on the beach.' Jessica shook her head, then winced. 'That came out wrong—he went *for a run* on the beach.'

The corner of my mouth twitched as I realised what she'd just said. She'd said I was looking *hot and sexy*, which must've been what she was thinking. My dick twitched in response and I reminded myself to calm down.

Whether she was attracted to me or not was irrelevant.

'I think you were right the first time, love!' Glenda winked.

'I'm going to take a shower.'

'Okey-dokey!' Glenda replied. 'Oh, by the way, I bumped into Edwin earlier and he said he was sorry to have missed you at Dreamland yesterday, but he'll pop round for breakfast around nine thirty for a chat.'

Good God. What would it take for this man to leave us alone?

'Great!' Jessica beamed.

The thought of having to endure more happy talk with Edwin and spending more time with Jessica was suffocating. I had to get to my room.

I strode towards the stairs just as Jessica did and we collided.

As her shoulder hit my chest, I heard her gasp.

'Sorry,' I said quickly, expecting her to recoil in horror, then scrub her shoulder to rid her skin of my sweat.

But she didn't.

Instead, Jessica looked up at me, eyes wide, and bit her lip again.

Before I had a chance to stop myself, my eyes had dropped to her chest, taking in the sight of the beautiful curve of her breasts and her rock-hard nipples, which were straining against her top.

My cock thickened in response and I knew I needed to get to my room.

Fast.

Without saying another word, I marched up the stairs, two steps at a time, pulled out my key, opened the door and closed it firmly behind me.

Going for a run was supposed to help control my mind and my growing attraction to Jessica, but after seeing her this morning, my feelings had only intensified.

And now Edwin wanted to have a chat with us.

It wasn't even eight a.m. yet, but I already knew that today was going to be a difficult one.

15

JESS

As I climbed up the stairs, I wished the ground would swallow me whole.

Just as I'd managed to get my hormones under control, I had to bump into *him*.

When I heard his alarm go off at the crack of dawn, I assumed he was going to London for the day, so I thought the coast would be clear.

I hoped I'd have a whole Theo-free twenty-four hours where I wouldn't have to use valuable energy trying not to stare at his annoyingly perfect face, avoiding his hypnotic eyes or replaying the sensation of how it felt when he held my hand.

After that roller-coaster nightmare, we'd got something to eat, then spent the rest of the time there going on much tamer rides.

By the time we got on the coach I was shattered, so fell asleep, which wasn't a bad thing because it meant I avoided any awkward conversations or emails that might get me even deeper into this mess than I already was.

Luckily, we'd walked back to the B&B with a few of the other residents who lived nearby, so we weren't left alone. Once we were inside, we went to our separate rooms and that was that.

I wish I could say that I went straight to bed and didn't give him another thought, but I'd be lying. It felt like I did nothing but think about Theo. I was even tempted to take out Mrs Davis's Kindle, which Glenda said had been delivered earlier, and start reading to distract myself. But I didn't. Thinking about reading again was still too hard.

Eventually I'd gone to sleep, and it was only when Theo's alarm went off that I stirred. It took me another forty-five minutes to drag myself to the toilet, then trek downstairs for a glass of water.

Which of course was when I ran into Theo's delicious chest. Glenda was right. *Hot and sexy* was definitely how I'd describe it. But I was only supposed to think that, not say it out loud. How embarrassing.

And if I knew I was going to see him, I would've worn something more adult than my pink unicorn vest and shorts. They were another charity shop bargain and super comfortable.

Because I had no intention of dating ever again, when I bought it, I told myself that what I wore to bed didn't matter. It still shouldn't. I shouldn't give a toss what Theo thought of my outfit. But for some weird reason, I did.

Maybe it wasn't water I needed. It was coffee. To bring me to my senses, because clearly I wasn't thinking straight.

Theo was my *competitor*. He was the one thing standing between me and securing the site that would help bring Mrs Davis's dream of a romance library to life and give me a decent, secure salary rather than having to juggle three jobs.

Having illicit thoughts about Theo was wrong. I needed to focus on winning, not on his biceps. Although, I'll be honest: they really were impressive.

When his sweaty shoulder brushed against my arm, I should've been disgusted. But instead goosebumps erupted across my skin.

Bloody hell. There I went again. Thinking about Theo.

I was glad that Edwin was coming over soon. It'd be a good distraction.

Until then, I needed a shower.

A cold one.

When I came downstairs, Theo was already chatting to Edwin. I thought getting here fifteen minutes early would be enough, but yet again Theo had beat me to it. He must've gone down when I was still in the shower. This would be the last time he got a head start on me, though.

'Jessica!' Edwin stood up to greet me, a wide grin spread across his face. 'Lovely to see you!'

'Same!' I mirrored his big smile.

'Did you enjoy Dreamland yesterday?'

'It was… fun!' My voice went up several octaves. Some of it was. Just *not* the roller coaster. But I wasn't going to tell Edwin that.

'Excellent!' He clapped his hands together. 'The photos of you two certainly came out well.'

'You… you've seen them already?' I asked.

'Of course! Nancy sent them straight over. They'll

look lovely in our community newsletter in a few weeks. Speaking of the community, you were both a big hit with our residents yesterday. Especially *you*, Theo.'

'I wonder why!' Glenda laughed.

Great. Edwin had just handed Theo the perfect opportunity to start gloating and basking in the glory that literally everyone on that trip was swooning over him.

'Jessica was really popular too,' Theo replied, and my eyes bulged.

Wait. Theo had an opportunity to brag and he chose to big me up instead?

'Yes. Nancy mentioned how well you bonded.' Edwin smiled at me. 'They'd love to see you at more of our gatherings. Which brings me neatly onto the reason for my visit.'

From the corner of my eye, I saw Theo shuffle in his seat like he was bracing himself for whatever bombshell Edwin was about to drop.

'I can't wait to hear more!' I gushed, knowing that Edwin loved enthusiasm.

'That's what I like to hear! So, as you saw, we have a lovely pub called the Seaview Arms. Every Monday we have a talent show. And all the residents thought it would be a lovely idea for you both to take part!'

My brows almost hit the ceiling.

'A… a *talent* show?' Theo stuttered.

'Yes.'

'So, we… you want each of us to do some sort of performance? Like juggling or…' I struggled to speak.

'Yes. Whatever you both decide will be great.'

'*Both?*' Theo frowned.

'Yes.' Edwin nodded. 'We'd like you to do something

together. It goes well with the whole community spirit feel. Working together as a unit is always better than flying solo. You know what they say: *teamwork makes the dream work*!'

More like *teamwork makes the nightmares happen*.

I was quite happy *flying solo*.

Not only did Edwin want me to embarrass myself by performing at some silly talent show, he wanted me to do it with Theo. Which meant rehearsals and spending more time together than we already were.

The man was a sadist.

I thought things were hard before, but Edwin had taken things to a whole new level.

Shit.

16

THEO

'What time does this finish?' I asked Jessica before downing the rest of my red wine and resting the glass on the sticky mahogany table.

We were in the Seaview Arms pub, where we'd come to get a feel for the event ahead of the performance we'd been roped into doing next week.

Right now Jessica and I were being tortured with a performance of 'I Will Survive' by one of the local residents. She might, but I wasn't sure if I would. It sounded like she was being strangled. I wished I'd brought earplugs.

'Ten.' Jessica winced. 'But I don't know if I can survive another half an hour of this.'

Luckily we were tucked away in one of the sections towards the back of the pub, so no one should be able to hear us.

The interior was like a traditional British pub with deep burgundy patterned carpet, worn-looking dark wooden tables and chairs with some burgundy leather banquette seating along the back wall.

The bar, which was in the centre, had the same dark polished wood with brass beer taps and a fairly large selection of spirits behind it.

The walls were decorated with old framed photographs of fishermen and other people I assumed were important to the town, sea-related memorabilia and old Sunshine Bay postcards.

Bob and Barbara, the landlord and landlady, were friendly. I imagined they were in their late fifties or early sixties. Both had tanned skin. Barbara had her reddish-brown hair styled into a beehive and Bob had a shaved head.

Although the Seaview Arms wouldn't be my usual choice for a drinking establishment, it had a certain charm.

'Oh, thank God,' Jessica exhaled as the performance ended.

We both clapped politely and I braced myself for the next act. So far the performances had included a 'comedian' who was about as funny as a dead fish, a ventriloquist whose lips moved throughout the whole performance, and a juggler who kept dropping all the balls.

'Another drink?' I got up from my seat.

'Please. Same again, but make mine a double.'

'Double G&T coming up.'

'Enjoying yourself?' Cindy, the barmaid, flashed a smile.

'It's, er, certainly *interesting*.'

'Bloody liar!' she cackled as she poured gin over the ice in Jessica's glass. 'It's terrible! That's why we're all hoping that you and your *colleague* can bring some of your London flair to the show. Any idea what you'll do?'

'No.' I shook my head.

When Edwin had dropped another one of his annoying bombshells yesterday, my stomach had lurched. The idea of performing in any kind of talent show was horrendous on its own. But when you added the fact that he wanted me and Jessica to do something *together*, it made it even worse.

I was supposed to be limiting the time I spent with her. Not increasing it.

And of course after that he'd conveniently told us that there would be a talent show tonight and invited us along. He hadn't bothered to turn up, but Jessica and I knew that he'd have spies watching our every move.

'Maybe you could do a dance routine? Or a duet? That'd go down a treat. You two on stage, staring into each other's eyes, singing sweet nothings. Awww.'

'Definitely not!' I said too quickly. 'I mean, I'm not much of a dancer or a singer.'

'That's a shame.' She finished pouring my wine and put the glass in front of me. I handed over my credit card. 'Well, I'm sure you'll think of something. Good luck!'

'Thank you.' I picked up the glasses and headed back to the table.

As I took in the sight of Jessica, I swallowed hard. She was always pretty, but she looked especially lovely today.

Jessica was wearing the same stonewashed jeans that she had on the first day we met and a fitted red top that had a cut-out shape just above her breasts, which I'd been trying (and failing) not to look at all night.

I wasn't sure what was more painful: listening to that

woman's wailing masquerading as singing earlier or sitting next to Jessica and not being able to touch her.

After putting the drinks down, I slid on the banquette seat, leaving as much distance as possible between us.

Thankfully, not too long afterwards, the show ended and we breathed a sigh of relief. We might not agree on a lot of things, but I knew we were both happy that our eyes and ears wouldn't be subjected to those terrible performances. At least until the show next week.

'So, what talents do you have, then?' Jessica turned to face me, and my breath caught in my throat just like it always seemed to do whenever she looked at me.

'I've been told I'm very good with my hands and my mouth…' I smirked.

'Ugh.' She slapped my arm. 'Get your mind out of the gutter. I was referring to your talents for this show we have to do. Not your bedroom skills.'

'*Bedroom?*' I raised my eyebrow. 'I was referring to my pottery and debating skills. What did you think I was talking about?'

Jessica's eyes widened and she shuffled in her seat.

'Oh… I… I thought…'

'Yes, please do elaborate on these *thoughts* of yours. Interesting to know that when thinking about me, your mind went straight to the bedroom. What exactly were you imagining me doing with my hands and mouth?'

'I didn't… I wasn't thinking about you in the bedroom,' she stuttered, getting more flustered by the second, which was adorable.

'*Sure, sure,*' I teased, which only wound her up even more.

The truth was, she was absolutely right. I *was* hinting

at what I'd been told about my bedroom skills. I wanted to see what her reaction was. Because no matter how many times I told myself that we'd never be able to do anything together, it didn't lessen my desire for her.

'Forget it!' Jessica picked up her glass and took two large glugs. 'Clearly the only thing you excel at is being a grade A arsehole!'

'Ha-ha. Comedy isn't your forte.'

'It wasn't supposed to be funny. It's the truth.'

'Well, I'd much rather be a grade A arsehole than a grade B one, so thanks for the compliment!'

'Aaargghh!' she huffed. 'Why do you have to be so annoying?'

'What can I say? It's a gift. Whatever I put my mind to, I just excel.'

This time, Jessica folded her arms and scowled.

'Right now, the only thing I think we could do on that stage together is pretend that we can get along for more than five minutes without being at each other's throats. That'd be an Oscar-worthy performance on its own.'

'That's not strictly true. We lasted a whole day at Dreamland…' My voice trailed off as I thought about our hands touching for the millionth time.

Jessica froze, and I wondered if she was thinking about it too.

'That was different. That was… anyway, there must be something else you're good at apart from winding me up.'

'As well as those talents, I'm decent at juggling. Well, better than that guy earlier.'

'That's not difficult. I can't juggle, though, so that won't work.'

'What are you good at, then?'

'Good question.' Her gaze dropped to the sticky carpet.

'Poetry?'

'Nope.'

There was a long pause. Jessica played with the stem of her glass and seemed to be lost in thought.

'I can play the piano,' I blurted out to break the silence.

'Of course you can.' She rolled her eyes.

'What's that supposed to mean?'

'Nothing.'

'If you've got something to say, say it.' My jaw tensed.

'It's just it's *so* typical. Of course *Daddy* would arrange for you to play piano. I bet you had one that cost more than people like me earn in a year. You've got everything you've ever wanted all laid out nicely for you on a silver platter. You've probably never had to work hard for anything in your life. Securing Seaview High is just one big game for you.'

'That's not true,' I snapped. 'You have no idea the pressure I'm under.'

'*Awww. Poor little rich kid.* What's the matter? Finding it hard to choose between the caviar or foie gras for your next dinner party? *Diddums*.'

'You really have no idea.' I shook my head.

'Enlighten me. Tell me about your nepo baby problems.' She did a fake lip quiver.

As Jessica pretended to wipe away crocodile tears, I ground my jaw.

I wasn't denying that I'd lived a privileged life. Yes, I came from money. I grew up in a nice house, with a nanny and a cook and a driver. And I went to the most prestigious schools in the country.

But what *wasn't* true was what Jessica had said about me having everything I ever wanted.

What I wanted was not to be sent away to boarding school.

What I wanted was not to have lost my mother when I was just nine years old.

What I wanted was to not have my whole life mapped out without having any say in whether or not I wanted to take over the family business.

And to have a say in who I wanted to marry.

So, no, Jessica couldn't be more wrong if she tried.

The reality of the state of my life hit me like a truck.

'I'm leaving.' I downed the rest of my wine and got up. 'Enjoy the rest of your evening.'

17

JESS

I'd just messed up.

As I watched Theo storm out of the pub, my stomach twisted.

I shouldn't have said what I had. I'd taken it too far.

If I'd known I would've touched a nerve, I would've reined it in. Theo just got under my skin. I hated how he always made me fumble my words.

When he said he was good with his hands and mouth, I immediately pictured him touching and kissing me.

After more than a year of my feeling zero desire for any man, Theo appeared out of nowhere and sent my lust levels off the scale.

And when he asked what my talents were, he might as well have plunged a knife in my chest because I didn't have any.

Yeah, despite my shitty childhood and losing my mum when I was sixteen, I'd managed to take care of myself and keep a roof over my head, but that wasn't a talent. That was just survival.

If I thought about it, the only thing I seemed to excel in was picking the wrong men. That was something I'd clearly inherited from my mum.

Yep. If choosing the worst boyfriend and, after eventually escaping him, deciding to fancy some rich guy who was wrong for me in every possible way was a sport, I'd be an Olympic gold medallist.

I sighed, downed the rest of my drink and headed back to the B&B.

Once I was in my room, I heard the shower going next door and tried not to imagine Theo naked.

This was crazy. I needed to calm the fuck down.

I wondered if I should go and apologise. I shouldn't care about upsetting Theo, but I did. I knew from experience the damage that people's words could do. I should've known better.

After I kicked off my shoes and slumped on the bed, my gaze shifted to the Kindle resting on the desk.

It was like it was taunting me to pick it up. I stared at it, weighing up whether or not to give in.

Things were different now. I was single. I was free. No one could make me feel like shit anymore. There was no need to be afraid.

Rising from the bed, I stretched out my hand and rested my hand on the front of the screen.

Maybe if I'd used a Kindle in the first place instead of buying the paperbacks I loved so much, I would've avoided what happened. I could've read what I wanted without fear. I wouldn't have lost everything I owned.

Then I caught myself and remembered what Sarah kept reminding me of. I wasn't the problem. It was my ex. I'd never let anyone control me again.

I picked up the Kindle and pressed the power button, unlocked the screen, then selected the library button.

As a flurry of books loaded on the screen, I gasped. Even though Mrs Davis had said she had thousands of books on here, seeing them in real life still shocked me.

Where would I even start? I scrolled through rows upon rows of romance e-books. There was everything here, from sweet romcoms to the steamy romances that I used to love so much.

When I saw *Office Delight* pop up from my favourite author, D. D. Desire, I froze. That was the book I was reading when everything blew up with my ex. I never got to finish it, and that broke my heart because I was really enjoying it.

Since that day, I hadn't been able to pick that or any other book up again. It was too triggering. It brought back all the memories of that day, and I couldn't deal with it. So I'd avoided all books ever since.

I locked the screen. I thought I was ready, but I wasn't.

I was about to put the Kindle back on my desk but decided to put it in my handbag instead. Just in case.

Tomorrow I had a meeting with Cecil and then I was hoping to visit Seaview High later that afternoon.

Edwin may have been studying me and Theo closely, but I'd been studying him too.

It wasn't just the community that was important to him —Seaview High was too.

There was a reason why he'd held on to it for so long, and I thought it ran deeper than wanting to find someone who fit in with the community. He seemed emotionally attached to it.

I also remembered that during our first meeting, he'd

asked Theo whether he planned to renovate the building. When Theo had said he planned to tear it down and build something new from scratch, I'd noticed how Edwin had flinched.

I'd put money on him wanting to keep the building intact. Which worked in my favour. I doubted a million pounds would be enough to buy the site, create a completely new building and cover all the other costs, so I'd need to make the most of what we had.

It wasn't feasible for me to do everything at once. I'd have to get the main library up and running first, then start generating money fast to develop the rest of the building bit by bit.

But in order to work out what was feasible and how to maximise the existing building's potential, I needed to know it inside out. I wanted to explore every nook and cranny.

I needed to fall in love with the building just like Edwin had. If he saw that I was emotionally invested and wanted it to thrive for generations to come, that'd put me in a good position.

Yes. Good plan.

It was too late to call or text him now, so instead I fired off an email.

Hello, Edwin,

Hope all's well. I was sorry not to have seen you at the Seaview Arms this evening. You missed a very memorable night! Thanks for the invite. Theo and I are currently brainstorming ideas for our act. I know everyone's excited to see what we come up with.

Anyway, I was hoping that I could visit the site tomorrow afternoon around fourish? I'd really like to get to know the building better. I'd like to preserve as much of its original beauty as possible, and to do that, I'd love the chance to see all the rooms and every part of it personally.

I know you're a busy man, so I wouldn't take up too much of your time. I'd just need you to give me access for an hour or so.

Please let me know if that's okay.

Warm regards,

Jessica

Done.

Hopefully after my visit tomorrow, I'd be one step closer to winning this presentation.

18

JESS

I slumped down on the train seat, then looked at my watch. I was going to arrive at Seaview High much later than I'd planned because I'd been with Cecil all afternoon going through admin stuff.

One of the many things we'd discussed was Mrs Davis's books. The rent on the house was paid for another three months, but at some point I'd need to go there and do an inventory. Checking through close to eighteen thousand books was going to be a monumental job, so it was another task to add to my growing to-do list.

It was so overwhelming and I told Cecil so. I said this was so far out of my comfort zone it might as well be on the moon.

He encouraged me to keep going, and when I left, he handed me an envelope and said to open it when I had a moment because he thought it might help.

Unless it was someone to take over and write and do the pitch for me, I didn't see how it would. But now was as good a time as any to see what it was.

I dipped my hand in my bag and pulled it out.

When I opened the envelope, I recognised the handwriting. It was another letter from Mrs Davis.

Hello, Jessica,

If Cecil has given you this letter, it's because he's sensed that you're feeling a little overwhelmed.

Perhaps you're feeling out of your depth and wondering if you're up to the job. I want you to know that you are more than capable. You can do this.

Maybe you're also questioning if all the hard work will be worthwhile and whether the world even needs a dedicated romance library. So I thought now would be a good time to share more of my story with you.

You might be wondering why I was so insistent on having my library on the grounds of Seaview High. The answer is simple: that was where I first met my husband, Charlton Davis.

I knew from the first time our eyes met in our English lesson when I was just thirteen years old that he was the one for me.

We both shared a love of books, and during the two years I lived in Sunshine Bay, we were inseparable. But then my family moved away and sadly we lost contact.

During those years I used to devour romance books, hoping and praying that one day I'd find the love of my life again. Thanks to those novels, I never gave up hope. And twenty years later, what seemed like the impossible happened.

I was working at a library in London and one day Charlton walked in. I couldn't believe my eyes. He was still as handsome as ever, and when we met that evening, our date lasted for twelve hours.

Three months later I was married and pregnant. Those early years together were blissful, but not long after our son started school, I became poorly. Illness plagued me for many years, and sadly I was unable to return to work at the library.

Charlton saw how much I missed it and how frustrated I was spending my days at home alone. So he said if I couldn't go to the library, he'd bring the library to me.

As you saw when you visited, he built me my dream library in the basement (complete with a rolling ladder, just like Beauty and the Beast*!). Every day he'd bring home a new book for me to add to the shelf, and by the next day I would've devoured it.*

My love did that every day until the day he was cruelly taken away from me, before his fortieth birthday.

After Charlton died, I spiralled into depression, and books were the only thing that kept my spirits up.

The characters became my friends. And during my darkest days, reading about them getting their happy ending filled me with joy.

Books saved me. Without them, I would not have survived.

And that's why this library is so important to me.

Seaview High was where I met my first and only love.

Books are what bonded us.

Romance novels gave me hope.

Now I want to pay it forward. I'd like others to experience the same joy that my precious books gave to me.

It's too late for me to make this happen—that's why I need your help, Jessica.

Please keep going. The hard work will be worth it.
Best wishes
Meredith Davis

A tear rolled down my cheek. That was a heart-breaking but beautiful story. I loved that she'd never given up hope of seeing Charlton again and that romance novels had given her so much comfort.

Cecil was right. This letter had helped. I'd been motivated before, but after reading that, I was even more determined to see this through. I couldn't let her down. I had to do this.

Once I got off the train, I headed to Seaview High.

As I walked up to the building, Edwin waved from the window, then got up to let me in.

'Welcome back!' Edwin opened the door with his trademark cheery smile. I wondered if he ever got angry.

'Thanks!' I tried to match his enthusiasm as I stepped into the dimly lit corridor. 'I really appreciate you letting me come back to see the building.'

'No trouble at all. What exactly would you like to see?'

'Everything!'

'Right you are. Come with me.'

Edwin showed me all the old classrooms and the large hall, which he said was used for assemblies, school lunches, sports and other activities.

If everything went to plan, this would be the main library area. I hoped to use the classrooms for different things. Maybe we could knock down a wall between two of them to make one larger room for a bookshop.

I'd also like to have a reading and relaxation zone on the first floor, where people could hang out with their favourite book and a drink. The views upstairs were amazing, and it'd be great to take advantage of that. So maybe we could have a book cafe with a terrace where in the summer readers could relax on daybeds with comfy cushions and a book and read whilst enjoying panoramic sea views. Then at night it could transform into a bookish wine or cocktail bar.

That would have to be part of phase two of the library, though, because I wasn't sure I had the budget for that.

At the back of the building, there was a large concrete space that used to be the playground. I wasn't sure yet what that could be used for.

Then I reminded my brain that I hadn't even secured this building yet, so I was getting ahead of myself thinking what I could do with another one.

'What's down there?' I pointed to a stairwell.

'The basement.'

'Can I have a look?'

'Of course!' Edwin led the way. He had to push against the heavy door a few times before it opened. 'I haven't been down here for a while. Hopefully the light works.' He flicked the switch, and after a few shaky flickers, the bulb illuminated the small room.

Edwin moved some sort of rock on the floor, then used it to wedge the door open.

There were rows of filing cabinets and bookcases with different folders and files stacked on them.

'Do you know what's in those?' I pointed.

'As far as I know it's just old paperwork. Probably not very interesting.'

'Would you mind if I took a look?'

'Don't see why not.' Edwin shrugged, then looked at his watch. 'How much time do you think you'll need? I have to leave in about fifteen minutes.'

'I won't be long. Probably half an hour or so. An hour, tops.'

'I see. When you've finished, pull the front door shut, then on my way back into town in a couple of hours, I'll lock up properly.'

'You sure?'

'Not a problem! I appreciate your enthusiasm for this building. It's very special to me, so it means a lot that you want to learn more about it.'

It was definitely a good idea to come here.

'If I'm given the chance, I'd like to preserve the history of this place. It's clear that it's an important part of the community, and I'd like to honour that.'

'I'll leave you to it.' Edwin smiled diplomatically, then left. I supposed he couldn't be seen to be playing favourites.

After resting my handbag on one of the filing cabinets, I started sifting through the files.

A lot of the documents inside were old invoices. I coughed as the dust tickled my throat.

'Oh!' I said as I spotted a thick hardback yearbook.

I pulled it out.

Seaview High Secondary School 1979.

I dragged out an old box from the corner and sat down on it as I started flicking through the pages.

Ha! I swore that boy looked like Bob, the pub landlord we'd met last night. I scanned the names and sure enough it was. I wondered how many other Sunshine Bay residents I'd recognise.

Just as I continued flicking through the pages, I heard footsteps. Must be Edwin coming to say goodbye.

'So *this* is where you're hiding,' a deep voice boomed.

My head snapped up. It was Theo.

'What are *you* doing here?'

'I was going for a walk and spotted Edwin in the car park, so he invited me in. Said you'd been looking around the place and it was only fair that he gave me access too.' *Edwin and his bloody impartiality*. 'What you looking at?'

'An old yearbook.'

'Let's have a look. Hold on. I'll get a box to sit on too.'

His gaze flicked behind the door, where there was a big metal box. He started pulling it out. It seemed heavy, but with Theo's muscles it wouldn't be a problem.

Theo dragged it out at full force. But as he did, he pushed against the door, causing the rock that was holding it open to move and the door to slam shut.

'Oops.'

'Best to keep it open,' I said, suddenly feeling claustrophobic.

'Okay.' Theo pulled on the handle, but the door didn't move. 'Just needs a good tug!'

But when he yanked it again, the handle came off in his hand.

My jaw dropped.

'Please tell me that can go back on again!' My heart raced.

Theo attempted to reattach the handle, but it didn't work.

He started feeling around the door's edge for another

way to open it, but when I saw the look of panic on his face, my stomach bottomed out.

'Slight problem. I can't get it open.'

'You've got to be joking!' I jumped off the box, stormed over to the door and tried to pull at it. Why I thought I'd be better at it than Theo considering his strength I didn't know, but I had to try. No big surprise that it didn't move. 'Shit! We're trapped!'

'Don't panic. Edwin can't be far away. I'll give him a call.' He reached in his pocket and casually pulled out his phone. His smug look quickly disappeared.

'What? What's wrong?'

'I don't *currently* have any reception, but I'm sure if I go over here it'll be better…' He held his phone in the air as he moved around the room.

'So?'

'Nothing…'

I grabbed my bag and pulled out my phone.

Nope. Same. Zero bars.

'What the hell are we going to do?'

'First, you need to calm down. Getting worked up won't help either of us. Edwin's got to come back to lock up, right? And when he does, he'll realise we're still here.'

'No, he won't! I told him I'd only be here for an hour tops and he said to just pull the door behind me when I left and he'd lock up on his way back. He's not going to come looking for us. Fuck!'

'Oh.' Theo slumped on the box. 'Looks like it's going to be a long night.'

19

THEO

'Well, this is just great!' Jessica hissed. 'If you hadn't followed me down here, we wouldn't be in this mess.'

'I didn't *follow* you! Edwin *invited* me. Maybe if you hadn't been trying to sneak around, this wouldn't have happened either.'

'*Sneak around?*' She folded her arms over her chest, and I tried to keep my eyes on her face. 'I was doing research. What I choose to do to win this presentation is up to me. I don't answer to you.'

For once, I had no argument. She was right. If she chose to come and look at something to help her get ahead, that was up to her. But equally, as her competitor, if Edwin tells me that she's in the basement doing some research, it's my duty to go and see if she's found out anything useful. I wanted to win this just as much as she did.

Jessica was still scowling, and ordinarily that wouldn't bother me. But the fact was, we were going to be stuck down here for several hours, maybe even overnight. That was hard enough. The last thing I needed was a hostile atmosphere. I needed to do or say something to break the ice.

'It was an accident. I didn't know the handle was going to come off.'

Silence.

So that didn't work. Time to try again.

'Had any ideas for the talent show?' No response. 'Right now you're doing a very good job of staying silent, so maybe you could mime?'

Jessica's glare deepened and the silence stretched.

'Bet you wished this basement was filled with books,' I said, hoping this would be third time lucky. At least I'd picked a relevant topic.

I didn't know much about Jessica, but I knew she must love reading. That was why she was so keen on this library. But instead of smiling, she continued scowling. 'That way you could spend time reading and wouldn't have to sit here glaring at me.'

'I don't read anymore,' she snapped.

'What?' My brows shot up. 'You want to open a library but you don't read?'

'Nope.' Sadness filled her eyes and rather than grimacing, she avoided my gaze. 'Not anymore.'

I should be happy to hear this. It was ammunition that could be used against her in the pitch. Edwin loved harping on about community, integrity, authenticity and all that bollocks. So imagine what he'd say if he heard that Jessica didn't even care about the very thing that was central to her pitch.

Creating a library with zero interest in books was like a vegetarian opening a butcher's.

But instead of feeling delighted that I'd found another weakness, I felt a strange need to find out what had happened to make her stop reading. I knew why I had. I wondered if she had a similar story.

'I'm really sorry to hear that,' I said softly. Jessica's head snapped up in shock. 'What happened?'

'You really want to know?' She frowned.

'Yes.'

'So you can use it against me?'

'No.' I shook my head. 'It just seems like a shame, that's all. I'm genuinely interested.'

She narrowed her eyes and stared at me like she was assessing whether or not she could trust me. I wouldn't blame her if she didn't, but I meant what I said. I really wanted to know.

'I used to love reading romance,' she sighed. 'I loved the warm fuzzy feelings they gave me, the meet-cute—y'know, the moment where the characters see each other for the first time. I loved the chemistry, the banter, the conflict, the *will-they-won't-they* tension when they're trying to fight their feelings, the excitement when they finally get together, their first kiss, the spicy scenes, when they have a temporary break-up which often leads to the hero grovelling to win the heroine back, and of course, the happy ending.'

'All romances have that, right?' I asked.

'Yeah. A true romance will always have a guaranteed happily-ever-after, or at least a happy-for-now.'

'Thought so.'

'And it wasn't just the escapism and excitement that I loved about reading. I loved everything about books. Touching them, even smelling them. Might sound weird, but you can't beat the smell of a new book. As soon as I first started working when I was fourteen, I used to spend every spare penny I earned on books. Even when I got my own place and knew I couldn't afford to buy more because I needed to keep money aside for bills or a rainy day, I'd still end up breaking my book-buying ban. And although I knew I should definitely read the books I had on my shelf first before I bought new ones, I could never resist buying the latest novels. I was a sucker for a pretty book cover.'

'Sounds like you built up quite the collection!' I smiled.

'Yeah. I had hundreds of books. Before I met my ex, I used to devour at least three books a week. Then when we started dating, that slipped to one or two. He used to make little comments about romance novels being stupid and a waste of money because they weren't "proper" books, but I ignored it. I told him my books were important to me.'

'Good for you.' I nodded. She'd only just started the story, but so far her ex sounded like an ignoramus.

'I loved reading in bed or in the bath. It was my alone time. I could just lay back, relax and get lost in the pages.'

'Nice.'

'Anyway, one night I read a particular steamy scene and it made me… well…' Her eyes dropped like she was embarrassed. 'It made me horny. So I mentioned it to my ex and said it might be fun to recreate that scene, together.'

'Like it,' I said, thinking I'd always been attracted to women who knew what they wanted in the bedroom. 'Sorry. Didn't mean to interrupt.'

'It's okay. My ex asked to read a section of the book, and when he did, he completely lost his shit. He tossed the book on the floor and said he hadn't realised that all this time I'd been reading porn.'

Jessica's voice started to crack and my chest tightened. I didn't like the direction that this story was taking. I was right. This man was an idiot.

'Go on,' I said, trying to keep my voice level.

'I said it wasn't porn. It was romance with a bit of spice, that was all. But he wasn't having any of it. He stormed off to the living room and started pulling all my books off the shelves.'

'You're joking?' I ground my jaw.

'Nope. He went crazy. "Is this porn too?" he shouted. "And this? You tricked me! I thought you were just reading silly, innocent romances, when all this time you've been locking yourself away in the bathroom, masturbating to this filth like a dirty whore!"'

'Are you *serious*?' I clenched my fist, wishing her ex was in front of me so I could knock him out. Jessica nodded.

'I couldn't believe the words that were coming from his mouth. He watched porn. Regularly. I saw it all the time on his computer and never said anything. But that was completely different to romance. If I was reading hardcore erotica novels, I could see why he might compare it to porn, but romance stories were completely different. I'm not saying that the steamy scenes don't make you horny, but that isn't the main goal. Romances have plot, character growth and development. It isn't all about the spice.'

'Romance novels focus on the romance and the love story, whereas with erotica everything revolves around the characters having sex, right?'

'Exactly. I read romance for the love story. The spice was just a bonus. I tried to explain this. Told him that there were like fifty chapters in the whole book and only about two or three chapters had sex scenes, but he wouldn't listen and insisted I get rid of the books. I refused.'

'*Good.* You should be able to read whatever the hell you want.'

'That's exactly what I thought. But then a few days later when I came home from work, I smelt burning.'

'Shit,' I muttered.

'When I went to the garden, my ex was standing in front of a bonfire. He'd burned my books. Every single one of them.'

'Fucking hell.' I shook my head.

'When I screamed, asking why the hell he'd done that, he turned to me, smiled and said: "I told you to get rid of them and you didn't, so I did it for you." I felt like someone had ripped my guts out. I'm ashamed to say it, but I wanted to push him in that bloody bonfire. Luckily I didn't, but I knew that was the last straw. I'd ignored all the other red flags in our relationship because I thought he loved me. But after what he did, I had to leave. So that night, when he was in the shower, I ran. I didn't even stop to take anything with me. I had to get out of there.'

'Jesus.' I swallowed hard. 'I'm sorry you had to go through that. When you say you didn't take anything, you mean you left with no clothes?'

'I mean I left *everything* behind. My phone. My clothes. Everything I owned. I knew I didn't have time to pack properly. I knew if I took my phone he'd try to track me. I knew if I didn't go there and then, somehow he'd charm me and I'd stay. That was why I ran.'

'Where did you go?'

'I just got on a train and waited to see where it took me. That night I slept in the station and the next morning I had to figure out my life.'

'Didn't you have any family or friends you could go to?'

'That's a story for another day.' Her gaze dropped to the floor.

'Fair enough.' I nodded. 'Well, your ex sounds like a twisted, narcissistic arsehole and you're better off without him.'

'Yeah.'

'And you haven't read anything since you left?'

'Nope. And it's a shame because I was really enjoying that book.'

'So you don't read anymore because you find it too triggering?' I asked. Jessica nodded.

'Sounds silly, but every time I go to pick a book up, I have his face and voice in my head, judging me.'

'It doesn't sound silly. He sucked all your joy for reading away. Made you feel ashamed. But you have nothing to be ashamed of. *He's* the problem. Not you. Have you tried listening to the audiobook of that novel instead? Maybe hearing it read aloud might be different. I used to love my mum reading to me and my brothers.'

'How many brothers do you have?'

'Two.'

'It's nice that she read to you. Did she do it often?'

'Every single night. She was brilliant at it. She used to really get into the story and do different voices and accents for the characters. It was so fun.' As I remembered being tucked up in bed with Mum beside me and her warm smile, my heart swelled. 'Having a bedtime story was the highlight of my day. That was one of the things I missed the most when she died.'

'I'm so sorry.' Jessica's eyes widened and her voice softened. 'I…'

She paused, opening her mouth like she wanted to say something, then quickly snapping it shut again. Didn't surprise me. Whenever I told people, they didn't know how to react and always worried about saying the wrong thing.

'Thanks,' I said, filling the silence and trying to let her know that she didn't need to feel awkward. 'She died of a brain tumour.'

'Shit. That's awful. How old were you?'

'Nine.'

'Oh my God, Theo.' She reached for my hand, instantly setting my blood on fire. 'Losing a mother at any age is devastating, but it must've been even worse to lose her so young.'

'Tell me about it. So, yeah, I know it's not the same, but I remember the joy that reading books can bring. When Mum passed and Father hired a nanny, I used to ask if she could read to me, but he told them not to. Said it would make me soft. He believed that filling my head with fairy tales wouldn't help me in the real world. Then I got shipped off to boarding school…' My voice trailed off. I hated that place. 'I wish I could read more now, but I basically live at the office, so there's never any time.'

'Maybe you could try audiobooks too. Or get a Kindle so you can read in between meetings or something. That reminds me!' She reached into her handbag and pulled out an e-reader. 'Look at this! It was Mrs Davis's Kindle.'

'That's the woman you're representing for the library, right?'

'Yep. Anyway, guess how many books she has on here?'

'How many?'

'Three thousand!' she gasped.

'I didn't even realise you could store so many books on a Kindle!'

'Me neither. I'm trying to pluck up the courage to start reading some of them. She's got every possible book I could ever want to read on it.'

'Really? Including the one you never finished?'

'Yep. I almost started reading it yesterday. It's that one.' I pointed to the screen.

'Would you… never mind.' I clamped my mouth shut.

'What? Tell me!' she shouted. 'What were you going to say?'

'It's a stupid idea.'

'Tell me!'

'Well, seeing as we're going to be stuck here for goodness knows how long, I was going to suggest that maybe I… read some of it to you.'

'What?'

'Told you it was a stupid idea.'

'No, I'd love that. If you don't mind?'

'Like I said, I understand the joy people can get from books, and it's a shame you stopped your passion just because of your idiot ex. And if it'd help you get back your love of reading, that wouldn't be a bad thing.'

'That's actually really sweet.' A huge grin spread across her face and a warm feeling flooded my chest.

'*Sweet?*' I grimaced. 'Don't be mistaken. I'm still a

grade A arsehole, remember? Actually now you've told me about your ex, I should be downgraded to grade B or C, because clearly he's the biggest wanker alive. We don't have an internet connection, so I'd just be doing it to kill time. I don't really want to help you, because obviously you're still my competitor.'

'*Obviously*.'

'Call it a temporary truce. Just for tonight.'

'Deal.' She stretched out her hand and I shook it, trying to ignore the softness of her palm and the way my body lit up.

'Well, until we get out of here.' I pulled my hand back. Having any form of physical contact with Jessica wasn't good. 'Which might be tomorrow or never. Think how ironic it'd be if we died in the building we were both competing for!'

'Not funny!' Jessica stifled a smile.

'It wasn't a joke. I'm starving and thirsty. I was on my way to get something to eat when I saw Edwin. I don't think I'll last until the morning.'

'*So dramatic!*' Jessica rolled her eyes. 'I have snacks. And water.'

'Really?' My eyes widened like she'd just told me she had the keys to an unlimited desserts factory.

'Yep. I *never* go out without snacks.' She reached into her bag. 'I've got custard cream biscuits, an apple and a packet of salt and vinegar crisps.'

'Salt and vinegar?' I shook my head. 'Everyone knows cheese and onion is the superior flavour.'

'Ugh! Not if you plan to speak to anyone. That's like eating a plate of garlic before a first date.'

'Nothing wrong with garlic either.'

'This is explaining why you're single.'

'Who said I'm single?' I cocked my head to the side.

'Aren't you?'

'Why do you want to know?' I teased.

'Just... curious, that's all.' She dropped her gaze. I noticed she did that a lot when she was embarrassed.

'And you?' I asked. 'Are you single?'

'One million per cent. I'm never dating again.'

'Ah. Yes. I get why you'd feel that way after your last experience.' I paused. I wasn't a violent man, but if I ever met her ex I'd knock him out for what he did to her. 'Shall we tackle these snacks and then have story time?'

'*Story time?*' She laughed again. The sound sent a warm feeling to my chest. It was nice to hear her laugh, and I liked how it brightened her face. I definitely preferred it to the normal scowls she gave me. 'You make it sound like I'm five years old!'

'That's just what my mum used to call it.'

'Oh.' She winced. 'Sorry. I didn't realise. *Story time* it is, then. Although you might want to rename it *smutty time* after you've read this book. Actually, maybe you should read a few pages to yourself before you agree. I'm not sure you know what you're letting yourself in for.'

'It'll be fine. I might look innocent, but when it comes to sex, there's nothing *sweet* about the things I like to do in the bedroom...' I fixed my gaze on her and as she bit her lip, my dick twitched.

Under different circumstances, if Jessica was willing, we wouldn't be spending the rest of our time in this basement talking.

I'd pin her against that wall and bury myself inside her.

'Is that so?' She cocked her head to the side.

'Correct.'

Jessica held my gaze, then handed me the Kindle.

As I skim-read the page she selected, I swallowed hard. She wasn't joking. This book *was* steamy.

It wasn't the sexual content that bothered me. Like I said, she should read whatever the hell she wanted. Romance, erotica or nursery rhymes—it was her choice.

No. The issue was that I was trapped in a basement with Jessica, who I found incredibly attractive, and was about to read out loud about a woman getting fucked against a wall. Which was exactly what I'd just been imagining doing to Jessica.

Working out how I was going to read this without getting turned on was going to be hard.

Pun totally intended.

Here goes nothing…

20

JESS

As I bit into my apple, I couldn't help looking at Theo. He was studying the chapter I'd given him to read, and I was curious to know what he was thinking.

He seemed cool and calm. The polar opposite of how my ex reacted.

My stomach twisted as a flashback of that night flew into my head. Theo was the last person I ever thought I'd tell about it. But ever since that night, I'd promised myself that I'd always listen to my gut and strangely enough, it told me that I could trust him. That it was okay to open up. And so I did.

I didn't know what I was expecting him to say, but I definitely didn't think he'd offer to read it to me to help me get my mojo back. Not in a million years. I didn't know if it'd help, but I wanted to try. I really missed reading.

Hearing Theo had lost his mum so young made my heart lurch. Losing mine at sixteen was hard enough. I couldn't even begin to imagine what he must've gone through at that age.

When he told me, I wanted to let him know that I understood his pain because I'd been through a similar trauma. I'd opened my mouth, then stopped. I didn't want to bring down the mood. I hated talking about what had happened to Mum. It stirred up too many emotions. Grief, yes. But also anger, shame and embarrassment.

Even though it had happened over fifteen years ago, I still felt it.

No. Now wasn't the time to dredge all of that up again.

'Apple?' I held it out to him, trying to distract my mind from thinking about Mum. 'I've only eaten one side. I left the other for you, so you don't have to worry about me contaminating it.'

'What?' He frowned. 'Why would I be worried?'

'We don't really know each other, so you might not want to exchange saliva with me.'

'We've been in this basement for more than two hours already, so I've already known you a lot longer than some of the women I've exchanged saliva with.'

As he deliberately took a bite from my side of the apple, a tingle raced through me.

That was the second time tonight he'd hinted at his sexual experience. My pulse had quickened earlier when he'd said there was nothing sweet about the things that he liked to do in the bedroom. I'd almost asked him to elaborate and tell me exactly what he'd meant, but luckily I'd stopped myself just in time.

Although the words didn't come out of my mouth, that didn't mean I wasn't still thinking about it.

My mind drifted to what he'd said in our email

exchange on the way to Dreamland when he mentioned that there were many things that turned him on. Was it insane that I wanted to know what did?

I took a gulp of my water, hoping that somehow it would calm me down. I didn't know what had come over me. Actually, that was a lie. What had come over me was Theo.

Oops. That came out completely wrong. Although I'll admit, I wouldn't be adverse to the idea of Theo doing that.

Oh God. See what I mean?

I was a hot, horny mess.

It shouldn't really be a big surprise that I was acting like a dog on heat. Not only had it been ages since I'd had any form of physical contact, Theo was easily the most attractive man I'd ever met.

Those thick brows, those dark eyes with ridiculously long lashes, the square jaw with sexy stubble. He had the bluest eyes I'd ever seen, and don't even get me started on his body.

Today he was wearing smart navy jeans and a white shirt with the sleeves rolled up to his elbows, exposing his tanned arms, which were covered with dark hair. He looked just like the sexy male models on the steamy romance novels I used to love.

Speaking of novels, maybe it wasn't a good idea for him to read that particular scene to me. I should pick another book. Maybe a 'closed-door romance' where instead of describing the sex on the page, it 'faded to black' and let the reader use their imagination about what the couple got up to.

'Ready?' Theo's head snapped up just as I was staring at him. Probably with pathetic heart eyes.

'Um, yeah. Okay. If it's too steamy for you, we can read something else,' I said, thinking it wasn't him keeping his cool that I was worried about.

'Jessica, is this the book that you wanted to continue reading—yes or no?'

'Yes.' I nodded.

'Are you still interested in reading this book and finding out what happens?'

'Yeah.'

'That's all I needed to know. Your ex might have shamed you, but I won't. *Office Delight* is the book you chose, so this is the book I'm going to read. No arguments. Ready?'

'Yeah.'

'Good.' His gaze dropped to the page.

'"Chapter 21: Virginia.

'"'You wanted to see me?' I stepped into Rocco's office.

'"'Close the door,' he commanded as his eyes raked over me from head to toe.

'"I pushed the door closed and swallowed hard as he rose from his desk, sauntered over to where I was standing, then pinned me against the office wall.

'"My breath hitched and my lips parted.

'"'We shouldn't…'

'"'I've been waiting to fuck you all day,

> Virginia,' he growled, 'and I can't wait another second.'
>
> '"As Rocco crushed his lips onto mine, I felt the wetness pooling between my legs. There were so many reasons why we shouldn't do this. But right now, I couldn't remember what they were."'

'Wow!' I said a little too loudly, causing Theo's head to snap up from the screen.

'You were right. This is pretty steamy stuff.' He grinned.

'It is! But that wasn't why I said *wow*.'

'No? Why, then?'

'It's *you*: you're really good at reading aloud.'

He really was. Theo sounded just like I'd imagined the character Rocco from the book. The way his voice was low and deep, the way he growled. It wasn't just Virginia that was getting damp in the knickers department. I was too.

'Oh.' His eyes widened. 'Thanks. Seeing as we've paused, can I get a little context here? There were twenty other chapters before this that obviously I haven't read, so what's the deal with these two? Can you remember what happened to Rocco and Virginia?'

'If I remember correctly, they work together. And their relationship is forbidden, but they can't keep away from each other.' My voice wavered a little because describing the characters' situation was strangely familiar. It felt a bit like life imitating art.

Technically Theo and I didn't work together, but we had to exist in the same orbit, and just like with Rocco and Virginia, there were many reasons why the illicit thoughts swimming around in my head about what I wanted Theo to do to me were also forbidden.

'Got it.' Theo nodded. 'Want me to continue?'

'Please.' Tingles raced through me.

Theo tilted the Kindle screen and started reading:

"''Okay,' I panted, struggling to catch my breath. Do it. Fuck me.'

"'Rocco's eyes darkened as he clutched my blouse, and in one swift movement he ripped it open. As the buttons scattered across the white tiled floor, I gasped. I couldn't believe this was finally happening.

"'Next Rocco unclipped my bra, tugged down the front, cupped my breast, then started sucking on my nipple.

"''Oh God!' I cried out…''"

As Theo continued reading, my pulse rocketed. His voice was hypnotic. I didn't know anything about real estate or how good he was at it, but seriously his talents were wasted there. His voice was like honey. Before, I remembered being annoyed with how much I liked it, but now, I was grateful. I could listen to him read to me for hours.

Full disclosure: I'd prefer it if he could do it through a

wall or on the phone so I wouldn't have to see him, though. The combination of his sexy voice and godlike looks made it impossible for me not to want to put my hands down my knickers and start touching myself.

And, no, that still didn't make romance like porn.

'Hello?' a voice sounded loudly from the other side of the door. 'Jessica? Theo? Are you in there?'

'Oh my God!' I shouted. 'Edwin's come back! Yes! Yes! We're here. The handle broke off and we got stuck!'

'Goodness me! Hold on. I'm opening the door right now.'

Theo and I both sprung up off our boxes and watched as the door moved little by little until it eventually opened all the way.

'Oh thank God!' I blew out a breath. 'I'm so happy to see you!'

'We were worried we were going to die down here!' Theo said.

'I'm so sorry,' Edwin said, concern written all over his face. 'Are you both okay?'

'We're good, right?' Theo turned to me for confirmation.

'All good now, thanks,' I replied as we climbed the stairs to the main floor.

'I'm so happy to hear that.'

'What made you come back to check on us?'

'Glenda called. She said that normally you were both back in your rooms by this time and wanted to check you were okay because she couldn't get through on your mobiles and no one had seen you at the pub or Candace's. She was about to send out the search party when I said I'd go and check again here, just in case.'

'I'm glad you did!'

'That's one of the many benefits of having a tight-knit community like we have at Sunshine Bay. Everyone looks out for each other.'

So different to a lot of places in London. I'd lost count of how many stories I'd heard of where people had died in their homes and been left rotting for weeks or, in extreme cases, months because no one came to check on them.

'Thank you for coming to find us,' Theo said.

'I'm just glad you're okay. Let me just give Glenda a quick call so she can tell everyone you're safe.'

When we got back to the B&B, Glenda raced over and threw her arms around us.

'We were all so worried!' she said as if we'd been missing for days rather than hours. 'Come on. Candace just dropped off some pie and chips for your dinner. You must be starving!'

'I just need to use the loo,' I said, trying not to jig on the spot. God knows what I would've done if Edwin hadn't come.

'No probs. I'll put the kettle on. Make you both a nice cup of tea.'

After dinner, Theo and I both walked upstairs. When we got to my room door, he stopped.

'Well, tonight definitely turned out a lot different than I thought it would.'

'Tell me about it.' I smiled. 'Thank you.'

'What for?'

'For keeping me calm. And for, y'know, reading to me. I liked it.'

'My pleasure. Hope it helped.'

'It did.'

'And thank you. For the crisps, water and of course the apple. It was very nice.'

'Even with my saliva?'

'*Especially* with your saliva.' His voice deepened, like it had when he'd read to me, and another wave of tingles erupted between my legs. 'Sweet dreams.'

Then just like that, he left me standing there and wanting more.

And I knew that if I had sweet dreams tonight, there was a strong possibility that it'd be because Theo was in them.

21

THEO

When I came back from my run, I heard the shower running in Jessica's bathroom. The walls here were paper thin, so if she coughed, laughed or spoke, I heard it all. I heard *everything*.

The radio was playing loudly with a Taylor Swift song. But when the chorus was interrupted with a cough, I realised it wasn't the radio.

No. Couldn't be?

That was Jessica's voice. And she was really good. I stepped into my bathroom and put my ear to the wall so I could hear better.

Jessica hit the high note like it was as easy as breathing.

This was good news. We'd been trying to think of ideas for the talent show, but now I'd just found one.

Once I'd showered, I headed downstairs. Jessica was sitting in the conservatory, scrolling through her phone.

'Morning,' I said.

'Hi.' Jessica's eyes brightened. If I didn't know her, I'd say she might have been happy to see me.

'Good sleep?'

'Yeah, thanks. Not bad.'

'Did you read?'

'No.' She sighed. 'I tried, but I couldn't.'

'Oh,' I said, my voice filled with disappointment. 'I suppose it's not realistic for it to just happen overnight. Maybe we could try again?'

'You mean, reading to me?'

'Yes. If you think it will help?'

'I'd love that, thanks!'

'You're welcome. So, we've only got five days until this talent show.'

'Yeah. I still can't think of anything.'

'I had an idea. Maybe I can play the piano and you can sing?' I said casually, waiting for her response.

'I'm not… I'm not sure I'm good enough to sing in public.'

'You've got to be joking! I heard you singing. This morning. Your voice is incredible!'

'Really?' She frowned.

'Yes! I mean, that was you singing in the shower, right? You didn't have the radio on?'

'Yeah, that was me.'

'Well, then, like I said. Your voice is great. I think that's what we should do.'

'I don't know…' She winced a little.

'We don't have much time and I can't think of anything else. Come on. We can't be any worse than the performances we suffered through on Monday night.'

'True.'

'So do we have a deal?'

'Yeah,' she sighed.

'Good. First rehearsal tonight.'

22

JESS

The day flew by, but it was productive. My pitch was shaping up well. Although getting trapped in the basement last night wasn't ideal, I was glad I went to do another site visit. It had really helped to visualise the layout and how the library could look once it was built.

I'd sent off my ideas to Cecil, who was going to pass it on to an architect so he could do some sketches for me to include in my presentation.

Even though the presentation was weeks away and I still had a lot to do, part of me wished I could just get it over with so I'd be away from Theo and temptation.

When we'd first met, I couldn't stand him. And that hatred had only intensified when I'd discovered he was my competitor. But the more time we spent together, the harder it was becoming not to like him.

It was difficult last night after he read to me. But then this morning when he said he'd read to me again and that he thought my voice was *incredible*, you could've knocked me over with a feather.

I used to sing a lot in the school choir. It gave me an excuse to get out of the house, so maybe all those years of practice helped. There were much better singers than me, though, and although I liked belting out a tune in the shower or around my bedsit, I'd never been interested in pursuing it professionally. The idea of performing in front of anyone made me break out into a cold sweat.

Still, it was sweet of Theo to compliment me. He was… nice. A lot nicer than I thought. And that was annoying because it would be much easier if we weren't getting on.

And in twenty minutes we'd arranged to do this rehearsal, which wasn't exactly going to help me to fight how much I fancied him.

My phone pinged with an email notification. When I saw it was from Theo, I smiled and quickly clicked on the message.

To: jess1293@hmail.com
From: Theodore@eavesenterprises.com
Date: Wednesday 7th May, 18.08
Subject: Rehearsal

Dear Jessica,

Had to get rehearsal supplies, but I'm on my way.

See you soon,

T

As I read his message, I frowned. First up, he'd called me Jessica instead of Ms Johnson like he had before, and secondly, what the hell were 'rehearsal supplies'?

I headed downstairs to the living room. Glenda was out this evening at bingo. Apparently they had it once a week at the community centre. I was relieved that Edwin hadn't roped us into that too.

There were no other guests staying here until the weekend, apparently, which meant that me and Theo would have the place to ourselves. I wasn't sure if that was such a good thing.

Then I reminded myself that just because I was attracted to Theo, it didn't mean the feeling was mutual.

Theo was a businessman. He was way too professional to let feelings muddy the water or get in the way of him securing the site. I needed to take a leaf from his book.

And even if the whole deal thing wasn't in the way, I was pretty sure I wasn't his type. He probably only exclusively dated women who moved in his rich circles. That definitely wasn't me.

Fifteen minutes later, just as I was heading downstairs, I heard the key go in the front door, then Theo walked through it carrying a large rectangular case.

'Hi!' I said a little too enthusiastically. 'What's that?'

'Keyboard,' he said. 'For rehearsals.'

'Oh.' Made sense. I hadn't even given any thought about what he was going to use.

Once he set up in the living room, he went back to his car and returned with shopping bags.

'Thought I'd get some refreshments for tonight.'

'Oooh!' I followed him into the living room, where he started unpacking items. 'I thought you didn't like salt and vinegar crisps?'

'I don't.' He unpacked various bottles of wine. 'Those are for you. And the apples. I didn't know which type you liked, so I got a few different varieties.'

My heart fluttered. He might have said last night that he wasn't sweet, but with all these kind gestures he'd been making, I was finding it hard to believe him.

'Thanks. That's really—'

'If you say sweet, I'll throw the crisps in the bin, just to prove a point.'

'There's nothing wrong with being sweet.'

'Anyway,' he sighed. 'We should get cracking with this rehearsal. Any song ideas?'

'Actually, I have. Did you ever watch *Bridgerton*?'

'Seriously?' He raised his eyebrow. 'Do I look like the target audience for *Bridgerton*?'

'You're rich and posh, so I reckon it'd be right up your street. If it was real, they'd probably be your ancestors.' I laughed and Theo rolled his eyes. 'Okay, so because you've clearly been living under a rock, *Bridgerton* is a popular period drama, and in it, they'd play classical music versions of pop songs. So I was thinking maybe we could take a popular song that most of the residents will know—something fun—and give it a kind of classical twist with the piano to begin with and then switch it up halfway through.'

'Okay. What song were you thinking of?'

'How about Taylor Swift? She's popular and has fun songs. I was thinking of 'Shake It Off'. Do you know it?'

'I haven't been living on the moon. Of course I know it!' he laughed.

'Do you think you'll be able to learn it?'

'Certain,' Theo said.

'Mr Arrogant's back!'

'It's not arrogance, it's confidence. There's a difference.'

'If you say so. Time to put your money where your mouth is.'

I pulled up the video on YouTube that I'd bookmarked and handed it to Theo.

Don't ask me how, but he picked it up straight away, like I'd just asked him to play chopsticks. I was actually impressed.

A few hours and a couple of bottles of wine later, we were performing it like we'd been practising for days. Somehow it was so easy to work together.

I connected the YouTube video to the portable speaker Glenda had, and as the song blared in the room, I started dancing.

'Come on!' I dragged him up from his chair. 'Dance!'

'I'm not much of a dancer.' He winced.

'Doesn't matter! We can do a silly freestyle dance like at the end of the video. Don't overthink it. Just let yourself go. Have fun!'

For a couple of minutes, Theo stood there looking cool, his head tilted as he watched me making a fool of myself, but I didn't care.

I pulled him towards me again and tried to wiggle his arms and make him shake his shoulders, but he resisted. So I lifted his arms up and started tickling him.

'That's a low blow.' He started giggling. 'Two can play at that game.'

As he started tickling me, I squealed and tried to run to the other side of the room, but he caught me, and as we both attempted to tickle each other, we crashed onto the sofa.

Theo landed on top of me and my breath hitched in my throat.

His face was now inches away from mine.

Suddenly we both went silent.

He brushed away a stray curl which had landed on my cheek.

'You're beautiful, Jessica,' he whispered, his warm, sweet breath tickling my skin.

'Th-thanks,' I stuttered.

Our faces inched closer together.

I knew that kissing Theo wasn't a good idea, but right now I didn't care.

'I shouldn't want to kiss you,' he said. 'It's a really, really bad idea. But yet…'

'I know.' I edged closer. 'I want to too.'

Just as Theo leant forward to close the gap between us, the front door slammed.

We both flew off the sofa.

'Sounds like you're having a party in here!' Glenda walked into the room. When she saw us standing awkwardly by the sofa, she narrowed her eyes. 'Not interrupting anything, am I?'

'No!' I squeaked. 'Nothing at all. We're just practising. Rehearsing for the talent show.'

'I see.' She raised her eyebrow. 'Well, I'll leave you to your *rehearsals.*' Glenda left the room.

'Something tells me she didn't believe us.' I sighed.

'I should go.' Theo headed towards the door.

'Yeah. Probably best. See you tomorrow?'

'More than likely. Sleep well.'

As Theo left, I wondered how I would get to sleep tonight.

The fact that we'd almost kissed wasn't about to evaporate from my brain anytime soon, and my body was buzzing. Feeling his hard body on top of me had set my blood on fire.

Now I was all worked up and feeling hornier than a dog on heat.

I knew what I wanted to satisfy me. More of Theo. But that would be a mistake.

Especially so close to the presentation.

The sensible thing to do would be to avoid him. Resist temptation. And maybe, just maybe, if I still liked him after the pitch, we could maybe hook up then. Edwin would've made his decision and there'd be nothing to risk.

Yep. That was the smart decision. That was absolutely what I should do.

Which was why it didn't make sense that although I knew doing anything with Theo would be a huge mistake, I wanted to do it anyway.

23

THEO

'How are the preparations going for the pitch?' Father leant back on his leather chair.

I'd come to the office for some meetings and he'd asked to see me.

'Fine,' I replied.

'Good. Send it over to me by the end of the week.'

'Don't you trust me?' My eyes narrowed.

'I can't afford any screw-ups on this, boy. This needs to go through without a hitch.'

My nostrils flared. I wished he'd let me do things my way, without his input. How was I supposed to ready myself to run the company if he always kept checking on things? I wasn't new to this. I'd secured deals worth billions for this company and still he questioned my abilities.

'The presentation will be solid.'

'I'll be the judge of that. I need to make sure you haven't become distracted.'

'Distracted?' I frowned.

'Yes.'

'Why would I be distracted?'

I knew why I might, but Father didn't.

Ever since Jessica and I almost kissed last week, I admit, I hadn't been one hundred per cent focused. I'd hardly slept at all that night because my mind kept replaying the sensation of my body pressed against hers. The feel of her sweet breath on my skin, the way my heart raced when she said she wanted me too.

Fuck. Just thinking about it now made my dick hard.

That was why I'd doubled down on avoiding Jessica. I went for my runs earlier than normal, showered, then ate breakfast at the local cafe.

When I came back to the B&B, normally Jessica would be in the dining room with Glenda, so I'd say hello quickly to them both, go to my room, and stay there for most of the day. It was claustrophobic, but it was the only way I had a chance of focusing.

I'd spent a couple of days travelling back and forth to London for meetings and other engagements and that had enabled me to keep my distance. But now it was Monday and there'd be no avoiding Jessica tonight. We had the talent show performance.

Being so close to her again was going to be a challenge, but I had to push those thoughts out of my mind. Father was right. I had to secure this deal. I had to focus on winning the pitch. I couldn't get distracted.

'I spoke to Penelope's father last night.' He raised his eyebrow and I groaned inside. 'He said that you haven't been in touch.'

'I've been busy.'

'So you say.' He clasped his hands together. 'As you're

clearly incapable of arranging your own meeting, I took the liberty of informing Charles that you would be free to take Penelope for dinner next Saturday. By then, the deal will be done and you'll have time to seal the other important deal.' He smirked.

For fuck's sake.

'I'm perfectly capable of arranging my own dates. I don't need you to do it for me.'

'If that was the case, I wouldn't have had to step in, like I always do.'

'Has it occurred to you that I don't want to have a "meeting" with Penelope'—I ground my jaw—'and that's the reason why I haven't called?'

'Nonsense. She fits the criteria…'

'Fuck the criteria,' I snapped. He was really pushing my buttons, and what I'd said was true. I had zero interest in Penelope before, and the attraction I felt for Jessica had only highlighted that.

'I beg your pardon!'

'I've got to go. I have to get back for a… meeting in Sunshine Bay.'

I stood up and left. There was no way I could tell him that I was going back to perform in a talent show. That alone would be bad enough. But if he heard I was performing with our competitor, he'd take me off the account, and everything I'd worked on my whole life would go down the toilet.

No. I had to see it through. I had less than two weeks. Eleven days to be precise. That was all. I just had to stay strong until then and after that it'd all be good.

After a brief meeting with my secretary, then going

through my post and emails, I left the office and set off down the high street.

The loud honking of car horns filled the air and a crowd of tourists headed towards me on the busy pavement. I thought about how different London was to Sunshine Bay.

There it was peaceful and calm. London was busy and noisy. It'd never bothered me before, but battling through all of these people and the loudness irritated me.

My stomach rumbled. It was almost three thirty and I hadn't eaten lunch yet. By the time I'd driven to Sunshine Bay, it'd be after six, especially if I got caught in traffic, so I might not have time to eat before I met Jessica and we did one last rehearsal before the performance.

Just as I headed towards the delicatessen, I spotted a bookshop. I stood outside and paused. I wondered if they had Jessica's favourite novel here. I wasn't sure if she'd started reading again, but this might help.

Before I even realised what I was doing, I walked into the store. Once I located the romance section, I started scanning the shelves.

Dammit. There was no sign of it.

'Need any help?' a shop assistant stocking the shelf opposite me called out.

'Um, yes. Please. I'm looking for a book by D. D. Desire?'

'Is it *Office Delight*?'

'That's the one!' I was relieved she'd remembered the title.

'Mmm, I'm not sure if we have it if it's not on the shelf. I could go and check. Might take a while, though. You okay to wait?'

I glanced at my watch. I should really get going. I still had to get lunch and had a long drive ahead of me. If I didn't set off soon, I'd hit rush hour.

But then I thought about how happy Jessica would be if I gave her the book. When she smiled, it was like watching the Eiffel Tower light up at night. I wanted to do this for her.

'It's fine. I'll wait.'

'I'll be back ASAP,' she said before rushing off.

I glanced around the section. There was a display with 'TikTok's Top Romances' and several different books all laid out neatly. I looked at the covers. They were bright and colourful—just like Jessica.

I'd never heard of any of these authors, but this stand implied that they were popular. Perhaps Jessica would like these too?

What on earth was I doing?

I shouldn't be thinking about what books she would like.

I strode off towards the thriller section and scanned the selection. A couple of books caught my eye. I turned back to see if the shop assistant had returned, but as she hadn't, I strolled over to the non-fiction section. My eyes were drawn to a book about taking back control of your life and forging your own path.

Chance would be a fine thing. The look of disgust on Father's face when I'd suggested that I might not be interested in Penelope said it all. The audacity of me wanting to make my own life choices had horrified him.

I left that book on the shelf, opting for two thrillers that sounded interesting instead. Just as I was about to start flicking through another one, the shop assistant rushed over with a grin spread across her face.

'Found one!' She waved the book in the air triumphantly. 'It's a limited-edition, signed copy too! It was tucked in a cupboard at the back. I reckon someone was saving it for themselves but forgot.'

'Fantastic!' I smiled. Jessica would love this. 'Thank you.'

'My pleasure. Anything else I can get you whilst you're here?'

'I was looking at the books on that stand, but I have no idea which ones to get.'

'Is it for you or your girlfriend?'

'No,' I said quickly. 'It's for my…' I paused.

Jessica wasn't my girlfriend. She wasn't even my friend. If I told the shop assistant that I was buying gifts for someone who was technically my enemy, she'd think I was insane. And she'd be right.

'Oh, I get it.' She grinned. 'You haven't had the DTR talk yet.'

'The what?'

'*Define the relationship*. I hear you. I'm in a kind of *situationship* myself. It's a pain but, y'know. It is what it is. Anyway, if you want to impress her, I'd get the new Lucy Score.' She held up a book. 'This one has sprayed edges and gold foil. Oooh, and Christina Lauren's new one is brilliant too.'

She handed me the books and continued going through her recommendations.

As she talked, I realised that this entire exercise was pointless.

'Actually, I'm not sure if I should get any of these. She might already have them.'

From what Jessica had told me, Mrs Davis had quite the book collection. Enough to open a romance library, for goodness' sake, so what was the point of buying her more books?

'You're not a bookworm, are you?' she laughed.

'I like books, but it's been a while since I've read them.'

'If your *friend* is a bookworm, it won't matter if she already has a copy of the book or not! Do you know how many copies I have of my favourite romance novel?'

'Two?' I replied.

'Seven.'

'Seven copies of the same book?' My face crumpled.

'Yep! I have the hardback, the special-edition hardback, the first-edition paperback, the Kindle version, the audiobook and the signed second-edition paperback and another paperback version my friend got me from New York when she went on holiday. The covers in the US and UK are usually different, so I like to have both.'

'Wow.' Mind blown. 'I had no idea. But if you've already read the book, what do you do with all those other copies?'

'Put them on my bookshelf and admire how pretty they are, of course! And the thing is, these days, readers like annotating books, so it's always good to have at least two copies.'

'Why would they annotate them?'

As the shop assistant attempted to explain to me that romance readers often highlighted their favourite passages and tabbed the pages according to different categories, my brain frazzled. I had no idea.

'And do you sell these colourful tab things and highlighter pens?'

'Course!' she said. 'Shall I get you some?'

'Okay.'

'Shall I ring these up for you?'

'Please.'

I followed her to the till, clutching a tower of books. Once I'd settled up, I thanked the shop assistant for her help.

'You're welcome. Hope she enjoys!' She handed me the bag, then popped the receipt inside.

As I stepped out of the bookstore and headed to the deli, I chuckled to myself. I was crazy. That was the only explanation. I'd only intended to buy one book but had left with eleven. And only three of those were for me. It'd be worth it, though.

After I'd bought a sandwich, I glanced at my watch. It was twenty to five. I'd been in that bookshop for almost an hour. That wasn't good. Now I'd hit rush hour. The thought of being stuck on the motorway made my stomach sink. And the idea of being late was even worse.

The Tube station sign straight ahead caught my eye. I didn't normally take public transport, but it was only a couple of Tube stops to Victoria Station. From there, I could get the train straight to Sunshine Bay, which would be much quicker than driving.

I strode towards the station. A woman was sat outside begging and my chest tightened. I knew it was better to give money directly to charities, which was why I donated to Shelter every month, but I couldn't bear to look at her face knowing she was in need and I could help.

Before I knew it, I'd reached into my wallet and handed her a fifty-pound note along with the paper bag containing the sandwich I'd just bought. I hadn't eaten all day, so was starving, but I could easily pick something up when I got off the train. This poor woman didn't have that luxury.

'Thank you!' She looked up at me, eyes like saucers. 'Thank you so much!'

'You're welcome.' I smiled.

Minutes later I was on the Tube and luckily when I got to Victoria, there was a train leaving in seven minutes. Once I boarded the carriage, I was even lucky enough to find a seat.

Ten minutes into the journey, I remembered I had the books. I reached into the bag, pulled out one of the thrillers and started reading.

And I didn't stop until the driver announced that we'd arrived at Sunshine Bay.

24

JESS

I didn't know what I was more nervous about: this talent show performance tonight or seeing Theo.

Ever since our rehearsal last Wednesday night, he'd avoided me. He left extra early to go for his run, didn't eat his meals at the B&B, and on the few occasions that we bumped into each other, he could barely look me in the eye.

I got the message loud and clear. That almost kiss was a mistake. For all the obvious reasons to do with the pitch, but also because it was pointless. Someone like him would never want to be with someone like me.

That wasn't a low self-esteem thing. I mean, yeah, I had my confidence issues like everyone else, but I knew I was a decent human being. I was sure that deep down, Theo knew it too. Well, at least I hoped he did. But I wasn't naive. We came from opposite sides of the track. My ex had run his own business and made decent money, but not on the same level as Theo.

I'd done my research, and Eaves Enterprises was huge.

Theo's family wasn't just well off, they were mega wealthy. His dad probably wiped his arse with fifty-pound notes.

Me and Theo were like oil and water. We didn't mix. Which was why it was a good idea that we kept our distance. It meant that I could be totally focused on the presentation.

In theory.

I hadn't been able to get that almost kiss out of my head. I was *this* close to feeling Theo's lips. If I closed my eyes, I could still remember the sensation of his hard-on pressed against me and the way his woody scent had made me feel dizzy with lust.

God. In that moment, I didn't think I'd wanted anyone more in my life.

But we'd had too much to drink. Neither of us was thinking clearly. Which was why tonight I was going to be stone-cold sober. I couldn't afford anymore slip-ups. Especially not so close to the pitch.

Speaking of the presentation, it was finally starting to come together. When I wasn't fantasising about Theo, I'd managed to knuckle down and come up with some cool ideas that I hoped Edwin would like.

I still wasn't sure if it was enough, and I hadn't done a presentation since I was at school, so that was another hurdle I'd have to overcome.

Cecil was busy this week, but D-Day was next Friday, so hopefully he'd have time to do a practice run-through with me the day before.

All I had to do was hold it together for eleven more days and I'd be good.

I glanced at my watch. It was quarter past six. Theo

and I were due to meet at six thirty for one final rehearsal before the talent show started at eight.

My stomach churned again. I was too nervous to eat anything, but I should at least get a cup of hot water and lemon or something to help my voice.

Just as I was about to leave my room, I heard footsteps and then the key go in Theo's door. He was back. My heart fluttered and my pulse raced.

I ordered both to calm down. Instead of going down to the kitchen, I went to the bathroom and quickly brushed my teeth. *Again.* Not because I was expecting anything to happen between us. It was just, y'know, out of courtesy, because I'd be singing close to him. That was the only reason.

As I wiped my mouth, I heard Theo's door close. I'd been at the B&B all day and yet he was still going to get to the living room before the agreed six thirty meet time. He was always early.

I quickly headed down after him and when I walked into the living room, he was setting up his keyboard.

'Hi,' I said softly.

'Hi.' As Theo looked up and our eyes locked, my stomach flip-flopped like a happy dolphin. Why did he have to look even more handsome than normal tonight of all nights? 'How was your day?'

'Good, thanks. Yours?'

'Okay. I had meetings in town, but it was fine.'

We stood there. In silence. Still staring at each other.

Electricity crackled between us.

I wanted Theo to step forward, pull me into him and kiss me until I gasped for air. But instead I took a deep breath and told myself to focus.

'Shall we, er…' I stuttered.

'Yes. Let's get started.' He dropped his gaze to the keyboard.

The first run-through of the song was awkward. The second was slightly better, then by the third we'd loosened up a bit.

'What do you think? Next stop, *Britain's Got Talent*?' I smiled.

'Definitely. After that, world domination!' He laughed and my belly did that annoying flip-flopping thing again.

'Whoa. We're getting ahead of ourselves. We can talk about world domination after our European tour.' I grinned. 'Baby steps.'

'Good plan. Out of interest, what happened to the freestyle dance thing at the end that you did the first time?'

'Ah.' I waved my hand. 'I don't know. It's a bit silly. Don't want to make a fool of myself. It's already nerve-wracking enough singing in front of the whole community.'

'You've got a fantastic voice, seriously, Jessica.' Theo stood up and stepped in front of me, our bodies now just inches apart. 'They're lucky they're going to get a chance to hear it.'

Our eyes locked again.

'Thanks,' I said, maintaining eye contact.

Theo reached up and brushed away a curl that had fallen onto my cheek. I swallowed hard, trying not to let the heat radiating from his hand affect me.

No surprise that it didn't work. My blood was on fire and my skin felt like it was hot enough to fry a full English breakfast.

My face inched forward. So did Theo's.

I should pull back. I really should. But it was like there was a magnetic force pulling me towards him. My mouth was on a mission. Its only objective was to connect with Theo's lips and it wasn't going to stop until it'd succeeded.

Just as my head inched forward again, Theo's snapped back.

'We should get ready.' He turned on his heel. 'Show's going to start in forty-five minutes. We don't want to be late.'

'Yeah.' My stomach crashed through the floor. 'Shall I meet you down here in half an hour?'

'Actually, maybe it's best if I meet you at the pub. I need to take the keyboard over and…'

'Okay,' I said, trying to suppress my disappointment. 'See you there.'

I didn't know what had happened between the talent show we'd watched a week ago and the one tonight, but the Sunshine Bay community had upped their game. Massively.

If you'd asked me a few days ago how I rated our chances of winning this competition, I would've said pretty good. But now, it was clear that it wasn't going to be a slam dunk.

A young woman I hadn't seen around town before had recited a beautiful poem which had everyone cheering. Elena, the local florist, had done some pretty impressive hula-hooping, and Lydia, who we'd met on the trip to Dreamland, had done some tricks with her cute little poodle on stage.

'The competition is fierce tonight,' Theo whispered in my ear, his warm breath causing goosebumps to erupt across my skin. 'We're going to have to up our game if we want to win this. I'll be back in ten minutes.'

'Where are you go—?' Before I'd finished my sentence, Theo was already out the door.

We were due on in less than twenty minutes. I was already nervous without having to worry whether or not he'd be back on time.

But then I remembered. Theo was always early. And he'd said he wanted to win, so it was fine. He'd be here.

Ten minutes later, just like he'd promised, Theo breezed back in and when I saw what he was wearing, my jaw dropped.

He was dressed in the same tux he'd had that night Edwin had invited us to Candace's fish and chips restaurant.

Theo had looked great then, but tonight he was so hot he could melt iron.

Seconds later, Barbara the landlady ushered us to the corner of the stage so we were ready to go on.

My heart thundered against my ribcage as the realisation hit me that we were about to perform in front of a packed pub.

There were more people here than last week too, which didn't help my nerves.

'What's with the tux?' I said, trying to distract myself.

'You'll see.' Theo smirked. 'How are you feeling?'

'Terrified.'

'You'll be fine.' Theo took my hand in his and gave it a little squeeze.

My head bolted up and my eyes widened. The sensation of his hand sent a jolt of electricity racing through me. But as my gaze connected with his and I saw the genuine softness in his eyes, I felt better. Stronger. Like he had my back. Just like on that roller coaster.

'Ladies and gentlemen,' Barbara announced, 'it's my pleasure to introduce to you our final act. Please put your hands together for Sunshine Bay's newest residents: Jessica Johnson and Theo Eaves!'

As the whole pub clapped, still holding my hand, Theo led me to the stage. It was only when he went to sit in front of his keyboard that he let go. But it was enough. Feeling his palm wrapped in mine gave me the shot of adrenaline I needed to start.

'Ready?' He looked up at me.

'Yep.'

Theo played the first notes, and after taking a deep breath, I started singing a slowed-down, gentle version of Taylor Swift's 'Shake It Off'.

When the audience realised what the song was, they cheered loudly.

Yes! This was a great start.

At the end of the chorus, Theo paused, just like we'd planned. But what he did next definitely wasn't in the script.

Theo reached for his bow tie and tugged it off, followed by his tux jacket, which he threw into the crowd of women who'd gathered in front of the stage. They all screamed and clambered for it like they were groupies at a Harry Styles concert.

Next he rolled up his sleeves, unbuttoned the top three buttons of his shirt and turned to face me.

Wow. That was hot.

'Let's go!' he shouted before kicking away his stool, standing behind the keyboard and resuming the song.

After I'd composed myself, I started singing along, this time at the faster pace, just like the original version.

Theo played the keyboard more dramatically this time, rocking his head to the beat and swinging his hips, and the same group of women, which I now noticed included Janine, went wild.

As the song got closer to the end, Theo gave Barbara a nod, and seconds later, the backing track sounded around the pub. Theo came out from the keyboard, took my hand and started dancing.

'Time to freestyle!' He smiled at me.

'Oh!' My eyes widened. When I'd tried to get him up on his feet with me during our first rehearsal, Theo had said he wasn't much of a dancer. But from the way he was flicking his hips, I knew that wasn't true.

Theo spun me around the stage and I giggled like a schoolgirl. We both shimmied and shook our arses around, dancing and laughing together like no one was watching.

'Now to seal the deal,' he said just loud enough that I could hear. He went to the front of the stage, held out his hand and helped Nancy, the Dreamland trip organiser, onto the stage. Then he got Glenda up too, twirling them around just like he'd done with me.

The smiles on their faces were bigger than a jumbo jet, and as I looked out to the crowd and saw everyone on their feet dancing along, my heart bloomed. They were enjoying our performance. And most importantly, they were enjoying themselves.

When the song came to an end, Barbara returned to the stage.

'Wow! What a performance! That was so much fun! Ladies and gents, give it up for Jessica and Theo!'

The cheers and applause were deafening, but in the best way. Theo looked at me, a wide grin spread across his face and he took my hand again. This time, he held it up in the air triumphantly, then we both took a bow.

'Thank you!' we said in unison.

'Results will be announced in half an hour!' Barbara said just before we headed off the stage.

Theo was still holding my hand as he led me out the pub door, then we ran across the road to the beach laughing, still high on adrenaline.

'That was brilliant!' I said when we eventually stopped.

The gentle sea breeze tickled my face. Moonlight and the lamps dotting the street behind us dimly lit the beach.

'It was!'

'And that whole bow-tie-ripping, jacket-throwing, stool-kicking thing was very hot!' The words slipped out before I could stop it.

'You thought it was hot, eh?' Theo wrapped his arms around my waist.

'I did.' I locked my eyes on his. My heart was beating at a hundred miles an hour. The heat from Theo's arms was electrifying. 'And I thought you said you couldn't dance?'

'It's not my forte, but I get by.' He shrugged his shoulders like it was no big deal. 'I liked when you did your freestyle dance back at the B&B. I saw how happy it made you, and I wanted to make you smile.'

'Mission accomplished,' I said.

'Good. And you were incredible. You *are* incredible.'

'Thanks. You're pretty cool yourself.'

'Fuck.' He squeezed his eyes shut as his face inched forward. 'Jessica, I want to kiss you. Tell me you don't want it. *Please*. Tell me it's a mistake.'

'I could tell you that I don't want it. That I want you to walk away. I could say that I hate you and don't want you to kiss me. But I'd be lying. Because right now, there's nothing I want more.'

Without saying another word, Theo crushed his lips onto mine. I stumbled on the sand, but Theo caught me so I still managed to stay upright as our hands roamed everywhere and our mouths moved hungrily against each other's.

I parted my lips and Theo wasted no time sliding his tongue inside.

Every time it flicked against mine, my pulse rocketed and a zing of excitement shot down my spine.

'Oh God,' I groaned into his mouth as my knees buckled. Theo was kissing me like he'd been struggling to breathe underwater and I was air. The kiss was passionate, wild and nothing short of amazing.

There was a chance that anyone walking by or standing outside the pub might see us, but right now I didn't care. Even if a TV crew rocked up, shoved a camera in our faces and threatened to broadcast live to the world, I'd still carry on. I didn't want anything to interrupt this kiss.

My hands tugged at Theo's hair, then moved down to his back before gripping his arse. I pushed him into me and felt his hard-on press against my belly. Before I'd even realised what I was doing, I lifted my leg and hooked it around him. My knickers were soaked through. I wanted him so badly.

'Fuck,' he growled, and the sound sent a fresh wave of

tingles down my spine. 'I want you, but not here. Not now.' Theo pulled away slowly. 'If I'm going to fuck you, Jessica, I'm going to do it properly.'

'Let's go back to the B&B.'

'The results will be announced soon.' He looked at his watch. 'We'd better go back inside.'

'Shit, you're right.' I'd completely forgotten about the show. That kiss was so hot it melted all my brain cells. 'Um, maybe you should go first. I'll be in soon.'

'Okay.'

'Wait.' I reached into my bag and handed him a tissue. 'Might be a good idea to wipe my lipstick off your mouth first, though.'

'Thanks.' He swiped it over his face. 'See you inside.'

Once Theo had gone in, I slipped inside and headed straight to the toilets to try to make myself look like I hadn't just had the hottest kiss of my life.

My hair was dishevelled from where Theo had been touching it, my top was twisted and I had lipstick smeared over my mouth, cheeks and neck from where Theo had kissed me.

As I relived the kiss, butterflies erupted within me.

'There you are!' Barbara poked her head around the toilet door. 'Come on. We're about to announce the results!'

I followed her back into the main area, then slid into the seat next to Theo, my heart still racing.

'You okay?' He looked at me.

'Yeah. All good.' I smiled at him. I should regret what we just did. I should be feeling terrible. But as my eyes dropped to his lips. All I could think about was how soon I'd be able to kiss him again.

'And the winners of tonight's talent show,' said Barbara, appearing on the stage, 'are… Jessica and Theo!'

'Yes!' we both shouted as we jumped to our feet. Theo picked me up in the air and I swear he was about to kiss me but must've remembered that we were surrounded by the entire town and swerved his head away.

After putting me down, he took my hand and led me to the stage.

'Congratulations!' Barbara presented us with a bottle of bubbly and then gave us both a big hug.

'Thank you so much!' I said into the mic.

'We really appreciate it!' Theo said before we both left the stage. 'We did it!' he said, still beaming.

'Well done!' Edwin approached us. 'That was quite the performance. You two make a great team. Enjoy your celebrations!'

'Thank you,' Theo and I replied together.

My heart bloomed.

'That was really fun,' I said.

'Never thought I'd say I enjoyed taking part in a small-town talent show, but you're right. I had a great time. We should celebrate.'

'Yeah. The question is: would you like to celebrate here, or take our celebrations somewhere more private?'

Theo's eyes darkened and I knew I didn't need to spell it out. He got the message loud and clear.

'I think this pub has seen enough of us for tonight.' He waved to Barbara and a few of the others as we stepped through the doors. 'So we should definitely go somewhere more private. So the real question now is: would you like me to fuck you in your bed or mine?'

25

THEO

As Jessica fumbled in her bag for her room key, I peppered kisses across her neck. I couldn't wait to get her inside.

That kiss on the beach was off the charts. I'd wanted to kiss her since the second she'd walked into the living room earlier this evening when I was setting up for the rehearsal.

Actually, that was a lie. I'd wanted to kiss her ever since we'd first met and she'd got mad about me stealing her parking space. I liked that she was feisty and didn't take shit from anyone. So different to the women I normally met, who just said what they thought I wanted to hear.

Seeing Jessica perform tonight, singing like an angel, was the biggest aphrodisiac. She was so talented, and when the crowd cheered for her, my heart swelled so much I thought it was going to burst.

It wasn't just my heart that had expanded. Whenever I was close to her it was a battle to keep my cock under control.

That was why after we'd finished our performance, I knew that if she felt the same way as I did, I wanted to kiss her.

In fact, *want* wasn't a strong enough word. At that stage, it was *need*. It was like I was about to take my last breath and the only way to survive would be to feel Jessica's lips on mine.

I knew it was a bad idea. I knew I shouldn't want her. I knew that I shouldn't need her, but I couldn't fight it anymore.

Knowing how attracted I'd been to her, it was a miracle I'd lasted this long.

But of course I needed to be sure she wanted this too. If she'd had any doubts, as hard as it would've been, I would've walked away, no questions asked.

Part of me wanted her to say no. To have more willpower than I did so we could both do the right thing and go our separate ways.

I'd begged her to reject me, but she hadn't, and although I shouldn't be, I was glad she felt the same way.

'Finally!' Jessica pulled the key out of her bag. 'Oh God,' she moaned. 'Don't stop doing that.'

The second she opened the door, we stumbled into the room. As soon as I placed the bottle of champagne on the floor, my hands roamed down her back, then grabbed hold of her beautiful arse, which I'd admired every time I'd watched her walk out of a room.

Without even glancing backwards, I kicked the room door shut, then pressed my mouth onto Jessica's lips.

'You sure you want to do this?' I pulled away, instantly missing the taste of her.

'Yeah,' she panted, tugging at my belt buckle. 'One thousand per cent.'

'Technically that's not possible'—I lifted up the bottom of her dress—'but I've got more important things to focus on right now, so we'll debate that another time.'

'Good. Because we don't have much time before Glenda comes back. So we need to be quick.'

Ordinarily, I would protest, but Jessica wasn't even naked yet and I wanted to come, so there was no way I'd last as long as I normally would.

Jessica yanked down my zip and undid my button, sending my trousers to the floor. Next she started undoing my shirt. I was tempted to help her out by pulling it over my head, but from the way she was biting her lip, I could tell she was enjoying the act of undressing me.

'Much better,' she said once my shirt was on the floor in a heap beside my trousers. 'Now for the final piece of clothing.' She tugged down my boxer shorts and my cock sprang free. 'Whoa. You are a *very* big boy.' Her eyes widened.

'*Boy?*' I raised my eyebrow as I scooped her up in my arms, then laid her down on the bed. 'There's nothing boyish about me, sweetheart. You're about to discover that I'm all man.'

After straddling her, I leant forward, hovering my head just above her pussy, dragged her knickers down with my teeth, then tossed them over my shoulder. Her breath hitched and her hips jerked upwards.

'So fucking beautiful,' I said, taking in the sight of her spread open and ready for me.

I swiped a finger between her legs, then dipped two fingers inside her.

'Oh God,' she cried out.

'You're so wet.' That was an understatement. She was dripping and I hadn't even done anything to her yet. 'I love it.'

After removing my fingers, I slid them into my mouth and licked them clean. God, she tasted even better than I'd imagined. I couldn't wait to taste her properly, but that would have to wait.

I lifted her dress over her head, then unfastened her bra.

'Jesus Christ, Jessica.' I cupped her breasts. 'You have the most perfect breasts I've ever seen.' I took her nipple in my mouth and sucked hard.

A moan flew from her lips, which only made me want her more.

As I turned my attention to her other nipple, I rubbed my cock against her clit. I was aching to be inside her and I knew she was ready for me, but I wanted to take my time.

Right now, I didn't care if Glenda came back and heard us. I didn't care if the whole of Sunshine Bay knew that we were fucking. I had one mission right now: to give Jessica the best sex of her life. And nothing was going to stop me.

'Fuck me, please,' Jessica pleaded. 'I need you inside me. Now.'

'I want to taste you.'

'I can't believe I'm saying this,' she panted, 'but can we skip the foreplay? I'm already so wet for you. I just… I need to feel you.'

'If that's what you want.'

I reached down to my trousers, pulled a condom out of my wallet and rolled it on quickly.

'And before you ask, yes. Now I'm two thousand per cent sure I want you,' Jessica panted.

A soft smile touched my lips as I lined my cock up at her entrance, then thrust inside her.

As I filled her up, we both moaned loudly.

'You okay?' I checked in.

'God, yeah. *More.*' She dug her nails into my arse.

I plunged into her deeper, thrusting harder. This felt so fucking good that if I died right now, I'd go a happy man.

The faster we rocked on the bed, the louder it creaked.

'This bed isn't made for sex,' she said breathlessly.

'Don't care,' I said, lifting her legs over my shoulders so I could go deeper.

Just as I was driving into her again, a loud banging noise sounded from underneath us. Seemed like someone in the room below was banging their ceiling with something like a broom.

'Shit,' Jessica said. 'I didn't realise there was someone staying there tonight. I'm so close. I don't want to stop.'

'I don't care if we wake up the whole town,' I growled. 'I'm not stopping.' I thrust into her harder. 'I'm going to keep fucking you until you see stars and I won't stop a second sooner.'

This bed, however, sounded like it was seconds away from falling through the ceiling, which was a bigger issue.

I turned towards the balcony doors, then had an idea.

'I'm going to pull out in a second.'

'What?'

'Don't worry. We're not done yet. I'm just worried about this bed. Let's do it on that rocking chair. Okay?'

'Oh, okay.'

'How do you feel about doing something a little more risqué?' I asked.

'Like what?'

'Yes or no?'

'Yes.' She smiled, her eyes filled with mischief.

I pulled out, jumped up, went to the balcony doors, pulled the curtains back, slid the doors wide open, then put the rocking chair right in front of it.

'Come here.' I sat on the chair, then patted my lap. 'Turn your back to me, then sit on my cock.'

Jessica grinned, then lowered herself onto me, groaning as I gripped her hips and filled her up again.

'Sex with a sea view,' I said as we rocked in the chair. Releasing one of my hands, I started rubbing my thumb against her clit.

'Oh fuck,' she panted. 'That feels… ohhh. Don't stop. Please.'

As she rode my cock, the rocking chair tipping forward and backwards in time to our thrusts, I dialled up the rhythm and started circling her sensitive nub.

Jessica's head tipped backwards, her nails digging into my thighs.

I felt her clenching around me and knew she was close.

'That's it, Jessica,' I growled into her ear. 'Let yourself go. Come for me.'

26

JESS

I couldn't believe that I was sat in a rocking chair on Theo's cock, being fucked in front of a balcony with the doors wide open and sea views right in front of me.

This was what fantasies were made of.

Feeling the air against my nipples heightened my pleasure. And Theo was circling my clit like he was a world-famous sex master giving a demo on how to make a woman orgasm like a pro.

It felt so incredible I didn't want it to end. Earlier, when we'd arrived, I'd said we needed to be quick because I was worried about Glenda coming back and hearing us. But now I didn't give a shit.

The wave was building at lightning speed and I wanted to slow it down so I could enjoy Theo for longer, but I knew I couldn't. It started in my toes and the tingling sensation ripped through my body like wildfire.

'More,' I panted. 'Harder.'

I rocked faster as Theo continued circling my clit, then

threw my head back as my orgasm hit me like a freight train.

'Oh *Goddddd*,' I cried out.

Theo continued thrusting, one hand still gripping my hip whilst the other hand, which was responsible for giving me the best orgasm I'd ever had, slid up and cupped my breast.

As Theo squeezed my nipple, he gave one long thrust, then groaned as he came inside me.

His body stilled and his chest heaved, his heart racing against my back. I turned to the side, then slumped onto his chest. That orgasm had zapped every last drop of my energy.

Theo wrapped his arms around me, our skin pressed together. We were sweaty, but I didn't care. I inhaled his woody scent. He still smelt so good.

'That was… great.'

I was downplaying it. That was incredible.

The way Theo had hinted at his prowess in the bedroom during those emails on the coach and again when we were stuck in the basement, part of me always wondered if he was just being arrogant. But now I'd just experienced the sexual brilliance of Theo Eaves, I was very pleased to report that he lived up to the hype. The man had *skills*.

'Yeah,' he said, giving nothing away. For all I knew, that was just standard, run-of-the-mill shagging for him. But for me it was out of this world.

A gust of icy wind hit me, causing me to shiver.

'Are you cold?' Theo planted a soft kiss on the back of my neck.

'A bit, but I don't mind sitting here for a bit longer to cool down.'

'Okay.' He stroked my side. 'So, maybe we should...'

Just as Theo was about to finish his sentence, there was a loud knock at the door.

We both froze.

'So sorry.' I recognised Glenda's voice. 'I don't mean to be a party pooper, but we've had a few complaints about the er... noise. Would you mind keeping it down a tad?'

I quickly slid off Theo's lap and immediately missed the sensation of him inside me.

'Sorry.' I rushed over to speak through the door. 'I'll turn the TV down.'

'Right...' Glenda paused. 'Thanks.'

I heard her footsteps disappear down the hallway, then breathed a sigh of relief.

'TV?' Theo arched an eyebrow, then stood up and closed the balcony doors. As I took in the sight of his magnificent naked body, tingles raced down my spine. The man was built like a god. 'Somehow I don't think Glenda's going to believe those sounds were coming from the television.'

'They could've!' I said, convincing no one, especially not myself. 'Those cries could've been a woman being chased or murdered. Or I could've been watching a hard-core porno for all she knows!'

'I think a porno would be more realistic, but most people staying in hotel accommodation keep the sound low rather than at full blast.' Theo rolled off the condom and headed to the bathroom.

'Sounds like you're talking from experience.' I smiled as he walked past.

'I prefer the real thing.' He wrapped the condom in a tissue, threw it in the bin, cleaned himself up, then washed his hands. 'I don't know why you felt the need to explain yourself anyway. What we choose to do is our business.'

'Because'—I wrapped my dressing gown around me, feeling self-conscious—'she's basically Edwin's spy and us doing… this…' I gestured between us. 'It's… unprofessional.'

'I see your point.' He reached for his boxer shorts and trousers, then slid them on. 'Maybe I should go.'

'Yeah.' I nodded.

Once Theo was dressed, he walked to the door.

'Well, thanks for um, a lovely evening.'

'Same,' I said.

God, this was so awkward. Fifteen minutes ago, he had his cock inside me and was fucking me senseless, now he was standing by the door thanking me for a lovely evening like we'd just been to the opera.

As Theo left, I wondered how I was going to face him tomorrow.

And Glenda.

27

THEO

I'd slept like a baby. Even with all the lumps in this awful mattress, as soon as my head hit the pillow, I'd knocked out.

You didn't need to be a genius to work out why that was. Fucking Jessica was even better than what I'd imagined.

The feel of her soft skin, her beautiful breasts and God, that pussy. I could've stayed buried inside her for days.

If Glenda hadn't knocked on the door to complain about the noise and Jessica was willing, I would've loved to have gone a few more rounds. There was so much more I wanted to do with her but hadn't got the chance. And something told me I never would.

In the heat of the moment, I knew Jessica was all in. She'd enjoyed it as much as I did. It wasn't just great sex. It was incredible. But hearing Glenda's voice behind the door was a reality check. Jessica was right. It wasn't professional.

Edwin might be into the whole community spirit,

sharing and caring stuff, but I didn't think that extended to exchanging bodily fluids.

And if my father got wind of this, he'd be furious. Fucking *over* an enemy was perfectly acceptable. In fact, if it meant getting ahead, he'd encourage it. But actually fucking them was a definite no-no. Especially when he still had his sights set on me settling down with Penelope.

It was clear. As much as I enjoyed last night and would love to have sex with Jessica on repeat, it couldn't happen again.

Funny that I even had to think about not sleeping with the same woman more than once. Normally one time was plenty.

But Jessica wasn't like other women. She was different.

She was smart. Opinionated. Funny. And so damn sexy.

A flashback to how she tightened around my cock as she came and the sound of her cries of pleasure flooded my brain and sent a jolt of desire straight to my dick.

Shit.

It didn't matter how amazing last night was, I still couldn't go there.

I jumped out of bed and put on my vest and tracksuit bottoms. A run was exactly what I needed to run off the sexual frustration.

Once I'd been for my run and showered, I got ready to go out for breakfast. I hadn't eaten here at the B&B for days because I'd tried to avoid Jessica and this morning I had even more reason not to see her more often than was necessary.

Before, I was trying to push the fantasies of being

with Jessica out of my mind. But now I knew exactly how it felt to have her, it'd be even harder to keep my cool.

And of course there was Glenda. There was no way she wasn't going to make some sort of suggestive comment.

It was settled. I'd head to the bakery cafe and grab a coffee and some crumpets.

Just as I was about to leave, my phone rang.

When I saw who was calling, my chest tightened.

'Father.' I plonked myself down on the bed. Whatever he had to say wasn't going to be good.

'Where's the proposal? You still haven't sent it to me.'

'Is it really necessary?'

'If I tell you I want to see the proposal, then you send it to me.'

'Fuck's sake,' I muttered under my breath, grinding my jaw.

'What did you say?'

'Nothing,' I sighed. 'You'll have it by tomorrow.'

'Make sure it's in my inbox by tonight.'

I hung up and punched the mattress. I was so sick of his bullshit.

Trust him to ruin my good mood. I just wanted to forget about this pitch for an hour before I started my day. Was that too much to ask?

My gaze fell on the bag of books I'd bought yesterday. I hadn't given them to Jessica. For a second I wondered whether it was a good idea and then I dismissed it. It absolutely was the right thing to do.

I wanted Jessica to find her joy for reading again. And I couldn't let our one-night stand get in the way of that.

Maybe I'd leave them outside her door with a note. I'd work out what to do later.

For now, though, I needed to escape reality. And thanks to Jessica, I knew exactly how to do that.

I reached into the bag and pulled out the thriller I'd started reading on the train.

Time for breakfast and to lose myself in a book.

28

JESS

After checking the coast was clear, I slipped out of the B&B. I already knew Theo had left. I'd heard him go for his run and then out for breakfast, so it was Glenda I was avoiding.

It was crazy. I was a grown woman, yet I felt like I was a teenager who'd got caught sneaking a boy into my parents' house when I should've been at school.

But if I wanted to stand the best chance of winning this pitch, I had to toe the line. It'd only be for ten more days. After that, I'd either be going back to my shitty bedsit, or… I was too nervous to think about it.

This was the first time since I'd arrived that I was having breakfast outside. As I wandered down the high street, I wondered where Theo had gone. I'd put money on him going to Carl's cafe a few streets away. Although from what I'd seen from the window, Carl mainly did fry-ups, Theo would probably persuade the staff to make something healthy just for him.

Healthy was definitely not what I wanted today. I wanted something naughty. Just like I did last night.

Having a one-night stand was so out of character for me. I hadn't done that since I was nineteen and fell for a handsome Greek guy who was visiting London on holiday. He'd promised me the world and, surprise, surprise, the next morning he was gone and I never heard from him again. I'd vowed never to do that again, but how could I not with Theo?

My thighs still hurt from where he'd stretched me open, and I'd have loved nothing more than to feel him inside me again. But I wasn't nineteen anymore. I couldn't afford to make mistakes. This was serious. I really, really had to focus. There could be no more sex with Theo. No more fantasising about Theo. From now until the presentation, my mind was a man-free zone.

I stopped outside the bakery. It was heaving. The queue was so long I could barely see the main counter, never mind whether there were any seats available. But I needed something sweet and satisfying. If I couldn't have any more sexy time with Theo, chocolate or cake, preferably both, was an acceptable substitute.

I pushed the door open and joined the queue. As the two people at the front stepped aside, clutching a tray of delicious-looking pastries, I caught sight of the display and my mouth watered.

There were cream cakes, colourful iced fingers, Chelsea buns, all of my favourites. I had no idea how I was going to choose.

Just as I scanned the restaurant to see where I could sit, I gasped. Sat towards the back was Theo. Shit. I had no idea he'd be here. And when I saw what he was holding, my jaw dropped. He was reading a book. Wow.

I studied his face—he looked engrossed. As he turned the page, I contemplated whether I could leave before he spotted me, but those cakes were calling my name. Once I'd ordered, I could find somewhere else to sit. The way his eyes were fixated on the novel, he wouldn't even notice.

But just as I shuffled forward in the queue, he lifted his gaze from the page and our eyes connected.

At first his brows shot up in surprise. Then the corner of his mouth turned up into a smile and my stomach flipped.

Theo waved, then he pointed to the empty seat at his table. Looked like I wouldn't be avoiding him after all.

Once I'd been served, I headed over and pulled out the empty chair.

'Good morning,' he said.

'Morning.' I smiled. 'How did you sleep?'

'Like a baby. You?'

'Same,' I said, biting into my chocolate muffin. As I took the first mouthful, I groaned with happiness. 'Have you eaten breakfast already?' I looked down at his empty coffee mug on the table.

'No. Just waiting for it to come.'

Right on cue, a waitress came over. At a guess, I'd say she was in her late twenties or early thirties. She had olive skin and dark hair which had been tied away from her face. Underneath her apron she was wearing a blue T-shirt and jeans.

'Two hot crumpets as requested!' She winked at Theo as she put down the plate.

'Thanks.' He smiled.

'We haven't met before, I'm Maddie.' She turned to me.

'Nice to meet you, Maddie, I'm Jessica.'

'Oh, I know who you are! You two are the talk of the town!' She grinned.

Shit. Don't tell me word had spread about me and Theo's sexscapades already? Just how fast was this town's grapevine?

Theo swallowed hard. He must be thinking the same.

'Really?' He regained his composure. 'Why's that?'

'Your performance last night was incredible!'

OMG. Kill me now. I must've screamed louder than I thought when I orgasmed. It was true, though, Theo had put on an incredible performance.

'Thanks. Jessica did most of the work.' His mouth turned up into a cheeky smile. 'I mainly just sat there and used my hands.'

'But you were *excellent* with your hands. You played my… that instrument like a maestro,' I added, relieved that I'd quickly said *instrument* instead of my *clit*.

'But, Jessica, your voice was brilliant!' Maddie said enthusiastically.

'Ohhhh, thanks.' I smiled as I realised that of course she was talking about the talent show, not the private one Theo and I enjoyed afterwards.

'Everyone's so happy that you two won—you deserved it. Best double act we've had in ages! Anyway, I'd better get back. Enjoy your breakfast.'

Once Maddie was out of sight, we both burst out laughing.

'Did you think she was talking about…?' Theo asked.

'Yep.' I slapped my forehead.

'I did too at first, but then I thought it would be fun to go along with it!'

When Theo spoke about him just sitting there whilst I did most of the work and he used his hands, Maddie thought he was talking about sitting at the keyboard whilst I sung. Not that he meant I sat on his lap and rode his cock on a rocking chair whilst he squeezed my nipples and stroked my clit.

'Funny! Let's hope that's the only performance the town hears about from us.' As my laugh faded, Theo's eyes met mine. The heat from his gaze sent shivers racing through me. I needed to change the subject. 'Crumpets, eh?' I looked down at his plate. 'Didn't have you down as a crumpet lover.'

'On the contrary,' he said, licking his lips, 'I love a nice bit of crumpet…'

'You did *not* just make a joke about crumpets!' I laughed.

'Who said it was a joke? I love crumpets. I'd have crumpets in the morning, crumpets in the evening. I'd feast on crumpets all day long if I had the chance.' His lips twitched.

'Are we talking about the crumpets on your plate, as in the savoury yeasty thing you eat with butter, or are you talking about the *other* meaning?'

'Other meaning?' Theo raised an eyebrow playfully. 'I think you're going to have to explain yourself.'

'*Please.*' I rolled my eyes. 'Are you telling me that your private school education didn't teach you that crumpet also means an attractive woman?'

'I think you'll find that nowadays it can be used for

both women and men.' He smirked. 'As for which meaning I was referring to, I'll leave that for you to decide.'

My guess was that he wasn't talking about the crumpets on his plate. And even though the word wasn't my favourite, I'd be happy for Theo to feast on me all day long.

No, no, no.

Focus.

'I see you're reading.' I flicked my gaze away to the book resting on the table.

'Listening to you talk about books inspired me to try again.'

'Really?'

'Yes.'

Hearing that made my heart sing. Although I was still waiting to get my reading mojo back, I was glad that he'd picked up a book because of me.

'So? How is it? Are you enjoying it?'

'I *love* it. I read it on the train from London back here yesterday and I had a bit of a stressful start to the morning, but as soon as I started reading, I got lost in the story and forgot about everything else.'

'Sorry to hear you had a stressful start.' I frowned. 'What happened?'

'Just work stuff.' He waved his hand dismissively.

'Oh. Well, it's amazing that reading helped you escape your problems. Mrs Davis said something like that when we first came here. She said books are like a holiday for the mind and that they allow you to travel and experience a million different adventures without leaving home. I'll always remember those words.'

It was true. I used to love how books allowed me to escape the monotony of my life and forget about the misery in the world.

When I opened a book, I was able to live through those characters. Lose myself in an epic love story. To walk in someone else's shoes and experience things or visit places I might never get to in real life.

'Sounds like she was a wise woman.'

'Yeah. Obviously I didn't know her very long, but she seemed to be. That's why securing this space for the library is so important...' My voice trailed off and Theo winced. I understood why. Me winning this meant Theo losing and vice versa.

'I understand. But I'm also under a lot of pressure to secure Seaview High. My father has made it very clear that failure isn't an option,' he said firmly.

We both fell silent. I took the last bite of my muffin. This was awkward and I didn't know what to say.

Failure wasn't an option for Theo, and it wasn't for me either. The whole situation was so messed up.

'So, about last night...' I lowered my voice and scanned the tables around us. A couple on the table a few feet away seemed to be very interested in our conversation.

'Maybe we should take a walk and talk. Away from prying ears and eyes,' Theo said.

'Good idea.'

Once he'd wiped his hands on a serviette, he reached into his wallet and dropped a twenty-pound note beside the plate. I doubted his crumpets and coffee cost much more than a fiver.

'You're leaving that as a tip?' I asked. Theo nodded. 'Isn't that a lot?'

'Maybe.' He shrugged. 'When I was at uni, I had a friend who had to work in restaurants and saw how he struggled because the pay was really low. So after that I always vowed to tip well. I never do it on the card, though. I always give cash to make sure it gets to them directly and doesn't just line the pockets of their bosses.'

Wow. I thought he always tipped a lot because he was being flashy, but I should've known. Theo was a good guy.

'Oh,' I said as we both got up, waved to Maddie, then left. 'That's really kind. I wish the customers I served whenever I worked in bars and hospitality were that generous.'

Theo shrugged like it was no big deal, then paused at the kerb.

'Shall we walk on the beach?'

'Okay.' I followed him across the road, then took a deep breath. 'So, as I was about to say at the bakery, given how critical the presentation is, for both of us, maybe it's better if we keep our distance. To make things easier.'

'That would definitely be the sensible thing to do. Last night we were both high on the adrenaline of winning and got caught up in the heat of the moment, but I agree, we should both focus. I've already got my father breathing down my neck. I can't disappoint him.'

'He sounds like a taskmaster,' I said.

'That's an understatement,' he sighed.

'Why does he want the land so badly?' I asked, thinking that I didn't really know why it was so important to get this particular place.

'The truth? It's a good investment. He's wanted to develop something in this town for years and has been waiting for something to come up. And if I don't get this place, I can kiss goodbye to the CEO position I've been working towards for my whole life.'

Oh.

My stomach twisted.

'So if you don't get this, you won't get promoted?'

'Correct. Since birth, he's been preparing me to take over the business. Everything I've ever done at school, college, university and business school has all been for this moment. He wants to retire soon, and this is the deal I need to secure to prove that I'm worthy of stepping into his shoes.' Theo blew out a breath.

'Sounds like a lot of pressure.'

'Tell me about it.'

A pain shot through my heart. I hadn't realised there was so much at stake for Theo. I'd just assumed this was another money-spinning deal to make him richer than he already was.

But now his whole world would come crashing down around him if he failed. He was a good man, and I hated the idea of something bad happening to him.

Did he need this deal more than me? Was he more deserving? I couldn't decide. It was so difficult.

I wished there was a way that we could both win. That would be fair. But as I'd learned the hard way, life wasn't fair.

I'd made a commitment to do my best to honour Mrs Davis's wishes, and I had to stick to that.

Lucky for me, I wasn't the one who had to make the decision, which was down to Edwin. Rather him than me.

'I'm sorry,' I said, not knowing what else to say.

'Don't be. Anyway, seeing as this is the last time we'll see each other properly before the presentation, I want to give you something. Can you come to my room?'

'Theodore Eaves!' I mock gasped. 'I thought we'd just agreed to keep our distance!'

'No!' He laughed. 'Get your mind out the gutter, woman! Actually, maybe it's better that I do it here.'

'On the beach! In broad daylight?' I gasped again.

'You have a very dirty mind, young lady! I was referring to what I need to give you, which, to clarify, has nothing to do with my cock.' His eyes darkened.

What. A. Shame.

'I know.' I smiled. 'I'm just teasing. I mean, pulling your leg. Aaargghh!' I sighed, realising that those descriptions both had sexual connotations. 'I'm joking. That's what I was trying to say.'

'Wait here. I'll be back in a minute.'

About ten minutes later, Theo returned and found me sitting on a bench overlooking the beach. He was holding a bag behind his back.

'What you got there?' I said.

'Close your eyes and open your hands.'

'Okay.' I did as he'd asked, my heart racing with excitement as I thought about what it could be.

'I got you something.' Theo placed the heavy bag on top of my palms. 'You can open your eyes now.'

I glanced down at the bag and my jaw dropped. I recognised the shop name immediately. It was a bookstore that I used to visit all the time.

When I saw what was inside, I nearly fell off the bench.

'Oh my God! These are for me?' My eyes widened. 'These are, like, my favourite authors!' I started taking the books out, swooning at the gorgeous colourful covers.

The temptation to start sniffing them was strong because I loved the smell of a new book, but I didn't want Theo to think I was weird. I'd definitely be doing that later, though. In private.

'Glad you like them.' Theo smiled. 'There's a special one at the bottom too.'

I was still trying to take in the fact that he'd bought all these books for me and the fact that his choices were spot on when I reached the last book in the bag.

I blinked once, then blinked again.

'No way!' I slid the book out, then held it in my hand.

This was unreal.

I went to open my mouth, but no words came out.

He'd remembered.

Theo had listened to everything I'd told him about the book. How it was my favourite. How I'd missed having my own paperback copy after my ex had savagely burnt it.

He'd even remembered the book and he'd got this. For me. Because he knew it was important to me.

I didn't know what to say.

Tears pooled in my eyes and my lips began to tremble.

'Thank you,' I said softly.

'Hey.' He lifted my chin. 'I didn't mean to make you sad. I'm sorry. I thought it would make you happy. I can take it back if it's too painful for you.'

'No.' I looked him in the eye. 'I love it. I am happy. *So happy*. You don't know how much this means to me.'

Theo opened his arms and pulled me into a hug. As I sobbed on his shoulder, he rubbed my back gently, kissing the top of my head.

I didn't know why I was crying. I genuinely was happy. I'd looked so many places for this version of the paperback and it was always sold out. They had the new version online, but I'd always preferred the original one. The one that Theo had just got me.

So many emotions swirled around inside me.

After what my ex did, I never thought I'd get back into reading or date again. And now, here I was, with my reading mojo slowly creeping back and with a man who not only didn't judge my reading, he *embraced* it. *Encouraged* it.

Not only did Theo believe I should read whatever I liked, he'd even gone out of his way to buy my favourite books to help me do that.

Sod's Law that this was going to be the last time we'd get to be together.

Once we left this beach, we'd be locked in our rooms until the presentation. Then next Friday, we'd be back to being rivals.

And once the decision was made, we'd never see each other again.

Thinking about that sent a fresh wave of tears rolling down my cheeks.

'Please don't cry, Jess.' Theo gently brushed his hand over my cheeks, wiping my tears away, before kissing the top of my head softly again.

This man was killing me. First he gave me the best sex of my life. Then he bought me a bag full of books because he wanted to make me happy, and now he'd just called me Jess for the first time in that sexy, buttery voice of his, whilst wiping away my tears and comforting me.

How was I supposed to just walk away from the first man that had made me feel so… so special?

'Thank you,' I whispered into his chest.

'You're welcome. If you really want to thank me, I need you to try and do something for me.'

'What's that?' I said. At first I thought it might be something to do with the presentation, but then I dismissed it. That wasn't Theo's style.

'Try and read again. I don't care if it's one of these books or something on Mrs Davis's Kindle, just try and take the first step. Even if it's a sentence or a paragraph. Whatever happens next Friday, it would mean a lot to me to know that at the very least, something long-lasting came out of this situation.'

That was what he wanted me to do for him?

I swallowed the lump in my throat.

Of all the things he could've wished for, he wanted me to read again: something that would benefit me a lot more than him.

I was supposed to be distancing myself from him, but that selfless request only made me like him more.

'Okay,' I said, lifting my head from his chest. 'I promise.'

As he got up and I watched him walk away, I made a promise to myself to keep my word.

Tonight, once I'd finished work, I was going to do it. I was going to read. For Theo and Mrs Davis, but most importantly, for myself.

29

JESS

'How'd the talent show go?' Sarah's voice boomed down the phone along with a loud munching sound. It was lunchtime, so she was probably in the park across the road from where she worked, eating a ham and pickle sandwich, which was what she always had for lunch.

'We won!'

'Amazing! Not surprised with your voice! Now you and your nemesis finally have something to bond over.'

I paused, thinking whether I should tell her what happened or not. But I was bursting with excitement. I had to tell someone. But Theo was next door and he'd hear everything.

'Can I call you back in five?'

'Yeah, course.'

I quickly grabbed my room key, slipped on my shoes and headed to the beach.

This wasn't a conversation I could have in my room or in the streets where people might overhear. The beach at

Sunshine Bay wasn't crowded like so many of the nice beaches in England. Usually people used it for walks and occasional picnics, but during the daytime, like now, people were either at home, working, or eating lunch at the cafe, the pub, or the fish and chips restaurant. I loved the fact that it was so peaceful.

Once I was sure I was alone, I dialled Sarah's number.

'Hey,' she mumbled through a mouthful of food.

'Sorry about that. I just had to go to the beach, where it was more private.'

'Why, what's up? Everything okay?'

'Yep. More than okay. Y'know you said that because we won, hopefully me and Theo would've bonded?'

'Yeah?'

'Well, last night we bonded… with our bodies!'

Sarah gasped so loud they probably heard her across the ocean.

'No fucking way!'

'Yes, way!' I laughed.

'Then again, I don't know why I'm so surprised. You two have been spending a lot of time together, and after you sent me that picture of him, to be honest, I'm surprised you lasted that long. If I had a Henry Cavill lookalike staying in the room next door to me, I would've accidentally fallen on his dick approximately two seconds after he arrived.'

I burst out laughing. The truth was, as much as I would've denied wanting to, I probably wouldn't have been sorry if that happened.

'He is ridiculously hot!'

'So come on, then! Don't leave me hanging. I need

details! How did it happen and where? And most importantly, was it good?'

I told Sarah everything. About the almost kiss on the beach and the rocking chair sex.

'Oh my God! You lucky cow! I never knew I had a rocking chair sex fantasy until now!'

'Me either! But it definitely gets a thumbs-up.'

'Plus bonus points for semi-al fresco fucking! I wonder if any of the residents saw you shagging with the patio doors open?'

'And that's not the only thing. He bought me a bag of books and was encouraging me to get back into reading.'

'Marry him! Immediately! A man who buys you books and is happy for you to read them is the equivalent of finding a stable of unicorns! I'm sooo jealous. Where do they grow men like this? Does Theo have any brothers?'

I laughed. Imagine if there was a pick-your-own-Theo farm. It'd be inundated.

'He's got two brothers.'

'Send me their telephone numbers right now!' she said excitedly.

'Ha-ha! Neither of them are in the UK.'

'I can call them on WhatsApp. And I have a passport! I can travel!'

'Noted!'

'Please! Don't keep all the sexy Eaves goodness to yourself! It's been ages since I've had any action.'

'I don't know anything about his brothers or if they're single, but I'll see what I can find out.'

'Thank you! And congrats! I'm so happy for you. I know how hard it's been for you since what you went through with your idiot ex. I'm so glad you didn't let him put you off dating altogether.'

'Me too. Theo is…' I felt myself swoon and love hearts filled my eyes. 'He's amazing. And so, so talented.'

'Sounds like it! So what does this mean for the pitch?'

'I don't know,' I sighed, kicking up the sand under my feet and staring out to the sea, hoping to find the answer. 'Nothing changes, I suppose. We're still going up against each other. This just makes it more awkward, though.'

'Yeah.'

'But I can't let it distract me. There's a lot riding on this. I don't want to let Mrs Davis down. And I definitely don't want to go back to my old jobs.'

'I hear you. I know it's hard, but try not to overthink it. Keep working hard on the presentation and then once you clock off, maybe you could just enjoy your time with Theo.'

Sounded like a good plan in theory. I wasn't sure it'd be that simple in reality, though.

'Hon, I have to go back to work now, but we'll speak later, yeah?'

'Course.'

'Congrats again, and don't forget to find out about the other Eaves hotties!'

'Will do.'

I hung up and practically skipped back to the B&B. When I arrived, I was tempted to knock on Theo's door, but we'd agreed. We had to keep our distance.

Time to get back to work.

I switched off my laptop, got up from the desk and crashed back onto the bed. I was exhausted. I'd been working on the presentation all day and my head hurt.

This was so difficult. I wasn't used to this kind of thing.

I was never the one who did the presentations. I always served the people who did and stayed in the background, supporting the smarter people in the limelight.

I hadn't gone to college or university like most people my age. It was straight to work for me. For years I'd worked as a sales assistant in different local supermarkets.

Then when I was twenty-five, I met my ex, Silas. He was a customer that used to come in a few times a week.

When he asked me out on a date, I couldn't believe my luck. He was always dressed in a suit. I never thought in a million years that someone like him would be interested in a shop assistant like me.

In the beginning, he wined and dined me, paying for meals at nice restaurants and buying me gifts. I felt like a princess.

After just six months, we moved in together and he offered me a job at his carpet and flooring company as his assistant. I answered the phone, did filing, made teas and coffees for meetings and other admin stuff.

At first I was so grateful for the opportunity. But as the years passed and I was doing the same tasks day in, day out, whilst other people were rising up the ranks, I grew frustrated. I asked if I could take on more responsibility. Learn new things. Silas would always refuse, saying I didn't have the right qualifications.

Although I didn't have A levels or a degree, I still believed I could do the job, if I was given a chance. But he would always make me feel like I wasn't smart enough.

Before his outbursts about my romance books, he used to mock them, saying they weren't 'real books'.

He put me down at every opportunity. I knew I should've left him, but I was scared. Everything was tied to him. He owned the house we lived in. He was my boss, so I depended on him for an income. My salary went straight into his account and he'd give me an allowance every week from that. He controlled everything in my life and made me feel like I would be nothing without him.

But almost two years on, after leaving everything behind, I was slowly getting back on my feet. And I finally had the opportunity I'd always wanted: to do something more challenging for a career.

Having the chance to potentially run my own library was much more than I ever could've dreamed of, but I owed it to myself to do my best and prove to people like my ex that I was worthy of doing more. Here's hoping I didn't blow it.

After I had my shower, I climbed into bed. I was about to reach for the TV remote when I paused.

I glanced at my bedside table, where *Office Delight* was laid on top. I still couldn't believe that Theo had bought it for me. And it was a signed copy. It meant so much.

Snatching it off the table, I held the book to my chest, hugging it like it was a newborn baby. Then I moved it up to my nose and inhaled the fresh book scent I used to love so much.

Memories flooded my head of all the times I'd got lost in a book. Like how I always used to carry one to read on the bus, when I'd smuggle a novel under the till on the shop floor so I could read when there were no customers.

Then there were the warm summer days where I'd take my book to the park during my lunch break and sit on the bench and devour a few chapters.

I used to love reading in the bath. And when I was single I'd always read in bed, telling myself I'd only read one more chapter, knowing full well that I would end up reading several more and stay up way past my bedtime.

God, I missed that.

But I didn't have to miss it anymore. I had a whole bag of fresh new books and a Kindle packed full of them too. Plus there were the novels Mrs Davis had left for Cecil to pass on to me that I still hadn't touched.

I could do this.

Holding the book in front of me, I took a deep breath, then flicked through the first few pages to chapter one. Even though I'd got past the halfway mark in this book, I wanted to start it all over again. And so I did.

At first, I set myself a goal to read the first page. Then the first chapter. I didn't want to put too much pressure on myself. But before I knew it, I'd read a quarter of the book.

A few hours later I was halfway through and absolutely hooked. It was one in the morning and I should've gone to bed before midnight, but it felt so good to get back into reading again. My heart was so full it could burst. I didn't want to put the book down. I wanted to sit here all night until I fell asleep or until I couldn't keep my eyes open anymore. Whichever came first. But after fighting the urge to wee for ages, I couldn't hold out any longer. I had to go to the loo.

When I got back and looked at the chapter I was about to start next, I realised it was the chapter that Theo had started reading to me.

Memories of his velvety voice flooded my brain. Then I thought about our first kiss on the beach under the moonlight, how we'd had sex on the rocking chair, how he'd given me these books and how much I'd wanted to kiss him and do so much more to express my gratitude.

I knew we'd done the right thing by agreeing to keep our distance. But it hadn't even been twenty-four hours yet since we'd last spoken and I already missed him.

He'd be so happy to know that I'd started reading again. I wished I could tell him. But we'd agreed. No more seeing each other.

I blew out a frustrated breath. Then I had an idea. We'd agreed not to see each other, but we hadn't said anything about sending messages.

After picking up my phone, I fired up my email and started writing him a message.

To: Theodore@eavesenterprises.com

From: jess1293@hmail.com

Date: Wednesday 14th May, 01.09

Subject: Thanks

Hi!

How was your day?

Thanks again for the books. You don't know how much it means to me.

Thought you'd like to know that I've started reading again and it feels A-MAZING!

Just about to start the chapter that you read in the basement. Won't be the same without hearing your velvety-smooth voice.

Jess x

I hit send and smiled. Hopefully he'd reply at some point before the presentation, but I couldn't hold my breath. He was much more experienced at this whole business professionalism thing, and given the pressure he was under from his dad, he might not reply at all.

Just as I went to pick up the book, my phone chimed.

OMG. Theo had replied!

To: jess1293@hmail.com

From: Theodore@eavesenterprises.com

Date: Wednesday 14th May, 01.15

Subject: Thanks

Hi, Jess,

I thought I was the only one who was still awake. I was working late and then picked up a book to help me wind down. Told myself I'd just read a couple of chapters, but I'm already 52% in!

Congrats! So glad you've got your reading

mojo back. I know how hard it was to pick up a book, so I'm proud of you for finding the courage to try again.

Ha-ha! Glad you liked it. My voice is available for bookings.

T x

As I finished reading the email, butterflies erupted in my stomach. First when I saw he'd also been reading and then at the part where he said he was proud of me.

A lot of people would laugh and think it was no big deal to just pick up a book and read it. Millions of people did it every day, but for me, it'd been hard and Theo got that. Even though we hadn't known each other long, somehow he understood me.

To: Theodore@eavesenterprises.com
From: jess1293@hmail.com
Date: Wednesday 14th May, 01.20
Subject: Thanks

Currently sitting here in a puddle after you just melted my heart. Thanks for your kind words and understanding.

I LOVE that you've got your nose buried in a book too! What you reading? The thriller I saw you with in the coffee shop?

Consider this email as a formal request to book your narration services. Please confirm your earliest availability.

Jx

I let out a little giggle as I sent the message. It was crazy to think that there was only a thin wall separating us. On the other side, Theo was in bed reading, just like I was. I wished he was here in bed with me. Not just so we could have sex again, which I really wanted, but just to snuggle up under the duvet together and read.

Clutching the phone tighter, I patiently waited, hoping that a reply would come through soon.

Sure enough, a few minutes later, a new message popped up.

To: jess1293@hmail.com

From: Theodore@eavesenterprises.com

Date: Wednesday 14th May, 01.23

Subject: Thanks

I downloaded the Kindle app onto my phone earlier and I'm reading your favourite book. I can see why you like it. Can't put it down. I've just read chapter 21, but I'd be happy to read it again to you.

I have a slot available in ten minutes if that's acceptable?

T x

My heart raced. Theo was going to read to me again. Tingles erupted between my legs. The desk sex scene in chapter 21 was hot. And with Theo reading it, it'd be even hotter.

To: Theodore@eavesenterprises.com
From: jess1293@hmail.com
Date: Wednesday 14th May, 01.26
Subject: Thanks

OMG! I can't believe you're reading it! That's brilliant.

I would LOVE to go ahead with the booking. Your room or mine?
Jx

To: jess1293@hmail.com

From: Theodore@eavesenterprises.com

Date: Wednesday 14th May, 01.28

Subject: Thanks

Maybe it's better if I do it over the phone instead?

Send me your number.

T x

My stomach sank a little, but I understood. Having a wall between us was a good way to make sure we didn't stray into dangerous territory.

When he'd read it to me in the basement, it was a struggle to stop myself from overheating, so after what happened last night, it'd be even harder.

At least if I was in my bed alone, I could lay back and enjoy the experience. And if my hands just happened to stray somewhere, he'd be none the wiser. It was perfect.

I fired off a reply with my number. Seconds later Theo texted me to confirm he'd call in five minutes. I took a sip of water from my glass and slid back under the covers.

The countdown was on for adult story time and I couldn't wait.

30

THEO

I was playing with fire and I knew it.

I shouldn't have replied to Jess's email.

I shouldn't have told her I was addicted to her favourite book.

And I definitely shouldn't have agreed to read chapter 21 to her.

But I seemed incapable of saying no to this woman. She was under my skin and I just wanted to do whatever it took to make her happy, no matter what the consequences.

After I'd left Jess at the beach, I'd come back to my room to work, but I couldn't concentrate. I didn't want that to be goodbye. There was so much I wanted to know about her. But I knew I couldn't.

I hated the fact that she was supposed to be my competition.

Normally I loved a good challenge. I thrived on rivalry.

But not with the woman that I liked a lot more than I should.

At least I should be grateful that I had the good sense not to agree to go to her room. After what had happened last night, it was safer to keep our distance. Just like we'd agreed.

Once I'd gone to the bathroom, I settled back in bed, propped my phone on my knees, brought up chapter 21, then switched to WhatsApp to dial Jess's number.

She answered on the first ring. I put the phone on loudspeaker and tabbed back to the book.

'Hi,' I said, my heart thundering against my chest. I didn't know whether it was because it was the first time we'd spoken on the phone or because I was excited about what I was about to read to her.

This wasn't a typical bedroom story. This stuff was hot. I wasn't afraid to admit that I got aroused when I read it the first time in that basement. But that was just a snippet. The rest of the chapter was even hotter. And knowing that Jess was just behind the wall, in bed, listening to me was only going to set my blood and my dick on fire.

'Hey,' she said softly. God, she sounded so sexy on the phone.

'You ready?'

'Yeah.'

I started reading the chapter from the beginning, just like I had in the basement.

It might be my imagination, but around five minutes in, I started to notice that Jess was breathing heavily. And the more I read, the heavier it became. I continued reading:

> ''''Sit on the desk and pull down your panties,' he growled.

"""'You want to, here?' I gasped, heat pooling in my core. 'The cleaners might come. Someone might see us!'

"""'That's part of the thrill.' He smirked.

"""I knew it was dangerous. I knew doing this could cost me my job, but I couldn't stop myself. Rocco Morelli was one of the most powerful men in the world. I'd admired him from afar for years. Now we were working together and every time I saw him my heart skipped a beat.

"""I'd spent months wondering how it would feel to kiss him, to feel him. And now I had my chance, I didn't want to turn it down.

"""I lifted my skirt, slid down my knickers and perched at the edge of the desk.

"""Rocco stepped forward, spread my legs wider, pushed up my skirt and slid his finger between my wet folds.

"""I tipped my head back and moaned.""""

As I carried on I realised I wasn't imagining things. Jess's breathing was becoming more laboured and there was a creaking sound in the background.

'Oh God,' I heard Jess pant as the characters started fucking on the desk.

She was touching herself.

And I didn't like it.

Not because there was anything wrong with her giving

herself pleasure, but because *I* wanted to be the one to do it.

I wanted to make her come. *I* wanted her to fall apart in front of me.

'Jess,' I said. 'I need to pause for a minute. Hold on, okay?'

'No, please,' she panted. 'I'm… I just need a bit longer.'

She was close. And I was going to help her finish the job. I quickly pulled on my tracksuit bottoms, not even bothering with a top.

Seconds later, I was knocking on her door.

'Hello?' she called out, confusion in her voice. I didn't answer.

When she opened the door, her eyes widened with surprise.

'Theo! What are you… I thought you said it'd be better if you didn't…'

'Would you like me to leave?' I asked.

'No,' she said emphatically. 'Come in.'

She stepped aside and once I was inside, she closed the door.

'Were you fucking yourself with your hands?' I stood in front of her.

'Um, why would you ask that?'

'Answer the question,' I growled.

'Yes. Why?'

'Because,' I said, running my finger over her lips, 'I've come to finish the job.'

'*Ohhh…*' A mischievous smile touched her lips.

'How do you feel about using the scene from the book as inspiration?' My head gestured towards her desk.

'I like that idea. A lot.'

'Well, what are you waiting for? Take off your knickers and sit on the edge of that desk.' I repeated the words from the book.

Smirking, Jess walked over to the desk, moved her laptop to the bed, removed her knickers, then perched at the edge, just like I'd asked her.

I spread her legs wider, just like Rocco had done in the book, but instead of swiping a finger between her legs, I dropped to my knees and used my tongue.

Jess threw her head back and her hips jerked upwards.

'Fuck yes,' she panted.

I flattened my tongue against her again, then started flicking it against her clit.

'Mmm.' I looked up at her and licked my lips. 'You taste so good.'

Jess grabbed my head and pushed it deeper into her. She wanted more and I was happy to give her exactly what she wanted.

As I licked and sucked Jess's sensitive nub, she wrapped her legs around my neck, and I could tell from her moans and the way her body was reacting to my tongue that she was close.

'Oh God, Theo! Theo,' she repeated. The sound of my name falling from her lips was what dreams were made of.

I dialled up the rhythm, and as she rocked against my mouth, she cried out.

'Fuckkkk, Theo, oh God!'

As her orgasm ripped through her, I tried to stop myself from coming. This wasn't about me, it was about her.

Her body stilled, and when I was certain she'd

finished, I leant back, then licked away the juices around my mouth.

'Good?' I asked.

'Good?' she panted. 'More than good.' Her chest heaved. 'Thank you.'

'My pleasure.' I got up and headed towards the door.

'Where are you going?' she said.

'Back to my room.' I turned to look at her. 'I came here to give you an orgasm and I've done that, so now I'm leaving.'

'But what about *you*?'

'This isn't about me.'

'Come here.' She waggled her finger. 'I appreciate the gesture, but I'm not sending you back to your room without getting you off. It's up to you to decide how you'd like me to help you do that. I can do it with my mouth or you can fuck me on this desk. Just like in the book.'

My eyes darkened.

Jessica was offering to give me a blow job or let me fuck her. I shouldn't accept. I should go straight back to my room just like I'd planned.

But I wasn't an idiot.

She was there, spread wide open for me, desire in her eyes.

So I did what any sane man would do.

After getting a condom, I went back to that desk, slid inside her and fucked her until she screamed my name and came all over again.

'That was…' Jessica struggled to catch her breath. 'Amazing.'

'Glad to hear it. But the real question is whether it

measured up to what you read in your favourite romance books.'

My dick was buried inside Jess, who was still on the edge of the desk. I knew I should pull out, but she felt so good I didn't want to.

'I am happy to report that your performance was definitely romance-novel-worthy.' She ran her hands over my chest.

'Excellent. But that was just the first draft. The practice run. Next time I want to give it to you so good that every sex scene you read in a book will be a disappointment and you'll know that if you want a good fuck, you'll have to come to me because I'll be the only man who can truly satisfy you.'

'Wow.' She bit her lip. 'When is next time?'

I pulled out, rolled off the condom, grabbed a new one, scooped Jess up, then carried her to the rocking chair and sat her down.

'How about right now?'

31

JESS

As I opened my eyes and saw the copy of *Office Delight* beside me on the bed, a wide grin spread across my face.

Last night was *everything*.

If I didn't feel the sweet after-sex ache between my thighs I might've thought it was all a dream. I wouldn't blame myself for thinking that it was, though.

Firstly, I'd got back into reading again, which was something I wasn't sure would ever happen. And I hadn't just read a chapter or two. I'd read half a book.

And secondly, I hadn't just read the steamy scenes, Theo had helped me bring them to life.

When he was reading that chapter in his sexy voice, I knew I was getting turned on, but at first I hadn't even realised that my hands had started roaming all over my body. My breathing must've been a lot heavier than I'd realised too if Theo heard me.

I knew I was close when Theo said that he'd had to

pause for a second, and I desperately wanted to tell him why I needed him to continue.

But the last thing I'd expected was that he'd come to my room to personally deliver two spectacular orgasms on my desk because he wanted to be the one to get me off.

After all the sweet things he'd done for me, I didn't think I could like him any more. But when he was about to leave the room because his goal to satisfy me had been achieved, I melted like ice cream over hot apple pie. There was no way I was letting him go back to his room without making him come.

And then there was the epic rocking chair sex. Which was even better than the first night.

Once we'd finished, we both swore that would be the last time. I knew it was important that this time we kept our word, but I was already missing the softness of his lips, the hardness of his body, his smile, his laugh, that buttery voice.

No, no, no.

I absolutely couldn't see Theo again.

Time to get up and start the day.

I climbed out of bed, wincing at the soreness between my legs, and hobbled towards the bathroom.

Just before I reached the door, I spotted a phone on the floor. I'd already seen that mine was resting on the bedside table, so I immediately knew it was Theo's. It must've fallen out of his tracksuit bottoms when he took them off.

I knew we'd agreed not to see each other, but this was important. Theo would need his phone for work. There was no way he'd be able to be without it. I'd have to take it to him.

After I washed my face and brushed my teeth, I pulled

on my dressing gown, left my room and knocked on his door. I hadn't heard Theo go out for his run yet like he normally did, but that could be because I was in a deep sleep. Those orgasms had zapped all of my energy.

I was just about to leave when the door cracked open.

'Hi!' Theo's eyes widened.

As I took in the sight of him, my whole body tingled. He had a white towel wrapped around his waist and was topless.

My eyes fixated on a single drop of water that rolled down his pecs, then down the centre of his stomach until it sank into the towel.

'Hey.' I snapped out of my trance. 'I… you left your phone. I thought you might need it.'

'Oh! I didn't even realise. As soon as I came back to my room I crashed out on the bed. I didn't even look for it to set my alarm this morning so I could go for my run. I slept right through and only just had my shower now. Do you want to come in?'

That was like asking if I liked chocolate. The answer was a big fat yes.

'Yeah. Thanks. I've always wanted to know what the other rooms were like here,' I said like that was the only reason I wanted to come into Theo's room.

'It's pretty similar to yours,' he said as I stepped inside and closed the door behind me. 'Old-fashioned. Such a shame as this place could be amazing if it was renovated.'

'You have different bedding, though,' I said, looking at the shiny black sheets.

'I do,' he said sheepishly. 'I brought my own.'

'Are they silk?' I asked.

'Yes.'

'Very fancy,' I replied, thinking they must've cost a fortune. 'They don't quite go with the decor, though. Maybe Glenda likes it. Not sure why, but maybe the floral curtains and bedsheets have some sort of local significance.'

'Hmm-hmm.' Theo raised his eyebrow. 'Next time I'll ask her.'

We stood in front of each other in silence, just staring.

God, I loved his face. I could literally look at him all day. Those blue eyes… those lips. What I wouldn't do to feel those lips roaming all over my body again.

'So,' I said, breaking the silence. 'Here's your phone.' I handed it to him.

Theo took it without breaking my gaze, then tossed it on the bed.

'Forgive me, Jess,' he said, stroking my cheek, 'but I've suddenly been overcome with the need to thank you properly for returning my phone.'

'What did you have in mind?'

'How about I give you another orgasm? Would that be acceptable?'

Hearing those words set my body on fire.

'That would be *very* acceptable. But you don't seem to have a rocking chair in here. How is your bed? Is it as creaky as mine?'

'No idea.' He stepped forward, his lips now just inches away from mine. 'Maybe we should conduct some tests to find out…'

~

Two hours later, I was still in Theo's bed, my head resting on his chest and our legs entwined. Turned out that his bed was a little less creaky than the one in my room.

We discovered that when we conducted some very thorough market research.

I'd never slept on silk bedsheets before, but I had to admit I liked the feel of them on my skin.

'I should go back to my room and do some work,' I sighed, planting a soft kiss on Theo's shoulder as he stroked my back.

'I should get up too, but it's so hard,' he huffed. 'I just want to stay here with you all day.'

My heart fluttered. I loved that he didn't hide how he was feeling. He just came right out and said it.

'Me too. But…'

'I know, I know. I'm starting to lose count of the amount of times we've sworn that we won't sleep together and end up doing it anyway.'

'It's not our fault that we accidentally fell on the bed and that your dick ended up buried inside me. *Twice*.' I chuckled.

'That's true. And it wasn't my fault that I was hungry and the only thing I could find to feast on was your beautiful pussy. A man's got to eat to keep his strength up, you know.' Theo laughed and the sound made my heart bloom.

'A girl's gotta eat too! And when I saw that sausage laying on the bed, I couldn't let it go to waste.' My hand slid between his legs and I wrapped it around his hard length.

I'd never liked giving my ex blow jobs. But going down on Theo was completely different.

Seeing the way his eyes rolled back in his head as I

licked and sucked him and hearing the way he groaned knowing that I was the one responsible for giving him pleasure was a massive turn-on. I was already looking forward to doing it all over again. I couldn't get enough of this man.

'Did you seriously just call my cock a *sausage*?' Theo grinned.

'Yep!' I propped myself up on one elbow beside him so I could look him in the eye. 'Damn right.'

'A *sausage*, though!' He chuckled. 'If you're going to compare my manhood to an object, I'd prefer something a bit more substantial. Like a baguette or even the humble banana. Don't those BookTokers and Bookstagrammers use the aubergine emoji to describe dicks, rather than *sausages*?'

'It was the first thing that came into my mind, because it's ten in the morning and, y'know, Glenda likes to serve up an English breakfast, so I thought it was appropriate,' I giggled. 'I didn't mean a cocktail sausage if that's what you're worried about. I meant a big, juicy, delicious, meaty, thoroughly satisfying sausage.'

'Good to know.'

'And listen to you!' I teased. 'I didn't know you knew about BookTokers and Bookstagrammers. Someone's been doing their research!'

'I was looking up the author of *Office Delight* and got sucked down a rabbit hole. Romance readers are really enthusiastic about the books they love, aren't they?'

'Yep. We're very passionate.'

'I love that they spend time making videos and mood boards about the characters. I'll have to show you some of the ones I found for Rocco and Virginia.'

Mind blown.

'I'd really like that,' I beamed. Never did I think that Theo of all people would be offering to show me reels, posts and videos on my favourite book. I loved how into it he'd become.

'Maybe we can meet up after work. Go for a walk or something, have dinner and read together again?'

'Yeah?' I asked. Only because I knew we were supposed to be keeping our distance.

'Yes. We have to be realistic. Like I said earlier, we've tried several times to fight the attraction and it's not working. So maybe we should just go with it. Set realistic boundaries. This presentation is important to both of us, so during the day, we stay focused and work. Then after hours we *hang out* as the kids say.'

'Okay.' I nodded. 'Let's hang out. Maybe we shouldn't the day before the presentation as we'll both need a clear head, but for the next seven days or so I think we'll be fine.'

I wanted to ask what would happen after the presentation, but one step at a time. We could discuss that at a later date. Right now I was happy to have an all-access pass to Theo's body.

'Deal,' he confirmed.

It probably wasn't the smartest decision I'd made, but as Theo rolled over and pressed his hard body against mine, all thoughts of the consequences evaporated.

And I wasn't even sorry about it.

32

THEO

'Good *morning*.' Glenda raised her eyebrow as I reached the bottom of the stairs. I was hoping I could slip out to the bakery to get breakfast without bumping into her, but no such luck.

'Morning,' I said cheerily.

'Did you *sleep* well?' She grinned.

'Yes, thanks. You?'

'Well, I did, until I was woken up by some very strange banging noises. Sounded like the ceiling was about to cave in!'

The corner of her mouth twitched. She knew exactly what had caused the disturbance, but I wasn't about to confirm it.

'Sorry to hear that you were woken up. Hope your ceiling's okay.'

'Funny thing was, there was more *banging* this morning. *Lots* more.'

'Interesting.' I smiled, still giving nothing away.

'I'm not one to gossip about what guests do here, but

it's just the ceilings and the beds I'm worried about. Things are a little tight, and let's just say I don't have the funds for replacements right now.'

'Ah.' I nodded, thinking that explained why everything was so dated. Glenda didn't have the budget for renovations. 'I see your predicament. Well, might I suggest that if any ceilings, or beds, are broken, whoever is responsible pays for it. That's only fair.'

Her eyes widened like the thought hadn't even occurred to her.

'I couldn't do that. Could I?'

'I think in this case, it would be fine. And you know, Glenda, if you ever need any help around here—if you need something to be fixed—I'm very good with my hands.'

'So I heard!' She chuckled. 'I'm sure young Jess would agree!'

'I don't know what you mean,' I said innocently, trying to stop my face breaking into a smile. 'Have a good day.'

'You too! And give my regards to Jess. So glad to see you two getting it on—I mean, getting *along*—better.'

I smiled and waved.

With the amount of fucking Jess and I had done in the past twenty-four hours, it was inevitable Glenda would've heard us. We'd tried to keep away from each other, but it was out of our control. There was an unstoppable magnetic force pulling us together. Resistance was futile.

That was why I was glad that Jess was happy for us to continue seeing each other until the night before the presentation.

It might make me more productive. Instead of getting distracted by trying to suppress my feelings, now I could focus on work knowing that at the end of the day we'd get to spend proper time together.

Yes. This was a much better solution. Jess and I had just over a week together and I intended to savour every second.

The bakery was busy as always. When I eventually got to the front of the queue and placed my order, Maddie greeted me with a warm smile.

That was the thing about this place. When I'd first heard about Sunshine Bay and the fact that it was one of the happiest places to live, I'd dismissed it. Surely people couldn't be this jolly all the time. But now I'd been here for almost two weeks, I saw that it was real.

Living in a town with a gorgeous beach probably helped raise the levels of contentment, but I was realising that it was more about the people who lived here.

Everyone was friendly and relaxed. No one appeared stressed or pressured. They just lived how they wanted to. They didn't sweat the small stuff.

No one seemed to care about what people did for a living, how much they earned, what they wore and whether it was designer or not. They just cared about whether or not you were a decent human and being happy.

Glenda seemed to have money worries, but it didn't stop her from having a smile on her face and focusing on the positives.

That kind of happiness was infectious. I'd probably smiled more in the past two weeks than I had in the last two years. Admittedly, a lot of that was down to Jess, but it was also because of this community.

Community. When Edwin had first mentioned that word, I'd wanted to roll my eyes. But it wasn't some buzzword. There genuinely was that kind of spirit here. That feeling of togetherness, solidarity and love.

In a small town like this, they could've very easily avoided me and Jess. But instead they welcomed us with open arms.

I'd lost count of how many invitations I'd had to join people in the pub for a drink or come to the cafe, bakery or fish and chips restaurant for a bite to eat. And I knew it wasn't just because they wanted to get me to spend money. I felt it. It was authentic. So different to my life back in London.

Everything in the city was so cutthroat. Everyone was out for themselves and it was all about being the best. Who could secure the biggest deal. Who made the most money. Who drove the most expensive car and wore the most expensive suit.

It'd been days since I'd driven anywhere and I didn't miss it. In fact, I didn't miss anything.

Yes, my penthouse had stunning views of London, but I actually liked waking up, drawing the curtains and getting an uninterrupted view of the sea. Even the sound of the seagulls squawking didn't bother me.

My morning beach runs were a million times more enjoyable than pounding the pavements in London or running on the treadmill. I loved breathing in the fresh sea air.

'Two coffees and four warm crumpets with a side of butter and jam.' Maddie put my order on the counter. 'Anything else?'

'It's the chocolate iced fingers and chocolate muffin that Jess likes, right?' I wanted to get her a treat. Something sweet that she could enjoy at her desk if her energy levels dipped.

'Well remembered! She was eyeing up the angel cake too but never ordered it.'

'I'll take all three, please.'

Maddie packaged them up and I set off back to the B&B with a spring in my step.

On the way I bumped into Candace.

'Hi, Theo!' She smiled. 'How's tricks?'

'Good, thanks, you?'

'All great, thanks. Haven't seen you and lovely Jessica for a while. I imagine you two are hard at it.'

A grin touched my lips. That was certainly one way of putting it.

'Yes, it's been all go.'

'Well, you still need to eat. Why don't you two stop by for dinner later?'

'That would be lovely. I'll check with Jess and if she's free, we'll see you there.'

Although I was confident Jess wouldn't mind, I didn't want to answer on her behalf.

'Great. I'll reserve a table for you just in case. Seven thirty good for you?'

'Sounds good.'

That'd give us enough time to go for a walk first after work.

'Hope to see you both later.'

'Enjoy your day.' I smiled and waved.

Who the hell was I? All this smiling and waving made me feel like I'd had a personality transplant.

When I arrived back at the B&B I knocked on Jess's door.

'Hey!' She smiled and my chest swelled. Jess was dressed in a bright yellow tracksuit and as always she looked amazing.

All the women I'd dated spent hours primping and preening themselves in the salon and wouldn't be seen dead without their make-up and hair perfectly styled. Which was absolutely fine. If that's what they liked and it made them happy, that was great.

But there was something so refreshing about the way Jess didn't worry about those things. She was unapologetically herself, and you either accepted that or you didn't.

I thought she looked incredible just the way she was and I wouldn't change her for all the tea in China.

'I brought you breakfast.' Maddie had kindly split the order into two bags, so I handed one to Jess. 'Thought you might like to try a crumpet. There's butter and jam and a wooden knife, and in the other bag there's some treats for this afternoon, in case you get a slump after lunch.'

'Wow!' Jess grinned as she peered into the bag. 'So let me get this straight, you bring me books, give me multiple orgasms'—she lowered her voice—'then deliver breakfast *and* cakes?'

'Yes.' I shrugged, thinking it wasn't a big deal.

'You're lucky that we're supposed to be rivals—otherwise I'd marry you!' She laughed and I smiled. 'Don't worry! I'm only joking!'

That was the strange thing. If any other woman had joked about that, I would've recoiled in horror. But for some reason, the idea didn't disgust me.

Obviously we were still getting to know each other and hadn't even defined what this was. As far as I knew we weren't even dating properly, so anything serious like that was a million miles away from where we were, but even so, the reaction I had to her comment took me by surprise.

'I know. By the way, I bumped into Candace and she asked if we wanted to have dinner there around seven thirty. What do you think?'

'Sounds good to me!'

'Excellent. Anyway, I'd better get to work. Let me know when you finish and maybe we can go for a walk on the beach before dinner?'

'Love to! Have a productive day.'

'Likewise.'

As I walked to my door and stepped inside my room, I was overcome with an emotion I hadn't felt for a long time: pure joy.

Sunshine Bay and Jess had put a big smile on my face. Even with the pressure of the presentation and my father's high expectations, I was happier than I'd been in years.

And that feeling was priceless.

33

JESS

It'd been a stressful day. The architect I'd been liaising with for the library renovations was messing me around. He'd changed his original quote, which would take everything way over budget.

I wanted to scream. I really didn't need this shit so close to the pitch.

The only good thing about this afternoon was devouring the sweet treats Theo had bought this morning which were delicious. I tried saving the angel cake for after dinner, but I was stressed and told myself I deserved to eat it sooner. I was so glad Theo had got it for me.

When he'd turned up with breakfast, I could've hugged him. By the time I'd left his room and showered, I knew it was too late to go downstairs for breakfast. And with all the work I knew I had to do today, I didn't have time to go out to get something, so those delicious crumpets were a lifesaver.

Obviously it was my own fault that I was behind with

my work. Spending that time in bed with Theo was irresponsible, but I didn't regret it. I'd enjoyed every second.

Knowing that I'd be meeting Theo this evening also helped me get through the day. I'd been counting down the hours until I could see him.

I texted Theo to tell him I'd finished work and was free whenever he was. My brain was fried. I still didn't know what I'd do about the whole architect situation, but I'd worry about that tomorrow.

After shutting down my laptop, I went to the loo, brushed my teeth and then got changed into a floaty floral summer dress. Just as I was fixing my hair, there was a knock at the door.

I ran to open it. I really couldn't wait to see Theo.

When I saw him, my heart skipped a beat. His smile lit me up from the inside and made my brain short-circuit.

'Hi.' He stepped inside and pressed his lips on mine.

The kiss started off gentle, but as our hands roamed over each other's bodies, it became more frenzied, like it'd been weeks since we'd touched instead of hours.

'I missed you.' Theo slowly pulled away. 'And right now, I'd love to have you on that desk again, but we should go. Get some fresh air.'

'Yeah.' I nodded. 'After the day I've had, some fresh air will do me good.' That kiss had definitely helped take my tension levels down a notch, but I needed more.

'Oh no!' Theo's face creased with concern. 'What happened?'

'Let's walk and talk.' I picked up my handbag and jacket.

'Do you have your Kindle?' Theo asked.

'No. Why?'

'I thought we could find somewhere to sit and read on the beach before dinner.'

'*Office Delight*?'

'Maybe we can save that for bedtime. I was going to read my thriller.' He opened his jacket and showed me the book in his inside pocket.

'Okay. I'll start one of my paperbacks, then.' I went to the bag Theo had given me, pulled out a book, then slid it into my handbag. 'Let's go.'

Once we left the B&B, we crossed the road and started walking along the beach.

The sun was still shining in the bright blue sky and it was a lovely warm evening.

As the waves crashed against the shore, I exhaled.

'It's so calming, isn't it?' Theo said.

'It really is. A lot different to London.'

'I was thinking the same thing. I love the slower pace of life here. This beach is incredible.'

We passed a couple walking their dog and they smiled at us. Further along, a couple of teenagers were skimming stones in the sea.

'So you don't miss the city views from your fancy London office?'

I didn't know what his office was like, but considering how well off he was, it was probably in a skyscraper with panoramic views.

'Definitely not. I do have spectacular views from my office and penthouse, but I love this beach. When I listen to the sound of the waves, all my stress melts away.'

'You have a *penthouse*?' I swallowed hard.

'Yes…' His voice trailed off and his gaze flicked away from me.

I didn't know why I was so surprised. Theo was clearly loaded. It was obvious from the car he drove, his immaculate suits and of course all the stuff he'd told me that first night we'd had dinner in the fish and chips restaurant. I mean, if you grew up with a cook and a nanny, chances are you weren't going to live in a bedsit like me.

Just showed how different our lives really were.

'Speaking of work, how was your day?' I asked before wondering if we should talk about that, given the circumstances. Theo didn't seem fazed, though.

'It was okay. Apart from my father driving me up the wall. He keeps pressuring me to send the pitch document to him.'

'And you don't want to?'

'No. Originally, I told him I would. But then I realised that if I do, he'll start telling me to change things and they won't be the right suggestions. His objective is making money and normally that would be mine too. But spending time here in this town and getting to know Edwin and the residents, I don't think that will be the right approach for this pitch.'

'You're right. If your angle is purely financial, Edwin won't like it.'

'Exactly.'

'It's up to you, but I think you should trust your gut. You've been doing this for years, and even though I don't know anything about your industry, I believe in you. I reckon you're great at your job, so you should do whatever you think's best to succeed.' I winced, realising what I'd just said.

Technically, I shouldn't want Theo to do well. His success meant my failure, but I couldn't help it.

'It's horrible, isn't it?' Theo turned to face me. 'I hate that we're competing.'

'Me too. I want you to do well.'

'Same here. I want you to win. I know how much this library would mean to you.' Theo blew out a frustrated breath.

'I just don't know what the solution is.' I shivered a little as the cool breeze tickled my bare legs.

'There isn't one. We just have to continue. We both have to do our best and leave it to Edwin to decide.'

'I suppose.' I hung my head. 'And afterwards?'

'I don't know.' He shrugged. 'If you win, I'll be happy for you.'

'I'd be happy for you too. If today is anything to go by, it looks like you'd be better at making something of the site than me.'

'Why?' Theo stopped walking and stood in front of me. 'Tell me what happened.'

We headed over to a wooden bench and sat down.

I explained what had happened with the architect and my rising costs.

Once I started blabbing I couldn't stop. So I also confessed my concerns about how to make the library profitable. Theo had said the same thing during our first meeting, so I knew I was right to worry. Edwin wouldn't want to sell the site to a business that was destined to fail because it couldn't make any money. Then it'd get sold off to someone else and the building's legacy would be ruined.

I also told him I was struggling to work out how to attract people outside of town. I mean, I could see why they'd want to come and borrow the books, but would they really be bothered to travel all the way back to return them?

Anyone else would think I was crazy to share the setbacks I was having with the man I was competing with, as it'd be easy for him to use it to his advantage. But something told me I could trust Theo and it was okay.

'Do you ever go to museums?'

'Not really.' I shrugged, wondering how that was relevant.

'Some museums get funding and charge for entry, but do you know how else they boost revenue?'

'No.'

'From their gift shops. They sell souvenirs, books and a whole host of other items that their clientele might be interested in.'

'That's true. I suppose it's a bit like when you go to a fast-food chain and they ask if you want fries or to supersize your meal. And when you go to the cinema, the extras like popcorn, drinks and snacks cost more than the tickets.'

'Precisely.'

A flurry of fresh ideas flooded into my mind. I just needed to think of other paid things we could sell. I'd already planned a bookshop, but I was sure that I could add to that.

Theo had sparked my creative juices. All this revenue-generating stuff was second nature to him, but it was new to me. It was really kind of him to help me out given the circumstances.

'And as for your other concerns, try not to worry about that right now. The purpose of the pitch is to communicate the reason why you deserve to buy Seaview High. Edwin isn't concerned about your renovation budget or who the architect is, so it's not important at this stage. I know lots of different architects, project managers and contractors who could help. Hold on.' He reached for his phone and scrolled through his contacts. Seconds later my phone pinged. 'There you go. I've sent you the details of one of my favourite architects. When the time comes, give him a call. You're going to be fine.'

Hearing Theo's calming voice and reassuring words instantly put me at ease. Even though we were rivals, he'd given me one of his top contacts. And he'd said *when* the time comes, not *if*. He believed in me more than I did. That meant a lot.

'Thank you,' I said. 'I've been tying myself up in knots all day.'

Theo reached over and put his hands on my shoulders.

'I can feel the tension.' He squeezed my shoulders. 'You need to de-stress.'

'Tell me about it!'

'Want me to help?'

'You already are.' I smiled. 'Just being here with you has made me feel so much better. And knowing that I have another architect to contact is a massive relief.'

'Glad to hear it, but I know another thing I can do that will bring your stress levels down and make you feel like you're floating on air.'

'Are you offering me *drugs*?' I frowned.

'No!' He chuckled. 'I'm offering you another orgasm.'

'Ohhhh!' I slapped my forehead. 'You want to go back to the B&B?'

We were at least a mile away from there now. This was the furthest I'd ever walked on the beach and it was like a ghost town.

'No need. I can do it right here.'

'On the beach?' I knew it'd been ages since we'd seen anyone else, but it still seemed a bit risky.

'Here on this bench. Not full-on fucking obviously. I'll just use my hand. Pull up your dress,' he growled.

I looked behind me, then left and right to see whether the coast was clear, then I hitched up my dress.

'You sure?'

'I am if you are. If you don't want it, I won't do it.'

'No.' I nodded. 'I want it.'

'Then open your legs a little wider, please.'

'Seeing as you asked so politely.' I grinned, spreading my legs.

Theo slid his hand under my dress. I was glad that I'd worn this one as it covered his arm perfectly.

After pulling my knickers to the side, Theo slid his fingers between my lips.

As Theo flicked his thumb over my clit, my hips bucked against his hand.

'Oh God.' I tipped my head back. He'd only just started and I could already feel tingles racing through me.

'How does that feel?' He kissed my neck.

'Amazing,' I said, struggling to speak.

'Good.' He hitched up my dress higher and the cool sea breeze hit my pussy, sending another zing of electricity through me.

Theo slid two fingers inside, using them to fuck me whilst he circled my clit.

Bloody hell.

I felt like I'd touched a live wire. My heart raced. My skin sizzled with heat. Every atom in my body sprang to life. And with every deep, delicious thrust of Theo's fingers and electrifying stroke of my clit, my pulse rocketed.

'I… I…' I panted. 'I'm already close.'

This man was a magician. It was the only explanation. Even my vibrator couldn't get me off this quickly.

Theo peppered soft kisses on my neck as his hands continued working their magic between my legs.

I couldn't believe I was on a beach, my legs spread wide across a bench as Theo fucked me with his hands.

I'd read about characters doing sexy stuff outdoors in romance novels, but never in my wildest dreams had I thought something like this would ever happen to me.

Desire pulsed through me and as I watched the real waves crashing against the shore, the waves of my own orgasm started building within me.

My hips jerked up again. And as Theo circled and fucked me harder and faster, I knew it was game over.

Zipping from my toes to my knees all the way up to my head, my orgasm ripped through me like a lightning bolt and I cried out, just as the sound of a loud wave vibrated around us.

'Ohhhh…' I slumped back against the bench, then dropped my head on Theo's shoulder as I tried to catch my breath. 'That was… thank you.'

'Glad to be of service.' Theo kissed my cheek before sliding his fingers out of me, then licking them clean. 'Fuck, Jess. You taste so good. If I had my way, I'd get on my knees right now and feast on you, but that's too risky.' Theo tilted his head to the left, where I spotted a man walking his dog in the distance.

'Shit!' I yanked down my dress.

'Don't worry. I was keeping an eye out. We were fine. Do you want something to clean up or are you okay?'

Theo had turned me on so much I was soaking.

'Do you have something?'

'Yes.'

Theo pulled out a handkerchief embroidered with his initials. Anyone else would've had a bog-standard tissue. In my case, I'd probably have some loo roll. But of course Theo had a handkerchief.

'Are you sure?' I took it reluctantly. 'It's so fancy.'

'Of course. And nothing's too good for your beautiful pussy.' He kissed me on the cheek and my heart fluttered.

With Theo shielding me, I quickly wiped myself under my dress.

'I'll just go and, er, wash it out.' I headed down to the sea, clutching the damp handkerchief.

As I returned to the bench, the man with the dog passed and smiled. Theo and I both smiled back, and when I sat down I giggled like a naughty schoolgirl as I thought of what we'd just been doing minutes before.

'You know you didn't need to wash it out.' Theo brushed his hand over my cheek.

'I couldn't have given it back to you when it was dirty.' I winced.

'It wasn't dirty. It had your juices all over it and I happen to be rather fond of them.' He smiled again and my body sparked.

This man. He made me feel so comfortable. So adored. He was amazing.

My thoughts jumped to what I'd said to him this morning when he'd given me all those treats from the bakery. About wanting to marry him.

I'd felt stupid as soon as I'd realised what had flown out of my mouth. I'd said I was joking because I didn't want to make him feel awkward, and obviously I didn't mean it literally. We barely knew each other. And yet, if I was going to spend the rest of my life with someone, based on what I knew about Theo so far, I'd want it to be with someone like him.

That surprised me in so many ways. Just a few weeks ago I never thought I'd ever want to kiss a man ever again. Never mind sleep with him or want to spend all my days and nights with him.

But in walked Theo and changed everything.

I was glad that we'd met. Glad that we'd got together. And I was trying to tell myself to just enjoy the moment and not worry about what would happen next, but I couldn't help it.

Realistically, once this pitch was over, Theo would go back to his fancy office and penthouse and forget all about me. And if I lost, I'd go back to my shitty life.

It wouldn't be long before some lucky woman snapped him up. A woman that was better suited to his world. And I'd be just a memory of the time he'd hooked up with a pauper.

'So are you feeling more relaxed now?' Theo said, snapping me out of my thoughts.

'Much more,' I exhaled. 'How are you so good?'

Not many men would be confident enough in their abilities to make a woman come that they'd offer to do it on a whim in public.

'Practise,' he said like it was no big deal.

'So you've been with a lot of women, then? That's a point. I don't know anything about your dating history.'

'Not much to tell.' He shrugged.

'No? So there's no high-society lady waiting for you back in London?' I asked, trying to sound bright and breezy, despite my heart thudding against my chest. If Theo was ever going to choose to be with someone, I knew it wouldn't be someone like me.

Theo paused. He opened his mouth to speak, then closed it before opening it again.

'I don't really date. I'm always working, so it's difficult. Work has always been my focus.'

'So then how do you *practise*?' I raised my eyebrow.

'I sleep with women, but it's never anything serious.'

My stomach bottomed out. Looked like I'd got my answer about what would happen with us after the pitch: absolutely nothing.

'Right,' I said.

'That doesn't mean… I didn't mean…' Theo winced. 'I wasn't talking about us, or you. This is… different.'

'Why? Because I'm your competitor? Or because I'm not the kind of woman you'd normally date?'

'I…' Theo paused like he was trying to find the right words. 'It's true. You're *not* like the women I normally date.' My stomach twisted again. All the stress that had disappeared started to creep back. 'You're *better*.'

My head bolted upwards.

'*Better?*'

'Yes. This is different, in a good way. In case it wasn't obvious, I like you, Jess. A *lot*. I don't have all the answers. I don't know what happens after the pitch or what this is and what it means. All I know is that I enjoy spending time with you. I hope that's enough for now.'

My heart bloomed.

I appreciated his honesty. He could've made up some bullshit and sworn that we'd continue afterwards, but he didn't.

As much as I liked him, I didn't have all the answers either.

'One step at a time, right?' I repeated what we'd said this morning.

'Yes.' He kissed me softly, then glanced at his watch. 'We don't have long before dinner, so shall we read a couple of chapters?'

'Sounds great!'

Whilst I reached in my bag and pulled out my book, Theo took out his thriller from his jacket.

As we curled up together on the bench, with my head resting on Theo's shoulder, our noses buried in our books and the soothing sound of the gentle waves surrounding us, my pulse slowed and a warm feeling flooded my veins.

This was the definition of happiness.

Right here, right now, everything was perfect.

And just like my favourite romance scene, I never wanted this moment to end.

34

THEO

'No tux today?' Candace winked at me as Jess and I took our seats at the table.

'Not today,' I laughed, thinking about how overdressed I was the first night I dined here.

'Don't worry, sweetheart.' Candace smiled. 'I'm only teasing. We're not fussed with what you wear. Just come as you are. Once we had a guy in a chicken suit and he was welcome too.'

'A chicken suit?' Jess frowned.

'Yeah. Said it was fancy dress, but maybe he just liked the feel of the feathers!' Candace laughed. 'Anyway, my lovelies, what can I get you?'

'Cod and chips for me,' I said quickly. 'Jess?'

'Same. With a side of mushy peas.'

'And to drink? How about a nice glass of orange squash?'

'Perfect,' I said. It'd been ages since I'd had that.

'Make that two,' Jess added.

'Coming right up.' Candace took our menus, then disappeared into the kitchen.

My phone rang. I pulled it out of my pocket and glanced at the screen. It was my brother Tom. I turned the screen face down. It was rude to take a call when I was with Jess.

'Don't you want to get that?' Jess's face creased.

'I'm here with you. It's my brother. I'll call him back later.'

'But what if it's urgent?'

'I know why he's calling. Tomorrow is… it's kind of an important day.'

'Oh?' Jess beamed. 'Sounds exciting! What's happening tomorrow?'

'It's…' I inhaled deeply. 'The anniversary of my mother's passing.'

Jess's face fell and I wondered whether I should've told her. She'd already had a stressful day and I didn't want to make her feel bad.

'I'm so sorry.' She placed her hand on mine.

'Thanks.'

'So do you normally do something with your brothers? Is that why one of them called?'

'Sometimes we all get together. But it's rare these days because we're always in different parts of the world. We've spoken so many times about going to one of her favourite places and spending the day there, but it's never happened. It almost happened once, but then it rained, so we called it off.'

'Where was her favourite place?'

'Mum loved parks. She used to take us to Kensington Gardens a lot. And Hyde Park. I have many fond memories of standing by the lakes there, watching the ducks or playing with my brothers. They were too young to recall those days, especially Ben, the youngest. But somehow, I remember it clearly.'

'Probably because it made you so happy.'

'Yes. Anyway, tomorrow I'll work as normal and maybe we'll all do a video call in the evening and raise a glass to her. It's hard because we're all on different time zones. Ben's in LA, and last time we spoke, Tom was somewhere in Europe. Italy, I think.'

'That's one of the great things about technology. Even though you're miles apart, you can still connect easily. Well, if you need anything tomorrow, even just to talk, then let me know.'

'Thanks. I appreciate it.'

I might take her up on her offer. I loved that I was close enough with my brothers that we were still able to talk about Mum. One of my biggest fears was forgetting little details about her. I always wanted to remember her voice, her sweet floral scent and the softness of her skin. With every year that passed, everything faded a little and I wanted to keep her memory alive.

My father didn't. He acted as if she'd never existed, which was another thing we clashed on.

Just as my mind wandered to when I was only eleven and he told me I should remove the photo of Mum that I kept on display in my bedroom, Candace arrived at the table with our food. I was glad of the distraction. Thinking about my father's coldness always made me angry.

As I took the first bite of fish, I closed my eyes. Everything was just as delicious as the first time.

This might not be a Michelin-starred restaurant, but the

quality was exceptional. The fish was incredibly fresh and the chips were fried to perfection. It didn't take long for me and Jess to polish off every crumb on our plates.

Once we'd finished, the restaurant had quietened down, and after clearing our plates, Candace came over for a chat.

'So how are your presentations going?' She pulled up a chair.

'Good,' I replied.

'Okay, I hope,' Jess added. 'Any advice on how we can impress Edwin?'

I liked how Jess used the word *we*. It made us sound like we were working on the presentation as a team rather than competing against each other.

'Hmmm.' Candace paused like she was choosing her words carefully. 'Like everyone here, Edwin loves this town. But the school is extra special to him. It's more than just a building. It's been part of his family for generations. His parents taught there, and so did his grandparents. Edwin went to school there as a boy and went on to teach at Seaview High too. There's a lot of legacy there, so whatever your plans are, keep that in mind.'

I swallowed hard. I hadn't realised that Edwin's ties to the school ran that deep. No wonder he'd been reluctant to sell for so many years.

The legacy of the building didn't fit well with our plans for the land. If Edwin had a strong emotional connection to it, he wouldn't want it to be torn down. It was part of the local history and I understood that. But there was no way we could build our apartments without demolishing everything first.

'Why did the school close?' Jess asked. I already knew the answer from my research, but I let Candace speak.

'There wasn't enough demand. A new school opened up about fifteen years ago with more modern facilities and they didn't need two schools in such a small town. Once people are in their twenties, they head off to London or other towns and cities and make a life there, so there aren't many youngsters or young families here anymore.'

Jessica nodded.

It was a shame because this town had a lot of potential. I'd certainly enjoyed my time here.

We chatted more, then once I'd settled the bill, Jess and I headed back to the B&B and straight to my room.

As soon as we'd locked the door, it didn't take long for our clothes to fly off. I couldn't get enough of this woman.

Once we'd cleaned up, we slipped under the duvet.

'Book time?' I suggested.

'Yes!' Jess beamed. 'Shall I get my paperback?'

'If you want.' I pulled her favourite book up on my phone. 'Or you can just lie here and let me read to you?'

'Sounds like heaven!' She laid her head on my chest.

As I read to Jess whilst stroking her soft skin, I knew that what she'd said was right.

Being here, curled up together with a book, was what dreams were made of.

And if this was a dream, I didn't ever want to wake up.

35

JESS

After ending the phone call, I opened my bedroom door. Everything was set. I was taking the day off. Could I afford to, given that the presentation was in eight days? Not really. But this was important.

I knocked on Theo's door. I'd deliberately left his room early this morning as I needed time to set everything up, so I knew he wouldn't be expecting to see me.

'Hi!' He smiled as he opened the door. 'Everything okay?'

'Can you be ready in half an hour? I'm taking you out.'

'What?' He frowned.

'Today's an important day and I know you'll be speaking to your brothers this evening, but you shouldn't be alone, so like I said, I'm taking you out. Be ready in thirty minutes. Oh, and bring a book.'

After quickly kissing him on his lips, I went back to my room. I knew if I stayed too long, he'd ask questions or insist that it wasn't necessary or a big deal, but I knew it was and I wanted to help him.

When he told me last night at the restaurant that today was the anniversary of his mum's passing, my stomach bottomed out. I knew first-hand how hard those anniversaries were. And I knew how for so many years I'd wished I could talk to someone about it.

Some years I would've been happy enough for someone to just acknowledge it. Or give me a hug. But it never happened. My ex never cared. The only one who always remembered to call was Sarah.

That was why I was more determined than ever to make sure Theo felt seen and supported today. I wanted him to know I was there for him.

Once I'd popped to the local supermarket and got all the necessary supplies, I went back to Theo's room and knocked on the door.

'Ready?' I asked when he opened it.

'Jess, it's really kind of you to offer to take me out, but I really should stay and work, I—'

'Theo,' I said softly. 'It's not for me to tell you what to do, but I really think this will be good for you. We won't be back too late. Will you trust me?'

'Okay,' he said quickly. 'Let me get my jacket.'

Minutes later we were walking to our first destination: Sweet Treats, where I'd arranged for him to have his favourite crumpets. When we were leaving, Maddie handed me a paper bag with the items I'd called and asked her to prepare earlier.

After paying, I led Theo to the train station.

'What's in the bag? And where are we going?' Theo asked.

'You'll find out. Later. Come on.' I took his hand and

pulled him to the platform. 'We don't want to miss our train!'

An hour later we were in Central London and heading to the Tube station.

'Are we there yet?' Theo mimicked a child's voice.

'Stop asking!' I laughed. 'Or you won't get any ice cream later!'

'Not fair.' Theo pretended to sulk. 'The suspense is killing me.'

When we arrived at High Street Kensington Station, the penny started to drop.

'I think I know where we're going.' Theo squeezed my hand.

'You okay?' I looked up at him.

'Not sure.' His voice cracked a little.

'I'm here, okay?' I kissed his cheek, then rubbed his back.

As we walked through the gates of Kensington Gardens, I felt Theo tense.

'It's been so long since I've been here,' he said gently. 'But in some ways it feels like it was only yesterday.'

'Time's funny like that,' I said. 'This is where Princess Diana used to live, right?' I pointed as we passed the grand palace.

'Yes. I think we even saw her once. But it's hard to remember if that happened or it was just a dream. It was a long time ago.'

'Yeah. So, do you think you'd be able to show me some of the places your mum used to take you?'

'Okay.' Theo nodded.

We walked through the busy park and Theo led me

towards the lake, which had green-and-white-striped deckchairs resting on the lush grass.

When we reached the edge of the water, he stopped.

'This is where we used to watch the ducks,' Theo said.

'It's lovely.' I fixed my gaze on the ducks, then my eyes followed the tall, elegant white swans as they glided across the water. 'I can see why you liked it here.'

'We used to sit on the grass there too.' He pointed.

'You want to go there and sit for a while?'

'Yes.'

I pulled the blanket I'd brought out of my rucksack, laid it down, then sat beside Theo as he faced the lake.

'How are you feeling?' I touched his knee.

'Good, actually. When we first arrived, I thought it would be hard, but now, I know it sounds weird, but being here makes me feel closer to her.'

'It doesn't sound strange. I know exactly how you feel…' My voice trailed off. I didn't mean to say that. The words just came out.

'You do?' Theo frowned as he turned to face me. 'You never did tell me about your family.'

'Not much to tell.' I blew out a breath. 'I have no idea who my dad is and I'm an only child.'

'And your mother?'

I paused. I didn't like talking about her at the best of times, but definitely not on a day which was supposed to be all about Theo remembering his mum. Today wasn't about me.

'It's a long story. Don't worry about it.'

'I don't mind. We've got time. I'd like to know more about you. If you want to share, of course. It's just that you said you knew how I feel, so I wondered if—'

'I lost my mum too,' I blurted out. Theo had opened up to me and I felt bad that I hadn't been honest about what I'd been through too. Maybe it might help him to know I understood what he was going through. 'She died when I was sixteen.'

'I'm so sorry.' Theo rubbed my shoulder. 'What happened?'

'I…' I paused. 'It's difficult to talk about.'

Sharing the story always made me feel self-conscious, but knowing I was about to tell Theo sent a wave of embarrassment through me.

From what Theo had told me about his mother, she was loving, kind and caring. The perfect mum. Such a contrast to mine, who was neglectful and reckless. She didn't even know who my dad was for God's sake.

Theo's mum had died through no fault of her own. Mine on the other hand might've still been alive today if she hadn't done something so stupid.

It was yet another reminder of how Theo and I both came from different worlds.

'You don't have to,' he said gently.

'It's just, her death was so pointless. She did some stupid things in her life, but *that*…' My voice trailed off. Theo didn't try to fill the silence, which I appreciated. I knew he was leaving it for me to decide whether I wanted to continue. 'My upbringing wasn't very stable. The early days, from what I can remember, weren't completely terrible. Mum used to work a lot doing different jobs, so she'd leave me home alone most nights. That I handled. I knew how to make my own dinner by the time I was seven. Burnt myself a few times taking things out of the oven, but nothing major. But when I was about twelve, she got mixed up with a bad crowd. Started taking drugs.'

I swallowed the lump in my throat. Theo didn't speak, he just rubbed my back. I took a deep breath and continued.

'It got really bad at one point. That was when I started to borrow books from the library and read—to try and block out what was happening. When she brought round all those sleazy men, I'd lock myself in my bedroom, too afraid to come out because of what I might find. It was my way of coping.'

'That must have been terrifying. I'm not surprised you needed something to help you push what was going on out of your mind.'

'Yeah. Thankfully with the help of her one and only decent friend, Mum finally went to rehab and got clean. I thought it was all going well. But not long after I turned sixteen, she met a guy at a club she worked at. I never really took to him, but she was smitten. He bought her flowers and chocolates and one day he said he wanted to take her on holiday around the US, then island hopping around the Caribbean. She was so excited. I didn't like the idea of her going away for a month with him, but she said he made her happy. When she went, she left some money—not much, but enough for basics. She'd check in every now and again, y'know, a quick phone call or text to say she was having a great time. The last message she sent said she'd be back in a few days. I was looking forward to seeing her, but then…'

I hung my head and fumbled in my pocket for a tissue. I didn't find one, but Theo must've sensed I needed one because he pulled out a handkerchief.

'Here,' he said.

'Thanks,' I sniffed. 'But then I was getting ready for school and when I saw a police car pull up in front of our block of flats, somehow I just knew.'

'Was there an accident?' Theo asked softly.

'Although she obviously didn't mean for it to happen, I'm not sure you can call it that. You see'—I paused again, trying to muster up the strength to continue—'Mum stupidly agreed to be a drug mule. Apparently her stomach was stuffed with packets of cocaine and they burst.' My voice shattered.

'Fuck. I'm so sorry.' Theo pulled me into him and I sobbed onto his shoulder.

Once I'd had a chance to compose myself, I pulled away. The sooner I got this all off my chest, the better.

'That arsehole boyfriend of hers persuaded her to do it. That's why he took her away. Mum's friend said that she reckoned that because he gave her all the gifts and took her on that trip, she felt obligated to do it. He told her she'd be fine and that if she did it just that once, she'd get enough money to pay off all her debts. And stupidly she believed him.'

'Those kinds of people can be very persuasive. Your mum probably felt like she didn't have a choice.'

'Maybe. But I just felt so angry with her. And I was embarrassed too. Everyone was whispering about it: the neighbours, everyone from school. It was even in the local papers. Dealing with what happened was hard enough, but having to listen to the gossip too just broke me.'

'Who looked after you after that?'

'No one. I never knew my dad. Mum didn't really have any family here. She burned her bridges with all but one of her friends—the one that helped her, but she couldn't take me in and I couldn't stay in the flat. I managed to get into some hostels, but I didn't always feel safe.'

'That can't have been easy. Did you stay on at school? If you were fending for yourself, I'm guessing you had to go out and get a job.'

'Yeah. When I was at school, I had dreams of going to college and uni. I didn't want to be like Mum, working different jobs and struggling to make ends meet. I wanted to make something of myself. But she died in my last year of school, so I couldn't even think about doing coursework or revising for exams. I tried, but I just couldn't. So I left without any qualifications.'

'I think anyone who'd been through what you had would've found it difficult to focus on schoolwork then too,' Theo said, looking at me with kindness and understanding in his eyes.

'I suppose. My only focus back then was survival. I took on as many jobs as I could to pay the bills. I rented rooms and crummy bedsits. That's why I think by the time I met my ex and he asked me to move in with him and offered me a decent job, I was so tired of always struggling to keep my head above water that I just went along with it. Even though our relationship had more red flags than a bunting factory. I fell into the same trap Mum did. Dating a toxic man. So you can see why I swore off men after that.'

'Fuck. You've been through so much. I had no idea. But here you are. Despite everything, you've become an incredible woman. Strong, loyal, smart and determined. You should be proud of everything you've achieved.'

'Thanks. Most of the time I don't feel strong. I feel bloody exhausted.'

It was hard to have so much responsibility at such a young age. Especially when all my friends were out enjoying life, like I should've been.

When my mates were worrying what dress to wear to a party, I was stressing about how I was going to pay the rent. We didn't have anything in common anymore, so although I kept in touch with a few of them, I knew we were growing apart.

And by the time I started dating my ex, Silas, his jealousy meant that I stayed in touch with them less and less, until in the end, we lost contact altogether.

Now, the only true friend I had was Sarah. But I knew now that when it came to friendship, it wasn't always about quantity. It was the strength of your bond that counted. And I'd struck gold with Sarah.

'I'm not surprised. But you've got through it. And now you have an amazing opportunity with the library.'

'*If* I win.' My stomach twisted again.

'Whatever happens, you're going to fly, Jess.' Theo reached up to my face and stroked my cheek. 'Don't ask me how I know, but I just believe good things are coming your way.'

Hearing those words instantly made me feel better. As Theo's gaze met mine, I saw the sincerity in his eyes. He meant every word.

'Thanks. And sorry for talking about this. It's supposed to be a day to remember your mum, not mine.'

'I'm glad you told me. Obviously I wish we didn't have this kind of grief in common, but at the same time, knowing you understand is comforting.'

That made me happy too. All I wanted today was to make Theo feel better.

'Well, I'm here to talk whenever you need me. Okay?'

'Thanks.'

'You hungry?' I unzipped my rucksack and pulled out the paper bag from Sweet Treats and the other stuff I'd bought at the supermarket earlier.

'I am, actually.'

'Good! I've got sandwiches that Maddie made for us: cheese and pickle and ham and pickle. I've also got cheese and onion crisps, some apples, and to wash it down, the bottle of bubbly we won at the talent show.'

'I'd forgotten about that champagne! And I thought you hated cheese and onion crisps?'

'Hate is a strong word! They're just a bit stinky, that's all. But they're your favourite, so I thought I'd make an exception.'

Theo leant forward and kissed me softly on the lips.

'I really appreciate everything you've done for me today,' he said.

'It's no big deal.' I waved my hand dismissively.

'It is. No one's ever done this for me before. Especially volunteering to eat cheese and onion crisps just to make me happy.'

'Ha-ha! Yes. That's definitely going to be a challenge. But it's fine. We can be stinky together.'

'Mmm.' Theo kissed me again. 'I like the sound of that!'

After lunch, we sat on the grass and read for a bit, opened the champagne, raising a glass to Theo's mum, then I gave him some time alone by the lake to say a few words to her.

Then we wandered hand in hand to Hyde Park to visit the Diana, Princess of Wales Memorial Fountain, where we slipped off our shoes and joined the other visitors walking in the refreshing water barefoot.

After that, we walked through Green Park and when we came out near the station, an idea struck me.

'I've just realised. We're right by Piccadilly Circus!'

'Correct.' Theo frowned. 'Why's that important?'

'Come with me!' I took Theo's hand, led him down the street, then stopped when we arrived at our destination. 'This is Waterstones Piccadilly: the largest bookshop in Europe! Did you know they have over eight miles of bookshelves?' I said, my eyes wider than a child's on Christmas morning.

'I didn't. But now you've told me, we must go inside immediately and look at least seven miles of their bookshelves!' He laughed.

'Agreed!' We stepped through the large glass doors, then down the small steps onto the main floor, our heads spinning as we took in the thousands of books lining the shelves.

There was every genre you could think of, but of course we headed straight to the first floor, where the romance books were.

Thanks to Theo's kindness and the bag of goodies Mrs Davis had left for me, I already had most of the books I would've bought, but of course, I couldn't resist picking up a few more.

And when Theo said he needed the toilet, I raced to the thrillers section, scooped up some novels I'd heard were popular, then took them to the till.

'These are for you!' I handed Theo the bag.

'You bought me books?' He reached inside.

'Yep! Remember, I want to cheer you up. And every bookworm knows that buying new books is the secret to happiness.'

'*Obviously*.' He grinned. 'Thank you. Not just for the books, but for everything. You've made a sad day memorable for good reasons.'

'You're welcome.' I wrapped my arm around his waist. 'Now let's get you back to Sunshine Bay so you can video-call your brothers and share your memories about your lovely mum.'

36

JESS

Today was the day.

In less than half an hour, I'd be presenting to Edwin, and in a few hours I'd know my fate. Either I'd be starting a new life as the manager of a romance library, or I'd be calling my old bosses to ask for more home support, cleaning and bar shifts.

The suspense was killing me. I'd already been to the toilet twice in the last hour and my stomach was in knots. I wished I had a crystal ball to see what was going to happen, but all I could do now was try to stay calm and do my best in the pitch.

If I said that I'd spent every second over the past week and a bit fine-tuning my presentation, I'd be lying because I'd been swept away with Theo.

Although during the working day we'd been disciplined and stayed in our rooms, as soon as the clock struck five, we'd dive straight into each other's arms.

We always made a point of dragging ourselves away

for a walk on the beach in the evenings, where we'd sit and read on what had become our special bench.

After that we'd head back and either have dinner at the fish and chips restaurant (the last few times we'd opted for grilled fish and potatoes with veg) or put something in the oven at the B&B and eat together.

Then we'd go to Theo's room and read together (usually after having sex) before I fell asleep on his chest.

Normally when I woke up, Theo had gone for a run, but he'd always come back with fresh crumpets and coffee for breakfast. And once he'd showered, we'd eat together until it was time to start work. It'd been bliss.

Last night, just like we'd agreed, we'd slept in our own beds. I'd really missed having Theo close to me and reading together. But this was an important day. For both of us.

I hated the fact that Theo was supposed to be my rival. That his success would be my failure and if I succeeded, everything he'd worked for would go up in smoke.

But we couldn't change the situation. So we just had to get on with it.

Whatever happened, we'd said that after the presentation, we'd spend this weekend together. Maybe go somewhere along the coast. I couldn't wait. We still hadn't discussed what would happen after that, though.

After tucking my red blouse into my floaty knee-length blue-and-yellow-patterned skirt and stepping into my heels, I was ready to go.

When I arrived, there was a huge flashy car in the Seaview High car park, which was strange.

'Welcome!' Edwin opened the door for me with his trademark smile.

'Thanks!' I said, wondering where Theo was. He was always early, and I was sure I'd heard him leave his room. 'How are you?'

'I'm great! Looking forward to hearing what you two have come up with. Glenda tells me that you and Theo have become very *close*.' His smile was mischievous. By now I was sure most of the town knew we'd become more than 'friends'.

'Theo's lovely,' I swooned before catching myself. I couldn't afford for my mind to start playing a highlights reel from the time I'd spent with him. I had to get into business mode. 'I'm looking forward to sharing my ideas for the library with you.'

'Excellent!' He clapped his hands together. 'Theo just had to pop out, but he'll be back shortly, then we can get started.'

So he *was* here. My stomach fluttered and I sent it another warning to pipe down.

Seconds later, Theo stepped in the room, but he wasn't alone. Stood beside him was a smartly dressed, stern-looking man that I quickly realised must be his dad. Judging by the tight look on Theo's face, he wasn't happy to see him.

'Jessica.' Theo nodded in acknowledgement without a glimmer of a smile. My blood ran cold. Less than twenty-four hours ago, his head had been buried between my legs, and now he looked at me like I was a stranger. Theo's business mode was fully activated.

Time for me to do the same.

'Theo,' I said flatly.

'*This* is the competition?' His dad glared at me. 'This will be a lot easier than I thought.' He smirked.

Theo gave his dad a death stare and my heart squeezed, knowing that despite the circumstances, he still had my back.

'I think it's a little soon to be counting chickens, Mr… I'm sorry, I didn't catch your name?' Edwin added and my heart squeezed again.

'This is—' Theo started.

'George Eaves,' he interrupted, then thrust his hand in Edwin's direction. 'Founder and CEO of Eaves Enterprises, one of the largest and most established elite real estate companies in Europe. We're very much looking forward to securing this site and transforming it into one of the most luxurious collections of apartments in the south-east.'

From the corner of my eye, I saw Theo wince. Edwin didn't look impressed either.

'I'm Edwin. Owner of this precious building, which has been an important part of our small community for almost a century,' he replied, clearly wanting to get the message across that this wasn't some soulless piece of land that George could waltz in and make money from. I think that was lost on Theo's dad, though.

When George released his palm from Edwin's, I thought maybe he'd shake my hand, but instead he looked me up and down, snarled and turned his back.

'Shall we get down to business?' George spat.

'Father.' Theo paused. 'There's a process that I'm sure Edwin would like to follow, which he'll explain to us in due course.'

George shot Theo a dirty look. The tension between them was intense.

'Thank you.' Edwin smiled. 'I'd like each of you to

present your ideas for the building. You can choose who'd like to go first or we can toss a coin.'

I froze. I thought we'd present our ideas separately to Edwin. But now I realised he wanted us to do it in front of each other. I didn't mind Theo being here. I trusted him to be kind. But his dad? No way. I got the feeling he'd take every opportunity to ridicule me.

'I'm happy to start,' Theo offered. 'Unless you'd like to, Jess... *Jessica*?' Theo quickly corrected himself by using my full name.

If Theo went first, it'd delay my presentation, but if I did, I could just get it over and done with. In the end it didn't matter. I'd be nervous either way.

'That's fine,' I said.

Theo reached into his briefcase and pulled out printed colour copies of his presentation. My stomach bottomed out. I hadn't brought any hard copies. I thought I'd only be presenting to Edwin, so had planned to email the file afterwards.

He'd even printed out extra copies. As I clutched Theo's presentation document in my hands, I swallowed hard. It wasn't just printed in colour, it had a glossy cover and it'd been bound like a proper book. This was on a whole different level. Even if I'd had the foresight to get hard copies, they'd never have been as polished as this.

Next Theo slid out his slick Mac laptop and opened it. His presentation flashed up on the screen.

You didn't need to be a genius to see that it'd been created by a top-end graphic designer. The layout, the colours—everything screamed professionalism.

Mine on the other hand was just an amateur presentation I'd knocked up in PowerPoint. I'd only used it a handful of times before when I was at school and it was going to be obvious when they saw it.

My heart thundered in my chest. I'd thought I was out of my depth before, but now seeing the way Theo, a proper businessman, operated made me feel like I was swimming for the first time in an ocean without a life jacket. And at this rate, it wouldn't be long before I sank to the bottom.

Theo hadn't even started his presentation yet and I already knew he was going to win. Bile rose in my throat. I quickly grabbed the bottle of water in my bag and took a swig.

'Edwin.' Theo turned to face him. 'It's been an absolute pleasure to spend time in your beautiful town over the past three weeks, and I'd like to start by thanking you for your hospitality and for giving Eaves Enterprises the opportunity to present to you this morning. I'm delighted to share our plans of how we'd love to enhance the natural beauty of Sunshine Bay.'

God, even his intro was good.

As I watched Theo outline his vision for the land, I was mesmerised. Not just by his breathtaking looks—and, trust me, he looked incredible in that navy suit—but also his competence. He was a natural at presenting.

Although I had zero experience at doing this kind of thing myself, I'd been in enough meetings to see people fumble through presentations. Some had a monotonous tone that would put an insomniac to sleep. But not Theo. Just like the way he read books, Theo knew how to change the pitch and level of his voice to make it captivating.

Despite the fact that he was talking about property, a subject that wasn't particularly interesting to me, he made it sound exciting. I was hanging on his every word.

Theo presented so calmly and effortlessly, like it was as easy as breathing.

'So as you can see from the plans,' Theo said, pointing to the screen, 'there would be a complex of apartments with sea views available for sale. However, because Eaves Enterprises understands the importance of community here at Sunshine Bay, we would invite local residents with the relevant skills to apply for a selection of jobs related to the development. We'd also provide a generous donation to local charities and sponsor community events on an ongoing basis. And we would welcome a discussion on how we could work with the community long-term to enhance the environment, whether that be through planting more trees or hiring extra pairs of hands to keep the beach beautiful and clean all-year round.'

I watched on as Edwin smiled and nodded. George, on the other hand, didn't seem so enthusiastic. Theo changed the slide.

'In addition to this, we would also like to provide affordable homes, which would be exclusively available for current residents of Sunshine Bay.'

'What?' George jumped out of his chair, his face reddening by the second. 'Why on earth would we do that?'

'Father,' Theo said calmly, 'if you'll allow me to continue, we can discuss this later. *Privately*.' George sat back down, but it was obvious from the steam pouring from his ears that he was not happy.

'Please continue.' Edwin jotted something on his notepad.

'Thank you,' Theo said. 'Eaves Enterprises understands how difficult it can be to get on the property ladder, so our affordable housing scheme would provide families with the opportunity to purchase these properties for a preferential price.'

That was a good idea and I could tell Edwin agreed.

Theo talked through the rest of his presentation, and before I knew it he was wrapping up and thanking Edwin again for the opportunity.

'Thank you, Theo.' Edwin said. 'Are you ready, Jessica?'

'Yes.' I nodded, standing up and telling my heart to calm down.

You can do this. Stay calm.

I pulled out my laptop, which was ancient compared to Theo's, and opened it up.

After double-clicking on the proposal, I waited for it to launch, but the screen froze.

I tried again, but nothing happened. A colourful ball spun on the screen, but apart from that everything was static.

'Um, sorry about this.' I plastered on a smile as my heart thundered against my ribcage.

'Oh dear,' George said sarcastically. 'Looks like you won't be able to present after all.'

'I'm sure it's just a minor technical issue.' Theo leapt to his feet and crouched down to inspect the screen. 'Whenever I get the spinning ball of doom, I resort to the high-tech solution known only to computer geniuses.'

'What's that?' I asked, sweat pooling on my forehead.

'Turning it off, then on again!' Theo looked up at me and smiled. Butterflies flooded my stomach and I smiled back, somehow sensing that although we'd been pitted against each other, he was still on my side.

'That definitely sounds like a *very* high-tech solution. Are you sure we can pull it off?' My mouth twitched.

'Certain. You happy for me to try?'

'Go on. Dazzle me with your technical brilliance!'

It was only when I heard George cough that I remembered where we were. For a second it seemed like it was just me and Theo joking and chatting together. Existing in our own bubble like we'd done all week. But when I saw the grimace on George's face, I realised he didn't look happy about the fact that Theo was helping me.

'Maybe wait a few seconds,' Theo said.

'Thanks. It's okay, I can do it,' I said quickly. I didn't want to make his situation with his dad more difficult than it already was.

Luckily when I switched it on and clicked on the presentation again, this time it opened.

'*Finally*,' George muttered as he made a big show of looking at his expensive gold watch.

I did my best to ignore him, but I was already flustered from my computer issue. After running the back of my hand over my forehead, I took a deep breath.

It was time.

Here goes.

'Good morning, everyone: Edwin, Theo and George.' I smiled, instantly chastising myself for my intro. It was probably afternoon by now and they already knew their names, so I shouldn't have said them. 'Thanks for giving me the opportunity to present my ideas for The Romance Library.'

'Pleasure,' Edwin said encouragingly.

'Recently, I was lucky to meet a very special woman called Mrs Davis. She was a passionate romance book lover who spent years curating a brilliant collection. Her dream was always to open a romance library to help more people find love between the pages and between the walls. But there was one thing she was very clear about for this library: the location. She knew that Seaview High would be perfect. It's where her own real-life romance began because it was here in these very walls that she met her husband and the love of her life. That's why I'm here today to ask you to help me bring her vision to life.'

As my gaze moved around the room, I was encouraged to see Edwin still smiling and Theo giving me a supportive look.

'One thing that I've noticed living in this town over the past three weeks is the love and happiness that's all around. Whether it's a welcoming hug from Glenda at the B&B, the infectious smile from Candace when she's serving her amazing fish and chips or the way every single person has been so welcoming and gone out of their way to make me feel at home, this community is the definition of positivity and happiness. It's called Sunshine Bay for a reason, right?' I laughed.

'Yes, indeed,' Edwin added.

'And I think a romance library would fit perfectly into the community. Romance as a genre brings millions of readers around the world joy, happiness and hope. So it would attract readers not just from the local area, but from around the world too.'

'That's ridiculous!' George spat. 'How are you going to *loan* library books to someone who lives in another country?'

'Father,' Theo warned.

'Please continue, Jessica,' Edwin said.

'The Romance Library will do more than just lend books,' I added, trying not to get flustered at George's comment. 'As I'll explain shortly, I have other plans that will help attract a bigger audience and generate revenue. But one thing I'd really like to highlight is that the romance market is booming. It's a billion-dollar-a-year industry. Romance novels used to be something that people would be ashamed of reading, but these days romance authors regularly outsell those from other genres.' I flicked to the slide, which had various statistics I'd found in my research.

'Goodness me.' Edwin's eyes widened. 'I hadn't realised romance books were so popular!'

George snarled in response.

'They really are! Romance readers devour books at a rapid rate and will travel to meet their favourite authors and pay a premium for signed or special edition copies. Which is where The Romance Library comes in.'

I clicked on the presentation to turn the page. My heart rate had started to slow a little and I was feeling more confident.

'As well as having library books available to loan, we'd like to maximise the beautiful space in Seaview High. The existing main hall would be used as the library space. But we'd also like to merge multiple classrooms to create a bookshop. And merge some others to create a space that could be used for paid events. For example, author signings, romance-related seminars and talks, bookish meetups so that fans of a particular author or Bookstagrammers and BookTokers could meet up in real life.'

Speaking to Theo that evening on the beach had really

got my creative juices flowing about other ways to make money.

I'd realised that as well as offering 'extras' to buy, I could also use the space we had to boost profits. So hosting both bookish and non-book-related events and gatherings in separate areas within the building wouldn't just generate extra revenue, it'd also create a community and help bring people together—just like Mrs Davis wanted.

'Forgive me.' Edwin frowned. 'What are Booksta-grabbers?'

'Sorry.' I smiled. 'Booksta*grammers* are readers that are so passionate about books that they take photographs and post them on social media pages like Instagram. They also post book reviews and mood boards or just anything related to books. BookTokers do a similar type of thing but with videos which get posted on TikTok.'

'Ah.' Edwin nodded. 'I think that's the thing my grand-daughter watches on her phone where people do funny dances!'

'Sort of. TikTok is popular for lots of things now. Especially books.'

'Got it! Please continue.'

'Yeah, so we could host meetups and I'd even like to do some sort of book awards ceremony for authors. These events and book sales would help generate the revenue we need to keep the place running. Plus, it'd attract new visi-tors to Sunshine Bay who will want to find places to eat, drink and shop whilst they're here, which would boost local revenue. And something that I'd really like to point out is that we'd use the *existing* building. I know that

Seaview High is a building with a lot of history, so I'd like to preserve its legacy.'

'It does.' Edwin nodded.

I smiled at him softly. I was glad that Candace had shared that information with me and Theo. I wanted Edwin to know that I understood how important this place was.

'We don't want to tear this beautiful building down. We want to restore it. It's an important part of the community and we want to honour that. And because we won't be bulldozing it, there'll be minimal disruption to the town. The renovation time will be limited.'

Edwin nodded encouragingly.

This was only the tip of the iceberg. I had so many other ideas of what could be done with this space. But hopefully I'd given Edwin enough to seal the deal.

After I talked through the design library layout plan the original architect I'd liaised with had sent over, I clicked on to the last slide.

'That's the end of my presentation. Thank you for listening.'

I smiled as I scanned the room.

Theo was beaming, pride shining from his eyes, and the sight made my stomach flip. I'd hoped it went okay, but the look on his face told me I'd done a decent job. My shoulders loosened, especially when I saw Edwin was smiling too.

George, of course, was scowling like I'd just presented a seminar on how to commit murder. Then again, he struck me as an evil man, so he'd probably have enjoyed listening to that much more.

The main point was I'd done my best.

Time would tell whether that was good enough.

37

THEO

'Thank you, Jessica,' Edwin said.

As Jess took her seat, I beamed with pride.

She'd knocked her presentation out of the park, and I was so fucking proud of her my heart could burst.

Right now, I wished I could scoop Jess up in my arms, spin her around and tell her how brilliant she was.

Although I was happy with how my presentation went, I had to be honest. After spending time in Sunshine Bay, deep down I knew Jess's library would be a much better fit for the town. Especially as it'd mean Edwin could keep the building intact.

Ever since Candace had shared that info about this school being part of Edwin's family history, I'd felt guilty about the fact that a company I worked for wanted to tear it down.

I'd lost count of the number of times I'd considered whether I wanted to go ahead with this pitch. If I removed myself from the race, Jess and I would no longer be competitors and the building's legacy would remain.

I wanted Jess to win. And in that moment, everything became clear. I knew exactly what I was going to do.

Father wouldn't like it, but I didn't care. I was tired of the way he treated me. When he'd turned up unannounced to check on me, my blood had boiled hotter than a volcano. I'd already told him I had it handled. But, yet again, he didn't trust me.

And the way he'd interrupted both our presentations was unacceptable.

'So I trust you'd like to move forward with our proposal?' Father stepped towards Edwin and I cringed.

'Thank you for your time, Edwin,' I jumped in. 'We'll leave you to gather your thoughts. Father, I need speak to you,' I said sternly. '*Now*. In private.'

'I'll be in touch either later today or tomorrow,' Edwin replied, his expression neutral.

'Bye.' I turned to Jess, who was packing up her things. I was desperate to stay and speak to her, but I had something important to take care of first. 'Follow me.' I gestured to my father, leading him to the back of the building.

'What was all that nonsense about voluntarily providing affordable housing?' he snapped the second we stepped out into the corridor. 'That would take up a considerable amount of land and will cost us millions!'

'Not everything's about money,' I fired back.

'Of course it is! We're not running a charity. Your penthouse didn't pay for itself. Nor did your education. Show some gratitude!'

I ground my jaw. I didn't want to get into an argument, but it was inevitable.

'You shouldn't have come today!' I thrust open the

back door and stepped through it. 'I had everything under control. And your presence has been a hindrance rather than a help.'

'I had no choice. You refused to send over the presentation, so I had to come and make sure you sealed the deal.'

'You don't get it, do you?' I blew out an exasperated breath. 'Edwin asked us to stay here for a reason. He wanted to show us how important the community was to him. I told you that from the beginning. That's why I included community elements in my pitch. But your reaction undermined everything.'

'You took it too far! Sponsoring the local football team or throwing some money at a local charity would've sufficed. Suggesting we give up the opportunity to secure millions in profit with that housing idea was ludicrous!'

'It's irrelevant now anyway.'

'Why?' He frowned. 'Surely you don't think he'll choose that girl's juvenile pitch over ours?'

'She's not a *girl*. Jess is a woman. And her pitch was passionate, insightful and brilliant. A romance library will be a much better fit for this town. That's why I'm telling Edwin that we're withdrawing from the pitch.'

'What?' His eyes flew so far out of their sockets they could've landed on Mars. 'You'll do no such thing!'

'Watch me.' I turned my back, then strode inside. Just as I stepped into the corridor leading towards Edwin's office, I spotted Jess.

'Everything okay?' She frowned. 'I forgot my notebook and when I came back I saw you and your dad out there.' She pointed to the playground, where I'd just finished arguing with him.

'I told my father that I'm withdrawing. I'm going to tell Edwin now.'

'What?' Her jaw dropped. 'Why?'

'I don't want to compete with you, Jess. And your idea will be better for the community. Your pitch was fantastic and you deserve to win. I don't want anything or anyone to stand in your way.'

I knew withdrawing meant pissing off my father. If he wanted to be really petty, he'd fire me and cut me off, ensuring I'd lose everything. Not just my job, but the penthouse and the cars too.

But as irresponsible as it sounded, I didn't care. I wanted Jess to succeed. Right now, her happiness was all that mattered to me.

Jess stood there, stunned into silence.

'I...' She opened her mouth, swallowed hard, then tried to speak again. 'I don't know what to say. I'm so grateful you'd even consider doing that for me. Especially when I know what's at stake. But I can't let you.'

'I *want* to. I don't give a shit about the stakes anymore. I know my father will fire me, but I don't care. I just want you to be happy.'

'I want *you* to be happy too. I appreciate you offering to withdraw, but please don't. If I win this, I also need to know it's because it was Edwin's decision. Not because you did me a favour. Do you get what I mean?'

I squeezed my eyes shut and winced. I was so focused on wanting Jess to win that I hadn't even considered how she'd feel about me stepping aside. She wanted to win on merit and I respected that.

'Yes. I understand.'

'Thanks,' she said softly.

'Tell me you haven't done something stupid!' Father's voice boomed down the corridor.

'Lucky for you I haven't spoken to Edwin,' I spat back.

'Smart boy. We'll talk about your little outburst later, but I was just on the phone to Harold.' My blood ran cold. 'He said that Penelope's looking forward to seeing you again tomorrow and wanted to know whether you two planned to dine at the house in the country or if you preferred somewhere in town. Perhaps somewhere near your penthouse will be better. You'll have more privacy. I know you two have a lot of *catching up* to do.'

Father raised his eyebrow suggestively, as he stared at Jessica.

Bastard.

I'd completely forgotten that my father had set up that date with Penelope after the presentation, because I had no intention of going.

'Who's Penelope?' Jess asked and my chest tightened.

'A friend of the family,' I said quickly.

'*Now, now*,' Father said. 'Don't be coy. Penelope's more than just a *friend* of the family. She's my future daughter-in-law.'

Jess's face dropped and bile rose in my throat.

'That's not true!' I protested.

'I'm… gonna go.' Jessica turned swiftly and made her way to the exit.

'What the fuck are you playing at?' I snapped, torn between wanting to run after Jess and having it out with my arsehole father.

'I should be asking *you* that question! I cannot believe that you slept with a competitor. Never mind a woman like *her*.'

I froze.

'What? Why would you—'

'Don't insult my intelligence by attempting to deny it,' he hissed. 'It's obvious. Why else would you threaten to put the success of this deal on the line? I expected more from you Theodore. Prioritising pussy, and cheap, unrefined pussy at that, over business is unforgivable. Have you learnt nothing? You're supposed to sabotage the enemy, not sleep with them!'

'I'm not *you*, Father. I don't use unsavoury tactics just to seal the deal. I believe in integrity.'

'*Integrity?*' He shook his head. 'Don't make me laugh. Integrity is not crossing professional and personal boundaries by having discussions about visiting a competitor's bedroom in the middle of the night.'

My eyes widened. How the hell did he know about that?

'I…' I stuttered.

'I'm not an idiot. I saw your emails. Reading bedtime stories! It's *pathetic*. That's one of the many reasons I was so insistent on seeing your presentation and attending the pitch. I knew you'd been distracted and didn't want your failings to put this deal at risk. And I was right.'

Fuck. He read our emails. Snooping bastard.

'I did what I came here to do. My presentation was sound.' I clenched my fist.

'Your presentation was subpar. You should never have made those ludicrous *community* suggestions. Whatever Edwin's decision, after the stunt you just pulled, there's no way I can recommend to the board that you take over. You're not ready.'

'*What a surprise*,' I said sarcastically. 'Always pushing

the boundaries. Even if we won this pitch, you'd still find another excuse.'

This wasn't the first time he'd dangled the carrot of taking over in front of me only to rip it away at the last moment. I was so tired of his bullshit.

'Enough of your lip, boy. If I didn't need you in Paris, you'd be out of the company.'

'Paris?' I didn't like the sound of this. At all.

'Yes. I've decided. You're going there on Sunday for at least a month. Or however long I tell you. I need someone to manage the project there. And seeing as you don't care about whether we win this pitch or not, you won't be needed here.'

I didn't even stay to argue. Trying to reason with my father was like trying to negotiate twelve hours of uninterrupted sleep with a newborn.

My priority right now was to find Jess and talk to her.

After storming out of the exit, I headed back to the B&B. I knocked on her door several times, but there was no answer.

When I headed back downstairs, Glenda was there.

'How'd the pitch go?' She beamed.

'Have you seen Jess? Did she come back here?'

'I haven't seen her since she left this morning. Is something wrong?'

'If she comes back, could you call me or ask her to? *Please?* It's really important.'

'Course, love.' Glenda's face creased with concern.

I walked around the town for almost an hour, hoping to find her, but I couldn't. Then something told me to go to the beach.

Not caring whether I got sand in my shoes or damaged my suit, I ran along the shore searching for her.

Then in the distance I spotted Jess on our bench, staring out towards the horizon.

Thank God.

I sprinted over and when she saw me, her eyes popped.

'What are you doing here?' she said, her voice solemn.

'Looking for you.'

'I thought you'd be back in London by now, meeting up with *Penelope*. I don't understand why you didn't just tell me about her. I asked you. When we sat here together. After you made me come on this bench. I asked if there was someone waiting for you back in London. Actually now that I think about it, you didn't say no. You avoided the question. Silly me.'

'Jess.' I sat down beside her and reached for her hand. She pulled it away. 'There is absolutely nothing going on with Penelope. Yes, Father wants us to get together. He's been harassing me to go on a date with her for ages, but I'm not interested. The only woman I'm interested in is *you*.'

She studied my face for several seconds.

'For some reason, I believe you.'

'Thank you.' I blew out a sigh of relief.

We sat there for a few minutes before Jess broke the silence.

'Your presentation was amazing, by the way.'

'Thanks.'

'And personally, I think your suggestion for affordable housing was great. I've no idea how Edwin's going to decide, but I don't envy him.'

My phone pinged and I groaned. It was probably my father. Whatever he had to say would have to wait.

A notification on Jess's phone sounded seconds later, and after staring at the screen, she jerked her head in my direction.

'Looks like we won't have to wait long to hear Edwin's decision. Check your phone.'

I pulled out my phone, and as I tapped the screen, a message appeared.

Edwin

Please return to Seaview High in half an hour. I've reached a decision.

The moment of truth had arrived.

Shit.

38

JESS

It was funny. Earlier this morning before the presentation, I'd wished I had a crystal ball so I'd know what the outcome would be. But now, as I walked back to Seaview High with Theo beside me, I wished I wasn't just minutes away from finding out about my fate.

My stomach was more knotted than a bunch of computer cables, I felt like I wanted to throw up and my heart was hammering so hard against my ribcage I half expected it to burst through my skin.

'You okay?' Theo asked, his face creased with concern.

'Not really.'

If it was anyone else I probably would've put on a brave face and said I was okay. But I knew I could be honest with Theo and he'd understand.

'You're going to be fine. Trust me. Whatever happens we're both going to be good.'

If only I had his confidence.

After Theo's dad dropped that Lady Penelope bombshell, I'd gone straight to our bench to clear my head.

My mind had spiralled. I'd trusted Theo and thought he'd lied to me. I thought we'd had a special connection. In my heart I wanted to believe it couldn't be true, that he was a good person. But the devil on my shoulder told me it wouldn't be the first time I'd made a mistake with a man.

Instead of feeling sorry for myself, I'd gone into defence mode and told myself to get my head out of the clouds and get back to reality.

People like me didn't get great opportunities like the chance to run a romance library. I'd had a brilliant few weeks in this adorable town and a romantic adventure with a sweet guy, but all fairy tales had to come to an end and my time was up.

So I'd messaged my old bosses and asked them to put me down for as many shifts as possible from next week. Knowing that I had work lined up would help soften the blow if I didn't win the pitch.

I was glad that at least I'd cleared the air with Theo, though, and hadn't let that misunderstanding about Penelope get in the way.

When I saw him on the beach, I couldn't believe it. At first I wondered how he knew I'd be there. But somehow he seemed to be in tune with what made me happy. And I knew he loved that bench as much as I did.

Theo opened the door to Seaview High and we stepped inside.

'Good luck.' Theo kissed me on the cheek.

'Thanks.' I took his hand and squeezed it. 'All the best to you too.'

'Ready?' He stood outside Edwin's door.

'As I'll ever be.'

Theo knocked. Edwin opened the door, then invited us in.

'Please, take a seat.' He gestured to the chairs. Once we'd sat down, Edwin leant forward. 'Thank you for your presentations this morning. They were both very impressive. You certainly didn't make it easy for me. Anyway, I'm going to cut straight to the chase. I've decided to sell the site to the person whose proposed venture will most benefit the community. And that person is…' He paused for what felt like an eternity.

It was like I was a contestant on a reality TV competition show, waiting to find out if I'd won the multimillion-pound prize.

Just as Edwin opened his mouth to speak, his phone rang.

'Sorry, please excuse me one moment.' Edwin got up and left the room, further prolonging my torture.

'Do you think he planned that call for dramatic effect?' Theo leant over and whispered in my ear. I loved the sensation of his warm breath on my neck. I was going to miss that.

'Might've done!' I smiled, despite my pulse racing.

A few seconds later, Edwin returned to the room.

'Sorry about that. Now where was I?'

'You were telling us that you were going to cut straight to the chase…' Theo smirked.

'Ha! Yes. I promised that call wasn't planned. My wife needs me to pick something up on the way home. Anyway, as I was saying, I've chosen the person whose idea was most fitting for the community. This wasn't a decision I took lightly, and I consulted with key residents over lunch to get their thoughts. And the person I've decided to sell the site to is… Jessica.'

'Oh my God!' I jumped out of my seat. 'Seriously? Did you say me?'

'He did.' Theo stood up. I was afraid to look him in the eye because just as the realisation hit me that I'd won, I realised that he'd lost and my stomach dropped. But when I looked at Theo, there wasn't even the slightest trace of anger or resentment in his eyes. 'Congratulations, Jess.' He opened his arms and I stepped into them.

'Thanks! I can't believe it!' I rested my head on his chest and he wrapped his arms around my back.

At this point I was too stunned to worry about the fact that we were hugging in front of Edwin.

'I can. You deserve it. I'm so proud of you.' Theo rubbed my back and before I had the chance to stop it, I started sobbing.

I pulled away quickly. His shirt probably cost more than I earned in a week and I didn't want to stain it with my mascara.

'Sorry.'

'Don't be sorry.'

'I hope those are happy tears?' Edwin asked softly.

'They are.' I nodded, wiping the back of my hand over my damp cheeks. 'I… this is amazing. You don't know what this means to me. Thank you!' I stepped towards Edwin, then threw my arms around him.

'You're very welcome.' He patted my back, then I realised maybe hugging him was too forward.

'Sorry about the hug. Hope it wasn't inappropriate.'

'You're part of this community now, so hugs are

perfectly acceptable. And, Theo, I want you to know that you are also part of our family too. I'm sorry that I wasn't able to move forward with your proposal, but I want you to know that I was very impressed. Especially with the community initiatives you suggested, which I feel came from a genuine place. I hope your father realises what an asset you are to his business. Without wishing to sound unprofessional, if it was him who'd approached me, I wouldn't even have considered a pitch. I would've awarded it straight to Jessica. But I saw something in you. You will go far, young man.'

Theo's eyes widened with surprise.

I supposed after spending his whole life with a dad who always seemed to tell him that he was never good enough, he wasn't used to receiving compliments. Even when I'd told him on the beach that I liked his presentation, he'd seemed taken aback.

'Thank you.' Theo nodded in acknowledgement.

'So, Jessica, I'll have my solicitor get in touch with Cecil to get the sale moving.'

'Right. Great. Fantastic!'

My brain whirred. This was still so much to take in. I didn't even know what was involved. I'd have to speak to Cecil. He'd wanted to come today but had some family stuff to deal with, so I'd said I'd be okay on my own. At the time I wasn't sure I would be, but as it turned out I was more than fine.

'I hate to rush you, but I have to get back home now. But I hope you'll go and celebrate in the Seaview Arms?'

'To be honest, I think I just need some time for this to sink in.'

'Right you are. Well, whenever you're ready, I'm sure

the residents will be happy to raise a glass to your success.'

'That's really kind,' I said as Theo and I headed to the door. 'Thanks again, Edwin, and I suppose we'll be in touch.'

'Indeed.'

'Thanks again for the opportunity,' Theo said. 'Jess will do a great job with the library. Take care.'

'Same to you, Theo. Look after yourself. And don't be a stranger!'

As we stepped outside and the cool air tickled my skin, the realisation hit me.

I'd done it.

I'd won the pitch.

I wouldn't have to go back to the jobs that I hated.

I was going to honour Mrs Davis's wishes and open a romance library.

I felt so happy.

But also absolutely terrified.

39

THEO

As Jess and I stepped out of Seaview High, I smiled.

This situation was new to me.

Normally if I lost a deal, I'd be angry.

I'd go home, run off my frustration on the treadmill, lift some weights or take my annoyance out on the punchbag.

But not today.

When Edwin announced that he was selling to Jessica, relief flooded my chest. I was so happy for her. Like I'd said many times today, she deserved it.

My first instinct was to hold her and congratulate her. I didn't care if Edwin realised we were closer than perhaps we should've been. I needed Jess to know that I was thrilled with her success.

'So what would you like to do now?' I asked.

'No idea!' She shrugged. 'I genuinely wasn't expecting this.'

'If you don't want to go to the pub to celebrate, we

could get a bottle of champagne and have a drink together on the beach?'

'Yes! I like that idea much better.'

'Great. How about we get changed, then I'll get some supplies and we can meet at our bench in about an hour and a half?'

'Okay!'

We walked back to the B&B, then returned to our rooms. Once I'd showered and changed I started packing.

When I checked my phone, I saw that my father had sent over details for Paris. His secretary had booked me on the first Eurostar there on Sunday morning and there was a load of stuff I had to catch up on at the office before I left. That meant I'd need to be there all day tomorrow to bring myself up to speed, so it was best for me to return to London tonight.

My stomach twisted. I didn't want to leave Jess. This was her special day and I wanted everything to be perfect for her. But as much as I'd told myself earlier that I didn't care what my father thought, the reality was I had to work. Father owned me. Everything was tied to him. My livelihood and my home came from him. So as much as I hated the situation, I still had to toe the line.

Hopefully Jess would understand.

After I'd finished packing, I headed to the supermarket. The selection of champagne was limited, so I decided to go to the pub.

'Hello, you!' Barbara said as soon as I stepped through the door. 'Sorry to hear about your pitch, but I'm sure you're happy for your lovely Jess.'

'Absolutely.' I smiled. 'The right woman won.'

'Awww, you're such a sweetheart. She's a very lucky

lady to have such a supportive boyfriend.' Barbara winked and my chest tensed with guilt.

Now that I was off to Paris I had no idea what would happen between us.

'Could I buy a bottle of your finest champagne and a couple of glasses?'

'Oooh, are you two planning a cosy night in?' She grinned.

'No. We're... going somewhere more intimate to celebrate. Jess is still taking everything in, so she's not ready for a big celebration tonight.'

'No worries! A bottle of our best champers and two glasses coming right up!'

Once I got the champagne, I stopped at Candace's. She gave me two portions of fish and chips to take away in a hamper to make it easier to carry.

When I arrived at our bench, Jess was already there.

'Thought I'd be the early one for a change!' She smiled and my heart swelled. God, I was going to miss her smile.

'Ah! I wanted to get everything set up before you got here, but you know what it's like in this town. You can't just get what you want and run. Everyone likes to stop and have a chat.'

A few weeks ago, that would've been my idea of hell. I hated making small talk. But the people here had grown on me.

'Yeah! So different to London, where most people like to keep their heads down and avoid making eye contact. Anyway, what you got in there?' She pointed to the hamper.

'Firstly'—I opened it and pulled out the first container—'for dinner we have fish and chips.'

'Oooh!'

'And to toast your incredible achievement, we have a bottle of Sunshine Bay's finest champagne.' I took out the bottle, then handed her a glass.

'So fancy!'

'Nothing less than what you deserve. How are you feeling now? Has it sunk in yet?'

'It's starting to, but I'm shitting bricks.'

'I know it must be daunting, but you're going to be fine. Cecil will take care of all the legal stuff, and if you need any help with the building works, then just tell me and I'll help you too.'

'Really?' Her eyes widened.

'Of course. I want to see you succeed. And I want to be your first library member.'

'Aww.' She beamed as I popped open the champagne, then poured it into our glasses.

'To you and your fantastic romance library.' I raised my glass and clinked it against hers.

'To both of our future successes,' Jess said.

The evening flew by. Once we'd finished eating, we talked for hours, only pausing to marvel at the beautiful orange-and-yellow sky as the sun set.

I couldn't even remember all the different things we'd spoken about.

Of course we'd started off discussing her plans for the library, but then the conversation quickly turned to *Office Delight*, which we'd finished a couple of nights ago but hadn't had a chance to dissect fully because we were both so tired.

As we headed back to the B&B hand in hand with only the moonlight and street lamps to illuminate our path, Jess gushed about the fact that she'd heard the author of *Office Delight* was writing a sequel and how excited she was to read it.

'It's funny,' Jess said. 'A few weeks ago I couldn't even bring myself to read a book, and now listen to me counting down the months until the next book in the series comes out!'

'That's been one of my favourite parts of this whole experience.' I wrapped my arm around her back. 'Seeing you get your reading mojo back.'

'Ditto.' She smiled. 'Seeing you fall in love with reading again has been lovely to see. If someone had told me that first day we met that you'd become a romance fan, I would've laughed in their faces!'

'I probably wouldn't have believed it either,' I chuckled. 'But I'm glad you introduced me to it. Romance books are shockingly underrated. I completely understand now why they're so popular. In my opinion, they should be available on prescription. They make you feel happy and uplifted. They show how people overcome obstacles and how perseverance pays off. They demonstrate how the world becomes a better place because two people came together. And the spicy scenes are also *very* enjoyable... romance reader for life!' I patted my chest proudly.

'Couldn't have said it better myself! So,' Jess said, 'shall we read again together tonight? I missed you last night.' As she beamed, my face fell. 'Sorry, didn't mean to get soppy.'

'I missed you too. But I... I need to go back to London. Tonight.'

'What?' Jess's jaw dropped and my stomach clenched. 'Why?'

'I have to go to Paris first thing on Sunday morning and I need to be at the office at the crack of dawn tomorrow to catch up on everything, so it's better if I go tonight. And I think it might make things easier.'

I knew if I was in bed with Jess in my arms, there was no way I'd have the strength to leave.

'When you say *things*, do you mean *us*? Do you want to end this?'

'Of course not. But right now, I have no idea how long I'll be in Paris. If my father had his way, he'd keep me there indefinitely.'

'So if you don't want to go, why don't you tell him?'

'It's not that simple, Jess. He's already pissed off with me for losing the pitch and for getting together with you.'

'He knows?'

'Yes. He read our emails.'

'Oh my God,' she gasped. 'So I guess he's not letting you take over?'

'Nope. Says I'm not ready.'

'That's bullshit! I'm so sorry. I know you've worked your whole life for that promotion, so it wasn't fair of me to suggest that you just walk away.'

'It is what it is.' I scrubbed my hand over my jaw. 'But this doesn't have to be the end for us. Like I said, I want this to work. Being with you—these past few weeks have been incredible. Maybe we can keep in touch and when I'm back we can—'

Jess pressed her finger on my lips.

'You'll need to focus on your project in Paris and I'm going to be flat out trying to get this library up and running. So you're right. It's probably better if we just have a clean break now.'

'That's what you really want?' I frowned. Clearly she didn't feel as deeply for me as I did for her.

'It's for the best,' Jess said as we arrived outside the B&B. 'Thanks again. For everything!' She pecked me on the cheek. 'I'm really tired, y'know, with the presentation and all the excitement. I think I've been running on adrenaline all day and I'm about to crash, so I'm just going to go straight to bed now. Have fun in Paris and... good luck!'

Before I had a chance to respond, Jess flew inside and bolted up the stairs.

I, on the other hand, was left standing at the door shell-shocked and wondering if I'd ever see the only woman I'd had deep feelings for again.

40

JESS

I stepped off the train and trudged back to the B&B. It'd been an intense week.

I was just heading back from another meeting, this time with Cecil. I'd had to go to London multiple times to go through all the paperwork for the sale, meet with the architect and contractors… the list was endless.

Cecil and Edwin had gushed about how straightforward and smooth the process was. Although I was glad to hear that, it was still all so overwhelming. Most of the time I didn't have a clue what I was doing.

Luckily Mrs Davis was super organised and had applied for planning permission before Edwin decided to put it on the market, which apparently you could do even if you didn't own a property. And because the council had given permission, it speeded up what could've been a long, drawn-out process, which was a relief.

Plus, because the library was private and I wasn't asking for funding, that made things easier too.

The architect that Theo had recommended before the

presentation was a million times better than the one I had before. He knew all the right people and was confident that once the sale went through, the contractor and project team he worked with could get the renovations done in six weeks, which I was incredibly grateful for. I was so glad Theo had given me his details.

Crazy that even though we hadn't spoken for over a week, he was still making my life better. Just a shame he couldn't do that closer to home.

When I got to the B&B, Glenda was at reception.

'Let me know if you need anything,' she said to a couple as she handed them their keys, 'and enjoy your stay!'

'Hi,' I said as the couple disappeared up the stairs.

'Hello!' she chirped. 'How were the meetings?'

'Exhausting. I'm going to head straight up.'

'Okay, love. Oh! Before you go, this just arrived.' She reached under the desk and handed me a sheet of paper. 'Thought you might like to see it.'

My eyes flicked to the 'Good News' title at the top and I frowned, not understanding why she'd thought I'd want to read what looked like a newspaper article.

As my gaze travelled down the page and I caught sight of a photo of me standing next to Theo in front of a roller coaster, I gasped. That was when I realised it was Sunshine Bay's newsletter.

The headline read 'Sunshine Bay Welcomes New Residents'. The article itself was short, just a few paragraphs on the trip to Dreamland which felt like a lifetime ago now.

It wasn't the words that my eyes were fixated on, though. It was the photo. I loved it. On that day Theo and I were supposed to be enemies, but there was no trace of hatred.

Nancy hadn't used the one of us smiling like I'd thought she would. Instead, she—or maybe it was Edwin—had picked a candid shot I hadn't even seen her take where I was staring at Theo with a look of awe and gratitude, which, considering how he'd helped calm me down on that ride, was understandable.

But what surprised me was that Theo was gazing at me like I'd just taught him how to walk on water. Somehow he looked smitten.

We'd only known each other a few days and yet the writing was on the wall. We just hadn't seen it.

My heart sank.

God, I missed him so much.

When he told me he had to leave that night and didn't know how long he'd have to stay in Paris, I felt like my heart had been ripped out of my chest.

Although I'd always known that because of the circumstances and our different backgrounds, the chances of us going the distance were slim, a part of me had still secretly hoped we'd find a way to make it work.

We'd had such an amazing evening eating fish and chips on the beach, whilst sipping champagne and watching the sunset. We'd laughed and joked together, and I was hoping we'd round off what had been a memorable day by reading together.

So when he dropped that bombshell, I wasn't prepared. At first I was upset. I wanted him to tell his dad he wasn't going. But then I reminded myself that Theo was already prepared to sacrifice everything that he'd worked for to see me win.

When he'd suggested he pull out of the pitch, I was shocked. Knowing he'd do that for me meant more than he could ever know. But I couldn't allow him to withdraw. And I meant what I'd said. I wanted to win because Edwin chose my presentation.

I'd got what I'd wanted. I'd won. Having Theo forever was being greedy. A man as kind and wonderful as him would never choose to settle down with a woman like me. And when the novelty of what we had wore off, he'd dump me and I'd be even more heartbroken than I was now.

The more time we spent together, even if it was a long-distance thing whilst he was in Paris, the harder and more painful it would be when we inevitably broke up. That was why, as much as it hurt, I had to set him free.

Even though it crushed me to walk away, it was for the best. I'd already made things more difficult with his dad, who I couldn't imagine was happy to find out we'd been together. So now I had to let Theo get his life back on track and leave him to get what he'd worked so hard for: the CEO position.

If I was being honest, based on our conversations, I didn't think it'd make him happy, but it wasn't my decision to make.

'Thanks,' I said to Glenda. 'Would you mind if I kept this?'

'Not at all! I've got about fifty other copies, in case you want to cover your bedroom wall with them?' She chuckled.

'Um, it's okay. I'll just keep this one.'

'You miss him, don't you?'

I paused. I was going to deny it, but there was no point.

'Yeah.'

'It's a shame you two couldn't make a go of it. Theo's a diamond. I knew he was a good'un, but after what he did when he left, he's gone right up there in my rank of best men ever along with my husband, God rest his soul.'

'Sorry to hear about your husband.'

'Thanks. He passed a decade ago now, so…' She shrugged.

'What did Theo do when he left?'

'When he handed in his key, he gave me an envelope and insisted I didn't open it until he left.'

'What was inside?'

'Five bloody grand! I'm not one for crying, but I tell you what, when I saw that, I shed a tear.'

'That's… that's really sweet.' My heart fluttered.

'Tell me about it! I called him straight away to say thanks but that it was too much. He said it was for the hospitality, but I explained that Edwin was covering the cost of your stay during the pitch. But he'd insisted. Said it might come in handy if I wanted to fix the ceiling and the creaky bed!' She smirked.

'Oh!' Thinking about it, we'd probably done a lot of damage to both.

'But I reckon it's because I'd mentioned in passing one day that things were a little tight, so he wanted to help. Such a gent. Men like him don't come along often, so don't let him slip through your fingers.' She smiled and I nodded, knowing Glenda was right. 'Anyway, better go. The kitchen won't clean itself!'

'Bye,' I said, clutching the newsletter to my chest, somehow hoping it would soothe the pain in my heart.

Once I'd showered, I climbed into bed and started reading. As I made my way through the pages, I tried to imagine Theo's voice and how it would sound if he was reading to me.

My thoughts also turned to the photo in the newsletter. And with the picture of his face and velvety tones in my mind, it wasn't long before I drifted off to sleep.

~

'O. M. G!' My best friend's jaw dropped as she stepped into Mrs Davis's basement. 'I know you said she had a lot of books, but this is insane! I thought she'd just have the books that blew up on TikTok, but she's also got some of my fave indie authors too, like Lyndsey Gallagher, Jen Morris, Clare Lydon and Evie Alexander. What a legend!'

Sarah had come down for the weekend to help me check off and package up all the books so that as soon as the work was finished at Seaview High, they could be moved into the library.

Mrs Davis had kept a handwritten list of every book she had, but it was going to take an eternity to go through everything—that was why we'd decided to stay in one of the rooms here, which felt a bit weird, but it was the best option if I wanted to get this done. I was so grateful to have Sarah's help for two whole days.

'I know, right? There's loads of classics too. At first I was worried about having too many old books because people always want the hot, shiny new novels to read, but actually, I think there's room for both. There'll be a lot of romance readers who want to dive into an author's back-list, and it could also help attract a different target audience.'

Romance wasn't just for readers in their twenties and

thirties. I was sure there were plenty of readers in their forties, fifties, sixties or even eighties just like Mrs Davis who'd love to read romances from past decades. It was important that we had something to offer every romance reader's tastes.

'Listen to you with your marketing speak!' Sarah laughed, tossing her dark hair back. Knowing that we had a lot of work to do, she'd come dressed in her favourite comfy blue jeans, a purple T-shirt and a pair of trainers.

'It's crazy! I never thought I'd be talking about *target audiences* and *market demand*, but this whole experience has taught me a lot.'

'I can tell. I love the way your confidence has grown.'

'Thanks.' My heart fluttered.

'So how's all the other stuff going with the library prep? Are you going to get someone else to help you? There's no way you can manage everything on your own.' Sarah pulled out a book with a pink cover that I didn't recognise and started flicking through it.

'I've drafted some text for a librarian ad, so I just need to find the best and cheapest ways to advertise it. I was thinking I'd try social media but haven't had time to set up any accounts yet.'

'Social media's a great idea! All the Bookstagrammers and BookTokers will spread the word. I can help if you like?'

'That'd be amazing. There's just so much to do and I have to be super careful with the budget. I really need to start advertising soon, though, because ideally I'd like someone with experience, since I know nothing about running a library. And if they're already working, they'll need to give at least a month's notice.'

'True. What else do you have to do?'

'Apart from all the stuff with the sale and renovations, advertising for staff, then the interviews, sorting through all these books and handling all the marketing so people actually know that the library exists?'

'Whoa. That's a *lot.*'

'Tell me about it! And I reckon I need to have some sort of grand opening or launch party. I heard that's a good way to get free advertising. Or is it PR? I'm still trying to learn all about the marketing stuff.'

'I think it's called PR, but they're all related. A launch party's a great idea. I bet the locals in your adorable town would help too.'

Before we came to Mrs Davis's house, Sarah met me in Sunshine Bay and I gave her a little tour. She absolutely loved it.

I was still staying at the B&B. It was close to Seaview High and it felt like the nearest thing I'd had to a home in ages.

The day after winning the pitch, I gave notice on my bedsit, and it made sense to settle in Sunshine Bay. In time, I'd look for a more permanent place to rent, but for now, my room suited me just fine.

'Good point. Maybe Maddie, the lady from the bakery, could do some book-shaped biscuits?'

'Love it!'

It really helped to have Sarah to bounce these ideas off. This was the kind of thing I probably would've done with Theo if he was still around.

I could imagine us sitting together on our bench brainstorming. So many times a thought for the library would pop into my head and I'd want to speak to him about it.

A couple of times I'd reached for my phone to text him. I wanted to know how he was. How things were going in Paris. And whether he knew when he was coming back.

I wanted to know if he still thought about me as much as I thought about him.

And whether he missed me.

I missed him so much it hurt. It was like something was missing. Like when he left, my heart went with him and now my chest was hollow.

'Jess? Jess!' Sarah shouted.

'Huh?' I snapped out of my thoughts.

'Go anywhere nice?'

'Eh?'

'You were daydreaming! I've been calling your name and you weren't answering.'

'Sorry.'

'Were you thinking about Theo?'

'Yeah,' I sighed. There was no point denying it.

The day after Theo returned to London, I'd filled Sarah in on everything and she'd been checking on me ever since.

'Awww, hon. I'm so sorry. I know it can't be easy. But with all that you've got on your plate, it would've been hard to maintain a relationship anyway. And at least you're busy, so that can help take your mind off things.'

'Yeah.'

She was right. In theory. It would've been hard. But the thing was, knowing I had Theo to come back to at the end of a busy day would've made it all worthwhile.

Although I had loads to do, it didn't stop me thinking

about him. As soon as I woke up, I'd think about how much I used to enjoy eating crumpets together.

Then, as well as thinking about him throughout the day, when I finally shut down my computer, my mind would drift to how much I loved our evening walks on the beach and having dinner at Candace's place.

And of course, the nights were when I missed him the most. Reading together, snuggling up in each other's arms. Not to mention the amazing sex.

Wasn't it supposed to get easier the more time that passed? For me, it seemed like it got harder.

'So, back to your launch party thing. To really draw the crowds, you should get someone cool to cut the ribbon and open the library officially.'

'Ribbon cutting.' I pulled out my phone and typed it into my notes, adding it to my never-ending list of things to do. 'I don't know anyone *cool.* Apart from you, of course.' I smiled.

'Flattery will get you everywhere!' Sarah grinned. 'But I mean someone that's well known and preferably who likes books. Like Oprah or Reese Witherspoon.'

'In my dreams!' I chuckled. 'As much as they love books, I'm not sure I have the budget to fly them over from America. It has to be someone local.'

'Oooh!' Sarah's eyes widened. 'You should get Mia Bailey to open it. She's from London, which is close enough, and she seems really nice and approachable.'

'Who's Mia Bailey?' I frowned.

'Have you been living under a rock?' Sarah gasped dramatically. 'She's that matchmaker who has the column on that cool website OnTheDaily.co.uk. The one who's dating the actor Liam Stone.'

'Oh!! Now I remember. She matched the woman who stood on the street with a sign saying she was looking for a boyfriend because she was tired of using the apps.'

'That's the one!'

'You think she'd open the library?'

'Hopefully! Being a matchmaker, obviously she's into love, and I'm pretty sure I read that she loves romance books.'

'She might charge, though, and I have to use all the budget I have left to cover the salary of at least one other librarian.'

'You've got nothing to lose by asking.'

'True. I'll look for her details later tonight when I get back.'

'No, no!' Sarah shook her head. 'Best to do it now. These people get booked up far in advance. Go and send her an email and I'll carry on here.'

'You sure?'

'Yep! In exchange, you can let me borrow this.' She waved a copy of the latest Lucy Score novel in the air.

'Okay.'

'Don't worry. There'll be no turning down the corners, dog-earing, cracking the spine, spilling food or drink on the pages or other book-related crimes.'

Just hearing those things made me break out in a cold sweat, but I knew Sarah loved books, so she'd treat anything I lent her with lots of TLC.

'Deal.'

41

THEO

I stared out of the window of my rented apartment, taking in the sight of the Seine and the monuments in the distance, which were illuminated by the many lights.

Paris was a beautiful city. I'd lost count of how many times I'd visited over the years and I never tired of it.

I loved the food, the architecture and the atmosphere. Coming here had always lifted my spirits.

But not this time.

This time there was an ache the size of the Eiffel Tower in my chest that no amount of my favourite crêpes, boeuf bourguignon or red wine could fill.

The project was going well, which was keeping my father off my back, but I just felt so empty all the time.

The nights were the worst. Even though I'd been reading every night to try and distract myself from reality, it wasn't the same without Jess beside me.

I missed our evening walks on the beach.

I missed our fish and chip dinners.

I missed reading to her. Holding her. Kissing her.

I missed everything about her and Sunshine Bay.

I'd wanted to call Jess so many times. I knew the constant pain would be soothed just by hearing her voice.

I'd thought of different reasons to call her. I knew she was working with the architect I'd recommended and a project manager I'd hired multiple times, so I'd pondered over different scenarios which would require me to get in touch, but then I decided that would be wrong. Jess needed to focus.

Then I'd wondered if I could text to ask if she'd like me to call and read to her over the phone, but I reasoned we'd just be heading down a slippery slope of frustration.

So I decided that despite the fact that every cell in my body yearned for her, I had to stick to what we'd agreed. To make a clean break and get on with our lives.

Perhaps a few months after the library was opened and she was settled, I could pay her a visit. And by then hopefully I'd be back in London full-time too, so if she was still single, we could speak again.

I shook my head. The chances of Jess staying unattached were unlikely. Now she was feeling more like herself and was open to dating again, it wouldn't be long before someone swept her off her feet. A woman as amazing as her wouldn't be short of admirers.

I pulled out a romance novel I'd started reading last night after I'd finished one of my thrillers. It was a book Jess had recommended before things went pear-shaped between us. I was enjoying it, but when I got to the part where the main characters shared their first kiss, I snapped the book shut. I couldn't do this. Not right now. Not when I still missed her this much.

After sliding the novel in the bedside drawer, I picked

up my phone. I hadn't spoken to either of my brothers since I'd been here, and I needed a distraction. One that wouldn't make me yearn for Jessica.

'Big T!' Ben's face appeared on my phone screen.

'How's tricks, Big Ben?'

We'd added 'Big' in front of our names for years. It's what our nanny called us when we were younger because we were always the tallest in our classes at school. These days, though, I think Ben liked people, especially women, to call him that for another reason.

'All good here, brother. So come on, then, what did you do? I spoke to Father earlier and he's royally pissed off with you—that's why he sent you to Paris. You're always the golden boy, so I have to know what you did to upset Lord Eaves.'

'I slept with Jess.'

'Wait? The *competitor*?'

'The woman that was also keen on acquiring the land at Seaview High, yes.'

'You dirty dog! Didn't know you had it in you! So what happened? I'm guessing you didn't win the pitch?'

I explained everything, including the fact that Father read our emails and turned up at the presentation. I even told him about the fact I wanted to withdraw because I thought Jess's library would be better for the town.

'Whoa. When you fuck up, you don't do things by halves! You basically took all the things Father would hate and checked off every one. Losing him a shitload of money, cosying up with a competitor and shagging someone without money or status. Nice one!'

'Is that supposed to make me feel better?'

'Not really! Right now, I'm just enjoying the fact that

the golden boy isn't perfect. For years Tom and I have had your achievements rammed down our throats. Now it turns out you're human after all.'

'Fuck off.'

'It's all love! It wasn't healthy for you to suppress your feelings. He was turning you into a robot. Working you like a dog and dangling the CEO carrot in front of you all the time. Screw him! So, what's happened with the Jess woman? You still going to see her?'

'I want to. I really like her, but she's got a lot on with the library now and I'm over here…'

'I hear you. Well, you and I both know I'm not qualified to give relationship advice, but, y'know, if you really like her, just wait it out and see what happens. But don't feel bad. Although Father doesn't seem to realise it, you're human and your needs are important. I'm glad you thought about what *you* wanted for a change.'

'Thanks.'

I knew he'd understand.

'Anyway, T, I better run. Got some business to take care of.' He smirked.

'I'll leave you to it. Or should I say *her*…'

'Talk soon.'

I hung up and thought about what Ben said. He was right: I had to wait and see what happened.

Hopefully this wouldn't be the end for me and Jess, but time would tell…

42

JESS

Six Weeks Later

As I sat at a table in Sweet Treats, I sighed. I'd just finished interviewing another person for the librarian role, and like the six other people I'd seen over the past week, she just wasn't right.

On paper, she seemed perfect. She'd worked for libraries all across London, which was amazing, but she seemed snooty. My gut told me she wouldn't be a good fit for the library. Or this town.

I couldn't believe I was about to say this, but I was looking for someone with *community spirit.* Edwin clearly was rubbing off on me.

It was true, though. The Romance Library was a start-up, so it was important that whoever joined could be a team player and was ready to muck in and help out with whatever needed doing to get it off the ground.

The woman who'd just left gave me the impression that if she broke one of her perfectly manicured fingernails whilst putting a book on the shelf, she'd need to take the rest of the day off sick to get it fixed.

No. I'd just had to keep going and hope that one of the two other candidates I had left to see would be ideal. Especially seeing as the library was opening in two weeks.

The last six weeks had been a whirlwind. Thankfully the sale had gone through quickly and renovation work started straight away.

Seaview High was in relatively good condition considering its age. Mainly because it had some work done a couple of years before it closed and Edwin had been keeping a close eye on it ever since.

As the team of contractors were super professional, the work had progressed without any major issues, which was a relief.

On the marketing side, with Sarah's help I'd set up the library's social media pages and we'd been posting every day to help drum up interest.

Now we had a few hundred followers, which was encouraging, but we'd need a lot more to make this venture viable.

I'd emailed Mia Bailey as Sarah suggested but hadn't had a reply. When I followed up after a couple of weeks, her assistant said she was on holiday and had a lot of prior engagements in her diary, so she wasn't sure if she'd be able to help but would let me know as soon as she'd had a chance to discuss it with Mia.

So it wasn't an outright no. There was still hope. On my evening walks on the beach, I'd been asking the universe to get Mia to agree. And that wasn't the only thing I'd been trying to manifest.

I'd also asked if Theo could come back to me. It'd

been almost two months that we'd been apart and it hadn't got any easier.

Although being based in Sunshine Bay was ideal for work, it wasn't so good for my heart. Everything here reminded me of him.

When I came to the bakery, I thought about the crumpets and the first time Theo bought me the delicious cakes.

If I went for a drink at the Seaview Arms, I thought about the talent show. These days, even when I sang in the shower, my mind drifted to Theo.

Every time I walked along the beach and sat on our bench, I pictured the times we'd read there, when he'd made me come with his hands and all the blissful evenings we'd just watched the sunset together.

I hadn't had time to look for somewhere else to live, which meant I was still based at the B&B. And everything there held a different memory of Theo. My bed, the desk and of course the rocking chair.

Depending on what time I finished work, I always tried to read before bed. Even if it was just a couple of chapters. I'd devoured over a dozen books since Theo had left.

Books were my happy place. They helped me to forget about the stress and pressure of everyday life. When I was lost in the pages, I was able to imagine a world where I'd still get my own happily-ever-after.

Books brought me so much joy. They gave me hope.

And I was so grateful that Theo was the one who helped me rediscover my love for them. I had a lot to thank him for.

That was why no matter how busy I was, no matter how hard I tried, I just couldn't get Theo out of my head.

So I'd decided: once the library was up and running, I was going to message him and ask if he wanted to meet.

He might have already moved on with some chic Parisian, and knowing that would hurt like hell, but I had to try. If I didn't, I'd always wonder, *what if*?

I'd considered inviting him to the opening, but that day was already going to be stressful and if he didn't turn up, I'd be upset. I needed to be a hundred per cent focused and make this opening a success. So as much as I wanted to, I had to wait. I'd survived for two months (just), so I had to be patient and hold on a little longer.

I reckoned that a couple of weeks after the opening would be good. Then we would've been through most of the teething problems and things would be much calmer.

Until then, I had to focus on getting someone to help me out.

'Erm, hello. Are you Jessica?' A soft voice snapped me out of my thoughts.

When I looked up, there was a petite woman with glasses, white skin and brown hair tied up in a bun. Her cream blouse was buttoned all the way to the top and she wore a calf-length pleated grey skirt and brown ballerina shoes.

I didn't know why, but I instantly liked her.

'Yep, I'm Jess!' I smiled warmly. 'Are you…' I glanced down at the CV in front of me, 'Jane?'

'Yes. Sorry I'm early. I can come back in fifteen minutes if you like?'

'No, no, you're fine. Please have a seat.'

So far so good. I got a nice vibe from her and she was early, which was a positive sign.

'Thank you.'

After I'd ordered Jane a drink, we got started.

'So what made you apply for the role?' I asked.

'Firstly, I love books,' Jane replied. I noticed that she spoke very softly. It was a good thing the bakery was quiet —otherwise it'd be hard to hear her. 'Especially romance novels. I've been reading them since I was a teenager.'

'What do you love about them?'

'Where do I start? There's so many things! I love the butterflies I get watching a couple fall in love. The escapism. The way great books help you forget about real life. They give you hope and make you believe in love. I like that I get to fall for a new book boyfriend every time I pick up a novel. My experiences with romance in real life are… well, limited.' She hung her head. 'So reading about the characters going through those emotions is reassuring. Knowing that they'll always get to live happily ever after is really comforting.'

She was spot on. That was exactly what I loved about romance novels too.

Hearing Jane's response made my thoughts drift back to Theo. The time we spent together was the kind of swoonworthy romance I loved reading about. It was a shame we didn't get our own happy ending.

'It says on your CV that you've worked in a library and a bookshop before?' I forced myself to focus on the interview again.

'Yes. I spent a few summers working in a library in Hastings and for the past year I've been working in a bookshop in London. But it's really expensive to live there, so I've had to move back home with my parents.'

'In Sunshine Bay?'

'No, in Shamwick—a town a few miles from here.'

'And how's that going?'

'Um, it's… difficult. That's why I'd really love this job. I'm a really hard worker and I'm passionate about books. Honestly, this would be my dream job. I follow you on social media, so I know how important The Romance Library is to you. And I know there'll be a lot to do to get it off the ground, especially in the beginning.' Jane was speaking so quickly now, like if she didn't get all the words out in one go she'd forget what she wanted to say. 'But if you give me this opportunity, I promise I'll do whatever you need to help you make it a success.'

Jane blew out a breath, like she'd used all her energy to answer my question and had nothing left.

I loved everything she'd said. And most importantly, I believed every word.

'When can you start?' I asked without hesitation. I was scheduled to interview someone else tomorrow, but I'd call straight after this to tell him the position had been filled.

'Oh!' Jane's eyes bulged. 'Erm, tomorrow? I'm not due to work at the bookshop again until the weekend and I only have another week's notice left to work.'

'That'd be amazing! Actually…' I paused. 'I've just remembered, I have to speak to the accountants about setting you up on the payroll and do all the other paperwork first. And I don't know how long that'd take.'

All of this was so alien to me. I tried to pretend I knew what I was doing, but the truth was most of the time, I was just winging it.

'Don't worry. You must have loads on, so why don't I start tomorrow anyway and you can work out the official stuff whenever.'

'Seriously?' I frowned.

'Yes,' Jane said. 'I want to help. And I'll be honest, I wouldn't mind getting out of the house!' She chuckled lightly.

'I can imagine! Well, if you're sure, that'd be brilliant, thank you! Welcome to The Romance Library team!'

'Brilliant! I can't thank you enough!' Jane beamed. I could tell she was genuinely happy. I was too. It felt like a huge weight had been lifted off my shoulders. 'I'm just going to pop to the loo.'

'Okay,' I said.

Just as I picked up my phone to text the accountant, I saw there was an email.

OMG.

It was from Mia Bailey.

She'd finally got back to me about the opening.

My finger hovered over the message and I held my breath.

Here's hoping it's good news.

43

THEO

'Congratulations!' I shook my business associate and friend Nico's hand.

He'd just purchased the entire development of apartments that I was overseeing in Paris before they'd been finished. They'd be added to his already extensive real estate portfolio in the city. No wonder he was a billionaire.

'*Merci.*' He slapped my back affectionately. 'As always, it is a pleasure to do business with you.'

I'd met Nico a few years ago when he'd purchased another development in Paris that Eaves Enterprises oversaw.

Despite all his money and success, I always found him refreshingly down to earth and we'd hit it off straight away.

Since then we'd kept in touch, mainly through voice notes a few times a year.

'We should celebrate!' I smiled. 'Are you free tonight? If you already have plans with Cassie and Nicola, I totally understand.'

Considering he was running a huge empire, Nico was probably busy. Especially now he had his wife and daughter. But I had nothing to lose by asking.

'Cassie has taken Nicola to London to visit her family. I have a meeting tonight, but it is informal, so you are welcome to join us.'

'I'd love that, *merci*.'

Once I got back to my apartment, I couldn't wait to get undressed.

It was funny. For years I'd worn a suit and tie every day to work. But after staying in Sunshine Bay, I'd got used to a more relaxed look. Now wearing a suit felt like being in a straitjacket.

After showering, then changing into jeans and a light jumper, I got a taxi to Nico's.

When the lift doors opened out into his impressive penthouse, Nico was standing there, dressed in smart blue jeans and a crisp white shirt. His dark hair was cut to perfection, which was no surprise considering he also ran a hairdressing empire.

'Good to see you.' He smiled. 'Come. There is someone I would like you to meet.'

When I stepped into the living room, my eyes widened. Sat on the sofa was the actor, Liam Stone.

'Hey.' He stood up. 'I'm Liam.'

It was decent of him to introduce himself, but unless they'd been living on Mars, I'd imagine there weren't many people who wouldn't recognise him.

He had short dark hair and tanned skin, and up until recently there were billboards of him everywhere with his top off either promoting his latest action film or advertising designer underwear.

I wasn't ashamed to admit that I'd even bought a few issues of the fitness magazines he'd appeared on to read about his exercise regime so I could pick up some tips.

'Hi, I'm Theo.' I shook his hand. 'Nice to meet you.'

'Theo runs one of the most prestigious real estate companies in Europe. But most importantly, he is a good man,' Nico said. Technically I didn't *run* Eaves Enterprises, but that was typical of Nico. He always had kind words to say about people. 'And Liam has written a wonderful TV series which we are working on together.'

'Getting your fingers into more pies, I see?' I smiled.

'*Oui*. You are lucky that I have an English wife. Otherwise I would not understand this strange pie phrase!' He laughed.

Nico's chef, Fabien, invited us to the dining room, and the three of us chatted easily over dinner.

Liam told me more about the TV series, and Nico discussed how much he was loving family life, so much so that he video-called Cassie and his adorable little daughter, Nicola, just to kiss them both goodnight on the phone, which I had to admit was sweet.

After that, don't ask me how, but somehow he got me talking about my time in Sunshine Bay and what led me to be shipped off to manage the development in Paris rather than from London.

I'd probably revealed a lot more than I should, but I knew that I could trust Nico, and Liam seemed like a trustworthy guy too. If Nico vouched for him, that was good enough for me.

'So basically, your dad sent you here because he wants to keep you away from the woman you've fallen for?' Liam asked.

'Yes. And of course he's still dangling the CEO carrot in front of me.'

Now that the deal had been done in Paris and I'd made my father a load of money in the process, he had no reason to deny me the position. I'd be speaking to him tomorrow and then I was expecting him to announce that he'd be recommending to the board that I officially took over.

'You do not need him.' Nico shook his head. 'You are very good at what you do. And forgive me, but your father is too… how do you say? *Brash?* He is not the kind of man that I like to do business with. You should start your own company.'

The thought had crossed my mind, but as much as I wasn't my father's greatest fan, I knew how hard he'd worked to build the business, and the idea of competing against him seemed wrong.

'I'm not sure that's what I want.'

'Give it time,' Nico said. 'The path you are destined to follow professionally will come to you. And in the meantime, if I can help you with something, tell me.'

'Thank you.'

'And what about this woman who you like, this Jess?' Nico raised his eyebrow.

'It's difficult…'

Two glasses of the most exquisite wine later, I'd talked them through how we'd got off to a bumpy start and how, despite our attempts to fight it, our relationship had developed.

'Sounds *very* familiar.' Liam took a sip of his scotch.

'It does.' Nico smiled. 'My wife, Cassie, hated me when we first met. She used to call me a dickhead!'

'No way?' I laughed.

'It is true,' Nico replied.

'And my girlfriend used to be my best friend, then we had a major fallout when we were teenagers and ended up hating each other too.'

'So what changed?'

'Long story. Our romance is enough to fill a book!' Liam grinned. 'But you miss Jess, right?'

'So much.'

Jess still occupied my thoughts as soon as I woke up, whilst I was at work and of course at night.

Even here, hundreds of miles away, whenever I saw a bookshop, library or anyone reading a book or eating an apple, I thought of her.

Every day I logged on to the library's social media page, hoping to see a photo of her.

And ever since she'd started working with the architect I'd recommended, I'd been checking in with him to make sure that everything was running smoothly.

As Nico topped up my wine glass, I went on to explain how I was keeping my distance to allow her to focus on the library opening and that I planned to call her in a few weeks once it was up and running.

'Wait. What's the name of the library again?' Liam frowned.

'The Romance Library. It's in a town called Sunshine Bay. Why? Have you heard of it?'

'It's opening next week, right?'

'Yes.' Now I was the one who was frowning. It wasn't normal for a world-famous actor to be familiar with the opening of a romance library in a small seaside town.

'That's crazy! My girlfriend's opening that library!'

'She is?'

I briefly remembered seeing Liam and Mia on the cover of a magazine in the supermarket, but I didn't read gossip magazines, so I wasn't aware of what she did for a living. Maybe she was an actress too.

'Yeah! She loves romance novels and she's a professional matchmaker, so the woman running the library, who I now know is your Jess, reached out and asked if she'd open it for her.'

'That's brilliant!' I smiled. 'Jess needs to raise as much awareness as possible to help make the library a success, so I'm really glad Mia's able to lend a hand.'

'Do you think it'd help if I went too?' Liam asked as he picked up his phone and started scrolling through his calendar.

'Really?' My eyes widened. Having Mia *and* Liam open the library would be perfect. Nothing screamed romance better than a happy, loved-up couple. And the fact that they both had a high profile would generate lots of publicity.

'I have some stuff on that day, but I could make it work. I'd need to check with Mia too, but I'm sure she'd be fine. The option's there if you want it. I know how happy I am with my lady, so I want to spread the love, y'know?'

'Thank you! I really appreciate it. And I know Jess will too.'

'This is wonderful!' Nico clapped his hands together. 'I love to see my friends help each other.'

'Just paying it forward, man. Like you did for me. We gotta get Theo back with Jess!' Liam slapped my back. 'But if you really like Jess, you can't wait until after the library's opened to win her back. You need to fight for her *now*. This library sounds like a big deal, so she'll need you there to support her. To rub her back and tell her everything's gonna be okay.'

'This opening is important. But I don't want to get in her way and distract her.'

'I hear you, but I don't think she'll see you as a distraction. Despite how things ended that night, I reckon she has strong feelings for you too. That's why she ran to her room. If you're going through hell right now, I'd put money on the fact that she is too.'

I wondered if that was true.

'I agree with Liam,' Nico said. 'She will be happy that you are there. Your presence will of course be the most important thing, but you could also do something special for her, that you know she will love.'

'Yeah!' Liam nodded. 'You need a *grand gesture*! Every romance book or movie has them!'

'You mean the moment at the end where she's leaving town and the hero runs to the airport to tell her to stay because he loves her?'

'Exactly!' Liam slapped the table excitedly.

My face crumpled. I couldn't think of a grand gesture that would work for Jess. The amount of wine I'd consumed probably wasn't helping.

'And if you really want to win her back, when you're doing the grand gesture, you should wear grey sweatpants and a backwards cap, stand in a door frame and growl!' Liam laughed.

I understood the growling thing. Men seemed to growl a lot in romance novels, but the rest was lost on me.

'Grey tracksuit bottoms? Why grey?'

'No idea, man! All I know is Mia goes wild when I wear them. Same with the backwards cap.'

'Right.' I rubbed my jaw with confusion. 'And I thought it was the billionaires in smart suits that women loved, like Nico?'

I remembered that Rocco in *Office Delight* was a rich and powerful billionaire and Jess couldn't get enough of that book.

'Nah.' Liam shook his head. 'Nico's not like the billionaire alpha-holes in a lot of the romance novels. He's more like a cinnamon roll.'

'Cinnamon roll, as in the pastry?' My face was now more creased than a tumble-dried linen jacket.

'Or is it a golden retriever? I can't remember,' Liam said.

'So in romance novels men are either like dogs or pastries?'

I'd read about half a dozen romance novels since I'd left Sunshine Bay, and whilst one or two had pets, the only mention of pastries I remembered was in a book where the character worked in a bakery. But she made cupcakes, not *cinnamon rolls*.

'It's not literal!' Liam chuckled. '*Cinnamon roll* or *golden retriever heroes* are just ways to describe the men that have layers and are sweet on the inside or have that kind of golden retriever happy energy, you with me?'

'Ah, right. Got it. I thought I was getting a grasp on the romance terminology, but clearly I still have so much to learn.'

'Don't worry, man,' Liam said. 'We'll help you.'

'Thanks.' Sounded like I needed it.

'Wait!' I sat up straighter. 'I've thought of something. For the grand gesture.'

'Well, come on, then! Spill!' Liam shouted.

As I told them my idea, Nico and Liam's faces broke into large smiles.

Yes. The more I thought about it, the more I was convinced that Jess would love it.

And if I also needed to wear grey tracksuit bottoms and growl like a hungry bear, I'd do that too.

Anything to win Jess back.

44

JESS

'No way!' I jumped up from my desk so quickly I almost knocked my laptop on the floor.

'What's happened?' Jane's head jerked up from where she was sat at the other end of the desk in my bedroom, checking through the library's website.

'I got another email from Mia Bailey!'

'That's amazing! Isn't it?'

When I'd received the first email from her a week ago, I was half expecting her to say, 'Thanks for asking but, no, I'm far too famous now to open up a little library in a tiny town hardly anyone's heard of.'

But she hadn't.

She'd said she'd love to help.

Mia went on to say that as a female business owner, she knew how hard it was to get a new company off the ground and she remembered how difficult it was to get the publicity she needed. And now that her matchmaking agency, Soulmate Connections, was thriving, she wanted to pay it forward and help other like-minded women.

Of course I replied straight away and fangirled like an idiot. The email was so embarrassingly gushy that I probably offered to name my first-born child after her.

The brilliant thing was that not only had she agreed, Mia had been promoting the library on her social media and even gave it a mention in her OnTheDaily.co.uk column too.

All for free.

Since then, we'd received so many messages, comments and calls from people all over the UK about coming to the opening.

I'd already drafted in Sarah to help Jane and me on the day, which I'd thought would be enough.

But now I'd just read Mia's second email, even if I hired a hundred extra pairs of hands, I wasn't sure we'd be able to cope with the influx of people who were going to come.

If I'd thought Mia was my fairy godmother before, I didn't know what words I could use to describe her now.

'Amazing doesn't even begin to cover it! Mia's just asked if…' I paused, still not quite believing it. 'She wondered if I'd like her boyfriend, *Liam bloody Stone*, to come to open the library too!'

'WHAT!!!' Jane shouted. We'd only known each other just over a week, but Jane was so timid, I'd never heard her raise her voice until now. Even when she was angry with a supplier who was supposed to be delivering the bookcases. 'That's fantastic!' She jumped up from her chair.

'It's *more* than fantastic! We'll get so much publicity! Everyone knows how madly in love Mia and Liam are. They're like the perfect couple! They're the definition of romance! Everyone will love it! It's happening, Jane! The Romance Library is gonna be *huge*. Like the Strand Bookstore in New York, or Waterstones in Piccadilly. People are going to come from all over the world to visit!'

'That's the plan!'

My heart soared. After months of blood, sweat and tears, it felt like things were finally starting to come together.

Right now, the contractors were putting the finishing touches to the library. Tomorrow it'd be finished and Jane and I could start filling the shelves with Mrs Davis's books, plus the extra stock we'd ordered for the bookshop and get everything prepared in time for the opening next week. It was cutting it fine, but if we worked around the clock we could get it done.

I looked at my watch. It was after eight in the evening and Jane had been here since the crack of dawn working.

'You should go home,' I said.

'I don't mind staying a bit longer.'

'Thanks, but you've been here for twelve hours already and tomorrow's a big day. And after that we'll be flat out, so please, go and get some rest.'

'Okay,' she sighed.

Jane had been an absolute angel. She worked so hard and was just as passionate about romance novels as I was. Every day I counted my lucky stars that I'd found her. There was no way I could've managed all of this on my own.

'Not long until we get a proper office,' I said as Jane tidied her side of the desk.

'Yes! I can't wait to see how the whole library looks

tomorrow. Oh, I just remembered. Glenda said there was a delivery earlier. I'll go and get it.'

'Thanks.'

As Jane left the room, my heart sank a little. It was crazy. Tomorrow I'd finally get to see the completed works on the library, which was fantastic. And if that wasn't enough, Mia had just confirmed that one of the most famous actors in the world was coming to open our library, which was amazing. Yet I still felt a sharp twinge of sadness in my chest.

I missed Theo.

I still missed him like crazy.

I wished that I could share big moments like these with him.

When the sale went through for the library, I wanted to tell him.

When I hired Jane, I wanted to tell him how relieved I was.

When I confirmed the date for the opening, I wanted to send him an invite.

When Mia first replied to my message to say she was up for doing the opening, Theo was the first person I wanted to call. I knew he'd be so excited for me.

And now I knew that work on the library would definitely be completed tomorrow, I wanted him to be there. I wanted him to be one of the first people to see it.

I just wanted Theo.

Just three more weeks.

By then the library would be running smoothly. Then I could call him.

No. The library was opening on Friday, so maybe

Saturday or Sunday would be much better. I'd be exhausted, but I didn't care. Anything would be better than this constant heartache.

Jane came back in the room clutching a red A5 envelope.

'Here you go.' She handed it to me.

'Thanks,' I said. 'Now time for you to head home!'

'Okay, okay.' She picked up her jacket and bag. 'I'm going. See you tomorrow! Can't wait.'

'Me too! And thanks again for all your help and hard work.'

'Pleasure.'

When Jane shut the door, I picked up the envelope and my phone, then crashed onto the bed.

I opened it quickly, then scanned the contents of the letter.

It was from a publisher who'd got in touch with a sample of a brand-new steamy romance audiobook that hadn't been released yet called *The Grovel* that they thought I might be interested in.

I was intrigued and too exhausted to read a physical book right now, so this was perfect timing. Maybe listening to this would help me unwind and give me the energy I needed to go downstairs and get something to eat.

After picking up my phone, I scanned the QR code included on the letter, which took me to a website.

Luckily I didn't have to enter any details and the page looked legit, which helped to calm the thought that just popped into my head that it could be a scam.

I pressed play.

'Eavesdropping Productions presents *The Grovel…*'

I bolted up from the bed, my eyes like saucers.

That voice.

I recognised it instantly.

Smooth like velvet.

Deep and sexy.

'Fucking you on the rocking chair, on the desk and in my bed was incredible, Angel,' he growled, flicking his thumb over her sensitive bud. 'But next time I'm not going to fuck you. I'm going to make love to you. I want to know about every fantasy you've ever had. I want to know what you like. How you love to get off. I want to give it to you so good that every sex scene you read in a book will be a disappointment and you'll know that you'll need to come to me because I'll be the only man who can satisfy you.'

OMG.

Those words were almost identical to what Theo had said to me after he'd fucked me on the desk. But this time, he'd spoken about us making *love*.

Hearing him say those words in his deep, hypnotic, sexy audio-narrator-worthy voice almost made me come on the spot.

I was just about to replay the audio when a message popped up on the screen.

> Eavesdropping Productions hopes you've enjoyed this sample.
>
> If you would like a live performance of the audio, click YES.
>
> If you would prefer not to receive any further communications, click NO to opt out.

I immediately clicked 'YES', and my heart thudded as I wondered what this meant.

Did it mean that Theo would call me? Or maybe I should call him to thank him for getting in touch.

Just as I was weighing up my options, there was a knock on the door.

My heart stilled, then raced. I knew who I *hoped* would be there, but that wouldn't be feasible. Jane had probably just forgotten something.

I swung my legs off the bed, then rushed to the door.

When I opened it, my jaw dropped.

It was *him*.

'Hi.' He smiled. 'I'm Theo from Eavesdropping Productions. I received a request for a live audio reading from a Ms Jessica Johnson, so I've come to deliver.'

I opened my mouth to reply, but no words would come out.

I wanted to throw my arms around him but was so shocked I couldn't move. It was like I'd been superglued to the spot.

This was… unreal.

In a second I'd be fine. I just needed to get my bearings. And work out whether this was actually happening or if I was dreaming.

Theo stepped forward and leant against the doorway. It was only then that I realised what he was wearing. It wasn't like anything I'd ever seen him in before, but he looked H-O-T.

Then again, he could dress in a bin bag and I'd still think he looked gorgeous.

'I heard a backwards cap, fitted T-shirt and grey tracksuit bottoms was a thing with romance readers, so I thought I'd try it out. What do you think?'

'I… I think,' I said when I finally managed to speak, 'that I'm so happy to see you.'

'That's a relief!' Theo grinned and my stomach flip-flopped. 'So I was hoping we could talk?'

'I'd really love that.' I nodded repeatedly.

'Maybe it's better in your room rather than in the doorway? Not sure how long I can keep up this pose!' He laughed and the sweet sound caused a wave of butterflies in my chest.

'Sorry!' I stepped aside. 'I'm just… shocked! I wasn't expecting you to turn up. I wasn't expecting the audio either and I… when I finished listening and it had that message, I thought, I hoped maybe you'd call, but I—'

Before I got a chance to finish my sentence, Theo crushed his lips onto mine and my whole body lit up like a firework display.

'Fuck,' I groaned as I parted my lips and gripped the back of Theo's head to deepen the kiss.

It was hungry and frenzied, our lips and hands roaming everywhere like we'd been apart for decades.

Theo kicked the door shut and we stumbled across the room and onto the bed, neither of us daring to stop the kiss. It was as if our survival depended on our lips being fused together.

I didn't know how long we kissed for. It could've been minutes. It could've been hours. All I knew was that it wasn't long enough.

Eventually we both pulled away and Theo brushed his finger over my lips.

'I've missed you so much, Jess. I shouldn't have left so abruptly that night. I should've stayed. Talked things through. Reassured you that you didn't need to be scared. That I wasn't going to leave you. I'm sorry. I know you've got a lot on with the opening next week, so I was trying to wait until after then to contact you, but I couldn't stay away anymore. I had to see you. If that's not going to be good for you, then just tell me and I'll leave now. I'll wait. For however long it takes, but I just need you to know that these past couple of months without you have been hell and I want to be with you. I want us to be together.'

I was speechless before, but now I was convinced my tongue had been cut out. I had no words that would convey how I was feeling right now.

'Too much?' Theo frowned.

'No!' I said quickly. 'I feel exactly the same! I shouldn't have run off when you said you had to leave that night. It's just… I was shocked. I was trying to protect my heart from getting hurt, but it didn't make any difference. My heart still ached every single day. I lost count of the amount of times I wanted to call you, to text you, to hold you. So much has happened. So much I wanted to tell you about.'

'Well, I'm here now and I've got all night.' He kissed me softly on the forehead. 'Tell me everything.'

45

THEO

As I sat on the bed and listened to Jess explain everything that had happened over the past two months, my chest swelled.

My heart had already been through a lot over the past couple of hours, and after more than eight weeks of being on the verge of flatlining because I'd missed Jess so much, feeling it pumped full of joy was fantastic.

I'd returned to London last night and immediately set to work on creating the audio. In the meantime, a contact of Nico's who was based nearby had created the web page, QR code and letter to make it look official.

I knew I'd need Glenda's help to get the recording to Jess, so she'd helped me out by letting me know that she was working in her bedroom whilst the library was finished. So I'd literally sat in my car a few streets away for hours, waiting for the call from Glenda to say that the package I'd dropped off had been delivered to Jess.

Then I had to wait to see when the link had been clicked for the audio. Nico's friend had also set up an alert so I'd know instantly which of the options Jess had chosen.

Not knowing whether she was interested in talking to me again was nerve-wracking. But when the message flashed up to say she'd opted for *yes*, my heart soared. It wasn't the end. I still had a chance.

And when she opened the door, *good Lord.*

I didn't know how, but in those two months Jess had become even more beautiful.

That was why I kissed her. I'd missed her so much that the excitement just took over. And I was so glad that she felt the same.

I was so happy right now.

'That's amazing!' I said as Jess told me all about Jane, who'd been helping her.

'And that's not all!' Jess was speaking so quickly, like she was on a game show and only had sixty seconds to tell me everything. 'Mia Bailey, you know, the really famous matchmaker, agreed to open the library! And she's bringing her boyfriend: Liam Stone!'

'I'm so happy for you!' I pulled her into me and she rested her head on my chest. I'd missed this. The feel of her against me. The sweet scent of her hair.

Liam had already told me everything had been agreed for the opening, but telling Jess that right now would take away from her excitement. Instead I made a note to mention it after the launch.

'And tomorrow, the library will be finished! We're going to go and see it. How long are you here for? Would you like to come?'

That was another thing I was aware of. The project manager had informed me that it'd be finished tomorrow

—that was why I'd thought visiting tonight would be ideal.

I knew that tomorrow would be a big deal for Jess and I wanted to be there.

'I'm here for as long as you want me to be. And of course, I'd love to come!'

'Apart from seeing you again, that's the best news I've heard all day!'

Jess threw her arms around me and squeezed me so tightly that I could hardly breathe, but I loved every second of it.

'Really? Even better than hearing that Liam Stone's coming to open your library.'

'Yep, even better than that!' she beamed, and I believed her.

'So, Glenda said I could have my old room tonight, but if it's okay, I'd rather stay here with you.'

'It's *more* than okay. But I warn you, if you get into this bed, I might not let you leave until we have to go to see the library in the morning.'

'Is that a promise?' I smiled.

'Yep.'

'Good,' I said as I wrapped my arms around her. 'I've already been away from you for too long, so I'm not going anywhere.'

46

JESS

'Ready?' Theo asked as he zipped up his jeans.

I knew I'd missed him a lot, but I didn't realise how much until I saw him again.

Last night was magical. We spoke for hours about what had been happening with the library and then, just like he'd said in the audio, we made love.

It wasn't just sex anymore. That was very clear. I felt it in the way our bodies moulded together perfectly. The sensation of having his skin pressed against mine felt as natural as breathing. Theo had come home to me.

If he wasn't here today, I would've been okay. But knowing that when I went to see the library for the first time he'd be right beside me was a gift no amount of money could buy.

'As I'll ever be.' I took a deep breath.

There was a knock at the door. That must be Jane.

I slid on my shoes, then went to open it.

'Oh!' Jane said as she stepped in the room. 'Sorry, I didn't realise you had company.'

I'd completely forgotten that Jane didn't know about Theo. He'd barely been back in Sunshine Bay for twelve hours, but somehow it seemed like no time had passed. Like he'd always been a part of my life.

'This is Theo, my…' I paused, then looked at him sheepishly. I knew what I wanted to call him. We'd said that we were going to make a go of things, but we'd never got around to discussing titles.

'Boyfriend,' Theo said, finishing my sentence, as butterflies erupted in my stomach.

'Oh!' Jane's eyes bulged. 'I didn't know you, er…' She blushed and her gaze dropped to the floor before shifting upwards again. 'Nice to meet you.'

'Likewise,' Theo said. 'Shall we go?'

'Yep. My stomach's more tangled than a box of Christmas lights, so the quicker we go, the quicker I can *hopefully* see that everything's fine and calm down.'

'It's going to be great.' Theo rubbed my shoulders.

'I know. I'm just nervous.'

I had a good feeling about it. The team had kept me informed every step of the way and although I'd had a few site visits during the works, when I knew they were getting close to finishing, I decided I didn't want to see it. I trusted them, so said I'd prefer to see it in person when everything was done.

We set off, and when I spotted the bright pink sign with 'The Romance Library' in beautiful white lettering and an illustration of a pile of romance books beside it, my heart bloomed.

'Oh my God!' I jumped up and down on the spot. Even though I'd seen the logo on my computer before I approved it, seeing it in the flesh made everything start to feel so real. 'It looks amazing! I can't wait to go inside!'

Colin, the project manager, spotted us and came over.

'Morning, Jess!' he said brightly. 'Theo!'

'Hi, Colin!'

'I didn't know you were popping down! Thought you were still in Paris.'

'Couldn't stay away.' Theo faced me and smiled.

'This is Jane,' I said.

'Nice to meet you.' Colin shook Jane's hand.

'Come on, then, let me show you your lovely library!'

As we stepped through the brand-new solid wooden double doors, my jaw dropped.

The old wooden floors had been fixed and buffed to perfection. The previously dull walls in the corridors were now painted a warm rose shade and looked beautiful.

Various bookish quotes like 'I'd rather be reading' and 'Just one more chapter' had been carefully stencilled onto the walls and instantly brought a smile to my face.

First Colin led us down to what used to be the old classrooms but had been transformed into our own bookstore.

'It looks fantastic!' Jane grinned.

'It really does!' I was smiling so much my cheeks started to shake.

Even though there weren't any books on the shelves lining the walls, I could already visualise how it'd look once there were.

The shop had the same colour scheme as the corridors: white and rose walls and wooden floors. In the centre of the room was a square which would be the till area.

Next Colin led us through to the space I planned to use

for events, which at the moment was just empty. I loved that it looked nice and big, though, so there was plenty of room to fill it with the readers, authors, Bookstagrammers and BookTokers and other people I hoped would flock to our talks.

'And now for the big one,' Colin said as he stood outside the grand hall, which would be the main library space.

'Ta-da!' he said, opening the doors.

'Wow!' My eyes bulged as I took in the sight.

Along the shiny wooden floors were rows upon rows of tall pink-and-white bookcases, complete with rolling ladders.

Instead of having normal spotlights, I'd ordered multiple book chandeliers which looked like illuminated open books flying down from the ceiling. I'd chosen different colours, including pink, yellow and white, which really brightened up the room.

Large oval windows flooded the room with natural light and in front of each one was a comfy window seat.

On the subject of seating, the big comfy chairs and sofas we'd ordered had arrived and had been strategically placed around the room.

I was expecting a delivery of cushions and blankets any day now too. I wanted whoever visited the library to feel like they could kick off their shoes, snuggle up in a cosy chair with a cushion, blanket and a book and read.

'This looks *incredible*, Colin,' I said excitedly.

'Congratulations.' Theo wrapped his arm around me and kissed me softly on the cheek.

'Thanks. It'll look even better when we have the books on the shelves,' I said.

'The team will be bringing in all the boxes from the storage out back shortly, so you'll be able to get started in an hour. Does that work for you?'

'That's perfect!' I said.

'In the meantime, how about I take you ladies for breakfast?' Theo smiled.

'Sweet Treats?' I grinned, thinking it'd be just like old times.

'Of course.' Theo took my hand.

'I'll leave you two to it,' Jane said.

'Nope.' I shook my head. 'Theo invited both of us. And have you seen how many shelves we have to fill? You're gonna need a big brekkie to give you energy!'

'If you're sure?'

'Certain,' Theo said.

After we'd eaten a plate of crumpets and different pastries, we headed back to the library. We didn't get to say goodbye to Maddie because she wasn't there. She must've been on a break.

'I'm so relieved that everything's turned out so well with the renovations. It's going to take days to get everything ready, though. I don't know how we're going to do it all.'

As we approached the library, my mouth dropped open.

Stood outside were at least half a dozen familiar faces, including Maddie, Edwin, Barbara, Glenda and Candace.

'What are you all doing here?' I said, trying to stop my eyes flying from their sockets.

'Theo said you might need our help,' Edwin replied.

'You know the saying, love,' Barbara added. 'Many

hands make light work. Tell us what you need and we'll help you get it done.'

'I can't ask you to do that!' I said. 'You've got the pub to run. And, Maddie, what about the bakery? And Candace—'

'Don't you see, Jessica?' Edwin said. 'You're part of our community now. And that means when one of us needs something, we all rally round to help. So like Babs said, put us to work. Not just today, but *always*.'

My heart inflated like a hot-air balloon. They were all so kind.

'Thank you.' I put my hands to my chest, then turned to Theo and threw my arms around him. 'I really appreciate you organising this.'

'That's what boyfriends do for their girlfriends.'

'Look at them.' Candace grinned. 'They're adorable!'

'Aren't they just?' Edwin winked. 'I knew from the minute they locked horns in my office that they were made for each other.'

'Wait a minute…' I frowned. 'Did you set us up?'

'I have no idea what you mean.' Edwin smiled. 'I wanted to ensure Seaview High was sold to the best candidate: someone who understood the community. The fact that you had to spend time together and take part in community activities was just a happy coincidence…' He winked.

'I knew you weren't as innocent as you looked!' Theo joked. 'Thank you for helping to bring us together.'

'You're welcome. My wife and I met at Seaview High, so I like to think this building helps to bring people together. And didn't you say Mrs Davis met her husband there too?'

'Yep!' I said.

'Who knows who else will find love at The Romance Library?' Edwin grinned. 'I'm very much looking forward to the opening.'

'Speaking of which,' Maddie added, 'we'll be here to help for the opening day too.'

'Really?' My eyes widened.

'Course!' Candace agreed. 'I'll send someone over to serve some orange squash to keep the crowd hydrated.'

'If you print some posters, we can all put them in our shop windows,' Maddie suggested.

'Great idea!' Barbara said. 'If you do leaflets, we can hand them out and put them on the bar to spread the word.'

'That'd be amazing!' I said.

'And I can make some book-themed biscuits for the opening too if you like?' Maddie offered. My eyes widened as I remembered that I'd thought of the same idea when I was brainstorming with Sarah, but I hadn't plucked up the courage to ask Maddie.

'Kara from the hairdressers said she could do your hair and make-up if you want to tart yourself up for all the photos the paps are going to take,' Barbara said. 'Bob offered to act as security, but I reckon he'll be about as helpful as a Chihuahua!' she cackled.

'I don't know how I'll be able to repay you all.' Tears filled my eyes.

'Simple,' Edwin said. 'By doing your best to make the library work! We're all rooting for you!'

And as I looked around me and saw the warmth in their eyes, I knew he was right.

I had a great feeling about the opening day.

Something told me it was going to be a huge success.

47

JESS

For probably the hundredth time this morning, I walked through the library aisles to check that everything was okay.

In just over two hours, The Romance Library would be officially declared open.

I couldn't believe it.

I'd come a long way.

Who would've thought when I turned up to Mrs Davis's house that day that meeting her would cause my life to change so dramatically?

The journey to this point hadn't been easy, but whatever happened, it'd been worth it.

I took in the sight of the bookcases, which were now filled with multiple romance subgenres including contemporary, historical, paranormal, new adult, romantic comedy and LGBTQ.

My phone pinged. It was a message from Mia saying that she and Liam were almost here.

I was surprised that they were coming so early. I

thought celebrities always showed up late and only ever hung around for the minimum amount of time they needed to. But clearly Mia and Liam were different.

'Everything's looking great in the bookshop,' Theo said. 'Jane and Celeste are just double-checking the tills.'

'Great, thanks.'

Celeste was Bob and Barbara's daughter. She went to uni in Leeds but was back home briefly for the summer holidays and had offered to help out in the bookshop whilst I looked for someone more permanent. That was top of my to-do list for tomorrow as there was no way Jane and I could do everything alone.

'How are you feeling?' Theo rubbed my shoulder.

'Nervous, but excited! And Mia and Liam should be here any minute.'

'Excellent. Looks like we're all set!'

'They're here!' Jane came rushing into the library. 'And there's already a load of people gathering outside.'

'We'll be right there.' I rushed outside and Theo and Jane followed.

The car door of a black Mercedes opened and Mia and Liam stepped out.

OMG.

My stomach bottomed out. I'd never met any celebrities in real life before. I couldn't believe they were both standing a few feet away from me. Jane gave me a nudge to bring me back to reality.

There was something I was supposed to be doing…

Oh yeah. Saying hello would be a good start.

'Mia, Liam, hi! I'm Jess. So lovely to meet you!' I held out my hand.

'Come here.' Mia opened her arms for a hug. 'Great to meet you too! This place looks fantastic. Congratulations!'

Mia was wearing a fitted baby-pink dress, which complemented her brown skin perfectly. Her smooth, dark shoulder-length hair was so immaculate, it looked like she'd just stepped out of a salon.

'Hey, Jessica,' Liam said, opening his arms for a hug too. He looked tall and muscular, just like he did on TV. This was so surreal. 'Good to meet you. Congrats on the new venture.'

'Thanks so much! This is Jane.' I gestured towards her. Jane was rooted to the spot and now it was my turn to give her a nudge.

'Hi!' she squeaked. 'I'm just going to check that Bob's okay managing the crowds.'

'Okay, thanks.' I nodded. 'And this is—'

'Nice to see you again, Theo,' Liam said, and my eyes bulged.

'Hello, Liam, thanks for being here.'

'You two know each other?' I frowned.

'We met in Paris,' Theo said. 'Through a mutual friend.'

'Theo was gushing about this amazing woman who was opening a library. I said that was a coincidence, because my girlfriend was also opening a romance library for this brilliant female entrepreneur.'

'Then we realised we were talking about the same library and Liam kindly asked if he thought it would help if he came along too,' Theo added.

'Yep. Thought it might earn him a few romance brownie points and help him win you back. Did it work?' Liam smirked.

'Well…' I paused, still trying to take everything in. 'If he'd bragged about getting you to help me, it might've, but he didn't. Knowing Theo, I'm guessing he didn't tell me because he didn't want to take away from my big moment.' I looked at Theo, but he didn't say anything, he just smiled.

'What a gent.' Liam nodded his approval. 'That alone is a reason to be with him, am I right? He's a good guy.'

'I know.' I wrapped my arm around Theo. 'I would've welcomed him back with open arms anyway. His thoughtfulness and sweet gestures were just the cherry on top.'

'You two are *adorable*!' Mia smiled.

'Thanks. I hope we'll be as happy as you two. I really appreciate you both taking time out of your busy schedules to help.' I opened the door for the library so they could step inside. I'd already noticed a few photographers hanging about, so wanted to give them their privacy until the official ribbon-cutting.

'No worries,' Liam said.

'It's a pleasure! We love romance and books, so this is a dream. I hope you don't mind us turning up early,' Mia said. 'I thought it would be nice to have a look around before everyone arrived. I can take some pics and share them later on social media too if you like?'

'That'd be… amazing!' I gushed.

Theo and I gave them a tour of the library and they both said how much they loved it. They even offered to take a selfie with the four of us. Mia and Liam really were the sweetest.

What felt like five minutes later, Jane came inside and announced that there was only forty minutes to go until the official opening time.

When I looked out of the window and saw the crowds, I gasped. There were hundreds of people that had all gathered to see the opening of a library that I'd helped bring to life. This was crazy.

'We've got fifteen volunteers from the town. Some are helping to control the crowd and the rest I've given different tasks to help in the library and the bookshop, so we're ready to go. Oh, and Kara's in the events room with Maddie. She said to pop in if you want a quick hair and make-up touch-up.'

'Great! I'll be there in a minute. And Jane,' I said. 'Thanks for everything.'

'You're welcome. I'm so excited to get this library open!'

Thirty-five minutes later we were standing in front of the main door, which had a big pink ribbon across it and pink and white balloons on either side.

I'd never done any public speaking before so my stomach was in knots, but when I looked out into the crowd and saw all the friendly faces of the residents of Sunshine Bay who'd given up their time to come and support me, as well as Cecil, who'd been so helpful throughout this whole process, Sarah, who'd taken time off work to be here, Jane, who'd been a godsend, and of course my amazing man, they all gave me the courage to step out of my comfort zone once again.

'Afternoon, everyone!'

'Good afternoon,' they chorused.

'Thank you so much for coming to the official opening of The Romance Library. In a moment I'm going to hand you over to one of the most romantic couples I've ever met, Mia Bailey and Liam Stone, to cut the ribbon.' A crowd of women screamed like groupies. 'Oooh, looks like you have some fans!' I joked and the audience laughed. 'But first, I'd like to take a moment to honour the woman who made this possible: Mrs Meredith Davis. Sadly she's no longer with us, but her dying wish was to create a romance library so that more people could discover the joy that comes from reading romance. She trusted me to bring her legacy to life, and I hope she's looking down right now and thinks that I've done her dream justice. Anyway, enough from me. Please put your hands together and give our very special guests a very warm welcome. Ladies and gentlemen, Mia Bailey and Liam Stone!'

The crowd erupted into cheers and whoops as Mia and Liam appeared with a large pair of scissors.

'How's everyone doing?' Liam shouted into the microphone. 'You ready for some more romance in your lives?'

'Yes!!' they screamed enthusiastically.

'I'm gonna hand you over to my amazing, talented and utterly gorgeous girlfriend to do the honours.'

'Thanks.' Mia smiled. 'As an avid romance reader myself, it gives me great pleasure to declare The Romance Library in Sunshine Bay officially… open!'

As she cut the ribbon, Liam leant over and pressed a kiss on her lips, giving the swarm of photographers a perfect shot of them smooching directly underneath the large pink 'The Romance Library' sign.

I couldn't have asked for more.

After I posed for photos with Mia, Liam, Theo and Jane, we opened the doors, and Sarah and the other residents who'd come to help checked off the people who'd signed up to become members.

Mia and Liam stuck around for a while and even spent

hundreds of pounds on novels in our bookshop. I still couldn't get over their kindness and how lovely they were.

'I'm so proud of you, bestie!' Sarah gave me a big squeeze, then picked up her bag. She had to rush to get her train home.

'Thanks for everything.'

'You're welcome! I'm so glad to see you happy, hon. And Theo isn't just fit as fuck, he's a real sweetheart too. And by the way, I'm still waiting for news on his brothers…' She raised her eyebrow.

'I'll make enquiries as soon as things calm down here.'

'Fair enough. I know you've got a lot on your plate, so I'll let you off *this time*. I'd better go. Say bye to Theo and Jane for me.'

'Will do!'

After seeing Sarah off, I went to find Theo. He was in the office going through some paperwork.

'Hi!' I came over to him.

'You did it!' He leapt off his seat and gave me a massive hug.

'No,' I corrected. '*We* did it! There's no way I could've done this alone.'

'You're the one who put in all the hard work. Are you pleased with how it went?'

'*So* happy! We've sold a load of books and had lots of new members signing up.'

'Brilliant!'

Theo was about to say something when his phone started ringing. He looked at the screen and groaned.

'What's up?'

'It's my father.' He answered the call. 'Yes? I told you, I'm taking the week off. No. I can't. I'm busy today.'

Theo ground his jaw. His dad was talking so loudly I could pretty much make out every word. He was saying that he needed him back at the office, immediately.

My stomach sank. Even though the opening part was over, I really didn't want Theo to leave. But it wasn't fair of me to stand in the way of his job.

'I told you, *no*!' Theo snapped. 'In fact, fuck taking the week off. I'm not coming back. I'm sick and tired of you dictating to me. Telling me to jump and expecting me to say how high. And I'm also sick of you dangling the carrot of me becoming CEO. I delivered on the Paris project, but I've realised it doesn't matter how well I do. You have no intention of retiring anytime soon and you have no intention of giving me the position. And you know what? I don't care anymore. Find some other schmuck to treat like shit, because I'm *done*.'

Theo hung up.

'Oh my God!' I gasped. 'You just quit!'

'I did.' A wide grin spread across his face. 'Deep down, I've wanted to do it for a while. I don't have to follow in my father's footsteps. I've wasted enough years conforming to what he wanted. This is *my* life. I want to live it my way and follow my own path. I'm finally free,' he exhaled. 'And it feels fucking fantastic!'

Theo picked me up and spun me around.

'I bet your dad is *pissed*!'

'I don't care! He'll cut me off, I know that much. He'll take the penthouse and the cars, but I have some savings. And if my time in Sunshine Bay has taught me anything, it's that I don't need much to make me happy. All I need is the woman I love.'

Theo held my gaze and I blinked, then blinked again as I took in what he'd just said.

'You… *love* me?'

'So fucking much.' He pressed his lips on mine gently.

'I thought I was the only one,' I said.

'I reckon there's plenty of other people that love you, but I'm glad you love yourself too. That's important!' Theo chuckled.

'Doh! I didn't mean that I thought I was the only one who loved *me*!' I slapped his chest playfully. 'I meant I thought I was the only one that was in love—with *you*.'

Theo stilled.

'You really know how to make a man's day, don't you?' The biggest grin spread over his face. 'Hearing that the most amazing woman in the universe loves me—they're the sweetest words that have ever been spoken.'

'That sounds like a line out of a romance novel.'

'It's all my own words. But if you like, I can record an audio version…' He smirked.

'I'd like that *very* much!'

Theo closed the gap between us and kissed me. As our mouths moved together, a warm feeling rushed through me.

Theo loved me.

He'd told me he loved me, and I felt it.

I felt it in the way that he kissed me.

I felt it in the way he held me and all the wonderful things he'd done to help me.

It was so brave of him to tell his dad that he was quitting. I wanted to see him fly. And support him as he achieved his goals. Just like he'd done for me.

As we broke away from the kiss, we stared into each other's eyes.

'I'm so proud of you, Jess.' He brushed a curl away from my face.

'Thanks. I'm proud of you too.'

'Why?'

'Because you had the balls to tell your arsehole dad to stick his job. That can't have been easy.'

'Actually, it was. I couldn't do that job and stay here with you, so there was no contest.'

'You're going to *stay*? *Here* in Sunshine Bay?'

'Yes. If that's okay with you? We can look for a flat or house together. As much as the B&B grew on me, I think it'd be nicer if we had our own place. What do you say?'

'I say *hell yeah*!' I threw my arms around him again. 'And any thoughts on what you might like to do, career-wise?'

'For once, I haven't got a clue. And that's actually a huge relief. Since birth, I've had my whole life mapped out for me, so I'm happy to just go with the flow for a bit. Give myself time and space to work out what I really want to do, rather than what's expected of me.'

'Great idea.'

'That also means I'll have time to help you out here for a while.'

'I'd love that! And, y'know, you could always consider doing audiobook narration as a side or even a main hustle…' I grinned.

'I'll think about it. But until then, this voice will only be reading steamy romance for an audience of one: my exceptionally talented and beautiful girlfriend.'

'Awww, I like the sound of that. When's your next available slot?' I smiled.

'Whenever you want.' Theo leant forward and kissed me gently. 'Whatever you need, Jess, whether it's reading your favourite romance novels to you before bed, helping you make this library an even bigger success or just bringing you a chocolate muffin or a slice of angel cake in the afternoon, I'll always be there for you.'

'You're the best!' I kissed him again. 'And right back atcha. I promise to keep you well stocked with the latest thrillers and romance novels, support you with whatever career path you take and give you an unlimited supply of crumpets!'

'Throw in an unlimited supply of kisses and you've got yourself a deal.' Theo grinned.

'Done. When would you like them to start?'

'Right now, of course.'

And as Theo wrapped his arms around my waist and our lips pressed together, I knew that even a lifetime of kisses with him would never be enough.

EPILOGUE

JESS

One month later

It'd been a whirlwind four weeks.

The opening was a massive success. Thanks to Mia and Liam's appearance, the library was featured in loads of national newspapers, magazines, online and even on breakfast television.

That'd led to the library being packed every day. There was already a huge waiting list on literally every book, and we'd had to replenish the stock in the bookshop several times over.

I'd hoped it'd be successful, but it'd gone beyond my wildest dreams.

We'd even had to use one of the renovated classrooms as a space for visitors and members to buy cups of tea, coffee and soft drinks, which were served by volunteers from Sunshine Bay.

Opening a proper coffee shop needed to be a top priority because I could already see how much revenue it could generate. Especially if we sold biscuits, cakes and snacks.

I also needed to hire more staff, so later this week I'd set up interviews, hoping I'd find more brilliant people to join our team, just like Jane.

She was a fantastic asset to the library. I think she preferred working to being at home. Although she hadn't revealed too much, it seemed like her family didn't respect the fact that she was a grown woman and placed a lot of restrictions on her, so being at work gave her freedom.

'You're so lucky to have Theo.' Jane added some new novels to the bookshop shelves.

'I am.' I nodded. 'But I had to kiss some frogs to find my prince. I never thought I'd find a decent man.'

'Hopefully one day I'll be that lucky too.' Jane sighed.

'You never know, maybe you'll find him here. That's what Mrs Davis wanted: to create a place where people could find love.'

'Not sure how I'll find my Mr Right at our library,' she said. 'Most of our members and customers are women.'

'You never know. I'm hoping to start organising events soon. Not just bookish ones, but maybe dating ones too and get Mia involved. That'd attract more men.'

'Maybe.'

'Don't give up hope,' I said, remembering that Mrs Davis had said something similar to me.

'What are you two chatting about?' Theo stepped into the bookshop. He'd just been training a couple of new volunteers in the library.

'Mrs Davis,' I said.

'Ah, the legend whose idea started all of this. She'd be so proud of you for bringing her vision to life. You gave her the legacy she always dreamt of.'

'Thanks.' I really hoped I'd done her proud and that she was looking down on me and smiling.

'Did you ever open that letter Cecil sent?'

'I completely forgot about that!' It'd arrived last week, but I'd been so busy, I got sidetracked. 'It's in the office. I'll go and read it now.'

'Great. I'll be there shortly.'

I walked into the office, pulled open my drawer, ripped the top off the envelope and slid out the letter.

Hello, Jessica,

Congratulations! You did it! Just like I knew you would! I'm so proud of you.

This library will bring so much happiness to people far and wide. I wish I was there to see it in person.

Thank you for making my dream a beautiful, romantic reality. I am truly grateful.

I wish you every success with the library and love. Just like I found my Charlton, I hope that one day you will find your real-life book boyfriend.

Best wishes for the future,

Meredith

My heart swelled. The fact that she'd had the foresight to write these letters before she passed was impressive enough. But the way she'd also anticipated how I'd be feeling and knew exactly what to say to lift my spirits was incredible. I had no idea how she did it, but I was grateful.

I wished she was here, so I could thank her for giving me this opportunity. And for encouraging me not to give up on love.

I reckoned she'd be pretty pleased to see that not only had I opened the library but I'd also found my own book hero in real life.

Now that I thought about it, Mrs Davis was there when I'd first met Theo. She'd said he was good-looking and that sometimes the arrogant ones were the most interesting, and she was right. I wondered if in some weird way she knew and whether she'd seen the sparks that we'd missed. Anything was possible.

Although we didn't seem like the perfect match on paper, Theo and I went together like crumpets and butter, like fish and chips. We were soulmates.

Two weeks ago we'd moved into a cute little cottage a short walk from the beach and a ten-minute stroll to the library. At the moment we were only renting whilst the owners were on an extended trip, visiting their daughter and grandchildren in the US. But they were considering moving there permanently, and if they did, hopefully we'd be able to stay longer.

I loved living with Theo. We spent our days working together at the library. He was mainly based in the office, taking care of the business side of things, which he was much better at doing than me, but he wasn't afraid to get stuck in and help out at the bookshop or do whatever was needed.

He still hadn't decided what he wanted to do long-term

but said he was happy working here with me and watching the library thrive.

After work, we'd go for a walk on the beach, come home and cook dinner together before curling up on the sofa and reading.

Life was perfect.

As Theo stepped into the office, I handed him the letter.

'That's beautiful,' he said once he'd finished reading.

'It really is. I've got a lot to thank Mrs Davis for. She helped me find my dream career and the *ultimate* book boyfriend.'

'I'm hoping you're referring to me?' He cocked his eyebrow.

'Of course! I'm a very lucky lady.' I kissed him.

'We're both lucky and this is just the first chapter of our lives together.'

'After what we've been through, it's more like the first book in the series.'

'True. And I can't wait to turn the pages to find out what happens in book two, but knowing how much I love you, something tells me our story will be filled with more romantic beach walks, fish and chip dinners, crumpets in bed, reading together at night, steamy desk sex, happiness and of course, the sweetest happy ending.'

'Sounds like the perfect love story.' I kissed him again.

Theo was right. This was only the beginning of our romantic adventures and the start of The Romance Library's journey.

'It's *our* love story.' Theo wrapped his arms around me. 'It's true, deep, everlasting love, and as every romance reader knows, that's the best story of all.'

Want more?

Want to read about the swoonworthy romantic plans Theo has for his life with Jess? Join the Olivia Spring VIP Club and **receive Theo's Bonus Epilogue for FREE**! Visit https://bookhip.com/MQGKKAW to find out more!

Not ready to say goodbye to Sunshine Bay? Order Book Two in *The Romance Library* Series, *The Love Librarian*, now!

This workplace romcom follows the story of librarian Jane, who falls for her sexy new co-worker, Jackson. Their connection is unreal, but Jane thinks he's hiding a secret. Can she trust Jackson enough to take her virginity? And will she find her own happily-ever-after? **Order your copy from Amazon now!**

Read Mia and Liam's love story!

Find out how these two ex-childhood best friends went from enemies to lovers in the steamy fake-dating romcom *The Match Faker*. **Order the ebook or paperback from Amazon or read it for FREE in Kindle Unlimited**.

ENJOYED THIS BOOK? YOU CAN MAKE A BIG DIFFERENCE.

If you've enjoyed *The Romance Library*, **I'd be so very grateful if you could spare two minutes to leave a review on Amazon, Goodreads and BookBub**. It doesn't have to be long (unless you'd like it to be!). Every review – even if it's just a sentence – would make a *huge* difference.

By leaving an honest review, you'll be helping to bring my books to the attention of other readers and hearing your thoughts will make them more likely to give my novels a try. As a result, it will help me to build my career, which means I'll get to write more books!

Thank you so much. As well as making a huge difference, you've also just made my day!

Olivia x

ALL BOOKS BY OLIVIA SPRING

The Middle-Aged Virgin Series

The Middle-Aged Virgin

The Middle-Aged Virgin in Italy

Only When it's Love Series

Only When It's Love

When's the Wedding?

My Ten-Year Crush Series

My Ten-Year Crush

My Lucky Night

My Paris Romance

My Spanish Romance

My French Wedding Date

My Perfect Happy Ending

The Romance Library Series

The Romance Library

The Love Librarian

The Love Hotel Series

The One That Got Away

Other Books

The Match Faker

Losing My Inhibitions

Love Offline

Box Set

Ready To Mingle Collection

ALSO BY OLIVIA SPRING

The Match Faker

Have you read my fake-dating, enemies-to-lovers novel ***The Match Faker?*** It includes Mia and Liam from *The Romance Library*. Here's what it's about:

Fake dating my enemy was never supposed to feel so real...

My ex-boyfriend screwed me over and now the future of my matchmaking agency is in danger. I'd do anything to save it. Even if it involves fake dating my childhood best friend, hot Hollywood action movie star Liam Stone.

With his good looks, charm and acting skills, he'd be ideal.

There's just one problem. We hate each other.

But the arrangement would help me win the Matchmaker of the Year award (being single doesn't exactly work in my favour) and scoop the cash prize and publicity that would save my business.

It's purely professional. Two months and we're done.

Except when Liam kisses me, nothing about the fireworks between us feels fake...

Get ready to stay up all night! Once you start reading this steamy, dual POV, fake-dating, enemies-to-lovers romantic comedy, you won't be able to stop! **Order *The Match Faker* from Amazon now!**

AN EXCERPT FROM THE MATCH FAKER

Chapter One
MIA

'How's your love life, Mia?' Aunty Doreen appeared in front of me, eyes wide.

My sister's extravagant tenth wedding anniversary party had only started an hour ago and I already wanted to leave.

Although I knew this annoying question always came up at family events, I still hadn't worked out the perfect response.

I could either tell the truth and confess that my love life was as vibrant as a corpse and end up being pitied like I had an incurable disease.

Or I could lie, say I was madly in love and enjoy the validation that came when people heard you'd been 'saved' from being single.

But I was rubbish at lying, so I decided to change the subject instead.

'Aunty Doreen!' I gripped the stem of my champagne flute tighter to calm my racing heartbeat. 'What time are they cutting the cake?'

My eyes flicked to the long tables dressed with white-and-gold linen which matched the decor of the grand hall my sister Alice had hired in central London. Must've cost her a fortune.

Silver platters of fancy canapés were elegantly laid out alongside the elaborate three-tier anniversary cake that was still intact. Dammit.

'Not sure.' Aunty Doreen shrugged, adjusting the pearl necklace resting on her brown patterned dress. 'It's still early.'

'I'll go and check.'

'Wait!' She blocked my path. The DJ turned up a popular Beyoncé song. Wouldn't be surprised if my aunt had requested that he play 'All By Myself' by Celine Dion next. 'You didn't answer my question. So? Are you dating? I heard what happened with your last boyfriend. Terrible thing.'

My stomach twisted. *Terrible* was an understatement, but the less I thought about what my scumbag ex had done to me, the better.

'Strange that you didn't see that coming'—she pursed her lips—'but it's been ages. You must be seeing someone else by now!'

I glanced at Alice on the dance floor, wondering if she could save me from what I knew was about to become a full-blown interrogation. Alice was dressed in a white silk gown, her long wavy hair extensions flowing behind her as she gazed lovingly into her husband's eyes.

My sister's brown skin was the same tone as mine, but

whilst I had an oily T-zone that always made me look too shiny in photos, Alice's complexion was flawless. Just like her make-up tonight.

I smoothed down the front of my blue knee-length dress and fiddled with my thick, dark hair, which I'd styled into an updo.

Alice wouldn't have to deal with awkward questions like this. Despite being two years younger than me, she always landed on her feet. Perfect house, perfect job and perfect husband. I was glad one of us was doing well.

My aunt twiddled her thumbs impatiently. She wanted an answer and wasn't going to leave until I gave her one.

'I've been focused on my business, so haven't had a chance to date.'

There. Done. Stock answer remembered and successfully delivered.

Time to move on and speak about the weather, the Kardashians, global warming or house prices.

Anything except my love life.

Please.

My cousin's two little boys sprinted across the hall, and as one of them almost slipped on the shiny tiled floor, my heart jumped in my mouth. They were playing dangerously close to the DJ's laptop. I was about to suggest they be careful, but didn't want to spoil their fun. The DJ waved his finger at them, so hopefully they'd move somewhere safer.

'Oh yes! Your escorting business!'

'My *what*?' I replied, my eyebrows almost hitting the ceiling.

'Don't worry!' she shouted over the music. 'Your

secret's safe with me. If you want to help sad, desperate men, why shouldn't you?'

'But I—' Before I had a chance to set her straight, she cut me off.

'Your aunt Mary said you'd been corrupted by the devil and needed Jesus, but isn't prostitution one of the oldest professions in the world? At least that'll never get replaced by technology!'

My cheeks heated. It was no surprise they'd been talking about me. This family had more gossips than a tabloid newspaper.

'I don't employ escorts. I run a professional matchmaking agency. I help people find love.'

'So there's no escorts or prostitutes?' She raised her voice. I was glad the music was loud so no one else could hear her question.

'No.' I shook my head.

'But that doesn't make sense.'

'What?'

'I said that doesn't make sense!' she repeated.

'Why?' I frowned, wishing I'd plucked three glasses of champagne from the waiter's tray instead of one.

Just as my aunt opened her mouth to reply, my cousin's sons crashed into the DJ. His laptop plummeted to the floor and the music stopped.

'If you run a *professional matchmaking agency*,' she yelled, somehow not realising the hall was now deathly silent, 'then *why* are you still single?'

Mic. Drop.

Everyone's eyes spun so fast in my direction I was surprised they didn't get whiplash.

The heat of a hundred gazes burned into me. My pulse raced.

It was bad enough that Aunty Doreen wanted an update on my love life, but now, *everyone* in the hall was staring, waiting for an answer too.

Most singletons could just shrug their shoulders or complain about how rubbish the men were on dating apps. But when you were supposed to be a matchmaking expert, that wasn't going to fly.

It was like a plumber having a broken toilet. Or a dance instructor with two left feet.

'Oh, y'know.' I forced a smile, wishing the ground would swallow me up. 'It's like the builder who's so busy fixing other people's homes, he never has time to do his own.' I laughed awkwardly, sweat pooling under my armpits.

'*Awww.*' She patted me on the head like a wounded puppy. 'Hopefully, you'll find someone before you get left on the scrap heap. How old are you now? Twenty-nine?'

I glared at the DJ to see if he was any closer to putting the music back on, but like the entire hall, he was too busy eavesdropping on my car crash conversation.

People had even moved closer to get a front-row view of me dying of embarrassment. Any minute now someone would start handing out popcorn.

'Thirty-two,' I murmured, swallowing the lump in my throat.

'Oh…' She winced. Groans from sympathetic spectators echoed behind me. 'Better get a move on!'

'I… excuse me.' I hurried through the crowd, trying to ignore everyone's sad stares. The DJ chose that moment to play the next track.

As Akon's 'Lonely' boomed around the hall, I sighed. If he had to play a song about flying solo, I'd prefer Beyoncé's 'Single Ladies'. At least that was empowering.

'You okay?' Mum asked as I passed her near the exit. Dad's arm was wrapped around her waist and my stomach twisted as I saw pity written across their faces. I supposed it was to be expected.

When I'd arrived, the first thing Mum asked wasn't how I was, but whether I'd brought a date.

After saying I hadn't and seeing the disappointment in her eyes, I'd headed to the toilets. Which was exactly where I was going right now.

'Course!' I straightened my shoulders. 'I'm fine.'

When I got to the toilets, an elderly woman I didn't recognise was struggling to open the door and hold on to her walking stick.

'Let me get that.' I held it open so she could walk through.

As tempting as it was to hide in the cubicle, there was only one free and I wasn't going to jump in front of an old lady. She reminded me of my grandma. God, I missed her so much.

My eyes started watering.

Come on, Mia. Woman up.

I didn't know why I was so upset. Mum and Aunty Doreen weren't the first to question why I was single and they wouldn't be the last.

I should be used to their comments by now, but it still hurt.

Some people, like my best friend, Trudy, were happy to be single, but I believed in love. How could I not? As my aunt reminded me, it was my job.

In a few months my parents would be celebrating forty years of being happily married. My maternal grandparents had been married for sixty-two years and it would've been longer if they were still alive.

And all of my friends were loved up. I'd made sure of it.

I'd literally found the perfect match for everyone I knew.

So why was I having such a hard time finding my own Mr Right?

Want to find out what happens next? Buy *The Match Faker* from Amazon today!

ACKNOWLEDGEMENTS

I'm so grateful to the following people for helping me to bring *The Romance Library* to life:

- **My amazing husband**: for listening to my endless book talk and always believing in me.
- **Mum:** for your unwavering support and encouragement.
- **Loz:** for your enthusiasm and laser-sharp attention to detail.
- **Emma:** for the amazing support you give my books, and for sharing what you love about romance novels and your local library.
- **Jay:** for your super helpful property development expertise.
- **Jas:** for always being so supportive and giving helpful feedback.
- **Rachel:** for knocking it out of the park with the stunning book cover.
- **Eliza:** for your excellent editing skills.

- **Helen:** for your brilliant proofreading.
- **Dawn:** for your support and keeping my website looking pretty.
- **The members of The Friendly Book Community and Romance Book Lovers Club Facebook groups:** for sharing your thoughts on why you adore romance books and all the wonderful things your dream library would include.
- **The brilliant bloggers, Bookstagrammers, ARC readers** and **BookTokers** who read and wrote wonderful reviews for this book.
- And to **YOU, my lovely romance reader**. Thanks for buying and reading my books. Your support means the world!

Lots of love,
Olivia x

ABOUT THE AUTHOR

Olivia Spring is the bestselling author of fifteen romantic comedy and women's fiction books.

Whether you want to fake-date a hot Hollywood movie star in London, jet off to Paris with a handsome billionaire, enjoy some sun, sand and sea with a gorgeous Spanish DJ in Marbella or attend a castle wedding in the South of France, Olivia's books will help you to escape reality and transport you to a dreamy romantic location. No ticket or passport required!

Olivia was born and raised in London and divides her time between the UK and Spain.

When she's not writing new steamy romcoms, Olivia can be found reading on the beach, enjoying cupcakes and cocktails and, of course, seeking inspiration for her next book!

If you'd like to say hi, email olivia@oliviaspring.com or connect on social media.

TikTok: www.tiktok.com/@oliviaspringauthor

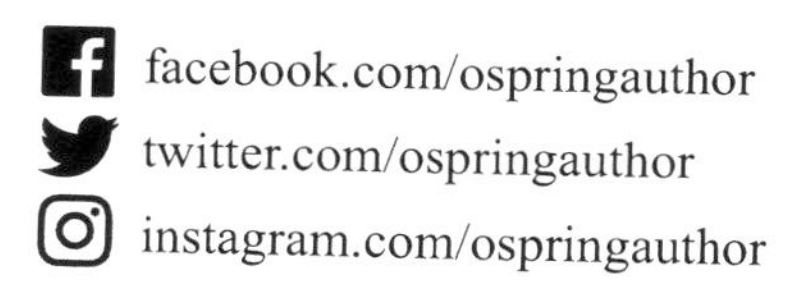

facebook.com/ospringauthor
twitter.com/ospringauthor
instagram.com/ospringauthor

Printed in Great Britain
by Amazon

46757686R00240

Wenlock Abbey

1857–1919

To Oliver,
Spring in a Shropshire Abbey

Wenlock Abbey

1857–1919

A Shropshire Country House and the Milnes Gaskell Family

With all good wishes
Cynthia G

Cynthia Gamble

6 March 2020
At the Wallace Collection.

Ellingham Press

ISBN 978-0-9930073-1-6

British Library Cataloguing in Publication Data

A catalogue record is available for this book from the British Library

Note: The ruins of Wenlock Priory, in the care of English Heritage, are open to the public: for information, see www.english-heritage.org.uk/daysout/properties/wenlock-priory The prior's lodging (known as Wenlock Abbey) is a private residence.

Ellingham Press, 43 High Street, Much Wenlock, Shropshire TF13 6AD
www.ellinghampress.co.uk

Cover by Aardvark Illustration & Design
www.aardvarkid.com

Typesetting by ISB Typesetting, Sheffield
www.sheffieldtypesetting.co.uk

About the author

Dr Cynthia Gamble is Honorary Research Fellow, University of Exeter, and Chairman of the Ruskin Society. Her interdisciplinary writing focuses on Marcel Proust, John Ruskin, the Belle Epoque and related areas. She is the author of several books including *Proust as Interpreter of Ruskin: The Seven Lamps of Translation* (2002), *Insights into Ruskin's Northern French Gothic* (2002), *John Ruskin, Henry James and the Shropshire Lads* (2008); and co-author of *Ruskin-Turner. Dessins et voyages en Picardie romantique* (2003) and of *L'Oeil de Ruskin: l'exemple de la Bourgogne* (2011). She has published extensively, and has contributed chapters to the *Cambridge Companion to Proust* (2001) and to the *Cambridge Companion to John Ruskin* (2015), and fourteen entries to the *Dictionnaire Marcel Proust* (2004, second edition 2014).

Contents

Contents

List of Illustrations

Note: All images are in private collections, unless otherwise indicated.

Colour images

Black and white images

Acknowledgements

This book emerged from my previous publication *John Ruskin, Henry James and the Shropshire Lads* (2008) when I realised that there was much more to say about Wenlock Abbey. I am grateful to many friends, colleagues and acquaintances for their help in different ways. Professor Jeffrey Richards, Lancaster University, read the manuscript in its early stages and gave me a vote of confidence. Suzanne Boulos of Much Wenlock assisted with her local knowledge. Anna Dreda, owner of the wonderful independent shop Wenlock Books in the High Street in Much Wenlock, has been most supportive.

Edward Bottoms, archivist at the Architectural Association, London, allowed me to consult rare architectural drawings of Wenlock Abbey. At Eton, archivist Penny Hatfield kindly produced material relating to James Milnes Gaskell. I am very grateful to the staff of the Hampshire Record Office in Winchester for their help and welcome and especially to David Rymill, archivist, for permission to use material. Staff at the British Library; Judith Stephenson and colleagues at the Suffolk Record Office, Bury St Edmunds; Shropshire Archives, Shrewsbury and the Society for the Protection of Ancient Buildings have welcomed me warmly on many occasions and responded generously to requests.

I wish to thank Catherine, Lady Forester and the Trustees of the Willey Estate; the Trustees of the Wenlock Estate and Sir Laurie Magnus for permission to use material. Laura Marriott at the Public Catalogue Foundation was most helpful and efficient in responding to queries. Thanks are also expressed to Wakefield Council for permission to reproduce portraits of the Milnes Gaskell family. The National Trust kindly permitted me to use an unpublished letter and a photograph. Julia Ionides and Peter Howell allowed me to reproduce an extract from their book *Victorian Days in England*. Rex Harley went out of his way to photograph the Wenlock lectern and produced stunning results. The Director and Staff of the Victoria and Albert Museum London generously authorised the reproduction of these images of the famous lectern in their care. Ruth Thackeray has responded warmly to various queries.

I have enjoyed stimulating discussions about Wenlock Abbey with the remarkable artist and Proustian Alan Halliday. The steady, gentle encouragement of Friends Round the Wrekin – Julie Tipton and Cara Rhys-Jones – has been invaluable. Ged Foley made a special journey to Knotty Ash and telephoned me on 29 December 2011 from the spot of the remains of Henry Bright's once splendid garden.

I am particularly grateful to James Milnes Gaskell, the great-grandson of Charles George Milnes Gaskell, for permission to reproduce a portrait of Lady Catherine and to quote from unpublished letters from Charles George Milnes Gaskell to Henry Adams, from Mary Milnes Gaskell to Henry Adams and from Francis Turner Palgrave to Henry Adams. Much of this correspondence is held at the Massachusetts Historical Institute, Boston, to whose staff we also owe thanks. Thanks are also expressed to Toby Motley, Mark Carter-Motley and other members of the family for their help. It has been a great pleasure to work with William Motley, the great-great-grandson of Charles and Lady Catherine Milnes Gaskell, and share discoveries about Wenlock Abbey and to have unique access to unpublished manuscripts.

I have nothing but the highest praise for Ellingham Press and especially for Ina Taylor, Heidi Robbins and their colleagues who have combined professionalism with conviviality at all times. It has been a delight to work with them. But without the Cluniac monks and medieval masons, this book would not have been written. Every effort has been made to acknowledge all copyright holders. The publisher would be pleased to hear from any copyright holder not so acknowledged.

Abbreviations

HA: Henry Adams

CGMG: Charles George Milnes Gaskell

EMG: Evelyn Milnes Gaskell

JMG: James Milnes Gaskell

MMG: Mary Milnes Gaskell (née Williams-Wynn, wife of JMG)

CGMG's large Abbey book: The History of Wenlock Abbey (private collection)

CGMG's small notebook: Notes on the History of Wenlock Abbey (private collection)

Letter Archive: Private Collection

HRO: Hampshire Record Office, Winchester

SA: Shropshire Archives, Shrewsbury

NAR: North American Review

VCH: Victoria County History

Notes on some of the Participants

Henry Brooks Adams (1838–1918), grandson of US President John Quincy Adams. Editor, writer on medieval architecture, lifelong and closest friend of CGMG.

Marian (Clover) Adams, née Hooper (1843–85), wife of Henry Brooks Adams.

Charles Hamilton Aïdé (1826–1906), French-born Armenian novelist, playwright, lyricist, artist, eccentric bachelor devoted to his mother.

Robert Bateman (1842–1922), 3rd son of James Bateman (1812–97) who built Biddulph Grange, in Staffordshire and purchased adjoining Biddulph Old Hall in 1861. English painter, illustrator, sculptor, naturalist, horticulturalist and philanthropist.

Caroline Octavia Bateman, née Howard (1839–1922), 8th child of the Dean of Lichfield and granddaughter of Frederick Howard, 5th Earl of Carlisle. Married Robert Bateman in 1883. Robert and Caroline Bateman lived at Benthall Hall, near Broseley, from 1890 until 1905/06.

Thomas Vere Bayne (1829–1908), academic at Christ Church Oxford, friend of Charles Dodgson.

George Reginald Benson (1888–1961), eldest son of Ralph Beaumont Benson and brother of Stella; inherited Lutwyche Hall. Author of *Brother Wolf* (1933).

Ralph Augustus Benson (1828–86), married Henrietta Cockerell; parents of Ralph Beaumont Benson (1862–1911), Robert Edmund Ross Benson (1864–1927), George Conolly Benson (1867–1900), and two daughters.

Stella Benson (1892–1933), born at Lutwyche Hall, Wenlock Edge, near Easthope; took a deep interest in women's suffrage.

Sidney Edward Bouverie-Pusey (1839–1911), son of Lady Emily Herbert, daughter of the 2nd Earl of Carnarvon. He married Wilhelmina Hervey.

Edmund Montagu Boyle (1845–85), 3rd son of the Hon. John Boyle and the Hon. Cecilia Fitzgerald-de-Ros.

Eleanor Vere Boyle (1825–1916), née Gordon, daughter of Alexander Gordon of Ellon Castle, Aberdeenshire. Artist, illustrator of children's books and author of gardening books often using the initials 'EVB' to mask her identity. Friend of Dante Gabriel Rossetti and other Pre-Raphaelites.

Richard Cavendish Boyle (1812–86), younger son of General Edmund Boyle, 8th Earl of Cork (1767–56). Rector of Marston Bigot, Somerset 1836–75, and later Queen Victoria's chaplain. He married Eleanor Vere Gordon.

Robert Frederick Boyle (1841–83), son of the Hon. John Boyle (1803–74) and the Hon. Cecilia Fitzgerald-de-Ros. Married Minna Antoinette Beatrice Elton on 17 April 1873; Minna died on 21 June 1876.

Robert Seymour Bridges (1844–1930), ex-Eton and Corpus Christi College Oxford: Poet laureate 1913 to 1930. At Wenlock Abbey on 10 April 1866. Contemporary and friend of CGMG.

Henry Arthur Bright (1830–84), Liverpool shipping magnate, gardener and gardening writer whose ideas shaped the making of the gardens at Wenlock Abbey.

William Penny Brookes (1809–95), surgeon, botanist, educationalist and promoter of the Wenlock Olympian Games.

Robert Browning (1812–89), English poet and playwright.

Edward Burne-Jones (1833–98), Birmingham-born Pre-Raphaelite artist whose work inspired Lady Catherine MG's embroidery.

Mary Cholmondeley (1859–1925), born in Hodnet, Shropshire, daughter of the rector, Hugh Cholmondeley. Author of *Under One Roof* (1917), *Her Evil Genius*, *The Danvers Jewels* (1886) and *Red Pottage* (1899). Aunt of Stella Benson.

William Johnson Cory (1823–1892), educator and poet; taught CGMG at Eton.

William Cowper-Temple, 1st Baron Mount Temple (1811–88), Liberal politican. His second wife Georgiana née Tollemache (1822–1901) organised seances and salons at Broadlands in Hampshire.

Emma Cuncliffe (1792–1878), daughter of Sir Foster Cunliffe, 3rd Bt, and great aunt of CGMG.

Sir Robert Cunliffe, 5th Bt (1839–1905), MP for Flint and Denbigh. Married Eleanor Egerton Leigh. Second cousin of CGMG.

Francis Grenville Doyle (1848–82), eldest son of Sir Francis Hastings Doyle and Sidney, née Williams-Wynn (sister of MMG). Devoted his life to an army career, became captain in the 2nd Dragoon Guards and served in the Zulu War in 1879. Died of his wounds in the Egyptian campaign in 1882 at the age of 34. A great friend of HA, cousin of CGMG and best man at his wedding. Also a keen photographer.

Sir Francis Hastings Charles Doyle, 2nd Bt (1810–88), JMG's Eton and Oxford friend. Professor of Poetry at Oxford 1867–77. Author of *Reminiscences*. Married

Sidney, née Williams-Wynn, sister of Mary and Charlotte. Two sons, Francis Grenville and Everard, and daughter Mary Annabel who married Charles Carmichael Lacaita. CGMG's uncle.

Sir Everard Hastings Doyle, 3rd Bt (1852–1933), 2nd son of Sir Francis Hastings Doyle, 2nd Bt. Bachelor and traveller.

Edward Everett (1794–1865), American statesman, orator, father of William.

William Everett (1839–1910), at Trinity College Cambridge with CGMG. In 1878 Everett was Master of the Adams Academy in Quincy, Massachusetts.

John George Weld Weld-Forester, 2nd Baron Forester (1801–74); MP for Wenlock.

John Starkie Gardner (1844–1930), leading wrought-iron designer, writer on geology and botany. Worked at Wenlock Abbey.

GASKELL family

Benjamin Gaskell (1781–1856), father of JMG.

Daniel Gaskell (1782–1875), uncle of JMG.

Mary Gaskell, née Brandreth (died 1845), mother of JMG.

James Milnes Gaskell (1810–73), only child of Benjamin.

Rt Hon. Charles George Milnes Gaskell, PC, DL (1842–1919), elder son of JMG; sensitive restorer and custodian of Wenlock Abbey, writer, politician and environmental campaigner.

Gerald Milnes Gaskell (1844–97), 2nd son of JMG.

Cecil Grenville Milnes Gaskell (1833–90), elder daughter of JMG; married Francis Turner Palgrave.

Isabel Milnes Gaskell (1834–1916), younger daughter of JMG; married the Revd Thomas Fitzgerald Wintour.

Evelyn Milnes Gaskell (1877–1931), only son of Lady Catherine and CGMG. Studied at Eton and Trinity College Cambridge, BA 1899, MA 1909; married Lady Constance Harriet Stuart Knox, 2nd daughter of the 5th Earl of Ranfurly.

Charles Thomas Milnes Gaskell (1908–43), only son of Lady Constance and EMG; married Lady Patricia Hare, daughter of the Earl of Listowel; three sons James, Andrew and Thomas.

Mary Milnes Gaskell (1881–1975), only daughter of Lady Catherine and CGMG; married General H. D. O. Ward.

Mary Milnes Gaskell, née Williams-Wynn (died 1869), wife of JMG.

Mary Juliana Milnes Gaskell (1906–99), only daughter of Lady Constance and EMG; married Lewis Motley.

William Ewart Gladstone (1809–98), several times prime minister, contemporary and close friend of JMG. Gladstone visited JMG on the latter's deathbed.

Sir Francis Henry Goldsmid, 2nd Bt (1808–78), Jewish banker and philanthropist, MP for Reading; married his cousin Louisa Sophia Goldsmid (1810–1911).

Arthur Henry Hallam (1811–33), poet, contemporary and close friend of JMG at Eton.

Thomas Hardy (1840–1928), English novelist and poet, friend of Lady Catherine and CGMG.

HERVEY family

Lord Arthur Charles Hervey (1808–94), 4th son of 1st Marquis of Bristol. Very close friend of JMG at Eton. Ordained priest, later Bishop of Bath and Wells. A kindly man, proposed a system of university extension.

Lord William Hervey (1805–50), 3rd son of 1st Marquis of Bristol; friend of JMG at Eton.

Lord Frederick William Hervey (1800–64), 2nd Marquis of Bristol. Several children including:

Lady Mary Katherine Isabella Hervey (1845–1928), unmarried; secretly engaged to CGMG.

Lord Frederick William John Hervey (1834–1907), from 1864 on the death of his father he became 3rd Marquis of Bristol.

Major Lord John William Nicholas Hervey (1841–1902), ex-Eton and Trinity College Cambridge. Unmarried. He was at Wenlock Abbey with Sir Robert Cunliffe on 16 July 1866.

Augusta E. Hervey (born *circa* 1846), daughter of Lord William Hervey. Composer and teacher of music; unmarried cousin of Lady Mary Hervey and half-sister of Wilhelmina Hervey.

Wilhelmina Hervey (died 1885), daughter of Lord William Hervey and a French mistress.

Henry James (1843–1916), American novelist whose stays at Wenlock Abbey inspired much of his writing.

Benjamin Jowett (1817–93), theologian, classicist and translator; Master of Balliol College Oxford from 1870.

George William Kitchin (1827–1912), student (Fellow) and censor at Christ Church Oxford, later Dean of Winchester. Friend of John Ruskin, Osborne Gordon, Charles Dodgson and CGMG.

Charles Carmichael Lacaita (1853–1933), only son of Sir James Philip Lacaita; married Mary Annabel, daughter of Sir Francis Hastings Doyle. Liberal MP for Dundee 1885–88. Botanist of note: nineteen plant species were named after him.

Samuel Lawrence or Laurence (1812–84), portrait painter.

Alphonse Legros (1837–1911), French-born painter, etcher and sculptor.

Sir Alfred Comyn Lyall (1835–1911), literary historian and poet.

Sir Charles Lyell (1797–1875), geologist, champion of Darwin's theories of evolution.

Robert Jasper More (1836–1903), Liberal MP for Shropshire South.

Christopher Stephen Motley (1935–2014), married Miranda, 2nd daughter of Sir Anthony Doughty-Tichborne, 14th Bt.

William Michael Motley (1962–), great-great-grandson of Lady Catherine and CGMG.

Frederic William Henry Myers (1843–1901), poet, classicist, philologist, and founder of the Society for Psychical Research. Contemporary of CGMG at Eton and Cambridge.

Francis (Frank) Turner Palgrave (1824–97), eldest son of Sir Francis Palgrave (1788–1861), art critic, poet, lecturer, Welsh speaker, lover of cats. Vice-Principal of Kneller Hall Teacher Training College in Whitton, Twickenham 1850 to 1856. He married Cecil Grenville Milnes Gaskell in December 1862.

Gwenllian Florence Palgrave (1868–1951), daughter of F. T. Palgrave. Author of *Francis Turner Palgrave: His Journals and Memories of his Life* (1899).

William Gifford Palgrave (1826–88), brother of F. T. Palgrave, talented linguist, Arabic scholar, explorer and travel writer who experienced several religious conversions.

Revd Francis Milnes Temple Palgrave (1865–1955), only surviving son of F. T. Palgrave and Cecil, née Milnes Gaskell. Vicar of Hetton-le-Hole, County Durham.

Romolo Nobile Piazzani (1872–1933), landscape gardener, art collector and long-term companion of the Revd Henry Fraser, Vicar of Ryton; both are buried in Ryton church.

Viscount Pollington (1843–1916), from 1899, 5th Earl of Mexborough; married Venetia Errington in 1867.

Anne Isabella Thackeray Ritchie (1837–1919), daughter of William Makepeace Thackeray and step-aunt of Virginia Woolf.

Emily Marion Ritchie, known as 'Pinkie' (1851–1932), writer and editor of the letters of Edith Sichel; sister-in-law of Anne Isabella Thackeray Ritchie.

Dante Gabriel Rossetti (1826–82), English poet and painter; close friend of Lady Catherine and her parents. He did at least one portrait of Lady Catherine.

John Ruskin (1819–1900), writer, critic, artist, philanthropist, towering figure of the Victorian age who worked at Wenlock Abbey in 1850.

Edith Sichel (1862–1914), English author, companion of Emily Ritchie.

Henry Morton Stanley (1841–1904), explorer and Liberal Unionist MP; married artist Dorothy Tennant.

William Wetmore Story (1819–95), American sculptor, critic, poet and editor.

Arthur Woollgar Verrall (1851–1912), classics scholar at Trinity College Cambridge who helped CGMG with some translations.

WALLOP family

Isaac Newton Fellowes (later **Wallop**), 5th Earl of Portsmouth (1825–91), married Eveline Alicia Juliana Herbert, daughter of the 3rd Earl of Carnarvon. Parents of twelve children including:

Lady Catherine Henrietta Wallop (1856–1935), writer; married CGMG and lived at Wenlock Abbey from 1877.

Newton Wallop (1856–1917), later 6th Earl of Portsmouth.

Lady Camilla Wallop (1858–94), writer; married Sir William Gurdon.

Mary Ward, née Milnes Gaskell (1881–1975).

Henry Dudley Ossulston Ward (1872–1949), born in Woolwich, Kent: son of William Pearson Ward (1825–1909), Royal Artillery, and Eleanor Burnand (1842–?).

Philip Speakman Webb (1831–1915), English architect and leading figure in the Arts and Crafts Movement.

WILLIAMS-WYNN family

Sir Watkin Williams-Wynn, 4th Bt (1749–89).

Sir Watkin Williams-Wynn, 5th Bt (1772–1840).

Sir Watkin Williams-Wynn, 6th Bt (1820–85), MP for Denbighshire from 1841 until his death in 1885.

Rt Hon. Charles Watkin Williams-Wynn (1775–1850) married Mary Cunliffe, daughter of Sir Foster Cunliffe, 3rd Bt; their children were:

Charles Williams-Wynn (1822–96), MP.

Mary Williams-Wynn (died 1869), married JMG.

Charlotte Williams-Wynn (1807–69), diarist and traveller, unmarried.

Harriot Hester Williams-Wynn (1812–78), married John Lindesay.

Sidney Williams-Wynn (1819–67), married Sir Francis Hastings Doyle, 2nd Bt.

William Clarke Wontner (1847–1930), English portrait painter associated with Classical and Oriental studies.

Thomas Woolner (1825–92), prolific English sculptor and poet, and founder member of the Pre-Raphaelite Brotherhood. He sculpted busts of James and Mary MG and F. T. Palgrave.

Foreword

My Christening and Childhood at Wenlock Abbey

Towards the end of 1962 my parents arranged my christening in the Infirmary Chapel at Wenlock Abbey, then the home of my paternal grandparents. I was the first grandchild and the service was conducted on the medieval stone altar in the drawing room by a Catholic priest, because my mother's family (Tichborne) were recusant Roman Catholics. This was likely the first time the rites of the Catholic Mass had been celebrated on that altar since the monks had been removed from the Abbey in 1540.

This confluence of extended histories has greatly inspired me. The location: a Roman villa, turned into a Saxon convent, then a Cluniac priory, a farmhouse and now a family home – and the Tichborne family: my mother's father still owning land awarded to his direct forebears in the eleventh century at Tichborne, Hampshire (and reputedly held by them since the ninth century at a time when the convent at Wenlock was being sacked by the Danes). The Tichbornes held to the Catholic faith through the reformation and, despite one cousin Chidiock plotting against Elizabeth I and another cousin Robert signing the death warrant of Charles I, the family remained quietly loyal in the same place, with their medieval curse and a notorious Victorian trial along the way. For me, in retrospect of course, it has felt as if two long lines of religious struggle in English history had knotted together: the ghosts of various martyred

Tichbornes chugging the champagne along with those of Charles and Catherine and other Milnes Gaskells.

In a further historical twist while working on this book with Cynthia Gamble, I discovered that my mother's 11 × great-grandfather was one Thomas Lawley (*circa* 1524–58/9) of Much Wenlock, through the Arundells of Wardour, the Gages and the Penruddocks to Ursula Lawley (died 1681) whose great-grandfather Thomas bought Wenlock Abbey from Agostino degli Agostini in 1545 and was the first layman to live there in the 1550s. Thomas and his brother Robert were both MPs, representing the borough of Wenlock in Tudor parliaments, and their father John, from an old Wenlock family of freeholders, had unsuccessfully tried to defend the Priory during the visits of the reformers in the 1530s. Which means that parliamentary representation of Wenlock, by inhabitants of the Abbey, is in my blood from both my parents. The ancestral ghosts at my christening must have had quite a bit to talk about!

I moved there at the age of six after my grandfather died, and grew up surrounded by the possessions of ancestors stuffed into attics and cupboards, the cobwebbed boxes of letters, family portraits and old oak furniture. In one old copy of a Biggles novel I found a manuscript of a poem by Robert Burns used as a bookmark. In a stone alcove was a folder of drawings and notes and the dispatch notebook of my great-grandfather Evelyn Milnes Gaskell from the front line in the trenches at Ypres, the mud and drawing pin holes in little diagrams of gun positions giving an immediacy that no history book can create. In another folder were an early Irish stamp and some letters from Edward Carson to Evelyn's wife Constance. And in yet another a long indecipherable letter in old German script from Carl August, Grand Duke of Saxe-Weimar, accompanied, inexplicably, by a letter from Clara Schumann.

The big rooms upstairs with timber-vaulted ceilings had ping pong and billiard tables. There we played games of billiard fives so furiously that the windows had to be shuttered (the original wood ones from the fifteenth century) to protect the glass. The various spiral staircases – including a rare example of two that wound round each other but never met –

and concealed doors and passages made it ideal for hide-and-seek.

We dined occasionally in the room where the Abbot originally entertained his visitors, and were sometimes accompanied by a disturbed bat flying around the rafters. Swifts nested in the eaves and a large hive of bees lived permanently in the Norman wing in the floor space between what was, in our time, my father's office and the nursery above. We always went to tell the bees of any great news, especially deaths in the family. Once, when we had a house full of guests for a two-day cricket match I had to sleep in the nursery on a camp bed – and awoke in the morning with quite a few sleepy bees that had crawled out seeking warmth on a cold night. I was only stung once.

It has been enormous fun working with Cynthia on this book. She has found out so much more about my great-great-grandparents, Charles and Catherine, than I already knew. They had always seemed familiar to me and their presence was felt around the Abbey. I talked to my grandmother about them at length. Harry Perks, a local carpenter, once told me how he remembered Catherine walking about the town when he was a boy and how she was admired – and a little feared – by everyone. But of course it was an incomplete picture which Cynthia has now done so much to fill in. I have also enjoyed finding out more about Charles's struggles to be elected as a Liberal, having myself been involved in local politics as a Liberal Democrat – and I now greatly admire his long years of work for the West Riding of Yorkshire.

When, sadly, my father and his brothers decided to sell the Abbey in the 1980s much was lost in the ensuing clearout but I managed to save a few letters and notes, some written by Charles Milnes Gaskell. This included the visitors' book from the 1860s to 1920. Cynthia and I spent many hours deciphering this and transcribing it and other letters and then looking up who all the people were. I was surprised and pleased to find that so many of them were such interesting characters. Charles and Catherine defied the conventional stereotype of a 'Victorian' couple. Among the visitors were Jewish bankers, flamboyant writers and artists, a gay art collector and his vicar boyfriend, a lesbian couple, promoters of women's suffrage, scientists, explorers, poets, liberal politicians and even Americans.

Although I think Charles and Catherine were quite conventional in their own lives they clearly enjoyed a diversity of interesting people and absolutely loved the Abbey. They were also ahead of their time in their approach to building preservation, authentically recreating rather than destroying and rebuilding in a grand pseudo-medieval manner that ruined so many other interesting buildings in the nineteenth century. Despite the origins of the Milnes Gaskells in Wakefield, where they had a huge house and all their wealth, their spiritual home was in the cloisters of Wenlock and it is revealing that they are all buried there rather than in Yorkshire.

It is now thirty years since I left Wenlock and I have lived longer in other places but the Abbey is still the place that is home to me and always will be. And I expect my remains will end up there too one day.

William Motley

Preface

I have reason to be grateful to Catherine and Charles Milnes Gaskell. And I am well placed to appreciate how much Wenlock Abbey owes to them both. For this ancient building, since 1983 my much-loved home, this pilgrim that has come down to us through the mists of time, would surely have fallen into ruin without their timely intervention.

During the seventeenth and eighteenth centuries, Wenlock Abbey (or more accurately, the Prior's Lodging) was neglected and let out as farm buildings, and so inevitably, it was falling into desuetude when James Milnes Gaskell bought the property from his wife's first cousin, Sir Watkin Williams-Wynn, in the mid-nineteenth century. And it was then that the first major programme of restoration was begun and continued by Charles Milnes Gaskell and his wife, Lady Catherine.

Ironically, it was the neglect of the previous centuries that preserved many of the medieval features of the building, and these were now valued and restored by the Milnes Gaskells; so that, for example, the ancient stone spiral staircases were not torn out, but were rather supplemented, improved by the addition of modern wooden flights of stairs tactfully inserted; and many of the ancient walls were clad with imported seventeenth-century panelling. The few, scattered medieval tiles, which must have been lying about in random and probably muddy disorder, were carefully gathered together and placed at one end of the Infirmary Hall, while the rest of the floor was tiled in plain black and red, except for a quartet of tiles, which rather touchingly depict, in the medieval style, a crest, with the date of 1867 firmly emblazoned, lest we should mistakenly think them ancient. The inscription reads 'Scio Cui Credidi' ('I know in whom I would believe'). It is both a statement of faith and a homage to the past.

Nowadays, faith comes less easily. Would Lady Catherine have been shocked by the motto I have inscribed above the fireplace: 'Faith, Uncertain Of Itself, Tries'? I hope not. Nevertheless, my wife and I have attempted, with the programme of restoration we ourselves have carried out at Wenlock Abbey, to continue Lady Catherine's tradition of honouring the past, in the hopes that the baton of preservation can, *Deo volente*, be passed on to a future generation.

Louis de Wet 2015

Introduction

Wenlock Abbey, in the historic market town of Much Wenlock, in the heart of rural Shropshire on the border with Wales, is the former prior's house or lodging of a medieval Cluniac monastery, whose spectacular ruins still stand in its grounds. Nikolaus Pevsner described the house as 'one of the finest examples of domestic architecture in England about the year 1500'.[1]

The manor was purchased in 1857 by James Milnes Gaskell, MP for the borough of Wenlock. This purchase was the most important of all and marked a turning point, for the Milnes Gaskell family were the first owners who cared for the manor and restored and protected it for generations to come. Although much has been written about the physical ruins and their history, nothing has been written about this remarkable family who lived there from 1857 until 1982. The house was then bought by the artist Louis de Wet and his wife, the actress Gabrielle Drake, who continued the tradition of care. The focus of the story is the period from 1857 until 1919, marking the death of Charles Milnes Gaskell and his burial in the family plot in the churchyard of Holy Trinity Church, Much Wenlock.

The ruined farmhouse, that had been the subject matter of artists such as J. M. W. Turner, Peter de Wint and Paul Sandby to name but a few, became not only a home, but a fashionable salon and a magnet for distinguished visitors, including royalty and celebrities of all kinds. This book explores the evolution of the house and grounds, the history and lives of the Milnes Gaskell family – James and Mary Milnes Gaskell, and their elder son Charles and his aristocratic wife Lady Catherine – and the literary, artistic, scientific and political activities associated with the house. This has been possible, for the very first time, thanks to the author's unique access to the private archives of William Motley, the great-great-grandson of Charles and Lady Catherine, who has facilitated access and shared information. William was christened on the altar in the former infirmary chapel in the house where he lived, with his parents, until 1982. Archives include unpublished manuscripts and letters of the Milnes Gaskell family and their circle, and photographs and sketches of Wenlock Abbey. Particularly valuable documents are the Abbey Visitors' Book (that commences in 1863) and the unpublished manuscript of the 'History of Wenlock Abbey' by Charles Milnes Gaskell, with paintings, photographs, heraldic shields and other material.

These archives reveal the secrets of the Abbey: the architecture and changing layout, its restorations with the discoveries of ancient tiles, medieval coins and skeletons, and the excitement of the discovery of the unknown, great *lavatorium* in the cloister used by the monks for washing, as well as the creation of a unique set of gardens with animal topiary.

The Abbey became the epitome of country house life (it was first featured in *Country Life* in 1907 and again in 1960 and 2011) of the country squire and landed gentry, but with the important additional dimension of a salon, presided over by Lady Catherine, that welcomed and promoted the talents and celebrated the achievements of budding artists, writers (among these were Thomas Hardy and Henry James, both of whom fell in love with the alluring *châtelaine*), politicians, scientists, entrepreneurs and gardeners. Strong, talented, interesting women play a particular role in the story: the intrepid traveller and writer Isabella Bishop, Edith Sichel, Emily Marion Ritchie, Marian Adams, the artist Mrs Stackhouse Acton, the Jewish feminist campaigner Louisa Goldsmid and many more. The Abbey was the hub of debate and discussion and political scheming. Lady Catherine and her husband Charles were both prolific writers on history and social matters.

There is a direct link with the popular series *Downton Abbey*, for Highclere Castle, where the series was filmed, was the home of Lady Catherine Milnes Gaskell's favourite uncle, the 4th Earl of Carnarvon. Lady Catherine was also a cousin of the 5th Earl of Carnarvon who opened Tutankhamun's tomb in Egypt's Valley of the Kings and died soon after.

The town of Much Wenlock has gained more celebrity – and is now the centre of world attention – as the birthplace of the Modern Olympic Games, revived by an epiphanic meeting in 1890 between Wenlock-born physician Dr William Penny Brookes and Baron Pierre de Coubertin.

Notes

1 Nikolaus Pevsner, *Shropshire* (New Haven and London: Yale University Press, 2002), p. 210.

Chapter 1

The Ancient Market Town of Much Wenlock, Shropshire

In Murray's first *Handbook for Shropshire*, which also covered Cheshire and Lancashire, published in 1870, Much Wenlock or Wenlock (both versions are given for the town is often referred to in the shortened form) is described as 'now little more than a village, which would scarcely be noticeable, were it not for the beautiful ruins of the Abbey, once one of the richest and most important priories in England'.[1] Of the ruins, local historian, geologist, artist, and eventually centenarian John Randall (1810–1910), wrote lyrically: 'Few are better calculated to please the eye or fire the imagination than those of Wenlock. Rising from a rich green carpet, they look like bits of fairy-land, and are by far the most attractive features of the town.'[2]

The origins of the name of Wenlock are uncertain but may lie in two ancient names. In the seventh century it was called Wimnicas; the Welsh name was *Gwenloc*, *gwen* meaning white and *loc* derived from the Latin *locus* meaning a place. Why should it have been described as a 'white place'? Perhaps this is a reference to the famous white limestone of the area and most noticeably on the high ridge or escarpment called Wenlock Edge. This was recognised to be of such importance that it gave its name to a geological era – the Wenlockian period. In other documents, the town is known as Wenlock Magna. In the first-floor, oak-panelled courthouse in the sixteenth-century Guildhall, there is an old rebus of the name of the town – the word 'Wen' and an old-fashioned lock – both on an inkwell and in gilded letters in the coat of arms.

A monastery under the control of abbess Liobsynde, a French nun from the abbey of Notre-Dame-des-Chelles, to the east of Paris, was founded at Wimnicas. Liobsynde was succeeded by Milburga, daughter of Merewalth (or Merewald), King of the Magonsaete, *circa* 675/690. Princess Milburga established herself as a powerful figure ruling what was thought to be a double abbey, with separate monasteries for men and women, plus extensive buildings and lands, for more than thirty years. Milburga, believed to be endowed with mystical powers and be able to perform miracles, was eventually canonised after her death. Her life, *Vita Milburga*, was compiled in the late eleventh century by the Benedictine monk Goscelin of Saint-Bertin, a leading professional hagiographer with a particular interest in the lives of female saints. Tales of Milburga's miracles and of the discovery of what were thought to be her relics and remains of her bones were written by Odo, Bishop of Ostia, in 1101.[3]

This so-called 'village' was of great importance and had given such loyal support to the monarch that it was granted a charter by King Edward IV at a ceremony at Westminster on 29 November 1468. The Charter begins:

> Know that we at the instance of our beloved and faithful counsellor John Wenlock, knight, lord of Wenlock, and remembering the praiseworthy and voluntary services which our beloved and loyal liege men and residents of Wenlock town rendered in obtaining our legal right to the crown of England [...] have, of our special grace and munificence granted and by these presents allowed [...] that this town shall be a free Borough for ever, [...] and that the burgesses shall be called the burgesses of the borough of Wenlock.[4]

Sir John Wenlock, a career soldier, had represented Bedfordshire in five parliaments between 1433 and 1455; his seat was at Luton. By this Charter, Wenlock was made a parliamentary borough. From 1529 it encompassed several parishes over a considerable rural area, and returned two Members of Parliament to Westminster until 1885. Thus Much Wenlock (distinct from and larger than neighbouring Little Wenlock), the most important town in the borough, was the centre of political debate and held much power for many centuries.

However, the small, rural market town in the heart of Shropshire that was expecting the aristocratic young bride of Charles George Milnes Gaskell (lord of the manor and owner of Wenlock Abbey from 1873) with such mounting excitement in 1877 was still in many ways a medieval settlement with a defined social structure. Farms with livestock were attached to dwellings (Brook House Farm in Queen Street, in the town centre, was still a working farm in the twenty-first century). There were regular stock markets for the sale and purchase of horses, sheep and cattle, as well as general markets for fruit, vegetables, flowers, homemade cakes, pies, jams and other produce. Waggoners and farmers with their carts and horses drove noisily up and down the cobbled streets and alleyways.

Alongside the many timber-framed dwellings of all shapes and sizes – weavers' cottages, smithy, Raynald's Mansion, Ashfield Hall (at one time known as The Blue Bridge Inn)[5] – stood fine, red brick town houses for the local gentry. In 1823, Wenlock Villa (later renamed Mary Way House, a reminder of the Wenlock maiden, Mary Way, who was murdered nearby and whose ghost was said to haunt the road) was built in St Mary's Lane.[6] No. 4 Wilmore Street was the two-storey home of Dr William Penny Brookes (1809–95), medical practitioner, surgeon, apothecary, botanist, environmentalist and tree planter, promoter of art and physical education (Wenlock Olympian Games), polymath and philanthropist. He campaigned vigorously and successfully for a railway to come to Much Wenlock and was a director of the Wenlock & Severn Junction Railway, and Chairman of the Wenlock & Craven Arms Railway. By 1853 Brookes was also the owner of Ashfield Hall.[7] Another impressive red brick eighteenth-century house, set back at the junction of Bourton Road and Victoria Road, was known as the Vicarage in the mid- to late nineteenth century for it housed the local vicar. By 1817 Robert Tovey had built Hoarley Grange, known as The Grange, a mile or so southwest of the town and with fine views overlooking the countryside, that later became the childhood home of the Shropshire novelist Mary Webb, née Meredith.

While physical health was being championed by Brookes, public health was threatened by poor sanitation. An open sewer (euphemistically called a brook, and more emphatically a 'Schetebrok') ran through the middle of the town, from the high ground on the Stretton Road in the west, down the High Street, past the Fox Hotel, along Back Lane, by Brook House Farm (hence the name) and across the road into the precincts of the remains of the monastery. Even as recently as 1890, there were complaints about 'the present offensive state of the brook that passed through the town'.[8] Flooding was also a common occurrence, a situation that remained largely unchanged in the twenty-first century.

It was a town with many alehouses, hostelries and important coaching inns: in 1898 Charles Milnes Gaskell noted the existence of eleven such establishments.[9] However, during the political lifetime of Charles's father, James Milnes Gaskell (MP from 1832 until 1868), there were many more inns, with evocative names recalling the local occupations ('The Bricklayer's Arms', 'The Plough' and others).[10] There were malthouses for the drying of hops and the preparation of ale, a safer beverage than water drawn from one of the wells with a high risk of being infected with cholera. There were many wells: some were dedicated to saints – to St Owen and to St Milburga. As well as honouring their piety, this was no doubt also an attempt to invoke their protection of the purity of the water and the health of the townsfolk. St Owen (perhaps an anglicised version of St Ouen, well known in Rouen where the abbey church is dedicated to him) was an early Christian missionary reputed to have come to Much Wenlock from Brittany in the sixth century. With the coming of the railway, one was called 'The Railway Well': another was 'The Shady Well', described by Charles Milnes Gaskell as 'now hidden in bushes by Shadwell rocks near railway line, used formerly for eyes'.[11]

The little streets and passages with curious names ooze history, mystery and tradition. Mutton Shut is a reminder of the former hostelry 'Shoulder of Mutton': 'Shut' is thought to have been a corruption or contraction of 'Shoot' or 'Short Cut', or an alley that had gates for security, but no one really knows the origin of this Shropshire word. Others are Bull Ring, Dark Lane, Back Lane and Mary Lane (later St Mary's Lane); in Shrewsbury there is the more than expressive and self-explanatory Grope Lane.

In 1877 Henry James encapsulated Much Wenlock as 'an ancient little town at the abbey-gates – a town, indeed, with no great din of vehicles, but with goodly brick houses, with a dozen "publics", with tidy, whitewashed cottages, and with little girls [...] bobbing curtsies in the street'.[12]

The young bride, so eagerly anticipated, was Lady Catherine Henrietta Wallop, eldest daughter of the 5th Earl of Portsmouth, of Hurstbourne Park, Whitchurch, Hampshire, and of Eggesford House, Devon. Charles George Milnes Gaskell had married Lady Catherine on her twentieth birthday, 7 December 1876.

Notes

1 John Murray, *Handbook for Shropshire, Cheshire and Lancashire* (London: John Murray, 1870), p. 39.
2 John Randall, *Randall's Tourists' Guide to Wenlock* (Madeley: J. Randall, 1875), p. 33.
3 See Mary Gifford Brown, *An Illuminated Chronicle: Some Light of the Dark Ages of Saint Milburga's Lifetime* (Bath: Bath University Press, 1990), pp. 3–4.
4 W. F. Mumford, *Wenlock in the Middle Ages* (Much Wenlock: Mrs E. Mumford, 1977), p. 119.
5 See the sketch by George Percy Bankart (1866–1929), *Blue Bridge Inn*, June 1889, in the *Architectural Association Sketch Book*, Series 2, 10 (1890), p. 37.
6 *The Victoria History of the Counties of England, Shropshire*, x (London: University of London, 1998), p. 407.
7 *VCH Shropshire*, vol. x, p. 417: see also Catherine Milnes Gaskell, 'Old Wenlock and its Folklore', *Nineteenth Century*, 35 (February, 1894), p. 259.
8 Cynthia Gamble, *John Ruskin, Henry James and the Shropshire Lads* (London: New European Publications Ltd., 2008), p. 225.
9 CGMG's small notebook, fol. 114.
10 CGMG's small notebook, fol. 114.
11 CGMG's small notebook, fol. 116.
12 Gamble, *opus cit.*, p. 226.

Chapter 2

Rescue of Wenlock Abbey, 1857

Bare ruined choirs, where late the sweet birds sang[1]

On the death of his father, Benjamin Gaskell, on 21 January 1856, politician James Milnes Gaskell (1810–73), who had been MP for the borough of Wenlock since 1832, inherited Thornes House, a comfortable and well-presented mansion and grounds near Wakefield in Yorkshire. In the autumn of the following year, he contracted to buy Wenlock Abbey and estate for the sum of £110,000 from the Welshman, Sir Watkin Williams-Wynn, 6th Bt (1820–85). Sir Watkin, Conservative MP for Denbighshire from 1841 until his death, was a landowner with an estate of over 150,000 acres, and was known as 'The Prince of Wales' for he was reputed to have more power over the people of that country than the Prince of Wales.

The decision was influenced by his wife Mary (died 1869), the daughter of the Right Hon. Charles Watkin Williams-Wynn MP (1775–1850), the second son of Sir Watkin Williams-Wynn, 4th Bt (1749–89). She saw the opportunity of returning to the home and land of her ancestors and having a foothold in Shropshire. But another reason, maybe the main motivating force, was simply a caprice by Mary, a wish to experience, for part of the year, a complete contrast to the much more comfortable lifestyle afforded her at her Yorkshire mansion. Her elder sister Charlotte Williams-Wynn (1807–69), the famous diarist and traveller, remarked on her eccentricity: 'No one but Mary would ever have thought of living here [at Wenlock Abbey], but she delights in getting away from all the comforts of Yorkshire to this ruin.'[2]

Fig. 1 *Wenlock Priory Ruins Viewed from the East, circa* 1855–60.

Their interest lay mainly in the Abbey itself, not in farming the land, for soon after agreeing the purchase of both Abbey and estate, James Milnes Gaskell entered into negotiations to sell over eight hundred acres to local landowner and politician, the Right Hon. John George Weld Forester, 2nd Baron (1801–74), of Willey Park.[3] Lord Forester's country residence was some three miles east of Much Wenlock at Willey Hall, an impressive early nineteenth-century mansion designed in the neoclassical style by the English architect Lewis Wyatt, with landscaped parkland, lakes and pools.

James and Mary Milnes Gaskell's elder son and heir to this Shropshire estate, future *châtelain* Charles George Milnes Gaskell (1842–1919) was in his final years at Eton at the time of the purchase and would soon enjoy, savour and cherish these medieval ruins for the rest of his life. He quickly took a keen interest in the Abbey and by at least 1860 (he was eighteen years old) had commenced writing notes on the changes taking place. These notes would lead to his comprehensive and invaluable history of his home a few years later.[4]

There had been religious settlements on the edge of the little town for centuries. Three foundations emerge: the first was a monastery under the authority of the French abbess Liobsynde continued by abbess Milburga in the seventh century; the second was a minster attributed to the immensely powerful Leofric who had been made Earl of Mercia in 1017 by Cnut, the Danish King of England. The third foundation was the priory created by Roger de Montgomery (a loyal supporter of William of Normandy who had successfully invaded England in 1066 and had been rewarded with estates in Sussex and Shropshire, including Wenlock). Montgomery brought Cluniac monks from the priory of St Mary de Caritate or La Charité-sur-Loire, in the Nièvre department of France. So Wenlock, like Caritate, then owed allegiance to the abbot of the great abbey of Cluny. The first prior at Wenlock is listed as Prior Peter in 1120.[5] The priory flourished and became the wealthiest and most privileged house in Shropshire. The Domesday Book records that by 1086, Earl Roger had made an 'abbey' at Wenlock.[6]

But monastic life ceased abruptly on 26 January 1540 with the arrival of three commissioners under orders from King Henry VIII to dissolve the religious house and its vast estate and appropriate its possessions. The monks agreed and signed their names and affixed the common seal of the priory to the deed of surrender. Financial terms were favourable and the men were provided with generous pensions and other benefits. John Bayley (also known as John Cressage), the last prior, received a pension of £80 per annum and went to a comfortable residence at Manor House, Madeley.[7]

The great priory was plundered, stripped of valuables (gold, silver, lead) and its treasures taken away, a fate that awaited the mother house of Cluny two centuries later. The King, grossly overweight and suffering considerable ill health, gave it in July 1545 to his Venetian physician Agostino degli Agostini, as a reward for his medical and political services including spying on Cardinal Wolsey. The royal gift comprised not only the house and site of Wenlock Priory, but its buildings, orchards, a water mill, four hundred and fifty acres of fields, and eight hundred and forty-five acres of woods.[8] The doctor quickly sold his gift that August to Thomas Lawley (died 1559), an important local freeholder, for the sum of £1,609 6s. 8d. Thus the great estate went into private hands through a purchase and commenced a journey that takes us to the present day.

From Thomas Lawley, the estate passed from his widow to his son Thomas in 1571 and was then called 'The Abbey'[9] and regarded as Much Wenlock manor house. By marriage it then devolved to Robert Bertie (died 1698), and from him it passed into the family of Gage. Sir John Wynn of Wynnstay, in Denbighshire, bought it from Sir Thomas Gage, a kinsman, in March 1713, and devised it with his other estates to Sir Watkin Williams, who then added the name of Wynn (died 1749). The manor descended with the Williams-Wynn baronetcy until 1857 when it was purchased by James Milnes Gaskell.

It is technically a misnomer to describe the property as an abbey, for in reality it was a Cluniac priory. However, it has been the custom for centuries to refer to it (particularly the private residence that was originally the prior's lodging) as 'The Abbey'. The use of this designation may be an echo of the original abbey and monastery ruled by abbess Milburga in the seventh century. The potential confusion and interchangeability of 'priory' and 'abbey' can be seen in the description in the first Murray's *Handbook for Shropshire.*[10] But this problem was discussed earlier by R. W. Eyton in his article 'Wenlock Priory' in 1853: 'The very name by which common consent designates the monastic ruins at Wenlock is characteristic of that general uncertainty or misapprehension which exists as to their foundation and history.'[11] For the purposes of clarity in this book, I refer to it as the Abbey or Wenlock Abbey, except in the context of a Cluniac priory.

The Abbey that James Milnes Gaskell had purchased was in a ruinous state and required not only a considerable investment of money but also sensitive restoration and renovation. In the residential part, lying to the south side, very few rooms were habitable and the domestic quarters were inseparable from the ruins of the former great priory church that were scattered all around. For many decades it had been a neglected farmhouse, let to various tenants who felt no responsibility for the upkeep and it had been severely vandalised by 'previous possessors'.[12] Part of the south aisle had been used as a stable. When the artist and architect Edward Roberts visited Wenlock Abbey in 1861 and published an account of this in 1862, the medieval infirmary was being used as a 'cow-house'.[13] The beautiful and valuable old stone had been used to rebuild local houses. In conclusion to his article, Eyton lamented the state of affairs and neglect by the succession of owners after the Dissolution: '[...] it may reasonably be regretted that no feeling of veneration for such a monument of medieval skill should have accompanied the inheritance.'[14] A sketch by W. Gauci shows the neglected site with a horse and cart, broken wheel and gate (figure 2).

The problem had been drawn to the attention of the Archaeological Society by Mr C. L. Fisher of Aldenham Park, Morville, whose concerns were published in the Society's *Archaeological Journal*:

> The Abbey [...] is not preserved as it should be. The farm servants are permitted to disfigure the remains of the church in the most wanton manner, making a practice of tearing asunder the beautiful clustered piers, a few only of which are now left, with crowbars for mere amusement. Mr Fisher solicits the kind interference of some member of the Association with Sir W. W. Wynn to put a stop to such vandalism.[15]

The Reverend C. Hartshorne, the distinguished and learned antiquary who transcribed extracts from the Wenlock parish registers of the sixteenth century, made every effort to intervene. On hearing the facts about the state of disrepair, the Right Hon. Charles W. Williams-Wynn placed £50 at the disposal of Mr Hartshorne. This was hardly a sufficient amount from a very wealthy man to even begin to address the problem. Money could not buy the care that was lacking.

Unfortunately the Williams-Wynn family, even though they were patrons of the arts, were not interested in Wenlock Abbey. On one occasion, on a visit to Mary Milnes Gaskell, Lady Williams-Wynn is reported as asking: 'Who owned the Abbey before?'[16] Neither were they interested in protecting their own books and manuscripts. At Wynnstay, their seat in North Wales, their valuable archives were stored in a stable next to a blacksmith's forge. Sparks spread and ignited, causing the great fire in 1859 that destroyed the historic collection. It was not until the caring owners, the Milnes Gaskells, bought the Abbey and lived in it, that it was rescued and protected from a spiralling path of ruin.

Three separate lofty blocks of ruins of parts of the former priory church stand out: the north transept, the south transept with adjoining chapter house, and the south aisle of the nave including the remains of the great west door. As at the abbey of Cluny in the twenty-first century, imagination is required to connect these pieces, make a whole and reconstruct the original church. The Reverend William Gilpin (1724–1804), the English clergyman, author and artist, best known as one of

Fig. 2 W. Gauci, *Ruins of Wenlock Abbey, circa* 1830–45.

the originators of the idea of the picturesque, found it difficult to view the ruins of Wenlock Abbey in this light. He wrote: 'The ruins offend from being too much detached; [...] if they had been connected with each other by fragments of old walls, and connected with the ground by a few heaps of rubbish, and a little adorned with wood, we should have considered them in a higher style, and looked on them as picturesque.'[17]

William Williams (1727–91) depicted these three main free-standing blocks of ruins in his picturesque representation of 1784, in which he managed to place all three, visually close to each other.[18] The artist, with his palette, is positioned behind a long wall: one can also see a female figure (his wife, perhaps) and a dog. Those ruins that were visible were overgrown and in a state of considerable decay. Horses, cattle and sheep were often depicted grazing or sleeping among the stones. In the engraving of Paul Sandby's watercolour of the ruins of the south transept, humans and animals are actively engaged in domestic activities (figure 3). Washing hanging on a makeshift line is being tended by a woman (it is not clear whether she is putting the washing on the line or taking it off) who is accompanied by a

Fig. 3 Paul Sandby, *Part of Wenlock Abbey*, 1779.

Fig. 4 *South Transept, circa* 1850.

child; a man on horseback is pointing to a man whose sheep are grazing behind him. The imposing horseman may be the lord of the manor or his agent requesting that the farmer leave. In another of Sandby's sketches published in 1778, looking east to the prior's lodging with the three Norman arches of the chapter house and the west wall of the south transept, a man on horseback, leading another horse, has stopped to engage in conversation with a lady (carrying a basket) walking on the path. Foliage and vegetation threaten to engulf the ruins.

The Welsh draughtsman and watercolour painter Moses Griffith (1747–1819) depicted in 1776 a cart waiting to be loaded with stones and taken away by vandals, and also showed the ambulatory of the prior's lodging with all the windows open, inviting anybody to enter. John Sell Cotman (1782–1842)

Fig. 5 *The Chapter House Viewed from the West, circa* 1850.

and Paul Sandby Munn (1773–1845) travelled together in the summer of 1802, leaving London in early July, reaching Bridgnorth on 8 July and then Wenlock where they both sketched different views of the priory.

Turner's two sketches of Wenlock Abbey were preserved and were still hanging in the residential part in the early twentieth century. One of these Turner drawings had been bought by Charles Milnes Gaskell in 1869, courtesy of Thomas Woolner.[19] John Ruskin's unabated passion for the work of the great English painter drew him to Much Wenlock in mid-August 1850 and to the property of Turner's patron. Inside the ruined chapter house Ruskin sketched one of the blind arches on the north wall that was so richly decorated with zigzag moulding. He used it as an illustration in *The Stones of Venice*.[20] He also

Fig. 6 *The Chapter House Viewed from the West with a Man Sketching, circa* 1860.

Fig. 7 *One Side of the Chapter House*, 1812.

sketched a dripstone from among the ruins and used it in the same volume.[21] During this visit Ruskin was accompanied by his wife Effie who was more interested in caring for her long dress among the brambles than for the stones.[22]

On Wednesday, 7 July 1852, Mrs Frances Stackhouse Acton (1794–1881), a local artist and writer from Acton Scott, took her young American guest, Anna Maria Fay, to Wenlock Abbey to spend the day sketching. Anna Maria was spending a year at the country seat known as Moor Park, not far from Ludlow. She wrote long detailed accounts of her Shropshire stay to her family in Massachusetts. Here are her impressions of Wenlock and the magnificent surrounding countryside:

> Wednesday we spent at Wenlock Abbey, some ten miles from Acton Scott. We drove there early in the morning through the most beautiful country, first uphill, then along the top of a chain of hills called Wenlock Ridges, looking down on a rich valley, the Stretton mountains rising above us on the other side. We saw the Wrekin, a mountain so beloved of the Salopians that it has given rise to a toast – 'All friends round the Wrekin'.
>
> At last we reached Wenlock, where we sat down to sketch the ancient and picturesque ruins of the Abbey [see colour plate B]. I made a very successful sketch that I shall be proud to show you. Mrs. Acton is most liberal with her drawings, and has given me no less than three. We lunched at the rector's house, the most romantic place possible, and the rector showed us the church, parts of which are very ancient, and also the market-place. Thus we passed a charming day and reached home for dinner at half-past seven o'clock.[23]

There was no control over people's comings and goings. No permission was required to be on private property that was being steadily and systematically plundered and for which there was no respect at all. Many of the houses and walls in the little town in the twenty-first century can claim to have been built with the ruins of this ancient and unique Abbey. As the roofs collapsed and the walls fell down and crumbled, local people collected the rubble in barrow-loads for building cottages, sheds, outhouses and roads; they used the ruins as a quarry and took whatever stone they needed. One of the worst offenders appears to have been Richard Collins, known as 'King Collins', a 'trusted' agent and employee of Sir Watkin Williams-Wynn, who 'carted away whatever he had a mind to'.[24] His actions were widely known and were also immortalised in Murray's *Handbook*: 'A large portion of the abbey was pulled down many years ago by a Vandal in the shape of a house agent, but further ruin was stopped by the then Sir W. W. Wynne.'[25] An inventory of Wenlock Abbey described the ruins as a 'stone orchard'.

The living quarters were inseparable from the monastic ruins that formed an integral part of the site. In brief, the L-shaped house consists of two wings. The Norman wing includes an oratory, cloister hall (originally used as a malthouse)[26] approximately 35 feet 6 inches by 25 feet, with a fine newel staircase leading to the upper rooms. The other wing, dating approximately from the fifteenth century, built of mottled purple and grey sandstone, has a long, deep, sloping, stone-slated roof that acts as a strong protective cover or cloak. Nestling beneath the distinctive roof are two rows or grids of windows that allow light to penetrate into the two storeys of galleries or ambulatories.

In the autumn of 1862 Charlotte Williams-Wynn, Mary's elder sister, found the place bitterly cold, draughty, uncomfortable and unchanged from the Middle Ages. She described it in a letter, from Wenlock Abbey, to her close friend, the Welsh painter and writer Baroness Bunsen, on 27 October 1862:

> I am staying in this most quaint and curious old place with the Gaskells. If the weather were warmer my *séjour* would be delightful, but we are literally living in the ruins – in the rooms of the abbot, with the ambulatory for the monks opening out of them, and there are all sorts of queer holes in the stone walls to enable him to see or hear what they were about. The heavy, massive doors, the stone floors, and windows, and shutters, are all the old ones, and there is a draught about two inches high that enters under each door. The cold is beyond what I ever felt, but the building is so full of interest that one bears it.[27]

The entire abode had a spooky atmosphere that rendered sleep difficult. Ghosts, real or imaginary, haunted the long corridors and terrified the staff. Charlotte continued: 'Ghosts abound, none of the maids will walk in the monks' passages singly after dusk, and we have a story every morning of some fearful noise heard in the night.'[28]

Part of the site was a burial ground and bodies were constantly being unearthed. On 23 January 1836 four coffins were found during excavations in the chapter house, described by Charles Milnes Gaskell in his history book:

> A ditch from north to south cut about 18 inches deep, came across the upper part of 4 stone coffins, seven feet from the north wall was the first coffin, 13 inches below the surface, 9 feet 4 inches from its head to the interior of the west pillar of the cloister. The body was buried in a wooden coffin which was entirely decayed owing to the moisture of the ground. Large unhewn limestone flags covered the receptacle in which the body was placed. The sides of all the four coffins were originally built together of good sized stones, which owing to the wet situation in which they lay, readily disunited. The depth of the 3 adult coffins was 11 inches. The second coffin was that of a child of about 12 years, head lying west – Bevilled Lid.
>
> Third and fourth coffin of men. Second grave 4ft 2in in length and 10 inches wide. The form of the skeleton was quite perfect and when the decayed lid was shovelled off, the outline appeared untouched, as it did of the three adult figures.
>
> Perhaps this was the body of a boy who was martyred, or else why should so honourable a burial place be chosen.[29]

The coffin with a 'Bevilled Lid' implied that the child had great status.

During excavations in September 1855, more discoveries were made. Behind the place where the altar had been situated, half way between the eastern end of the Lady Chapel and the back of the high altar, a perfect skeleton (sex unknown) was unearthed, lying in a roughly made grave and without a coffin. Domestic utensils were found a short distance from the skull: these consisted of a vase of pale red pottery and two dishes, all in perfect condition. The items, damaged by workmen, were reconstructed and sketched by Mrs Stackhouse Acton and placed in the museum at Wenlock but, according to the antiquary and schoolmaster Edward Lowry Barnwell (1813–87), 'soon vanished in some mysterious way'[30] and have never since been recovered. Barnwell pointed out that 'a few years before' (no precise date is given) this discovery, 'the bones of a young boy were found in the Chapter House, in a small stone coffin about 10 ins. wide'.[31] When the lid was removed, in the presence of the antiquarian Hartshorne, the skeleton was perfect. The identity of the boy and the reasons for his death and burial in such a holy place remain a mystery.

During extensive excavations in 1982, nine skeletons and remains were found dating from between 660 and 1060. Of particular importance was the remarkable discovery, in one of the chapels in the north transept of the ruins of the priory church, of a skeleton in a very good state of preservation, a monk in an attitude of prayer, holding a ceramic, glazed earthenware, mortuary chalice in both hands. This individual, a male of relatively short height of 5 feet 1½ inches, was aged between thirty-five and forty-five years and was suffering from periodontal and degenerative bone disease.[32]

Although the sacristy had been excavated in 1865, it was not until 1986, after the removal of moss and flora, that a piece of sculpture embedded in stone was revealed. This was a life-sized figure, possibly of an angel holding a scroll in the right hand. The stylised right pointed foot of the figure, protruding from under the folds of a garment or the folds of a scroll, is clearly visible and well preserved. George Zarnecki dates the figure from 1130–40.[33] Stylistically, this Romanesque figure has an affinity with the panels of the *lavatorium*, also in the grounds of Wenlock Priory.

The presence of the great, wealthy Cluniac priory was strongly felt by the new owners. The Wenlock monks had been self-sufficient in food: they had kitchen gardens stocked with vegetables with a surplus that could be sold or given to the poor, a physick garden with medicinal herbs, walled gardens that protected the more delicate plants and orchards of fruit trees. Bees were kept, providing honey, a tradition continued by Lady Catherine Milnes Gaskell with her eight brightly painted beehives:[34] one of the gardens was known as the 'bee garden' (figure 8). One of the sources of protein was the supply of fish bred and kept in the stew-ponds, purpose-built in the marshy meadows, with a plantation of poplar trees, to the east and south-east of the Abbey.

A map of the ecclesiastical remains in 1820 shows two fish-ponds, one square-shaped, one rectangular and u-shaped, still

Fig. 8 *Bee Garden Looking North.* Photograph.

in existence, as well as the site of the 'Great Pool' and dam.[35] The pool was retained by a dam, a feat of hydraulic engineering, over four hundred metres long on a tributary of the nearby Farley brook:[36] it had been constructed to create artificial lakes to provide the monks with carp, eels, trout and perch, as well as the recreational activity of angling. This dam, a long, raised causeway, is known locally as the Abbot's Walk[37] or Monks' Walk. Stew-ponds, both as private sources of food and commercial enterprises, flourished in many monasteries in the Middle Ages: the word 'stew' refers to a holding tank in which fish were kept prior to the stewpot. The ponds were often rectangular, rarely more than four or five feet deep, with vertical sides of solid stonework. The monks would row their boats on the great pool or the stew-ponds to catch fish, such as is represented in a thirteenth-century illumination in a psalter in the monastery of Heiligenkreuz.[38] The atmospheric abbey ponds and pools, by which Henry James strolled on several occasions, may have been a source of inspiration for the pool at Bly in *The Turn of the Screw* and the mysterious young Flora.

The monks had a well-stocked cellar, looked after by a cellarer; at the time of the dissolution of the monastery, he was named as Thomas Acton.[39] Some of the wines were imported, especially from Burgundy, but others may have been produced locally. We know that there were vineyards in Picardy, in the north of France, in the Middle Ages. Some of the quatrefoils depicting the labours of the months on the porch of Amiens cathedral depict work in the vines: in March, work in the vine furrows, and in October, treading the grapes. In Roman times, there was a vineyard at nearby Uriconium (Wroxeter). In *Friends Round the Wrekin*, Lady Catherine Milnes Gaskell mentions her 'new keeper, Barton, at the vineyards',[40] a locality near Homer and a reference to existing, or an echo of earlier plantations.

Mills (windmills, watermills) were an essential feature of life in the Middle Ages and more recent times. There were several in Wenlock and district, and in 1540 a manuscript indicates a mill at the Great Pool on the Abbey demesne.[41]

It was a wealthy, prosperous monastery and the monks engaged in commerce, for which they used 'tokens', called 'Abbey-pieces', in common use in abbeys and other places 'where the revenue was complex and of difficult adjustment'.[42] Some of these rare metal tokens, made at Nuremberg in the twelfth and thirteenth centuries, were excavated in front of the priory in 1866 and carefully preserved by Charles Milnes Gaskell and inserted into his large Abbey book (figure 9).

This was also a compassionate religious community, providing care and solace not only for their own sick brethren, but others. Remains of a 'leper's chamber' bear witness to this: Lady Catherine makes several references to such a building with lancet windows above which 'men said the service was heard by the sick'.[43] The old, dusty chamber, near the aviary, was reached by climbing some steps. It was there that Lady Catherine and one of her workmen, Thady Malone, deposited a sick bird to enable it to recuperate. After a successful mission, Lady Catherine wrote: 'So we shut the old door of the leper's chamber carefully behind us and descended the steps overgrown with budding valerian.'[44]

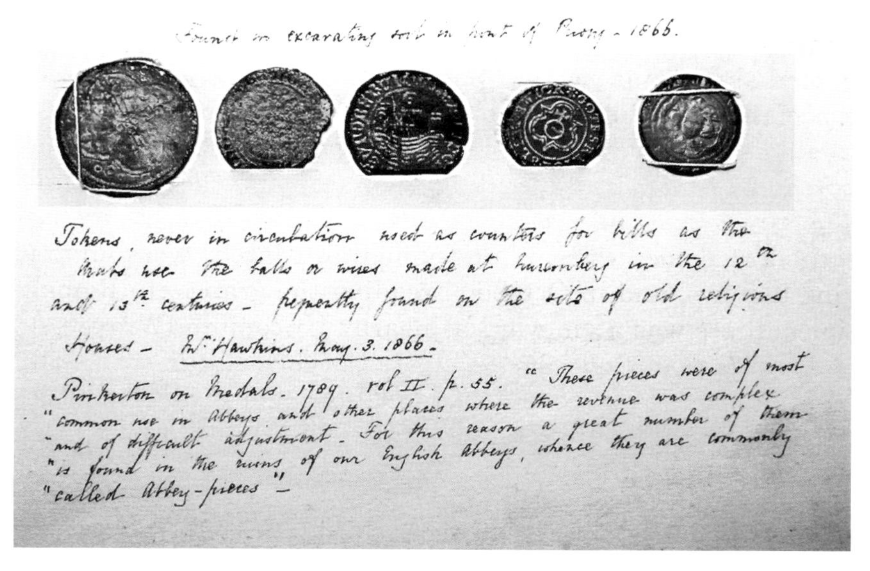

Fig. 9 *Tokens (Jetons) Found at Wenlock Abbey in 1866.*

Notes

1 William Shakespeare, Sonnet 73.
2 *Memorials of Charlotte Williams-Wynn*, ed. by Harriot Hester Lindesay (London: Longmans & Co., 1877), pp. 299–300.
3 Shrewsbury, SA, MS 1224, box 108. He succeeded to the baronetcy in 1828 on the death of his father.
4 This unpublished manuscript is referred to as CGMG's large Abbey book.
5 CGMG's large Abbey book, fol. 11, from Grose's *Antiquities of England and Wales.*
6 *VCH Shropshire*, ii, p. 40, note 9.
7 W. F. Mumford, *Wenlock in the Middle Ages* (Much Wenlock: Mrs E. Mumford, 1977), p. 178.
8 *Ibid.*, p. 84.
9 *VCH Shropshire*, x, p. 416.
10 *Handbook for Shropshire, Cheshire and Lancashire*, 1870, p. 39.
11 R. W. Eyton, 'Wenlock Priory', *Archaeologia Cambrensis*, New Series, vol. IV, April 1853, p. 98.
12 CGMG's large Abbey book, fol. 15.
13 Edward Roberts, 'Wenlock Priory, Salop', *Collectanea Archaeologica*, vol. I, 1862, p. 158.
14 Eyton, 'Wenlock Priory', *opus cit.*, p. 108.

15 CGMG's large Abbey book, fol. 16.
16 CGMG's small notebook, fol. 32.
17 Quoted in Nikolaus Pevsner, *Shropshire* (New Haven and London: Yale University Press, 2002), p. 208.
18 <www.byrnewatercolours.co.uk> [accessed 4 May 2012].
19 Boston, Massachusetts Historical Institute, MS MsN 1776 Adams Family, Henry Adams–Charles Gaskell 1866–1916, box 1, 1866–1875 (CGMG to HA, 12 September 1869).
20 *The Works of John Ruskin*, ed. by E. T. Cook and Alexander Wedderburn, 39 vols (London: George Allen, 1903–1912), IX, p. 321.
21 *Works*, IX, p. 97, fig. 8, g and h.
22 See Cynthia Gamble, 'Ruskin Lost in Shades of Gray', *Shropshire Magazine*, October 2013, pp. 74–76.
23 Anna Maria Fay, *Victorian Days in England. Letters Home by an American Girl 1851–1852*, with additional material by Julia Ionides and Peter Howell (Ludlow: The Dog Rose Press, 2002), p. 236.
24 Catherine Milnes Gaskell, *Spring in a Shropshire Abbey* (London: Smith, Elder & Co., 1905), p. 224.
25 *Handbook for Shropshire, Cheshire and Lancashire*, 1870, p. 41.
26 CGMG's large Abbey book, fol. 35.
27 *Memorials of Charlotte Williams-Wynn*, p. 299.
28 *Ibid.*, p. 300.
29 CGMG's large Abbey book, fols 20–21.
30 Edward Lowry Barnwell, 'Grave in Wenlock Abbey', *Archaeologia Cambrensis*, 28 (1873), p. 375.
31 Barnwell, *opus cit.*, p. 380.
32 Humphrey Woods, 'Excavations at Wenlock Priory, 1981–1986', *Journal of the British Archaeological Association*, 140 (1987), pp. 36–75.
33 *Ibid.*, p. 66.
34 *Spring in a Shropshire Abbey*, p. 138.
35 *VCH Shropshire*, x, fig. 41, p. 404.
36 *Ibid.*, p. 431.
37 *Spring in a Shropshire Abbey*, p. 101.
38 This is reproduced in Léon Pressouyre, *Le Rêve cistercien* (Paris: Gallimard, 2005), p. 82. The original manuscript is in the library of the monastery of Heiligenkreuz, Austria, MS 66, fol. 25v.
39 Mumford, *Wenlock in the Middle Ages*, p. 178.
40 Catherine Milnes Gaskell, *Friends Round the Wrekin* (London: Smith Elder & Co., 1914), p. 104.
41 *VCH Shropshire*, x, p. 431.
42 CGMG's large Abbey book, fol. 23.
43 *Spring in a Shropshire Abbey*, p. 173.
44 *Ibid.*, p. 217.

Chapter 3

The Future châtelain*: Eton, Cambridge and a Determining Breakfast Encounter*

Following his father's footsteps, twelve-year-old Charles[1] was enrolled at Eton in September 1854 under the guidance of Head Master Dr Charles Old Goodford (1812–84), subsequently Provost in 1862. One of Charles's most influential teachers was William Johnson (1823–92), who was to become a lifelong friend of the family. Although he was described by George Walter Prothero as 'the most brilliant Eton tutor of his day',[2] he was obliged to leave Eton in 1872 following a complaint by parents who suspected him of having too intimate a relationship with some of the boys. He then changed his name and became known as William Johnson Cory. In a letter he articulated clearly and concisely the aims and purpose of education, a statement that remained central to the Eton philosophy of the twenty-first century and posted on the school's website:

> At school you are engaged not so much in acquiring knowledge as in making mental efforts under criticism. A certain amount of knowledge you can indeed with average faculties acquire so as to retain; nor need you regret the hours you spent on much that is forgotten for the shadow of lost knowledge at least protects you from many illusions. But you go to a great school not so much for knowledge as for arts and habits; for the habit of attention, for the art of expression, for the art of assuming at a moment's notice a new intellectual position, for the art of entering quickly into another person's thoughts, for the habit of submitting to censure and refutation, for the art of indicating assent or dissent in graduated

> terms, for the habit of regarding minute points of accuracy, for the art of working out what is possible in given time, for taste, for discrimination, for mental courage, and for mental soberness. Above all, you go to a great school for self-knowledge.[3]

Charles was a particularly talented Greek scholar. He displayed such mastery of the language that he was 'sent up', that is to say, he was commended for an exceptionally good piece of work, a Greek iambic pentameter. One of his closest friends at Eton who was to play an instrumental part in later life was Lord John Hervey (1841–1902) whose leaving portrait – an Eton tradition – is reproduced here (figure 10).

Fig. 10 *Lord John Hervey*, photographic reproduction from a drawing by George Richmond, given as an 'Eton leaving portrait' to CGMG.

After leaving Eton in 1858, Charles went to Trinity College Cambridge, where he was admitted on 23 November 1859 as a pensioner, paying his full fees and board and lodging without having a scholarship.[4] His tutor was William George Clark (1821–78), the great Classical and Shakespearian scholar, public orator and preacher. The Master of Trinity (between 1841 and 1866) was the prestigious polymath William Whewell (close and influential friend of John Ruskin) whose wide-ranging interests and expertise included philosophy, mathematics, science, religion, mineralogy, continental gothic and medieval architecture. Above all, Whewell had an open, enquiring mind that he aimed to foster in all in his care, qualities that Charles acquired.

Another pensioner of the same year who was to remain in his circle of life-long friends was William Everett (1839–1910), the son of Edward Everett (1794–1865), the Unitarian clergyman, teacher, statesman and renowned American orator whose political and academic career included such posts as Governor of Massachusetts (1835–39), US minister to England (1841–45), President of Harvard University (1846–49) and the unsuccessful candidature for vice-president of the United States in 1860. William Everett became a lawyer, preacher, teacher and congressman.

Many of the formalities at Cambridge – and at Eton – were conducted in Latin. Charles's name was translated and abbreviated into Latin and listed as 'Gaskell, Car. Geo. Milnes'. He would be known affectionately by his family and close friends as 'Carlo', 'Carl' or sometimes 'Carlissimo'. The fairly narrow university curriculum was beginning to change and broaden when he commenced his studies.[5] He matriculated in 1860 and in 1863 he obtained his *Artium Baccalaureus* (BA), and in 1866 his *Artium Magister* (MA).

Charles's circle of American friends was extended unexpectedly on the morning of Monday, 27 April 1863. He had been invited to breakfast in London at the Brook Street home of Sir Henry Holland, 1st Bt (1788–1873), Queen Victoria's physician, traveller and travel writer, entertaining conversationalist and socialite with a reputation for charm and wit; he was also a valuable social ally. Charles arrived punctually at nine o'clock, as did the other breakfast guest, Henry Brooks Adams (1838–1918), who was already 'rapping the knocker' of the front door.[6] The two young men 'entered the breakfast-room together, where they were introduced to each other'.[7] So began an acquaintance that evolved quickly into a friendship that was to be permanent and of the most mutually enriching kind. Charles also kept in touch with the Holland family and two years after Sir Henry's death on his eighty-fifth birthday in 1873, his two daughters Caroline and Gertrude were guests at Wenlock Abbey.[8]

Henry Adams had a prestigious political pedigree. His great-grandfather, John Adams (1735–1826), was the second President of the USA; his grandfather, John Quincy Adams (1767–1848), was the sixth President, and his father, Charles Francis Adams (1807–86), had served as a congressman for Massachusetts prior to being President Lincoln's minister to Britain from 1861 until 1868. At the time of the Adams–Gaskell meeting, Adams was working as private secretary to his father in London. This involved his participation in a great deal of superficial social intercourse, the hollowness of which he came to despise and reject.

A few months before the Brook Street breakfast, Adams had stayed at Fryston Hall in Yorkshire, the home of Richard Monckton Milnes (Lord Houghton from 1863), Charles's distant cousin. There, in that cold December of 1862, he had discovered and admired the qualities of the Yorkshire people: their stamina, practical approach to life and 'social independence of London'.[9] He believed that 'the Yorkshire type had always been the strongest of the British strains' and that 'even Lancashire had not the mass and the cultivation of the West Riding'.[10] It was Charles's Yorkshire background and connections that predisposed him to an immediate empathy. Another bonding element that emerged during that breakfast conversation was the revelation that Charles's Cambridge friend, William Everett, was a cousin of Henry Adams.

The impact of this breakfast was determining: 'What affected his whole life was the intimacy then begun with Milnes Gaskell and his circle of undergraduate friends, just about to enter the world.'[11] His belief that 'intimates are predestined' was confirmed.[12] In Charles, Henry Adams found a rich hinterland that had so far eluded him in London society. Likewise, he found those same admirable qualities in Charles's parents whom he was soon to meet.

Notes

1 He was born on Sunday, 23 January 1842, in Lower Grosvenor Street, London: see *Gentleman's Magazine*, 17 (March 1842), p. 320.
2 <http://en.wikisource.org/wiki/Cory,_William_Johnson_(DNB01)> [accessed 9 January 2013].
3 <www.etoncollege.com> [accessed 14 October 2010].
4 J. & J. A. Venn, *Alumni Cantabrigienses*, 10 vols (Cambridge: Cambridge University Press, 1922–1958), V, p. 181.
5 See George Macaulay Trevelyan, *Trinity College: An Historical Sketch* (Cambridge: Cambridge University Press, 1943).
6 Henry Adams, *The Education of Henry Adams* (Newton Abbot, Devon: Dover Publications, David & Charles, 2002), p. 153.
7 *Ibid.*, p. 153.
8 Visitors' Book, 10 September 1875.
9 *The Education of Henry Adams* (2002), p. 154.
10 *Ibid.*, p. 154.
11 *Ibid.*, p. 154.
12 *Ibid.*, p. 154.

Chapter 4

The Stirrings of a Salon

The home she loved so well, so brightly planned,
Where clustered arches break the ruins gray,
And show how beauty gains but from decay.[1]

The transformation of the farmhouse into a hospitable family home was underway by 1863. A fine leather-bound visitors' book, inscribed in gold letters with the name WENLOCK ABBEY, was purchased, demonstrating the intention of the Milnes Gaskells to entertain seriously and in style at their new country abode. A visitors' book was begun in 1863 on blue pages. Then in 1875 these blue pages were bound into the front of the new, prestigious guest book.

The first guest to sign the Visitors' Book, on 10 November 1863, was Maria, Marchioness of Ailesbury (1809–93), née Tollemache, accompanied by a small party. Over the next few winter weeks before Christmas, there were more than thirty visitors. There were several local people – Mrs Baldwin of Stanton Long vicarage, and the Instone family of Much Wenlock and Broseley. A group organised by the Reverend W. Littlehales arrived from Winchester. An eminent guest was Philip Henry Howard (1801–83) of Corby Castle, one of the first Roman Catholics to represent an English constituency in Parliament. Members of the powerful Sparrow family of Penn in Staffordshire were invited, among whom was William Mander Sparrow, industrialist and owner of mines and ironworks, who in 1873 would be High Sheriff of Staffordshire.

The following year (1864) was busier with more than one hundred and twenty-three guests. Some were family members – two of Mary Milnes Gaskell's children, Gerald of the 1st Royal Dragoons and his sister Isabel Wintour; Mary's sisters, Harriot Lindesay and Lady Doyle – curious to explore the new home. Clergymen and their families were drawn to the monastery: among the names we find the Reverend R. L. Brinton from Shrewsbury; A. W. Gurney of Wribbenhall; John King of Astley Abbotts; L. Wickham of Twyford, Winchester; S. Andrew of Wall, Lichfield; G. Bellett of St Leonard's Church, Bridgnorth and H. Tilney, canon residentiary of Gloucester. There was also a group of Anglican priests, friends from their Christ Church days: Richard Salwey, George William Kitchin and Thomas Vere Bayne, accompanied by the Reverend C. P. Floyd of Munich.

A major factor contributing to this surge in numbers was the coming of the railway to Much Wenlock and linking the little town, in the first instance, with Buildwas, from where there were good connections to the major towns and cities of Shrewsbury, Birmingham and London. Although a limited service between Much Wenlock and Buildwas existed from 1862,[2] the main passenger station and master's house at Much Wenlock opened in 1864 (figure 11). An extension soon followed and the line from Much Wenlock to Craven Arms was fully operational by 1867, a route that went through magnificent scenery.

The Anglo-American friendship blossomed and, in early autumn 1864, Henry Adams was invited to stay at Wenlock Abbey. He signed the Visitors' Book on 2 October, for the first, but not the last time. Charles's parents showed him immense kindness, considered him a member of their family and an excellent friend for their elder son, 'perhaps a less dangerous friend than some Englishman might be'.[3] Henry in turn reciprocated the trust and affection and admired the Milnes Gaskells. His perceptive snapshot of Charles's father, then aged fifty-four, reveals a portrait of a man who 'never seemed willing to rest [...], one of the numerous Englishmen who refuse office rather than make the effort of carrying it, and want power only to make it a source of indolence'.[4] However kind James Milnes Gaskell was to Henry, 'Mrs Milnes Gaskell was kinder'.[5] This

Fig. 11 *Much Wenlock Railway Station, circa* 1900.

motherly, highly cultured figure, 'one of the most intelligent and sympathetic women in England',[6] looked after the American bachelor like a son. Henry 'drove about Wenlock Edge and the Wrekin with her, learning the loveliness of this exquisite country, and its stores of curious antiquity'.[7] 'It was', he continued, 'a new and charming existence; an experience greatly to be envied – ideal repose and rural Shakespearian peace.'[8]

The immediacy of that first experience was shared with his older brother, Charles Francis Adams Jr (1835–1915), then a colonel in the American Civil War. Henry was a prolific and engaging letter writer and almost immediately after returning from Much Wenlock on 6 October 1864 wrote enthusiastically to his brother about his 'very enjoyable' visit.[9] The twenty-six-year-old American provided a valuable insight into life at the draughty old Abbey, that Henry James was to complement and enhance thirteen years later when he too stayed there. Here are Henry Adams's first impressions of parts of the interior – the Great Hall with its oak rafters and huge fireplace, and his bedroom with a newel staircase:

> God only knows how old the Abbot's House is, in which they are as it were picnic-ing before going to their Yorkshire place for the

> winter. Such a curious edifice I never saw, and the winds of Heaven permeated freely the roof, not to speak of the leaden windows. We three, Mrs Gaskell, Gask and I, dined in a room where the Abbot or the Prior used to feast his guests; a hall on whose timber roof, and great oak rafters, the wood fire threw a red shadow forty feet above our heads. I slept in a room whose walls were all stone, three feet thick, with barred, square Gothic windows and diamond panes; and at my head a small oak door opened upon a winding staircase in the wall, long since closed up at the bottom, and whose purpose is lost.[10]

Henry was a most congenial guest whose lively, vibrant conversation almost competed with that of the jackdaws who had taken up permanent residence in the ruins: 'The daws in the early morning, woke me up by their infernal chattering around the ruins, and in the evening we sat in the dusk in the Abbot's own room of state, and there I held forth in grand after-dinner eloquence, all my social, religious and philosophical theories, even in the very holy-of-holies of what was once the heart of a religious community.'[11] Charles recalled that in 1860, one of the rooms in the Norman wing, without a floor, 'was inhabited by jackdaws'.[12]

Henry was also a practical guest who assisted with the ongoing excavation of the ruins and participated in the discovery of ancient tiles: 'Wherever we stepped out of the house, we were at once among the ruins of the Abbey (figure 12). We dug in the cloisters and we hammered in the cellars. We excavated tiles bearing coats of arms five hundred years old, and we laid bare the passages and floors that had been three centuries under ground.'[13]

The two young men explored the stunning Shropshire countryside and got to know the local farmers and their rustic dwellings, some of whom were Milnes Gaskell's tenants: 'Then we rambled over the Shropshire hills, looking in on farmers in their old kitchens, with flitches of bacon hanging from the roof, and seats in the chimney corners, and clean brick floors, and an ancient blunderbuss by the fire-place.'[14] They visited some of the large estates in the vicinity (Attingham Park renowned for its deer and pheasants, and Willey Park) and 'drove through the most fascinating parks and long ancient avenues, with the sun shining on the deer and the pheasants, and the "rabbit fondling

Fig. 12 *South Transept from the North-West*, 1860.

his own harmless face'".[15] Near Attingham, the Roman town of Uriconium provided the picturesque setting for their gastronomic picnic 'in the ruins of what was once the baths' where they 'ate partridge and drank Château Léoville, where once a great city flourished, of which not one line of record remains, but with which a civilisation perished in this country'.[16] But they were also sipping their Bordeaux *grand cru* near ground that had once been a great Roman vineyard (and which was re-established as such in the early twenty-first century). They shared literary interests and enjoyed discussing contemporary French literature, such as Octave Feuillet's novel *Histoire de Sybille*.[17]

They also 'dined with a neighboring MP' about whose wife Henry Adams wrote that she 'was eccentric in her aspirates and asked me if I didn't like that style'.[18] Was this an invitation to Meaford Hall, the country house of the Right Hon. George Cecil Weld Forester (1807–86),[19] near Stone, in bordering Staffordshire, an imposing seventeenth-century mansion that was his wife's family home? It was the birthplace of one of her ancestors, Admiral John Jervis, later 1st Earl of St Vincent, the hero of the defeat of the Spanish at the battle of Cape St Vincent in 1797. Fifty-five-year-old Forester, MP for the borough of Wenlock from 1828 until 1874 when he succeeded his elder brother in the House of Lords, had married the widowed Mary Anne Dyce Sombre, née Jarvis, in 1862. Or was it an invitation to the home of John Pritchard, MP for the borough of Bridgnorth from 1853 to 1868, and his wife Jane, née Gordon, at Bank House, Broseley, some three miles from Much Wenlock? Or even an invitation to Stanmore Grove, near Bridgnorth, a property that John Pritchard had inherited in 1861 on the death of his brother? The Foresters and the Pritchards were friends of the Milnes Gaskells and were often their guests at Wenlock Abbey. John and Jane Pritchard both had a reputation for having difficulty with the letter 'h' as is confirmed in *The Notebooks of a Spinster Lady 1878–1903*, thought to have been written by Maria Louisa Shaw Lefevre, sister of Lord Eversley, in which we find the following observations: 'Neither of them [John and Jane Pritchard] can manage the letter "h". They are both so kindly, courteous and hospitable, that it gave me quite a little pang when she said: "My 'usband will be so 'appy to see you!"'[20] Jane's brother, the Reverend Osborne Gordon, also had similar problems, and 'had never learned to put an "H" in the right place', according to Sir Algernon West's *Recollections*.[21]

Henry was delighted with his Shropshire stay and had enjoyed the Gaskells' 'rather sensual and intellectual style'.[22] The visit was, he told his brother, 'a species of quiet success, so curiously different from the usual stiffness of English society, that I shall always feel a regard for the old barn, though it was as cold a place as one wants to be near'.[23]

The cold winter of 1864/65 and the discomforts of 'the old barn' did not deter anyone. The year 1865 was even busier: one hundred and seventy-three names were recorded in the Visitors' Book, and many, as in previous years, were accompanied by groups of varying sizes. There was an almost non-stop stream of visitors, from 6 January until late November, from many walks of life – the world of commerce and trade, politics, aristocracy, religion, academia – and with many varied interests and accomplishments. Among these were James Randall, Archdeacon of Berkshire, and his wife; the scientist Charles Tomlinson (1808–97) of King's College University of London, and his wife; the artist Mrs Stackhouse Acton – a frequent visitor; the antiquary Thomas Wright FSA (1810–77) of London; the tile magnate and antiquary George Maw FSA (1832–1912) of nearby Benthall Hall. Charles was delighted and proud to invite William Clement Upton and Spencer Mansel, his friends from Trinity College Cambridge. Twenty-two-year-old William Brookes, Junior Student at Christ Church Oxford (the only surviving son of the Much Wenlock physician, Dr William Penny Brookes, but destined to drown in the river at Oxford on 6 December 1868) brought his contemporaries C. C. Wakefield of Magdalen College and J. H. Good of Lincoln College. John Ruskin's close and life-long friend, the Reverend Osborne Gordon, rector of St Michael and St Mary Magdalene, Easthampstead, Berkshire, was there with his sister Jane and her husband John Pritchard. Occasionally a comment can be found such as that by Mrs Ainsworth, a member of the family of prosperous Lancashire bleachers, of Smithills Hall, near Bolton, who wrote: 'clean beds and good butler attendants etc'. Some travelled from as far away as Sweden (Oscara Michaeli and J. C. Michaeli on 24 July) and Russia.

This year of 1865 also saw a general election, with voting taking place between 11 and 24 July. Several of the visitors were at the Abbey for political reasons, to discuss strategy. So we find, on 10 July, a group with political interests consisting of: Robert Jasper More (1836–1903), landowner and barrister who was campaigning for a seat and was elected Liberal MP for Shropshire South in 1865; George Cecil Weld Forester, the sitting Conservative MP for the borough of Wenlock along with James Milnes Gaskell; Henry Whitmore and John Pritchard,

Conservative MPs for the borough of Bridgnorth, were striving to keep their seats.

James Milnes Gaskell and Forester were again successful in retaining their seats for the borough of Wenlock. The result nationally was a victory for the Liberals (previously called Whigs) led by Lord Palmerston. James campaigned as an 'Independent' Conservative, a position he stated in his election manifesto dated 21 June 1865, written from his London address, 12 Stratford Place, outlining the principles that would determine his public conduct.[24] He was 'opposed to intervention in the affairs of foreign states, but should grieve to see the day when it was deemed to be incumbent on a English Minister to withhold the expression of his sympathy with the cause of freedom'. He rejoiced 'at the termination of the Civil War which has so long desolated America', and approved 'the neutral policy which the present Government has maintained'. He supported the Commercial Treaty with France, regarding it as a means of increasing trade and also of providing new securities for peace.

James Milnes Gaskell favoured parliamentary reform, believing that 'the basis of our representative system should be extended' but could not 'undertake to support any sudden or sweeping alteration of the elective franchise that would give undue predominance to any class or section of the community'. He was 'decidedly opposed' to secret voting. His religious tolerance came to the fore, since he himself had had difficulty in being admitted to Oxford University on account of his Unitarian background. He wrote:

> I hold that civil disqualifications on account of religious opinion are not only inexpedient, but unjust; indefensible in principle, and mischievous or illusory in practice. I should view with extreme regret any diminution of the just influence or authority of the Established Church; but I am convinced that it has more danger to apprehend from internal dissension than from undisguised attack; and I desire to see it resting its claims to support and sympathy on the only sure foundations for its influence in times like these – harmony with enlightened opinion, and forbearance in the exercise of authority – not seeking to widen the differences which unhappily divide us, or to affix a brand of inferiority to those who dissent from its communion.[25]

In conclusion, he made his independence of thought and political action paramount:

> It may be thought by some that this indication of my future course is not sufficiently precise and positive, and that those who aspire to be representatives of the people should declare themselves to be the follower of some party leader. It is not in my power, Gentlemen, to make any such profession. Not even to secure your favour would I be fettered by connexion with any subsisting party leader. I have no object of ambition except the happiness of representing you, and no end to serve except the public good. I should cease to value the trust which I now prize so highly if the forfeiture of independence were made the condition of my retaining it. I have not the smallest fear that such a condition will ever be imposed by you.[26]

Secure in his seat once more, and with his political status intact, James could entertain freely and liberally. An older family member of whom he and Mary were particularly fond was their aunt Emma Cunliffe (1792–1878) then aged seventy-three. Emma, a lifelong spinster, was the daughter of Sir Foster Cunliffe, 3rd Bt (1755–1834) of Acton Hall, near Wrexham, in north Wales. She lived with her other unmarried sister Charlotte at Pant-yr-Ochain Hall (meaning 'the hollow of lamentation'), situated between Gresford and Wrexham, that had been purchased by Sir Foster for his daughters; Emma spelt the Hall 'Pantyochin'. She was a very cultured and talented woman with a keen sense of history. During her stay in August 1865 at Wenlock Abbey, along with Mrs Ainsworth, of Smithills Hall, near Bolton, Lancashire, she painted several coats of arms, encouraged by Charles Milnes Gaskell. These represented the bearings of those who had 'been either possessed of or connected with the Abbey'.[27] She based much of her work on the coats of arms and devices that were on the tiles which paved the old cloisters.

In 1868, Emma's work was hung around the walls in the Abbot's parlour (the large room on the first floor, at the south end of the Norman wing), beneath which was a border of medieval tiles. This very impressive and tasteful arrangement served to emphasise the historical importance of the place and its original grandeur. It also demonstrated the sensitivity of the new 'possessors' to respectful restoration and transformation of the objects in their keeping. 'Possessors' was the word that Charles Milnes Gaskell always preferred instead of 'owners', implying quality, duty of care and vigilance. The Milnes Gaskells were truly the custodians of this exceptional inheritance.

A curious find among the ongoing excavations that year (1865) was the discovery of the remains or footings of a building with low walls, three to four feet high, attached to the south side of the choir in the former priory church. In the centre, a stone recumbent figure of an abbot was unearthed; this was moved to the Cloister Hall in the prior's lodging. Charles Milnes Gaskell thought that this small construction (that he described as being octagonal) was a sacristy or baptistery.[28] Of more recent date, Pevsner also had doubts about its usage: in his guide published in 2002, he called it a 'heptagonal chapel',[29] but in 2006 it was described as a 'heptagonal building, thought to have been a sacristy, added probably in the late C14'.[30] Mystery continues to surround this building, as does the long stone slab adjacent to it. Was the stone slab the cover of the burial place of the abbot found nearby?

In September 1865 there was a happy reunion of the three sisters, Mary Milnes Gaskell [MMG], Charlotte Williams-Wynn [CWW] and Harriot Lindesay [HL], photographed informally outside the prior's lodging (figure 13).

Notes

1 Charles Milnes Gaskell, *In Memoriam MMG*, 1873, CGMG's small notebook, fol. 170.
2 Ken Jones, *The Wenlock Branch: Wellington to Craven Arms* (Usk, Monmouthshire: The Oakwood Press, 1998), p. 48.
3 Henry Adams, *The Education of Henry Adams* (Newton Abbot, Devon: Dover Publications, David & Charles, 2002), p. 155.
4 *Ibid.*, p. 155.
5 *Ibid.*, p. 155.
6 *Ibid.*, p. 155.
7 *Ibid.*, pp. 155–56.
8 *Ibid.*, p. 156.
9 Cynthia Gamble, *John Ruskin, Henry James and the Shropshire Lads* (London: New European Publications, 2008), p. 203.
10 *Ibid.*, p. 203.

Fig. 13 *Prior's Lodging Viewed from the West with Three Williams-Wynn Sisters: MMG, CWW and HL*, September 1865. Photograph.

11 *Ibid.*, p. 204.
12 CGMG's large Abbey book, fol. 33.
13 Gamble (2008), *opus cit.*, p. 204.
14 *Ibid.*, p. 204.
15 *Ibid.*, p. 204. The reference to a 'rabbit fondling his own harmless face' is from Tennyson's 'Aylmer's Field' (1864).
16 *Ibid.*, p. 204.
17 *Letters of Henry Adams 1858–1891*, ed. by Worthington Chauncey Ford (Boston and New York, Houghton Mifflin Company, 1930), pp. 101–02.
18 Gamble (2008), *opus cit.*, p. 205.
19 He was the younger brother of Lord Forester (2nd Baron) who purchased parts of the Wenlock Estate from JMG in 1858.
20 Anonymous, *The Notebooks of a Spinster Lady 1878–1903* (Cassell, 1919), p. 12.
21 Sir Algernon West, *Recollections 1832 to 1886*, 2 vols (London: Smith, Elder & Co., 1899), I, p. 64.
22 Gamble (2008), *opus cit.*, p. 205.
23 *Ibid.*, p. 205.
24 London, British Library, MS HS.74/1635.
25 London, British Library, MS HS.74/1635.
26 London, British Library, MS HS.74/1635.

4 *The Stirrings of a Salon*

27 CGMG's large Abbey book, fol. 33.
28 CGMG's large Abbey book, fol. 18.
29 Nikolaus Pevsner, *Shropshire* (New Haven and London: Yale University Press, 2002), p. 208.
30 John Newman and Nikolaus Pevsner, *Shropshire* (New Haven and London: Yale University Press, 2006), p. 420.

Chapter 5

The 'large Abbey book', Medieval Frolics, Easter Fun and Charlotte's Farewell

Charles Milnes Gaskell was called to the bar at Inner Temple in April 1866. Henry Adams wrote him a letter of congratulations, dated 2 May, expressing the wish that 'Many blessings light upon the wig!'[1] Although he became a member of the Midland Circuit, the body representing barristers working in the English Midlands,[2] and practised sporadically in his London chambers, his real passions were politics and history. He had some early success, for with the proceeds of his first briefs he bought a large and expensive book, of which he was immensely proud, for his mother. It was very special, bound in gilt morocco leather, measuring 20½ inches by 16 inches (height before width), with one hundred pages of best quality, gilt-edged blank paper, with the name WENLOCK ABBEY embossed in gold on the cover. It was a very heavy tome. The intention was for his mother to write in it a history of Wenlock Abbey.

Mary Milnes Gaskell commenced the history in a small notebook, preferring to write a first draft that could be amended for the definitive account in the splendid gift she had received. Severe illness and her subsequent death prevented her from carrying this out. It was not until 1869 that this project was brought to fruition and the history of the Abbey completed by Charles, using as a foundation some of his mother's accounts in the small notebook.

Charles wrote the history in a meticulous manner in pen, and richly illustrated his work. Much of his text is framed with relevant and very beautiful heraldic illuminations, painted by Edmund Montagu Boyle, third son of the Hon. John Boyle and the Hon. Cecilia Fitzgerald-de-Ros.[3] Edmund's life was cut short at the age of forty, on 11 August 1885. As this 'large Abbey book' (the shorthand name by which we identify it) has been carefully protected for a century and a half from any light whatsoever, the heraldic illuminations merit this name, for they have retained their original bright colours and are in perfect condition (see colour plate H). This book is an important source of serious history and has never been examined before. Charles referenced all his work and had read medieval texts and scholarly publications, many of which he owned and kept in his great library. In addition, he recorded the opinions of antiquaries who visited the Abbey, as well as his own observations as the Abbey revealed hidden mysteries, especially during excavations. His account begins with the story of Milburga, and ends in 1914, shortly before the outbreak of war, in which his only son Evelyn would play an active role. Alongside this Abbey book, maintained with regularity and care, was a Visitors' Book that had commenced in 1863 and continued until 1920, the last signature being that of H. D. O. Ward on 30 August 1920.

In 1866, one hundred and nine individuals are listed in the Visitors' Book – among these we find the poet Robert Bridges, from Corpus Christi Oxford, a guest on 10 April (he was Charles's contemporary at Eton) – and often there are group visits with unspecified names and numbers. The visitor from furthest afield was Peter Doughty from Tasmania.

There was great fun that summer: for several weeks in July and August the ancient walls resounded with laughter and games and the sounds of foreign accents. A resourceful, happy and eclectic group of friends and family enjoyed entertaining and being entertained, drawing their inspiration from the medieval atmosphere in which they were immersed. This Anglo-American fun party consisted of: Mary Annabel Doyle (Sister Winifred); Henry Brooks Adams 'Dux Massachusettensis'; William Gifford Palgrave; R. Jasper More; Lady Louisa S. Goldsmid (Sister Mildred); Sir Francis H. Goldsmid; Clara Jekyll (CCLJ) (Sister Clare); Elizabeth Tomkins; W. W. Story; Emelyn Story;

Edith Marion Story; Eli Jellyman (Wednesbury, Staffordshire); Richard Westwood (Manchester) and Francis Grenville Doyle, 60th Rifles, then at the beginning of his army career to which he devoted his short life. This group comprised some of the most fascinating personalities, bubbling with originality and passion for their particular interests and aims in life: a melange of doers with strong individuality. They engaged in amateur acting, role playing as monks and nuns – Mary Milnes Gaskell was the abbess – and creating plays inspired by the setting of the Abbey.

William Gifford Palgrave (younger brother of Frank) was a colourful orientalist, Arabic scholar and traveller. Of Jewish origins, he oscillated between several faiths: he converted from the Anglicanism of his birth to Catholicism, was ordained a Jesuit priest, left the Church, became fascinated by Islam and towards the end of his life he reconverted to Catholicism. At the time of his visit to Wenlock Abbey – he was aged thirty – he had joined the Foreign Office and was beginning a life of diplomatic postings in far away places: his first appointment was in 1866 as Consul at Sukhum-Kale (Sukhumi), in Georgia. He had perfected the art of disguise in order to travel safely, freely and extensively in foreign climes and in the desert. On one occasion, dressed as a sheikh with sunburnt face, he galloped on his horse to encounter and surprise – indeed alarm – the future King Edward VII and his party picnicking by a river in Jordan.[4] W. G. Palgrave was photographed by Julia Margaret Cameron in 1868 wearing a turban and oriental costume. In what ludic role might he have entertained the party at Wenlock Abbey? If he had walked in the streets of the little town, he would have created a sensation. Robert Jasper More, of Linley Hall, Shropshire, a barrister and at the time MP for Shropshire South, shared with W. G. Palgrave an interest in travel to distant lands and different cultures, and Palgrave may have nurtured his particular interest in the Balkans where he travelled extensively and wrote a book about his experiences in 1876.

Sir Francis Goldsmid and his forty-four-year-old wife Louisa (she was also his cousin) of the renowned and wealthy Jewish banking family were present. Louisa was a feminist campaigner (in particular to repeal the Contagious Diseases Acts), a writer and benefactor; Sir Francis, Liberal MP for Reading from 1860 until his death in 1878, was the first Jew to become an English barrister. Louisa took the part of Sister Mildred in one of the plays, along with Clara Jekyll – who signed her name with her initials CCLJ – playing the role of Sister Clare.[5]

From America came William and Emelyn Story and their twenty-two-year-old daughter Edith Marion. William Wetmore Story (usually known as W. W. Story) was a sculptor and poet, born in Salem, Massachusetts. He lived and worked for much of his time in Rome, where he was buried on his death in 1895 in the Protestant cemetery, joined later by his wife Emelyn (died 1907), under his sculpture *Angel of Grief*. Story became well acquainted with Henry James who wrote his biography, a very selective one that does not, unfortunately, cover this period at Wenlock. Their daughter Edith, a writer and friend of William Morris, later became the Marchesa Peruzzi di Medici, and was memorialised in her photograph in the National Portrait Gallery, London.

Heavily influenced by the medieval atmosphere, William Story invented himself as Brother Guglielmus. In this role he addressed his thanks to Mary Milnes Gaskell as 'the very reverend & honored head And mother abbess of the Venerable Abbey of Wenlock', for 'many favors, & more especially for the hospitable welcome & goodly entertainment at the Priory of the Abbey in the fair fields & meadows of Wenlock'.[6] In this long letter of 9 September 1866, from Malvern Abbey, he parodied the style of a monk addressing his superior, at a time when Milburga was the abbess. Story writes a stream of consciousness, without a single paragraph, with very long sentences and a minimum of punctuation to avoid arresting the flow. To what degree would the recipient have appreciated this florid and somewhat obsequious display of virtuosity?

The party was a great success. This was a most interesting, stimulating and eclectic group of broad-minded people, bringing together harmoniously Jews, Jesuits, Anglicans, politicians, barristers, writers, sculptor, diplomat, campaigners, and uniting people of different ages who were active in society and attempting to change it for the better.

From his home in Rome, the historic Palazzo Barberini, Story, still imbued with the monastic spirit of Wenlock, sketched the seal of the order of St Milburga and sent it to Mary Milnes Gaskell. She subsequently wrote, from her London home at 12 Stratford Place, to Henry Mills, the high-class jeweller and watchmaker at 171–172 Oxford Street, London, requesting a quotation for making 'The order of St Milburga of Wenlock Abbey'. Mills replied (his original spelling is retained in the transcript) on 29 November 1866:

> Hond. Madam,
>
> I received your note this morning & I have forwarded the Drawings. The price for makeing them in common gold and their gilt will be £3/5s/ each - & in mettal and gilt would be about £2/=/- each.
>
> If you should think [?] of have them done we will do them in the best work manner, for these.
>
> I am, Hond. Madame,
> Yours Obedient Servant
> Henry Mills
>
> To Mrs. Milnes Gaskell.[7]

Easter Fun

The idea of writing a witty, entertaining, esoteric travel story, packed with Classical references, Greek and Latin quotations, but somewhat incredible and exaggerated, yet spiced with a degree of truth, was germinating in the minds of Charles Milnes Gaskell and Henry Adams in late March 1867. It was planned as a kind of hoax. Charles had already, seemingly, sketched the outline. The project caught their imagination: they goaded and inspired each other and both contributed to its realisation.

To encourage Charles to write, Henry suggested that as his 'Dear Barrister'[8] would become famous, he needed to be aware of the pitfalls of fame and conceal the identities of those he wrote about. To this end Henry made some practical suggestions: 'Reflect however, that if you publish, you will at once be known, and therefore moderate the personalities. I think you might entitle your work: "Journey etc: By various hands;" and include a chapter by H. E. L. J – m; and another by Lord P –n.'[9]

Henry advised Charles on the importance of authenticity – 'a dash of truth' – and offered to check with his friend Sir Charles Lyell, geologist and champion of Charles Darwin's theories of evolution, facts about the reference to 'investigations *now going on* near Liège'.[10] Other suggestions included parodying a famous writer such as Heinrich Heine – 'Catch an idea, and then hammer out the rhymes'[11] – and the peppering of the article with some 'good Latin quotations, with a sting in their tail, out of some imaginary middle-age poet'.[12] Henry prepared for the linguistic challenges by acquiring Richard Owen's *Palaeontology* (a work that had been published in 1860), in order to study the 'list of all the Greek names at the end, and their meanings'.[13]

With this literary project in mind, the two logophiles and linguaphiles departed on 11 April 1867 from Charing Cross Station, London, for Dover and Calais where they embarked on a two-week continental journey over the Easter period (Easter Sunday was on 21 April). The essence of this was published as 'The Easter Trip of Two Ochlophobists by One of Themselves', in two parts, in *Blackwood's Edinburgh Magazine*.[14]

Charles heeded Henry's advice and concealed the true identities of the two travellers and writers, named as Granville and Henry Stuart, as well as the identities of people they encountered. Their travels through northern France, Belgium, Germany and Luxembourg provide the material for witty and amusing dialogues and observations, but often at a distance or in an attempt to avoid people as befits ochlophobists (those with an aversion to crowds).

The tone of this lively, clever piece of writing, full of verve and storytelling is set at the beginning where an unusual map is placed, not only with the names of the places, but with an imaginative legend such as: 'Towns in capital letters, "LIÈGE", denote the places where the ochlophobists stayed to have their clothes washed.'[15] It is partly a critique of the pompous English abroad, with sharp observations about customs and behaviour (overcharging is a leitmotif). It is also packed with references to French literature and parodies of writers such as Balzac, Molière and Montaigne. This was Charles's first publication.

Charlotte's Farewell

For some time, Charlotte Williams-Wynn had been suffering ill health and in winter had been particularly weak and out of breath. Her condition did not improve and in the spring of 1866 she was diagnosed with cancer. Doctors did not know how to treat the disease and recommended that she should give up London life and its pollution, and seek fresh air and warmer climes in an attempt to keep the malady dormant as long as possible. She wrote openly and courageously about this, lifting the taboo about her condition to her friend Apollonia Rio, née Jones (1804–?), at the beginning of 1867. Apollonia was the Welsh-born, devoutly Catholic wife of the French-born religious art historian Alexis-François Rio (1797–1874) – they had married in 1833. Charlotte knew that her forthcoming death was inevitable as her illness gradually worsened, but her deep religious Christian faith sustained her throughout. This moving letter is worthy of being quoted more fully:

> You and I, my dear friend, have loved each other so long, that I do not like you not to know the real cause of my illness. You must have been puzzled by my giving up so entirely my usual habits, and yet going about like other people. Last spring cancerous symptoms declared themselves. I had felt weakly and ill through the winter; but it was a surprise to me. The recommendation of the surgeon was to strengthen my general health, and to give up London life, and London air, in order to keep the malady dormant as long as possible. This has been the cause of our entire change of manner of living. The disease is slowly increasing, but it is hardly to be called suffering yet; rather a sort of general discomfort and weakness. I lead a wholly invalid life, and am to write and exert myself as little as I can bear to do. There is usually a dread of mentioning this malady, which I cannot understand. One must die of something, and one thing is much the same as another; and at my age, the time to be passed is not very long, whether it is to be suffering or painless. And now, my dear friend, I know you will like to hear how much comfort and happiness I have. Since the matter has been settled I can hardly express to you the peace and content that has come upon me. All the restlessness, the questionings, and seekings,

> have passed away; and I feel like a little child, led step by step by a loving father.[16]

Charlotte prepared in a thorough, sensible, practical and pragmatic way to disencumber herself of worldly possessions and turn her back on London and social life. The clearance task, lasting two weeks, fell to her sister Harriot and to her nephew Charles as she herself was too weak. It was nevertheless a painful experience, as she explained in a letter to another dear friend Mrs Maurice (the wife of Frederick Denison Maurice (1805–72), the theologian and controversial Christian socialist): 'What a mass of useless things one gathers round one to weigh one down! and it is the rubbish that it is hard to part from, and round which all one's memories cluster.'[17]

Freed from her worldly possessions, and having turned her back definitely on London, Charlotte then shared a brief period of repose with her sister Mary at Wenlock Abbey in late August 1867. Although she enjoyed 'intensely the lovely weather, and all the charms of this place'[18] that she was experiencing for the last time, the pain of the impending separation was immense. The stoicism and altruism of this remarkable and courageous woman shone through in this same letter to Mrs Maurice:

> About the 12th or 14th of October we are to go south for the winter, which I write glibly enough, but you, dear friends, will know how keen is the pang of thus separating myself entirely from almost all that I love or care for. However, I do not believe I have the option of not doing so, for the doctor put it very straightforwardly before me – either I must make up my mind to be a complete invalid a year or two before I need be so, or I must give up all my habits and live where I can be more in the open air than is possible during a winter in England. For Harriot's sake I could not hesitate; the future is far worse for her than for me, and I am bound to take every means they think likely to prevent my getting worse.[19]

Before going to Cannes for the winter, Charlotte went to her homeland of Wales via Shrewsbury. A lesser being would have been devastated by the news she was carrying, but the fatal illness never prevented Charlotte from pursuing her literary interests and her independent, perhaps unorthodox view of society and religion in particular. This was demonstrated as she waited for a train at Shrewsbury station when she commented on some tracts called 'A Study Earnestly Recommended to the Rich' that littered the station waiting room. She wrote with high spirits and passion to her sister Mary about this:

> I read the fifty pages, which were an exposition of the sufferings of curates and clergymen generally, from large families and small incomes. The entreaty was that all should contribute to the fund who could do so, as it was a shame to the country that such things should be. I long for a counterfund, to enable *ensigns* to marry. There appears no reason whatever why a man in a white necktie should have a right to six children, while one in a black one is to have none at all, or rather to be blamed if he has. It is very sad that any man, young or old, should not be able to marry, but it is not one bit sadder for a clergyman than for another. Many clerks go on their life long in single blessedness, and no one pities *them*![20]

In North Wales, she stayed at Pantyochin with Emma and Charlotte Cunliffe. From there, in September 1867, she wrote to 'Julia M. S.' (unidentified to date) living on the Isle of Wight, expressing her true feelings, not entirely complimentary, about her recent sojourn at Wenlock Abbey:

> I cannot say it has been right summer latterly, and at Wenlock, though very hot, it was foggy and oppressive. It is a trying place from the coldness of the high vaulted rooms, and the change from the glowing heat out of doors was too great. The magnificent ruins are clustered close round the Abbey, so that you are actually in the midst of them, and of an evening see the large white owls coming out of their nests high up in the ruined aisles. However beautiful in form, I think a ruined church is essentially a depressing object, although I tell myself that it has done its work, and so ought to be cast aside.[21]

Notes

1. *Letters of Henry Adams 1858–1891*, ed. by Worthington Chauncey Ford (Boston and New York, Houghton Mifflin Company, 1903), p. 123.
2. William Smith, *Morley: Ancient and Modern* (London: Longmans, Green & Co., 1886), p. 180.
3. CGMG's large Abbey book, fol. 42.
4. A. N. Wilson, *The Victorians* (London: Arrow Books, 2003), p. 275.
5. Clara Jekyll returned as a guest on 24 July 1883 as Lady Henley, with her husband: signed CCL Henley.

6 Letter Archive, inserted into CGMG's small notebook, fols 37a–38.
7 CGMG's small notebook, inserted in fols 40–41.
8 *Letters of Henry Adams 1858–1891*, ed. Ford, p. 124.
9 *Ibid.*, p. 124.
10 *Ibid.*, p. 124.
11 *Ibid.*, p. 124.
12 *Ibid.*, p. 125.
13 *Ibid.*, p. 127.
14 'The Easter Trip of Two Ochlophobists by One of Themselves', *Blackwood's Edinburgh Magazine*, 102 (July 1867), pp. 42–59; and 102 (August 1867), pp. 188–207.
15 'The Easter Trip of Two Ochlophobists by One of Themselves', *Blackwood's Edinburgh Magazine*, 102 (July 1867), p. 42.
16 *Memorials of Charlotte Williams-Wynn*, ed. by Harriot Hester Lindesay (London: Longmans & Co., 1877), p. 348.
17 *Ibid.*, p. 357 (C.W.W. to Mrs Maurice, from Wenlock Abbey, 26 August 1867).
18 *Ibid.*, p. 357.
19 *Ibid.*, p. 357.
20 *Ibid.*, p. 356.
21 *Ibid.*, p. 358.

Chapter 6

A Marriage manqué *or a Lucky Escape*

In May 1867 Henry Adams attended a society ball – he called it a 'blow-out' – at Lady Waldegrave's.[1] Also present in large numbers were members of the Hervey family whose seat was at Ickworth, near Bury St Edmunds, in Suffolk. Charles had been at Eton with Lord John Hervey and knew other members of the family. Their ostentatious manner was such that Henry wrote that 'the whole Hervey clan was on parade [...], jewels and all'.[2] Charles had accepted the invitation to this prestigious event, but did not turn up; neither did he give an explanation or send an apology. Henry expressed alarm at Charles's erratic, discourteous conduct and gently chided him: 'Your departure was a surprise to me. Hervey, Lady William, and the sweet Williams, were all expecting you at Lady Waldegrave's ball; and when I called the next day in Stratford Place to see what had become of you, behold you were gone.'[3]

No overt reason was given for his absence. But Charles had in fact gone to Wenlock Abbey, a move that Henry approved, sensing that such a change of air would be beneficial, and exhorted him to 'scour the Edge and dig Nummulites or some other fellah out of the limestone'.[4] Did Charles feel uncomfortable among so many of the Hervey clan, in particular in the presence of Lady Mary (figure 14) with whom he was secretly in love? Or had he had some disagreement with her?

Lady Mary Katharine Isabella Hervey (1845–1928) was the sixth child of Lord William Hervey, 2nd Marquis of Bristol and his wife, née Lady Katherine Isabella Manners. Lady Mary was an orphan: she lost her mother in 1848 when she was only

Fig. 14 *Lady Mary Hervey*. Photograph reproduced by kind permission of Suffolk Record Office, Bury St Edmunds. © The National Trust

three years old, and her father died in 1864. Since attaining her majority in 1866, she was a wealthy woman for her father had arranged for her to receive a substantial sum. She was also a spoilt, manipulative person used to getting her own way and whose every whim was indulged.

In July 1867 Charles attended a grand ball at Cleveland House, 19 St James's Square, the London residence of the Duke of Cleveland. He may have regretted accepting, for it was not a happy occasion. There, Lady Mary displayed her ill manners and behaved ungraciously and even callously towards her captive lover. An unpublished letter of 28 July 1867, written by Lady Mary, from Cadland, Southampton, is very revealing. No addressee is indicated, but it is likely to be her unmarried cousin Augusta Hervey, to whom she was very close and with whom she exchanged confidences. Lady Mary relates, with a great deal of relish, the pain and discomfiture she inflicted deliberately on Charles at the 'Cleveland ball', her flirtation with Colonel Shelley (1838–1902)[5] (a nephew of the poet Percy Bysshe), and reveals a most disagreeable side to her character:

> It was so nice. I behaved so badly & treated Carlo shamefully. However I danced twice with him & also went to supper & sat in a retired corner for conversation. I reminded him that he had told me our acquaintance was on the wane, adding that I supposed he w[ou]ld not speak to me next year at all. He replied eagerly that our acquaintance he hoped had come to an end; but that he should date from that night the beginning of a life long friendship. From the ashes of our old & imperfect knowledge of each other a higher & better feeling should spring up. Well I am willing! But unfortunately some spirit of perversity within me prompted me, instead of at once cementing together the first stones of those new sensations, I became teasing & wicked. Poor Carlo had been praying for an hour at least for one more dance & I had gone on lazing[?]. Yes! Presently! really meaning him to have it [perhaps], when comes Col Shelley (who I had thrown over by my prolonged supper) & gently reproaching me asked me to dance the next valse with him which I did. Two other valses followed in succession & still Col S. pressed me to dance. I gave in. The ball ended a little before 3 & all my calculations were thrown out & I went down to the supper room where I found my poor dear friend in a violent rage. It wasn't naughty, was it? I felt just a little ashamed of myself I own.
>
> Be kind to my Mr[s?] Buller & enjoy Yrself at Canford. Ld Huntley is going there on Wednesday. He is such fun.
>
> Tell Charlie that you knew you were to meet him – from me.
>
> Ever Y^rs lovingly
>
> Mary
>
> Graham Vivian came here last night. I think him such a bore.[6]

In late November that same year, Charles went to Cork, ostensibly to see his younger brother Gerald (1844–97) who was ill.[7] Gerald was visiting his Irish fiancée Anna Louisa Baldwin, the youngest daughter of Irish landowner Godfrey Baldwin of Brookfield, County Cork, and discussing preparations for the forthcoming wedding. But there was something mysterious about Charles's behaviour and unexpected departure that bothered Henry Adams, and not for the first time. Henry rebuked his friend for not contacting him: 'I have waited for something decisive from Ireland until I am ashamed to wait any longer.'[8] Henry, who had had to step in at the last minute and take Charles's place at a dinner at Lady Alderson's,[9] was most perturbed about his sudden absence, describing it as 'a thunderbolt'.[10] However, replacing Charles at Lady Alderson's – whose daughter Georgina had rejected Frank Palgrave's hand in marriage a few years before – provided an opportunity for Henry to describe the party at some length, with its intrigues and flirtations.

Was Charles's departure connected with his love affair with Lady Mary? Lady Mary was in Galway, staying with her sister Lady Adeliza and husband at Garbally Park, Ballinasloe, the Earl of Clancarty's seat.[11]

The love-sick suitor was a guest at Ickworth for Christmas 1867 and the New Year 1868. Bits of gossip were filtered through to Henry Adams. Charles reported on Lady Mary's behaviour and excessive fervour in church on Christmas Day when she 'read in a firm & audible voice alternately with the clergyman the Athanasian responses'.[12] This was in sharp contrast to Charles who had a more relaxed attitude to religion. Other observations were unclear to Henry such as when Charles wrote: 'Lady Mary has grown, & certainly could not get out of her rabbit-hole in her present condition. [...] Some of the H*a*rveys are capital negatives & only require warmth or sunshine to make excellent proofs. This is an aphorism! *Friday evening*. Lady Mary denies this in toto & in fact is under the impression that she is much shorter. *Burn* this.'[13] Henry understood this to mean that Charles's hopes of marrying Lady Mary had been dashed and wrote to Charles in a mysterious *post-scriptum*: 'Your letter is not burnt. Nor do I understand whether Lady M. says she's not a negative or is a positive, or is not positively negative.'[14]

The *frisson* of excitement and undercurrent of tension must have been acute during the exchanges between Charles and Mary, in close proximity in an isolated rural environment. For the young couple had entered into a romantic clandestine engagement, a secret shared only with Henry. Nobody else knew, not even Charles's mother, in spite of Henry's desire to tell her. 'May I mention the engagement [to your mother]?' Henry asked.[15] There was much connivance and complicity between Charles and Henry, the latter having to cover up for his friend by concealing the truth. When Cecil and Frank Palgrave called to greet Henry on New Year's Day 1868, Henry was obliged to lie about Charles's whereabouts: 'I told a lie to your sister. She asked where you had been since Christmas and I said you had told me you were going to Cambridge.'[16] Knowing of Charles's plans to go again to visit Lady Mary, Henry added admonishingly: 'Let that sit heavy on thy soul tomorrow. I don't see but that you must keep the thing secret now on my account if not on your own.'[17] The web of lies being spun was becoming increasingly complex. Henry was irritated and somewhat critical, for he felt that Charles was neglecting their friendship too. On New Year's Day, he asked forcefully: 'What the deuce do you mean by talking about being lame and going to Suffolk again?'[18] Henry wanted Charles to be back in London by Saturday 4 January at the very latest for plans were afoot for the two friends to go to France shortly after. The engagement remained secret for several more months.

By February 1868 Charles and Henry were in Rome, enjoying wandering on horseback over the *campagna* or on foot through the medieval *città*, or sitting on one of the one hundred and twenty-four steps leading up to the Church of Santa Maria in Aracoeli, high up over the Campidoglio.[19] After Henry's departure, Charles stayed on in a first-floor apartment in the Piazza Barberini. Meanwhile his mother had gone to Cannes for health reasons.

The marriage of Lieutenant Gerald Milnes Gaskell, of the 62nd Regiment of Foot, to Anna Louisa Baldwin took place on 18 June 1868 in Cove church, Kinsale, a small market and fishing town in Cork Harbour. Anna Louisa's uncle, the Reverend W. Baldwin, officiated.[20]

Barely two weeks after Gerald's wedding, Charles's engagement to Lady Mary Katherine Isabella Hervey, daughter of the deceased 2nd Marquis of Bristol (1800–64) and sister of Frederick William John Hervey, 3rd Marquis of Bristol (1834–1907) and of Lord John Hervey (Charles's contemporary at Eton and Cambridge), was officially announced. Notices were published in the *Morning Post* (1 July 1868), the *Leeds Mercury* (2 July 1868), the *Lancaster Gazette* and the *Ipswich Journal* (Saturday, 4 July 1868). On 15 July 1868 the *Guardian* reported: 'The marriage is arranged between Lady Mary Hervey, sister of the Marquis of Bristol, and Mr Gaskell, son of the member for Wenlock.'[21]

However, there was a dramatic turn of events of such magnitude that Henry James found fodder in them for his writing. In spite of very public notices of the impending marriage between Charles George Milnes Gaskell and Lady Mary Hervey, the union never took place. The sequence of events was breathtaking. On Tuesday, 14 July 1868 Charles saw Lady Mary prior to leaving for Wakefield for some public engagements for three days – an election was looming and Charles was desperately hoping for a seat at Pontefract. On Saturday 18 July Charles received a letter from Lady Mary, addressed to him at Wenlock Abbey, breaking off the engagement. In a state of shock and incomprehension, Charles wrote to Henry: 'I cannot believe that <u>3 days</u> can put an end to her love, which I know had existed for <u>3 years</u>.'[22]

That was no surprise to Henry Adams who had observed the temperament and mores of Lady Mary and her family and set, knew the unsuitability of the match and of the shallowness of the bride-to-be, and had predicted the outcome. In late December 1867, at the time of the secret engagement, he had already warned Charles of the perils of being entangled, formally through marriage, with the Bristols and their High Church leanings, and being forced into submission with the loss of one's own personality and religious and political beliefs:

> Sooner or later you will be its victim and why prolong the struggle? Ancient associations and a prejudice in favor of the Athanasian creed will get the better of your immortal longings ultimately. Mammas

> and brothers and Willliam Rufus put together are irresistible – when they're not one's own. On the whole, if you are not driven to accept the English creed and swear that you believe in one Duke the master etc. and one mother-in-law who corresponds to the Roman idea of the *sainte vierge*, I hope you will get your own mother to make the selection. I've no faith in any of those that we have chosen.[23]

Henry was speaking from experience for he too had not been immune to the charms of the Hervey clan. He had had an unsuccessful love affair with Wilhelmina Hervey who was reputed to be the daughter of Lord William Hervey (1805–50) and his French mistress. Wilhelmina (died 1885) eventually married, in 1871, Sidney Bouverie-Pusey, whose mother was Lady Emily Herbert, daughter of the 2nd Earl of Carnarvon. Augusta E. Hervey, Wilhelminas's half-sister, was also not a little in love with Henry Adams.

But love was blind in 'this perilous pays d'amour' as Frank Palgrave, the editor of *The Golden Treasury*, described it.[24] Charles was the subject of much gossip, speculation and conjecture as to the reasons for the broken engagement – religious and political differences, family opposition, another suitor. It was with some relief that he immersed himself in the political campaign in Yorkshire, and, for his mother, a six-week stay in Switzerland 'out of reach of gossip'.[25] Complete silence about the whole affair was requested by the Milnes Gaskells. Gradually Charles was ostracised by the Hervey family, even losing eventually his close friendship with Lord John, Lady Mary's younger brother. Similarly Henry Adams, who, when his connivance with the secret engagement became known, was ostracised and had to take refuge away from the London social scene. He wrote to Charles: 'My connection with London, except through you, is as completely at an end, as though I had never lived there, and this news is not likely to make it closer.'[26] Henry explained in a letter of 21 November 1868 from Washington to his barrister friend Ralph C. Palmer (1839–1923):

> My poor friend Gaskell's mishap has cut me off from the William Herveys, with whom I was very intimate, and I never hear of them. [...] But for God's sake, don't allude to my departure last summer, for we were all mixed very deep in Gaskell's affair, and in their minds I

> am probably always remembered in connection with the sore subject of that engagement. In fact I should be very much embarrassed to pass this next season in London, almost as much so as Gaskell himself, especially with Lady Bristol and Lady Mary about. That was a rough affair, and I was very much involved in it.[27]

Henry remained cynical about the aristocracy. It was not until early July 1876 (eight years after the broken engagement) that Charles requested an explanation from Lady Mary, still unmarried. He gave an account of the meeting to Henry: 'I had it out with Lady Mary under a big oak tree in the garden at Finchley. She committed herself; I took care to do nothing of the kind.' She revealed that she had broken off the engagement in the hope of marrying someone else: this confirmed Charles in 'the decision that our marriage would not be for our happiness', adding in conclusion that 'the finale is absolutely reached'.[28] But Henry was sceptical, doubted the truth of Lady Mary's remarks and suggested there might be psychiatric problems in the Bristol family: 'Your friend is surely a little feeble in mind. Is there idiocy in the family? If not, there must be a degree of weakness which is not far from it.'[29]

The real reasons remain hidden. Lady Mary's elder brother, the 3rd Marquis of Bristol now in a fatherly, protective role, may well have disapproved of his sister's relationship with a man without a title. Yet why was the engagement formally announced with the approval of both families? Did the 3rd Marquis discover that there had been a secret engagement involving much deceit and imbroglio? The strictly regulated society demanded that the groom request the hand of the bride and obtain the permission from her father, or, in this case, her brother *in loco parentis*. The social norms had been transgressed. Henry Adams's liberal views about sexual relationships and about religion may have influenced Charles's flouting of strict social conventions. Henry lived with his fiancée for a month prior to their marriage in June 1872 and with the full approval of the families. Such a thing would have been unheard of among Victorian aristocrats, a hypocritical society in which mistresses were discreetly maintained and tolerated, yet one in which pre-marital virgins were highly prized.

It was not until 1891 that this complicated story of unfulfilled desire and rejection was revealed beyond the close family circle. When Henry James heard about it, he immediately jotted down the dramatic events in his notebook, the seeds of another story woven around the relationship of the two half-sisters he referred to as Cynthia (Wilhelmina 'Mina' Hervey) and Augusta:

> [...] poor Lady M[ary] H[ervey], who broke off her engagement with X. Y. Z. [Charles Milnes Gaskell] on the eve of marriage and now trails about at the tail of her mother – or some other fine lady – a dreary old maid. Then the situation of two other girls of the same noble house, one of whom, Augusta, now gives music lessons for a living. The other, the elder sister, was the daughter of a French mistress – dancer or someone – and of Lord A. B. [Lord William Hervey] (before his marriage) and was adopted by him and by his wife – it was a clause of the contract – as his own daughter and grew up on this footing.[30]

When Henry Adams returned to Europe early in 1892, he was thirsting for gossip and immediately sought out his old friends and acquaintances, in particular Charles. On Sunday, 17 January 1892 Henry and Charles spent some time with Augusta Hervey and acquired some up-to-date information. Henry wrote to Elizabeth Cameron: 'We sat an hour yesterday with Augusta Hervey who now gives music lessons; but is, I think, rather better off than her cousins the Bristols who are obliged to let Ickworth as well as the house in St. James's Square, and live on husks in the dark.'[31]

Augusta never married. This portrayal of her as humbly giving music lessons belied her true status as a composer of music, in particular for the piano and the guitar. Orphaned in her early twenties, she also tried hard to forge an independent life and career for herself. She moved to London, and resided on different occasions at 43 Cadogan Place, and 12 Moore Street, Cadogan Square. Augusta wrote short stories, poems and articles of general interest, but many were the rejection letters she received! Augusta remained on friendly terms with Henry Adams and with the Milnes Gaskell family and was a frequent visitor to Wenlock Abbey.

The potential for a fascinating story of 'the *bâtardise*' haunted Henry James. He made several exploratory notes on this theme in 1892 when he considered inverting the sexes of the main characters, thus Augusta would become Augustus.[32] It still haunted him in 1893 and in 1899.[33]

Frank Palgrave, writing to Henry Adams, expressed deep concern about the psychological state of his brother-in-law, approximately three years after the broken engagement:

> I fear he will not marry [...] until Lady M. H — is disposed of: and (as far as I can learn) there is no thought of that neither this season [...] unfortunately he will, I fear, now resume that otiose *nihil agendo* life which has been his father's ruin. He talks of a visit to what we call the 'Continent' [...] till next spring, and then – trying to reconcile himself to the odious task of marriage and generation.[34]

Charles did not recover easily from the disappointment and the humiliation of being thwarted. The wounds did not heal and he remained a bachelor for years after the affair. Lady Mary Hervey remained unmarried; she lived a long life – but was it a happy one? She died on 1 August 1928, aged eighty-three.

Notes

1 *Letters of Henry Adams 1858–1891*, ed. by Worthington Chauncey Ford (Boston and New York, Houghton Mifflin Company, 1930), p. 129 (HA to CGMG, 11 May 1867).
2 *Ibid.*, p. 129.
3 *Ibid.*, p. 129.
4 *Ibid.*, p. 129.
5 Shelley inherited the title as 5th Bt in 1890 and was styled Lt. Col. Sir Charles Shelley.
6 Bury St Edmunds, Suffolk Record Office, MS 941/62/7, reproduced by kind permission of Suffolk Record Office, Bury St Edmunds © The National Trust.
7 *Letters of Henry Adams 1858–1891*, ed. Ford, p. 137 (HA to CGMG, 26 November 1867).
8 *Ibid.*, p. 136 (HA to CGMG, 26 November 1867).
9 Née Georgina Drewe (died 1871), she was the widow of Sir Edward Hall Alderson (1787–1857).
10 *Letters of Henry Adams 1858–1891*, ed. Ford, p. 137.
11 *Illustrated London News*, Saturday, 14 September 1867, p. 283.
12 *The Letters of Henry Adams*, ed. by J. C. Levenson and others, 6 vols (Cambridge, MA: Belknap Press of Harvard University Press, 1982–1988), I, p. 564, note 2.

13 *Ibid.*, I, p. 564, note 4.
14 *Letters of Henry Adams 1858–1891*, ed. Ford, p. 139 (HA to CGMG, 30 December 1867).
15 *Ibid.*, p. 140 (HA to CGMG, 1 January 1868).
16 *Ibid.*, p. 140.
17 *Ibid.*, p. 140.
18 *Ibid.*, p. 140.
19 Henry Adams, *The Education of Henry Adams* (Newton Abbot, Devon: David & Charles, 2002), p. 177.
20 *Pall Mall Gazette*, Monday, 22 June 1868.
21 *Guardian*, 15 July 1868.
22 Boston, Massachusetts Historical Institute, MS MsN 1776 Adams Family, Henry Adams–Charles Gaskell 1866–1916, box 1, 1866–1875 (CGMG to HA, 30 August 1868).
23 *Letters of Henry Adams 1858–1891*, ed. Ford, p. 139 (HA to CGMG, 30 December 1867).
24 Boston, Mass. Hist. Institute, MS MsN 1776 Adams Family, Henry Adams–Charles Gaskell 1866–1916, box 1, 1866–1875 (F. T. Palgrave to HA, 9 September 1868).
25 Boston, Mass. Hist. Inst., MS MsN 1776 Adams Family, Henry Adams–Charles Gaskell 1866–1916, box 1, 1866–1875 (MMG to HA, 31 July 1868).
26 Letter in catalogue of sale at Bonhams, Knightsbridge, London, 12 November 2014, lot 44.
27 *Henry Adams Selected Letters*, ed. by Ernest Samuels (London, England: The Belknap Press of Harvard University Press Cambridge, Massachusetts, 1992), p. 102; [and in *Letters of Henry Adams* ed. Levenson, 2, p. 7].
28 *Letters of Henry Adams*, ed. Levenson, 2, p. 294, note 2 (CGMG to HA, 5 July 1876).
29 *Ibid.*, 2, p. 292 (HA to CGMG, 8 September 1876).
30 Quoted by William Dusinberre, 'Henry Adams in England', *Journal of American Studies*, II, 2 (August 1977), p. 180, in *The Notebooks of Henry James*, ed. by F. O. Matthiessen and K. B. Murdock (New York: Oxford University Press, 1947), pp. 113–14. The suggestions in the square brackets are Dusinberre's interpretations.
31 *Letters of Henry Adams 1892–1918*, ed. Ford, pp. 2–3.
32 *The Notebooks of Henry James*, ed. by F. O. Matthiessen and K. B. Murdock (New York: Oxford University Press, 1947), p. 119.
33 *Ibid.*, pp. 135–36; 297–98.
34 Quoted in William Dusinberre, 'Henry Adams in England', *Journal of American Studies*, II, 2 (August 1977), p. 180. The compressed quotation is taken from letters (Palgrave to HA) of 6 July and 27 September 1871, Theodore Dwight MS, Massachusetts Historical Society, Boston, US.

Chapter 7

Father and Son: A Political Turning Point

The Reform Act of 1867 was instrumental in changing the political landscape and had considerable impact on the December 1868 general election. It enfranchised many more adult males, including adult male urban householders and male lodgers paying £10 rent a year. It also created a new set of constituencies with amended distributions of MPs. The Act doubled the electorate (women and most men were however still disenfranchised) and reflected the growing urbanisation and industrialisation of the UK.

Since James Milnes Gaskell wished to retain his seat as Conservative MP for the borough of Wenlock, it was not appropriate that his son, a Liberal, should contest it. The other family home, Thornes House, near Wakefield, was but a stone's throw from Pontefract where Charles Milnes Gaskell obtained a nomination to be an electoral candidate for one of the two parliamentary seats. Father and son, with opposing political allegiances, were physically at a sufficient distance from each other (more than one hundred miles separate Pontefract from Wenlock) to campaign independently and without causing each other embarrassment.

It was Charles's first personal experience of a political fight. Before deciding to stand, he consulted, privately, various politicians and statesmen to ascertain his chances and to solicit support. Among these were the Quaker and Liberal politician Edward Aldam Leatham, MP for Huddersfield until 1859, and

from 1868); Lord Houghton, the former MP (Richard Monckton Milnes) for Pontefract (from 1837 to 1863); the Liberal incumbent for Pontefract, Hugh Childers; and influential landowner Henry Yates Thompson of Thingwall Hall, in the Knotty Ash district of Liverpool.

In his election address to the gentlemen electors of Pontefract, published in *The Times* of 3 September 1868, Charles emphasised his position regarding the 'question of paramount importance' – Ireland – and his wish for the disestablishment of the Protestant Church in Ireland in order 'to heal the wounds of the past and to ensure the tranquillity of the future'. He supported the reform of the ancient universities of Oxford and Cambridge shackled by ecclesiastical constraints and traditions, in the bill proposed by the Liberal politician and Oxonion Sir John Duke Coleridge. Presaging the 1870 Education Act, Charles expressed his belief in the need for a national system of non-sectarian education, 'tolerant and comprehensive in its aims'. He believed in religious freedom and political equality, and the need to reform the army and navy. Like his father, he maintained above all his independence of thought that would always take precedence over any political affiliation.

Twenty-six-year-old Charles George Milnes Gaskell campaigned vigorously in a constituency composed essentially of coal-mining villages and towns, at Ferrybridge,[1] Pontefract[2] and Knottingley. He was campaigning with Hugh Childers against the Conservative incumbent Samuel Waterhouse for the two seats. However, by 24 October Lord Pollington, the eldest son of the Earl of Mexborough, entered the ring as a second Conservative, describing himself as a 'moderately Liberal' contestant.[3] Pollington had been contemplating standing much earlier, but had been deterred by a serious quarrel with his father.

An increasingly vociferous pressure group, the Manchester National Society for Women's Suffrage, contacted Charles during the campaign urging him to support women's right to vote. The letter of 9 November was signed by Lydia E[rnestine] Becker, a leading figure in the British suffrage movement.

The election results were as follows: Childers – 913; Waterhouse – 900; Gaskell – 680.[4] Waterhouse and Childers were duly elected as MPs for the borough of Pontefract and Knottingley.

7 *Father and Son*

The Wenlock election 1868

New blood came onto the local scene at Wenlock. The two sitting Conservative candidates who had held the two seats for the borough since 1832, James Milnes Gaskell and George Cecil Weld Forester, were challenged by an outsider, the Liberal Liverpudlian Alexander Hargreaves Brown (1844–1922). Each candidate provided a manifesto.

Forester, who had represented Wenlock for nearly four decades, and whose family had held political power since the seventeenth century, did not feel the need to justify his candidature at length. He only dealt with religious issues (extremely important in the 1868 campaign, in which popular anti-Catholicism was a potent electoral force), emphasising his allegiance to the Established Church and his opposition to the concessions proposed to members of the Roman Catholic Church:

> At this time, however, there is one subject upon which I feel bound to say a few words. We are threatened with a measure, which, if carried, will be a heavy blow and great discouragement to the Protestant Church. Now, Gentlemen, the Church of Rome is making great strides in this country, and although few know better than I do the many estimable individuals there are belonging to the Roman Catholic Church, I cannot shut my eyes to the fact, that if we make concessions of the nature proposed to that Church, we shall endanger our glorious constitution and put in jeopardy those principles which were purchased, at so great a cost, at the Reformation. [...] but I must plainly declare that if elected to serve you again, my earnest endeavour will be to maintain the connection between the Church and the State, to uphold the Bible and the Throne, and the great principles of the Reformation.
>
> To enable me to do this I call for the support of Protestants of all Denominations.[5]

In his manifesto to the electors of Wenlock, signed and dated Wenlock Abbey, September 19th, 1868, published in *The Times* of Monday, 28 September 1868, nearly a month after his son's statement, James Milnes Gaskell presented himself very much as an Independent Conservative, 'unfettered by party ties'. The Liberals proposed to disestablish the Irish branch of the Church of England: on this, James was in agreement, contrary to the position taken by most Conservatives:

> After long and anxious consideration I am convinced that the maintenance of the Irish branch of the Church of England as a State establishment is impolitic and indefensible; that the continuance of such an establishment for the benefit of a small and wealthy minority of the population is unjust; and not only a cause of irritation and discontent in Ireland, but also a source of weakness and discredit to the United Kingdom.

James Milnes Gaskell expressed a strong and humane opposition to flogging in the army, motivated no doubt by terrible memories of the flogging he himself endured at Eton. On the issue of secret voting, he was 'not in favour of vote by ballot, believing the influence of public opinion to be a better safeguard against abuse than secrecy; but no man is more opposed to any interference with the free exercise of the elective franchise than myself, and I hold that all attempts at coercion or intimidation, whether on the part of landlords, or on that of others, are deserving of the heaviest reprehension.' On issues of war he was 'against intervention in the internal affairs of other countries, in favour of every practicable reduction of public burdens, and for a strict but not a niggardly economy in all the departments of the State'. He concluded by confirming his political independence and loyalty to the borough of Wenlock:

> You know that I am unfettered by party ties, and that I come before you unaccredited by party recommendation. I cannot promise you a blind subserviency to any Government, or an unreasoning submission to any leader. I can but promise you the honest exercise of an independent judgment, the faithful performance of public duty, a cordial but not undiscriminating support to a liberal and progressive policy, and a constant and watchful attention to your local interests.[6]

However, a third contender emerged at the specific request of the Wenlock electors. The desire for political change and dissatisfaction with the status quo was so strong that over 1,200 (in some reports 1,300) eligible voters – the total electorate numbered 3,445[7] – signed a petition requesting that Alexander Hargreaves Brown stand. Brown was not a local man: he lived at Richmond Hill, Liverpool, where he was a partner in the banking firm of Brown, Shipley & Company. He agreed to stand, with reforming zeal, as a Liberal. In his manifesto dated 19 September 1868, he stated, among other things, his position regarding the Irish Church, his belief in the extension of education to all classes and the need to reduce spending on the armed forces. Regarding education for the masses and Oxford and Cambridge Universities, he wrote:

> The extension of education amongst all classes is also a subject that will receive from Parliament much consideration, and any scheme which will secure to the humbler classes of our fellow-citizens increased knowledge, and improved means of forming those habits of order and industry, which alone can bring true wealth and prosperity, shall have my cordial support – at the same time let me add, that the removal of all disabilities on account of religious opinions, from the Universities of Oxford and Cambridge, is an object I desire heartily to see accomplished.

Brown expressed strong views on reducing expenditure:

> The enormous increase of the National Expenditure, which no one who looks forward can view without anxiety and alarm, demands a far graver consideration than the majority of Members of Parliament seem to have given to the subject hitherto; it will therefore be my constant endeavour to scrutinize and control the estimates submitted to Parliament, believing, as I do, that unless some check and strong restraint be put upon it, this growing extravagance will not only demoralize, but will destroy the power of the nation. If we could reduce our expenditure upon the Army and Navy and other branches of the Government service, we might see the malt tax reduced, and the duties upon tea and sugar entirely repealed.

In conclusion, Brown assured the people of the borough of Wenlock that if elected he would use his 'best endeavours to support and help forward any measure which will be conducive to the moral, social and political interests of the inhabitants of the Borough'.[8]

The *Daily News* of 24 September 1868 devoted a perceptive article, entitled 'Our New Constituencies', to Shropshire. It was particularly critical of the inappropriate representation at Westminster of the voters in 'this most extraordinary of our British boroughs', Wenlock. In a shrewd political analysis, the journalist commenced by describing the exceptional beauty of the place with, at its heart, 'a ruined abbey, surrounded, at present, with about 100 humble tenements'; then recalled that according to a charter of 1478, the burgesses were given the right to return two members to the House of Commons. The writer pointed out that the large, scattered, mainly rural and sparsely populated borough comprised approximately 52,000 acres, had remained largely unchanged for centuries, had been unaffected by the 1832 Reform Act, and its representation had remained in the hands of the largest landowners, the Forester and Milnes Gaskell families.

The *Daily News* foresaw, accurately, radical changes about to happen as a result of the new Reform Act: 'There were about 200 burgesses in the borough before 1832. The voters were increased in that year to about 600. The actual number of 10£ [eligible voters, male householders occupying a home worth at least £10 p.a.] occupiers and old burgesses on the register for 1867 was 961.'

The new system of registration would increase the number of voters to nearly 3000, many of whom were in the manufacturing part of the borough, around the banks of the river Severn at Ironbridge, Coalbrookdale, Coalport and Madeley. It was reported that 'a number of the voters in these localities have presented a requisition to Mr. Alexander Brown, of Liverpool, a grandson of the late Sir William Brown, member for South Lancashire, representing their dissatisfaction with the present state of the representation, and with the absence from it of the commercial element, and asking him to contest the borough. Up to the time at which this is written Mr. Brown has not openly accepted the invitation. If he does so, it is said that his success is certain'. Brown had already accepted the nomination and published his manifesto on 19 September. In conclusion, the newspaper forcefully supported the changes: 'The ballot is much wanted here, and above all things the boundaries of this most unnatural borough require readjustment. "The abbey lands of Much Wenlock" are a reproach to both Reform Bills.'

The exceptional appearance of such a strong challenger was so newsworthy that it merited a report in *The Times*:

> For 35 years or more the borough of Wenlock has escaped the turmoil of a contested election. The two members who have for this long period represented it are General Forester, Conservative, and Mr. G. C. W. [*sic*] Gaskell, who declines to pledge himself to any party. A short time ago, however, Mr. Alexander Hargreaves

> Brown of Liverpool, was solicited by 1,300 of the electors to offer himself for the seat. This requisition was complied with, and Mr. Brown has just commenced a most energetic canvass. Mr. Brown is in favour of the dissolution of the Irish Church, of increased aid from Parliament for the education of the poor, of a revision of the Reform Bill as regards the ratepaying clauses and a redistribution of seats, and he promises to exert himself to obtain a reduction of the present enormous national expenditure, and offers himself as a staunch supporter of Mr. Gladstone's policy. General Forester is also busily engaged in his canvass, and so also is Mr. Gaskell, but neither has yet publicly addressed the electors.[9]

Pressure continued to mount and by 12 October James Milnes Gaskell's fortunes had radically changed. His forced withdrawal from the political arena was publicly announced in *The Times*:

> Mr. J. Milnes Gaskell, the 'unpledged' candidate for the representation of the borough, was to have addressed a public meeting at Coalbrookdale on Friday evening, but during the afternoon of that day placards were issued announcing that that gentleman would not deliver an address. It subsequently transpired that Mr. Gaskell had determined to retire, and the reasons assigned are that the result of the canvass of his agents has been anything but satisfactory, and that Mr. Gaskell is unable, through ill health, to make a personal canvass. Mr. Brown, the new Liberal candidate, and General Forester, Conservative, now remain unopposed; but whether or not any fresh candidate will yet be brought forward on either side is at present uncertain. Mr. Gaskell has represented the borough for 40 years, and for 35 years has been returned without opposition. The announcement of his retirement has been received with great enthusiasm at Ironbridge, Coalbrookdale, Madeley, Broseley, and other places that form portions of the borough.[10]

He had lost the crucial support of the industrial parts of the borough of Wenlock – Ironbridge and surrounding towns that received news of his retirement from the contest 'with great enthusiasm' – that had been the cradle of the Industrial Revolution with coal mines, and clay mines that serviced the production of tiles (and their decoration) in the many local factories. Fine-quality bone china which enjoyed international renown and the Royal seal of approval was produced and decorated to the highest standard at nearby Coalport. The 1851 Great Exhibition in Hyde Park, London, was a display of Britain's talent and modernity, its arts and industries, and its world power. In it were exhibits of tiles from Jackfield and Broseley, and Coalbrookdale and Ironbridge ironwork (gates, railings, lamp posts), together with the famous Coalport china (vases, goblets, tea sets, dinner services) with its distinct colours of turquoise Bleu Celeste and the pink known as Rose du Barry (in honour of Louis XV's mistress) reproducing hues resembling those invented at the Sèvres porcelain factory in France. Coalport porcelain graced the dining tables of Queen Victoria and specially commissioned pieces were given to royal guests and heads of state throughout the world. The electorate of this flourishing, industrialised part of the constituency around Coalport, Ironbridge and Coalbrookdale (with the manufactories that Turner sketched and Ruskin visited) would eventually destroy James Milnes Gaskell's political career.

James Milnes Gaskell's ill health was a secondary factor in his decision to withdraw for he had clearly intended fighting the contest and wished to retain his seat. More news of this quite unexpected turn of events continued to be published in *The Times* and James Milnes Gaskell, the subject of so much adverse publicity, was obliged to respond to certain accusations that he considered false. He wrote the following letter to the Editor, published in *The Times* of Saturday, 21 November 1868:

> Sir, - The following passage occurs in a leading article which appeared in *The Times* of Tuesday, the 17th inst.:- 'In Wenlock, Mr. Milnes Gaskell, who had always supported the Conservative Administration, though at the last he was fain to confess that he found it impossible to support it any longer, has discovered that his tardy repentance was useless, and has had to give way to a decidedly Liberal member.'
>
> So far as having 'always supported the Conservative Administration,' I have very frequently opposed it, and have done so upon many important and upon some vital questions. I have made no such 'confession' as that which you attribute to me; I have made no such 'discovery' as that which you imagine; and I have never felt or expressed the 'repentance' which you describe.
>
> It is true that I retired from the representation of Wenlock, but you have been misinformed as to the grounds upon which I did so.
>
> I am, Sir, your obedient servant,
>
> Thornes-house, Nov. 19. J. MILNES GASKELL[11]

This election marked a turning point and broke the old order of power in the ancient borough of Wenlock. Brown was duly elected as a Liberal MP: Forester retained his seat for the Conservatives. James Milnes Gaskell was finally defeated and his lifeblood had drained away. In his obituary in *The Times*, it was stated by the obituarist – H. C. G. Matthew suggests that this was probably Francis Doyle – that 'he left Parliament in 1868 in declining health, and perhaps with some feeling of a political situation incompatible with his tastes and principles'.[12] The writer then described him as a man who 'combined an earnest conservative sentiment for English institutions with the most Liberal views on all religious questions'.[13]

The national result was a victory for the Liberals, led by Prime Minister William Ewart Gladstone, James Milnes Gaskell's close and long-standing friend from Eton and Christ Church. The Irish Church Disestablishment Act was passed by Gladstone's administration the following year (1869) and the Church of Ireland ceased to be the official state Church. The Act also repealed the law requiring tithes to be paid to the Anglican Church of Ireland. This radical development paved the way for the demands for Irish Home Rule.

Notes

1 *The Times*, Saturday, 12 September 1868.
2 *The Times*, Wednesday, 7 October 1868.
3 Letter Archive, CGMG's Rejected Addresses, 1868 (letter of 24 October 1868 from Pollington to the electors informing them that he intends to stand and is 'moderately Liberal').
4 *British Parliamentary Election Results 1832–1885*, ed. by F. W. S. Craig, 2nd edn (Dartmouth: Parliamentary Research Services, 1989), p. 243.
5 London, British Library, MS HS.75/1635 (29).
6 London, British Library, MS HS. 74/1635 (25).
7 *VCH Shropshire*, x, p. 207.
8 London, British Library, MS HS. 75/1635 (29).
9 *The Times*, Thursday, 1 October 1868, p. 10, col. D.
10 *The Times*, Monday, 12 October 1868, p. 4, col. C.
11 *The Times*, Saturday, 21 November 1868, p. 8, col. B.
12 *The Times*, Saturday, 8 February 1873, p. 12, col. B.
13 *Ibid.*, p. 12, col. B.

Chapter 8

Death of Two Sisters 'beneath a Southern sun'[1]

James Milnes Gaskell had had to fight the Wenlock election campaign with the knowledge and anxiety that his wife Mary was extremely unwell, and that his sister-in-law Charlotte Williams-Wynn was terminally ill with cancer. Mary's 'rheumatism'[2] (a euphemism) was already a cause of concern in May 1868 when Charlotte referred to 'Mary's illness, overpowered as she is with interests and calls of all sorts which must be attended to'.[3] Mary and Charlotte had been advised to go abroad in an attempt to improve or at least alleviate their condition. Mary left England in early August for a six-week stay in Switzerland with her sisters Harriot Hester Lindesay and Charlotte. Part of the time they stayed at 'a decayed hotel on a hill, out of Fribourg' with views over Lake Neuchâtel and the Jura mountains.[4] They were also in Berne 'where the heat was so injurious to Mary'[5] that they left to be among the Alps and the glaciers where the climate was cooler. They stayed for a while at Meiringen in the Bernese Oberland from where Mary and Harriot made daily excursions into the mountains in *chaises-à-porteur* (sedan chairs). Their health seemed to improve and Mary especially revived when she came into contact with the glaciers. Mary returned to England in mid-September 1868 to support her husband during the election campaign at Wenlock. Harriot and Charlotte remained on the continent for a while, and by October 1868 were in Hamburg.

The cold English winter of 1868/69 in a house near the bleak Yorkshire moors was detrimental to Mary's worsening condition. So in late January 1869, in the hope that a warmer climate would help her 'neuralgia',[6] Charles took his mother to Arcachon, travelling to Dover (staying overnight at the Hotel Chatham), then to Paris and on by train via Tours, Angoulême and Bordeaux. Mother and son stayed at the Grand Hôtel, Arcachon, described by Murray as 'large and well-managed, facing the south, open all the year round'.[7] On 8 February, they were joined by James Milnes Gaskell, his son Gerald and wife Louisa. Their arrival enabled Charles to enjoy a few weeks of restorative, solitary travel in the Pyrenees, and visits to Toulouse, Dax, Nevers (10 March 1869 at the Hôtel de France),[8] Bourges and La Charité-sur-Loire. Mary and James Milnes Gaskell decided to take a villa at Arcachon.

After a brief sojourn in England, Charlotte was making arrangements to go to Arcachon. She wrote to the Reverend F. D. Maurice, from Dover, on 23 February 1869: 'We go to-morrow by slow journeys to Arcachon, where my sister Mary is; she is suffering and it will be a comfort to see her.'[9] It is unclear who was travelling with Charlotte. However, Charlotte's own ill health prevented her from leaving on 24 February as planned and the departure was a little delayed. She was in no state to travel such a distance and remained longer at the Hotel Chatham in Dover from where she wrote to her long-standing friend Alexis-François Rio: 'I am so utterly unable to talk now, that I read nearly all day, and the two volumes you have sent will just suit me. I was so unwell last night, that we have given up going until to-morrow, when I dare say I shall be more fit for it.'[10]

Charlotte was preparing to die, in her faith and in the knowledge of, or belief in, an afterlife and an encounter with God. She explained her feelings to Rio:

> As for myself, I am so quiet and happy that I am half frightened at it. The entire and absolute rest in the goodness and love of God gives a 'Peace that passeth understanding'. He may think right to withdraw it, and then I trust to be willing it should be so. I have always wished to die leisurely – not to shuffle off my life as a tired child does its clothes on going to bed at night, but to be allowed

> to put away each worn-out faculty gradually. You will see how willingly I should ramble on, but the pain in my eye tells me I must end, and you will hardly be able to decipher this.[11]

It was an understatement for the dying woman to describe the train journey from Paris to Bordeaux, a distance of some four hundred miles and about eleven hours of travel, as 'somewhat trying',[12] but it was an indication of Charlotte's strength of character and determination. She stayed a day in Bordeaux to rest, then continued by rail to Arcachon, a distance of approximately thirty-three miles. This spa town on the Atlantic coast in south-west France, surrounded by its famous dunes, and with its mild climate, was considered particularly beneficial for those suffering from pulmonary diseases. However, the part of the town reserved for the sick was a disappointment and not what Charlotte expected. It was very remote, isolated and uninteresting. The dreariness of the location was accentuated by bad weather. It was, Charlotte wrote,

> the very queerest place by way of a chosen abode for invalids that I ever saw. You go for two hours on sand, between sand-hills crowned by more or less stunted firs. At last you stop, still surrounded by sand, at some small *châlets* [*sic*]. An omnibus takes you to a gigantic hotel, from whence you have no view but firs on one side; on the other, a bay quite land-locked, but all so flat as even a Dutch landscape seldom approaches. I could not help laughing when I thought of the trouble and exertion we had given ourselves to get here, and till an entire change of weather comes, I see I shall not be allowed to travel, so I suppose we are here till after Easter.[13]

In spite of having 'excellent rooms, enormously lofty and large, on the ground-floor, opening on a terrace, and due south',[14] Charlotte's feelings of disappointment and incredulity at the situation in which they found themselves were not assuaged. Mary and Charlotte were not staying in the same hotel: 'Mary was settled in the forest, as it is called, a mile off, which in this weather was a great obstacle to our meeting.'[15]

Far from showing any improvement, Mary's 'rheumatism', as Harriot described it, was considerably worse than when she arrived, exacerbated by the cold and damp. Mary did not need much convincing that the place was unsuitable and she decided to take the train to Bordeaux, the capital of the region, to 'see a doctor and take advice as to going further'.[16]

Charlotte was too ill to travel to Bordeaux with her sister, and so remained with Harriot in Arcachon. She had a most dreadful cough, breathlessness and immense discomfort when lying down. She connived with her own doctor to enjoy a few remaining pleasures, and found him 'pleasing and sensible when he does not say that reading in bed causes the lungs to congest, but in spite of him I have been reading a great deal'.[17]

On arrival at the Hôtel de Nantes in Bordeaux, Mary was 'seized with great pain' and unable to leave her bed, or indeed to move at all.[18] On hearing this bad news, Charles immediately left London to be at her bedside. He knew the truth about his mother's illness, although her cancer had been concealed from friends and most family members.

Charles shared the sorrow with his closest friend. Henry Adams recalled that it was with a great sense of foreboding that he had said goodbye to Mary at Wenlock Abbey in 1868 in late May/early June: 'The real suffering with me was a year ago when I came away, for we all knew then that we should never see each other again, and the hardest trial in my life, in the way of parting, was when I bade your mother goodbye.'[19]

Her condition rapidly deteriorated, paralysis and weakness increased and she lay at the point of death for ten days. Family members arrived as quickly as possible. On 15 April her brother Charles Watkin Williams-Wynn set off to Bordeaux to be with Mary but, in the words of their cousin Marie Emily Williams-Wynn (1827–1905),[20] 'scarcely expects to find her alive'.[21] Marie Emily explained further in her letter of 15 April: 'She and Charlotte W.W. are both dying of cancer but Doctors sent them south for change but dear Mary got suddenly worse.'[22]

Mary's daughter Cecil arrived only shortly before her mother died. Cecil's husband, Frank Palgrave, detained by his work at the Privy Council office in London, wrote a sensitive letter to his wife, conveying his deep feelings of sorrow and affection:

> I cannot tell you in what state you may have found your dear mother: but I know it must be a state which fills you with grief

> on your own account, and with even greater grief for his sake to whom this will truly be taking the life out of his life. [...] If there be time and occasion, will you assure your mother of my true love and respect, and that I have truly felt for her as a son ever since September 1862.[23]

Charles's letters to Henry Adams when he realised that his mother was dying are very poignant. Mary's suffering was immense, yet she, like Charlotte, was stoical and accepting of her fate. Charles wrote: 'She is so happy and contented, without any annoyance or regret of any kind or sort.'[24] For Charles, the loss was almost too great to bear: 'I know I shall have lost everything I have lived for, for 15 years, & cannot tell you what will become of us all afterwards. I ought not to wish that she should suffer any longer here for she said today "You must say Thank God when I am gone – you cannot wish me to stay".'[25] She was 'everything' to him, a 'perfect friend & perfect mother'.[26]

Two days later (Sunday afternoon, 18 April) there was no hope left. Mary was under the influence of opium most of the time and the paralysis had reached her chest. The following day only her heart was functioning. She was 'very happy & peaceful', saw all the family again that morning, and the doctor predicted that all would 'be over in 12 hours'.[27] 'All she loved were around her'[28] when she died on Wednesday, 21 April 1869, some seven hundred miles from her beloved Wenlock home.[29] Her body would have been transported across France by train, by Channel steamer, then train again to Much Wenlock station, and carriage to Wenlock Abbey (or perhaps by sea on the direct steamer between Bordeaux and Newhaven).

Two days after Mary's death, Harriot wrote a deeply moving letter to Julia M. S. with dignity and courage in the face of the tragedy:

> My dearest Julia,
>
> I have been thinking and wishing to write to you the last two days – not to tell you of the sorrow that has come upon us; you will hear of it soon enough somehow, but rather to dwell upon the cloud of mercies, which has for the present almost veiled it from our eyes, and also that I want you to help me. For the last ten days Mary lay at the point of death, but without pain of any sort, which had subsided

before. It was not till Wednesday last, the 21st, that she was released, and the peace which brooded on her, and spoke in every word she said, was indeed, that which 'passeth understanding'. So blessed a scene they tell me was seldom witnessed, for she was herself to the very last; she even made her own little jokes on the pomposity of the doctors, while she said she was perfectly happy. You know she had always had a dread of illness, and of the course her malady might take, and when she found that any partial recovery must be to continued pain, it was a relief to feel she was not to undergo the trial any longer. All she loved were around her, and an old medical friend of Milnes's came out, and was of the greatest use. There was a most kind chaplain who would come at any time to minister to her, in which she found great comfort. It all seems like a dream to me still, but one without bitterness – not even that I could not go over and see the darling once more – my failure of breath would have prevented my speaking, and would have worried her. Charles kindly came and staid with me, as she begged Harriot would remain with her to the end. I used to send her short sentences taken from Mr. Maurice's writings, or what I remembered he had said to me, and she liked them as messages of comfort.[30]

Mary's funeral took place 'very very quietly'[31] at Holy Trinity Church, Much Wenlock, on Thursday, 6 May. There were no carriage or trappings, and after the service mourners 'walked to the grave between the two Wellingtonias where she wished to be buried'.[32] Among the mourners were family members: widower Sir Francis Hastings Doyle, Professor of Poetry at Oxford University, whose wife Sidney, youngest sister of the late Mary, had died in 1867; Mary Annabel Doyle (daughter of Sir Francis); Francis Turner Palgrave and his wife Cecil; the Reverend Fitzgerald Wintour and his wife Isabel; Sir Robert Cunliffe; Charles Williams-Wynn and Robert Wintour.

Lord Houghton, unable to attend, wrote on the day of the funeral, from 16 Upper Brook Street, London, to James. His letter is reproduced in full by T. Wemyss Reid who considered that it 'deserve[d] to be published':

I found, too late for me to change my plans, that the motion in the House of Lords, on which I had an amendment, was put off, and that I might have been with you to-day.

This distresses me, although to me it would have been a dreary satisfaction, and to you a mere recognition of what you know already, my deep esteem and earnest appreciation of her great qualities of mind and heart. The sympathy of other men, especially of those for whom we entertain kindly feelings, has no doubt a large effect in mitigating the pains of life; but in the great calamities of a man's career, the turning-points of his existence, he must face his disaster as best he can alone. The best that he can get from others is the acknowledgment of his right to sorrow. I hope you will still remember the worth of those near relations who are left you, and of some sincere friends, among whom you may count

Yours most sincerely,

HOUGHTON

The double loss of such friends has perceptibly affected my wife's health; time alone will relieve her.[33]

The 'double loss' is a reference to the loss of the two sisters. Charlotte died five days after Mary, of the cancer she had endured for several years, on Monday, 26 April 1869 at Arcachon where she was buried in the cemetery amidst the pine trees. Charlotte had coped bravely with the diagnosis of her breathlessness and exhaustion as 'cancerous symptoms' since 1866. But she fought to the end and in spite of her ever increasing weakness was planning to rent a villa on the Isle of Wight for the summer in order to be close to her friend Julia M. S. But three days after her last letter to Julia on 23 April 1869, 'a sudden failure of strength showed to those around her that the end was nearer than expected. When told of this change, her fervent expressions of thanksgiving were like a hymn of praise which will never be forgotten by those who heard it. During the last hours, her chief care was, as ever, not for herself, but for those she was leaving, and with words of love and prayer her spirit passed away.'[34]

James ordered a memorial cross to be placed on his wife's burial place. It was Mary's wish that this should be designed by her beloved son-in-law Frank Palgrave. It was erected in August 1869, about eleven feet high and of Sicilian stone.[35] Palgrave chose a standing stone at the top of which is a stone cross, around which are buds reminiscent of those in the chapter house of Wenlock Priory. Embedded in the cross, facing east, is a quatrefoil within which is an elaborately carved design comprising flowers, leaves, buds and the initials MMG in the centre. The theme is of the garden Mary loved so well, and the buds are a

Fig. 15 *Milnes Gaskell Family Plot in the Churchyard of Holy Trinity Church, Much Wenlock*. Photograph by Cynthia Gamble, 2012.

promise of renewal and spring. Immediately above this quatrefoil is a five-pointed star. On the opposite, west side is a carved anchor, the emblem of steadfast hope. The anchor is within a frame of ten semi-circular shapes, surrounded by an embossed border.

Epitaphs are inscribed at the base on each side. On the east side this reads:

IN LOVING MEMORY OF
MARY
WIFE OF JAMES MILNES GASKELL
OF WENLOCK ABBEY
AND THORNES HOUSE NEAR WAKEFIELD,
SECOND DAUGHTER OF
THE RIGHT HON[ble] C. W. WILLIAMS WYNN.
THIS MONUMENT IS ERECTED
BY HER HUSBAND.

BORN AT ACTON PARK DENBIGHSHIRE
DIED AT BORDEAUX, APRIL 21 1869

The following epitaph on the south side is a hymn by Felicia Dorothea Hemans, slightly amended:

CALM ON THE BOSOM OF THY GOD
BLEST SPIRIT REST THEE NOW:
E'EN WHILE WITH US THY FOOTSTEPS TROD
HIS SEAL WAS ON THY BROW
DUST TO ITS NARROW HOUSE BENEATH
SOUL TO ITS PLACE ON HIGH:
THEY THAT HAVE SEEN THY LOOK IN DEATH
NO MORE MAY FEAR TO DIE

Overlapping shields can be found at the top of the inscription on the west side:

FAREWELL BRIGHT SPIRIT, GIFTED, LOVING, GAY,
COURAGEOUS, WISE IN ALL RELATIONS DEAR,
OUR GRIEF IS POWERLESS TO KEEP THEE HERE,
AND NONE BUT GOD CAN WIPE OUR TEARS AWAY.
THOU DIDST NOT LEAVE US TILL THY WORK WAS DONE;
TILL WE HAD LEARNT FROM THY SWEET SELF TO SEE
THE FORCE OF TRUTH AND HIGH SIMPLICITY.
THY TRIAL NOW IS O'ER, THY CROWN IS WON;
AND CLOSE TO THE CREATION OF THY HAND,
THE HOME SO DEARLY LOVED, SO FITLY PLANNED,
WHERE CLUSTERED ARCHES BREAK THE RUINS GRAY,
AND SHUN TO GAIN FRESH BEAUTY FROM DECAY.
THINE ASHES REST, OUR FAITH AND LOVE BOTH TELL
THAT WE SHALL MEET AGAIN. BRIGHT SOUL, FAREWELL!

The following epitaph on the north side is a compilation of verses from Proverbs 31. 26, 28 and part of 31:

SHE OPENETH HER MOUTH WITH WISDOM
AND IN HER TONGUE IS THE LAW OF KINDNESS:

HER CHILDREN ARISE UP AND CALL HER
BLESSED: HER HUSBAND ALSO AND HE
PRAISETH HER:

LET HER OWN WORKS PRAISE HER IN
THE GATES.

Charles expressed his continuing grief at the loss of his mother in a poem he composed four years later in May 1873. The title is reminiscent of Tennyson's eulogy *In Memoriam AHH* to Arthur Henry Hallam, the young man who had had such a close bond with Charles's father.

In Memoriam

MMG

What though she died beneath a Southern sun,
We bore her to her English home to be
Among bright memories, our brightest memory,
From Bordeaux's towers and from the broad Garonne.
She did not leave us till her work was done.
Until from her sweet self we learnt to see
The force of love and of simplicity.
Now is the struggle past, the battle won.
So, close to the creation of her hand
The home she loved so well, so brightly planned,
Where clustered arches break the ruins gray,
And show how beauty gains but from decay.
She sleeps and rests, the rest that knows no end,
Our love, our hope, Mother, companion, friend![36]

Mary's features were immortalised in a marble bust sculpted by Thomas Woolner. This bust, along with Woolner's bust of Charles Dickens, was exhibited at the Royal Academy exhibition of 1872 where both sculptures were described as 'marked, beyond any other work of the time, by truth and vigorous grasp of the sitter's character'.[37] In 1874 Woolner also sculpted a marble bust of James Milnes Gaskell.

Notes

1 Charles Milnes Gaskell, *In Memoriam MMG*, 1873, CGMG's small notebook, fol. 170.

2 *Memorials of Charlotte Williams-Wynn*, ed. by Harriot Hester Lindesay (London: Longmans & Co., 1877), p. 380.
3 *Ibid.,* p. 367 (C.W.W. to unnamed correspondent, 11 May 1868).
4 *Ibid.*, p. 370.
5 *Ibid.*, p. 371.
6 Boston, Massachusetts Historical Institute, MS MsN 1776 Adams Family, Henry Adams–Charles Gaskell 1866–1916, box 1, 1866–1875 (CGMG to HA, 5 January 1869).
7 *Murray's Handbook for Travellers in France*, part 1 (London: John Murray, 1877), p. 309.
8 Boston, Massachusetts Historical Institute, MS MsN 1776 Adams Family, box 1, 1866–1876 (CGMG to HA, 10 March 1869).
9 *Memorials of Charlotte Williams-Wynn*, p. 378.
10 *Ibid.*, pp. 378–79.
11 *Ibid.*, p. 379.
12 *Ibid.*, p. 379.
13 *Ibid.*, pp. 379–89 (C.W.W. to J. M. S., March 1869).
14 *Ibid.*, p. 380.
15 *Ibid.*, p. 380.
16 *Ibid.*, p. 380.
17 *Ibid.*, p. 380.
18 Boston, Mass. Hist. Inst., MS MsN 1776 Adams Family, Henry Adams–Charles Gaskell 1866–1916, box 1, 1866–1875 (CGMG to HA, 2 April 1869).
19 *Letters of Henry Adams 1858–1891*, ed. by Worthington Chauncey Ford (Boston and New York: Houghton Mifflin Company, 1930), pp. 158–59 (HA to CGMG, Washington, 17 May 1869).
20 Marie Emily Williams-Wynn (1827–1905) was born in Copenhagen. She married her cousin Sir Watkin Williams-Wynn (1820–85) 6th Bt on 28 April 1852.
21 Shrewsbury, SA, MS 821/81 (M[arie] E[mily] Williams-Wynn to 'My dear Charlotte', 15 April [1869]).
22 *Idem.*
23 Gwenllian F. Palgrave, *Francis Turner Palgrave. His Journals and Memories of his Life* (London, New York and Bombay: Longmans, Green, and Co., 1899), p. 104.
24 Boston, Mass. Hist. Inst., MS MsN 1776 Adams Family, box 1, 1866–1876 (CGMG to HA, 16 April 1869).
25 *Idem.*
26 Boston, Mass. Hist. Inst., MS MsN 1776 Adams Family, box 1, 1866–1876 (CGMG to HA, 14 May 1869).
27 Boston, Mass. Hist. Inst., MS MsN 1776 Adams Family, box 1, 1866–1876 (CGMG to HA, 19 April 1869).
28 *Memorials of Charlotte Williams-Wynn*, p. 382.
29 See announcements in: *Pall Mall Gazette*, Thursday, 29 April 1869; *Belfast News-Letter*, Saturday, 1 May 1869; *Examiner*, Saturday, 8 May 1869 and *Bridgnorth Journal*, 1 May 1869.
30 *Memorials of Charlotte Williams-Wynn*, pp. 381–82.

8 *Death of Two Sisters 'beneath a Southern sun'*

31 Boston, Mass. Hist. Inst., MS MsN 1776 Adams Family, box 1, 1866–1876 (CGMG to HA, 14 May 1869).
32 *Idem.*
33 T. Wemyss Reid, *The Life, Letters and Friendships of Richard Monckton Milnes, First Lord Houghton*, 2 vols (London, Paris & Melbourne: Cassell & Company, 1890), II, p. 199.
34 *Memorials of Charlotte Williams-Wynn*, p. 383.
35 Boston, Mass. Hist. Inst., MS MsN 1776 Adams Family, box 1, 1866–1876 (CGMG to HA, 3 June 1869).
36 CGMG's small notebook, fol. 170.
37 *The Times*, Thursday, 27 June 1872, p. 6. The whereabouts of these busts of Mary and James Milnes Gaskell are unknown.

Chapter 9

The Magnetism of Wenlock Abbey

The loss of his mother and the declining health of his father placed greater responsibility on Charles's shoulders, mainly the maintenance of and care for Wenlock Abbey – in which his ageing father now showed little interest – and to a lesser degree Thornes House.

Charles immersed himself in writing the history of his Wenlock home. His empirical research and field trips to the 'birthplace' of Wenlock Abbey at La Charité-sur-Loire and its priory of Notre-Dame, one of the five daughter-houses of the mother abbey of Cluny, reinforced his theoretical work. At nearby Nevers, Charles purchased some silver tokens that had been excavated at La Charité in February 1869 (figure 16), and was amazed at their resemblance to those found at Wenlock Abbey in 1866. He stitched them carefully into his large Abbey book, thereby preserving them for posterity.[1] He was also studying the history of the Caritate priory in a book on French architecture.[2] This history project necessitated a considerable degree of application, gave Charles a purpose to his life and sustained him through a turbulent, unhappy period, helping him to recover from the trauma of his marriage *manqué* as well as the loss of his mother and aunt.

In early summer 1869 architects W. H. Powell, from London, and W. Somer Davies, from Liverpool, were invited to the Abbey.[3] It was becoming a tourist attraction and a destination for groups of specialised societies – antiquaries, naturalists, geologists, archaeologists – who were encouraged to study the

Abbey ruins and its stones under the shadow of the great limestone ridge. Noteworthy was a visit by members of the Cotteswold Naturalists' Field Club from Gloucestershire, one of the oldest and most prestigious in the country. The group included: the President, geologist Sir William Vernon Guise; Vice-Presidents, surgeon and palaeontologist Dr Thomas Wright and geologist William Charles Lucy; Honorary Secretary, Dr W. H. Paine (from Stroud) and the Reverend William Samuel Symonds, an active member of the club and also President of the Malvern Field Club.[4] Field trips, especially in the summer, were an important and regular feature of the life of the clubs. This particular field trip to Shropshire had been organised, and a programme drawn up, by George Maw, the eminent naturalist of Benthall Hall where the party was staying for a week.[5]

The prior's lodging was also a picturesque honeymoon destination. On Thursday, 5 August, Charles was best man at the wedding of his cousin Sir Robert Alfred Cunliffe, of Acton Park, Wrexham, to Eleanor Sophia Egerton, daughter of Col. Egerton Leigh, MP, of West Hall, High Leigh, and Jodrell Hall, Cheshire. The two cousins and the bride travelled back on the day of the wedding to Wenlock Abbey where the newly-weds spent the first part of their honeymoon from 5 to 9 August. The wedding prompted Henry Adams to urge Charles to marry, to follow Robert Cunliffe's example, and to have a wife in time for Henry's next visit to Wenlock in June 1870.[6] He suggested the Hon. Margaret Warren (1847–1921)[7] as a suitable bride.[8] Nevertheless, Henry urged caution and clearly advised his friend not to 'attempt the old experiment again', and to 'imitate Robert and take a new start'.[9] This was a reference to Charles's secret engagement and a warning about the inadvisability of marrying into the aristocracy.

The following month Samuel Lawrence (1812–84), the famous portrait painter whose sitters included Darwin, Dickens, George Eliot and Tennyson, stayed at Wenlock Abbey for two weeks from 2 to 16 September 1869. The purpose was to do a portrait of Charles – the head, at least – hence the pun, in Charles's letter to Henry Adams, of their being together 'for 10 days tête à tête, the latter tête i.e. mine being drawn'.[10]

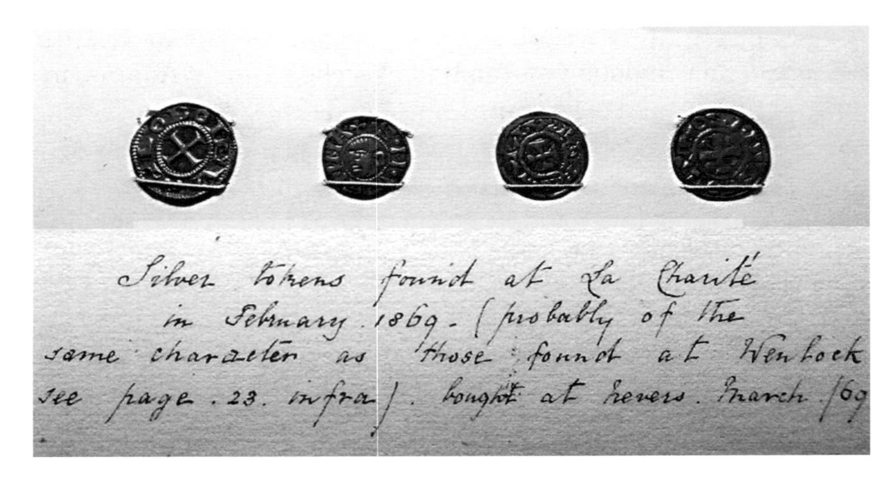

Fig. 16 *Silver Tokens Found at La Charité-sur-Loire in 1869.*

Fig. 17 *The Chapter House, Transept and Part of the Prior's Lodging Viewed from the North-West, circa* 1850–55.

Lawrence was also working on a portrait (head) of Robert Cunliffe. The previous year he had sketched Henry Adams, in semi-profile, seated on a chair.[11]

The first guidebook and the rush to the ruins

The publication in 1870 of the very first guidebook to Shropshire (*Handbook for Shropshire, Cheshire and Lancashire*) by the reputable firm of John Murray, already established as the leading publishers of informative, reliable travel books, contributed greatly to the increasing numbers of curious travellers and visitors. Murray's guides were the travellers' bibles, written in an enthusiastic, personal style that appealed to the new tourists. They could also be read with much pleasure by armchair travellers. The preface is dated August 1870. It can be assumed that the work was published soon after, for a summer launch would have been in the interest of the publishers.

The reputation, authority and reliability of all the series of *Handbooks* were based on the name of Murray, the well-established family firm in Albemarle Street, London. It was generally believed that the author was John Murray: however, research in the Murray archives has since shed light on the identity of many of the contributors. That first *Handbook for Shropshire, Cheshire and Lancashire* was compiled by the Welsh-born industrialist George Phillips Bevan (1830–89) and the history writer William Edward Flaherty (1807–78).[12] Bevan and Flaherty relied to some extent on existing accounts: articles in *Archaeologia Cambrensis* (the Journal of the Cambrian Archaeological Association), writings of John Henry Parker (1808–84), the Oxford historian, and of Edward Blore (1787–1879), the prolific English architect and draughtsman. Blore knew the site well. He had already sketched the exterior of the prior's lodging in 1845,[13] and had discussed at length the history of Wenlock Abbey during a visit with E.S.A. in 1851. This particular visit resulted in the publication of an article 'Wenlock Priory' in *Archaeologia Cambrensis*.[14] Blore returned as a visitor on 16 July 1870.[15]

The unique geological and natural features of Shropshire, with its limestone spine traversing it in unbroken line for approximately eighteen miles from the Ironbridge Gorge, via Much Wenlock, to Craven Arms, were described in Murray's *Handbook*. The geological diversity of the county of Salop, especially the fossiliferous and carboniferous escarpment known as Wenlock Edge, attracted not only renowned geologists such as Roderick Murchison, John William Salter and Andrew Crombie Ramsay but also 'that hardworking body of local geologists which compose the Woolhope Club', based in Herefordshire and founded in 1851, thanks to whose labours 'these intricate decipherings have been clearly made out, so that he who runs may read'.[16] This was the area in which the young Charles Darwin, born in Shrewsbury, took his early geological steps, collecting specimens, and at the age of nine taking samples of ancient tiles from the ruins of Wenlock Abbey on one cold winter's day 23 January 1819.[17]

Murray's *Handbook* was aimed at a diverse public and, to this end, provided different kinds of itineraries. It distinguished between 'skeleton' tours by rail, 'antiquarian' tours and 'pedestrian' tours. Much Wenlock was on each itinerary, for its attraction was the Abbey. But this was no ordinary abbey. In an exceptional setting of thirty acres were the monastic ruins of a Cluniac priory, deep in the heart of the Shropshire countryside, yet adjoining the little town, and part of it.

The hallmark of this remarkable site, highlighted by Murray, was the private residence, formerly the prior's lodging. The 100 ft-long two-storey secular building with a very high, sloping roof, 'light and elegant open cloister extending the whole length and communicating with the rooms on either floor',[18] abutted at an angle the twelfth-century infirmary. The guidebook revealed parts of the private residence of the then owner James Milnes Gaskell. Glimpses were afforded of the kitchen and bakehouse and of the hall, the prior's private dining room, 'a fine room of 3 bays, lighted by 4 windows of 2 lights each, on the 1st floor, over which is now the kitchen'.[19] Within the domestic range were a *garde-robe* (privy) and a private oratory or chantry chapel, a recessed room with an east-facing, three-light, trefoiled window with a stone altar that Parker describes as 'quite perfect and is open underneath for the reception of relics'.[20]

Fig. 18 *Infirmary Chapel Altar without Lectern.* Charcoal on paper.

By the mid-nineteenth century – at the latest by 1850 – a reading desk, described by Murray as 'rudely carved with Norman foliage',[21] was placed upon the altar (figure 19). Parker expressed interest in this 'small and very curious stone reading desk, richly carved with late Norman foliage'.[22] In his *Glossary of Terms Used in Grecian, Roman, Italian and Gothic Architecture*, Parker also remarked that this stone desk, standing upon the altar, 'does not belong to it, but is a very elegant work of the thirteenth century'.[23] He gave a further account in his *Glossary* entry entitled 'Altar': 'In the domestic buildings of the priory of Wenlock, Shropshire, is a small chantry chapel with its Altar perfect, it is of the Perpendicular style, but the stone desk which stands upon it is fine Early English work, with bold and elegant foliage: the recess in which it stands is just large enough to contain the Altar, and for a priest to stand at each end of it; there is a trefoil-headed piscina in the north [*sic*] wall. This recess opens into a room which is called the prior's chamber.'[24] A woodcut of this chantry chapel by the architectural wood-engraver Orlando Jewitt (1799–1869) was included in one of the volumes of plates

Fig. 19 *Infirmary Chapel Altar with Lectern*. Photograph *circa* 1950.

that illustrated the details.[25] In 1879 the English architect and artist Alfred Young Nutt (1847–1924) completed a watercolour of the infirmary chapel with the lectern on the altar (see colour plate G). It remained in place until 1984 when it was acquired by the Victoria and Albert Museum in London.

We do not know where the stone desk was found among the ruins or when precisely it was placed on the altar, but by that act it was protected and saved from destruction. The lectern is in a remarkably fine condition with, on three sides, carved motifs of tendrils and foliage in high relief disgorged from the inverted head of a man or a monster with pointed ears. This is not a unique theme, for a similar motif can be found in the Romanesque cathedral at Autun in south Burgundy. The sculptor Gislebertus worked there between 1125 and 1145 and with extraordinary vitality and inventiveness sculpted not only the famous tympanum but the many varied capitals inside. One of these represents a man and a woman playing a ball game: they are separated by abundant foliage emanating from the mouth of an upturned head of a beast or a monster.[26] Medieval masons travelled extensively and copied themes and ideas. The Wenlock lectern shows no signs of graffiti and has undergone little damage apart from the loss of a lion's head. Fossils that would have delighted Henry Adams can be detected embedded in the local limestone. There is a polychromatic effect for patches of pink of different hues are visible. George Zarnecki dates the Wenlock lectern as *circa* 1180, being the earliest of three surviving twelfth-century lecterns in England: the others are at Norton (from Evesham Abbey) and Crowle, both in Worcestershire.[27]

Attempts were made to reconstruct elements of the lectern. In the early 1870s a square base prepared for a cluster of five colonnettes (to which H. Langford Warren had referred in 1892)[28] was examined by R. B. Lockett and found to have 'small heads backed by leaves for the corner spurs'.[29] In 1996 John E. Prentice believed that this base, conserved in an English Heritage store, belonged to and supported the lectern.[30] This initial hypothesis was developed by Prentice, Geoffrey Pearson and Alastair Pearson and confirmed in an article published in 2002.[31] A photograph of the base shows the sockets for five pillars and remnants of iron dowels for locating them.[32] Research also confirmed that the limestone came from Shadwell Rock Quarry, near Much Wenlock.[33]

Another notable aspect mentioned in the *Handbook* was the chapter house, a 'beautiful specimen of Norman architecture',[34] entered through a circular-headed doorway ornamented with chevron mouldings. On the north and south walls are rows of intersecting blind arcading, exceptionally well preserved.

Fig. 20 *Details of the Wenlock Lectern.* Photographs by Rex Harley.

Groups of visitors in increasing numbers flocked to this picturesque site and to this famous geological area of outstanding natural beauty, encouraged by the work of the new scientists and the growing interest in this subject, and the promotion and fashion of cultural and scientific tourism by the *Handbook*. A total of one hundred and sixty-four individuals signed the Visitors' Book in 1870, plus several groups of unspecified sizes. Among the scientific groups were: the Dudley Midlands Geological Society (1 July 1870); the Ludlow Field Club (9 August 1870); the Reverend J. S. Broad of Newcastle-under-Lyme and members of the North Staffordshire Field Naturalists' Club (20 August 1870). Clergymen came from near and afar: from Warwick; Stourbridge; Wilford Rectory near Nottingham; Leighford Vicarage and Kemberton Rectory, near Shifnal. Some of the named clergy included the Reverend H. R. Anderson, Rochester Cathedral; the Reverend Mordaunt Barnard, Preston Bagot Rectory, Warwickshire and the Reverend William Chester Copleston, from Silverton, Devon.

For the long vacation of 1870, Henry Adams returned to Europe and enjoyed the oasis of calm and stability at Wenlock Abbey, away from the 'devilish [Franco-Prussian] war'.[35] Charles was looking forward to his friend's visit. He stocked his cellar with one of Henry's favourite wines, 'some peculiarly good 6 dozens Pichon Longueville', a *2me cru classé* from Pauillac, near Bordeaux. He also eloquently informed him that there were '3 young one-year-old pea chicks' – the offspring of the colourful peacocks and peahens that inhabited the manor – strutting around happily under the abbey walls.[36] Henry too was eagerly anticipating the delights of Shropshire and wrote to Charles from Washington on 28 March 1870: 'I will wander with you to every old house in Shropshire if you like, and swing on all the styles in the midland counties wherever there's a church with a tomb or good Gothic.'[37]

It was also a moving pilgrimage to the burial spot of Mary Milnes Gaskell who had been almost a surrogate mother to him, and whose funeral Henry had been unable to attend, much to his chagrin. For several weeks in 1870 (16–21 June, 9–24 August, and 31 August–2 September) Henry took refuge, like a monk, in

Fig. 21 *Charles Milnes Gaskell, Henry Adams and Robert Frederick Boyle in the Quadrangle of the Prior's Lodging.*
Photograph by Francis Grenville Doyle, 2 September 1870.

its profound peace and found comfort in the timelessness of the surroundings, but without the motherly and reassuring presence of Mary: 'Only the few remaining monks, undisturbed by the brutalities of Henry VIII – three or four young Englishmen – survived there, with Milnes Gaskell acting as Prior.'[38] A photograph taken by Francis Grenville Doyle on 2 September 1870 shows the three bachelor friends, Henry Adams, Charles Milnes Gaskell and Robert Frederick Boyle, smartly attired relaxing in the quadrangle of the prior's lodging (figure 21).

The Abbey was much older than the medieval period: its roots went back millions of years to the age of the *Pteraspis*, the primitive fish that inhabited the area and whose fossils remain in the stone that built Milburga's monastery. Time was annihilated.

In a passage that seems to draw on Henry James's impressions, Henry Adams recalled in his autobiographical work:

> The August sun was warm; the calm of the Abbey was ten times secular; not a discordant sound – hardly a sound of any sort except the cawing of the ancient rookery at sunset – broke the stillness; and, after the excitement of the last month, one felt a palpable haze of peace brooding over the Edge and the Welsh Marches. Since the reign of *Pteraspis*, nothing had greatly changed; nothing except the monks. Lying on the turf, the ground littered with newspapers, the monks studied the war correspondence.[39]

In a chapter entitled 'Darwinism (1867–1868)', Henry Adams enjoyed playing with the ideas of evolution of Darwin and of geologist Charles Lyell as he 'lay on Wenlock Edge, with the sheep nibbling the grass close about him as they or their betters had nibbled the grass [...] in the Silurian kingdom of Pteraspis'.[40] He mused about his ancestors having their origins in this very spot as he looked 'south along the Edge to the abode of one's earliest ancestor and nearest relative, the ganoid fish, whose name, according to Professor Huxley, was *Pteraspis*, a cousin of the sturgeon, and whose kingdom, according to Sir Roderick Murchison, was called Siluria'.[41]

Notes

1. CGMG's large Abbey book, fol. 7 (see fol. 23 for the Wenlock tokens).
2. CGMG's large Abbey book, facing fol. 7.
3. Visitors' Book, 2 June 1869.
4. Visitors' Book, 8 June 1869.
5. David Squires, 'Can Snowdon Be Seen from the Wrekin? A Topographic Detective Story', *Proceedings of the Cotteswold Naturalists' Field Club*, XLV (1), 2010, pp. 66–84, p. 79. <www.viewfinderpanoramas.org/Snowdon-Wrekin.pdf> [accessed 6 June 2012].
6. *Letters of Henry Adams 1858–1891*, ed. by Worthington Chauncey Ford (Boston and New York: Houghton Mifflin Company, 1930), p. 163 (HA to CGMG, 11 July 1869).
7. Margaret Warren (1847–1921) was the daughter of British Liberal politician Lord De Tabley (1811–87). In 1875 she married Sir Arthur Cowell-Stepney, 2nd Bt.
8. *Letters of Henry Adams 1858–1891*, ed. Ford, p. 202.
9. *Ibid.*, p. 163.
10. Boston, Mass. Hist. Inst., MS MsN 1776 Adams Family, box 1, 1866–1876 (CGMG to HA, 12 September 1869).

11 Reproduced as a frontispiece to *Letters of Henry Adams 1858–1891*, ed. Ford, with the following note: 'From a sketch made by Samuel Laurence, 1868, in the possession of Mr. Evelyn Milnes Gaskell'.
12 For biographical details, see W. B. C. Lister, *A Bibliography of Murray's Handbooks for Travellers and Biographies of Authors, Editors, Revisers and Principal Contributors* (Dereham, Norfolk: Dereham Books, 1993), pp. 104 and 124.
13 London, British Library, Additional MS 42018, item number f31.
14 E. S. A., 'Wenlock Priory', *Archaeologia Cambrensis*, New Series, vol. IV, April 1853, pp. 108–13.
15 Visitors' Book, 16 July 1870.
16 John Murray, *Handbook for Shropshire, Cheshire and Lancashire* (London: John Murray, 1870), p. vi.
17 Caption at the Charles Darwin exhibition, Sedgwick Museum of Earth Sciences, University of Cambridge, September 2009.
18 Murray, *Handbook for Shropshire, Cheshire and Lancashire*, 1870, p. 40.
19 *Ibid.*, p. 41.
20 CGMG's large Abbey book, fol. 27.
21 Murray, *Handbook for Shropshire, Cheshire and Lancashire*, 1870, p. 41.
22 CGMG's large Abbey book, fol. 27.
23 John Henry Parker, *Glossary of Terms used in Grecian, Roman, Italian and Gothic Architecture*, 5th edn, II, 1850, part I, p. 3 (see also CGMG's large Abbey book, fol. 27).
24 John Henry Parker, *Glossary of Terms used in Grecian, Roman, Italian and Gothic Architecture*, 5th edn, I, 1850, pp. 17–18.
25 John Henry Parker, *Glossary of Terms used in Grecian, Roman, Italian and Gothic Architecture*, 5th edn, II, 1850, part I, plate 2.
26 Denis Grivot, *La Sculpture du XIIe siècle de la cathédrale d'Autun* (Colmar-Ingersheim: Éditions S.A.E.R., 2000), p. 92.
27 G. Zarnecki and others, *English Romanesque Art 1066–1200* (London: Weidenfeld and Nicolson, 1984), p. 203.
28 H. Langford Warren, 'Notes on Wenlock Priory', *Architectural Review*, I, no. 6 (1892), p. 51.
29 R. B. Lockett, 'A Catalogue of Romanesque Sculpture from the Cluniac Houses in England', *Journal of the British Archaeological Association*, 34 (1971), p. 60.
30 London, Royal Institute of British Architects, MS Warren Biographical File (John E. Prentice to RIBA, 9 January 1996).
31 Geoffrey L. Pearson, John E. Prentice and Alastair W. Pearson, 'Three English Romanesque Lecterns', *Antiquaries Journal*, 82 (2002), 328–39.
32 Pearson, Prentice and Pearson, 'Three English Romanesque Lecterns', p. 334, fig. 10.
33 *Ibid.*, p. 336.
34 Murray, *Handbook for Shropshire, Cheshire and Lancashire*, p. 40.
35 *Letters of Henry Adams 1858–1891*, ed. Ford, p. 190 (HA to CGMG, Monday, 25 July 1870).

9 *The Magnetism of Wenlock Abbey*

36 *The Letters of Henry Adams*, ed. by J. C. Levenson, 6 vols (Cambridge, MA: Belknap Press of Harvard University Press, 1982–1988), II, p. 68, note 2.
37 *Ibid.*, II, p. 67.
38 Henry Adams, *The Education of Henry Adams* (Newton Abbot, Devon: Dover Publications, David & Charles, 2002), p. 219.
39 *Ibid.*, p. 219.
40 *Ibid.*, p. 174.
41 *Ibid.*, p. 173.

Chapter 10

A Flurry of Publications

Charles Milnes Gaskell's first serious article, unsigned, was published in the London-based *Saturday Review*. Henry Adams was at Harvard when he learnt about its publication in a letter from Charles of 18 January 1871, and 'at once rushed to the club and read your article [...] and was inspired with the wish of getting you to write something for me'.[1] Henry was most impressed by the high quality of the article and somewhat jealous of the fact that it had not appeared in his *North American Review*. He urged Charles to write more and pointed out the advantages of the anonymity of the articles:

> Why can't you write me a book-notice now and then? If you meet a promising book, why not write me a notice of it? These notices are always read and a good one is a difficult thing to get. They are not signed, therefore, if you notice a book of English memoirs and rake up a heap of old family scandals, no one will know who did it. I want someone in England who can do this, for no one here is up to such work. We do not even get the English books unless they are reprinted.[2]

More persuasion and advice followed:

> Now be a good fellow and write me at least one such notice a month. Travels, memoirs, novels, poems, anything, so long as something is to be said about it. Show a surprising familiarity with English affairs, and create a circulation for me there. A book-notice should be about a column, more or less, of the *Saturday Review*; more if the book is worth it; less if it isn't. You can make a sensation by a good one.[3]

However, by 1 March 1871 Henry received two reviews (unnamed and unsigned and to date unidentified) from Charles, about which he commented: 'I think your last article the best thing you have done. It shows progress. The training is good, and I hope you will go on.'[4] Later that month, Henry received a book (to date unidentified) from Charles that the latter had written, and seemingly published privately. Henry commented: 'The book has just arrived – very fine. I see it is not published. So I suppose you object to publicity. *Quelle* [*sic*] *luxe*!'[5] Henry had read it carefully 'with much interest and a sad sort of pleasure', and congratulated the author: 'I found but two misprints in the volume; one (p. 274) Charlottenb*e*rg for b*u*rg; the other (p. 277) Rosenla*ni*, for Rosenla*ui*. If these are all, you may congratulate yourself.'[6]

In April Henry asked Charles to review Henry Du Pré Labouchère's *Diary of a Besieged Resident in Paris*, a series of witty dispatches from Paris during the Franco-Prussian War sent by balloon or messengers to the *Daily News* in London. The subject was of especial interest to Henry who had narrowly escaped this war (he took refuge at Wenlock Abbey). Charles agreed but seemed to be taking his time. Henry was impatiently awaiting the review and on 22 May wrote: 'Hurry up Labouchère! I want him as soon as possible and would send him to the printer now if I had him here.'[7]

Charles's four-page review was eventually published in the *North American Review* in July 1871, for which he received a fee of twelve dollars.[8] He acknowledged the highly personal, subjective and limited nature of the account of the siege, a relaxing contrast to the many historical accounts. Although dramatic events were taking place, daily life remained fairly constant and monotonous and made the task of interesting letter writing and reporting difficult. Minutiae were exaggerated: 'News became scarcer than food. Did a sparrow fall to the ground, there were fifty correspondents ready to welcome its fall, each prepared to claim it as a special contribution for the letter of the day, round which all other topics might be grouped.'[9]

The war numbed people's minds and so the 'Besieged Resident' presented himself in a highly personal and slightly eccentric way, with anecdotes about choosing a tailor with a German name or the search for food. Charles showed the extent to which Labouchère plagiarised and paraphrased from Rabelais in recounting the story of being entreated by a lady 'who was walking along with a parcel under her shawl, to drive away six dogs who were following her',[10] hungry for the two pounds of mutton in her parcel. Episodes about the hardships and inventiveness of the besieged population, and recipes concocted for the culinary use of rats, mice, cats and other animals were included. On one occasion, Labouchère relates the story of Christmas preparations that included the fattening up of a huge cat kept in a closet: it was intended 'to serve her up surrounded with mice, like sausages'.[11]

Charles conveyed the flavour, style, fast pace, tone and narrative style of the book and took much pleasure in commenting on these dispatches. He displayed wit and scholarship with his numerous literary inferences, classical quotations, his mastery of English and his knowledge of foreign languages and literature. However, he ended his review on a sceptical note, for he simply didn't believe Labouchère's stories. They were so alien to his comfortable world that he found it impossible to comprehend the degradation and starvation suffered in Paris and the desperate measures taken in order to survive. Charles concluded with an Italianate flourish of bravado: 'the most severe of critics would be obliged to own that *se non è vero, è ben trovato*.'[12] Henry gave Charles further good advice: 'I look eagerly for your future contributions to my *Review*. Make them pointed. Nothing but what is particularly sharp will attract attention in a Quarterly. Stand on your head and spit at some one.'[13]

This was a mutually inspirational relationship and Charles's innovative, independent, distinctive personality, somewhat defiant of authority and often going against the grain, set him apart from his more conservative friends. William Dusinberre maintained that it was Charles who exerted the greater influence:

> [Charles] was filled with a spirit of satire and criticism certain to encourage the further development of those propensities in Adams himself. The Englishman's constant attendance upon the nuances of literary style, and his voracious appetite for curious scraps of

> scattered information which might augment the encyclopaedic range of his allusion, were bound to affect his American friend.[14]

By October 1871 Charles had a second, unsigned article (to date unidentified) in the *Saturday Review*, to the delight of Henry who was now able to recognise Charles's style: 'I had already, my dear boy, spotted your second article in the *Saturday*, which I scented from afar, as I should probably have recognized the first if I had not passed it over.'[15] As the year came to a close, Charles had the pleasure of seeing his review, on 30 December 1871, of Henry Adams's *Chapters of Erie and other Essays* in the *Saturday Review*. Henry was overjoyed and deeply honoured to learn about this impending publication a few weeks before and replied to Charles: 'The honor of a notice in the Saturday is greater than I could aspire to.'[16] On receiving the review, Henry expressed his sheer delight to Charles: 'Your puff of my poor work is judicious and handsome, better than anything else I have seen on it.'[17] Henry was especially pleased in view of the fact that the review in the *Pall Mall* was, he considered, 'a stupider performance'.[18]

In January 1872 Charles had promised to review the *Letters and other Writings of the late Edward Denison, M.P. for Newark*, edited by Sir Baldwyn Leighton.[19] Although Henry was expecting it 'daily',[20] it was not published until April in the *North American Review*.[21] For this six-page review Charles received a fee of £5.[22] In spite of some drawbacks concerning the editorialship, the reviewer found the book 'interesting'.[23] He particularly admired the philanthropic work of his contemporary Edward Denison (born in 1840), son of the late Bishop of Salisbury, who chose to devote much of his life to the poor in the East End of London, rather than pursuing the life of ease into which he was born. Denison was a practical reformer who left his comfortable home to live in lodgings in Philpot Street, Stepney, for eight months in 1867. There he organised and taught evening classes for dock workers, set up a school, a hospital and a working-men's club.

Charles was sympathetic to Denison's views on charity and poor relief and his endeavours to solve the problem of 'pauperism' by assisting the poor to help themselves, rather than the one-way giving of alms alone. Denison proclaimed: 'Build school-houses, pay teachers, give prizes, frame workmen's clubs, help them to help themselves, lend them your brains; but give them no money, except what you sink in such undertakings as above.'[24] Charles expressed his own belief in education as a remedy for these ills, and his hopes for a general system of education for all through the extension of the Education Act of 1870. He considered Denison's work as exemplary and regretted his all too short life – he died at the age of twenty-nine – and concluded: 'His friends, we are told, have erected a window to his memory in the Cathedral of Christ Church at Oxford; but the best memorial will always be found in these letters, – the earnest expressions of a man to whom the nineteenth century, in spite of its improvements, seemed incomplete, and whose short life was spent in an endeavour to reconcile its contradictions.'[25]

Charles did not neglect his duties at Wenlock Abbey and maintained his programme of restoration. His sister Cecil (known as Cis) and her husband Frank, 'Carlo's guests' at Wenlock Abbey between 26 and 31 May 1871, were most impressed by the improvements carried out, and Frank 'found the old place looking its best'.[26] Walking in the magnificent countryside was an indispensable part of the stay. On the evening of 27 May, in the company of Arthur Edward Monck (Sir Arthur Middleton from 1876), the owner of Belsay Hall, Northumberland (he became Liberal MP for Durham in 1874), they walked high up on Wenlock Edge 'and saw that noble view'.[27] Likewise the historic border castles of Stokesay and Ludlow were part of their itinerary and could easily be visited in a day. Fortunately, it was warm and sunny for their visit on 29 May that Frank described:

> All to Stokesay Castle, a singularly perfect specimen of domestic residence temp. Edward I. The site of this small ancient relic, lovely amid green wooded hills and mountainesque horizon – indebted much to the haze of an exquisite summer day. Thence to Ludlow: the castle here of all dates, is as fine as that uncomfortable thing, a ruin, ever can be.[28]

There was also a steady stream of visitors and guests throughout the year. From 13 January until 22 December 1871, one hundred and forty-four names are listed in the Visitors' Book, plus groups of unspecified size. Visitors came from Adelaide (Australia), America, Jamaica, the Isle of Man, Ireland, Bristol, Manchester, Nottingham, Durham, London, Weston-super-Mare, Norfolk, Oxford, Cambridge, East Yorkshire (the Voase family) and other places. A Miss Blandy from Madeira signed the book on 18 August 1871: she was a member of the famous Blandy family, founders of the important Madeira trade in 1811. On 27 July there was a visit by the Severn Valley Field Club, led by the Hon. Sec. R. H. Cobbold. This club had been formed in 1863 and amalgamated with the Caradoc Field Club in 1893 to form the Caradoc and Severn Valley Field Club that still flourished in the twenty-first century.

Notes

1 *Letters of Henry Adams 1858–1891*, ed. by Worthington Chauncey Ford (Boston and New York: Houghton Mifflin Company, 1930), p. 201 (HA to CGMG, 13 February 1871).
2 *Ibid.*, p. 201.
3 *Ibid.*, pp. 201–02.
4 *Ibid.*, p. 202.
5 *Ibid.*, p. 205.
6 *Ibid.*, p. 209.
7 *Ibid.*, p. 209.
8 *Ibid.*, p. 214.
9 *NAR*, 113 (July 1871), p. 211.
10 *Ibid.*, p. 212.
11 *Ibid.*, p. 213.
12 *Ibid.*, p. 214.
13 *Letters of Henry Adams 1858–1891*, ed. Ford, p. 216 (HA to CGMG, 2 October 1871).
14 William Dusinberre, 'Henry Adams in England', p. 182.
15 *Letters of Henry Adams 1858–1891*, ed. Ford, p. 216 (HA to CGMG, 23 October 1871).
16 *Ibid.*, p. 217 (HA to CGMG, 13 November 1871).
17 *Ibid.*, p. 221.
18 *Ibid.*, p. 221.
19 *Ibid.*, p. 220.
20 *Ibid.*, p. 221.
21 *NAR*, 114 (April 1872), pp. 426–32.
22 *Letters of Henry Adams 1858–1891*, ed. Ford, p. 226.
23 *NAR*, 114 (April 1872), p. 428.
24 *Ibid.*, p. 429.

25 *Ibid.*, p. 432.
26 Gwenllian F. Palgrave, *Francis Turner Palgrave. His Journals and Memories of his Life* (London, New York and Bombay: Longmans, Green, and Co., 1899), p. 133.
27 *Ibid.*, p. 133.
28 *Ibid.*, pp. 133–34.

Chapter 11

Marian and Henry Adams: A First Honeymoon in the Abbey

After this flurry of successful, but anonymous literary activity, Charles Milnes Gaskell planned to go abroad for the winter, to Sicily 'to the lemons and olives'.[1] By 5 March 1872 he was in Rome from where he wrote to Henry Adams about his 'wanderings' and, surprisingly, about the dullness of Italy.[2] On reaching Venice in April, Charles learnt, with surprise and a degree of consternation, that Henry was engaged to be married.[3] There had been no hint of a new romantic attachment. Charles was concerned first and foremost that the close friendship between the two bachelors would be altered by the forthcoming change of status. Henry reassured him: 'As for losing each other, I doubt it. My future wife is too fond of society to lose her husband's friends.'[4] Henry had in fact written to Charles on 29 February 1872 informing him about his engagement, but the letter, marked and underlined at the head 'Very secret and most confidential', never arrived. Was it intercepted and kept hidden? If so, by whom? It was only made public in November 2014 at a Bonham's sale. The letter contains valuable insights into Henry's state of mind as he is about to embark on matrimony: 'Peccavi! Oh, indeed I repent and am contrite, for I have sinned against thee, my friend, and I know not what excuse to offer. Perhaps you suspect already from this exordium what it is that I have done. If so, lay down this letter – fold it up – put it in your pocket – burn it – repudiate me – swear that you will never write – never speak to me again.' Henry continues in an agitated state: 'I am in an awful funk, an unimaginable terror, and my brain whirls with the thought; but I have got to be married. How I can endure it I don't know. Yet though reason tells me I am mad, the devil that drives me on deludes me so far as to make me actually exult in my own idiocy.' His focus turns on a not very flattering picture of his bride-to-be and his sense of destiny: 'What makes the thing more than ever incomprehensible to me is that the, ah! young woman, is neither young; nor, to anyone but me, pretty; nor extraordinarily rich; nor of any specially swell family; nor in short, can it be called a brilliant match. Nine people out of ten would say I have chosen her in cold blood. Yet I give you my word of honor that I could not help it! [...] I only know that I met my destiny, and all the more my destiny because it was no easy process of steady intimacy [...] but I brought it into reality by sheer will, breaking down obstacles and forcing myself into her attachment.'[5]

Henry's fiancée was Marian (Clover) Hooper (1843–85), the daughter of the eminent medical doctor Robert William Hooper. Henry was 'absurdly in love'[6] with a domineering, ambitious woman to whom he became subservient, imitating a role played by her father who was decribed as a 'slave' to her.[7] Henry immediately lost his independence: henceforth, Marian would open Charles's letters addressed to her husband. This must, nevertheless, have inhibited the open relationship between the two men.

The marriage took place on 27 June 1872 in a private ceremony in Boston. One of the wedding presents from Charles was a copy of Eugène Viollet-le-Duc's recent work (the author was still alive), his monumental *Dictionnaire raisonné de l'architecture française du XIe au XVIe siècle* published in ten volumes between 1854 and 1868. In graciously accepting this serious architectural study – a much better gift than the vast quantities of spoons they had! – Henry also referred to an article that Charles had written about Viollet-le-Duc:[8] 'I highly approve of Viollet le Duc, by the bye, since you ask me. I meant to get him anyway, and it would be in the best keeping to have a copy from you. *We* had both read your article on this subject and had a proper appreciation of it.'[9]

Perhaps Charles's interest in Viollet-le-Duc had been aroused the previous year when Henry recommended his essay on military architecture in the Middle Ages? Henry commented: 'It will give you, if you have not read it, a new interest in architecture and will start you on your travels again with a new object of interest. The original, I believe, is in Viollet le Duc's *Dictionary of Architecture*, and is or may be difficult to get at, but the translation, which is published by Parker, contains all the original illustrations.'[10] Henry relied heavily and sympathetically on Viollet-le-Duc's *Dictionnaire* when writing his *Mont-Saint-Michel and Chartres*, privately printed in 1904.

Fig. 22 *The Prior's Lodging*, 1865.

Marian and Henry Adams were invited by Charles, whose father was at his London residence at the time, to spend part of their honeymoon at Wenlock Abbey from 22 to 28 July. Charles's motive was to get acquainted with Marian and establish a good relationship with her for the sake of his friendship with her husband. He hoped no doubt that the romantic setting of the ruins of Wenlock Abbey would be conducive to his plan.

The couple arrived at Liverpool docks on Saturday 20 July and made their way by train to Chester. The following Monday they travelled to Much Wenlock via Buildwas where they changed trains. A one-hour wait for the connection gave them time to stroll 'half a mile to the ruins of a beautiful old Abbey',[11] to Cistercian Buildwas Abbey in an isolated position by the river Severn and in stark contrast to Cluniac Wenlock Abbey. It was six o'clock before they reached Much Wenlock on a beautiful summer evening and received 'a most cordial greeting' from Charles Milnes Gaskell.

Marian, from the New World, had never seen anything like her host's abode and her home for the next few days. She was enchanted with the setting and the warm welcome. It was 'an ideal place' among 'the ruins of an immense abbey, ivy-covered'.[12] Later that evening, she settled in the drawing room from where she wrote enthusiastically and in considerable detail to her father. She enclosed a photograph of the abbot's house and pointed out the spot where she was sitting – in the drawing room in the left-hand corner with 'thick vines' growing outside.[13] The room was 'long, 35 feet high, with an elaborate ceiling of oak beams, black with age, polished oak floor, jet black, with an immense Persian rug'.[14] The garden that had been so carefully tended by the Milnes Gaskell family was 'full of roses, white lilies and ferns, with close-shaven lawn'.[15] She remarked on the thick walls 'blocks of stone, plastered here and there; eight mullioned windows with stone pedestal brackets to sit or rather perch on; a rough fireplace hewn out of the wall, 6 ft. wide'.[16] The furniture consisted of 'low sofas, tables, old oak cabinets, much carved and covered with vases, tiles'.[17]

Her eyes were drawn to a 'large round hole [that] leads to a gargoyle outside so that the lazy old monks could empty dirty water without any trouble'.[18] The spacious medieval rooms fascinated her: 'We dine in a room leading from this which is much larger and was the old refectory, with a winding stone staircase leading from the kitchen. These rooms open onto a low arched corridor which is all mullion windows, and at the end are Henry's and my rooms which are in the old Norman wing, – eight hundred years old, – with long narrow lancet windows, old carved furniture, and modern luxury combined in a delightful way.'[19] It must have felt strange to have had breakfast in the 'oak-panelled chapel with a stone altar at one end in a mullioned window recess'.[20] In brief, Marian concluded with satisfaction: 'I feel as if I were a 15th-century dame and newspapers, reform, and bustle were nowhere.'[21]

There were only two other guests present: Sir Francis Doyle 2nd Bt (1810–88) and his daughter Mary Annabel (1850–1924) who would marry the botanist Charles Carmichael Lacaita in 1883. Marian described Sir Francis, Charles's uncle, as 'about sixty, white hair, tall and handsome, and has succeeded Matthew Arnold as professor of poetry at Oxford. He is very funny, talkative and charming and very impractical. His nephew says he used to be known as the "ink-spillingest" boy in all Eton.'[22] She informed her father that the daughter Mary 'is twenty-two or so, rather pretty and very jolly and kind'.[23]

The newly-weds were entertained as tourists and taken to some of the beauty spots of the county: 'We have driven to see views, picnicked at Ludlow Castle, yesterday drove to a famous pottery place; caught in a very lively thunderstorm, dried ourselves in the kitchen of a quaint little wayside inn, and got home to eight-o'clock dinner, and another terrific shower and such lightning!'[24] In Much Wenlock, Marian visited 'the old church school and town hall [Guildhall]'.[25] She had fallen under the spell of Shropshire – 'very lovely and quite out of the usual line of travel' – and she felt 'lucky to have such a charming resting place'.[26]

Just as Charles harboured doubts about the effect of Henry's marriage upon the friendship, Marian had not dissimilar anxieties should Charles marry. She wrote to her father: 'Mr. Gaskell being under thirty and unmarried, of course we feel quite at home and welcome; but if he takes unto himself a wife with High Church proclivities, we could hardly feel so much at home here.'[27] Charles did not display any religious tendencies, neither High Church nor Evangelical. Marian was reassured the following year when Charles did not regard Sunday as a special day in the church calendar. 'Our host is no more of a sabbatarian than we,' Marian remarked one lazy Sunday (29 June 1873) at Thornes House.[28]

Keen to enhance his American home with quality English art and craft, Henry requested to be taken 'over to Maw's works to see what he is doing'.[29] He had already admired the heraldic tiles being excavated during his first stay at Wenlock Abbey in 1864. The Maw's works belonged to George Maw of Benthall Hall. Maw, a knowledgeable historian, eminent antiquarian, writer and avid botanist, was also an astute businessman. Capitalising on the Victorian vogue for tiles and decorative pottery and ceramics, he founded in 1852 an important factory known as the Benthall Works, near Ironbridge where there was a plentiful supply of local clays. His products were usually labelled 'Maw & Co, Benthall Works, Broseley, Salop'. Henry, Marian and Charles drove to the 'famous pottery place' on Thursday, 25 July 1872.[30]

Notes

1 *Letters of Henry Adams 1858–1891*, ed. by Worthington Chauncey Ford (Boston and New York: Houghton Mifflin Company, 1930), p. 219 (HA to CGMG, 14 December 1871).
2 *Ibid.*, p. 223 (HA to CGMG, 26 March 1872).
3 *Ibid.*, p. 224 (HA to CGMG, 27 April 1872).
4 *Ibid.*, p. 225 (HA to CGMG, 27 April 1872).
5 Letter in catalogue of sale at Bonhams, Knightsbridge, London, 12 November 2014, lot 44.
6 *Letters of Henry Adams 1858–1891*, ed. Ford, p. 229.
7 *Ibid.*, p. 229.
8 We have been unable to trace this article.
9 *Letters of Henry Adams 1858–1891*, ed. Ford, p. 226 (HA to CGMG, 30 May 1872).
10 *Ibid.*, p. 203 (HA to CGMG, 27 March 1871).
11 *The Letters of Mrs. Henry Adams*, ed. by Ward Thoron (London, New York and Toronto: Longmans, Green and Co., 1937), p. 17.
12 *Ibid.*, pp. 17–18.

13 *Ibid.*, p. 18.
14 *Ibid.*, p. 18.
15 *Ibid.*, p. 18.
16 *Ibid.*, p. 18.
17 *Ibid.*, p. 18.
18 *Ibid.*, p. 18.
19 *Ibid.*, p. 18.
20 *Ibid.*, p. 18.
21 *Ibid.*, pp. 17–18.
22 *Ibid.*, pp. 18–19.
23 *Ibid.*, p. 19.
24 *Ibid.*, p. 19.
25 *Ibid.*, p. 19.
26 *Ibid.*, p. 19.
27 *Ibid.*, p. 19.
28 *Ibid.*, p. 126.
29 *Letters of Henry Adams 1858–1891*, ed. Ford, p. 227 (HA to CGMG, 30 May 1872).
30 *The Letters of Mrs. Henry Adams*, p. 19.

Chapter 12

Farewell to a Father

One of James Milnes Gaskell's last acts on earth was to deal with the vacancy occasioned by the sudden death, on 20 December 1872, of the Reverend William Henry Wayne, a popular and esteemed vicar of the Wenlock parish.[1] James possessed the advowson, the right to nominate a clergyman without reference to any ecclesiastical authorities; in that role he was known officially as the patron. Before deciding on a new incumbent, he consulted a useful friend, the formidable Benjamin Jowett, Master of Balliol College Oxford, who had been a guest at Wenlock Abbey in July 1868.[2] The recruitment process started almost immediately after Wayne's death. On 23 December 1872 James wrote to Jowett for advice 'as the person whose judgement & whose recommendation I most value'.[3] He was quite clear as to the kind of person he wished to appoint: 'a gentleman & man of sense. A good reader, with wide and generous sympathies [and] the most rigid & unimpeachable orthodoxy in all that concerns the letter H.' This was a clear request for a well-educated, well-spoken clergyman who did not make the mistake of 'dropping his aitches' or of placing the letter indiscriminately! The difficulties people faced with coping with the use of H were seemingly widespread, to such an extent that this problem was the subject of *Punch* cartoons at the time. Another requirement in James's letter was that the clergyman's wife should not be 'underbred'.

A Balliol scholar, the Reverend Henry William Watkins, was duly appointed to the Much Wenlock living, including the nearby villages of Benthall and Bourton, worth about £500 per annum, the gift of James Milnes Gaskell.[4] Watkins was then a twenty-nine-year-old bachelor and a strong academic. He stayed only two years in this rural environment and resigned to take up a post at King's College London that marked the beginning of a prestigious university and ecclesiastical career.[5]

On 5 February 1873 James died aged sixty-two at his London home, 28 Norfolk Street, Park Lane. He had been in poor health for some time and was suffering from a 'disease of the bladder'.[6] A few days earlier, on 2 February, William Ewart Gladstone said farewell to his dying friend – they had first met at Eton in 1826 – and wrote in his diary: 'Paid a mournful visit to the death-bedside of my old friend Milnes Gaskell.'[7]

The newly appointed rector co-conducted with the curate the Reverend T. H. Eyton the funeral service of his patron at Holy Trinity Church, Much Wenlock, at 4 o'clock on Monday afternoon, 10 February. The town was in mourning and 'throughout the whole of the day the shops and private houses [...] had their shutters closed and their blinds drawn'.[8] Friends and tenantry, anxious to pay their respects, assembled at the Stork Hotel from where they went in procession to the gate of the carriage-road leading to the Abbey to await the arrival, from the Abbey, of 'the mournful *cortege*' with the coffin, pall-bearers and mourners on their way to the church. The coffin was of 'highly-polished oak, bearing a handsome brass plate', with the following inscription: 'James Milnes Gaskell, Esq., of Thorn's [*sic*] House, Co. York, and Wenlock Abbey, Salop. Born 19th October, 1810; died 5th February, 1873. For 36 years one of the representatives in Parliament of the Borough of Wenlock.'[9]

The pall-bearers were: Messrs Charles George, Thomas Yates, Edwin Yardley and William T. Evans on the left side of the coffin, and, on the right-hand side, Messrs Joseph Norry, Adams, William Tilley and John Lloyd. The chief mourners were James's sons, Charles and Gerald; his sons-in-law, Francis T. Palgrave and the Reverend F. T. Wintour; Sir Francis Doyle, Dr Wright, C. Williams-Wynn MP, and R. C. Wintour. Next in importance were the deceased's four servants, Messrs Hill, Smith, Dickson and Webb. These were followed by local dignitaries: J. A. Anstice, Mayor; Dr William Penny Brookes,

Alderman Trevor, Councillor Moreton, and Messrs T. Adney, R. Cooper, H. Boycott, and E. Corfield. No women are mentioned in the newspaper account, in keeping with a custom prevalent at the time of considering a funeral unsuitable for their attendance. However, we do know that James's daughter Cecil was at Much Wenlock at the time. Maybe she stayed inside the Abbey until the funeral was over?

In his will James had expressed a desire that the service be simple, 'private and attended with no unnecessary expense' and that he 'be buried in Wenlock Churchyard'.[10] In accordance with his wishes 'the funeral was void of all display'.[11] The service in church was read by the curate, the Reverend Mr Eyton, and the burial service at the grave was conducted by the Reverend Henry William Watkins 'in a very impressive way'.[12] The local newspaper concluded: 'Most of those present seemed to be deeply affected. The ceremony being over, the bells of the old parish church rang muffled peals during the evening.'[13] James Milnes Gaskell was buried next to his wife in the family plot.

Henry Adams was on his extended honeymoon in Egypt when he received the news from Charles and read the announcement of James's death in the *Pall Mall Budget*. He wrote to Charles from Cairo on 4 March 1873, expressing his deep sympathy and his particular affection for James and Mary Milnes Gaskell who had welcomed him so often and so warmly to their homes in Wenlock, London and at Thornes. He provided a snapshot of their sympathetic personalities:

> I cannot say that I was surprised at this sudden blow, for, although your last letter gave no reason to expect it at once, I had long thought your father's health in a very poor condition and his mode of life very far from likely to strengthen it. But though not surprised, and indeed partly prepared for it by the telegram, I felt as much shocked as one must feel at the death of a person whom I not only respected so much as I did your father, but to whom I was under so many personal obligations. [...] I believe I must frankly confess that among all my experience with human nature, the uniform and extraordinary kindness shown me by your father and mother has been the rarest and the most amiable phenomenon, and that, too, in a world the kindness and cordiality of which is a matter of never-ending surprise to me. [...] I shall miss your father greatly. His judgment, his wit, his large experience among men and

knowledge of books, were just what were peculiarly valuable and agreeable to me.[14]

Francis Doyle also attributed James's ill health to his lifestyle: 'He was too rich and indolent for a hardworking life, so indolent indeed as to shrink from taking any physical exercise. A great pity, as the want of it gradually impaired his energies and damaged his health.'[15] In *Records of an Eton Schoolboy*, Charles wrote about his father: 'Exercise at all times he hated; chess was the only game that he played.'[16] It is ironic that this aversion to exercise was reputed to be such a strong characteristic in one who had been a sponsor of the Wenlock Olympian Society whose aim was to promote sport for all!

In his autobiographical work, Henry Adams recalled other aspects of James's nature: 'He was a voracious reader and an admirable critic; [...] he liked to talk and to listen; he liked his dinner and [...] his dry champagne; he liked wit and anecdote [...]. To an American he was a character even more unusual and more fascinating than his distant cousin Lord Houghton.'[17] In spite of James's taste for good food and wine, photographs do not suggest that he was portly or overweight.

Frank Palgrave was grief-stricken at the loss of his father-in-law and wrote in his diary:

1873. – The loss of Milnes-Gaskell I feel to be a real one. I saw him last on January 23 in the drawing-room in Norfolk Street, weak and changed looking, but cheerful and talking of political history, with apparent hopes of soon rallying. [...] Mr. Gladstone, whom I have seen, spoke of him with tenderest affection, and of his friendship of forty years. My own intercourse with my father-in-law from the first time of meeting him in the autumn of '61 has been wholly unclouded. [...] To the world at large he has done nothing to show that when young, and for years after, his best contemporaries ranked him amongst the best, and that only the will was wanted to place him (with so many external advantages) in the first rank of political life. With my dear Cis to the funeral at Wenlock Abbey.[18]

As regards James's political career, *The Times* obituarist wrote:

His appearances in the House of Commons were not frequent, but were eminently successful. His speeches were perfect pieces of composition and delivered with much grace and energy. There was

> about them a flavour of the elder days of Parliamentary eloquence which made them especially agreeable to the Statesmen of the previous generation, and contrasted with the less studied and more conventional tone which was then beginning to supersede the scholarly forms of old debate. The matter was always thoroughly sensible, and the views not too original for general apprehension.[19]

Charles, in whom James placed his entire trust and was perhaps his favourite son, was the sole executor of his will covering forty-three full-size pages of detail in tiny handwriting. He bequeathed a bust of George Canning (the inspirational force behind his political career) and a half-length portrait of the same gentleman, after Thomas Lawrence, to Lady Margaret Beaumont. To Westgate Chapel, Wakefield, the Wakefield Dispensary and Clayton Hospital, the Royal Society for the Prevention of Cruelty to Animals, and the Brompton Cancer Hospital, London, he left £100 each. The residue of his personal property, being sworn under £40,000, was bequeathed to Charles. The *Illustrated London News* reported that 'the rest of his very long will is taken up with the settlement of his freehold estates, principally in favour of his said son, subject to portions for his daughters and younger son'.[20]

Before his marriage in 1832, James had been deeply in love with the beautiful society lady, Anna Wintour. Although his marriage to Mary appeared to be a happy one, Marian Adams maintained that he never lost his feeling for Anna and in his will 'has left her a nice pension'.[21] A few months after James's death, Marian and Henry Adams were staying at Thornes House as guests of Charles, now the owner of this Yorkshire mansion. There Charles confided in his friends and revealed some family secrets. Marian related the scene on a peaceful Sunday morning on 29 June 1873:

> After a ten o'clock breakfast we stretched ourselves under a purple beech and I embroidered while he [Charles] read us letters from Arthur Hallam (Tennyson's *In Memoriam*) to his father when they were young fellows. He and Mr. Gaskell were both desperately in love with the same woman, who refused them both and made a new bond of friendship between them. The woman, who was utterly commonplace, married a boozy Yorkshire yeoman. Hallam got over his love and died at twenty-two, but Mr. Gaskell, though he married

> very happily, never lost his feeling and has left her a nice pension. Such queer family histories I've tumbled across lately, I might, if I had the capacity, make such a strange story book.[22]

James remained in touch with the Wintour family, and in 1855 he found himself related to Anna. In 1834 she had married a Yorkshire squire, Colonel George Healey, hardly the boozy yeoman of Marian Adams's imagination! In 1855 James's daughter Isabel married Fitzgerald Thomas Wintour (1829–98), rector of High Hoyland, Yorkshire, who was Anna's nephew! The renown of the Wintour family continued in the twentieth and twenty-first centuries in the personage of another Anna Wintour (born 1949), fashion icon and editor of *American Vogue*.

Notes

1 For an account of the funeral service, see Marion Brettle, *The Old Vicarage Much Wenlock and its Families and Visitors: Chronicles of a Shropshire Market Town* (Much Wenlock: Ellingham Press, 2009), p. 30.
2 Visitors' Book, 21 July 1868.
3 Letter Archive, MS (JMG to Benjamin Jowett, 23 December 1872).
4 *Pall Mall Gazette*, Tuesday, 4 February 1873.
5 *Ironbridge Weekly Journal & Borough of Wenlock Advertiser*, quoted in Brettle, *opus cit.*, p. 42.
6 *Oxford DNB.*
7 John Morley, *The Life of William Ewart Gladstone*, 3 vols (London and New York: Macmillan, 1903), II, p. 437.
8 *Ironbridge Weekly Journal*, Saturday, 15 February 1873.
9 *Ibid.*
10 Probate Office, Will of James Milnes Gaskell, p. 1.
11 *Ironbridge Weekly Journal*, Saturday, 15 February 1873.
12 *Ibid.*
13 *Ibid.*
14 *Letters of Henry Adams 1858–1891*, ed. by Worthington Chauncey Ford (Boston and New York: Houghton Mifflin Company, 1930), p. 238.
15 Francis Hastings Doyle, *Reminiscences and Opinions of Sir Francis Hastings Doyle 1813–1885* (New York: D. Appleton and Company, 1887), p. 36.
16 *Records of an Eton Schoolboy*, ed. by Charles Milnes Gaskell (Privately printed: 1883), p. 21.
17 Henry Adams, *The Education of Henry Adams* (Newton Abbot, Devon: David & Charles, 2002), p. 155.
18 Gwenllian F. Palgrave, *Francis Turner Palgrave. His Journals and Memories of his Life* (London, New York and Bombay: Longmans, Green and Co., 1899), p. 136.

19 *The Times*, Saturday, 8 February 1873, p. 12, col. B.
20 *Illustrated London News*, Saturday, 22 March 1873, p. 283.
21 *The Letters of Mrs. Henry Adams 1865–1883*, ed. by Ward Thoron (London, New York and Toronto: Longmans, Green and Co., 1937), p. 126.
22 *Ibid.*, p. 126.

Chapter 13

'A Gay Houseful'

Charles Milnes Gaskell was now the *châtelain* of Wenlock Abbey and its estate and with sole responsibility for its upkeep, protection and conservation. He was also busy arranging and hoping to publish his father's papers, a task that Henry Adams was encouraging him to undertake, and write 'a not too ponderous book'.[1] It was not until 1883 that Charles edited and printed privately *Records of an Eton Schoolboy* about his father's days at Eton.

After a very lengthy honeymoon abroad,[2] Henry and Marian Adams eventually, and rather belatedly even to the point of transgressing good manners, accepted Charles's generous invitation to stay at his deceased father's London home, now vacant apart from some domestic staff (Heuy and Mrs Sows are mentioned), at 28 Norfolk Street. This invitation was another wedding present that the Adams couple first of all declined.[3] Norfolk Street (renamed Dunraven Street in 1939), with its elegant town houses, laid out in the 1750s, near Green Street at the corner of Park Lane and within view of Hyde Park, was ideally situated in the heart of fashionable Mayfair. On settling in, Henry wrote to Charles (then at his Shropshire residence) on a particularly cold day, expressing his exhilaration at being able to live the comfortable, very social life of a wealthy London gentleman:

> My dear Carlo,
>
> How you must shiver at Wenlock! This wind goes down one's throat like a rat-tail file.

How comforting it is to be comfortable again and how we do say so to ourselves fifty times a day!

We are *lancés* and although as yet we have no footman, we have a cook, and we have china and linen and have been prancing about town all the afternoon in a brougham, leaving cards – mostly on Americans, however, as Madame is proud and will call on no British female who doesn't intimate a wish to that effect.[4]

Thanks to Charles's benevolence, Henry and Marian were able to entertain freely, lavishly and in the grand style, and invite friends to stay. Among their guests were Cecil and Frank Palgrave, the Pre-Raphaelite sculptor Thomas Woolner and the American poet, critic and editor of the *Atlantic Monthly* James Russell Lowell.

Another present from Charles to the young couple that summer was a wedding feast in London. Marian was overjoyed and wrote about it to her father from Thornes House (yet another invitation):

[...] it was very jolly and nice, nine people, our new Dresden china from Uncle Sam, our new old-silver and pretty linen, gorgeous roses and ferns from Wenlock Abbey, and pineapples, grapes, and peaches sent down from this place. Mr. Gaskell is unceasingly kind. His last attention is to propose that I should wear his family diamonds! Imagine me strutting round London like a jay![5]

The American couple returned to Wenlock Abbey for a second time during their honeymoon for a week from Friday, 19 July until Thursday, 25 July. The lovers knew they were not going to be alone this time: it would be a very social week 'with a gay houseful' as Marian informed her father.[6] They spent the night prior to their arrival, at Pusey near Oxford, at the home of Sidney Bouverie-Pusey and his wife Wilhelmina (Henry's old flame). On the train the next day they met Sir Robert Cunliffe, a particular favourite of Henry Adams, and Lady Cunliffe who were also travelling to Wenlock Abbey as house guests.

Marian wrote engagingly to her father on 23 July about the house party composed mainly of young people in their twenties full of energy and fun, and her enjoyment at being there again. While her husband, Robert Cunliffe and Charles 'behave like young colts in a pasture [and] scour the hills on foot', Marian and Eleanor Cunliffe 'sketch in the ruins and gossip and wind up the day with 5 o'clock tea in my [Marian's] room, which is the pleasantest in the house, I think – stone walls with a fireplace eight feet wide cut out of it, furniture and floor black oak, white roses flattening their cheeks against the mullion windows'.[7]

Henry too could not resist the lure of the ruins and on 22 July completed an imaginary, futurist architectural drawing, a reconstruction à la Viollet-le-Duc, of the west elevation of the priory church.[8] The sketch (figure 23) is signed in the bottom right-hand corner: 'Henricus Adams elaboravit et dedicavit et gave it.' The following inscription can be found in the bottom left-hand corner: 'Restored by the Relict of the late lamented Charles Milnes Gaskell M.P! in the year 1895.'

Marian provided observations on other guests, including an unflattering description of Lord Pollington as 'Dundreary', the personification of a good-natured but brainless, empty-headed aristocrat in Tom Taylor's play *Our American Cousin* (1858): 'Today some people come and tomorrow Lord and Lady Pollington, he a little bit of the Dundreary style and very funny, she pretty and dresses better than most English women.'[9] Viscount Pollington had been a late candidate in the Pontefract election that Charles had fought unsuccessfully in 1868. He had married Venetia, third daughter of Sir Rowland Errington, in April 1867.

The clement weather enhanced Marian's pleasure: 'It's very warm weather and very lovely and, after the bustle of London, perfect peace.'[10] Other guests and visitors included Lady Jane Stuart-Wortley (only daughter of Lord Wenlock), wife of Sir James Archibald Stuart-Wortley, and her two daughters, Mary Caroline and Margaret Jane; Sir Richard Reynolds-Moreton and his Turkish-born wife Janie (née Ralli). Charles's friend, Frederic Myers, his contemporary at Trinity College Cambridge, who had been staying for three days, left on 19 July, the day Henry and Marian Adams arrived; we do not know whether they met. It would certainly have been an interesting encounter. Myers was keenly interested in the paranormal, in mediums, ghosts, spirits and the survival of the soul. Wenlock Abbey provided a rich terrain for this kind of thought that had already stirred Henry's imagination during previous stays. Henry James would find much inspiration there for his novels when he arrived in 1877.

Two photographs by keen photographer Francis Grenville Doyle taken on 24 July 1873 depict a group of guests – Lady Pollington, Lady Cunliffe, Marian Adams, Henry Adams, Sir Robert Cunliffe and Lord Pollington – with their host and his faithful hound, named Venus, in the centre, in a romantic, picturesque setting before the ruined chapter house (figure 24). Another photograph on the same day depicts the same group posing, one person on each step on the ruined exterior staircase leading to what is sometimes referred to as St Michael's Chapel.[11] In the same collection is a photograph of Wenlock market and

Fig. 23 Henry Adams, *Wenlock Abbey West Elevation Reconstructed*, 22 July 1873.

church.[12] The bucolic pleasures depicted in these photographs and writings were reserved essentially for the summer.

An epitaph in memory of Venus, Charles's beloved hound, was placed on the north wall of the east garden.

The setting of the chapter house is the subject of Whymper's drawing in which he depicts a farmer smoking a pipe and resting against one of the Norman arches, as he guards his flock of sheep grazing and lying among the ruins. This engraving, signed in the bottom right-hand corner by Whymper (the initial is indistinct), was one of the illustrations in Bishop Mandell Creighton's *The Story of Some English Shires* published in 1897.[13]

The photographs of 1873 and Whymper's sketch clearly show the wildness of the place, with long grass concealing the ruins. Charles set about making the estate more comfortable, manageable and streamlined by clearing away some of the rubbish. By 1875 he had, John Randall happily observed, 'shown his fine appreciation of this magnificent ruin by clearing away

Fig. 24 *Charles Milnes Gaskell, Henry and Marian Adams, Friends and Venus in front of the Chapter House*, 24 July 1873. Photograph by Francis Grenville Doyle.

pent-houses and rubbish which interfered with the building, and fitting up the banqueting hall and other rooms of the building in the department formerly belonging to the Prior. In some are, or were, traces of fresco painting'.[14] Vestiges of frescoes, thought to represent St George and the Dragon, were apparent in 1860.[15]

'The plucky champion of Mr. Gladstone'

Charles now wished more than ever to have a political bond with Wenlock and a visible and national commitment to the borough that his father had served for over three decades. He had already announced his intention to be a candidate for his father's seat very soon after the latter's death.[16] It was not until early in 1874 that a general election enabled him to stand. Polling took place between 31 January and 17 February 1874 and for the Wenlock election on Thursday 5 February 1874. Other candidates were the Liberal incumbent Alexander Hargreaves Brown who had ousted Charles's father in 1868, and the Conservative incumbent G. C. W. Forester.[17]

A close fight had been anticipated between Brown and Gaskell but doubt surfaced throughout the campaign about Charles's true affiliation. Was this son of a Conservative really a Liberal? Others wished he was more like his father and commented: 'We admire the pluck of the son, although we could wish he had more of the Conservatism of his father.'[18] In these difficult circumstances, so great was the admiration for him that it was reported that 'he has gained for himself the title of the plucky champion of Mr. Gladstone'.[19] In one of his public addresses, Charles stated that although 'he had been called a "moderate Liberal", [...] he was not inclined to call himself a moderate Liberal, but a ministerial Liberal because he did not believe that Mr. Gladstone would attack any of the institutions of the country'.[20]

Brown and Forester were re-elected, but Charles suffered a humiliating defeat. The results were as follows: G. C. W. Forester 1706; A. H. Brown 1575; C. G. M. Gaskell 846.[21] The confusion or uncertainty about Charles's political loyalties may well have played a part in his defeat, for in *The Times* of 31 January 1874 he was described as a Liberal, but in the official election results he was classified as a Conservative. This election, described by Norman Tebbit as 'pivotal',[22] saw seventy-year-old Benjamin Disraeli lead the Conservatives to a clear majority for the first time in thirty-three years. Gladstone's Liberal party was defeated. This was the first general election using the secret ballot.

However, there was an unexpected turn of events in the borough of Wenlock with the death, on 10 October 1874, of G. C. W. Forester's elder brother, John Weld Forester 2nd baron (late Lord Forester). The second baron died childless. G. C. W. Forester succeeded to the title and took his seat in the House of Lords. This situation brought about a by-election in the borough of Wenlock. Two new candidates presented themselves for election to the seat vacated by Forester: as a Conservative, Cecil T. W. Forester, nephew of the late and present peer; and as a Liberal, Beilby Lawley (1849–1912), eldest son of Lord Wenlock. C. T. M. Forester was elected on 16 November 1874 with 1720 votes.[23] In spite of much support from Gladstone, including a personal letter of 10 November published in *The Times* of 13 November,[24] Lawley was defeated by the new Conservative candidate by a majority of 319 votes.

A sharp transatlantic pen

Two articles by Charles were published in the April 1874 edition of the *North American Review*.The first was a review of a selection of reprinted *Sketches and Essays* garnered from previous editions of the *Saturday Review of Politics, Literature, Science and Art*, in order to give the American public an overview of English life.[25] Charles was uncomplimentary about this English weekly: 'The Saturday Review does not appeal to one's sympathies. It is arrogant, carping, ill-tempered, and frequently ill-informed. Its criticism and its wit, like its sentences, are too much in one mould, monotonous even when most clever.'[26] However, in spite of these misgivings, he maintained that it had 'done a world of good', had 'elevated the standard of literary work' and 'done much to break down the insular prejudice of English society and its belief in its own superiority'.[27]

The contents that confronted him were thirteen unsigned essays, from which he chose to comment on those about schools and country houses.[28] He suspected that the four essays on schools were written by a former schools' inspector appointed in 1871 to report back to the government on the state of the schools consequent to the important Education Act of 1870. The sketches depicting the deplorable condition of primary education in London served, he believed, to demonstrate the huge task facing the government and to elicit great sympathy for the teachers who, under the crushing weight, 'at least deserve sympathy'.[29]

'Fashionable Scrambles in Country Houses' was a natural choice for Charles. The author, seemingly with an inside knowledge and experience of life in country houses – could the writer have been Henry James for the style is not unlike some of his work? – pointed out the reality, the inherent ennui that hosts and hostesses tried to dissipate by endless social events and country walks in cold conditions in an attempt to entertain their 'victim' guest.[30] Charles 'cordially recommended' this article to the American public, acknowledged 'the intolerable dulness of an English country-house' and 'accents of truth [...] which, with all the acknowledged cynicism of the Saturday, must certainly come from the heart' of the 'inside spectator'.[31]

Charles's second article (also unsigned) in that same *North American Review* of April 1874[32] was an entertaining and confident review of *Holland House*, a two-volume illustrated history of the family home, written by Princess Marie of Liechtenstein, the adopted daughter of the late Lord Holland. The book was published at the end of 1873 and its fame quickly spread across the Atlantic where it was reviewed gushingly, with respect for and deference to the aristocratic writer, on the front page of the *Newfoundlander* of 9 December 1873. The praise was less generous in the *New York Times* of 15 December 1873 in which the journalist queried the author's competence: 'It is evident that the Princess Marie Liechtenstein is far from being a practised writer.'[33]

With erudition and wit, Charles criticised and ridiculed its lack of rigour and its amateurism, and, as William Dusinberre remarked, 'unleashed fourteen pages of public satire'.[34] Charles pointed out that the subject chosen was of great interest, but '[t] he Princess appears to have had no special fitness for the work she has undertaken, beyond that of having been brought up in the house she writes of.'[35] The cover of the book was tasteless, and the content not only dull, 'but it is the cause of dulness in others'.[36] He derided her disjointed, unsuitable style and analogies, highlighting her lack of ability and inappropriateness for the task of historian:

> The Princess, in enumerating Lady Holland's guests, endeavors to add interest to the list by short notices of their distinctions – a somewhat hazardous attempt, reminding us of Lord Macaulay's classification of the Joneses.
>
> The characteristics of eminent men cannot be summed up in a paragraph. It adds but little to our information to be given a catalogue of the following kind: 'Sir Philip Francis, whose supposed authorship of "Junius" places him in historical interest on a level with the wearer of the iron mask. Byron, who dedicated to Lord Holland the "Bride of Abydos". Lord Jeffrey, of the "Edinburgh Review". Lord Thurlow, who died the same year as Pitt and Fox.'[37]

Charles followed this with an example of his own satirical talent at the expense of the Princess:

> It would be just as satisfactory if it ran thus. Byron, who kept a tame bear at the University. Sheridan, who always breakfasted in bed, and who hated metaphysics to such an extent that when his son asked him, 'What is it, my dear father, that you can do with total, entire, thorough indifference?' he replied, 'Why, listen to you, Tom?' Lord Eldon, who was a very bad shot. Lord Thurlow, who swore as much as Lord Melbourne, and of whom Fox said that no one was as wise as he looked.[38]

He took every opportunity to outshine and mock the Princess, to demonstrate his vastly superior knowledge, ingenuity and literary talent. But his lengthy mockery served to make a very serious point. He felt that the book had not been judged on merit, but, due to the aristocratic name of the author, it had been 'ushered into the world with a golden spoon in its mouth'.[39] She had done a disservice to the country houses of England chronicled in this manner.

Charles, a bibliophile with a particular passion for rare books in fine bindings influenced by William Morris, concluded by criticising the poor quality of this book and the low standards of London publishers and the absence of 'the artists and presses which produced such volumes as Samuel Rogers's "Italy" and "Poems"'.[40] He continued: 'With the exception of Ruskin's works, we know no books of late years that it is a pleasure to look at or handle. No county history worthy of the name has appeared since Eyton's "Shropshire", published twenty years ago.'[41] It was not insignificant that Charles wrote of Rogers and Ruskin in the same paragraph. It was the very fine quality of Turner's vignettes in Rogers's *Italy* (1830) that imbued the young Ruskin (he received the book as a present on his thirteenth birthday) with a lifelong passion for both the English painter and the Continent. Ruskin's own works were often illustrated by himself or by engravings of works of Turner or other quality artists. The Reverend Robert William Eyton, sometime rector of St Andrew's Church, Ryton (a village near Shifnal, in Shropshire), and an alumnus of Bridgnorth School and of Christ Church Oxford, was the author of a twelve-volume learned architectural and antiquarian history entitled *The Antiquities of Shropshire*, published between 1853 and 1860 by John Russell Smith, London.

Henry Adams was pleased with the review and wrote, with a degree of self-interest, to Charles: 'I like it much, and hope you will do me more. But I've not put your signature to it because I want the credit of having written it myself.'[42]

Charles's next publication – his last that was unsigned – in the *North American Review* in October 1874 was an article about *Archibald Constable and his Literary Correspondents*, a memorial by his son Thomas Constable, published in three volumes in 1873.[43] The editor had placed Charles's contribution immediately after a review by Henry James, signed 'H. J., Jr.', about Théophile Gautier. Thomas Constable had based the memorial to his father Archibald, publisher of the works of Sir Walter Scott (among others) and of the *Edinburgh Review*, on the manuscripts amassed by the firm. He had access to original and interesting correspondence of eminent figures of the period with whom his father had had dealings, until the collapse of the publishing house in 1826. There was a wealth of material available that could have resulted in a fascinating story. However, in his review of *Archibald Constable and his Literary Correspondents*, Charles was disappointed with the treatment of the material. He thought the book was dull and that the author was overdependent on lists with little information about the individuals in question and no new light shed on the great Walter Scott, one of Charles's favourite writers. He was critical of the overuse of minutiae that add nothing to the reader's knowledge and made a plea for respecting a degree of privacy in biographies. In conclusion, Thomas Constable had produced a 'literary scrap-book', a memorial of 'little merit' that leaves us 'with the impression of having read a disjointed biographical dictionary'.[44]

This was Charles's last publication until 1881.

Spiritualism and another country house

The year 1875 began with another visit to Wenlock Abbey by Frederic Myers, along with Charles's cousin Captain Francis Grenville Doyle of the 2nd Dragoon Guards, on 30 January. Myers was the son of the late Reverend Frederick Myers, former vicar of St John's Church, Keswick, in the Lake District. Myers, a passionate Hellenist, had resigned his post as Classics lecturer at Trinity College Cambridge in 1869 to start a new movement for higher education for women; in 1871 he became an inspector of schools. In the autumn of 1873 he had experienced a religious crisis, the tension between the evolutionary theories of Darwin and 'his first personal experience of forces unknown to science'.[45] 'We were all', he wrote, 'in the first flush of triumphant Darwinism, when terrene evolution had explained so much that men hardly cared to look beyond.'[46]

Myers's period of questioning of the universe and his penchant for the supernatural coincided with, and were strengthened by, a fortuitous encounter in the spring of 1874 with Georgiana and William Cowper-Temple. Georgiana, née Tollemache, had married the Hon. William Cowper, younger son of Earl Cowper and his wife, the daughter of Lord and Lady Melbourne; on the death of the earl, his widow married Lord Palmerston. William Cowper subsequently added the Palmerston family name of Temple to his own. Gossip suggested that Lord Palmerston was in fact his real father and Logan Pearsall Smith, a family friend, explained that the problem of 'this double paternity [...] had been successfully regulated by the young William Cowper's adding Lord Palmerston's family name of Temple to that of Cowper in a double appellation'.[47] Cowper-Temple (later Lord Mount-Temple) was an active parliamentarian who held a range of offices throughout his long career. He was also a philanthropist and a prime mover, along with Ruskin, to preserve open spaces for the public. On the death of Lord Palmerston in 1865, William Cowper-Temple inherited his estates. Among these was Broadlands, the Palmerston family home in the shadow of Romsey Abbey, in Hampshire. Dante Gabriel Rossetti, a guest for several weeks in the very hot summer of 1876, described Broadlands poetically to his mother in a letter of 2 August, soon after his arrival: '[...] the house is a most splendid place [...]. The estate is extremely large, and includes features of every kind of beauty – indeed the view of the whole from an eminence overlooking it is perfectly surprising. The Isle of Wight is quite visible in the extreme distance on a clear day; having the aspect of a cloud – the Isle – floating about a halo of light – the sea.'[48]

This large, secluded country house was the ideal venue in which Georgiana and William could indulge their passion for 'Conferences'. Under the guise of 'Conferences', these were often spiritual retreats of a very special kind, lasting several days, far away from the eyes of the public. An eclectic spectrum of guests was invited: Tractarians, Evangelicals, Salvation Army, all political parties, artists such as Edward Clifford (1844–1907) who painted a portrait of Georgiana, different nationalities and all social ranks. It was a gathering where 'irreconciliable personalities fused into harmony by the magic of the host'.[49] D. G. Rossetti shed some light on the nature of these meetings in a letter to his friend the English critic and poet Theodore Watts-Dunton, written from Broadlands on 18 August 1876: 'There is a religious Conference (!) of a numerous kind going on here, but the utmost toleration is shown towards me as an entirely foreign substance, and the noise in the vast grounds (for it goes on chiefly in the open air) will not be troublesome.'[50]

Ruskin was a frequent visitor and active participant and on such good terms with the beautiful Georgiana – his confidante and the unattainable 'Isola' of his books – that he was allocated his own apartment in the house. One of the most serious activities was engaging in spiritualism, that William recorded diligently in a special seance book. Mediums from England and America took a prominent role in the proceedings. It was in the spring of 1874 that Myers was introduced at Broadlands to the Reverend William Stainton Moses, considered to be one of the greatest English mediums.[51] Thus Frederic Myers became firmly embedded in the Cowper-Temple circle that also included the families of the Earl of Carnarvon at Highclere Castle, and the Earl and Countess of Portsmouth at Hurstbourne Park in Hampshire. It was in July 1876 that Myers found himself seated next to Lady Catherine Wallop, eldest daughter of the 5th Earl of Portsmouth, at a dinner at Broadlands.

Notes

1 *Letters of Henry Adams 1858–1891*, ed. by Worthington Chauncey Ford (Boston and New York: Houghton Mifflin Company, 1930), p. 242.
2 Switzerland, Florence, Cairo, Luxor, the Nile, Alexandria, Brindisi, Naples, Rome, Paris.
3 *Letters of Henry Adams 1858–1891*, ed. Ford, p. 238.
4 *Ibid.*, p. 246.
5 *The Letters of Mrs. Henry Adams*, ed. by Ward Thoron (London, New York and Toronto: Longmans, Green and Co., 1937), p. 125.
6 *Ibid.*, p. 132.
7 *Ibid.*, p. 133.
8 CGMG's large Abbey book, fol. 59.
9 *The Letters of Mrs. Henry Adams*, p. 134.
10 *Ibid.*, p. 134.
11 Picture Archive, private collection.
12 Boston, Mass. Hist. Society, Henry Adams Photographs, 1866–*ca.* 1900, vol. 6, 40, 189.
13 Mandell Creighton, *The Story of Some English Shires* (London: The Religious Tract Society, 1897), p. 164.
14 John Randall, *Randall's Tourists' Guide to Wenlock* (Madeley: John Randall, 1875), p. 55.

15 CGMG's large Abbey book, fol. 31.
16 *Illustrated London News*, 15 February 1873, p. 162.
17 *The Times*, Saturday, 31 January 1874, p. 8.
18 *Eddowes Shrewsbury Journal and Salopian Journal*, 11 February 1874, p. 5, col. C.
19 *Ibid.*, col. D.
20 *Eddowes Shrewsbury Journal and Salopian Journal*, 4 February 1874, p. 8.
21 *Eddowes Shrewsbury Journal and Salopian Journal*, 11 February 1874, p. 7, col. C (*cf. British Parliamentary Election Results 1832–1885*, ed. by F. W. S. Craig (ed.), 2nd edn (Dartmouth: Parliamentary Record Services, 1989), p. 324).
22 <http:/www.dailymail.co.uk/home/moslive/article-1269192/L> [accessed 19 January 2013].
23 *British Parliamentary Election Results 1832–1885*, ed. by F. W. S. Craig (ed.), 2nd edn (Dartmouth: Parliamentary Record Services, 1989), p. 325.
24 <http://find.galegroup.com/ttda/newspaperretrieve.do?scale?> [accessed 19 January 2013].
25 *NAR*, 118 (April 1874), pp. 401–05.
26 *Ibid.*, p. 401.
27 *Ibid.*, p. 402.
28 'Adventure Schools'; 'Private Schools'; 'Public Schools'; 'Metropolitan Schools'; 'Fashionable Scrambles in Country Houses'; 'Mohocks and their Literature'; 'Plato in Petticoats'; 'The Return of the Tourists'; 'Social Lady-Birds'; 'The Infant's Progress'; 'Weddings and Wedding Presents'; 'The End of the Holidays'; 'Dinners in the Provinces'.
29 *NAR*, 118 (April 1874), p. 403.
30 *Ibid.*, p. 404.
31 *Ibid.*, pp. 404–05.
32 *Ibid.*, pp. 428–42.
33 <http://query.nytimes.com/gst/abstract.html?res=FB0713F7385D1A7493C7A81789D95F478784F9> [accessed 13 January 2013].
34 William Dusinberre, 'Henry Adams in England', *Journal of American Studies*, August 1977, II, 2, p. 182.
35 *NAR*, 118 (April 1874), p. 428.
36 *Ibid.*, p. 429.
37 *Ibid.*, p. 433.
38 *Ibid.*, p. 433.
39 *Ibid.*, p. 441.
40 *Ibid.*, p. 441.
41 *Ibid.*, pp. 441–42.
42 *Letters of Henry Adams 1858–1891*, ed. Ford, p. 258.
43 *NAR*, 119 (October 1874), pp. 423–27. See also *Letters of Henry Adams 1858–1891*, ed. Ford, p. 260.
44 *NAR*, 119 (October 1874), p. 427.
45 *Frederic W. H. Myers, Collected Poems with Autobiographical and Critical Fragments*, ed. by Eveleen Myers (London: Macmillan and Co., 1921), p. 14.

13 *'A Gay Houseful'*

46 Myers, *Collected Poems* (1921), p. 14.
47 Quoted in Tim Hilton, *John Ruskin: The Early Years 1819–1859* (New Haven and London: Yale University Press, 2000), p. 271.
48 *Letters of Dante Gabriel Rossetti*, ed. by O. Doughty and J. R. Wahl, 4 vols (Oxford: The Clarendon Press, 1965–1967), III, p. 1450.
49 Georgiana Mount-Temple, *Mount-Temple Memorials* (Privately printed: 1890), p. 152.
50 Doughty and Wahl, *Letters of Dante Gabriel Rossetti*, III, p. 1453.
51 Van Akin Burd, *Ruskin, Lady Mount-Temple and the Spiritualists* (published for the Guild of St. George, London: Bentham Press, 1982), p. 22.

Chapter 14

True Love at Last

Pressure had been mounting on Charles Milnes Gaskell, who seemed to remain stubbornly unmarried, to find a partner. Henry Adams wrote on 9 February 1876 from his Boston home presenting arguments in favour of marriage:

> Your uncle's death will, I suppose, make you more than ever free of ties. You are getting to the age, however, when perfect freedom becomes the most objectionable form of slavery. I do not know what it is that makes man so base an animal, but true it is that his own good requires him to be bridled and saddled, moderately worked, and his mind carefully filled with details, if he is to be contented. He is not made for unlimited freedom.[1]

The announcement of Charles's engagement to Lady Catherine Henrietta Wallop in the late autumn of 1876 was unexpected, but very warmly welcomed.

Lady Catherine Henrietta Wallop

> *The prettiest of all Lady Portsmouth's daughters [with] [r]ound luminous enquiring eyes* (Thomas Hardy).[2]

Lady Catherine was born in Hampshire, at the Earls of Portsmouth's family home of Hurstbourne Park, a vast classical mansion designed by James Wyatt and set high up in a large park and grounds with a lake, gardens, greenhouses and two lodges at opposite ends of the estate. Her winter birth on 7 December 1856 caused 'some grave anxiety'.[3] Perhaps her twenty-two-year-old mother Lady Portsmouth, wife of the 5th Earl,

Fig. 25 Alexander Glasgow, *Lady Catherine Milnes Gaskell*, 18 August 1880 (detail). Oil on canvas.

had not sufficiently recovered from the birth of a son, Newton Wallop, Viscount Lymington, barely eleven months earlier on 19 January 1856? Or perhaps her mother had been over-exerting herself in entertaining such a vast number of guests, many of whom were still staying at Hurstbourne Park after attending a ball at Basingstoke? Lady Portsmouth recorded in her book of family records: 'Born while a large party [was] still in the house after a Basingstoke ball.'[4] She was a stoical woman: no nurse assisted at the birth, but Lady Portsmouth's widowed mother, the Dowager Countess of Carnarvon,[5] was fetched from her home, Highclere Castle, about six miles away. The very strong and loving bond between all three women would grow steadily. Lady Catherine's birth on a Sunday would surely have prevented her mother from attending church, as did the birth of

Oliver Henry Wallop on Sunday, 13 January 1861 when Lady Portsmouth wrote in the family record book: 'His appearance made Church impossible.'[6]

The family rapidly expanded and twelve children (six girls and six boys) were born to the Earl and Countess of Portsmouth – who had married on 15 February 1855 – between 1856 and 1872: on two occasions, two children were born in the same year.[7] Lady Portsmouth was reported to have said that she would have liked to have had twenty-four children, but had to be content with half that number.[8] The matriarch was sensitive and strong, and devoted to her family. She was a literary, musical person who nurtured these talents in her children, and her country and London homes were the centres of literary soirées, lunches and salons. She believed forcefully in the education of women and in fostering their independence. Her circle of literary giants included Matthew Arnold, Thomas Hardy and Henry James.

Although Lady Catherine, along with Newton and Lady Camilla, had suffered from a severe bout of whooping cough and had been 'very ill'[9] over the Christmas period in 1859 (when yet another child John Fellowes Wallop was born on 27 December), her health had been good. Lady Catherine grew up in a loving, caring environment, moving between Hurstbourne Park, Eggesford House in Devon, Highclere Castle and houses in London. The Eton tutor William Johnson (William Cory from 1872), a frequent visitor to the Eggesford home, remarked on the happy children singing together who had been 'trained [...] poetically' and were 'catching warmth from their most ingenuous mother'.[10] The children had dancing lessons, given by Miss Summers, usually in the Hurstbourne north-facing drawing room, with its green walls and a ceiling decorated with Adams mouldings touched with pink. There were mahogany doors, red velvet furniture with gold legs, tables and chests of drawers painted with peacock feathers, medallions containing landscapes, and some very graceful gilt lampstands. The view from the room was of the pleasure grounds and paddock.[11] The children's rooms were in the east wing of the house.

In a book of recollections by one or more of the children (this is unsigned but the handwriting appears to be that of Lady

Camilla and/or Lady Catherine), one reads of many happy memories of childhood:

> Remembrances: of many, many meals when a row of fair-haired children sat in silence round a hospitable table that now is dust and ashes. Remembrances of cheerful breakfasts on dreary September mornings when a family joke or novel seemed so inexpressibly witty. Now the laughter and the jokes are dead. Remembrances of Mother and ourselves as children waiting on numbers of guests at luncheon on Sundays: Remembrances of dinners – we children dining alone with my Father when my Mother was away in London – We dined on sweet young potatoes and peas – and strawberries and cherries from the orchards and cherry-house.[12]

Eccentricity pervaded this far from conventional childhood home as William Johnson discovered when he stayed there for the first time in 1870: 'The ink was so bad I could not write; my tub had such brown water I could hardly wash; the rooms were too smart to sit in, the ground too raw to walk in, the host too healthy to imagine that his guests wanted meat and drink, yet a very good-natured unselfish truly liberal man.'[13]

Lady Portsmouth was a generous and practical benefactor (characteristics that her eldest daughter would also display), differing from most 'in thinking of people above the poor, who have sensibilities not to be appeased by hymns and floral decorations'.[14]

Lady Catherine was not only beautiful but intelligent and cultured, with a strong, independent personality that overwhelmed Johnson: she was 'the most literary girl he had ever met, and rather frightened him'.[15] On her engagement to his former pupil, he wrote a letter full of coded, literary references that required a considerable knowledge of the inferences. These included Shakespeare, Montalembert, poetry of Robert Browning (a family friend) and Hartley Coleridge. The letter also demonstrated the close relationship between sender and recipient.[16]

The idyllic life was clouded by the death of Lady Catherine's beloved grandmother who had assisted at her birth, and indeed at the births of the other grandchildren. The Dowager Countess of Carnarvon, who had been a widow for over twenty-six years, died on 26 May 1876; she was seventy-two years old. Her eldest son, the 4th Earl of Carnarvon (1831–90), took charge of arrangements. One of the most tender and touching things he did, demonstrating his thoughtfulness and love for his nieces, was to give each a locket containing their grandmamma's white hair. Letters of thanks survive with delicate expressions of devotion to their late grandmother, all written from Hurstbourne Park and all dated 1 May 1877, from four of his nieces, Catherine, Dorothea, Rosamond and Margaret. Lady Catherine's letter to her 'dear Uncle Carnarvon' was interwoven with expressions of affection and literary references:

> My dear Uncle Carnarvon
>
> Thank you so very much for your pretty gift; the very shape & look of which seem to belong to a generation of the past. I shall value it not only for its beauty but much more for the sake of the dear one whose hair it contains.
>
> Some time ago I remember coming across a description of Madame Recamier [*sic*], where it spoke of her as retaining a 'perpetual Christmas in her heart'.
>
> When I read it, it struck me at once as a portrait also of her whose bright ways & generous heart made her so loved & dear to all who knew her.
>
> I trust dear Uncle Carnarvon I may soon have the good fortune of seeing you & thanking you in person.[17]

The engagement

Letters of congratulations poured in! From poet Robert Browning: '[...] may I be permitted to say that I suppose Mr Milnes Gaskell to be the gentleman whose acquaintance I appreciated long ago; a very amiable and accomplished person.'[18] From William Gladstone,[19] from William Cory, Charles's former master at Eton, who wrote enigmatically and with complicity in a language only understood by themselves and Charles, in a letter to Lady Catherine beginning 'I am very glad to be assured that my old pupil whom after so many years I found to be quite sound as to Miranda is to be enshrined in a sanctuary of true political faith the generous creed or creeds of Montalembert and Mr Auberon Herbert.'[20]

The couple were considered very compatible. Charles Watkin Williams-Wynn was extremely pleased. He wrote from Wynnstay to Lord Portsmouth: 'I have known Gaskell a long time. He is a very good fellow [–] peculiar [–] who is not.' He expressed the hope that Charles, his nephew, would live in neighbouring Shropshire so that he would have a companion for fox hunting and other sports.[21]

Lady Catherine's favourite uncle, the 4th Earl of Carnarvon, was overjoyed and sent a letter of congratulations to his sister, Lady Portsmouth, the mother of Lady Catherine: 'My heartiest best and most affectionate congratulations to dear Cathy and you. I do not know Mr. Gaskell but I hope to do so soon and to find him not only all that I have heard but also all that is worthy of one who has been so good a daughter and so charming a niece.'[22] He also gave his niece some 'trinkets' as an engagement present.[23]

Frederic Myers recalled his pleasure at being placed next to Lady Catherine at a dinner 'last July' at the Cowper-Temples and expressed his 'great confidence' in the success of the partnership and his delight 'that the female element at Thornes [...] will now concentrate itself in a most worthy manner'.[24]

It was not until 13 November 1876 that Henry and Marian Adams received the news in Boston. They replied immediately, with much delight. This important, unknown and unpublished joint letter is reproduced here for the very first time. The first part is from Henry Adams:

> My Dear Carlo,
>
> Your letter announcing your engagement has this moment arrived and I scratch a line in a hurry to acknowledge it and to send you our warmest good wishes. You and I have passed through so much together, and our recollections of what is most pleasant and what is most painful in life, are so closely joined together, that nothing can well disturb our old relations. I am not afraid that your new life will disown me, nor that Wenlock would be any less attractive under its new aspect. On the contrary I shall always feel real pleasure in the thought that your mother's wishes and hopes are realised and that her place is filled as she wished. You will give our kindest regards and wishes to Lady Catherine. Tell her that I am in a manner an uncle, venerable in years, benevolent in aspect, genial and benign in manners; that if she is kind

to me I will requite it with my blessing, and that if not, my white hairs will inevitably suffer to an extent that will cause her remorse. After all, it can do her no harm to know that there are people among the wild Indians and beneath the setting sun, who feel a strong interest in her and you, even though she never saw or heard of us, and possibly never will have the chance to learn our modest merits.

We are here in the middle of a serious political crisis which will greatly affect us personally. The newspapers will tell you why.

Ever yrs affectionately

Henry Adams[25]

Marian added her good wishes on the last page:

Dear Mr Gaskell,

I must add my best wishes to Henry, perhaps I can't wish for any better fortune than to be as happy as we are. I hope that you are very much in love & very submissive & that Lady Catharine [*sic*] will be kind but firm with you. Will she look upon us as outer barbarians & never let us come to Wenlock. Speak a good word for us we may cross the ocean again before many years. I owe you a letter but you won't want one now. I shall write to Lady Cunliffe for particulars, you tell us nothing – but I said when I saw the outside of your note 'its [*sic*] to announce his engagement' With Kindest regards to Lady Catharine [*sic*],

Sincerely yrs,

Marian Adams[26]

The courtship had taken place mainly at Lady Catherine's beautiful home at Eggesford, an ideal 'receipt for love-making [...] composed of lovely thoughts and brightness and courtesy, of an Italian sky, of rich autumnal tints, of sunshine, and repose [with] happy faces, and violets, gentleness and laughter and horse and a white terrier.'[27]

During the short engagement, Lady Catherine got to know only part of her destiny. She had never visited Shropshire and knew little about her new home. She must have had some doubts and feelings of apprehension, not least about the ghosts that appeared at night. Charles made every effort to dispel such thoughts with lyrical accounts of Wenlock Abbey, reassurances, and by sending her photographs; he also sent her mother 'four big photographs of the Abbey [...] in order that she may point out to scandalised Devonshire the precise tuft of the ivy-bush in which her daughter is perched'.[28] Alone at the Abbey, in the early days of the engagement (6 November 1876), he pined for his fiancée: 'Here [...] the happy valley in Abyssinia was not more isolated than this old Priory.'[29] He longed not only to share but to give her his dearest possession that was more precious and valuable than any jewel from Garrards or anything from the great City of London market: 'You cannot think how pleasant it is to me to picture you here, and to feel that in giving you refectories and altars and pretty roofs and traceries you will have something that neither Leadenhall Market nor Mr Garrard can supply you with at will.'[30]

Charles was overwhelmed with love and devotion and subservience to his 'Lady Abbess' and full of gratitude to her for having taken 'the plunge'.[31] He imbued her with the spirit of St Milburga and all that was dear to him:

> There has been such a noise in my room these last two nights, that I cannot help thinking that your future advent has excited the ghosts and scared them out of distant corners. Who knows indeed that there will not be a meeting convened by them to suggest a mode of reception, and ultimately a public dinner of ghosts in your honour in the refectory, at which St Milburga the founder of the first Abbey here, will propose your health.[32]

Charles then recalled George Cruikshank's (1792–1878) famous etching *The Elves and the Shoemaker* to illustrate his point: 'Do you remember Cruikshank's lovely engraving of the elves finding the "jewel garments" made for them by the tailor whom they had befriended? We will imitate their conduct. Chaque revenant aura ses chiffons et sa jupe.'[33] In this etching, used as one of the illustrations in Grimm's fairy tales, Cruikshank depicts the joy of the elves prancing around and trying on their new clothes, while the shoemaker and his wife watch the performance from behind a curtain.

The wedding

Very little time elapsed between the engagement and the marriage, but sufficient for Charles to reassure Lord Portsmouth of his healthy financial position and to draw up a legal document about this as well as a marriage settlement. Lady Catherine's financial future was very secure indeed.

The marriage took place on Lady Catherine's twentieth birthday, 7 December 1876, in the parish church of St Michael and All Angels, Wembworthy, about two miles from Eggesford, in the diocese of Exeter in Devon. It was solemnised by the Reverend Prebendary Henry Karslake, domestic chaplain of Lord Portsmouth and by the Reverend J. Hyde. Karslake was a close friend of Lord Portsmouth and, like the Earl, a keen sportsman. He was known as the 'hunting parson'; he was also a rural dean, prebendary of Exeter Cathedral, an inspector of schools and a well-known Devon character.

Lady Catherine wore a dress of white satin trimmed with *point de Venise* and a lace veil, bedecked with diamonds, pearls and sapphires. She was attended by six bridesmaids (her five sisters and a cousin, Winifred Herbert) who were dressed in pale blue cashmere trimmed with cream silk, with matching hats; three bridesmaids had gold and lapis lazuli lockets, and three had coral and gold lockets. Charles's best man was his cousin and close friend Captain Frank Grenville Doyle of the 2nd Dragoon Guards. As the bridal procession walked up the aisle, the hymn 'The voice that breathed o'er Eden' was sung, not to a traditional melody but to a tune composed by the bride's brother. This popular anthem was John Keble's poem of 1822 glorifying marriage.

After the church ceremony there was a wedding breakfast. Among the guests were Henry Howard Molyneux Herbert, 4th Earl of Carnarvon (Lady Catherine's dear uncle); Lord Porchester, Lady Margaret Herbert, Lady Florence Herbert, Lady Gwendolen Herbert, Sir John and Lady Heathcote Amory. The bride and groom did not attend the breakfast for they had a long journey ahead. Immediately after the service, they went to the rectory adjoining where they prepared for the honeymoon journey and left direct for the railway station in order to catch the 11.40 train. In their absence, Lord Carnarvon proposed the health of Mr and Lady Catherine Milnes Gaskell. That evening the Earl and Countess of Portsmouth gave a dinner party.

From Eggesford, the bridal couple travelled to Exeter and on to Whitchurch (Hampshire) railway station. At Whitchurch, their carriage was waiting to drive them the short distance to Hurstbourne Park where most of the honeymoon was spent. On arrival, Lady Catherine's first thoughts were for her 'dearest Mother' to whom she wrote a tender and slightly breathless letter of reassurance and love:

> My dearest Mother,
>
> We just arrived quite safely after a most pleasant journey. At Exeter he said the people never see anything so nice as you Cat & rarely so nice as myself! At Whitchurch we were received with acclamation, rice was showered into the carriage. A shoe hit me with a friendly smack upon the head but no damage was done. He is all that is loving. He is going to help me off with my gown in a minute.
>
> Your own most loving child.
>
> Cathy Milnes. Gaskell.[34]

On the envelope of this precious letter, Lady Portsmouth wrote: 'Dear Cathy's first letter after her marriage written the day of her wedding & her 20th birthday'.

The bride and groom received many wedding presents and tributes. The Earl of Portsmouth's tenantry in Enniscorthy, County Wexford, Ireland, as well as those in Hampshire and Devon sent deputations with congratulatory addresses and gifts. But the most ill-chosen present – surely not on display with the donor's name? – was Albrecht Dürer's *Melancholia*. This engraving had arrived in November from a lady (not named by Charles). Gerald, Charles's brother, who saw it when it was unpacked, exclamed: 'You must sell that to Graves as fast as you can, Carl, it is quite horrid and she would not like to see it.'[35] Charles described it to his fiancée:

> [...] the engraving is weird in the extreme. The morne figure of a woman looking intently into space with a pair of compasses in her right hand and supporting her face with the left, the hour glass and the bell and the scale, the setting sun, the rainbow and the demon like bat on whose extended wings is engraved the one word MELANCOLIA all tell their own tale and point to what is either

ephemeral or painful in human nature. Do not mention all this, dear, as I perhaps maybe incline to exaggerate the morbid condition of the donor's mind, but frankly, as a wedding present, which might be ticketed with her name and which would then infallibly give rise to remarks, the selection of such a subject is strange. When we meet I will tell you who the woman is: I fear her marriage has entailed upon her something akin to unhappiness, and that her own life is pictured in Albert Durer's creation.[36]

The honeymoon couple enjoyed country life and shared a love of horses and horse-riding. On one occasion they galloped over to Highclere Castle as Lady Catherine wanted to show her husband – whom she called 'Carl' – the splendour and magnificence of the Earls of Carnarvon family seat. Unfortunately her uncle was not at home. She wrote to her 'dear Uncle Carnarvon' on 17 December 1876 from Hurstbourne Park:

My dear Uncle Carnarvon

I cannot resist giving myself the pleasure of writing you one line to tell you how much I enjoyed taking Carl over to Highclere, and how we both lost ourselves in admiration over the Sir Joshua's & Vandykes. The day we went was a glorious one, bright & frosty, & the gallop over the downs was quite a thing to be remembered as belonging to a golden day.

The only drawback we both felt was not seeing you & the children, to whom I send my tenderest love.[37]

Carnarvon was much touched by this letter that he kept preciously and on which he wrote, 'a very nice letter from Cathy. Dec/76'.

From Pixton Park, his Somerset home near Dulverton, Carnarvon expressed his apologies for his absence and his regret at missing the couple:

Thank you for your note – have just attended the Cabinet. Glad to think of you both having ridden over to Highclere and of the dear old place having looked bright and smiling. But I am anxious to show it to your husband when I am myself there and to have the happiness of receiving you both. Is there any chance of this being possible before the end of January when I shall have to move to London?[38]

14 *True Love at Last*

Notes

1 *Letters of Henry Adams 1858–1891*, ed. by Worthington Chauncey Ford (Boston and New York: Houghton Mifflin Company, 1930), pp. 272–73.

2 Quoted from Hardy's diary in Michael Millgate, *The Life and Works of Thomas Hardy* (London: Macmillan, 1984), p. 209; and Michael Millgate, *Thomas Hardy: A Biography Revisited* (Oxford: Oxford University Press, 2004), p. 265.

3 Winchester, Hampshire Record Office, MS 15M84/5/8/4/12.

4 HRO, MS 15M84/5/8/4/12.

5 Lady Carnarvon, née Henrietta Anna Howard (1804–76), was the widow of Henry George Herbert, 3rd Earl of Carnarvon (1800–49).

6 HRO, MS 15M84/5/8/4/12.

7 1. Newton Wallop [later 6th Earl] (19 January 1856–4 December 1917); 2. Lady Catherine Henrietta Wallop (7 December 1856–21 August 1935); 3. Lady Eveline Camilla Wallop (24 July 1858–13 September 1894); 4. John Fellowes Wallop [later 7th Earl] (27 December 1859–7 September 1925); 5. Oliver Henry Wallop [later 8th Earl] (13 January 1861–10 February 1943); 6. Lady Alicia Rosamond Wallop (18 December 1861–1935); 7. Lady Dorothea Hester Bluet Wallop (27 January 1863–29 December 1906); 8. Robert Gerard Valoynes Wallop (6 July 1864–22 August 1940); 9. Lady Gwendolen Margaret Wallop (25 January 1866–14 February 1943); 10. [Revd] Arthur George Edward Wallop (12 October 1867–22 December 1898); 11. Frederick Henry Arthur Wallop (16 February 1870–1953); 12. Lady Henrietta Anna (*c.* 1872–28 February 1932).

8 Alison Margaret Deveson, *En Suivant la Vérité: A History of the Earls of Portsmouth and the Wallop Family* (Portsmouth Estates, 2008), p. 32.

9 HRO, MS 15M84/5/8/4/12.

10 Faith Compton Mackenzie, *William Cory: a Biography* (London: Constable, 1950), p. 68.

11 HRO, MS 15M84/F25.

12 HRO, MS 15M84/F25.

13 Mackenzie, *William Cory*, p. 68.

14 *Ibid.*, p. 69.

15 *Ibid.*, p. 68.

16 Letter Archive, MS (William Cory to 'Dear Lady Catherine').

17 HRO, MS 75M91/R6/3.

18 Letter Archive Misc-MSS, B fol. 1b (Robert Browning to Lady Portsmouth, 11 November 1876).

19 Letter Archive Misc-MSS, B fol. 6 (W. E. Gladstone to CGMG, 4 November 1876).

20 Letter Archive, Misc-MSS, B fol. 23 (William Cory to Lady Catherine, undated).

21 Letter Archive, MS (C. W. Wynn to Lord Portsmouth, undated).

22 Letter Archive, Misc-MSS, B c fol. 14 (Carnarvon to Evelyn [Lady Portsmouth], HC Newbury, 28 October 1876).

23 Letter Archive, Misc-MSS, B d fol. 14 (Carnarvon to Cathy, 16 Bruton Street, 9 November 1876).
24 Letter Archive, MS (F. W. Myers to CGMG, 11 November 1876, from Boyton Manor, Codford St Mary, Wiltshire).
25 Letter Archive, MS CC-08b (HA to CGMG, 13 November 1876, from 91 Marlborough Street, Boston, MA).
26 Letter Archive, MS CC-08b (Marian Adams to CGMG, 13 November 1876, from 91 Marlborough Street, Boston, MA).
27 Letter Archive, MS CC-05 (CGMG at Wenlock to Lady Catherine Wallop at Batt's Hotel, 41 Dover Street, London, 6 November 1876).
28 Letter Archive, MS CC-06 (CGMG at Wenlock to Lady Catherine Wallop at Batt's Hotel, 6 November 1876).
29 Letter Archive, MS CC-05 (CGMG to Lady Catherine Wallop).
30 Letter Archive, MS CC-05 (CGMG to Lady Catherine Wallop).
31 Letter Archive, MS CC-06 (CGMG to Lady Catherine Wallop, 6 November 1876).
32 Letter Archive, MS CC-06.
33 Letter Archive, MS CC-06.
34 Letter Archive, MS CC-15 (Lady Catherine MG from Hurstbourne Park to the Countess of Portsmouth at Eggesford, 7 December 1876).
35 Letter Archive, MS CC-11 (CGMG from Thornes House to Lady Catherine Wallop at Eggesford, 28 November 1876).
36 Letter Archive, MS CC-11.
37 HRO, MS 75M91/R6/2.
38 Letter Archive, Misc-MSS, B 14 e (Carnarvon to Lady Catherine MG, 19 December 1876).

Chapter 15

Portrait of a Lady

The people of Much Wenlock had to wait more than two months after the wedding before having a glimpse of their new *châtelaine*. Lady Catherine's arrival on Saturday, 17 February 1877 was the cause of mounting excitement, rejoicing and happiness in the town, but not without a considerable degree of curiosity. Preparations and celebrations started well in advance of her coming.

A tea party was held on Friday, 16 February for the wives of the small tenants, the residents of the almshouses and others, by order of Mr N. Wentnor, the agent of the Wenlock Abbey estates. It took place in the Corn Exchange (opened in 1854) that also housed a library and reading room. Over one hundred people attended and the public space was made comfortable 'by the use of the canvas sheets, &c, kindly lent by the trustees of the Reading Room'.[1] Presumably the 'canvas sheets' were used as tablecloths or perhaps to cover and protect items in the building. 'Six sharp youths' were engaged to wait upon the guests. However, after this genteel, all-female gathering, the atmosphere changed dramatically:

> [T]he tables were cleared away and preparations made for a dance, which quickly commenced, when the Amateur Band (consisting of a violin, piccolo, cornet, flute, triangle, and harmonium) struck up 'Haste to the wedding'. As the doors were now opened, and any one admitted, the members soon swelled to more than 350, and dance succeeded dance until half-past ten, when the strains of 'God save the Queen' were the signal for dispersing. During the evening some

> excellent 'punch' was made by Mrs G. Yates, and served out to the tenants, when the health of the Squire and his Lady was repeatedly drunk.[2]

The report in the local paper concluded: 'It is many a long day since such a pleasant and social gathering took place here, and Mr. Stroud, who kindly undertook the management of it, must be congratulated on the success which attended the rejoicings.'[3]

The bride was warmly welcomed and greeted with presents and expressions of allegiance. A fine illuminated calligraphic address was presented to her, with the names of sixty-seven subscribers, prominent citizens of the town among whom were Dr William Penny Brookes and Mr G. Yates, landlord of the George and Dragon Inn, with the amount each contributed towards the gift. This document also recorded the presentation to Lady Catherine of a bracelet. A magnificent address, bound in red morocco leather, was also presented to the couple by the tenants of the Thornes House estate.

Along with Gerald and Louisa Milnes Gaskell, Lady Catherine wrote her name in the Abbey Visitors' Book on 17 February, thus marking the beginning of her new role as official hostess and solicitous Lady of the Manor that would last for fifty-eight years, and following and continuing a long tradition of hospitality. Lady Catherine was already pregnant and expecting her first child, a son Evelyn, to be born on 19 October 1877.

Lady Catherine quickly adapted to her new role and established a good relationship with the local community. The church and school were effectively under her control and that of her husband. It is not surprising, therefore, that within three days of her arrival she paid her first visit to the local school, 'and heard the children sing', accompanied by her husband and the Reverend Frederick Robert Ellis, vicar of Holy Trinity Church, and his new wife Emily Catherine, née Sladen, whom he had married in 1876.

Frederick ('Frederic') Ellis[4] had been appointed by Charles to the living in succession to the Reverend Henry William Watkins in 1875. Although this had been discussed on 1 February 1875 when Ellis was invited to Wenlock Abbey, the appointment was only announced in a local paper in March. He did not take up his post until a few months later.[5] Ellis, born in 1839, had been educated at Trinity College Oxford and had been called to the bar in 1864. He practised as a barrister in London for several years. Ellis and Charles had much in common and a shared network of social contacts. The choice of an old friend was to prove very satisfactory and opened an era of happy, fruitful relations between the manor, the church and the school. Lady Catherine's friendship with Mrs Ellis in particular was to strengthen over the years and to last throughout their lives, for they shared many literary interests. Ellis held the living until his resignation in October 1907, when he was succeeded by the Reverend E. B. Bartleet.[6]

The National School at Much Wenlock had been built in *circa* 1848 on land provided by the then Lord of the Manor, Sir Watkin Williams-Wynn. The architect was Samuel Pountney Smith (1812–83) of Shrewsbury (of which town he was mayor in 1873). The little school adjoined the grounds of the Abbey and the church: its proximity ensured that a benevolent eye could be kept on the pupils. The following incident, recorded in the school logbook of 15 March 1877, may not have been an isolated case: 'Punished Robert Evans for tearing his Exercise Book and throwing it into the Abbey Grounds instead of taking it home. Mr Gaskell brought the torn book into the School during the dinner-hour.'[7]

Rejoicings continued with a dinner on Wednesday, 7 March 1877 at the Gaskell Arms Hotel (only seven years before, in Murray's *Handbook* of 1870, it was called the Wynnstay Arms), Much Wenlock: 'There was a large attendance, and a good deal of interest was manifested in the proceedings. The room in which the numerous company assembled had been most tastefully decorated for the occasion, and "mine host" had made excellent arrangements for the guests.'[8]

This was an all-male gathering of Shropshire people; the chairman was Ralph A. Benson of Lutwyche Hall, and the vice-chairman was Mr Charles Selby Biggs of Bourton Grange and former mayor of Wenlock. Among the many guests were the Reverend William Henry Wayne, rector of Sheinton, and his brother Captain Herman Wayne, Richard Taylor Davies, mayor of Wenlock, Thomas Howells Thursfield, Dr William Penny Brookes, Mr H. Moseley and the Reverend Frederick Robert Ellis. Apologies were received from Lord Forester, from Cecil Theodore Weld Forester and Alexander Hargreaves Brown, the MPs for the borough of Wenlock, and from Charles Cecil Cotes of Woodcote Hall, Newport, Shropshire, Liberal MP for Shrewsbury from 1874 until 1885.

The relationship between the Milnes Gaskell couple and the local people, of landlord and tenant, with rights, duties and obligations, was clearly understood by all. Charles spoke as the powerful landlord of much of the town and vast tracts of the surrounding area. He reassured the guests that it would be 'the object of himself and his wife to make the place as happy as a little town could possibly be'.[9] His wife, he pointed out, 'came from a county in which the relations between landlord and tenant were very cordial, and it was a pleasure to her to see her husband in the same position her father occupied'.[10] He also thanked the assembly 'for the beautiful jewel they presented to his wife on her arrival', assuring them that 'she would always cherish it among her proudest possessions, although it did not need that to remind her of the good-will and kindness with which she had been welcomed in the county of Salop'.[11]

A very positive relationship with the local school was reinforced by an 'excellent', well-attended tea party, given to children attending the National and Sunday Schools by Lady Catherine and her husband at the school on Friday, 16 March 1877. Also present were the Reverend Frederick Ellis and his wife, and Miss Sophia Caroline Wayne (1831–1926), the daughter of a former vicar. The following account was published in the local newspaper:

> Provision was made for 346 (the number on the books), and of these 336 were present, which is the greatest number there has ever been present at any of the school treats here. The cakes were made by Mr. Owen, Mr. Poyner, and Mr. Boycott, and gave great satisfaction, and the bread and butter, supplied by the former, rapidly disappeared, which was a good proof of its quality. Her ladyship very graciously waited on the little ones in the Infant School, and afterwards on the elder children, and was very anxious that they should have enough and enjoy themselves. Mr Gaskell, the Vicar, Mrs. Ellis, Miss Wayne

> (Tickwood Hall), and the teachers, also did their best to keep them well supplied with cake, bread and butter, and tea. When tea was finished the children sang a few songs with choruses, after which the Vicar, on their behalf, thanked Mr. Gaskell and his lady for their kindness, and proposed three cheers for them. These the youngsters gave most lustily and with evident heartiness. Mr. Gaskell then spoke to the children in simple words, admirably suited to their understanding. He thanked them for their hearty cheers, and hoped they could learn as well as they could cheer. He referred to their healthy looks, and said that if their minds were as healthy as their bodies great things they could some day do. After singing three or four more songs the children went to their homes highly delighted with their afternoon's enjoyment.[12]

Three other visits in March and April 1877 were recorded in the logbook. On 19 March 'Lady Catherine Gaskell visited the School and inspected the work of each class.'[13] On 28 March Lady Catherine and her sister Lady Camilla Wallop visited the school in the morning. Lady Camilla was staying with her sister for a few days at Wenlock Abbey – she signed the Visitors' Book on 22 March 1877. On 24 April 'Lady Catherine and C. M. Gaskell Esq. came to the school, the former heard Standard IV read.'[14]

Lady Catherine devoted much time to the local school and encouraged the staff and pupils.Towards the end of the school year in 1880 she made several visits, both to listen to the children reading and to officiate at the prize-giving ceremonies for which she and the vicar's wife provided prizes. Her support for the school was greatly appreciated as the logbook testified. Here are four entries within a period of ten days in July demonstrating her commitment to the children:

> 13 July.
> Lady Cath: M. Gaskell visited. She stayed a considerable time & examined the work of the children. Heard the upper class read & listened to the Geography lesson of the iii Standard. Before she left she expressed her approval of what she saw & heard especially with regard to the order & reading of the children.
>
> 14 July.
> Lady Catherine M. Gaskell called to speak about the prizes which she will give & distribute on Friday afternoon.

> 16 July.
> Lady Catherine M. Gaskell distributed the prizes which she gave for Arithmetic & good conduct. Mrs Ellis also gave prizes for different branches of needlework, which were also distributed.
>
> 23 July.
> Visitor: Lady Catherine Milnes Gaskell. She heard the upper class recite their poetry which they have learned for the next Gov. examination. At the close of the lesson she offered a prize for the one in each of the iv v & vi Standards who recited best at the examination as well as prizes for each Stand[ard] for general improvement.[15]

Charles and Lady Catherine Milnes Gaskell continued to take a keen interest in the local school. To mark the end of the school year in 1896, the school closed early at three p.m. in order to enable the children to attend a tea party given by Lady Catherine at the Abbey: '340 children sat down to tea.'[16] On 29 July 1898, at the end of the summer term and school year, the following entry was written in the school logbook:

> Lady Gaskell presented Miss Birch with a silver tea service on her retirement after nearly 35 years as Infant school mistress. Mr Gaskell then gave the children a lengthy speech on comparing the advantages children had in education now to 30 years ago.[17]

Under the patronage of Charles, the parish church was enriched and the family memorialised. A beautiful new font of Caen stone had been given to the church by the Reverend H. W. Watkins on his departure in 1875 'as a thanksgiving'.[18] Other gifts followed. In 1876 a small brass memorial to James Milnes Gaskell 'was erected at the end of the south side', a gift of Charles.[19] 'In 1877 the window at the east end of the south aisle (in the Lady Chapel) was inserted from the designs of Philip Speakman Webb, and filled with tinted glass.'[20] Webb had been a guest at Wenlock Abbey on 2 November 1875, invited to discuss designs with his patron for a new window in the church. Webb, the influential architect and Father of the Arts and Crafts Movement, was accompanied by three men, M[?] M[?] Cockerell, J. A. Browne and M. F. Richards, possibly friends or apprentices from his architectural practice. Webb, as was his custom, would have come to inspect the church and its setting and to measure the window opening. After taking into account all aspects of the church, he would then make an appropriate sketch or cartoon. Forty-four-year-old Webb was already one of the foremost architects of the day – he was busy with the completion of Rounton Grange, near Northallerton at the time of his Wenlock visit – and a passionate advocate of Gothic and medievalism. He had worked with G. E. Street and had become a close friend and colleague of William Morris for whom he had designed the elaborate Red House at Bexleyheath, then in Kent (now in suburban London), and many other country houses and domestic buildings. Webb had already been to Shropshire in 1872 to advise on an extension to Loton Park, Alberbury,[21] the home of Sir Baldwyn Leighton.

Charles also paid for the restoration of the doors on the aumbry (the recessed cupboard in the wall of the church near the altar, used to store sacred vessels), based on the model of an ancient aumbry door in the Priory.[22] In the herbalist's bedroom in the prior's lodging, there were some built-in recesses with carved doors.

The restoration of ancient buildings was at the forefront of discussion. Its leader was Ruskin, whose polemical work *The Seven Lamps of Architecture* (1849) was devoted to this theme, but touched mainly on the restoration of buildings in France. He fired angry shots about the destruction he saw, but was a lone voice at the time. It was not until 1877 that Webb, Morris and others founded the Society for the Protection of Ancient Buildings (SPAB). The purpose of this powerful lobby, still active in the twenty-first century, was to oppose what was regarded as insensitive renovation. On 6 July 1877 Webb wrote to Charles to advertise the new society among his clients.[23] The care of historic monuments was the theme of Charles's article in the *Nineteenth Century* in 1887.[24]

Henry James

As the date of Lady Catherine's confinement approached – her first child, Evelyn, was born on 19 October 1877[25] – very few visitors were entertained at Wenlock Abbey. Henry James was the only one privileged to stay during that summer (12–16 July) and his signature was the last in the Visitors' Book of 1877. He was enchanted by Lady Catherine's youth, charm and Englishness, and a little in love with her. Her pregnancy enhanced the beauty and attraction of this Wenlock 'rose without a thorn' who resembled a character in a Shakespeare play and a Gainsborough painting. In a letter to Henry Adams, Henry James avoided a factual description of his hostess, and instead used the power of suggestion through literary metaphors. We do not know what she was wearing other than being 'expensively & picturesquely ill-dressed':

> A rose without a thorn, moreover, is Lady Catherine G., of whom you asked for a description. I can't give you a trustworthy one, for I really think I am in love with her. She is a singularly charming creature – a perfect English beauty of the finest type. She is, as I suppose you know, very young, girlish, childish: she strikes me as having taken a long step straight from the governess-world into a particularly luxurious form of matrimony. She is very tall, rather awkward & not well made, wonderfully fresh & fair, expensively & picturesquely ill-dressed, charmingly mannered, &, I should say, intensely in love with her husband. She would not in the least strike you at first as a beauty (save for complexion:) but presently you would agree with me that her face is a remarkable example of the classic English sweetness & tenderness – the thing that Shakespeare, Gainsborough &c, may have meant to indicate. And this not at all stupidly – on the contrary, with a great deal of vivacity, spontaneity & cleverness. She says very good things, smiles adorably & appeals to her husband with beautiful inveteracy & naturalness. There is something very charming in seeing a woman in her 'position' so perfectly fresh & girlish. She will doubtless, some day, become more of a British matron or of a fine lady; but I suspect she will never lose (not after 20 seasons) a certain bloom of shyness & softness.– But I am drawing not only a full-length, but a colossal, portrait.[26]

Henry James is a model of discretion about her pregnancy: but the reference to her as 'a woman in her "position"' may be a veiled allusion to her physical state.

Portraits or photographs of Lady Catherine are rare. But a magnificent portrait by Alexander Glasgow depicts the beautiful young woman in the summer of 1880 at her Shropshire home (see colour plate E). A striking feature of the twenty-three-year-old Lady of the Manor is her 'round luminous' brown eyes that

Plate **A** *Aerial View of Wenlock Abbey from the East*, 2 December 2011.
Photograph by Andy Cunningham. © Shropshire Star

Plate **B** Frances Stackhouse Acton (died 1881), *Wenlock Abbey, Looking East towards the Chapter House*, *circa* 1852. Watercolour on paper.

Plate **C** William Clarke Wontner (1857–1930), *Miss Mary Milnes Gaskell*, 1899. Oil on canvas.

Plate **D** Alphonse Legros (1837–1911), *Charles George Milnes Gaskell*, 1899/1900. Oil on canvas. Courtesy of the Public Catalogue Foundation. © Wakefield County Hall

Plate **E** Alexander Glasgow, *Lady Catherine Milnes Gaskell*, 18 August 1880. Oil on canvas.

Plate **F** William Clarke Wontner (1857–1930), *Miss Mary Milnes Gaskell*, 1899. Oil on canvas.

Plate **G** Alfred Young Nutt (1847–1924), *Infirmary Chapel Altar with Lectern*, 1879. Watercolour on paper.

Plate **H** Edmund Montagu Boyle (1845–1885), *Milnes Gaskell Coat of Arms*, 1883. Watercolour on paper.

Plate **I** Robert Bateman (1842–1922), *The Refectory Wenlock Abbey*, 17–19 August 1911. Ink and watercolour on paper.

Plate **J** Detail of Curtains with Pre-Raphaelite Designs Embroidered by Lady Catherine Milnes Gaskell.

Plate **K** *'Angeli Laudantes'* Embroidered by Lady Catherine Milnes Gaskell. Holy Trinity Church, Much Wenlock.

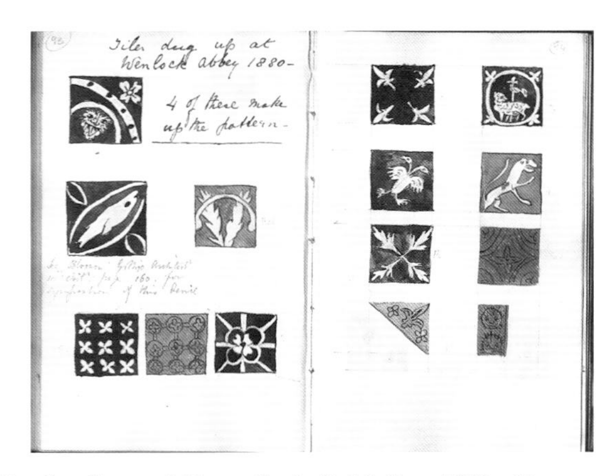

Plate **L** Charles George Milnes Gaskell, *Medieval Tiles Dug up at Wenlock Abbey in 1880*. Watercolour on paper.

Thomas Hardy found so attractive and seductive. Glasgow captures a dreamy, indirect gaze, looking into the distance, and her sensual mouth. Lady Catherine is seated on an upright, leather-studded chair against a background of a light-brown tapestry screen decorated with coloured birds and flowers. She is wearing a dark-brown hat, tilted to the side, with a bow just visible at the back. The fact that her hat is off her face allows her very tightly curled ginger hair to spread over her forehead. Her dark-brown, long-sleeved dress with a brown belt that highlights her slim waist and figure matches her hat. Over the dress she wears a cream lace jabot that completely covers her neck. Beneath the jabot, her dress is designed to give the appearance of being a light-brown or auburn silk blouse with short sleeves. The brown and cream colours that dominate give a warm tone to the informal portrait. Her delicate hands are resting on her lap, loosely intertwined. The oil is signed and dated A. Glasgow, 18 August 1880, the day on which he wrote his name in the

Fig. 26 *South Transept from North-East with Holy Trinity Church in the Distance, circa* 1855–60.

Visitors' Book. He must have stayed much longer to have produced such a fine, elaborate portrait.

After recuperation from the birth of Evelyn, Christmas parties at Highclere[27] and the passing of the winter months, Lady Catherine was able to devote herself to the transformation of her Shropshire home and to enjoy being hostess to many visitors. The year 1878 marked the beginning of this outburst of generous hospitality: between 31 July and 21 October there were arrivals and departures of at least thirty-eight visitors.

New Englanders loved the picturesque Abbey and ruins. Henry James returned for a second time for a few days in mid-August and, unlike the previous year when he was the sole guest, made the acquaintance of several members and friends of Lady Catherine's family. Henry James was becoming better established in London society. Henry Adams had been instrumental in introducing Henry James to Charles Milnes Gaskell and wrote to the latter: 'By the way, apropos to nothing, there is now a young American *littérateur* in London, whom I have promised to give letters to; one Henry James, author of "Roderick Hudson" and other novels. As I know him and like him, I have not thought it best to read his books, but I am told they have merit. It is more to the purpose that he is a very agreeable, gentlemanly fellow, and as he is tired of the continent and thinks he shall prefer England, I shall give him a letter to Lord Houghton and a line to Palgrave or Woolner. He should have a club, and be introduced to George Howard, Swinburne and Rossetti.'[28] He had made many contacts through his temporary membership of the prestigious Athenaeum in Pall Mall, and through invitations by Charles Milnes Gaskell to the Travellers', immediately next door. However it was not until May 1878 that Henry James was finally elected to a club of his own, the Reform. He was elated and as was his custom during such moments of intense emotion, he burst into French, marvelling at being in 'the most comfortable corner of the world' and proclaiming victoriously to his father, '*J'y suis, j'y reste* – forever and a day'.[29] The membership fee was then £42 per annum.

This was a fruitful and rewarding time for Henry James, on the verge of literary success as a short-story writer. *Daisy*

Miller, inspired by his stay in Italy and his observations, often humorous and satirical, of Americans abroad, was published in two parts in the June and July numbers of the *Cornhill Magazine* (1878). In July of that same year, another short story in a similar critical vein, *The Europeans*, was published in the *Atlantic*. In it, Mrs Acton's nosegays and baskets of beautiful fruit may have come from the Wenlock garden.[30]

It was from the Reform Club that Henry James, as a full member, wrote to his brother William on 23 July 1878, stating his intention to remain in London all summer, where he had a busy work schedule and, as usual, plenty of invitations. However, the attraction of staying again at Wenlock Abbey was very strong: 'I have received several invitations to pay short visits, but have declined them all, save one for a week at Wenlock Abbey (Charles Gaskell's) on August 10th.'[31]

This successful critical observer of society, with his trenchant wit and cutting pen, was on this occasion able to observe closely several visitors and guests at Wenlock Abbey. He was among interesting company, stimuli that he always craved and would incorporate invariably into his writings. Assuming he arrived on 10 August as per the invitation, it was not until Sunday, 13 August that he signed the Visitors' Book as 'Henry James Jr' alongside the signatures of Somerset Beaumont, G. Wallop, and Lord Portsmouth. Other visitors were Robert F. Boyle, and E. D. Leeke, of Longford Hall, Shropshire, on 12 August; and on 16 August, Lady Portsmouth and her daughter Lady Eveline Camilla Wallop.

Somerset Archibald Beaumont (1835–1921), of Bywell Hall, Northumberland, an unmarried and childless wealthy landowner, was a loyal patron of many artists and a collector of art (particularly paintings by John Robert Cozens) and sculpture. Among his protégés were the sculptor Alfred Gilbert, and Walter Crane, the central figure of the Arts and Crafts Movement. Beaumont helped them by commissioning works. Beaumont was a Fellow of the Royal Geographical Society and on two occasions was a Member of Parliament: for Newcastle-upon-Tyne 1860–65, and for Wakefield 1868–74.

Henry James expressed his delight at being once again a guest at the Abbey in a letter, written from Wenlock Abbey on

14 August 1878 to Elinor Dean Howells, née Mead, the wife of William Dean Howells, then editor of the *Atlantic Monthly*:

> I am spending a few days in one of the most curious and romantic old houses in England – an old rambling medieval priory, intermingled with the ivied ruins of a once-splendid Abbey, dissolved by Henry VIII. The place is full of ghosts and monkish relics and is, in every way, delightfully picturesque; I wish that for an hour I might be a well-bred British young lady, so that I might make you a sketch of it. But the lunch-bell tolls, and I can't even stay to make word-pictures.[32]

Other New Englanders, part of the Henry James/Henry Adams fraternity, arrived: Ellen Hooper Gurney (sister of Marian Adams) and her husband Ephraim Whitman Gurney, professor of History at Harvard. Towards the end of August, William Everett was also a guest. He was, at the time, on vacation from his post as Master of the Adams Academy, a boys' preparatory school in Quincy, just south of Boston, Massachusetts. Everett, a Unitarian, was licensed to preach and he enjoyed notoriety for his regular sermons at the school, published in 1882.[33]

A few months later, in early autumn (October), Henry James was the house guest of Lady Catherine's parents at Eggesford Manor, Devon. He had met the Earl and Countess of Portsmouth during his stay at Wenlock Abbey and the invitation may well have been issued on that occasion. But Eggesford was so utterly unlike Wenlock Abbey and Henry James was bored:

> The place and country are of course very beautiful and Lady P. 'most kind'; but though there are several people in the house (local gentlefolk, of no distinctive qualities) the whole thing is dull. This is a large family, chiefly of infantine sons and daughters (there are 12!) who live in some mysterious part of the house and are never seen. Lord P. is simply a great hunting and racing magnate, who keeps the hounds in this part of the country and is absent all day with them. There is nothing in the house but pictures of horses – and awfully bad ones at that.[34]

Lady Portsmouth took him for a drive in her phaeton, and in the evening he was entertained by the children's dancing and singing 'with the sweetest docility and modesty'.[35] When, on the next day, the weather worsened, Henry James felt particularly cold, bored and alone 'in a big cold library of totally unread books, waiting for Lord Portsmouth, who has offered to take me out and show me his stable and kennels (famous ones)'.[36] So miserable was he that he wanted to leave on the next day, before the dreaded Sunday. Writing to his family, he confessed: 'I don't think I could stick out a Sunday here.'[37]

Henry James was beginning to be aware of the drawbacks of country visits in which 'a guest must give up much of his personal independence [and] be obliged to be agreeable morning, noon and night for several days [...] a great task upon one's spirits – if not one's intellect', as the US legation secretary William James Hoppin reported hearing him profess in 1880.[38] In a not dissimilar manner, that other American, Marian Adams, turned against country houses that had so delighted her initially. In spite of having received most generous hospitality from Lady Catherine and her husband, Marian Adams declined invitations to Thornes House and Wenlock Abbey, professing a profound dislike of country houses. She wrote, from Paris, to her father: '[...] this child will not lightly nor unadvisedly intrust her small stock of animal spirits to the gloom of English country-house life. In novels it's charming.'[39]

Henry James remarked upon the attitude of the Adams couple: 'Henry A. can never be in the nature of things a very gracious or sympathetic companion, & Mrs. A. strikes me as toned down & bedimmed from her ancient brilliancy; but they are both very pleasant, & doubtless when they get into lodgings will be more animated.'[40] In spite of her reservations about country houses, Marian Adams returned to Wenlock Abbey with her husband on 24 September 1880 for what would be her last visit.

Henry James's last recorded visit to Wenlock Abbey was in 1882. Henry James Jr was the first signature of 1882 in the Visitors' Book on 17 June. Lady Catherine's only daughter Mary was born on 5 November 1881 at Thornes House.[41] Henry James was probably the first American to see the little girl, only seven months old, when he was at Wenlock Abbey the following summer. He was always more at home with sophisticated adults and one may speculate as to how much he enjoyed the company of little Mary and her brother, four-year-old Evelyn.

Notes

1 *Eddowes Shrewsbury Journal and Salopian Journal*, Wednesday, 21 February 1877, p. 8, col. 5.
2 *Ibid.*
3 *Ibid.*
4 There is uncertainty about the spelling of his Christian name. In the official *Crockford's Clerical Directory*, he is listed as 'Frederick', but in the Wenlock Abbey Visitors' Book of 1 February 1875, we find his name spelt 'Frederic'. In the interests of clarity, I have decided to use 'Frederick' throughout.
5 Marion Brettle, *The Old Vicarage Much Wenlock and its Families and Visitors: Chronicles of a Shropshire Market Town* (Much Wenlock: Ellingham Press, 2009), p. 51.
6 CGMG's large Abbey book, fol. 47.
7 Shrewsbury, SA, MS 7953, *Much Wenlock Primary School Log Books and Registers 1863–1999.*
8 *Eddowes Shrewsbury Journal and Salopian Journal*, Wednesday, 14 March 1877, p. 7, col. 5.
9 *Ibid.*
10 *Ibid.*
11 *Ibid.*
12 *Eddowes Shrewsbury Journal and Salopian Journal*, Wednesday, 21 March 1877, p. 7, col. 5.
13 Shrewsbury, SA, MS 7953, *Much Wenlock Primary School Log Books and Registers 1863–1999.*
14 *Ibid.*
15 Shrewsbury, SA, MS 7953, *Much Wenlock Primary School Log Books and Registers 1863–1999.*
16 Much Wenlock school logbook, <www.discoverShropshire.org.uk> [accessed 20 May 2012].
17 *Ibid.*
18 Brettle, *The Old Vicarage*, p. 43.
19 CGMG's large Abbey book, fol. 39.
20 CGMG's large Abbey book, fol. 39.
21 John Newman and Nikolaus Pevsner, *Shropshire* (New Haven and London: Yale University Press, 2006), p. 68.
22 *Much Wenlock, Official Illustrated Guide* (Shrewsbury: Wilding & Son, 1933), 2nd edition, p. 22.
23 Sheila Kirk, with photography by Martin Charles, *Philip Webb: Pioneer of Arts & Crafts Architecture* (Chichester: Wiley-Academy, 2005), p. 171, and p. 314, note 18.
24 'The Memorials of the Dead', *Nineteenth Century,* 22 (August 1887), pp. 234–41.
25 *The Times*, Tuesday, 23 October 1877, p. 1, col. A.
26 Cynthia Gamble, *John Ruskin, Henry James and the Shropshire Lads* (London: New European Publications, 2008), pp. 213–14. For a detailed analysis of Henry James's stay at Wenlock Abbey and its impact on his writing, see Gamble (2008), *opus. cit*, pp. 201–52.

15 *Portrait of a Lady*

27 Charles and Lady Catherine signed the Visitors' Book at Highclere on 21 December 1877, along with a large house party.
28 Letter in catalogue of sale at Bonhams, Knightsbridge, London, 12 November 2014, lot 44.
29 Leon Edel, *Henry James: A Life* (London: Flamingo, 1996), p. 209.
30 See Gamble (2008), p. 211.
31 *The Letters of Henry James*, ed. by Leon Edel, 4 vols (London: Macmillan, 1974–1984), II, p. 180.
32 *Ibid.*, p. 182.
33 William Everett, *School Sermons: Preached to the Boys at Adams Academy* (Boston, MA: Roberts Bros., 1882).
34 Edel, *Henry James: A Life*, p. 235.
35 *Ibid.*, p. 235.
36 *Ibid.*, p. 235.
37 *Ibid.*, p. 235.
38 *Ibid.*, p. 236.
39 *The Letters of Mrs. Henry Adams 1865–1883*, ed. by Ward Thoron (London, New York and Toronto: Longmans, Green and Co., 1937), p. 187 (Marian Adams to her father, 12 October 1879).
40 Philip Horne (ed.), *Henry James: A Life in Letters* (London: Penguin Press, 1999), p. 109.
41 *Illustrated London News*, Saturday, 12 November 1881, p. 462.

Chapter 16

The Fine (Old) Country Gentleman

As clearing of the debris continued at Wenlock Abbey, hidden treasures were revealed. Metal tokens and ancient coins 'of the Edwards' were also found.[1] In 1865, during renovation of a second-floor room under the tower, two shillings from the reign of William III were found in an owl's nest.[2] A photograph of the prior's lodging viewed from the north taken in September 1865 clearly shows the cinquefoil windows on the left where the owl's nest and coins were found. This picture (figure 28) also depicts what is thought to have been the remains of a sacristy or a baptistery covered with bush or grass. When piles of soil were removed from the cloister in 1878, the *lavatorium* was exposed to view and 'the shafts [...] were found close to the entrance to

Fig. 27 *Shillings Found in an Owl's Nest at Wenlock Abbey.*

Fig. 28 *The Prior's Lodging Viewed from the North*, showing the top left cinquefoil window where the shillings were found in an owl's nest, September 1865.

the lavatory and many beautiful fragments of carving'.[3] Many of these were stored for safe keeping inside the Abbey in the 'cloister room'[4] that had been made more comfortable and warm by being 'panelled with oak, the plainer portions of which came from Upton Magna church – the carved oak on the eastern wall came from the Old Bank; that on the opposite side I bought at Cheltenham'.[5]

Not only during excavations, but in the course of regular digging and gardening ancient tiles were found. Charles's careful reading of *Bloxam's Gothic Architecture* regarding the patterns of medieval tiles and the use of particular decorative devices made him realise the importance of the treasures he possessed. The tiles, even broken ones, were not rubble. Some were consigned, for security and professional protection, to museums. Sketches in pen and ink were made by Charles of ten of the decorated tiles (some heraldic) that were sent to an unnamed museum.[6] Watercolours in terracotta, black and white were made of fourteen tiles dug up in 1880 at the Abbey (see colour plate L).[7] The ecclesiologist, the Reverend Mackenzie Walcott, noted the discovery of ten patterns of tiles 'with the arms of the abbey, *gules*, a raven *or*, a griffin, and others of geometrical or floriated pattern'.[8] As the importance of these medieval tiles became more widely recognised, drawings were made of the designs. Some, donated by the collector Sir Augustus Wollaston Franks (1826–97), found their way to the British Museum. From these, sketches were made by Frank Renaud and three are now preserved in the Parker-Hore collection in the Ashmolean Museum, Oxford. One of these is a design of nine cinquefoils with a small square inlaid, enclosing the central cinquefoil.

Expert advice on tiles was sought from William Wise (1847–89), the leading artist and graphic designer who did commissions for the renowned Minton's China Works, in Stoke-on-Trent, Staffordshire. He designed tiles depicting, in particular, scenes of rural and village life, farm animals, Highland cattle, shepherds and sheep. These tiles were often used to decorate and protect the back of washstands (a reminder of their popularity in the absence of private bathrooms) and were also inset on many impressive Victorian planters.

Intricate, elegant wrought-iron gates were ordered from Italy. The main entrance gates (figure 30) to the Abbey and the Madonna gate (figure 29) – a small gate with the Madonna in the centre[9] – leading into the chapter house,[10] came from a church at Anzino, near Domodossola, in northern Italy. The entrance gates were bought by Charles for £100 from Alessandro Scavini of Intra, a small town on Lago Maggiore; the Madonna gate cost £14. Charles also incurred further expense in relation to the gates: '[...] the pillars were made by the Coalbrookdale Company and the gates mended at a cost of £60.'[11] In addition, he also bought 'two small pairs of gates in the garden' at Luino in 1878 for £30: '[...] they came from a church in the neighbourhood which had been destroyed by an inundation.'[12] Luino, a small town on the eastern shore of Lago Maggiore, was renowned for its textiles in the nineteenth century. The entrance gates were fixed during Whitsuntide 1879 (1 and 2 June were Whit Sunday and Whit Monday respectively).[13]

Fig. 29 *Madonna Gate*. Photograph.

Also among Charles's Italian purchases were a religious veil embroidered with Santa Caterina and San Agostino, from the Monasterio di Santa Caterina near Locarno, and a Madonna embroidery from Comignago near Arona.[14]

Other changes were duly noted in the the large Abbey book: 'In 1881 the quadrangle on the west from the Abbey was bared by the removal of some trees and soil, and the original plan of the buildings became for the first time evident. The window with a ball-flower moulding was blocked up and a new [one] partly made to the west of the quadrangle wall.'[15] 'The new wicket gates were placed in the walls leading to the Rose garden and the kitchen garden. They came from Westbury House, Rippleside, Barking and were bought by me for £80. This house has the reputation of being one among those where the Rye House plot was concocted.'[16] This was a reference to the Rye House Plot of 1683, an alleged Whig conspiracy to assassinate King Charles II of England because of his pro-Catholic policies. The plot drew its name from Rye House at Hoddesdon, Hertfordshire, near where Charles II was supposed to be killed. The plot was foiled.

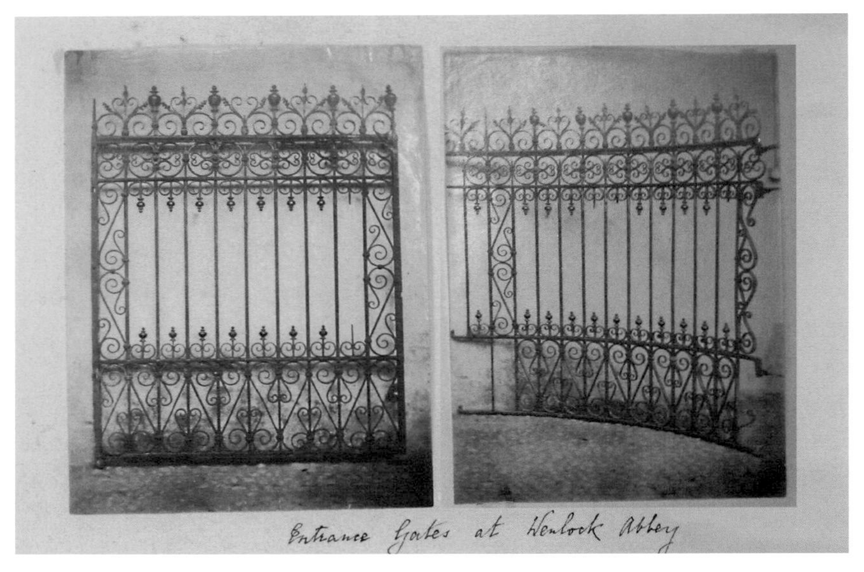

Fig. 30 *Entrance Gates*. Photograph.

A Rare Rose

For her gardens, Lady Catherine consulted Liverpudlian Henry Arthur Bright (1830–84). Although Bright's regular job was as a partner in his father's shipping business, his passion was gardening and writing about gardening. He spent five months in America in 1852, exploring gardens and gathering ideas. Over the years, he wrote many articles and garden reviews of a literary nature in leading magazines and journals, and was a regular contributor to the *Athenaeum*. Like Charles, he was an alumnus of Trinity College Cambridge, but as a Unitarian he was not able to take his degrees until 1857, one of the first nonconformists to do so. From 1865 Bright became a close friend of Lord Houghton and a deep affection and respect developed.[17]

In the summer of 1878, when Bright was invited to Wenlock Abbey (on 31 July with William Wise and Arthur Williams-Wynn), he was preparing a book called *A Year in a Lancashire Garden*, essentially a compilation of some of his writings that had appeared serially in the *Gardeners' Chronicle* in 1874 under the title 'Notes from a Lancashire Garden'. *A Year in a Lancashire Garden* was first published in 1879 (and a later edition in 1891) and covered the year from 3 December 1873 to 28 November 1874. It was a popular and informative book. Bright's style was engaging, personal and informal, and he wrote from his own experiences, including his 'gardening blunders' and observations. It chronicled the changing seasons at his own four-acre garden, meadow and wood with a rookery; he had a *hortus inclusus*, an outer garden and an orchard with fruit trees. He also grew vines in Lancashire. There were weather reports, accounts of his apples, mushrooms, night-scented stocks, forty flower beds and much more, interwoven with poetical quotations and extracts from Ruskin's works on beauty. His rich literary knowledge, drawing on Homer, Horace, Virgil, Shakespeare, Swinburne, Tennyson, Wordsworth, Herrick and William Morris (to name but a few), was interlaced among the stems, flowers, branches and perfumes of his garden at Knotty Ash. The armchair gardener savouring the delights is transported to continental climes breathing the perfume of the 'great Orange-trees [...] calling up a thousand fragrant memories of Southern France and Italy'.[18]

In his farewell entry for November, Bright introduced a classical and timely element. He was considering putting up, in his wood, a statue of Hyacinthus, around which 'the wild Hyacinths or Bluebells will come clustering up, and make the grass all blue';[19] in the inner garden he was planning to erect a sundial that he would adorn with a verse from Elizabeth Barrett Browning.

Even the most hardened town dweller would be converted to the joys and marvels of gardening on reading his prose. For Bright, a garden was also a most pleasant way of remembering one's friends:

> I never stay anywhere, where there is a garden, without bringing back with me some one or more shrubs, as a remembrance of a beautiful place, or happy hours; and, when I plant them, I fasten to them a label mentioning their old home, and I am reminded – now of a quaint low house covered with creepers and nestling among the hills of Wales [...] – now of an old English abbey, where the flowers of to-day spring up among the ruins of a thousand years ago.[20]

It was at an 'old English abbey [...] among the ruins of a thousand years ago' that Bright discovered a rare rose, the 'Rose of

May' or 'Rose de Marie', blooming at Wenlock Abbey. He was given a specimen and was overjoyed to find that it thrived happily in his Knotty Ash garden (then a village to the east of Liverpool). So this unique rose also brought back intense memories of Wenlock and the poetry of the rose. In his 'Notes from a Lancashire Garden', he reflected, among other things, on his roses and on one that was very special:

> My Roses have done rather well this year, in spite of the rain, and there is one little Rose which has interested me a good deal. It was given to me a year or two ago, and has this year flowered. The flower is a small pink single flower, and in its general look and habit the plant looks rather like a very minute single Pæony; there are hardly any thorns, and the foliage is peculiar. I was told it was 'the Rose de Marie', and then that it was 'the Rose of May'. Now the only place where I had ever seen it was at a wonderful old abbey in Shropshire, and I had some faint remembrance of a poem by either William or Mary Howitt describing 'the Rose of May' as scarcely to be found except among the old abbeys of England.[21]

Bright sent some of its blossoms to the editor of the *Gardeners' Chronicle* who identified it as being a *Rosa carolina*, a native of the United States, and that an allied form is called *Rose de Mai* or *Rosa maialis*. Bright sent Lady Catherine a copy of his garden notes containing this remarkable discovery. In 1960 this rose was still flourishing on the outside of the south walk of the chapter house at Wenlock Abbey.[22]

The structure, style, sensitivity and commonsense of *A Year in a Lancashire Garden* were the seed of Lady Catherine's own gardening book a few years later, *Spring in a Shropshire Abbey* (1905), that covered the seven-month period of January to July, a broader span than the title suggests. *Spring in a Shropshire Abbey*, dedicated to Eleanor Vere Gordon Boyle ('EVB'), was also influenced by the latter's *Days and Hours in a Garden* (1884), spanning October 1882 to September 1883.

Lady Catherine's friendship with Henry Bright and his family continued. He was invited again to Wenlock Abbey in 1882 and in 1883 with his daughter Elizabeth Phoebe Bright. After his death in 1884, the family links were maintained and his son Allan Heywood Bright, who became an MP, was a guest in 1902, 1903, 1904, 1906 and 1909.

Fig. 31 *Charles Milnes Gaskell.* Photograph by Maull & Fox, 187a Piccadilly, London.

'The Country Gentleman'

As well as being the custodian of a very special Abbey, Charles Milnes Gaskell was conscious of his position as a substantial landowner, wealthy squire and a man with strong, yet still unsatisfied political ambitions. In his article 'The Country Gentleman',[23] his sensitive antennae reached out to potential electors. He demonstrated his awareness of the social changes in Britain and beyond that were taking place as a result of political reform, and supported many of them, but did not take an entirely unequivocal perspective of the country gentleman.

On a personal level, Charles had experienced the changing social scene in respect of his impoverished and impulsive nephew, the second son of his sister Isabel Wintour. The young man had married at the age of nineteen in 1881, and had fathered a child soon after. He had, in Charles's eyes, 'married [...] below himself in position i.e. a Leeds girl'.[24] In spite of some disapproval, Charles nevertheless took steps to help the twenty-year-old and to this end invoked the assistance of Henry Adams in finding a job for him in America on the railroads, believing that 'his only chance of success is in a new country'.[25] Charles also provided financial assistance to the young couple and their child.

Charles was, however, embarrassed by the behaviour of so many men of means who spent their life in the 'enjoyment of sport' – racing, hunting, shooting or fishing – rather than engaging in cultural activities, such as literature and the acquisition of good personal libraries.[26] Many had been profligate, living beyond their means without saving for the future, in the belief that high prices for their farm stock and cereals would continue indefinitely.

He refuted the 'halo of romance' surrounding the occupant of the country house created by writers such as the English essayist, poet and founder of the *Spectator*, Joseph Addison (1672–1719); the American essayist, Washington Irving (1783–1859); 'foreign observers' and 'American travellers'. The French political writer Montalembert (1810–70) was singled out for his naïve and false description of the Utopian peace enjoyed by 'le country gentleman'.[27] The reality, Charles maintained in a somewhat hyperbolic way, was very different: '[The squire] has given up his deer, has dismissed his servants, has laid down his kitchen garden in grass; he is advertising his house for a grammar school or a lunatic asylum, he is making arrangements with little Premium for the sale of his ancestors, and with the nearest timber merchant for that of his trees.'[28]

Even William Cobbett, whom Charles much admired and about whom he gave a lecture at Leeds in February 1883, depicted a vanishing world, however delightful his description was of a homestead with tenants:

> In the farmhouses there used to be a long oak table, three inches through, at which the whole family sat. The breakfast was by candlelight in winter, and it consisted of beer, bread, and bacon, or other food prepared by the dame and the maids, while the men and

> boys and masters went out to feed and clean their horses and cattle by lanternlight. It was not a mess consisting of tea-water and potatoes. When the men went out they had their bottles of beer and their luncheon-bags. It was not water and cold potatoes to eat in the field. The return from plough was the signal for dinner, the horses having been fed first. At night all assembled again, and all were in bed four hours before midnight. This was education. This was good breeding. From this arose the finest race of people that the world ever saw. To this the nation owed its excellent habits. All was in order here. Every one was in his place. These were the breeding-places of sober and able workmen. This supplied the cities occasionally with their most active and successful tradesmen and merchants, and it supplied the fleet and army with hardy men, fashioned to due subordination from their infancy.[29]

The reality was that tenant farmers were demanding lower rents, more money and better conditions while the cost of living had increased substantially for the country gentleman: 'The wages of servants have risen largely; his horses and his game cost more; the education, or rather the maintenance, of his son at Eton has increased 30 per cent. during the last twenty-five years, the dress of his daughter 50 per cent., and during that period rents on many estates have remained the same.'[30]

Charles wasted no time in criticising once again the country squires of the eighteenth and early nineteenth centuries who, seized with 'senseless mania', and ignorant of the beauties they possessed, destroyed and demolished their fine properties and sometimes replaced them with ostentatious houses with Grecian porticoes and '"windows etc... that exclude the light and passages that lead to nothing", to show that they could outstrip their neighbours in extravagance'.[31] His condemnation and scorn were unequivocal: 'No race of men were ever so ignorant of the beauties of what they possessed as the English landowners; one exquisite example of mediæval architecture after another has perished.'[32] This passionate advocate of preservation of old buildings cited further examples of wanton destruction: 'One squire pulled down all the early crosses that stood in the villages around him and built them into the foundations of his modern house. Men like the first Duke of Buckingham bought a neighbouring property and razed to the ground the Elizabethan hall that had been its pride.'[33]

With recollections of the neglect of Wenlock Abbey prior to its purchase by his father, Charles continued his attack on the behaviour of some squires who 'have allowed their abbeys to be carted away to mend the roads and repair the walls with'.[34] He considered that their insensitivity and ignorance of history were so great that legislation was urgently needed to protect all buildings anterior to the eighteenth century. If not, 'the time may come when England will only possess an archæological interest, and mainly depend upon the visits of Americans for the support of her inhabitants'.[35]

He pointed out that although a recent article in the *Westminster Review* had claimed that the behaviour of landlords towards their tenants was akin to 'social cannibalism',[36] in fact a fairer system to reduce the poverty gap and redistribute wealth would be the introduction of a 'progressive tax on incomes' as suggested by the radical Thomas Paine. Charles concluded by looking to the politician of the future (himself in mind, no doubt) as one who must be sufficiently financially secure in order to carry out, as an independent, the wishes of his electorate, whatever they may be. Finally, he considered what solution there might be for the alleviation of some of the problems of the country squire. He advocated a simple philosophy, in the absence of an effective prayer by archbishops, and the extension of voting rights coupled with honest conduct in politics. His concluding advice was:

> All [the squire] can do is to begin by applying to himself the advice he has given to the working classes, to lead a simpler life, to restrict his expenditure, to facilitate the growth of small landed proprietorships, and to aid the attainment of the franchise at as early a date as possible by the people at large, so that neither Conservative nor Liberal leaders may be led into the temptation [...] of winning the suffrages of one body of men by the spoliation of another, and of gaining a cheap popularity by pandering to the passions of the hour.[37]

Under the heading 'The Song of the Country Squire', the satirical magazine *Punch* published a song, to the tune of *The Fine Old English Gentleman*, parodying Charles's article.[38] Although Charles may have been mocked by *Punch*, his reputation was high and in that same year (1882) 'the fine Old Country Gentleman' became chairman of the West Riding County Council. This was an excellent stepping-stone for his political career.

Henry Adams responded to Charles's article by confuting it and considering the conclusions to be too pessimistic. Henry was optimistic at that time about the human race and believed that farming had a 'great future'.[39]

Notes

1 CGMG's large Abbey book, fols 23 and 39.
2 CGMG's large Abbey book, fol. 29.
3 CGMG's large Abbey book, fol. 39.
4 See sketch of the Norman entrance to the cloister room in T. Locke Worthington, *Remnants of Old English Architecture* (London: Sprague & Co., printers, 1888), plate VI.
5 CGMG's large Abbey book, fol. 40.
6 CGMG's small notebook, fol. 96.
7 CGMG's small notebook, fols 93–94.
8 Mackenzie E. C. Walcott, *Four Minsters Round the Wrekin: Buildwas, Haughmond, Lilleshull and Wenlock* (London: Shrewsbury [printed], 1877), p. 80.
9 CGMG's large Abbey book, fol. 40.
10 The Madonna Gate was later moved to the gap in the wall on the east side of the 'East Garden' where it was still in position in 2014.
11 CGMG's large Abbey book, fol. 40 (*cf.* CGMG's small notebook, fol. 92).
12 CGMG's large Abbey book, fol. 40.
13 CGMG's large Abbey book, fol. 40 (*cf.* CGMG's small notebook, fol. 93).
14 CGMG's small notebook, fol. 92.
15 CGMG's large Abbey book, fol. 40.
16 CGMG's large Abbey book, fol. 41.
17 T. Wemyss Reid, *The Life, Letters and Friendships of Richard Monckton Milnes, First Lord Houghton*, in 2 vols (London, Paris & Melbourne: Cassell, 1890), II, p. 141.
18 Henry Arthur Bright, *A Year in a Lancashire Garden* (London and New York: Macmillan and Co., 1891), p. 21.
19 *Ibid.*, p. 85.
20 *Ibid.*, p. 93.
21 Henry A. Bright, 'Notes from a Lancashire Garden', *Gardeners' Chronicle*, 23 September 1882, p. 394.
22 Article and note inserted in CGMG's small notebook, fol. 70.
23 Charles Milnes Gaskell, 'The Country Gentleman', *Nineteenth Century*, 12 (September 1882), pp. 460–73.
24 *The Letters of Henry Adams*, ed. by J. C. Levenson, 6 vols (Cambridge, MA: Belknap Press of Harvard University Press, 1982–1988), II, p. 462, note 1.
25 *Ibid.*
26 'The Country Gentleman', p. 462.

27 *Ibid.*, p. 463.
28 *Ibid.*
29 Quotation by Cobbett in 'The Country Gentleman', p. 465.
30 'The Country Gentleman', p. 466.
31 *Ibid.*
32 *Ibid.*
33 *Ibid.*
34 *Ibid.*, pp. 466–67.
35 *Ibid.*, p. 467.
36 *Ibid.*
37 *Ibid.*, p. 473.
38 *Punch*, Saturday, 9 September 1882, p. 119.
39 *The Letters of Henry Adams*, ed. J. C. Levenson, II, p. 471 (HA to CGMG, 24 September 1882).

Chapter 17

The Great Lavatorium

When in early October 1882 Frank and Cecil Palgrave and their two daughters stayed at the Abbey after an absence of several years, they saw the many changes that had taken place. The most striking historically was the discovery of the *lavatorium* in the cloister. Frank Palgrave realised immediately the significance of this remarkable find and as an art historian attempted to identify it and impress its importance on his brother-in-law. He wrote in his diary:

> Came to Wenlock with Cis and the two elder girls, and Carlo showed them over the Abbey and the picturesque ruins. Saw the very singular and beautiful lavatory which he has dug out; this must in design and in sculpture have fully equalled the best Italian work of the same date, which I take to be cir. 1120, and, so far as I know, it is unique in England, if not abroad.[1]

The Palgraves also visited nearby Buildwas Abbey where the contrast was great between those very secluded Cistercian ruins deep in the valley and immediately next to the fast-moving river Severn, and those of Wenlock Abbey: 'These ruins in their matter-of-fact plainness and propriety of design form a curious contrast to the delicate fancy of Wenlock.'[2]

For centuries, many of the ruins at Wenlock were hidden deep beneath long grass, brambles and briar. A mysterious grassy mound concealed a rare feature – a great free-standing *lavatorium*. It was strategically situated in the south-west corner of the cloister, near the entrance to the refectory, for the monks' cursory ablutions after their heavy and dirty manual work in the fields, forests and gardens before they ate in the communal room or went into the church. In its heyday in the twelfth century, it could accommodate sixteen monks, circled around, simultaneously washing their hands. It was also used for the weekly maundy (*mandatum*) foot washing. Its existence was unknown to the Milnes Gaskell family prior to 1878 when the soil was removed. Perhaps sensing that the discovery at the time might be of significance, Charles removed some of the fragments of the *lavatorium* for safe keeping inside the prior's lodging.

It has been possible to reconstruct the *lavatorium* from numerous fragments that were assembled and sketched by twenty-seven-year-old Herbert Langford Warren (1857–1917) in the summer of 1884. Warren had travelled to Europe from Boston, Massachusetts, where he was employed in the architectural practice of Henry Hobson Richardson (1838–86), to spend a year studying architecture. Warren was British by birth. He was born in Manchester and had spent his childhood in that northern town. He had been a student at Owens College, later part of Manchester University, and had taken courses in painting and drawing with William Walker, who had been a student of James Duffield Harding, Ruskin's teacher.[3] Warren later became a professor at Harvard where he founded the School of Architecture.

Shropshire was the homeland of the family of Warren's mother, Sarah Anne Broadfield (1827–78). Although born in Manchester, she came from a Bridgnorth family who had made money by transporting cotton to cottage weavers.[4] That may have been one reason for his visiting the county. However, a major impetus was the advice given to him by his employer, Richardson, via the latter's close friend and contemporary Henry Adams who knew and had experienced at first hand the importance and uniqueness of Wenlock Abbey.

Wenlock Abbey was an idyllic setting conducive to a serious study of the ruins, and the weather was clement. The time and energy that had been expended by Charles on improving the grounds were noticeable. Warren described the perfect scene in late August 1884:

> A part of his garden, with its roses and hollyhocks and a wealth of other flowers, occupies the site of the great cloister. Where once the monks pored over their folios, his pigeons live in the old vaulted muniment room, or make their nests in the triforium arches of the church, while the peacocks proudly strut across the lawn which occupies the nave, and Angora cats come purring and rubbing up against one as he sits sketching, and enjoying the bright sunshine, the fine old architecture, the scent of the jasmine and roses, and the music of the church bells tolling from the rude Norman church tower in the village close by.[5]

The room used as a pigeon-cote was the vaulted chamber situated over the first three bays of the south aisle of the nave, reached at the top of the steep flight of stone steps in the north-west corner of the cloister. Warren noted that the three bays were vaulted low in order to give this chamber (whose vaults run as high as the top of the triforium) greater height. He speculated that this chamber, well lighted on the side of the cloister, was probably the muniment room or library of the monastery.

Steeped in the Arts and Crafts Movement and a passionate devotee of Gothic and the Middle Ages, Warren approached architecture in a manner reminiscent of Ruskin in *The Stones of Venice* and *The Seven Lamps of Architecture*. He examined buildings closely by producing architectural sketches and plans accompanied by very detailed and accurate measurements (even of minute fragments) that would have required a great deal of physical labour, and climbing high up in the ruins and in precarious places. He would have borrowed ladders and ropes from Charles. These sketches illustrated his written accounts, descriptions and hypotheses about the reconstitution of the ruined fragments. His sketches were of two kinds: some were flat, architectural plans, but others were three-dimensional drawings with shading and effects that conveyed the patina, age and vitality of the period. Warren's stone is warm, his sculptured foliage is alive and his grotesques are grinning with a mischievous look on their faces.

It so happened that two other students of architecture, like-minded with Warren, were also at Wenlock Abbey and who seemingly did not know each other: John Ernest Newberry (1862–1950) and Thomas Locke Worthington. Twenty-two-year-old Newberry was employed in the London office of the architect Arthur Rowland Barker (1842–1915) and also attended the Royal Academy Schools. He gave Warren 'a great deal of assistance'[6] in taking measurements, some of which were impossible to record owing to the great height of parts of the transept.

The other student, talented Thomas Locke Worthington, who arrived at Wenlock before Warren left, lived at Mill Bank, Bowdon, Cheshire. He was a nephew of the established and prolific architect Thomas Worthington (1826–1909). He was already an associate of the Royal Institute of British Architects and winner of the Manchester Society of Architects' Prize for his essay, 'Historical Account and Illustrated Description of the Cathedral Church of Manchester', published in 1884. He joined the Architectural Association in 1885. Worthington worked diligently among the Wenlock ruins, taking very careful note of detail and making sketches.

There must have been a very useful and stimulating interaction between the three young architects. Unfortunately, they did not sign the Visitors' Book and so we do not know exactly how long they stayed or even where they lodged.

It was Warren who did most to reconstruct the lavatorium in its entirety, through his sketches and his two imaginative, lyrical articles. The laver-house, the protective covered building, was octagonal; its pointed roof was supported by columns and groups of columns between which were open arcades. The fountain in the centre consisted of a large basin or substructure, coped with slabs of pinkish, fossiliferous limestone; this rested upon a pavement projecting from it all around. Above this was a smaller, circular upper basin with spout-holes and spout-heads with gargoyles depicting mouths wide open through which the water from a nearby well gushed. Although Warren found no fragments of the central part of the inner basin, he observed that the floor in that part tended to rise 'as if in preparation for the base of a further central piece'.[7] He hypothesised that the square base prepared for a cluster of five colonnettes that had been discovered, along with the little heads or griffes found in the cloister room, belonged in the centre of the *lavatorium* and 'formed the central and crowning member of the fountain'.[8] This theory was challenged by subsequent research.

The circular upper basin of the *lavatorium*, hewn out of a block or blocks of limestone, was particularly attractive with its elaborate *bas-reliefs* of dense foliage and other forms of decoration: on the inside it was fluted like a shell, each flute corresponding with the convex surface on the outside. Warren noticed that some of these motifs resembled those on the central mullion of the west door of the cathedral of Sens, in northern Burgundy, thus reinforcing the link with France and the stonemasons.[9] As Warren examined the ruins further, he became convinced that the *lavatorium* was the work of French masons: 'The character of the carving, the square abaci of the columns, the functional treatment of the carving of capitals, the griffes of the bases, the exquisite refinement of line and surface, – all are French, not English. Beautiful as some English carving is, it never had just the quality shown in this work.'[10]

The large, lower trough was coped with carved slabs, cut to the curve, approximately two and a half feet high. The entire construction was of local stone from Shadwell Rock Quarry,[11] the famous 'Wenlock Marble' – a term used to describe the rock-type[12] – the exceptionally fine-grained limestone, some 440 million years old from the Silurian period, before life began to move from sea to earth and well before the time of amphibians, dinosaurs, mammals and birds. This high-quality stone was much prized for fine, delicate carving.

These two sculptured slabs remained in position until 1984 when they were cleaned and restored, and replaced by fibreglass replicas. The originals were on public display at an exhibition of Romanesque art at the Hayward Gallery in London, between 5 April and 8 July 1984, and then kept in a secure place under the guardianship of what later became English Heritage. In January 2012 the two original panels were placed on permanent public view, behind glass, in the refurbished museum in Much Wenlock.

The panel (approximately 30 inches high by 20 inches wide) on the north side represents two contemplative figures, standing in, and framed by, coupled arches (figure 32). The beardless figure on the left is holding his chin and cheek with his left hand whereas the stocky, bushy-bearded figure on the right is pressing a heavy tome to his chest. Another wider panel (approximately 30 inches high by 25½ inches wide), facing south-east, depicts two rowing boats, one above the other, framed beneath a trefoiled arch (figure 33). There is an oarsman and a male passenger in each. In the upper boat, the young, beardless passenger appears to be sleepy: his head is drooping and his raised hand gesture implies a rejection of some kind. The lower boat is half immersed in turbulent water, and the right hand of the bearded passenger is gripped tightly by a figure standing on water and dressed in a long robe. The *bas-reliefs* of fishermen are a reminder of the Wenlock monks rowing on their own fish ponds.

This secular representation of the iconography is more usually interpreted in a religious sense, appropriate to this holy place. According to Brian Young, the *bas-relief* of the boats represents the moment when Jesus, walking by the sea of Galilee, notices

Fig. 32 *Lavatorium: Panel on the North Side.*

Fig. 33 *Lavatorium: Panel facing South-East with Details of the Frieze.*

two fishermen brothers, Peter and Andrew, casting their nets into the sea and calls them to follow him as his disciples (see Matthew 4. 18–22; Mark 1. 16–20; Luke 5. 1–11).[13] In the boat in the upper part can be seen young John, and James who is rowing; in the lower boat can be seen Peter whose hand is taken by Christ, and Andrew who is rowing. Young and George Zarnecki[14] disagree with a commonly held interpretation that this scene depicts Jesus walking on the water (Matthew 14. 22–31). Perhaps it is an amalgam of both biblical stories for the symbolism of water would have been appropriate for the *lavatorium*.

Can one speculate that originally there was a religious or devotional scene carved on each coping stone? In 1882, during archaeological excavations, Charles discovered some saints, and on 16 October 1882 he sent Henry Adams some photographs of those he had discovered. Adams replied on 3 December 1882:

> My dear Carlo,
>
> Your letter of Oct. 16 has been lying some weeks on my table, and the photographs of your discovered saints have adorned my library. They are interesting, and if you find out when they were done, I would like to know.[15]

This was probably a reference to the two surviving panels to which we have referred. Warren asked Charles permission to have casts taken of the sculptured panels.[16]

Fragments of capitals and bases were found both among the ruins and in the cloister room that Charles used as a place of safe keeping for the more delicate fragments. In the cloister room Warren found portions of three spout-heads that he recognised as belonging to the inner basin of the *lavatorium* and that had been rescued from the mound that had covered 'this unique little monument'.[17] On 30 August 1884 Warren sketched some of the remains of these spout-heads from different angles. These heads without bodies depict human faces; others have animal characteristics. In all cases, their eyes are wide open with a pointed, terrifying gaze.[18]

Both Warren and Worthington were interested in a single pair of coupled columns (figures 34 and 35) with their caps and bases in a state of perfect preservation: a flat rectangular abacus with

Fig. 34 H. Langford Warren, *Coupled Columns and Abacus from the Lavatorium.*

Fig. 35 Thomas Locke Worthington, *Coupled Columns at Angle of Octagonal Fountain.*

a plain moulding, with simple decoration beneath and simple leaf design at the base of the columns.[19] Warren sketched this as a complete unit and reproduced it in the *Architectural Review*.[20] However, he had drawn attention to this important piece of sculpture in an earlier publication in 1886, when, among a group of nine Romanesque capitals from Laon cathedral, Le Puy and Siena, the centrepiece was the upper part of the pair of coupled columns from Wenlock Priory (all sketched by Warren).[21]

Warren sensitively described the excellent workmanship: 'The whole of this work is executed with admirable precision, the mouldings are of wonderfully beautiful contour, and cut with absolute accuracy and perfect finish, and the carving of the elaborately ornamented inner basin, with its spout-heads, the sculptured figure slabs of the substructure and the capitals of the columns, is of exquisite finish, and shows rare feeling for the beauty both of surface and line.'[22]

It must have been a magnificent and awe-inspiring monument until much of it was destroyed after the dissolution of the priory in 1540. A. E. Henderson made sketches of an imaginary reconstruction of the cloister and the *lavatorium* (figures 36 and 37). Warren, with his imagination, determination, knowledge and scholarship, recreated the *lavatorium* with two sketches of

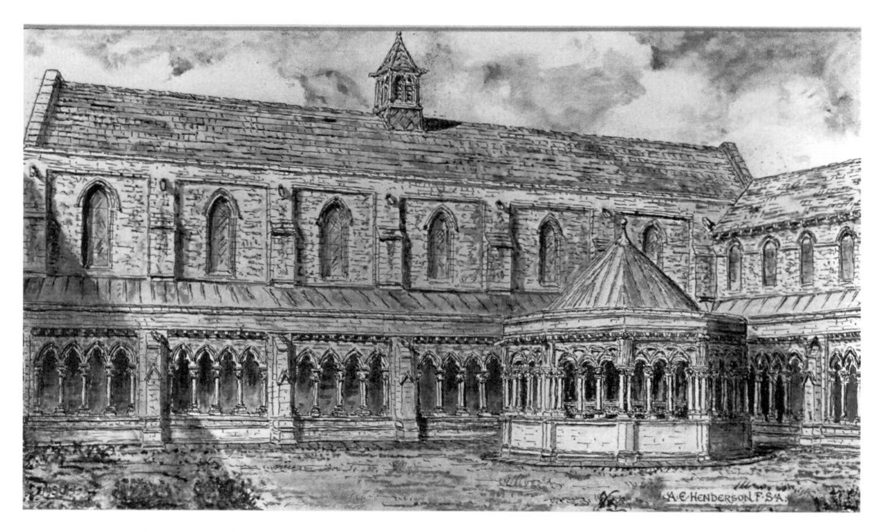

Fig. 36 A. E. Henderson, *Reconstruction of the Lavatorium and Cloister*.

A.E. HENDERSON F.S.A.
The Monastery of Saint Milburga Much Wenlock Shropshire.
The Norman Lavabo as existing in the latter ½ of the 12th

Fig. 37 A. E. Henderson, *Reconstruction of the Lavatorium.*

the whole.[23] Warren's plate XLIX shows the human scale of the edifice and its grandeur. It is put in context and its functionality emphasised with a contemplative monk standing by it with his right hand placed on the bowl, in readiness to wash before praying and eating. Warren's plate XLVIII, figure c, depicts the reconstructed laver house with a pointed roof set in the cloister with an adjoining building. This is placed on the same page next to Viollet-le-Duc's restored view of the Romanesque *lavatorium* at the Cistercian monastery at Fontenay, in Burgundy, with which an analogy is made. Warren also found a resemblance between the Wenlock *lavatorium* and the hexagonal one in the cloister of the former *hôpital Saint-Jean* in Angers, in the Loire valley.[24] Charles had a very high regard for Warren's work and considered that his published articles in 1891 and 1892 gave 'a most careful and admirable account of the Priory [...] and an excellent paper on the lavabo in the cloister accompanied by drawings'.[25]

Newberry submitted some of his own work to the Architectural Association and two plates were subsequently published in 1886. Plate 1 depicted his measured drawings of one bay of the east side of the south transept of the priory church, and a portion of the south wall and bay of the south transept.[26] Plate 2 comprised a plan of the site, including the prior's lodge and a detached building to the south-east of the residential part marked by Newberry 'Now used as a shed', and plans of the east piers, south transept, and other detailed plans and sketches of mouldings.[27]

Worthington submitted three large plates in the competition for the Silver Medal of the Royal Institute of British Architects for measured drawings: he gained a Certificate of Honour. These plates of his meticulous, painstaking work were reproduced in the *Builder* of 23 May 1885, along with some historical notes by Worthington.[28] The three plates represented the ground plan, portions of the elevations of the south transept, and piers and bases. To an overview of the history, Worthington added a personal appreciation and regret at the devastation:

> Wenlock Priory is one of the most picturesque ruins in the country, though the larger portion of the original structure no longer exists, having gradually been quarried away during the last few centuries. Indeed, most delicate details can now be seen in the walls of the rectory of Much Wenlock, situated about half a mile from the Priory.
>
> The three walls of the south transept, the west wall of the north transept, the south-west portion of the nave, the rectangular chapter house, and the north and west walls of the refectory, alone rise high above the ground to testify to the beauty and grandeur of this immense mediaeval church. Traces can be seen of the whole of the choir and most of the nave, though the thick growing grass and vegetation greatly obscures the same.[29]

His success and publication in this prestigious journal enabled him to make progress in his career. The fruits of his exacting work at Wenlock (and elsewhere) were published in 1888, three years ahead of Warren's work. Worthington's buckram-bound *Remnants of Old English Architecture* included two double-page and six single-page plates of Wenlock Priory, with measured drawings, a large collection of mouldings and perspective sketches, all by the author.[30] It was highly praised in the *Builder* of 4 August 1888 in which two plates of Worthington's Wenlock work were reproduced: 'There has been, we believe, no book published in illustration of Wenlock Priory, since the essay by Roberts in 1862, which is probably not in print now.'[31] The reviewer in *Building News*, referring in particular to plate IV, wrote: 'Wenlock Priory, Shropshire, is more thoroughly illustrated than any other subject, the best practical plate in the book being that showing a detail of the South Transept of that beautiful ruin.'[32]

The high praise was justified and well deserved. Worthington's double-page ground plan (figure 38) of the former priory and church included the *lavatorium* with detailed measurements. On plate II were three-dimensional sketches of the *lavatorium* in 1884 and some of its detail: the carving on the panel depicting two standing figures, a corbel, and a joined double column with abacus at the top and its sculpted decoration. Half of plate VIII was devoted entirely to a large sketch of these combined columns near the fountain.

Mackenzie Walcott, drawing heavily on the *Spicilegium* of the learned French Benedictine monk Luc d'Achéry (1609–85), identified the existence of a lavabo situated imprecisely: 'one bay distant from the Transept Chapels there was an octagonal building, 18 feet in diameter, probably the Lavatory, "for the Church use", which is mentioned in the Ancient Uses; an "amphora aquae de stanno in loco competenti in ecclesia", was supplied for washing the chalices used at low masses.'[33] Walcott's own description and plan of the cloister, however, omitted any reference to a *lavatorium*. Luc d'Achéry's octagonal building located vaguely 'one bay distant from the Transept Chapels' may possibly be the sacristy.

Great attention was paid to hygiene by the monks and a basin can be found in the west wall of the south transept, close to the eastern processional doorway from the cloister, with, as Mumford observed, 'holes for pipes, drains and towel rail'.[34] It was fed by a horizontal pipe in the wall behind and emptied by a waste-pipe at one end. A. Hamilton Thompson has suggested that it was for use before the night-office.[35] Nikolaus Pevsner likewise remarked on this 'lavatorium of three blank arches with blank drop-shapes in the spandrels and basins on corbels'.[36] This feature is not in itself unique for basins built into the wall can be found, still intact, in many monasteries, such as: the priory of Saint-Jean-les-Bonshommes, near Avallon in Burgundy, where there is a fine double lavabo in the north-east corner of the cloister; at the Abbaye-aux-Dames in Caen the impressive and well-preserved lavabo consists of four black marble basins built into niches along the wall. What makes Wenlock very unusual, if not unique, is the possession of two lavabos, one in the cloister (Pevsner dates its 'juicy' foliage as typical of about 1180–90)[37] and one possibly of a more recent date (he suggests *circa* 1200–40 as the most likely dates of the building of the priory church).[38]

At the very beginning of the twentieth century, interest was revived (again) in the *lavatorium*. The architect Roland Wilmot Paul (died 1935) visited Wenlock Abbey in the late summer of 1900. He measured the *lavatorium*, produced a ground plan and sketched details of the two sculptured panels, columns and some of the ornamentation on the outside of the lower basin. His findings were published in the *Builder*.[39]

Paul interpreted one panel as representing 'two saints under a Norman arcade', and the other 'apparently of slightly later date [...] of what appears to be Christ walking on the water'.[40] In the latter, he observed that the 'space between the lower boat and the bottom of the panel is occupied by fishes'.[41] The state of preservation at that time enabled him to identify tiny fishes among what appear to be turbulent waves.

Fragments had been collected and placed loosely on top of part of the wall of the lower basin, creating the effect of a decorative frieze. This is clearly visible in a photograph taken at that time by Mr W. Golling and published in *Spring in a Shropshire Abbey* (figure 39).[42] Paul sketched, *in situ*, examples of this 'elaborate carving of a conventional type' (also sketched by Warren, plate XLIV) and the arcading on the inside of the wall.[43] Only a few days after making these drawings, Paul happened to come across 'a very curious thing'.[44] He was reading *The Yangtze Valley and Beyond* (1899) by the intrepid traveller Isabella Bird Bishop (1831–1904) – herself a frequent guest at Wenlock Abbey – when his attention was caught by an illustration in the book of a carved lintel to a doorway of a

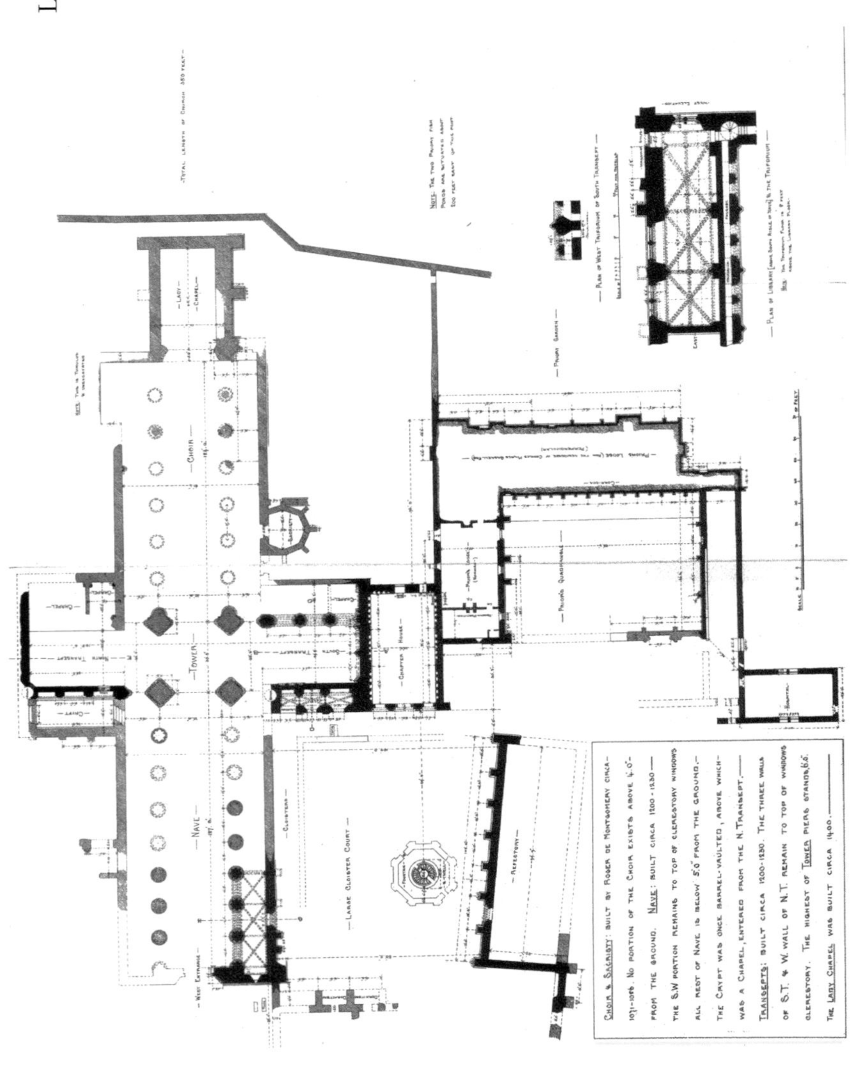

Fig. 38 Thomas Locke Worthington, *Ground Plan of Wenlock Priory.*

rock-cut temple in the Upper Yangtze Valley (figure 40). To his amazement, the conventional ornament on the frieze of the rock dwelling in distant China was practically identical to that of some of the motifs on the stones then lying on top of the Wenlock *lavatorium*. No date was given for these rock temples and Paul intended to contact the author to obtain further information. He included this finding, for which he had no explanation, in his article in the *Builder*, and reproduced the Chinese ornament from Bishop's book in order to show more clearly the resemblance with some fragments on the *lavatorium*.[45] The question remained in his mind as to whether the Wenlock fragments belonged to the well: if so, the similarity of pattern was remarkable.

Bishop described the rock dwelling frieze as 'eighteen inches in depth, [and] repeated over a stone altar against the wall, and again over several recesses, one of which is obviously for a fire, and has a stone shelf above it, the others were probably beds'.[46] She also noted a 'deep and well-executed frieze carved with arabesques and curious human figures, the faces of which are certainly not Mongolian'.[47] Curious human figures and arabesques

Fig. 39 *Lavatorium*. Photograph by Mr W. Golling, from *Spring in a Shropshire Abbey*, 1905.

can also be found in Wenlock Abbey, for example in the chapter house, and among the gargoyles, suggesting the universality of a conventional motif. This motif, however, precisely because it is conventional, can be found in the frieze above the prior's door of Ely cathedral. It is also not unlike Romanesque sculpture in parts of France.

A few years after Paul's visit, the Cambrian Archaeological Association organised a field trip to Wenlock Priory in 1905, during which the eminent archaeologist John Romilly Allen (1847–1907) drew attention to the sculptured panels. Henrietta M. Auden, Fellow of the Royal Historical Society, wrote a short account of their observations, with particular reference to Allen, published in the *Transactions of the Shropshire Archaeological and Natural History Society* in 1906.[48] She described the panel with two figures as seeming 'to show St Peter and St Paul' and continued: 'The curious attitude of the one figure, with his hand to his chin, suggests the old world charm that connects St Peter with toothache.'[49] As regards the wider panel, Auden wrote: 'The other is remarkable as being one of the very few early sculptured representations of boats to be found in England. The presence of two boats suggests the scene of the draught of fishes, when "they beckoned to their partners who were in the other ship", though the grasping of the hand recalls St Peter's attempt to walk upon the water.'[50] Allen remarked on the 'distinct resemblance between the carved foliage edging the

Fig. 40 *Detail of a Stone Frieze on a Dwelling on the Banks of the Min River, China.*

top of the lavatory and that on the tomb of Gundred at Lewes Priory', thus suggesting some connection between the parent foundation at Lewes and Wenlock.[51]

Serious interest in the ruins and especially the cloister *lavatorium* had been awakened by the publication of these many articles and sketches. The renown of the site attracted attention. On Saturday, 4 September 1886 delegates to the British Association for the Advancement of Science Conference in Birmingham took the opportunity to visit Buildwas Abbey (by permission of Walter Moseley) and Wenlock Abbey, where, in the absence of Charles, the Reverend Frederick Ellis hosted them to tea at 5.15.[52] The British Archaeological Association, a body founded in 1843 for the promotion of the study of archaeology, art and architecture and the preservation of national antiquities, organised a visit on 31 July 1894. The group leader William Henry St John Hope (1854–1919), then Assistant Secretary of the Society of Antiquaries of London, an eminent writer on heraldry and archaeology and well-known antiquary, 'lectured on the remains of the Priory'.[53] He was accompanied by the Reverend Rowland W. Corbet (1839–1919), rector of St Peter's Church, Stoke upon Tern, and his German-born wife Christine (both of whom had been frequent guests at Wenlock Abbey), and by Sir Henry Hoyle Howorth (1842–1923).

Notes

1 Gwenllian F. Palgrave, *Francis Turner Palgrave. His Journals and Memories of his Life* (London, New York and Bombay: Longmans, Green, and Co., 1899), p. 168.
2 *Ibid.*, pp. 168–69.
3 Maureen Meister, *Architecture and the Arts and Crafts Movement in Boston: Harvard's H. Langford Warren* (Hanover and London: University Press of New England, 2003), p. 8.
4 *Ibid.*, p. 7 and p. 163, note 4.
5 Herbert Langford Warren, 'Notes on Wenlock Priory', *Architectural Review*, I, no. 1, (1891), p. 1.
6 *Ibid.*, p. 1, note *.
7 Warren, 'Notes on Wenlock Priory', *Architectural Review*, I, no. 6, (1892), p. 50.
8 *Ibid.*, p. 51.
9 Warren, 'Notes on Wenlock Priory', *Architectural Review*, I, no. 6, (1892), p. 51.

10 *Ibid.*, p. 51.
11 Pearson, Prentice and Pearson, 'Three English Romanesque Lecterns', pp. 336–37.
12 George Zarnecki and others, *English Romanesque Art 1066–1200* (London: Weidenfeld and Nicolson, 1984), p. 200.
13 Brian Young, *The Villein's Bible* (London: Barrie & Jenkins, 1990), p. 80.
14 Young, *The Villein's Bible*, p. 80; George Zarnecki and others, *English Romanesque Art 1066–1200*, p. 201.
15 *Henry Adams: Selected Letters*, ed. by Ernest Samuels, (Cambridge, Massachusetts and London: Belknap Press of Harvard University Press, *c*. 1992), p. 171.
16 CGMG's large Abbey book, fol. 43.
17 Warren, 'Notes on Wenlock Priory', *Architectural Review*, I, no. 6, (1892), p. 50.
18 *Ibid.*, plates XLIV and XLVII.
19 T. Locke Worthington, *Remnants of Old English Architecture*, plates II and VIII.
20 Warren, 'Notes on Wenlock Priory', *Architectural Review*, I, no. 6 (1892), plate XLV.
21 *Sanitary Engineer*, 13, no. 16 (18 March 1886), facing p. 368.
22 Warren, 'Notes on Wenlock Priory', *Architectural Review*, I, no. 6 (1892), p. 51.
23 *Ibid.*, plates XLIX and XLVIII, fig. c.
24 *Ibid.*, p. 51.
25 CGMG's large Abbey book, fol. 43.
26 *Architectural Association Sketch Book*, series 2, 6 (1886), p. 34.
27 *Ibid.*, p. 35.
28 *Builder*, 18 (23 May 1885), pp. 724 and 741 with three plates in between.
29 *Ibid.*, p. 741.
30 T. Locke Worthington, *Remnants of Old English Architecture* (London: Sprague & Company, 1888).
31 *Builder*, 55 (4 August 1888), p. 77. The reference is to Edwards Roberts, 'Wenlock Priory, Salop', *Collectanea Archaeologica*, vol. 1, 1862, pp. 145–62.
32 *Building News*, 55 (7 September 1888), p. 302.
33 Mackenzie E. C. Walcott, *Four Minsters Round the Wrekin: Buildwas, Haughmond, Lilleshull and Wenlock* (London: Shrewsbury [printed], 1877), p. 84.
34 W. F. Mumford, *Wenlock in the Middle Ages* (Shrewsbury [printed]: published by Mrs E. Munford, 1977), p. 89.
35 A. Hamilton Thompson, *English Monasteries* (Cambridge: at the University Press, 1913), p. 89.
36 Nikolaus Pevsner, *Shropshire* (New Haven and London: Yale University Press, 2002), p. 208.
37 John Newman and Nikolaus Pevsner, *Shropshire* (New Haven and London: Yale University Press, 2006), p. 424.
38 Pevsner, *Shropshire* (2002), p. 209.

17 *The Great* Lavatorium

39 *Builder*, 81 (14 December 1901), pp. 530–31.
40 *Ibid.*, p. 531.
41 *Ibid.*, p. 531.
42 Catherine Milnes Gaskell, *Spring in a Shropshire Abbey* (London: Smith, Elder & Co., 1905), facing p. 224.
43 *Builder*, 81 (14 December 1901), p. 531, fig. 2.
44 Letter Archive, MS (Roland W. Paul to CGMG, 5 October 1900).
45 *Builder*, 81 (14 December 1901), p. 531, figs 3 and 2.
46 Isabella Bishop, *The Yangtze Valley and Beyond* (London: John Murray, 1899), p. 468.
47 *Ibid.*, p. 468.
48 H. M. Auden, 'Sculptured Panels of St Peter at Wenlock Priory', *Transactions of the Shropshire Archaeological and Natural History Society*, 3rd series VI (1906), pp. xxi–xxii.
49 *Ibid.*, p. xxii.
50 *Ibid.*, p. xxii.
51 *Ibid.*, p. xxii. Gundred's tomb was formerly at Lewes Priory, but is now preserved in Southover church, Lewes, originally the Priory's guest house.
52 CGMG's large Abbey book, facing fol. 43.
53 CGMG's large Abbey book, fol. 43.

Chapter 18

A Changing Social and Political Landscape

Influenced and encouraged by her husband's foray into writing, Lady Catherine made her debut in October 1884 with an article 'A Farm that Pays',[1] about the virtues of tenant farming, for which her credentials might be somewhat questionable. The model she took of a successful, profitable farm was a local homestead Copse-Wood Farm, sheltered beneath the limestone ridge known as 'The Edge', near Much Wenlock. She had visited the farm and spoken at some length to the tenants as a preparation for her article. The family, comprising William Bilston, his forty-five-year-old wife and their five daughters and two sons, devoted almost all of their time to the farm, their only leisure being attending church on Sundays. They were fit and healthy due to their outdoor lifestyle, fresh food and hard work; their limited education, mainly from Bible readings, was sufficient for 'the honest work they've got to do'.[2] Although Lady Catherine portrayed a somewhat idyllic portrait of this homestead, she nevertheless placed great importance, as did John Ruskin, on the value of work, especially manual work. She wrote: 'The sacredness of work is one of the noblest instincts of mankind, and one which society and the present day are most prone to condemn and ridicule.'[3]

The Bilston tenants are depicted as simple, frugal, hard-working people whose lives revolve solely around their farm duties, in the tradition of their forefathers. Lady Catherine was reinforcing the landlord–tenant relationship with which she had been familiar from birth. Conscious of the democratisation of society and the political and social changes she was witnessing – such as the extension of the franchise, and proposals (they still remained as proposals in the twenty-first century) for the abolition of the House of Lords – she expressed reservations about these unrealistic aspirations. The happy state of affairs in the Bilston household supported her point of view. Lady Catherine concluded her article:

> It is in the hope that this simple account of English home life may not be without interest that I have ventured to give so full a description of Copse-Wood Farm and of its inmates, and to record so much of the information that I have obtained at different times in Mrs. Bilston's homely dialect. It is surely a good and cheering thought that many lives like these, simple, earnest, and pious, are still being led in the heart of England.[4]

Lady Catherine, like her husband, provided fodder for satirists. This time, the penny tabloid comic *Funny Folks* left no stone unturned and ferociously mocked her article in the form of a satirical dialogue and diary, together with a sketch of what may have reminded readers of the Lady of the Manor! The article, headed 'TAKING A TORY "TIP". Experiences of a tenant farmer', continued as follows:

> The Lady Catherine Milnes Gaskell has graciously come forward to lecture the modern tenant farmer on his sinful ways. If he wants to succeed in life he must cease to 'ape his betters', and return to the habits of his forefathers.
>
> *
>
> *Monday*. – There may be something in Lady G's advice after all. Why shouldn't I take it, and give the thing a fair trial? Maybe begin by making my wife understand that she has got to imitate Mrs. Bilston, of Shropshire, a lady who spends her day among 'the beasts', and who looks on education as not for 'the likes of her'. As the Bilstons are Lady Gaskell's shining examples, this is all-important.
>
> *Tuesday*. – We are progressing, but my wife's head aches fearfully – rising at four o'clock doesn't agree with her. Assure her that Mrs. Bilston always does it. Rather fancy in my own mind that she already regards Mrs. B. as somewhat of a nuisance. Caught Sylvia, my daughter, doing crewel-work. Tossed it into the fire, and explained to her that Polly

Bilston must henceforth be her model. Polly 'minds the cows' all day, and is ready to 'put her hand to anything'.

Wednesday. – Awfully stiff and tired this morning. Being one's own farm labourer is a little wearing to begin with. Comfort myself with the reflection that Bilston pays his way – and his landlord – and go out to load a dung-cart. Sylvia has promised to walk in Polly's footsteps, so we are still getting on, though I haven't yet succeeded in inducing my wife to appear in public in 'well tucked up sleeves and petticoats that do not extend below her ankles', *à la* Mrs. Bilston. She says she would 'look such a fright', and nearly loses her temper when I inform her that we must all look frights if we are to live up to the Bilstons.

Thursday. – Sylvia in tears and a state of absolute mutiny. Yesterday's exposure to the weather has utterly ruined her complexion, she tells me, with sobs, and she 'hates minding those stupid cows'. 'Polly Bilston', I commence; but she only 'bothers' the Bilstons, and flounces out of the room. Am not quite sure of it, but half believe that my wife sympathises with her. To bed early, 'to save the candles' – another thrifty habit of the Bilstons.

Friday. – Return exhausted from the fields to a dinner of 'broth and sagy pudding'– the only viands on the Bilston *menu* – and find a letter from my wife, who has, it appears, 'gone home to dear mamma', and taken 'poor persecuted Sylvia' with her. They 'cannot any longer endure', says the note, 'such a barbarous and savage mode of existence', and nothing shall induce them to come back till I have 'got those horrid Bilstons out of my head'. Can't say that after this domestic blow I look forward to 'a slip of bacon on Sunday' with much relish, though it would seem that the ideal farmer should be able to enjoy such fare immensely.

Saturday. – Have capitulated, and telegraphed to wife and Sylvia to return by early train to nurse their sick husband and father. Hardships of past week, together with low diet, have quite broken me down. Sylvia was right. With all possible respect – not much under the circumstances – to Lady Gaskell: Bother the Bilstons![5]

It is unlikely that Lady Catherine was a reader of this popular comic! The stinging criticism did not in any way impede her literary aspirations: by drawing attention to her writing it may have had the opposite effect.

However, a leading Shropshire sheep farmer (not a tenant farmer), John Bowen-Jones of Ensdon House, Montford Bridge, near Shrewsbury, with a lifetime of practical farming knowledge, challenged and refuted what he considered to be Lady Catherine's outmoded, naïve philosophy in the following May edition of the *Nineteenth Century*.[6] His riposte was 'A Farm that Really Pays'. He stripped away all picturesque elements of the 'ideal home of the Bilstons, this "Arcadia of the Edge"',[7] and laid bare 'a life of domestic drudgery [...] unalleviated by a break of relaxation'.[8] He pointed out Lady Catherine's lack of expertise in farming and the scant information provided about financial management. He proposed a radical notion of a profitable farm in which a tenant lived 'a life of comfort and culture', and was also 'a useful member of society'. He also went personally to inspect Copse-Wood Farm and concluded that it was far from profitable.

But even before Bowen-Jones's article was published, Lady Catherine had already written another essay, 'Servants Old and New', in *Longman's Magazine*, January 1885.[9] The subject was the quality of servants and the relation between master and servant. She set the serious and literary tone of her article and intention by quoting Ruskin's reference to Walter Scott's *Old Mortality*: 'Mr. Ruskin justly characterises as one of the finest passages in fiction, for delicacy, pathos, and deep feeling, the return of Henry Morton to his uncle's house.'[10] She evoked a caring community with mutual obligations and social responsibilities. This was a principle that Ruskin espoused for his utopian vision of a happy society. Lady Catherine explained that care and compassion towards the sick were far more important than giving money. The only way to stem what she considered to be the evil tide of Socialism that was sweeping towards her and about to swamp the present society was 'by constant association of the upper and lower classes and by acts of kindness and generosity from those who possess the good things of this world'.[11]

Her article was mentioned in *John Bull* as 'a pleasant sketch of a type of character now, we fear, fast vanishing from our family life [that] is supplied by Lady Catherine Milnes Gaskell in her "Servants Old and New"'.[12]

'Women of Today'

Lady Catherine's third publication, 'Women of Today',[13] is a well-constructed essay on behalf of women, a plea for their academic talents to be recognised, for space such as a study, and uninterrupted time set aside for this purpose. Her article predates Virginia Woolf's 'A Room of One's Own' by thirty years. In spite of great inventions of the nineteenth century, such as railways, electricity and telephones, Lady Catherine argues that women have less time for themselves because they are required to have many skills – to paint, have a knowledge of literature, do charitable and political work, speak in public, be a good linguist, engage in sport, be a manager of her household and a good hostess to her guests. Lady Catherine also believed in the importance of having done every task herself, thus acquiring an understanding of its complexity, before asking anyone else to do it.

'Some Talk about Clergymen'

The setting for Lady Catherine's next and fourth article 'Some Talk about Clergymen'[14] is an English summer's day when 'the bees hummed lazily amidst the fragrant blossoms of the lime-trees, and the scent of new-mown grass was gently wafted by the breeze across the neighbouring fields'.[15] A discussion takes place, precipitated by clergyman Baynes's action in admonishing a servant for not attending church in the afternoon. There follows a light-hearted recollection of different types of clergymen, with many demonstrations of West Country dialect. One example is that of Mrs Grey, clinging to her husband like 'Millais's sad picture of the "Huguenot Lovers"', trying to prevent her husband from visiting a smallpox victim. He risked his life, but the victim, Tom Jackson, lived on.[16]

A Scrimmage with Ruffians

A passion for politics coursed through the veins of Lady Catherine and Charles and their families. So when a seat became vacant at Barnstaple, Devon, following the resignation of Samuel

Danks Waddy, Lady Catherine and her mother campaigned vigorously on behalf of candidate Viscount Lymington (Lady Catherine's elder brother). Mother and daughter provided financial and political support for the twenty-four-year-old who was returned, on Thursday, 12 February 1880, as the Liberal MP. He was then the youngest member of the House of Commons. Lymington's brother-in-law's father, James Milnes Gaskell, had entered Parliament in 1832 at the even younger age of twenty-two years. Lymington retained this seat until 1885.

The *Pall Mall Gazette* of Friday, 13 February 1880 reported the results:

> The polling at Barnstaple yesterday resulted in the return of Lord Lymington, the Liberal candidate, by a majority of 96 over Sir Robert Carden. The numbers were 817 and 721. After the declaration of the poll, the Liberals held a congratulatory meeting at the music-hall, at which Lord Lymington, Mr. T[homas] Cave, the sitting member, the Countess of Portsmouth, and her daughter, Lady Catherine Milnes Gaskell, spoke.[17]

A general election took place a few months later. At Knaresborough, in Yorkshire, the Liberal candidate Sir Henry Meysey-Thompson was duly elected Member of Parliament on 29 April 1880, having won the seat with a very narrow majority of only sixteen votes over the incumbent and Conservative opponent Basil Woodd. As a result of the Reform Act of 1867, Knaresborough was now represented by only one seat in Westminster.

Charles was not an impassive observer of this election, even though he did not stand at the beginning. In Henry James's letter of 9 March 1880 to his mother – he was about to go to Florence to write the first instalments of *The Portrait of a Lady* – we learn, not unsurprisingly, of Charles's involvement: 'I am sorry to be going abroad, as Gaskell has asked me to come down to see the scrimmage in Yorkshire. He is not going to stand, but he is very much in it.'[18]

In July, charges of electoral corruption were levied against Sir Henry. Following a petition, a trial commenced on Thursday, 22 July 1880 and terminated suddenly the following day in the unseating of Sir Henry. What is curiously interesting is the fact that on the day before the trial, Sir Henry was at Wenlock

Abbey. For what reason? Was he trying to get Charles's support?

This short trial opened Pandora's box and revealed the very murky dealings and methods of corruption and bribery used to win votes, such as presents of beer and money. The trial implicated many more people than could have been anticipated at the start. It was reported in *The Times*: 'Their Lordships then decided that Sir H. M. Thompson had not been duly elected. The costs would follow the event. They should report to the House of Commons that corrupt practices had extensively prevailed.'[19]

A lengthy inquiry continued throughout October and November, with accusations, denials and counter-accusations. The case then went further and came before the Public Prosecutor in December. Eventually the report of the Commissioners was published in *The Times* of 3 February 1881 that stated that although corruption did not generally prevail, there were doubts about several people. In brief, Sir Henry's reputation was in tatters. On Thursday, 5 May 1881, *The Times* announced: 'Knaresborough – Mr. Henry Crossley, of Wetherby, a local newspaper proprietor, had come forward to contest the approaching election in the Conservative interest. Mr. Tom Collins, Independent Conservative candidate, has been canvassing the electors for some weeks past, and, it is stated, will not withdraw. Mr. Milnes Gaskell is the Liberal candidate.'[20]

Charles campaigned vigorously for this Yorkshire seat. The victory was nearly his: he lost by only forty-one votes to the Conservative candidate Tom Collins.[21] The by-election campaign had been just as ill-tempered as the election the previous year. Sir Francis Hastings Doyle commiserated with Charles and was outraged by the behaviour of people at the mass meetings and ashamed that the Conservative victory was due to such 'traitor led ruffians'.[22]

After this incursion into the muddy, murky world of politics, Charles addressed some of the problems in his first signed published article 'The Position of the Whigs'.[23] In it, he took stock of the political situation and of the need to consider the policies and future plans of the Whigs/Liberals in power. Gladstone had won the general election of 1880 to a large extent due to his skilled oratory and his anti-Disraeli pronouncements, rather than presenting policies for his own Liberal party. Charles criticised Gladstone's negative election campaign and his lack of ideas, vision and policies. He foresaw tensions and splits arising on the Irish question of land reform and believed that the Whigs had not addressed the problem and did not know how to deal with it. He portrayed the rising discontent, sense of helplessness and lack of influence of his own party. He considered that the Whigs had no clear philosophy on 'vital questions looming in the future' [...] 'the reform of the land laws, and the disestablishment of the Church',[24] and that the future of the Whigs was very uncertain. Not even the creation of 'an official house'[25] – a reference to Gladstone's support for the National Liberal Club that would soon open in London – would ensure the party's cohesion. The article, by this disillusioned Liberal, is almost in praise of the Conservatives.

Charles was also scathing about the hypocritical behaviour of some of his Whig colleagues who abused their privileges: 'The use of the House of Lords in some eyes is to enable Whig members of Parliament to vote with the Radicals, and to support large measures of reform, with the comfortable assurance that their labours will be useless, and that what has been spun on Monday will be unpicked on Tuesday. These assumptions, however, are dangerous, and the Whig must be prepared to be told that his position is a false one.'[26]

Charles exudes a strong sense of social responsibility and criticises the absence of this among the Whigs: 'Of late years there has been a growing tendency on the part of the upper classes to avoid trouble, and to shirk the responsibility and duties of their position.'[27] Charles's sensitive political antennae anticipated correctly the instability, for Gladstone, dogged by problems, particularly the Irish question, was eventually forced to resign.

Charles George Milnes Gaskell, MP *'the most interesting personality in Yorkshire'*[28]

A general election took place from 24 November to 18 December 1885. This was an important election being the first after the passing of two radical pieces of legislation that extended

Fig. 41 *Charles Milnes Gaskell*. Photograph. © Wakefield Council

the franchise: the third Reform Act of 1884 and the Redistribution Act of 1885. A sketch in the *Illustrated London News* (1884) entitled 'Farm Labourers Voting for the First Time', captured the thrust of the reforms.[29] The third Reform Act, introduced by Gladstone, swelled the numbers of eligible voters, giving adult males in rural areas the same rights as urban dwellers: in brief, adult male households with twelve months' continuous residence at one address and males paying £10 p.a. for lodgings. However, all women and some 40 per cent of adult men still did not have the right to vote.

The Redistribution Act of 1885 introduced a fairer system of representation, particularly in the increasingly industrial North of England. The following major changes took effect:

- Seventy-nine towns with populations of less than 15,000 lost their right to elect an MP (among these was Wenlock, whose population, or rather what Henry Adams called its 'rent-roll', had been declining).[30]

- Thirty-six towns with populations between 15,000 and 50,000 became single member constituencies.
- Towns with populations between 50,000 and 165,000 were given two seats.
- Larger towns and county constituencies were divided into single-member constituences: among these were the creation of the Morley Division, in West Yorkshire, and of the ancient market town of South Molton in Devon where Charles's brother-in-law, Newton Wallop, Viscount Lymington, became the first MP.

Although any hopes Charles was clinging onto of following in the footsteps of his father at rural Wenlock were completely dashed by these radical reform bills, the new legislation provided opportunities elsewhere. He looked to Yorkshire, once again, for salvation: this time to the increasingly industrialised town of Morley, about five miles south-west of the city of Leeds, later to be absorbed by the great metropolis. Charles had already established himself as a well-known figure in the area and he was invited to open the new Liberal Club in Morley in January 1884.[31] In 1885 Charles stood as a Liberal candidate. His opponent was his Eton and Trinity College Cambridge contemporary, the Conservative Joseph John Dunnington-Jefferson of Thicket Priory, Thorganby, near York. Both men were barristers and Justices of the Peace.

This momentous first Morley election was the cause of much rejoicing and excitement in this proud, independent Northern cloth-manufacturing town famed for its woollen mills with looms, weaving and spinning wheels, Methodist and Wesleyan chapels, Industrial Cooperative Society's stores, brass bands, and as the birthplace of the politician Herbert Henry Asquith (1852–1928). The total population of the Morley Division was nearly 60,000, but the number of registered voters in 1885 was 11,467.[32] Local historian William Smith conveyed the fervour of this unique happening as the results were announced:

> The event came off on the 30th day of November, 1885, and great interest was manifested in the proceedings. Banners and flags were

> suspended from mills, houses, and shops; many of the places of business were closed for the day; and in consequence, large numbers of persons perambulated the streets, and took a lively interest in the voting. The arrangements for the election were in the hands of Richard Borrough Hopkins, Esq., the deputy returning officer, who received, after the result was declared, the hearty congratulations of both the candidates upon the fairness and impartiality with which he had discharged his onerous duties. The casting-up of the votes took place on the following day, in the Assembly Hall of the New Wesleyan School, and the result was made known from a platform erected in front of the school.[33]

The results were:

Charles George Milnes Gaskell (Liberal)	6,684
Joseph John Dunnington-Jefferson (Conservative)	3,177

Charles thus had a majority of 3,507.[34]

He had at last achieved his political ambition and was elected Member of Parliament for Morley on 1 December 1885. The security of his position was to be tested again very soon, for on 28 January 1886, the government, a coalition of Irish Nationalists and Conservatives led by Prime Minister Salisbury, was defeated. Charles was jubilant. 'The Tories are out!' he wrote to his wife and subsequently looked forward to a three-week holiday.[35] He would not miss the 'cockney vulgarity' of Joseph Chamberlain, the Liberal, radical, fiery MP for Birmingham, whose manner of speaking Charles described as like 'the low comedy actor in a 2nd rate farce at a 2nd rate theatre' and added: 'Until you have heard him in the House you do not know what vulgarity is.'[36]

Another general election took place from 1 to 27 July 1886; Charles was re-elected, unopposed. He remained MP for Morley for seven years until 1892: 'Mr. G.W. Russell, late private secretary to Mr. Gladstone, has been selected by the executive of the Morley (Yorks) Liberal Association as candidate in the place of Mr. Milnes Gaskell, who will not seek re-election.'[37] In the new Parliament, in which Gladstone was prime minister from 15 August 1892 to 2 March 1894, Alfred Eddison Hutton was elected as the Liberal MP for Morley.[38]

18 *A Changing Social and Political Landscape*

Notes

1. Catherine Milnes Gaskell, ‘A Farm that Pays’, *Nineteenth Century*, 16 (October 1884), pp. 568–75.
2. *Ibid.*, p. 573.
3. *Ibid.*, p. 574.
4. *Ibid.*, p. 575.
5. *Funny Folks*, Saturday, 18 October 1884, p. 332 [accessed via the British Library Gale database of 19th Century UK Periodicals, 9 May 2011].
6. J. Bowen-Jones, ‘A Farm that Really Pays’, *Nineteenth Century*, 17 (May 1885), pp. 847–56.
7. *Ibid.*, p. 852.
8. *Ibid.*, p. 850.
9. Catherine Milnes Gaskell, ‘Servants Old and New’, *Longman’s Magazine* (January 1885), pp. 286–97.
10. *Ibid.*, p. 286.
11. *Ibid.*, p. 296.
12. *John Bull*, Saturday, 10 January 1885, p. 25.
13. Catherine Milnes Gaskell, ‘Women of Today’, *Nineteenth Century*, 26 (November 1889), pp. 776–84.
14. Catherine Milnes Gaskell, ‘Some Talk about Clergymen’, *Nineteenth Century*, 32 (September 1892), pp. 487–97.
15. *Ibid.*, p. 487.
16. *Ibid.*, pp. 490–91.
17. *Pall Mall Gazette*, Friday, 13 February 1880.
18. Quoted in William Dusinberre, ‘Henry Adams in England’, *Journal of American Studies*, II (August 1977), p. 178.
19. *The Times*, Saturday, 24 July 1880.
20. *The Times*, Thursday, 5 May 1881, p. 11, col. B.
21. *Illustrated London News*, Saturday, 21 May 1881, p. 510; and *British Parliamentary Election Results 1832–1885*, ed. by F. W. S. Craig, 2nd edn (Dartmouth: Parliamentary Research Services, 1989), p. 172.
22. Letter Archive, MS (Sir Francis Hastings Doyle to CGMG, 13 May 1881.
23. Charles Milnes Gaskell, ‘The Position of the Whigs’, *Nineteenth Century*, 10 (July–December 1881), pp. 901–12.
24. *Ibid.*, p. 909.
25. *Ibid.*, p. 906.
26. *Ibid.*, p. 902.
27. *Ibid.*, p. 905.
28. Letter Archive, Misc-MSS B 13c (Isabella Bishop to Lady Catherine MG, 26 July 1901, quoting a remark made by Bishop Eden about CGMG).
29. <www.spartacus-educational.com> [accessed 19 July 2014].
30. *The Letters of Henry Adams*, ed. by J. C. Levenson, 6 vols (Cambridge, MA: Belknap Press of Harvard University Press, 1982–1988), p. 464 (HA to CGMG, 23 July 1882).

31 William Smith, FSAS, *Morley: Ancient and Modern* (London: Longmans, Green and Co., 1886), p. 259.
32 *Ibid.*, p. 180.
33 *Ibid.*, p. 179.
34 *British Parliamentary Election Results 1885–1918*, ed. by F. W. S. Craig, 2nd edn (Dartmouth: Parliamentary Research Services, 1989), p. 439.
35 Letter Archive, MS CC-21 (CGMG to Lady Catherine MG, 28 January 1886).
36 Letter Archive, MS CC-21.
37 *The Times*, Tuesday, 2 February 1892.
38 *The Times*, Wednesday, 13 July 1892.

Chapter 19

Memorials and Preservation of Ancient Buildings

Now that Charles Milnes Gaskell was an MP, he needed to spend more time at Westminster and in his Yorkshire constituency. But he did not in any way neglect Wenlock Abbey or his writing. In February 1886 he wrote a long article entitled 'William Cobbett'.[1] In contrast to his less successful article 'The Yorkshire Association' published two years earlier[2] for which he had to issue an apology,[3] 'William Cobbett' was a heartfelt appreciation of the English pamphleteer, farmer, journalist and MP whose reforming zeal and beliefs Charles much admired.

Memories of his parents remained dear to him and to commemorate them in a more formal and permanent way, Charles wrote an inscription in Latin to be cut on the large stone mantelpiece in the Great Hall at Wenlock Abbey, above the seventeenth-century fireplace. He consulted several learned people about his original draft in order to get a perfect final version. First, he took advice and received some corrections from landowner Ralph Augustus Benson (1828–86) of nearby Lutwyche Hall, Easthope, and from one of Benson's sons. Next, he contacted William Gladstone and showed the text to him at his Howarden home: Charles heartily endorsed Gladstone's suggestion of *opus* instead of *laborem*. The fourth person he consulted was the great classical scholar Professor Sir William Duguid Geddes (1828–1900) who gave him 'some emendations'. Lastly, the inscription was sent to Cambridge where

Charles's good friend Frederic Myers perfected it further with the help of the renowned classics scholar at Trinity College, Arthur Woollgar Verrall (1851–1912).[4]

The result of all these labours was the following:

Has ædes antiquas
Priscæ religionis sacra domicilia,
Hominum incuriā, temporum iniquitate
Prope perituras,
restauraverunt, incoluerunt
Jacobus Milnes Gaskell et Maria uxor
filia præhonorabilis Caroli Williams Wynn.
A. S. MDCCCLX
Quorum opus, summā curā incohatum,
Absolvendum curaverunt
Filius eorum Carolus et Caterina uxor
Filia Isaaci Comitis de Portsmouth
A. S. MDCCCLXXXV[5]

(In the year of Our Saviour 1860
James Milnes Gaskell and his wife Mary,
Daughter of the Right Honourable Charles Williams Wynn,
Restored and resided in these ancient buildings, (once)
The sacred abode of a former religion (but then)
About to perish through human neglect and the inclemency
Of the weather.
In the year of Our Saviour 1885, their son Charles and his wife Catherine,
Daughter of Isaac, Earl of Portsmouth,
Saw to the completion of the work which had been commenced
With the greatest care of the above-mentioned (couple).)[6]

In the mid-twentieth century, this stone inscription found its resting place against a wall in the Abbey garden, just east of the Dorter House.

Charles was much influenced by Philip Webb, William Morris, John Ruskin and the Society for the Protection of Ancient Buildings of which he was a founding member, and campaigned publicly to preserve other ancient buildings, as well as caring for his own. He championed Langley Chapel, an isolated and neglected Puritan place of worship standing alone in a field in a remote rural area, about about one mile south of the village of Acton Burnell in Shropshire. It was originally built for the owners of

Langley Hall (demolished in the mid-nineteenth century). As a result of the decline in the local population, the simple stone chapel became abandoned and fell into disuse. It was certainly worth preserving for it had many special features: wooden pews, a fine wooden ceiling and hammer-beam roof and rafters and a musicians' pew.

Its importance was recognised by the Rugby-born solicitor, better known as an amateur archaeologist and antiquarian, Matthew Holbeche Bloxam (1805–88). His major work *The Principles of Gothic Ecclesiastical Architecture* (the title on the spine is *Bloxam's Gothic Architecture*) was constantly revised and expanded through several editions. On pages 438 and 486 of the tenth edition of 1859 are sketches, respectively, of the reading pew and of the Puritan arrangement of the Communion Table, to which Charles referred in his letter to the editor of *Eddowes Shrewsbury Journal* on 9 October 1880:[7]

Sir,

I am anxious to call the attention of the Shropshire Archaeological Society to the condition of Langley Chapel, one of the most interesting of the many relics of antiquity that we possess in this county. The chapel is of the 16th century, and stands in the middle of a grass field, about a mile south-east of Acton Burnell, to the south of the remains of the old Manor House, which probably once formed part of the dwelling of the Lees, from whom the estate passed into the hands of the family of whom Sir Frederick Smythe is now the representative. The fittings of the chapel are of special interest, and characteristic work of the 17th century. In *Bloxam's Gothic Architecture*, tenth edition, an engraving is given of the reading pew, and of the communion table, which has seats ranging along the east, north, and south sides, 'in the Puritanical fashion of the middle of the 17th century'. The seats have desks before them, and the slab of the communion table is loose. The pulpit and pews are beautiful examples of the time, and ten years ago were all in fair preservations. Since then, however, their condition has greatly changed for the worse. At one time service was held once a year in the chapel, but this has long ceased to be more than a memory. The glass has fallen out of the windows, there is a large hole in the roof, and the floor is covered by the dung of birds. The walls are green with mould, the seats round the communion table are broken, the pews are falling into pieces, and another winter will probably, if no steps are taken, see the final destruction of the carved oak work,

> and of the chapel roof. An expenditure of from ten to twenty pounds would at least arrest for many years the ruin of the chapel, and there would not be any difficulty in finding such a sum. It is for such a body as our Archaeological Society to induce a healthy state of opinion with regard to the value of ancient monuments, and to take action themselves where action, as in the case of Langley Chapel, is urgently required.[8]

Charles received an unsatisfactory and abrupt reply from the secretary of the Shropshire Archaeological Society: 'The Secretary to the society answered querulously that they had no business with such matters.'[9] However, the campaign that Charles started was eventually successful and Langley Chapel was rescued in 1915 and continues to be cared for by English Heritage.

'The Memorials of the Dead'

Sir John Lubbock (1834–1913), Liberal politician, polymath, friend of Charles Darwin and writer on archaeology, was instrumental in the passing of the Ancient Monuments Act of 1882, a voluntary scheme to encourage the preservation of ancient monuments. However, it was not until 1913 that the Bill was amended in order to have real bite and the force of the law behind it. This marked the creation of a national heritage service in Britain and paved the way for the launch of English Heritage many years later.

The importance of memorials and their care was the theme of Charles's impassioned article 'The Memorials of the Dead', published in the *Nineteenth Century* of August 1887.[10] He drew attention to the National Society for Preserving the Memorials of the Dead in the Churches and Churchyards of Great Britain formed in 1881.[11] Charles wrote from his heart and did not spare himself in criticising severely the pillage, by well-known people, of pieces of precious ancient monuments for their personal pleasure. Horace Walpole, an intelligent man of letters, who had plundered to create Strawberry Hill, a fanciful show house in Twickenham, is singled out for criticism. Charles attacked owners of estates, country squires, architects, absentee patrons of livings and clergymen who did not care about possessions and heritage in their care. He gave many examples of destruction.

Sepulchral brasses of Norfolk, painted by Cotman, were stolen or disposed of by churchwardens; a Shropshire vicar, before erecting a new font, buried the old one deep in the earth as a foundation on which the new font could rest. In another church a Norman font was thrown into a belfry tower 'to make room for the modern production of an ecclesiastical upholsterer'.[12] In yet another church 'a very fine alabaster monument did not fit into a restored recess, and four or five effigies of kneeling children were cut out by the Procrustean architect, and now lie in an out-house'.[13] At Leintwardine church, in north Herefordshire, 'the old oak screen may be seen in a barn, tossed contemptuously out of the restored church'.[14] Gravestones at Drayton church, near Banbury, were removed from the floor of the church and many were used to form a drain round the chancel.

Charles also foresaw the important role that ancient castles and abbeys would play in tourism, as a focus of holidays – Lubbock had been active in the introduction of the Bank Holidays Act in 1871 – and used that as an additional argument for their protection. His multiple examples of destruction throughout Britain demonstrate that the 'custodians of our national monuments require assistance'.[15] He appealed to an apathetic public to be involved, acknowledging that the State cannot assume entire responsibility for such matters. After invoking John Ruskin who also campaigned to protect our heritage, Charles concluded with the words of the English essayist and politician Joseph Addison (1672–1719) in a reflection on the importance of tombstones and memory. Charles's own probity in this matter could not be challenged for he set the highest example with his custodianship of Wenlock Abbey.

Notes

1 Charles Milnes Gaskell, 'William Cobbett', *Nineteenth Century*, 19 (February 1886), pp. 238–56.
2 Charles Milnes Gaskell, 'The Yorkshire Association', *Nineteenth Century*, 15 (June 1884), pp. 1023–36.
3 Charles Milnes Gaskell, *Nineteenth Century*, 16 (July 1884), p. 168.
4 CGMG's large Abbey book, fol. 41.
5 CGMG's large Abbey book, fol. 42 (see also CGMG's small notebook, fol. 46).

6 We are most grateful to a colleague, who wishes to remain anonymous, for this translation.

7 Matthew Holbeche Bloxam, *The Principles of Gothic Ecclesiastical Architecture with an Explanation of Technical Terms, and a Centenary of Ancient Terms*, 10th edn (London: W. Kent & Co., 1859), pp. 438 and 486.

8 CGMG's small notebook, fol. 68.

9 CGMG's small notebook, fol. 68.

10 Charles George Milnes Gaskell, 'The Memorials of the Dead', *Nineteenth Century*, 22 (August 1887), pp. 234–41.

11 *Ibid.*, p. 234.

12 *Ibid.*, p. 237.

13 *Ibid.*, p. 237.

14 *Ibid.*, pp. 237–38.

15 *Ibid.*, p. 240.

Chapter 20

Thomas Hardy and Lady Catherine: An Enriching Friendship

Thomas Hardy had known Lady Catherine and members of her family for several years before coming to Wenlock Abbey in 1893. His first encounter with Lady Portsmouth (Lady Catherine's mother) in 1884 marked his entrée into the family circle in London, Devon and Hampshire. On Sunday, 13 August 1893, Emma and Thomas Hardy signed the Visitors' Book: this was their first and last visit. With them were a Yorkshire couple, Dr John Edwin Eddison (1842–1919) and his wife Elizabeth D. Eddison (1841–1929). Eddison was an eminent professor of medicine and physician to Leeds General Infirmary; he wrote extensively on medical matters and public health.

The weather was abnormally hot and stifling. Charles Milnes Gaskell commented on this: 'For the last 6 days the heat has been excessive. The temperature in the refectory was 79 at 8 o'clock on the 14th & in the chapel 74. We have been dining in the chapel. 91 degrees shade temperature have been registered in London.'[1]

Thomas and Emma Hardy were met at Much Wenlock railway station by Lady Catherine and her eleven-year-old daughter Mary. The Hardys were allocated a bedroom in the Norman part of the Abbey, about which Hardy commented that 'he felt quite mouldy at sleeping within walls of such high antiquity'.[2]

Hardy was by now the established author of such works as *The Mayor of Casterbridge* (1886), *The Woodlanders* (1887), *Tess of the D'Urbervilles* (1891) and *The Well Beloved* (1892).

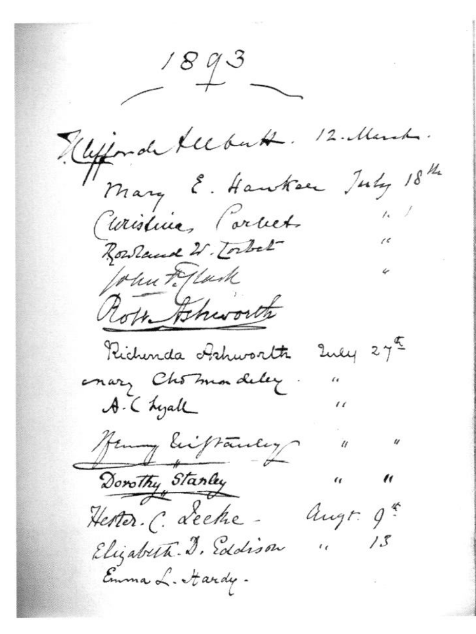

1893

Clifford Allbutt. 12 March.
Mary E. Hawker July 18th
Christina Corbet "
Rowland W. Corbet "
John F. Clark "
Roth Ashworth
Richenda Ashworth July 27th
Mary Cholmondeley "
A. C. Lyall "
Henry M. Stanley " "
Dorothy Stanley " "
Hester C. Leeke - Augt. 9th
Elizabeth D. Eddison " 13
Emma L. Hardy.

Fig. 42 *Manuscript Folio of the Visitors' Book in 1893*, showing signatures of Dorothy and Henry Morton Stanley, Emma Hardy and others.

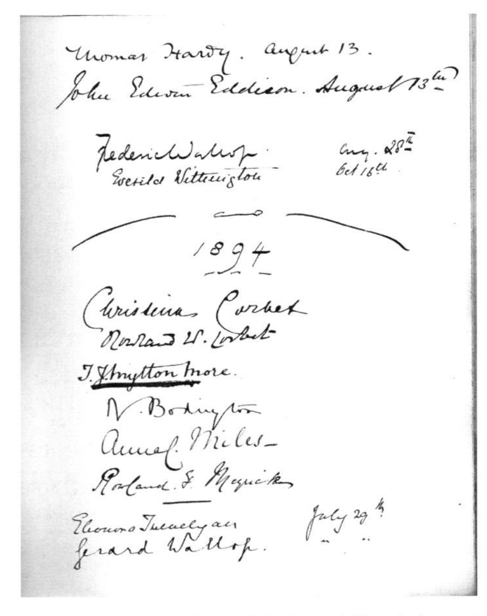

Thomas Hardy. August 13.
John Edwin Eddison. August 13th
Frederick Wallop. Aug. 28th
Everild [illegible] Oct 16th

1894

Christina Corbet
Rowland W. Corbet
T. [illegible] More.
N. Bodington
Annie J. Miles
Roland [illegible] Meyrick
[illegible] July 29th
Gerard Wallop. " "

Fig. 43 *Manuscript Folio of the Visitors' Book in 1893 and 1894*, showing signatures of Thomas Hardy and others.

Fig. 44 William Strang (1859–1921), *Thomas Hardy,* 1893. Engraving. Courtesy of Bernard Palmer and Tim Woodward.

He was not immune to controversy, for *Tess of the D'Urbervilles* had attracted criticism for its sympathetic portrayal of a fallen woman. He was also a talented draughtsman, poet and folk-fiddler, and a man who went out of his way to support young ladies with aspirations to write.

The four-day stay was pleasant, with excursions to Stokesay Castle and Shrewsbury with Charles, and much evening entertainment provided by Lady Catherine telling stories in Devonshire dialect, 'with moths flying about the lantern as in *In Memoriam*'.[3] She told stories about sexual relationships, 'defined the difference between coquetting and flirting, considering the latter a grosser form of the first, and alluded to Zola's phrase, "a woman whose presence was like a caress", saying that some women could not help it being so, even if they wished it otherwise'.[4] Hardy doubted this, and considered it 'but their excuse for carrying on'.[5] Charles also amused his guests with tales of local scandal, of 'a congratulatory dinner by fellow-townsmen to a burgher who had obtained a divorce from his wife, where the mayor made a speech beginning "On this auspicious occasion"'.[6]

The mutual attraction was strong, and Hardy was not a little in love with beautiful, clever, aristocratic 'Catty', the pet name used by Lady Catherine's closest friends and family, in spite of a hint of malice or cattiness recorded by Hardy's jealous second wife Florence. Fifty-three-year-old Hardy and thirty-six-year-old Lady Catherine enjoyed long country walks together and, on the Sunday, exhausted after one of these walks, 'sat down on the edge of a lonely sandpit and talked of suicide, pessimism, whether life was worth living, and kindred dismal subjects, till [they] were quite miserable'.[7] Lady Catherine confessed to Hardy that she had once engaged in a 'wanton' flirtation.[8] There was material in these very private exchanges for Hardy's next short story, 'An Imaginative Woman', an unfulfilled romance between an 'impressionable, palpitating' young married woman with literary ambitions, and a poet.[9] Hardy added 'An Imaginative Woman' to his *Wessex Tales* (1888) for the 1896 printing. He presented Lady Catherine with a signed copy of his *Wessex Tale*s during his Wenlock visit. In 1928, Lady Catherine asked Lord Berwick to help her sell this, no doubt valuable, signed copy.[10]

By Thursday morning, 17 August, the Hardys were back home at Max Gate in Dorchester, having visited on their way Ludlow Castle that was in a state of considerable disrepair. Hardy reported immediately on the 'pleasant visit to Wenlock' to his close friend, confidante, chaste and resistant lover, and writer Florence Henniker, daughter of Lord Houghton, emphasising his delight in the company of 'Catty' and her talents:

> We are here again, dear Mrs Henniker, after our pleasant visit to Wenlock. We had intended to go to Gloucester on our way back, to see the Cathedral, but the heat was so intense that we gave up the idea. We did get to Ludlow Castle, however, & spent a good many hours there.
>
> We liked the evenings at Wenlock, after dinner, when we sat on the lawn in the starlight, & told tales over the coffee – a horn lantern on the table to light our jokes, the moths flying round it, & the dogs

> beneath. Catty can talk the Devonshire dialect to perfection, & the darkness took away her shyness; she held forth with a humour & *abandon* which I did not credit her with till then.[11]

Although the stay was overshadowed by the serious illness of Lady Camilla, Lady Catherine's sister, who died the following year, Hardy and Lady Catherine had much to enjoy – a sense of humour and fun, a shared interest in local dialects and accents, in folklore and in writing. Shropshire and Dorset were rich providers of material.

The visit coincided, fortuitously, with the publication that same August of Lady Catherine's article 'My Stay in the Highlands',[12] redolent in places of Hardy's *The Mayor of Casterbridge* (1886). In 1892 the Gaskells had spent time in the Highlands at their lodge and hunting moor at Inveroykel, near Culrain in Ross-shire; one of their guests was Henry Adams. Memories of this visit, and no doubt others, were the inspiration for 'My Stay in the Highlands'. Some names of people and places have been changed to protect identities, including the author's children. 'One soft August evening', after two days' hard travelling by train, the author, referred to by local Highlanders as 'my leddy' or 'Mistress Margaret', her children and Nanny Smith arrive at Auchnaroy, in a remote part of the Scottish Highlands, for a summer holiday. 'My Stay in the Highlands' commences with a lyrical, evocative description of the landscape during the twelve-mile drive by carriage from the railway station to their lodge, 'past little crofts of barley still green and meadows full of meadow-sweet, and blue with milk-wort; our route wound along a still river, gliding slowly like a silver ribbon in and out of the tranquil landscape'.[13] Leisure activities comprise walking with Brenda the dog, enquiring about the health of local people, and ministering to the sick without hurting their strong sense of pride and their refusal of charity.

For the inhabitants of this sparsely populated area, with a harsh life especially in winter, the Free Kirk dominates with its puritanical atmosphere and doctrine. The further the author penetrates the Highlands, the broader the dialect becomes as Gaelic becomes the main language, the more strict and intolerant is the Calvinist code. Near Lairg, in Sutherland, where 'my leddy' travelled to visit Robin McClean who worked a loom by hand in his little croft, the conversation quickly turned to religion and to the minister of Robin's parish who did not 'enjoy the respect and affection of his people' and who, some years before, 'was burnt in effigy by his parishioners, on account of a book he had written on the Crofter Question, in which, apparently, he was not successful in enlisting the sympathy of his poorer neighbours'.[14] This unfortunate minister of the Kirk was, they claimed, 'grievously smitten with "the Genesis Depravity Disease"', in other words, 'he shared the views of Bishop Colenso on the Pentateuch, which so far have not been embraced by the Highland congregations'.[15] John Willam Colenso (1814–83), the first Church of England Bishop of Natal, challenged some of the fundamentalists' beliefs such as the historical accuracy of the Pentateuch. The interest in this scene may owe its inception to Lady Catherine's reading of Hardy's *The Mayor of Casterbridge* in which burning or parading the effigy of a person disapproved of by the local community was a common tradition. Because of her sexual mores, Lucetta is humiliated by being subjected to a 'skimmity ride' or 'skimmington-ride', an event that leads to her almost immediate death.[16]

To mark the end of their Highland stay, 'my leddy' gave a village children's fête, after first proposing a fireworks display that was rejected and disapproved of by the dour Scots. In this harmoniously composed piece of writing, Lady Catherine demonstrates her ability to listen carefully and record dialogue and dialect.

With her natural gift for storytelling Lady Catherine had entertained guests at the parties and salons at the Broadlands home of Mrs Cowper-Temple. Dante Gabriel Rossetti, a house guest in the summer of 1876 when he had also made a drawing of Lady Catherine,[17] had been impressed by her stories involving great passions, love and death. An exchange of letters between Rossetti and Lady Catherine reveals the extent to which she made an impression on his imagination. On 6 November 1878 Lady Catherine wrote to him:

> When I was last at Broadlands Mrs Cowper-Temple told me that you were much pleased with a story I told her and would like to have

> it written down. The story is a very pretty tender one, and is most refreshing after the turmoil of trains, and the noise and bustle of life. It was told to me by a pleasant friend of my husband's, a Mr. Dalison, who himself met the hero of the tale.
>
> Four years ago he was in Italy and whilst at Fano he went to see a monument erected to the memory of a certain Barbara Rinalducci. Whilst he was gazing at the marble face of the statue, supposed to be a portrait of the lady herself, his attention was arrested by the sight of an old man whose eyes were fixed upon the face of the figure with an expression of the tenderest admiration and devotion. They entered into conversation upon the merits of the sculptor, and then my friend discovered that such was the passion that this face had inspired the old man with that since the age of twenty he had never left Fano but had spent every day in gazing upon his sleeping love. 'I long for death' said he 'that I may see her. I have been left a property in Naples, but how can I wrench myself away from her?' She was his life, his all.
>
> At a certain hour the verger put in his appearance, and (then said my friend) the old gentleman drove off in his carriage whilst the verger closed the chapel in which reposes Barbara, saying at the same time that the Count never missed a day in sitting at the feet of his mistress. My friend never met him again but his quaint passionate face made the strongest impressions on him. Barbara Rinalducci died in the sixteenth century.[18]

Rossetti, however, rejected the subject as suitable for poetry and responded to Lady Catherine in his letter of 17 November 1878:

> It is one of the most surprising human events one ever heard of, i.e. if this modern Pygmalion (alas! unfavoured by the vivifying gods) could be proved to have been really sane at starting, – sane in the long run he could hardly have been. But there is great poetic impression in the fact, for I suppose we must presume that the narrator really did mean to give it for fact within his own knowledge. If only the statue had been a likeness of a once living lady whom the man had loved, the story would be a complete poem; without this, such strangeness rests on it that it is hardly distinct enough for the purposes of poetry.[19]

Thomas Hardy also recognised Lady Catherine's talents of mimicry and observation, and encouraged her to continue writing and take advantage of the inspirational resources that surrounded her in rural Shropshire. She noted and recorded what she saw and heard, as did Hardy. Much inspired by Hardy's support, and only six months after his stay at Wenlock Abbey, Lady Catherine published 'Old Wenlock and its Folklore',[20] a story set in Much Wenlock. She acquired the information from local people: from 'an old friend' of hers, Mrs Swyney, from Farmer Tudor, and from Dr William Penny Brookes. Memories are recorded of the little town with its stocks, whipping-posts and irons, and its gallows on the top of Wenlock Edge. Punishments were inflicted on Mondays, market day: one particularly painful punishment, for women, was the wearing of a bridle, an iron helmet which fitted tightly to the mouth and prevented any movement of the tongue. Wife-selling took place and one example is given of Yates who sold his wife Mattie for 2s. 6d. to a man called Richards, then regretted his action, alas, too late, for his wife wanted 'a change' and apparently lived happily with the second husband.[21]

Once again, a similar situation had occurred in *The Mayor of Casterbridge*. Michael Henchard, under the influence of alcohol –'furmity' – on Fair Day in the fictitious village of Weydon-Priors (thought to be Weyhill, the hamlet three miles north-west of Andover in Hampshire)[22] sold his wife Susan for five guineas to Richard Newson, an act Henchard regrets for the rest of his life. This action took place in about 1829, 'before the present century had reached its thirtieth year',[23] and is more or less the same period as Lady Catherine's story about the wife-selling, but there is a considerable difference in price! Hardy's novel is set in a part of the country that Lady Catherine knew well, and was near to her Hampshire birthplace. There were memories of hard drinking in Wenlock; of votes being bought by giving away alcohol; of a fight in the church in opposition to the sermon promoting the temperance movement. When the principal offender was sentenced in June 1852, the people took his side and treated him 'like a real lord'.[24]

Customs lingered on. A curious one was the ceremony called the Boys' Bailiff when young men walked around the boundaries of the borough, carrying swords and in different disguises, and called in at as many houses as possible to be given cakes and ale. Lady Catherine described some of these traditions:

> Old habits, old customs, old manners, and old forms of speech and of belief remain with us in this 'sleepy hollow', in this 'land

> of dreams'. Here the curfew bell is still tolled in autumn and in winter. Servants are hired in the market-place, as of yore, and linen embroidered smocks are still worn by countrymen. Old written charms can be seen in the cottages amongst the Clee hills, and men and women continue to believe in the power of the evil eye and in the existence of witches and of witchcraft. [...] To bees are softly whispered deaths in families, whilst the maidens of but one generation ago used to drop needles and pins into the wells of Wenlock to arrest and fix the affections of their lovers. Psalm cix. to this day is looked upon as a means of destroying for ever the fortunes of a young couple if read by a rival during the marriage service.[25]

The fear of a witch was very real among the country people. Nanny Morgan, 'a black or evil witch',[26] who lived at Westwood, a mile or so outside Much Wenlock, exerted terrible powers, inflicted curses and cast spells on people. She was 'employed by her neighbours to "ill-wish" those against whom they owed a grudge, to prepare love philtres, to bring recalcitrant lovers to the feet of love-striken maidens, and to curse for those who "cud not work out their own hate" unaided'.[27] She married a man 'who used to work on the roads'. He fell ill, and died, having been starved to death, it was rumoured, by the witch. Eventually, Nanny Morgan was murdered by her lodger Wright, who killed her, it is thought, 'to escape from her spiritual thraldom'. The circumstances of her death were confirmed by the town's chief physician Dr Brookes, who, with the chief constable, found the sorceress 'lying with her head on the first steps of her staircase, her long hair hanging about her shoulders in mats, clotted with blood'.[28] Her only mourner was one of her dogs, 'howling piteously by her side'.[29]

Other Salopian superstitions are recorded, such as: 'To injure robins, or to take the nest of these birds in spring, is accounted an accursed thing.' 'It is also believed generally in Shropshire that to burn the elder bush or to injure a lady-bird will excite the wrath of Heaven.' 'There are many remedies advocated to cure the whooping or chin cough, as it is called here. You are recommended to crawl under brambles, pass under the stomach of a piebald horse, or sit facing the tail of a donkey.'[30] 'A white donkey at Wenlock is held to be a sacred animal.'[31]

The theme of witchcraft permeates Hardy's successful tale 'The Withered Arm', first published in *Blackwood's Magazine* in January 1888.[32] Lady Catherine's recreation of Wenlock folklore is a Shropshire pendant to that story. 'The Withered Arm' is a gripping true account, in nine short chapters, of witchcraft, spells and superstition set in and around the fictional small town of Casterbridge. The pace never slackens and Hardy maintains the suspense right to the dramatic end. This story was much appreciated by Lady Catherine and her family, and Hardy's literary success in this genre reinforced her burgeoning interest in local life and language and contributed to her subsequent achievements as a writer.

'Old Wenlock and its Folklore' was a precursor to *Old Shropshire Life*, Lady Catherine's collection of Shropshire folklore and legends, published in 1904.[33] The book, illustrated with sixteen photographs, consists of ten short stories, all set in Shropshire, some in her own home and town. These are: 'The Major's Leap', 'Christ's Tree', 'The White Purification', '"The Witch's Cock": A Legend of the Clee', 'The Star of Bethlehem', 'The Holy Well', 'A Wreath of Roses', 'The Return of Joy', 'The Witch's Unguent' and 'The Strange Knife'.

A reviewer of this book in the *New York Times* recognised Lady Catherine's indebtedness to Thomas Hardy and to Alfred Lord Tennyson. However, the review, headed 'For Sombre Moods', was not entirely complimentary and her work was to some extent incomprehensible to American readers partly because of the dialect:

> Again a modest collection of fragments of rural tragedies, framed in a mystic religious atmosphere, discoverable suggestions at once of Hardy and the Morte D'Arthur, as Tennyson writes it. There is the good lady, a widow, whose only son is a highwayman, filial piety is used to decoy the young man to his death. There is the lass who is betrayed, the fair child who is stolen by gypsies, the sacrilegious peasant who tempted fate by slaying God's bird with wanton stone, the love child whose mother was a witch, and who all unwittingly slew the beldame – some few tales, too, of happiness gained after due chastening, of the world gained by losing it.
>
> They are not merry tales, these of her ladyship, the best of them: but they are put together in a very neat volume and illustrated with most attractive pictures of most delightful-looking old houses

> in Shropshire, poems in stone and cross-braced timbers, and climbing ivy. Mostly the stories are of humble folk, such as speak the dialect of Shropshire, and they are placed, for the distance that lends enchantment, in the later years of the eighteenth century. At the end, most courteously, is provided a glossary of Shropshire words, some, but not all, of which are good and current in these English-Americas. We might name the whole Idyls of the Humble – and pass on.[34]

Lady Catherine continued with her observations of local lore and collected these in *Episodes in the Lives of a Shropshire Lass and Lad*, published in 1908.[35] It takes the form of a story of a family from nearby Wilderhope, through fifteen short stories or episodes involving witchcraft, magic, mysterious events and the power of St Milburga (or Milburgh) to cure the sick. Her own Abbey features in the story, richly interspersed with local dialect in the style of *Old Shropshire Life*. There are no illustrations in this book. The book is dedicated to Lady Catherine's sister, Lady Camilla Gurdon, who died on 13 September 1894, at the age of thirty-six.

Lady Catherine delighted in entertaining her friends and family with her own productions. To this end, she wrote eleven short plays or sketches that could be performed by them or for them at Wenlock Abbey or at Thornes House. Her daughter Mary, who much enjoyed acting, took the leading role in some of these. There are several photographs of the Milnes Gaskell family members and friends in costume (see figures 45 and 46). Many of the plays were first published individually as little paperback pamphlets, price sixpence each, then later, in about 1903, they were issued as a collection under the title of *The New Cinderella, and Other Plays*.[36] The book consists of the following eleven short plays, inspired by fairy stories or heroic deeds, often with a moral message: 'The New Cinderella', 'The Enchanted Garden', 'The Course of True Love Never did Run Smooth', 'There's many a Slip 'twixt Cup and Lip', 'The Return of Spring', 'Every Cloud has a Silver Lining', 'Love's Triumph', 'All is not Gold that Glitters', 'God Fulfils Himself in many Ways', 'Boscobel' and 'Our New Governess'.

'The New Cinderella' is a comedy, with songs by Julian Sledmere and music by Rosa Winterden. The song 'No Lochnivar'

Fig. 45 *Acting in Costume in front of the Norman Door to the Cloister Hall, circa* 1920. Photograph.

Fig. 46 *Five Men Acting in Costume*, 27 July–3 August, 1901. The figure on the right is probably Evelyn Milnes Gaskell. Others may be: Sir Herbert Kinnaird Ogilvy (1865–1956), Ralph E. Alderson, Edward Evelyn Barber (later Rector of Ongar) and Edwin F. W. Moseley. Photograph.

was inserted by permission of the editor of *Lady's Realm*. 'Boscobel' is a historical comedy, in two acts, with the following dramatis personae: King Charles II, Richard Penderel (son of Joan Penderel), Roger Danvers, Ebenezer Hathaway, Dame Joan Penderel (a widow) and Nancy Hathaway. It commences in a room in Boscobel Manor, in east Shropshire, near the border with Staffordshire. Lady Catherine takes elements from the history of the escape of the future King Charles II who, after the execution of his father in 1649, and on losing the Battle of Worcester in 1651, fled for his life and hid in an oak tree at Boscobel. Lady Catherine's daughter Mary played the part of Nancy Hathaway and took an active part in preparing the stage sets.[37]

Notes

1 CGMG's small notebook, fol. 56.
2 Florence Emily Hardy, *The Life of Thomas Hardy 1840–1928* (London: Macmillan, 1962), p. 257.
3 *Ibid.*, p. 259.
4 *Ibid.*, p. 259.
5 *Ibid.*, p. 259.
6 *Ibid.*, p. 258.
7 *Ibid.*, p. 259.
8 Michael Millgate, *Thomas Hardy. A Biography Revisited* (Oxford: Oxford University Press, 2004), p. 314.
9 *Ibid.*, p. 314.
10 Shrewsbury, SA, MS 112/21/4/11/6/4 (Lady Catherine MG to Lord Berwick, 31 January 1928).
11 *The Collected Letters of Thomas Hardy*, ed. by Richard Little Purdy and Michael Millgate, 7 vols (Oxford: Clarendon Press, 1978–1988), 2, p. 27 (Thomas Hardy to Florence Henniker, Thursday morning, 17 August 1893).
12 Catherine Milnes Gaskell, 'My Stay in the Highlands', *Nineteenth Century*, 34 (August 1893), 230–47.
13 *Ibid.*, p. 230.
14 *Ibid.*, p. 244.
15 *Ibid.*, p. 244.
16 Thomas Hardy, *The Mayor of Casterbridge*, ed. by Keith Wilson (London: Penguin Books, 2003), pp. 274–75.
17 Letter Archive, Misc-MSS B 23 (William Cowper-Temple to Lady Catherine Wallop, 21 August 1876).
18 Quoted in William E. Fredeman, 'What is wrong with Rossetti?: A Centenary Reassessment', *Victorian Poetry*, 20, no. 314 (Autumn–Winter, 1982), p. xxvi.
19 *Ibid.*, p. xxvi.

20 Catherine Milnes Gaskell, 'Old Wenlock and its Folklore', *Nineteenth Century*, 35 (February 1894), pp. 259–67.
21 *Ibid.*, p. 260.
22 *The Mayor of Casterbridge*, ed. Keith Wilson (2003), p. 325, note 1.
23 *Ibid.*, p. 3.
24 'Old Wenlock and its Folklore', p. 263.
25 *Ibid.*, p. 264.
26 *Ibid.*, p. 264.
27 *Ibid.*, p. 265.
28 *Ibid.*, p. 265.
29 *Ibid.*, p. 265.
30 *Ibid.*, p. 267.
31 *Ibid.*, p. 266.
32 Thomas Hardy, *The Distracted Preacher and Other Tales*, ed. by Susan Hill (London: Penguin Books, 1979), pp. 134–64.
33 Catherine Milnes Gaskell, *Old Shropshire Life* (London & New York: John Lane The Bodley Head, 1904).
34 *New York Times*, Saturday, 9 April 1904, p. 27.
35 Catherine Milnes Gaskell, *Episodes in the Lives of a Shropshire Lass and Lad* (London: Smith, Elder & Co., 1908).
36 Catherine Milnes Gaskell, *The New Cinderella and Other Plays* (London: Henry J. Drane, no date, but *circa* 1903/4).
37 Winchester, Hampshire Record Office, MS 15M84/F339.

Chapter 21

Wellheads, Wells and Country Life

Wenlock Abbey was still far from comfortable and in need of sensitive modernisation. It was an idyllic summer retreat, a *château de plaisance*, but less so in winter as Henry Adams discovered in November 1891. The intense cold, both inside and outside, at first preoccupied this lonely, childless widower. He described the situation, 'writing in the hour before dinner'[1] on 5 November to his close friend Elizabeth Cameron:

> A long, lowering, melancholy November day, the clouds hanging low on Wenlock Edge, and stretching off to the westward [...]. I have shivered over the fire, chatting feebly, and this afternoon have ridden for two hours over the sodden fields, in the heavy air, talking with Gaskell in our middle-aged way about old people, mostly dead.[2]

But by the next day (6 November), he was adapting to the winter scene, felt invigorated, and participated heartily in the country life and sports:

> Another dark, still day. We had a meet of the hounds this morning, and I rode to it with the Gaskells, and capered over the muddy fields on a pulling poney [*sic*] till my back is sore as never before, and some muscle is so gone wrong that I almost howl every time I rise from my chair. The hunt left us, and we rode home and killed a fox in the Abbey grounds as though the fox had meant to pay me a personal attention.[3]

Outdoor activity continued as he 'wandered alone across Wenlock Edge and through miles of soaked meadow.' He was finding peace and contentment in 'this dank, dark, dripping, dreary atmosphere, where the hills melt or freeze into dim outlines of mist and cloud'. He felt he was in an unchanged part of the world that was 'stationary' and enabled him to 'stop too'. Nostalgia gripped him and memories flooded back of his first visit in 1864: 'Nothing has changed here since I first came in the year '64. For once I find perfect stability and repose; even Gaskell seems hardly altered.'[4]

By Tuesday, 10 November, Henry had attained an even greater degree of happiness and empathy with his environment as he engaged in more outdoor activities and espoused the lifestyle of the Milnes Gaskells: 'All day out doors, walking or riding, either along muddy roads or through fields and lanes like sloughs. I rather like it still. I feel as though I had reached harbor, and the dull, wet skies and brown foliage leaves me more cheerful than I was in the most perfect tropics.'[5] But there is a reminder of the other life of the man about town when, 'after dressing for dinner I was waiting before the fire in the Abbott's [*sic*] room for Gaskell and Lady Catherine to come down, when a footman brought me a bundle of shirts forwarded by my order from the Hotel Bristol'.[6]

On Thursday, 12 November, the eve of his departure, in moments of self-analysis, he realised that his feelings of perfect repose emanated from the medieval place, rather than the people. He was loath to leave his sanctuary of Wenlock Abbey:

> I still linger at Wenlock [...], partly because I feel at home here, as though I were in hiding. Lady Catherine is very nice indeed; she has grown simpler and more natural than in the old sun-flower days, and is very gentle and sympathetic; but I think my true source of repose here is not so much in her or in her husband as in the place itself. An atmosphere of seclusion and peace certainly lingers in these stones, and I have thought much of the life I should certainly have led here had I come with the same experiences five hundred years ago, to the same retreat. Progress has much to answer for in depriving weary and broken men and women of their natural end and happiness; but even now I can fancy myself contented in the cloister, and happy in the daily round of duties, if only I still knew a God to pray to, or better yet, a Goddess.[7]

Charles and Henry reminisced, yet at the same time discussed proposals for more restoration of the Abbey. Both shared an admiration for Viollet-le-Duc. When a new wellhead (figures 48 and 49) was being constructed to be placed in the quadrangle at Wenlock Abbey, not surprisingly it was to the great French architect that Charles turned for inspiration. He based the design on Viollet-le-Duc's sketch of a medieval wellhead in volume seven of his *Dictionnaire raisonné de l'architecture française du XIe au XVIe siècle* (figure 47). Charles George, a local mason, was engaged for the task.[8]

As part of the modernisation programme, Charles organised a supply of running water to his Wenlock home: 'A ram was in 1894 placed in the paddock at a cost of £116 by which water is supplied to the Prior's House.'[9] The much-improved water supply alleviated the problem of disposal of sewage by means of what Charles refers to as 'water carriage'.[10]

Charles continued to tastefully improve his Wenlock home and in June 1897 he bought from Scavini two tapestries hung up in the refectory and eight eighteenth-century leather chairs.[11] In 1898 a fountain was placed to the west of the schoolroom, the pillars found near the lavabo were set up, a new wall built to the east of the prior's house, the chapter house and part of the south transept repaired and a sundial erected in the 'Bee garden'.[12] This was the 'old sundial' that had been 'thrown down' by the vicar of Munslow 'pro pudor!' in 1897.[13] It was embellished with a special Latin inscription, composed by Arthur Verrall – the great classical scholar who had been consulted in 1886 for the memorial above the mantelpiece – and written in Catullian glyconics:

Me, quem barbarus expulit
Saeculo veterem altero,
Mitior dominus locat
Flores inter et hortos[14]

(My mellow lord places me, an old man from another age, whom a foreigner expelled, among flowers and gardens.)[15]

In the appointment of the Reverend David Herbert Somerset Cranage (1866–1957) as curate to the Reverend Frederick Ellis in 1898, Charles found a like-minded friend and supporter of his projects. Cranage was an academic, a historian and antiquary

Fig. 47 Eugène Viollet-le-Duc, *Wellhead*, reproduced from *Dictionnaire raisonné de l'architecture française du XIe au XVIe siècle* (1854–1868).

Fig. 48 *Wellhead*, made by Charles Milnes Gaskell based on the design of Viollet-le-Duc. Photograph by Cynthia Gamble, 2011.

Fig. 49 *Detail of Wellhead*. Photograph by Cynthia Gamble, 2014.

and had already commenced his ten-volume history *An Architectural Account of the Churches of Shropshire* (1894–1912). He wrote many articles about Wenlock church and priory, and in 1901 conducted excavations and located the remains of an early church.

Charles always used the best-quality materials and engaged the most skilled craftsmen for any restoration work, improvements or embellishments. In the summer of 1899 he invited the leading wrought-iron designer John Starkie Gardner (1844–1930) to stay for a few days in late July (28–30). Starkie Gardner, who had an art metalwork company in London, was the foremost authority on the history of decorative ironwork in his day and would later have commissions from King Edward VII. He wrote many articles and books about ironwork and also lectured on this subject. Staying in the shadow of Wenlock Edge was a geologist's paradise for this inveterate fossil hunter who amassed a vast collection over his lifetime. Starkie Gardner designed the iron gate 'for the passage leading from the refectory into the cloister garden.'[16] This magnificent gate, still *in situ* in the twenty-first century and in perfect condition, is surmounted by a stork, the Gaskell family crest (figures 50 and 51).[17] Starkie Gardner also designed the weather vane on the south gable of the *hospitium* (dorter house), put up in 1898.[18]

Two important English artists were also at Wenlock Abbey at the same time as Starkie Gardner in 1899: Robert Bateman (1842–1922), who then lived with his wife Caroline at nearby Benthall Hall, and the portrait painter William Clarke Wontner (1857–1930). Robert Bateman had been a frequent guest at Wenlock Abbey from at least 1895[19] and had spent much of his life in Staffordshire, at Biddulph Grange and also at Biddulph Old Hall where he had a studio. Bateman was part of the circle of artists including Walter Crane, Simeon Solomon (1840–1905) and Burne-Jones. Wontner is associated with the depiction of Classical and Oriental studies, especially, but not exclusively, of beautiful women. His oil on canvas of Charles's friend Frederic William Myers was exhibited in 1896.[20] Two fine portraits

Fig. 50 *Stork Gate*, detail. Photograph by Suzanne Boulos, 2012. Courtesy of English Heritage.

Fig. 51 *Stork Gate*. Photograph by Suzanne Boulos, 2012. Courtesy of English Heritage.

of Miss Mary Milnes Gaskell were executed by Wontner in 1899 when he stayed at Wenlock Abbey (see colour plates C and F).

Repairs to the ruins of the south and north transepts of the former priory church continued and the foundations of the summer house (gazebo) – completed in 1900 – were laid in the east gardens. Ornamental stones were placed on the east wall.[21]

In late August/early September 1899 Alphonse Legros (1837–1911), the Dijon-born painter, etcher, sculptor, and Slade Professor at University College London until 1892, stayed at Wenlock Abbey, mainly in order to paint Charles's portrait.[22] The reason for this was not vanity, but the portrait had been commissioned by the West Riding County Council to be presented to the sitter on 9 May 1900 at a luncheon in Wakefield 'as a mark of esteem and appreciation of his services as Chairman'.[23] It was described as 'a really striking and life-like portrait'.[24] The magnificent oil on canvas depicts both Charles's gravitas and kindliness (see colour plate D). He is represented in profile, standing behind an oak chair, with both hands firmly grasping the back of the chair; in his right hand he holds a document that might well be one of his speeches or even the notes for the speech he intends to give before the Wakefield Corporation. This large oil, measuring approximately forty-six inches by thirty-six inches, hangs with other Wakefield dignitaries in Wakefield County Hall, a fitting place of repose for this great municipal benefactor and philanthropist.

Legros was also busy creating a design for a bronze mask of the head of Neptune, the god of the sea and water in Roman mythology. Legros completed the fountain head at his studio in London a few weeks later; Charles was pleased with the result. Legros and his son met Charles in London and 'settled details'.[25] The finely cast head of the bearded face of Neptune through which water gushed was placed in the centre of the fountain at the Abbey. In 2014 it could be found in the corner to the left side of the Norman wing facing south (figure 52).

The year 1900 marked the temporary transfer of a lead statue of Mercury to the quadrangle in front of the prior's lodging; the following year, 1901, Mercury was placed in the east garden.[26] Mercury, the Roman god and messenger to the gods, stands naked with one arm raised holding a billowing cloak and wearing a winged helmet and sandals. The statue, some sixty-four inches high, is placed on a sandstone rectangular pedestal fifty-two inches high with panelled sides. In 1907, when the wall in the east garden was planted with flowers, the following inscription from Horace was cut upon the pedestal of the figure of Mercury:

Auctius atque Di melius fecere : bene est : nil amplius
Oro, Maia nate, nisi ut propria haec mihi munera faxis[27]

(The gods have given me more and better. It is good. I ask for nothing more, son of Maia, except that you make these gifts truly mine.)

In the mid-twentieth century, Mercury was moved to the centre of the island in the pond.

Fig. 52 *Neptune Fountain* by Alphonse Legros with coupled columns of the *lavatorium* in the background. Photograph.

A wellhead of Istrian marble was also placed in the east garden with Mercury; in 1902 this wellhead was moved to the centre of the bee garden.[28] This Renaissance-style, white Istrian marble wellhead has a square top below which are niches headed by flowerheads (figure 53). Its cylindrical, elegant tapering body is carved with groups of acrobatic hounds, lions rampant supporting a palm tree, and a stylised pineapple tree flanked by a pair of birds, divided by acanthus leaves. The wellhead is twenty-seven inches high by thirty-one inches in diameter.[29]

Very rarely was the cost of any project prohibitive. However, on one occasion Charles had to defer, but not cancel, a purchase of some statues that he wanted to buy from the London studio of the renowned sculptor and medallist Édouard Lantéri (1848–1917) 'as they will be rather expensive.'[30]

Wells

In this little town of many wells, some were neglected, or their location forgotten or unknown. One of the oldest, St Owen's – H.

Fig. 53 *Istrian Marble Wellhead and Gazebo*. Photograph.

E. Forrest suggests that it dates from the sixth century[31] – was recorded in Botelar's register of 26 May 1546: 'Here was buried out of the street called Mardfold out of the two tenements next unto sancta Owen's well, on the same side of the well the body of Sir William Corvehill priest, of the service of our blessed lady St. Mary within the church of the Holy Trinity etc. which said two hows [houses] belonged to the said service.'[32]

The site of this well had been lost until it was rediscovered through research done by Emily Catherine Ellis, work she shared with Charles and Lady Catherine. This discovery may have been the seed for Lady Catherine's short story 'The Holy Well', published a few years later in *Old Shropshire Life*.[33] The well was opened on 3 November 1897, cleaned out under the orders of the Milnes Gaskells, and a commemorative slab with the name cut in stonework placed over it. Charles noted this important event in his large Abbey book:

> St Owen's Well was opened through Mrs Ellis's researches. The well is stated in Botelar's register to have been in Mardfold St and there are two other references to it. It consists of a large chamber below the level of the adjoining Street approached by steps and covered over by two limestones. The back is formed of worked free-stone and at the bottom there is a large smooth slab. This well is probably the oldest in the town as St Milburga herself is supposed to have been attracted to Wenlock by the fame of it. A slab commemorating the names of St Owen and St Milburga will be inserted above their respective wells.[34]

Charles also wrote about this discovery in his small notebook:

> The register of Sir T. Botelar deserves very careful reading as it throws much light on old Wenlock. I have just had what is undoubtedly St. Owen's well thanks to Mrs Ellis opened, in Mardfold (now Mardol) Street just opposite to the pump. Many persons remember it open with steps going down to it, but the brook fouled it & probably for this reason it was closed. There is a fine slab at the bottom & the back is faced with free stone. I have ordered 2 stones bearing the respective names of St. Milburga & St. Owen to be placed above the 2 wells.[35]

A sketch by Miss Wayne depicts St Owen's Well completely covered by a house known as a 'well house'.[36]

It is unclear whether the well that now has the St Milburga's stone placed by Charles in a lane off Barrow Street is the 'original' St Milburga's well. It was in the interest of the monks to promote the cult of this virgin saint who possessed miraculous powers, and to make Wenlock a centre of pilgrimage to her shrine. A holy well in her name, giving the impression that it was her own or one that she had used and might therefore have miraculous powers, would have greater authenticity if it was situated as near as possible to her former monastery and in the priory grounds. A St. Mildburg's well was mentioned in Barrow Street in a manuscript of the thirteenth century, and in about 1730 was said to be 'in a little narrow lane turning out of Barrow Street'.[37] This seems to be indicated as such on a map of 1820.[38] However, on that same 1820 map another well called 'Wimperis well' is situated further along and off Barrow Street in a lane formerly called Rowsell that terminates in a cul-de-sac. The etymology and meaning of Wimperis remain unknown.

Milburga, the powerful abbess in charge of the double monastery for men and women at Wenlock for some three decades, possessed miraculous powers, according mainly to oral tradition and the writings of the French monk Goscelin, from the abbey of Saint-Bertin at Saint-Omer (Goscelin wrote several lives of female saints, including that of Milburga).[39] She was reputed to have had power over geese that were ravaging the crops; not dissimilarly, Ulpha, later canonised and whose statue can be found on St Firmin's porch at Amiens cathedral, a local girl living in a chalk cave above the marshes of the river Somme, was reputed to be able to silence frogs who were disturbing her devotions. Milburga apparently resuscitated a dead boy; she made water flow from a rock to heal her wound; when she blessed the barley that had been sown, it 'burst forth into tender blades of grass'.[40] Water in her miraculous well was believed to have healing properties and could cure many diseases, in particular those relating to the eyes.

Lady Catherine locates the holy well 'in the back lane'[41] off Barrow Street leading to the market garden belonging to Wenlock Abbey. She describes it as being very deep, with a little wicket gate in front of the steps leading down to the water. She relates her encounter with a child, an 'apple-cheeked little lass', about to descend the stairs with a little jug: the child had been sent by her grandmother to fetch the miraculous water to help her read her chapter from the Bible.[42]

In 2007 another well, thought by some local people to be the original St Milburga's, was discovered when brambles and rubble were being cleared on the site of the former vegetable garden of the Abbey. Wells continued to be an important part of the lives of Wenlockians for it was not until 1900 that the town had a supply of running water. This was thanks to Charles's philanthropy in providing the inhabitants, for the very first time, with a water supply from his own land.[43]

Country Life

The important, sensitive work that Charles Milnes Gaskell had carried out at Wenlock Abbey was eventually recognised publicly. For the first time, Wenlock Abbey was opened to the general public, or at least to the discerning readers of *Country Life*. An unsigned article entitled 'Wenlock Abbey, Shropshire, A Seat of Mr. C. G. Milnes-Gaskell' was published in *Country Life*, 20 April 1907.[44] This was accompanied by seven magnificent black and white photographs (some whole page) of parts of the exterior and, most unusually, two of the interior never seen before.

One of these illustrations of the interior depicted the long upper gallery, with its massive oak timbering, weather-worn sandstone windows, doorways and brackets, and the modern glass that had been added. The other depicted a corner of the prior's hall, unchanged from the Middle Ages, with a 'roof [that] is exceptionally fine, both as to the size of its timbers and the finish of the design and execution'.[45] Attention was drawn to unusual features in the prior's hall such as the 'carving of the pendant posts resting on the sculptured corbels', the dwarf columns supporting tabletops, and the basin and recess of a water-drain 'whereby slops, after the washing of hands or of wine-goblets, could be got rid of'.[46] However, the chimney-piece was a more recent feature and above it can be seen the memorial to James and Mary Milnes Gaskell (to which we have already referred).[47] Below the prior's hall was 'the ample kitchen' – the layout on the ground floor was later altered – and 'itself a picture, with its four highly finished gothic windows, its stone cornice, its beamed ceiling, and set with oak tabling and cupboarding of ancient date, and an early dresser of exceptional length and good design garnished with bright copper and pleasant earthenware'.[48] About this the writer comments not without a degree of well-deserved satisfaction: 'To find the same note of antiquity, passing from the upper to the lower stratum of rooms, satisfies exceedingly by its tone of complete fulfilment.'[49]

Maybe the curious visitor, like Lady Catherine, 'peeped into the kitchen from outside, and saw the coppers glimmering like red gold on the shelves of the old oak dresser [...] and called through the mullion window' to the French cook busy 'chopping some meat'.[50] Lady Catherine's publication in 1905 of *Spring in a Shropshire Abbey* had drawn attention to the remarkable house and garden.

The author of this *Country Life* article was probably Charles Milnes Gaskell for much of the writing reflects his style and introduces facts recorded in his *History of Wenlock Abbey* that only he knew. He displays an empathy with the Abbey and a desire to retain its authenticity and antiquity by carrying out repairs 'with judgment and restraint' [and] 'necessary alterations were planned, as far as possible, to emphasise rather than efface the Gothic work, and in a spirit of preservation rather than of "restoration"'.[51]

Although the focus of the article was the private house and its history, the carefully planned gardens and the setting were lyrically described, in a style redolent of that of Lady Catherine in *Spring in a Shropshire Abbey*, as having 'a sense of thoughtful propriety – of reaching just those individual effects which the peculiarity of the conditions dictated'.[52] A sense of mystery, delight and surprise pervade at every turn:

> Here we have the old cloister garth, with the grey and lichened ruins rising out of velvet turf. There is the walled rose garden profuse with bloom on bush, on standard and on pillar. Over its walls peeps the varied roofage of the building, or, between trees, rises the great perpendicular west window and the tall spire of the parish church, while one gap in the more immediate surroundings allows the eye to travel afar on to the hill country behind. On the side of the bowling green where the town huddles close up to the old monastic precincts, a yew hedge, so high and massive as to rival the solidity of the mediæval ruins around, ensures privacy, while on the other side it is kept low and offers a smiling prospect over the rich meadow-lands of the vale.[53]

The concluding remarks encompass the essence of the Milnes Gaskell philosophy: 'Within and without, Wenlock Priory – now always misnamed the Abbey – bears abundant trace of an ownership conscious of its exceptional value, eager for its lengthened preservation, alive to every possible development and presentment of its beauty and its charm.'[54]

In pursuit of a better understanding of his possession, Charles purchased, in 1907, from the archaeologist and writer Albert Hartshorne (1839–1910), 'for £20, his father's MS collection for a History of Wenlock Abbey, consisting of many documents and prints in a small folio and quarto volume'.[55] To date, the whereabouts of this document by Broseley-born Charles Henry Hartshorne (1802–65) remains unknown.

Notes

1 *Henry Adams: Selected Letters*, ed. by Ernest Samuels (Cambridge, MA; London: Belknap Press of Harvard University Press, 1992), p. 267.
2 *Ibid.*, p. 267.
3 *Ibid.*, p. 269.
4 *Ibid.*, p. 269.
5 *Ibid.*, p. 271.
6 *Ibid.*, p. 271.
7 *Ibid.*, p. 272.
8 CGMG's large Abbey book, fol. 43.
9 CGMG's large Abbey book, fol. 44.
10 CGMG's large Abbey book, fol. 46.
11 CGMG's small notebook, fol. 109.
12 CGMG's large Abbey book, fol. 46.
13 CGMG's large Abbey book, fol. 44.
14 CGMG's large Abbey book, fol. 46.
15 We are most grateful to Geoffrey Bourne-Taylor for this translation.
16 CGMG's large Abbey book, fol. 47.
17 We are grateful to Sir Laurie Magnus for permission to reproduce this image.
18 CGMG's small notebook, fol. 117.
19 Robert and Caroline Bateman signed the Visitors' Book on 1 and 6 August respectively.
20 London, National Portrait Gallery, 2928.
21 CGMG's large Abbey book, fol. 47.
22 A photogravure of this portrait was also made and is now in the Cambridge Antiquarian Society Collection, Cambridge, ref. CAS C4 (see janus.lib.cam.ac.uk).
23 <http://www.ebooksread.con/authors-eng/charles-a-manning-press/yorkshire-leaders> [accessed 21 April 2011].
24 <http://www.ebooksread.con/authors-eng/charles-a-manning-press/yorkshire-leaders> [accessed 20 May 2012].
25 Letter Archive, MS CC-24 (CGMG to Lady Catherine MG, 31 October 1899).
26 CGMG's large Abbey book, fols 46 and 48.
27 CGMG's large Abbey book, fol. 47.

28 CGMG's large Abbey book, fol. 48.
29 Christie's sale, 25 October 1982, lot no. 350.
30 Letter Archive, MS CC-24 (CGMG to Lady Catherine MG, 31 October 1899).
31 H. E. Forrest, *The Old Houses of Wenlock and Wenlock Edge, their History and Associations* (Shrewsbury: Wilding & Co., 1915), p. 1.
32 [T. H. Thompson], *A Guide to Much Wenlock and Buildwas Abbey* (Much Wenlock: T. H. Thompson, no date), pp. 31–32.
33 Lady Catherine Milnes Gaskell, 'The Holy Well' in *Old Shropshire Life* (London & New York: John Lane The Bodley Head, 1904), pp. 170–202; see photograph of the Holy Well at Much Wenlock, facing p. 201.
34 CGMG's large Abbey book, fol. 46.
35 CGMG's small notebook, fol. 110.
36 Forrest, *Old Houses of Wenlock*, p. 35.
37 *VCH Shropshire*, x, p. 401.
38 *Ibid.*, p. 408, fig. 41.
39 See references in *VCH Shropshire*, ii, p. 39.
40 *Spring in a Shropshire Abbey*, p. 60.
41 *Ibid.*, p. 61.
42 *Ibid.*, p. 61.
43 CGMG's large Abbey book, fol. 48.
44 'Wenlock Abbey, Shropshire, A Seat of Mr. C. G. Milnes-Gaskell', *Country Life*, 20 April 1907, pp. 558–64.
45 *Ibid.*, p. 563.
46 *Ibid.*, p. 563.
47 *Ibid.*, p. 562.
48 *Ibid.*, p. 564.
49 *Ibid.*, p. 564.
50 Catherine Milnes Gaskell, *Spring in a Shropshire Abbey* (London: Smith, Elder & Co., 1905), p. 34.
51 *Country Life*, 20 April 1907, p. 564.
52 *Ibid.*, p. 564.
53 *Ibid.*, p. 564.
54 *Ibid.*, p. 564.
55 CGMG's large Abbey book, fol. 47.

Chapter 22

A Cultural Hub

Lady Catherine and Charles were generous hosts and warmly welcomed to Wenlock Abbey visitors and guests from many walks of life, religious and political affiliations, including on occasions same-gender couples. These guests cannot be rigidly categorised, but they are generally representative of what constituted the well-educated, tolerant, Victorian or Edwardian polymath, with an open, enquiring mind, wide-ranging knowledge and interests. The main criteria for inclusion in this diverse tapestry were to be original thinkers and interesting, creative people. There were scientists, businessmen, industrialists, entrepreneurs, artists, architects, writers, explorers, clergymen, politicians, doctors, teachers, botanists, inventors and eccentrics.

Among the scientists were Lord Kelvin who created the first transatlantic cable; Dewsbury-born Thomas Clifford Allbutt (1836–1925), the inventor of the clinical thermometer and the main proponent of ophthalmoscopy in nineteenth-century Britain, also thought to be a possible prototype for the character of Dr Lydgate in George Eliot's *Middlemarch*; and John Edwin Eddison (1842–1919), professor of medicine and physician to Leeds General Infirmary. A frequent visitor was Charles Carmichael Lacaita (1853–1933), a botanist of note with nineteen plant species named after him.

Explorer Henry Morton Stanley (1841–1904) of 'Dr Livingstone, I presume?' fame entered the Milnes Gaskell circle through his wife, the artist Dorothy, née Tennant (1855–1926)

Fig. 54 *The Prior's Lodging and Chapter House Viewed from the North-West Showing Blind Arcading on the South Wall.* Photograph by Isabella Bishop, *circa* 1892–97.

who, with her brother Charles, a barrister and landowner from Glamorgan, had been guests at Wenlock Abbey in 1883. Another intrepid explorer was widowed Isabella Bishop, née Bird (1831–1904), whose tales of adventures in Australia, India and Hawaii, of horse-riding over the Rocky Mountains, of the dangers of crossing China, would have entertained the Milnes Gaskells during her stays in July 1892 and September 1897. During the latter visit, 11 to 17 September, she became better acquainted with Caroline and Robert Bateman, with Frederick Henry Arthur Wallop (Lady Catherine's younger brother) and with Evelyn and Mary Milnes Gaskell. Isabella Bishop was a keen photographer and photographed several views of Wenlock Abbey, and a well-dressed group of family and friends among the ruins in 1897 (see figures 54 and 55).

The writer, historian, philanthropist and prison reformer Edith Helen Sichel (1862–1914) first came to Wenlock Abbey in July 1899, and again in September 1900 when she described the place, in a letter to Blanche Warr Cornish, as 'this heaven and haven of an abbey', as she gazed at the 'clusters of red hawthorn berries against the broken thirteenth-century arches'.[1] Two years later, Sichel returned with her companion Emily Marion Ritchie.[2] The couple had been travelling in Wales prior to arriving at 'lovely Wenlock Abbey, full of beauty and kindness'[3] where they stayed from 14 to 19 August 1902. Sichel was delighted with the welcome received and, on returning in September to Hambledon, Surrey, where she ran a Home for Deserted Children, wrote to the music critic and scholar John Alexander Fuller-Maitland (1856–1936) that her 'witty host was more like M. Bergeret than ever'[4] (a reference to *Monsieur Bergeret à Paris* by Anatole France). In a moment of sadness, she wrote to the same correspondent, invoking memories of Much Wenlock: 'Write to me soon, for I am feeling exceeding flat, like John Stone in Wenlock churchyard, whose only epitaph runs:-

Fig. 55 *St John Wayne, Robert Bateman, Evelyn Milnes Gaskell and Mary Milnes Gaskell at Wenlock Abbey*, September 1897. Photograph by Isabella Bishop.

Here lies John Stone
His Grandmother's Friend.'[5]

In 1907, at a dinner-party at the House of Commons given by Charles Frederick Gurney Masterman (1873–1927), Liberal MP for West Ham North, Sichel related a snippet of the conversation she had had with Charles Milnes Gaskell: 'I had a nice talk with Mr. Milnes Gaskell, who, when I said my favourite prayer was "Lord, give me understanding", said, "Mine is 'Lord, give me a quiet mind'." I said "Not a quiet mind, or you would be dull" and he answered "No, only a quiet*er* mind".'[6] Sichel's last visit to Wenlock Abbey was from 26 to 29 August 1910.

Other less well-known writers who were invited included: William Hurrell Mallock (1849–1923); T. Wemyss Reid (at Wenlock Abbey on 28 July 1884); novelists Mary Cholmondeley (1859–1925) and Lanoe Falconer (Mary E. Hawker 1848–1908) on 18 July 1893, along with Sir Alfred Comyn Lyall (1835–1911), literary historian and poet.

One of the most colourful and larger-than-life guests was Charles Hamilton Aïdé (1826–1906) who stayed at the Abbey for three nights, from 22 to 25 July 1898, along with Henry Adams for exactly the same period. It is likely that Aïdé and Adams made the acquaintance of musician and gardener Caroline Bateman, the mistress of Benthall Hall, who was a guest on 25 July. Paris-born Aïdé, the son of an Armenian merchant who was killed in a duel, was a talented flamboyant showman, artist, songwriter, playwright and novelist, friend of actor Henry Irving and of American journalist William Morton Fullerton. He had a celebrated salon in London that attracted an artistic and aristocratic coterie. Jeffrey Richards, in his biography of Henry Irving, describes Aïdé as 'an exotic figure'.[7]

Among business visitors were Rudolf Schrödinger who ran a linoleum factory in Austria but is perhaps better remembered as the father of Erwin the famous physicist and Nobel Prize winner; and Bolton businessman, Quaker and public servant Robert Ashworth, of an old-established family whose motto was 'Garde ta bien aimée' ('Keep hold of your beloved woman'), together with his wife Richenda (née Jackson). Richenda was

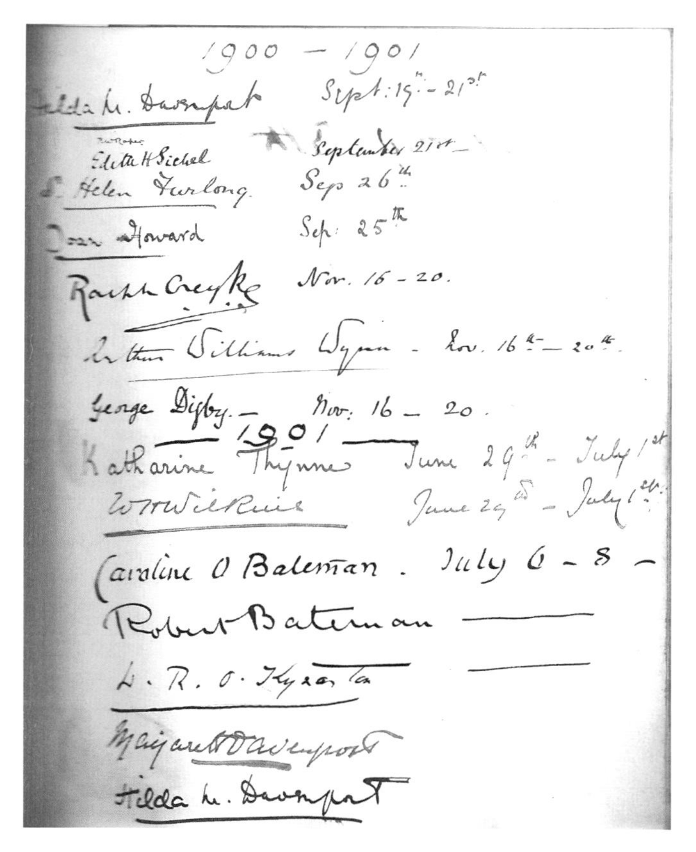
1900 – 1901

Hilda M. Davenport Sept: 19th – 21st

Edith H Sichel September 21st

Helen Furlong Sep 26th

Joan Howard Sep: 25th

Ralph Creyke Nov. 16 – 20.

Arthur Williams Wynn – Nov. 16th – 20th.

George Digby. – Nov: 16 – 20.

1901

Katharine Thynne June 29th – July 1st

[illegible] June 29th – July 1st

Caroline O Bateman. July 6 – 8 –

Robert Bateman

[illegible]

Margaret Davenport

Hilda M. Davenport

Fig. 56 *Manuscript Folio of the Visitors' Book in 1900 and 1901*, showing signatures of Caroline and Robert Bateman, Edith H. Sichel and others.

a campaigner for women's rights and a notable philanthropist; her good works were cut short in June 1898 when she was found drowned on the beach at Saltwick, Whitby. Robert Ashworth was a partner in the firm of John Ashworth & Sons, Land Agents, Surveyors and Valuers, that Charles engaged for some of his land transactions, such as leases. Others included Liverpudlian William Benson Rathbone (1826–92), a cotton broker, with his wife and daughter, and Arthur Albright (1811–1900), a Quaker and chemist, who, with John Edward Wilson, founded a company to manufacture potassium chlorate and white phosphorus for the match industry in Birmingham. There was a visit in July 1882 by Lady Louisa S. Goldsmid, feminist campaigner, writer and benefactor. She was the widow of banker Sir Francis Henry Goldsmid (1808–78), Liberal MP for Reading and the first Jew to become an English barrister.

In 1908 new friends, Romolo Nobile Piazzani (1872–1932) and his companion the Reverend Henry Pole Fraser, rector of St Andrew's Church, Ryton, a Shrophire village near the border with Staffordshire,[8] were added to the Milnes Gaskell circle. Piazzani, a wealthy man, built Ryton Hall, opposite St Andrew's Church, in 1905; it was an impressive residence – a rectory for Fraser – that the two men shared until their deaths.[9] Both are buried, close to each other, in the churchyard. Inside St Andrew's Church is a memorial to Piazzani, with an inscription in Latin. Fraser and Piazzani created an Italian Garden at Ryton Hall, and both were keen and discriminating collectors of works of art and garden statuary. Piazzani offered some of his fine collection to the Victoria and Albert Museum. A brass chandelier was declined on the grounds that it was imperfect, but a forged ivory relief – an ivory panel set in a book-cover – was accepted by the museum in 1922.[10] Piazzani's horticultural skills were memorialised in the naming of a violet blue sweet-pea, *Romolo piazzani*, after him.

Charles Milnes Gaskell always warmly welcomed artists who would memorialise his cherished, historic Wenlock home for posterity. In August 1886 Glasgow-born twenty-four-year-old Henry Denison Walton (1862–1919) made a fine, detailed sketch of the prior's residence (figure 57).[11] Prior to his visit, Walton had had a distinguished record in London between 1883 and 1886, when he was an assistant to various architects and also a student at the Royal Academy Schools and the Architectural Association. He was the RA Silver Medallist in 1884, the AA Travelling Student in 1885 and the Pugin Student in 1886. The quality of this student's work is clearly visible in his rendering of the exterior of the Milnes Gaskell home, viewed from the south-west.

In the same volume of the *Architectural Asssociation Sketch Book* (1888), we also find two representations, on the same page, of the prior's residence by Sydney Vacher (1854–1934).[12] One depicts the front elevation of the abbot's house, and the

Fig. 57 Henry Denison Walton (1862–1919), *The Prior's Residence, Much Wenlock*, September 1886.

other is a detail of part of that elevation (figure 58). They are signed and dated 'Sydney Vacher. Measured Aug. Drawn Oct.' The year is uncertain but appears to be '77' written in large figures. Vacher was an architect, artist, wallpaper and textile designer and author of a book on Italian art (1886). Other visitors included M. Waddington who sketched the Abbey in 1887.

In mid-October 1897 Stanley Leighton (1837–1901) arrived with a specific purpose in mind. He was the younger brother of Sir Baldwyn Leighton (1836–97) who had died earlier that year on 22 January. Stanley Leighton was a former barrister and MP and a talented artist who was also an active member of the Society for the Protection of Ancient Buildings. He was preparing a book, illustrated with his own drawings and text, entitled *Shropshire Houses Past and Present*. In this volume, he included only one sketch of Wenlock Abbey, *The Prior's Lodge*, from the exterior. However, he was busy sketching more than that and on 18 October 1897 made drawings entitled *The Prior's House* and the *Dining Room*.[13] His book was published in 1901, posthumously, for Leighton died on 4 May when his completed manuscript was in the printer's hands. Writing in June from the family home at Sweeney Hall,

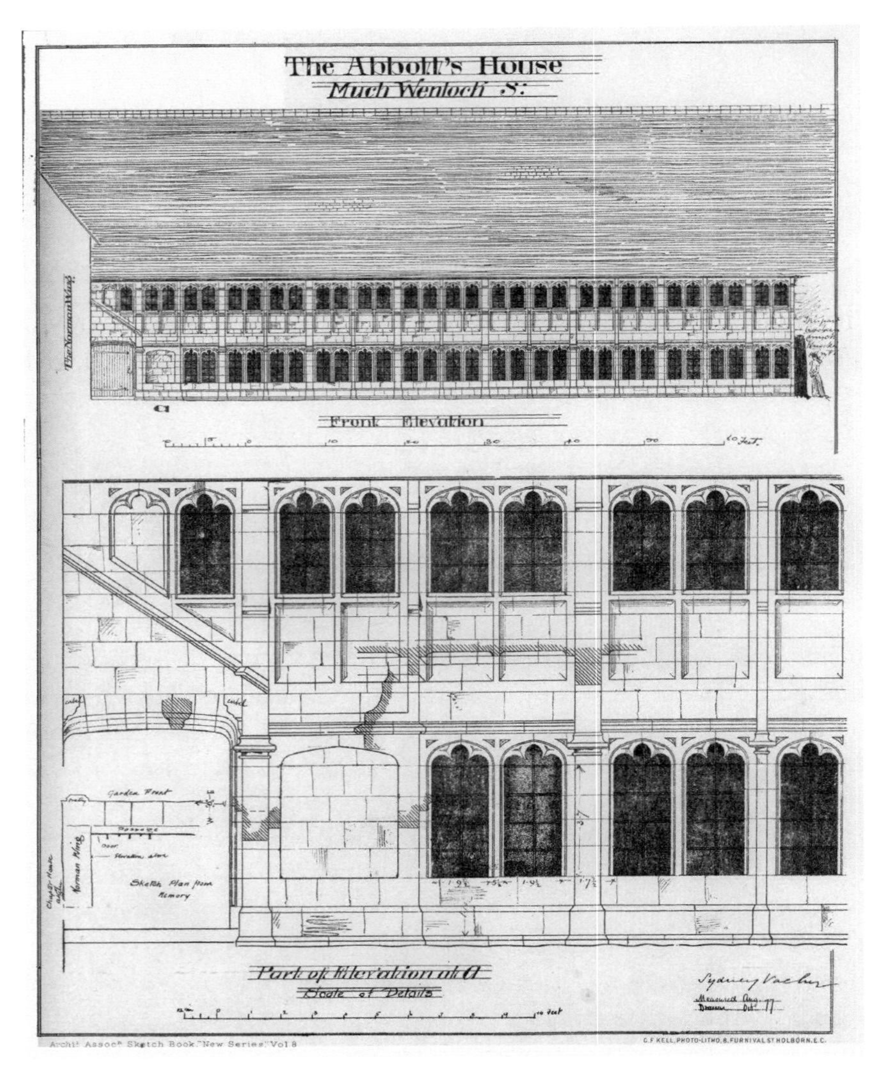

Fig. 58 Sydney Vacher (1854–1935), *The Abbott's* [sic] *House, Much Wenlock: Front Elevation and Detail*, 1877.

Morda, near Oswestry, his wife, Jessie Leighton, née Jessie Marie Williams-Wynn, added the following explanatory note at the beginning of the book: 'This volume of the *Houses of Shropshire* was complete and in the printers' hands when the unlooked for summons of death called its author out of this life. The final revision of the proof sheets has fallen to me. [...] The author had in preparation five more similar volumes to form a fully-illustrated county history, but "L'Homme propose, Dieu dispose".'[14]

The watercolourist William Henry Dyer (*fl.* 1890–1930) stayed for two weeks at the Abbey between 12 and 26 August 1911, 'making sketches, amongst others one of Mitchell's Fold'.[15] Mitchell's Fold is a Bronze Age stone circle high on Stapeley Hill, near Chirbury, in south-west Shropshire, close to the Welsh border. Many mysteries and legends are attached to it. Dyer also painted a rural scene of Much Wenlock, with the Abbey and church in the distance.[16] Dyer's stay overlapped with that of another artist and regular visitor, Robert Bateman, then residing at Nunney Delamere in Somerset. Bateman made a sketch, dated 17–19 August 1911 and entitled *The Refectory Wenlock Abbey* (see colour plate I). Underneath this historical watercolour, Charles wrote 'Preparation for railway strike' and explained the circumstances: 'Flour potatoes onions and apples were stored in the refectory of which Robt. Bateman has made a drawing for this volume.'[17]

On the eve of war, in the summer of 1914 (23–27 June), Bateman immersed himself once again in the monastic environment. On 26 June he painted a ring, in relief, on the west front of the ruins of the former priory church. Its significance was explained by Charles Milnes Gaskell: 'When the church was consecrated, the bishop or prior sprinkled the facade with holy water and preserved the memory of the act by a disc of white paint which preserved the stones from decay and left an indelible mark, which was first pointed out to me by St. John Hope.'[18] Bateman had a sense of fun and delighted in sketching and sculpting enigmatic messages or hidden symbols, heads and grotesques that he left for future generations to decipher. Several of these 'messages' or riddles were discovered and interpreted by Nigel Daly at Biddulph Old Hall and at Rockfield House at Nunney Delamere.[19] Bateman may also have been the artist who sketched two black chalk heads on the stone above the fireplace in the prior's chamber next to the prior's hall, on the first floor, at Wenlock Abbey. These were still extant in the early 1980s. Mystery continues to surround the face, with two pricked ears, sculpted on the lintel on the south side of the chapter house.

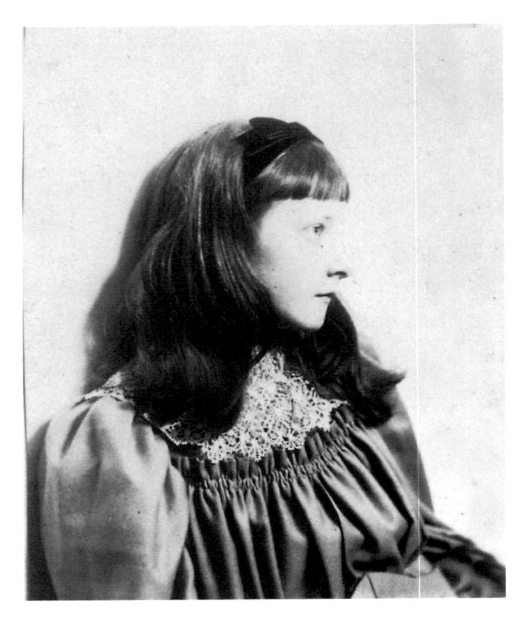

Fig. 59 *Miss Mary Milnes Gaskell, aged 11, October 1893.* Photograph by Miss Withington.

Fig. 60 *Looking East towards the Chapter House with Miss Mary Milnes Gaskell*, August 1889. Photograph.

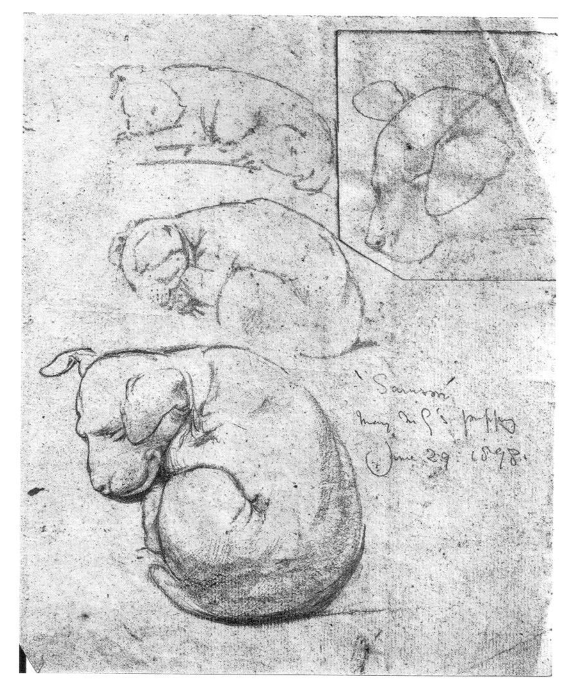

Fig. 61 Robert Bateman (1842–1922), *Samson*, 29 June 1898. Pencil on paper.

Mary Milnes Gaskell was sixteen years old when Bateman sketched her puppy called Samson on 29 June 1898 (figure 61). This puppy was to gain celebrity status for Bateman used it in his major painting *At Romsey Abbey*, 1899, an oil on panel depicting a relief sculpture of a crucifix set into the wall, with a child asleep, curled up contentedly with his puppy on a floral frieze.[20] In 1919, three years before his death, Bateman was sorting out his papers, dispersing his work and sending local sketches to his friends. So it was that he returned *Samson*, his pencil sketch of 1898 to Lady Catherine saying: 'As to Sam the puppy, Mary may like it. Anyhow – for her – as for you, there is the wastepaper basket.'[21] Bateman wrote the following explanatory note dated 1919 on the reverse of his study: 'used in a picture of the outside crucifix at Romsey Abbey, where a tired little boy is asleep under the Cross & Sammy is cuddled up & asleep too. The picture – a small one on panel is at Madresfield'.[22]

As well as encouraging practising artists to record Wenlock Abbey, Charles Milnes Gaskell continued to add to his own historic collection. One important acquisition was Peter De Wint's watercolour of Wenlock Abbey, a gift from Somerset Beaumont (1835–1921) in August 1912. Charles hung it in the chapel, along with two paintings by Turner of the same subject. De Wint was working from a vantage point of the open brook in the Abbey lane and looking towards the ruins of the south transept, with the spire of Holy Trinity Church in the distance. The transept is depicted with four pointed arches, whereas, Charles Milnes Gaskell points out, making an analogy with Joseph Farington's drawing of 1789, 'only three existed at that date, and for many years previously'.[23] To the left of the painting, parts of the prior's lodging (with turret) are visible. In the foreground, near the open brook in the Abbey lane, rocks and trees serve to emphasise the rugged nature of the site. At that time there was also 'a raised path under the abbey wall to enable foot passengers to walk down the lane'.[24] An 'old work house had been converted into cottages, pulled down at a later date' by James Milnes Gaskell,[25] and 'round the north side there was a moat, caused by the damming up of the brook'.[26] A sepia and wash sketch of a similar view also survives, attributed to Peter De Wint, *circa* 1849.[27]

Notes

1 *Edith Sichel: Letters, Verses and Other Writings Dedicated to her Friends*, ed. by Emily Marion Ritchie (London printed for private circulation, 1918), p. 109 (Edith Sichel to Blanche Warre Cornish, September, 1900).

2 Emily Marion Ritchie was the sister-in-law of the writer and intellectual figure of the day Anne Isabella Thackeray Ritchie (1837–1919), daughter of William Makepeace Thackeray and step-aunt of Virginia Woolf. Anne Ritchie and her daughter Hester were invited to Wenlock Abbey on 21 August 1900.

3 Ritchie, *Edith Sichel*, p. 115.

4 *Ibid.*, p. 115.

5 *Ibid.*, p. 115.

6 *Ibid.*, p. 130 (Edith Sichel to [E. P.], 1907).

7 Jeffrey Richards, *Sir Henry Irving. A Victorian Actor and his World* (London: Hambledon and London, 2005), p. 167.

22 *A Cultural Hub*

8 Piazzani and Fraser were at Wenlock Abbey on 10 September and 14–16 October, 1908.
9 <www.churches.lichfield.anglican.org/shifnal/beckbury/rytonguide.doc> [accessed 29 May 2012].
10 London, Victoria and Albert Museum, ref. L.1797–1922.
11 *Architectural Association Sketch Book*, series 2, 8 (1888), p. 14.
12 *Architectural Association Sketch Book*, series 2, 8 (1888), p. 29.
13 Shrewsbury, SA, MS 6805/6.
14 Stanley Leighton, *Shropshire Houses Past and Present* (London: George Bell, 1901), p. vii.
15 CGMG's large Abbey book, fol. 48.
16 W. H. Dyer, *Much Wenlock*. Watercolour on paper. Private collection.
17 CGMG's large Abbey book, fol. 48.
18 CGMG's large Abbey book, fol. 49.
19 Nigel Daly, *The Lost Pre-Raphaelite. The Secret Life & Loves of Robert Bateman* (London: Wilmington Square Books, 2014), pp. 78, 106.
20 The painting is reproduced in Daly, *opus cit.*, p. 75, fig. 26.
21 Letter Archive (Robert Bateman to Lady Catherine MG, from Nunney Delamare, 2 July 1919).
22 Private collection.
23 CGMG's large Abbey book, fol. 49.
24 CGMG's large Abbey book, fol. 48.
25 CGMG's large Abbey book, fol. 48.
26 CGMG's large Abbey book, fols 48–49.
27 Private collection.

Chapter 23

Sensory Gardening

Buoyed by her literary successes, Lady Catherine published a much more substantial and personal work in 1905, *Spring in a Shropshire Abbey*, with eighteen photographs.[1] Lady Catherine was a sensitive, caring person with a keen interest in gardening, history, literature and the arts. She kept records of conversations and made copious notes, many of which are incorporated into her writings. The title is to some extent a misnomer, for the book covers the seven-month period from January to July, and includes a much wider range and variety of flora and seasons than implied. The reviewer in the *Spectator* suggested that a second title was needed and proposed *Spring in a Shropshire Abbey; or, How the Rich Live.*[2] It chronicles that cycle of Lady Catherine's life at Wenlock Abbey with her daughter Bess (Mary), her staff including Burbidge the gardener, Freemantle the butler, Auguste the French cook, Mrs Langdale the housekeeper, Célestine the French maid, Old Nana, Bess's nurse, Miss Weldon, Bess's governess, and Mouse the beloved boarhound. *Spring in a Shropshire Abbey* is dedicated to 'dear' Eleanor Vere Gordon Boyle ('EVB'), 'in affection and grateful memory of many charming talks that we had together one sunny winter in the far South'. Boyle's popular garden book *Days and Hours in a Garden* (1884) spanned an entire year from October 1882 to September 1883.

Lady Catherine's Wenlock Abbey gardens with the 'emerald velvet of the Cloister lawn',[3] the 'fragrance of a clump of violets',[4] and her horticultural-motif embroidery are the main preoccupations of *Spring in a Shropshire Abbey* inspired by Henry Bright's lyrical, informative work *A Year in a Lancashire Garden*, to which we have already referred. Lady Catherine distils the essence of her perfumed garden, its changing colours, sights, sounds and texture, with its bees and birds, and Old Adam her peacock.[5] She is an astute observer of wildlife, drawn to the security and tranquillity of the sanctuary ruins. There are swans and moorhens on the Abbey ponds, hen pheasants and cock pheasants, and starlings 'in their brilliant iridescent plumage';[6] there are rooks, robins (a sacred bird in Shropshire), a cuckoo, a cock chaffinch 'with his lavender head'[7] and many others all under the protection of Lady Catherine. Her compassion for the sick and dying is evident when she comforts Mrs Harley in her last days.[8]

Both books are tributes to the time and money invested in the creation of landscaped gardens from the wilderness of 1857 when James Milnes Gaskell purchased the property. By the early twentieth century, there were formal and informal gardens: the bee or red-walled garden, the east garden, the cloister garden, the quadrangle in front of the main door, the kitchen garden, the bowling lawn and a pond with an island in the centre.

Under the watchful gaze of Mouse, Lady Catherine perused the bee garden in the twilight and glory of one early June evening. It was ablaze with 'white Martagon lilies [...] covered with lovely little wax-like bells [...] English crimson peony blossoms [...], single rose bushes [...] all rich with buds', and a 'hedge of Penzance briars'.[9] Her 'beautiful columbines were nearly all in full perfection [...] in their soft grey, topaz pinks, and die-away lavenders and ambers' that recalled 'shades of opal seen through flame and sunlight, and fading skies after glorious sunsets'.[10] Great clumps of Oriental poppies were tied so that they could flower naturally, and lupines, 'all in bud, white, blue, and purple, a great joy to the bees'.[11] Lady Catherine had eight differently coloured beehives that were kept in the tool-house during winter. Bees were treated with great respect and were known to be highly sensitive to any incivility. It was a custom to whisper a death to them.[12]

We experience the changing hues, textures and movement of the red-walled/bee garden over the seasons. After the winter rest, there are signs of 'returning life' in the snowdrops with 'little green noses, which peered above the ground'.[13] The winter aconites that had 'bubbled up into blossom' become 'funny little prim things [...] with their bonnets of gold, and their frills of emerald green'.[14] Blood-red, deep crimson shoots of Chinese Peonies had pierced through the soil too soon, and needed cover for fear of night frosts. Other flowers were of shades of blue, from the 'deep sapphire blue of the Chionodoxa Sardensis, to the pale lavender of the dainty and exquisite Alleni'.[15] One of Burbidge's spring tasks was to remove the winter coverings and take down the fir branches and matting off the tea-roses, and off the beautiful purple and lavender clematis, Lady Catherine's 'autumn splendours'.[16]

Leading from the red-walled garden by some stone stairs was a wrought-iron gate of historical significance, 'said to have belonged to the house where the Rye House Plot was hatched'.[17] In the garden to the east of the prior's lodging, there were beds of scarlet verbenas, heliotropes, fuchsias, salmon and pink geraniums, velvety petunias. On the high southern wall near the oratory and the gazebo – marking the boundary of the east garden – were tea-roses of all colours, different varieties of large-flowering clematis and close-clinging Virginia creepers. In the long border immediately in front of the southern wall, Burbidge planted many kinds of sweet-scented geraniums such as the old peppermint, the rose geranium, the lemon-scented, the citron-scented, the apple-scented, and the pennyroyal.[18]

A yew topiary, depicting bears and other animals, a cock and a peacock,[19] was created in the cloister (figure 62). Gardener Burbidge and his men took great care to maintain these bushes and hedges to perfection and clipped them diligently using 'hoops and other devices for the balls of yew'.[20]

As in the Middle Ages, the kitchen garden played an important role at Wenlock Abbey: 'There were no bright colours there, only sober-tinted old-world herbs. Every monastic garden in the days of the Plantagenets had its herbularis, or physic garden. Here there were little square beds of rose-mary, of rue, fennel, linseed, rye, hemp, thyme, woodruff, camomile, mallow, clove, and basil.'[21] These herbs were also used for medicinal purposes. They were cut and dried, and given to local people to alleviate their complaints. Fennel tea was reputed to alleviate rheumatism, violet for soothing inflammation, borage for melancholia.[22]

A source of relaxation and pleasure was the Abbey pond with an island in the middle with wildlife and flowers. Lady Catherine reminisces:

> Down by the Abbey pond I saw the two swans swimming [...]. The island in the centre of the Abbot's pond had become a sheet of primroses, and looked as if it had been sown with stars; and as I stood in the garden, the scent of the crimson ribes reached me. What a rich perfume it was! and what a distance it carried! In the full sunshine it was almost like incense, swung before the high altar of some old-world cathedral.[23]

Another impressive topiary was a yew hedge pinnacled with more animals and birds that marked the boundary of the bowling green, also known as the Noah's Ark Lawn (figure 63).

Fig. 62 *Topiary in Cloister*. Photograph.

Spring in a Shropshire Abbey, with its description of 'a delightful garden and a charming life' was recommended in the following terms to readers of the *Spectator*: 'They must not mind a little pedantry. They will enjoy the book, and learn what a beautiful, busy, happy life can be lived in a Shropshire abbey even in these days.'[24]

Lady Catherine's next major work, *Friends Round the Wrekin*, was published in the spring of 1914, priced at nine shillings. It is dedicated to her daughter Bess (Mary), the constant companion of her days and thoughts at Wenlock Abbey. Bess is still portrayed as a lively young girl with an enquiring mind, freshness, wonderment and innocence. In reality, she was nearly thirty-four years old and deeply in love with H. D. O. Ward who had been staying at the Abbey the previous summer (20–23 August),[25] and whom she had known for many years.

This was Lady Catherine's last book about Shropshire and, like *Spring in a Shropshire Abbey*, is full of reminiscences and observations about local customs and people, with her beloved ancient Abbey the focus, 'a land of enchantment [...] full of ghosts'.[26] Themes recur: her gardens, now at their peak and the tangible result of decades of work and care, her preoccupation with history, especially local history, folklore and embroidery. Her empathy with the natural world of birds and beasts is even

Fig. 63 *Topiary Hedge and Bowling Green, Noah's Ark Lawn.* Photograph.

more intense. She takes refuge and finds happiness and comfort in her book, needle and great dogs on rainy days listening to 'the raindrops running down this steep roof of the Abbey Farmery'.[27]

By 1914 Lady Catherine, in the style of Edith Wharton, has a 'motor' and travels around the Shropshire countryside visiting such places as Shipton Hall,[28] and collecting more local tales. Folklore and traditions are interspersed, and the influence of Thomas Hardy's writings can be felt. There are stories about the ghost of Mary Way,[29] the importance of planting potatoes on Holy Day,[30] May Day customs,[31] wishing wells and holy wells.

From her window in the long passage overlooking the quadrangle she absorbs the changing scene: 'I opened the lattice window that lay nearest to my hand, and a delicious fragrance filled the air. It was such a night that made one realise the sovereignty of summer, and winter seemed a sad and dreary thing that might well be forgotten. On one side extended the dim ruins of the church, on the other, quaint clipped yews and an ancient sundial.'[32] In late summer, the view has changed: 'The Quadrangle is in full glory. Begonias, scarlet geraniums, lavender, and heliotrope. Nothing yet is spoiled, but every day, as I look out of [the] window, I wonder how long the enchantment of summer can last. "The blushing apricot" and woolly peach hang on the old stone walls. But one realises that drear winter will soon return and conquer.'[33]

Mother and daughter take magical walks among the ruins, along the 'cinder-walk, which encircles the ruined church' and 'the cloister-garth [that] lay in strong moonlight'.[34] The plants in her sensory gardens evoke memories of people who have given them to her:

> I [...] sat down in my bower in the bee garden. [...] Around the bower I had planted what Bess called a nosegay garden. It is a little plot which I have planted with sweet odours, or plants that bear scented smell. There are rosemarys and lavenders, sweet-briar and mint, a plant of double gorse, cushions of thyme, a straggling line of woodland white violets, clumps of grape hyacinths, fragrant musk, fraxinella, or the old-fashioned burning-bush. Such plants fill the atmosphere with memories of gentle givers, for they have all been given to me out of humble gardens, and are doubly delicious after

> summer rains. And beyond my plot there is a grove of pines which, on hot August days, gives out a delightful scent of blackberries, or of elderberry blossom after a shower of sunlit rain.
>
> In the shadow of the bower grow high bushes of southernwood, and a bush of myrtle, not of the warm woods of Provence or of the rocks on the coast of the Riviera, but of the bogs of the Western Highlands. [...] I plucked a leaf. How pungent it was! [...]
>
> I stopped before a little tree of gum-cistus. This plant gives forth in autumn a delightful odour, something that recalls old letters and lavender, and a touch of attar of roses [...]. From the meadows was wafted the perfume of Dutch clover, and faintly the hum of hungry bees reached my ears.[35]

Bees are highly respected for their abilities and sensitivities. Burbidge the gardener is attuned to their habits and teaches Lady Catherine about the different sounds they make according to the seasons.[36]

A heron attracts her attention as she reaches the last of the old abbey stew-ponds:

> He was standing on one leg, and was half hidden by reeds and bulrushes, which last, at this time of year, fluff out like soiled cotton-wool skeins, and float down stream in gossamer flakes. The heron stood on one leg motionless, with a head almost like that of a viper, pointed and evil-looking. He stood watching for his prey, lank and lean. [...] The plumage of the male bird is singularly beautiful, varying from palest grey to almost coal-black. The bird that I saw had a beautiful flowing crest, by which I knew it was the male bird.
>
> [...] As I looked at the heron in the old Abbey stew-pond, a cow moved across the meadow, and as it walked trod underfoot a little branch of dead wood, and by doing so made a slight noise. The great bird rose, extended his beautiful wings and sailed away. [...] He was a beautiful vision, and a most interesting relic of mediæval sport.[37]

The book ends with preparations for Christmas and the enhanced sense of spirituality felt in the Abbey: ‘A gem of the past, a storehouse of beautiful things, a poem of past devotion, a holy place where almost from the beginning of Christianity, heart and voice have been lifted up in the worship of the Highest, and in the Service of the Holy Child.’[38]

Friends Round the Wrekin was widely appraised and its ‘charm’ warmly appreciated in the national press. For *The*

Times, although it lay 'very near the borders of fairyland' with 'the romance and imagination in the stories and legends and quaint sayings of her gardener and the other village gossips', there was 'truth at the back of them all'. The book is 'fresh and alive' and 'reads as if it were an actual record of her life'. The reviewer quotes two scraps of her conversations 'typical of her friendly relations with the cottagers living round her', but wonders how far the names and personalities that she uses are real. But, the article concludes, 'it is without doubt owing to her power of adapting herself to her environment that she has been able to collect the rich store of Shropshire legends and fairy tales which is the most valuable feature of her book.'[39]

Punch predicted another success for the book and praised 'the real charm with which it has been written, a quality that makes all the difference'. It was the 'reflections of a cultivated woman, one who has steeped herself in the lore of a country she evidently loves, and can transcribe it with such tender and persuasive charm'. Nevertheless there was perhaps a hint of criticism that 'Lady Catherine's sympathies, political and social, are undisguisedly with the past, and that the "Education of the People" comes in, upon almost every other page, for as shrewd raps as her gentle nature will allow her to administer.'[40]

The *Daily News* reported: 'The spirit of Shropshire is intimately revealed to us by the book. We are bewitched by the beautiful old place names, amused by the sturdy common sense of the peasants, and gratified by piquant morsels of history.'[41] The *Scotsman* also wrote favourably: 'Not like an ordinary book of reminiscences. It discourses in an entertaining manner of good talk about that countryside and its local lore.'[42] For the *Spectator* reviewer: 'The author of this pleasant old-world book takes us straight into her enviable garden, and introduces us to many well-marked characters, such as the old housemaid who maintains that modern "education" is "mostly poison" on the ground that "it fills the maids' heads and disgusts them with their condition" without fitting them for anything better – "'tis the poor man's job to use his hands, and hands don't work with brains." Lady Catherine Milnes Gaskell diversifies her sketches of Shropshire peasant life by frequent dips into the past, through the medium of local associations or of the box from Mudie's. All that she writes she invests with an air of delicate distinction.'[43]

Embroidery

As well as borrowing from the London Library that delivered books on loan, Charles and Lady Catherine were astute book collectors and bibliophiles, and over the years acquired a large collection of rare books and editions. References to some of these are incorporated into *Spring in a Shropshire Abbey* and into *Friends Round the Wrekin* and form a strong literary, cultural and artistic background. We find quotations from works by Bacon, Chaucer, George Herbert, Milton, Montaigne, Shakespeare, Spenser, Ben Jonson and many others. George Herbert's *The Temple, Sacred Poems and Private Ejaculations* (1633) and Izaac Walton's *Life of George Herbert* were among the collection.

Two important gardening books featured. One of these was George Brookshaw's *Pomona Britannica*; *or, A collection of the most esteemed fruits at present cultivated in this country; together with the blossoms and leaves of such as are necessary to distinguish the various sorts from each other* (1812).[44] This pomological study was also illustrated by Brookshaw (1751–1823) with paintings of varieties of grapes, pineapples, pears, melon, figs, nuts, apples, strawberries, raspberries, cherries, gooseberries, red and white currants. The other book was a *Historie of Plants* by the English herbalist and respected plant expert John Gerard (1545–1612), first printed by John Nash in 1597. When her friend Constance 'of the Red House' wanted to design a quilt for a four-poster bed with 'a great border of old-world flowers all round',[45] Lady Catherine suggested using the beautiful woodcut illustrations of flowers and herbs in 'Gerard's Herbal':

> The Great Holland, the single Velvet, the Cinnamon, the Provence and the Damask roses, the very names are full of poetry; then of wild flowers, you must think of the Wolfe's Bane, the Mede Safron, Ladies' Smock, and Golden Mousear. In the garden, there is the Guinny Hen, and, above all, the gilly-flowers of sorts, and May pinks; and round you might work scrolls of words from poets and philosophers about the joys of sleep.[46]

Constance intended working the designs on some 'large hand-made linen sheets' of 'homespun' cloth, not unlike the high quality Langdale linen that Ruskin had promoted in the Lake District. Over the following days, the idea of the quilt gradually took form and Constance wrote a letter about this: 'From "Gerard's Herbal" I have chosen the King's Chalice, or Serins' Cade; the Dalmatian Cap; the Guinny Hen; the Broad-leaved Saffron; Goat's Rue, or the Herb of Grace; Ladies' Smock; Golden Mouse-ear; Solomon's Seal; Star of Bethlehem; Sops in Wine; Ales-hoof; Wolf's Bane and Golden Rod. I give you all the old names. On a scroll I propose round the quilt or "bed hoddin", as Shropshire folks would call it, to work wise and beautiful words about sleep.'[47]

The designs were based on the natural world and drew greatly from her gardens. Lady Catherine was skilled with a needle and had a real passion for this kind of work. Her husband encouraged her and on one occasion he bought her 'a very pretty gold thimble with a little ring of pearls which I hope you will like & which will be in harmony with your work'.[48] This was written in the form of a sketch, a little joke in which Charles had scrambled the word in the manner of embroidery.

Sometimes Lady Catherine worked alone on the embroidery – often in the chapel hall by the light of a lamp – or with Constance. One of her projects was to embroider four curtains to hang in her oratory. She explained that for each curtain '[t]he background is of yellow linen and is thickly covered with fourteenth and fifteenth century birds, beasts, and flowers, and in the centre of each there is an angel'.[49] She elucidated further about the measurements and the kinds of wool and patterns used: 'Each curtain is three yards four inches, by two yards four inches. The birds, beasts, and flowers are all finely shaded and are worked in crewels, tapestry wools divided, in darning and fine Berlin wools, and all these various sorts seem to harmonize and mingle wonderfully well together.'[50]

Although Lady Catherine did not shed light on the identity of the 'very skilful draughtsman' who drew the picture for her, she gave details about the pattern and its origins: 'The picture, for it really is a picture, was drawn for me by a very skilful draughtsman. The birds, beasts, and angels have been taken from old Italian work, from mediæval stained-glass windows, and from old missals, and then drawn out to scale. There are Tudor roses, Italian carnations, sprays of shadowy love-in-the-mist, dusky wallflowers, and delightful half-heraldic birds and beasts, running up and hanging down the stems. It is a great work.'[51] Constance admired it greatly as would, she claimed, the 'Water-poet', the Gloucester-born poet and Thames waterman John Taylor (1580–1653), whose representative verse she quoted:

> Flowers, plants and fishes, beasts, birds, flies and bees,
> Hills, dales, plains, pastures, skies, seas, rivers, trees:
> There's nothing near at hand or farthest sought
> But with the needle may be shaped and wrought.
> Moreover, posies rare and anagrams,
> Art's life included, within Nature's bounds.[52]

This verse, in praise of needlecraft, is from *The Needle's Excellency* (1630), a rare pattern book by John Taylor, with thirty-six pages of counted thread patterns of flowers, borders and the natural world.

Lady Catherine found inspiration for her 'great work'[53] in birds, animals and plants. The extraordinary richness of the resplendent plumage of different species of macaw on a sunny day at the Zoo, the 'red, blue, mauve, green, scarlet, rose, and yellow, all pure unsullied colours, and like flashes of light' combined to produce a powerful synaesthetic effect, 'like a triumphant tune set to pealing chords'.[54] Thus the angels and cherubim were embroidered in intense joyous colours to reflect this mood – 'no greys or browns, no twilight shades' were allowed.[55]

The bunch of anemones and stocks freshly picked from her Wenlock garden seemed too pale for the background of the embroidery, so she evoked through voluntary memory the stronger colours and light in southerly climes, in France and Switzerland: anemones 'in the old market-place of Mentone' and a sprig of stocks 'on a drive to Brigg'.[56] Only when Lady Catherine was imbued with and refreshed by these recollections was she able to begin copying the flowers.

Lady Catherine possessed a Ruskinian sensitivity to and understanding of light and shade and the gradations of colour, such as can be found in Ruskin's art teaching manual *The Elements of Drawing* (1857). Her advice to 'sister-devotees of the needle'[57] is pertinent and reveals her highly developed powers of perception and ability to convey the range of colour in her embroidery. She wrote:

> Do not imagine that shading in five or six shades of the same colour, which is the way that nine people out of ten work, is the true and natural one. This only produces a sad and wooden flower, without life or gladness, and conceived and worked amongst the shades of twilight. Take any flower and place it in the sunlight, and you will see in any purple flower, for instance, that there are not only different shades, but different colours – red, mauve, blue, lavender, and violet.[58]

Lady Catherine gave a practical example of this theory in relation to the bunch of flowers that she was copying:

> I realized as I gazed at my anemone, that it must be embroidered in greyish lavenders, with here and there pure notes of violet with heather tints, in red purples, in greyish whites, and with a vivid apple-green centre. All these were strikingly different colours, but were necessary in the shading to make my blossom look as if it had grown amidst sunlight and shower.[59]

To achieve this, she threaded several needles with different colours, put them in a pincushion and then started to copy the flowers. For such a perfectionist, the difficulty of finding the exact shades of thread soon became apparent: 'I inspected my threaded needles, but I could not find amongst my crewels the necessary tints. I took a thread of tapestry wool, divided it carefully, and then turning to a box of Scotch fingering on cards, found exactly what was needed, a warm shade of heather.'[60]

On one occasion she referred to her work on a motif of a blue dragon, and recalled the hues used by Edward Burne-Jones: 'Ten minutes later, and I was seated before my embroidery. Today I had a blue dragon to work. I tried to see and to reproduce in my mind's eye Burne Jones' wonderful tints of blue with brown shades and silver lights, and so the hours passed.'[61] On other occasions she was stitching a heraldic rose,[62] or 'working a lily-white doe, and trying to put into crewels a sunset sky'.[63] This was a particularly difficult task, in wools, to 'get the hundred shades that are necessary, and the sense of atmosphere' to convey clouds floating away driven by a west wind.[64]

Embroidery was fulfilling and meant much to Lady Catherine. 'It is part of my life', she wrote, 'and flowers and birds when done recall thoughts and joys and pains, as scents are said to bring back the past to most people.'[65]

Lady Catherine completed embroidering four yellow, unlined, linen curtains, with identical patterns, with a trumpeting angel at the centre and flowers, birds and animals, in brightly coloured purple, crimson, puce, mauve and olive green (see colour plate J). The approximate size of each is eight feet high and five and a half feet wide. Some remain unfinished, with a blank space unfilled and a panel of yellow linen marked out for embroidery. Lady Catherine also embroidered two bedspreads, of dark olive cotton twill, with floral designs, and a pair of linen curtains with a pattern of roses and peonies, but the latter remained unfinished. Lady Catherine incorporated the rare blossom of an old single peony into her embroidery.[66]

Another of her achievements was a colourful embroidery depicting angels praising God: it was based on Burne-Jones's *Angeli Laudantes*, a design that was used for several stained-glass windows and tapestries. This embroidery with the inscription 'Angeli Laudantes' hangs in Holy Trinity Church, Much Wenlock (colour plate K). Tame and wild animals – two kittens, a dog, a lion and a tiger – scamper among the foliage at the feet of the angels, against a background of red roses, lilies and greenery. The tableau is framed by a border of oak leaves and oak apples.

Lady Catherine took great care to protect her precious embroidery from dust and damage: 'I keep all carefully covered up with old damask napkins as I go along, so that neither ground nor work can get rubbed or soiled, and embroider, myself, in what my old housekeeper calls pie-crust sleeves, to save the slightest friction from my dress on the yellow linen.'[67] She kept her sewing, her bag of wools and needles, along with the curtains that she was embroidering, in a fine seventeenth-century, north-Italian cedarwood cassone. It was traditional to keep textiles in cedarwood as it repelled moths. Her cassone, with a plank lid and strap hinges, is decorated on the underside with a poker-work cartouche supported by angels. This is flanked by two rectangular panels with scenes of the life of Diana within a trellis and scrolling border. On the three-panel front are three allegorical scenes within a border of mermaids set within arcaded niches, therms and scrolling foliage. The cassone rests on four bun feet.

Henry James nurtured Lady Catherine's interest in the Arts and Crafts with first-hand accounts of his meetings with Ruskin, William Morris and his circle, and descriptions of Burne-Jones's drawings. Lady Catherine knew Rossetti very well: he had made a sketch of her in 1876. Henry James may also have shared his impressions of the Turners he had seen in the Ruskin family home at Denmark Hill, then a leafy town south of London, on his visit in 1869. Perhaps memories of these were revived by the sight of 'two Turners', views of Wenlock Abbey, hanging on the panelled wall of the chapel hall?[68]

When Henry Adams spent a couple of days (8 and 9 November 1891) with British politician Joseph Chamberlain and his young wife at Highbury Hall, their family and country home at Moseley, near Birmingham, he was taken 'to church to see Burne Jones's glass, which is – not so bad as I expected'.[69] He was also taken 'to the Art Museum to see an exhibition of Pre-Raphaelite pictures – Burne Jones, Holman Hunt, Rossetti, &c, – and these, on the whole were fully as bad as I expected'.[70] Although he did not share Chamberlain's enthusiasm for these artists, an effect created to some extent by civic pride in the fact that Burne-Jones was the foremost Birmingham man, the experience could not have gone unmarked at the Milnes Gaskells' dinner table when Henry returned to Wenlock Abbey on the evening of 9 November. Nor did Henry Adams's distaste for the Pre-Raphaelites deter Lady Catherine from her fondness for their designs.

Notes

1 Catherine Milnes Gaskell, *Spring in a Shropshire Abbey* (London: Smith, Elder & Co., 1905).

2 *Spectator*, 24 June 1905, p. 6.
3 *Spring in a Shropshire Abbey*, p. 145.
4 *Ibid.*, p. 94.
5 *Ibid.*, pp. 9–10, 134, 139.
6 *Ibid.*, p. 63.
7 *Ibid.*, p. 65.
8 *Ibid.*, pp. 146–48.
9 *Ibid.*, p. 251.
10 *Ibid.*, p. 251.
11 *Ibid.*, p. 251.
12 *Ibid.*, pp. 140–41.
13 *Ibid.*, p. 62.
14 *Ibid.*, p. 62.
15 *Ibid.*, p. 64.
16 *Ibid.*, p. 135.
17 *Ibid.*, p. 65 (*cf.* CGMG's large Abbey book, fol. 41).
18 *Ibid.*, p. 234.
19 Catherine Milnes Gaskell, *Friends Round the Wrekin* (London: Smith, Elder & Co., 1914), p. 45.
20 *Ibid.*, p. 107.
21 *Spring in a Shropshire Abbey*, p. 258.
22 *Ibid.*, p. 259.
23 *Ibid.*, pp. 134–35.
24 *Spectator*, 24 June 1905, p. 6.
25 Visitors' Book.
26 *Friends Round the Wrekin*, p. 45.
27 *Ibid.*, p. 273.
28 *Ibid.*, p. 204.
29 *Ibid.*, pp. 327–28.
30 *Ibid.*, pp. 203–04.
31 *Ibid.*, p. 107.
32 *Ibid.*, p. 45.
33 *Ibid.*, p. 104.
34 *Ibid.*, p. 45.
35 *Ibid.*, pp. 175–76.
36 *Ibid.*, p. 236.
37 *Ibid.*, pp. 256–59.
38 *Ibid.*, p. 354.
39 *The Times*, 2 June 1914, p. 6, col. B [accessed 5 May 2011 via Westminster Libraries].
40 *Punch*, 147 (15 July 1914) [accessed at the British Library 5 May 2011].
41 Reported in *The Times*, Friday, 19 June 1914.
42 *Ibid.*
43 *The Spectator*, 6 June 1914, pp. 26–27.
44 In December 2009, this book, with the armorial bookplates of Richard Cust and Charles George Milnes Gaskell, was on sale by Peter Harrington Rare Books, London, for £17,500.
45 *Spring in a Shropshire Abbey*, p. 43.

23 *Sensory Gardening*

46 *Ibid.*, pp. 43–44.
47 *Ibid.*, p. 74.
48 Letter Archive, MS CC-24 (CGMG to Lady Catherine MG, 31 October 1899).
49 *Spring in a Shropshire Abbey,* p. 13.
50 *Ibid.*, p. 13.
51 *Ibid.*, pp. 13–14.
52 *Ibid.*, p. 14.
53 *Ibid.*, p. 14.
54 *Ibid.*, p. 14.
55 *Ibid.*, p. 15.
56 *Ibid.*, p. 15.
57 *Ibid.*, p. 15.
58 *Ibid.*, pp. 15–16.
59 *Ibid.*, p. 16.
60 *Ibid.*, p. 20.
61 *Ibid.*, p. 176.
62 *Friends Round the Wrekin*, p. 49.
63 *Ibid.*, p. 149.
64 *Ibid.*, p. 149.
65 *Spring in a Shropshire Abbey*, p. 20.
66 *Ibid.*, pp. 259–60.
67 *Ibid.*, p. 14.
68 *Ibid.*, p. 74. To date, we have been unable to find out on whose walls these Turners now hang.
69 *The Letters of Henry Adams*, ed. by J. C. Levenson and others, 6 vols (Cambridge, MA: Belknap Press of Harvard University Press, 1982–1988), II, p. 270.
70 *Ibid.*, II, p. 270.

Chapter 24

Charles Milnes Gaskell: Environmentalist, Health Campaigner and Philanthropist

A generous benefactor to the people of Much Wenlock, Charles Milnes Gaskell leased his seven-acre Linden Field (so called because of an avenue of lime trees), a bowling green at one end, to the Wenlock Olympian Society, for their benefit, for a period of ninety-nine years. The lease was dated 1 February 1890, and signed on the one hand by him, and on the other by appointed lessees of the Wenlock Olympian Society (including also Charles Milnes Gaskell), viz. Messrs Thomas Adney (tanner), Charles Edward Ainsworth of Spoonhill (auctioneer), Thomas Joseph Barnett (licensed victualler), James Bodenham (draper), Dr William Penny Brookes (surgeon), Thomas Cooke (grocer), Richard Cooper (gentleman), the Reverend Frederick Robert Ellis, George Edward Meredith (father of the future novelist Mary Webb) of The Grange, Much Wenlock, and others (nineteen in total).[1] An annual rent of £17 was payable in half-yearly instalments, on 29 March and 29 September. Conditions were imposed on the use of the field for agreed purposes, and there were provisions guarding against subletting of any kind. The solicitor dealing with the matter was G. Burd of Ironbridge.

To celebrate the lease and the certainty of having an almost permanent and suitable location for the increasingly prestigious Wenlock Olympian Games – previously the Racecourse had been used – trees were planted in the Linden Field in honour of some of the notables involved. On 30 April 1890 a tulip tree was planted in honour of Lady Catherine. Later, on Wednesday 22 October of that same year, the young, enthusiastic Baron Pierre de Coubertin spent a very rainy day in the town, met with Dr Penny Brookes and the Wenlock Olympian Society, watched displays of sport, and left inspired to promote the ideal and idea of a revival of the Ancient Olympic Games. Coubertin also planted a 'very promising'[2] golden-leaf oak sapling that grew into a fine, sturdy oak tree still flourishing in the twenty-first century.

Problems arose, especially after the death of the leading figure Dr William Penny Brookes in 1895, regarding the original ninety-nine-year lease. Its covenants were not being fully observed and Charles was far from pleased. The 1890 lease was surrendered and a new lease drafted by Charles and his land agent, Robert Ashworth of Bromley Cross near Bolton. This time there was no question of a long lease, but an agreement to let the Linden Field for one year and on an annual basis for the annual rent of £12. The agreement was not with a group of lessees but with the Corporation of Wenlock. The Field was for the purposes of a public park or recreation ground.[3] The relationship, however, was far from easy and in 1901 the landlord (Charles Milnes Gaskell) issued a notice to quit. Lady Catherine gave the field to the council in 1935.[4] This is confirmed by the inscription on Linden Lodge, the former groundsman's cottage: 'Playing fields presented by Lady Catherine Milnes Gaskell to commemorate the Silver Jubilee of H. M. King George V, 1935.' The Linden Field was later renamed 'The Gaskell Recreation Ground'.

Charles also embraced the environmental problems and recreational needs of his parliamentary constituency with generosity and practical help. Smoke belched from chimneys; coal dust filled the Yorkshire miners' lungs. Wakefield's only healthy 'lung' was Heath Common, for the town lacked a large recreational space for its citizens. On the Whit Monday public holiday, 26 May 1890, Charles made an offer of a considerable proportion of his estate to become a public park (Clarence Park, followed by others).

The matter was taken most seriously and a subscription list was opened. A committee of park trustees was constituted with

Charles as chairman. The park gradually took shape. Rose Cottage, on Denby Dale Road, was purchased by the trustees from Charles in order to be used as a home for the park keeper. The park was landscaped and embellished with two miles of paths and avenues. A carriage drive was planted with a double row of one hundred and eight chestnut trees and the grand promenade, near the bandstand, ornamented with a line of three dozen oak trees.[5]

The park was officially opened on Thursday, 6 July 1893, also the day of the royal marriage of the Duke of York, the future King George V, to Princess Victoria Mary of Teck, the future Queen Mary. However, for the citizens of Wakefield, it was the day on which they paid tribute to one of their most prestigious servants, Alderman Charles George Milnes Gaskell, MA, JP, DL. The many years of service that Charles and his family had given to Wakefield were recognised in a very public and memorable way with the conferring upon him of the Honorary Freedom of the City of Wakefield.

Public health and open spaces remained constant preoccupations of Charles. Not surprisingly, he wrote with passion about the problems of smoke pollution and its effects on health. His impassioned plea and trenchant criticism of local authorities, in particular Wakefield, were published in *The Times* of 22 November 1898 and included the following important suggestion:

> A remedy might be found either in the constitution of a smoke abatement board on the lines of the West Riding Rivers Board or in an enlargement of the powers of the Local Government Board, but the adverse interests are powerful, Parliament is feeble, and the general public remains apathetic, believing, at any rate in the West Riding, that all things are born dirty and foul, and that cleanliness is an eccentricity of Nature. Perhaps the £28,000 a year devoted to technical education by our county council may serve in the course of the next century to breed discontent with our present surroundings.[6]

Charles was inspired by the commitment to health, hygiene and sport shown by fellow Wenlockian Dr William Penny Brookes whose life and philanthropic work were memorialised on 30 October 1897 when 'a service was held in the parish church at which a monument to Dr Brookes was unveiled'.[7] It was a poignant moment to be back in Holy Trinity Church and revived painful memories for Charles. On Saturday morning, 10 April 1897, Charles's younger brother Colonel Gerald Milnes Gaskell died suddenly at his home, Lupset Hall, near Wakefield, at the age of only fifty-two. The funeral took place at Much Wenlock on Wednesday, 14 April 1897. Gerald's body arrived from Yorkshire on the Tuesday evening, 13 April, at 7.47 p.m. It was conveyed to Holy Trinity Church where it remained overnight before being interred in the family burial plot of the Milnes Gaskells in the churchyard. A deeply muffled bell was tolled, and muffled peals were rung during the day of the funeral. The service was conducted by the Reverend Frederick R. Ellis, assisted by the Reverend E. E. Cunnington 'in a most impressive way'.[8] Francis John Danks, master at the local school and church organist, played the 'Dead March' from Handel's *Saul*. The coffin, covered with beautiful wreaths, was carried to a moss-lined grave where the choir sang a hymn. In Holy Trinity Church there is a memorial to Gerald's short life. In the very year of his death, Gerald presented to the church a magnificent bronze lectern – an eagle with outstretched wings resting on an orb at the top of a decorative circular plinth standing on three lion-shaped feet. Engraved on the orb are the words: 'Presented to Much Wenlock Church by Colonel Milnes Gaskell 1897'. A memorial stained-glass window to Lieutenant Colonel Gerald Milnes Gaskell, designed and created by Charles Eamer Kempe (1837–1907), was installed in Wakefield Cathedral in 1905.

For the sum of £1,100, Charles sold a plot of land belonging to his Wenlock estate for the purpose of building a much-needed local cottage hospital. The contract was signed in 1897.[9] The hospital, to be known as the Lady Forester Hospital, was officially opened on 5 March 1903 and was endowed by the late Mary Anne, Lady Forester, who died in 1893. Although Lady Catherine does not appear in the visitors' book at the opening, she was a regular visitor to the new hospital and took a keen interest in it. She recorded her impressions and among

Fig. 64 *Gerald Milnes Gaskell.* Photograph. © Wakefield Council

her comments in 1907 are: 'found all in order. Patients looked happy and all seemed very clean and satisfactory'; 'did not see Miss Baskett [the Matron, Miss Lydia Anne Baskett from the General London Ophthalmic Hospital] but saw Sister Lake, all seemed satisfactory'; on 27 June 'found all in order – only wished that there were more patients'. On 21 January 1909, 'found all well – Hospital has been full'.[10]

The problem of the rise in cases of tuberculosis (also known as consumption), and the lack of knowledge of any effective treatment for this often fatal and highly infectious disease, was becoming acute. Charles was a forthright campaigner on this issue and presided over a conference on 17 October 1902 devoted to practical measures to deal with the disease. His most radical and innovative moves were to advocate the establishment of sanitoria for tuberculosis patients, and the setting up of a national department of health. The conference was reported in the bible of the medical profession, *British Medical Journal*, on 1 November 1902:

Mr. C. G. Milnes Gaskell, Chairman of the County Council presided, and pointed out that with a diminishing birth-rate in the country the care of the national assets that were born became additionally desirable. He expressed the opinion that there was no question before the country so pressing as the establishment of a department of health, seeing that the Local Government Board had much more work than it could do. Dr. Kaye, the West Riding Medical Officer, said that the sanitary authorities of the West Riding had long been alive to the havoc which is played by tuberculosis. He advocated the establishment of sanitoria for the treatment of early cases. His scheme was that the county council should erect and equip a sanatorium for the Riding, leaving it to each district council to guarantee the cost of maintenance of each patient sent from their district.

A resolution urging the county council to take steps for the treatment of patients and to educate public opinion was carried, as was also a further resolution to the effect that the council should be urged to take steps to prevent the emission of dense smoke and deleterious vapours which impaired the purity of the air so essential to the prevention and cure of consumption.[11]

This extremely important proposal that germinated in Yorkshire spread, thanks to the efforts and foresight of Charles, to Shropshire where tuberculosis was particularly prevalent and creating great misery in families. But it was not until 1911 that Charles's vision came to fruition when he witnessed the opening of the first sanatorium in Shropshire, at Shirlett.

The arrival in Much Wenlock on 2 August 1911 of Princess Alice, Queen Victoria's granddaughter, was a source of great joy. HRH Princess Alice of Albany, daughter of Prince Leopold, Duke of Albany (Queen Victoria's youngest son and eighth child), was styled HRH Princess Alexander of Teck on her marriage in 1904 to Prince Alexander of Teck, the brother of the future Queen Mary. From June 1917 (at the time of German hostilities) until her death in 1981 at the age of ninety-seven, she was styled HRH Princess Alice, Countess of Athlone.

The townspeople welcomed her warmly and assembled at the Market Square. The purpose of her visit was to open officially the new sanatorium at Shirlett:

Prior to proceeding to the Sanatorium at Shirlett to perform the opening ceremony the Princess paid a brief visit to Much Wenlock, which town was profusely decorated. The church bells rang out

> merry peals, and in the Market Square about 1,000 people, including the day school children, assembled to greet the Princess. Sergeant Taylor was in charge of the Mayor's escort, which included Police-constable Wakeley and Police-constable Maddocks, mace bearers, and six stave bearers. The Mayor (Alderman A. B. Dyas) was attired in his official robes, and wore the silver medal presented to him by the Queen, which is to be worn on all public occasions. The town clerk (Mr. F. H. Potts) accompanied by the mayor; other members of the Council present were Alderman G. Lloyd, J. Davies, W. J. Legge, and F. G. Beddoes, Councillors A. L. Hayes, T. R. Horton, J. Nicklin, G. Keay, B. D. Collins, T. I. Griffiths, W. Bishop, C. Edwards, T. Morris, T. Doughty, A. A. Exley, J. H. A. Whitley, W. F. Bryan, W. G. Dyas, B. Maddox, W. Roberts, J. Jenks, and J. Roberts. The Right Hon. Charles Milnes-Gaskell was also present.
>
> Shortly before three o'clock the Princess, accompanied by a lady and gentleman, drove in a motor-car, and halted in the centre of the Square, where she was met by the Mayor and Corporation.[12]

The town clerk read an address and the mayor handed her Royal Highness a copy of a poem by Miss Sarah Barker of Dawley.

After this brief halt, the party motored to Shirlett, variously spelt as Shirlot or Sherlot, being the name of the great forest in medieval times, approximately two to three miles from Much Wenlock.The isolated sanatorium was situated in woodland, at the summit of a 'fir-studded acclivity approached by pastoral slopes', about seven hundred feet above sea level, and 'protected by a thick belt of pine and spreading trees on one side, while on the other, on which two rows of rooms have been built, the healing winds from the south have delightful access to the place'.[13] It was believed that isolation and exposure to fresh air and the elements at all times and in all weathers were beneficial. At the time of the Princess's visit, there were already six patients in residence. The new sanatorium served the whole of the county of Shropshire and had been erected in memory of King Edward VII, the Princess's uncle, who had died on 6 May 1910 during its construction.

In *Friends Round the Wrekin*, a local octogenarian Mrs Sawyer came to see Lady Catherine to ask her to use her influence to get her sick great-grandson 'into the Sherlot Wood Sanatorium', adding that 'they did wonders there, dropt somethin' into 'em according to what she could understand, and they nearly all got cured'.[14] The child, Mrs Sawyer said, 'had never got rightly through the chin-cough, and was took now with the continual (or choke) cough'.[15] Instead of putting her faith in witches, Mrs Sawyer believed that now ''tws doctors as did the magic'.[16] Lady Catherine used this opportunity to obtain material for her books, and enquired at considerable length about local dialect and customs.

After opening the sanatorium, the Princess and her party went to tea at Wenlock Abbey. Charles recorded this event in his Abbey book: 'On the 2nd Aug 1911 the phthisis sanatorium at Shirlett was opened by HRH Princess Alexander of Teck. HRH came to tea at the Abbey with her hostess Mrs Darby of Adcote, Lord Powis and other guests and wrote her name in the Abbey guest book.'[17] HRH signed the Visitors' Book 'Alice 2.8.1911', along with others in her party: 'Rich. Darby', 'Muriel Darby', 'Powis', 'Arthur Doyle', 'Hester Leeke', 'Wilmot F M Russell'. The Princess had been staying at Adcote, the grand country mansion of the Darby family, the Coalbrookdale ironmasters. Situated in the village of Little Ness, five miles northwest of Shrewsbury, it was originally built for Rebecca Darby, widow of Alfred Darby I (1807–52), who lived there until her death in 1909. The magnificent house was designed by the influential Scottish architect Richard Norman Shaw (1831–1912) in the Tudor style, built between 1876 and 1881, and set in twenty-seven acres of landscaped gardens.[18] Lord Powis was the Lord Lieutenant of Shropshire.

As the first chairman of the West Riding Rivers Board (1893–1903), Charles was in a position of authority to write about water pollution and did not hesitate, at the end of his chairmanship, to condemn the ineffectual responses to the many attempts that had been made to deal with the problem. His article 'On the Pollution of our Rivers', published in July 1903,[19] is a damning indictment of the careless, cynical attitudes of many dignitaries that Charles knew – landowners and woollen manufacturers who discarded waste directly into the rivers, becks and streams that were already loaded with solid refuse and sewage. Opposition from manufacturers with powerful interests hampered the work of the Rivers Board.

Not only did Charles address problems in Yorkshire, but he also turned his attention to Eton College. There, in 1865, drains were blocked and overflowing with sewage 'coeval with the building itself' about which 'the Provost had neither criticisms to offer nor recommendations to make, and showed a childlike faith in the purity and beauty of the water of his cloister pump'. Charles, recalling his own experiences at Eton, could not resist adding: '"Coeval with the building itself" [Provost's words] applies to much of Eton besides the sewerage both then and now.'[20]

Charles made a strong plea for urgent legislation nationally to remedy the situation. His article is not a polemic by an evangelical preacher, but a sensitive appealing piece of writing dotted with often amusing literary references and metaphors that have the power to impress. He reminds us that the 'Persians [...] held their rivers in extreme veneration', and quotes Herodotus: 'They will neither spit, wash their hands, nor evacuate in them; nor will they allow a stranger to do so.' He follows this immediately with a suggestion: 'Here is an ideal for the Rivers Board to aim at.'[21] The lyrical, literary ending to Charles's appealing article must be quoted in full:

> All our pictures and books, our statues and creations of art may become the ornaments of American houses; but it is allowable to believe, with any reflection upon science, that the Wharfe and its surroundings cannot be taken away, and will still remain an integral part of our Riding. Future philanthropists and statesmen may seek and find the noblest outlet for their energies in the embellishment of their own country, in enabling men to see the light of the sun, to enjoy pure air and pure water, and some day perhaps our descendants in the West Riding may say with the Psalmist, 'He shall drink of the brook by the way: therefore shall he lift up his head'.[22]

Charles's philanthropy and tireless campaigns for the improvement of society, as well as his own literary output, were recognised with the award of an honorary LLD degree from the newly created University of Leeds in 1904. He was among a relatively large group of thirty-five worthy people receiving inaugural honorary degrees from the new university unfettered by the restrictions of Oxford and Cambridge. Among the recipients were, to name but a few, Sir Edward Elgar, Sir Jonathan Hutchinson, Sir Arthur Herbert Dyke Acland, the Duke of Devonshire (Spencer Compton Cavendish) and Lady Frederick (Lucy) Cavendish, the pioneer of women's education.

Notes

1 Shrewsbury, SA, MS 1242, box VII.
2 *Wellington Journal and Shrewsbury News*, Saturday, 25 October 1890.
3 Shrewsbury, SA, MS 1242, box 7.
4 *VCH Shropshire*, x, p. 415, note 69; and *Shrewsbury Chronicle*, 14 June 1935, p. 6.
5 From an undated and unnamed newspaper article.
6 *The Times*, Tuesday, 22 November 1898, p. 9, col. F.
7 CGMG's large Abbey book, fols 44–45. On 20 May 2012, in the Diamond Jubilee year of Queen Elizabeth II and in the year of the London Olympic Games, a supplementary plaque was placed below the monument to honour Brookes's work.
8 *Shrewsbury Chronicle*, Friday, 16 April 1897, p. 8.
9 CGMG's large Abbey book, fol. 45.
10 Valerie Roberts, *The Story of Much Wenlock Cottage Hospital* (Much Wenlock: R. J. L. Smith & Associates, 2003), p. 12.
11 *British Medical Journal*, 1 November 1902, p. 1463.
12 *Wellington Journal*, 5 August 1911 <www.broseley.org.uk/papers/1911> [accessed 25 April 2011].
13 *Ibid.*
14 Catherine Milnes Gaskell, *Friends Round the Wrekin* (London: Smith, Elder & Co., 1914), p. 300.
15 *Ibid.*, p. 300.
16 *Ibid.*, p. 300.
17 CGMG's large Abbey book, fol. 48.
18 See John Newman and Nikolaus Pevsner, *Shropshire* (New Haven and London: Yale University Press, 2006), pp. 97–99 for a description and a ground plan.
19 Charles Milnes Gaskell, 'On the Pollution of our Rivers', *Nineteenth Century and After*, 54 (July–December 1903), pp. 86–98.
20 *Ibid.*, p. 90.
21 *Ibid.*, p. 97.
22 *Ibid.*, p. 98.

Chapter 25

The Refusal

On Tuesday, 7 November 1905 twenty-eight-year-old Captain Evelyn Milnes Gaskell married twenty-year-old Lady Constance Harriet Stuart Knox, second daughter of the 5th Earl of Ranfurly, at St Peter's Church, Eaton Square, London. It was a lavish society wedding in a fashionable church 'profusely decorated with palms and lilies',[1] and was reported in detail in the national and local press: 'The bride, who was given away by her father, wore a Romney dress of soft ivory satin mousseline draped with fine antique Mechlin lace. Her Brussels lace veil was that worn by her great grandmother. She wore a wreath of orange flowers, but no jewels except a diamond heart locket and single-stone diamond earrings, the gifts of her mother.'[2] The *Shrewsbury Chronicle* reported that Lady Constance 'carried a large bouquet of lilies of the valley, orange blossom and myrtle, the gift of the bridegroom'.[3] Pink was the contrasting colour chosen for the ten bridesmaids all 'attired in rose-coloured taffetas, with many tiny pleatings, lace fichus, and velvet muffs to correspond, and rose-coloured Romney hats having ruches of creamy net and soft frills of lace under the brim, and long rose velvet strings. Each wore a red enamel and diamond brooch, the gift of the bridegroom'.[4]

Evelyn's best man was Algar Stafford Howard (1880–1970). The ceremony was conducted by Dr Eden, Bishop of Wakefield, by the Reverend Frederick Ellis, vicar of Much Wenlock, and by the Reverend F. Hammond. After the service, a reception was held for the very large wedding party at 39 Pont Street, the

Ranfurlys' London residence. Gifts were showered on the bridal couple: vast quantities of precious jewels, gold and silver, furniture, money and other items. The literary bent of some of the attendees is seen in their choice of gifts: the Dowager Countess of Carnarvon gave a book of Browning's poems; the Bishop of Auckland and his wife, a set of Thackeray; Algar Howard, some of the works of Tennyson. Mary Milnes Gaskell gave an antique clock and Captain H. D. O. Ward, four silver salt cellars.

The couple left that same afternoon for their honeymoon at Townsend, Hampshire, lent by Lady Catherine's mother, the Dowager Countess of Portsmouth. The bride's travelling dress was 'of rose-coloured cloth, bolero and skirt, over lace shirt, and sable stole, toque and muff, and long beaver cloak, the gifts of her father'.[5] Their first child, Mary Juliana, was born the following year, and a son, Charles Thomas, on 5 November 1908.

However, was this a true love match? Lady Constance had been ardently courted by George Lloyd (1879–1941), 1st Baron Lloyd from 1925. He was very much in love with Lady Constance and wanted to marry her, but in 1904 she was forbidden by her father to see Lloyd as Lord Ranfurly did not consider the son of an industrialist a suitable son-in-law.[6] Lady Constance's engagement to Evelyn Milnes Gaskell and the date of the marriage were announced in *The Times* of 4 July 1905.[7] It seems that George Lloyd did not know anything about this development until he received a letter from Lady Constance in Montreux. From 56a Pall Mall he replied to her on 15 June 1905 with shock and dismay:

> I have just got your letter – and what can I say or do but accept what you say in it, and pray earnestly that it may never happen to you to have just all the happiness taken out of your life in a moment as I have today. Please do not think that you have treated me badly or that I think badly of you for one moment – you must know that I never could do that – I only just can't quite yet understand or grasp it all [...]. My whole life seems somehow to have been swept away from me today and I can't write any more – Help me by believing my wishes for your happiness it is the only thing that can help me. I am going to try to get away but shall have to be here for a month & go on as usual which I dread most of all.
>
> George G Lloyd.[8]

In 1911 Lloyd married Blanche Lascelles, niece of the Earl of Harewood, both becoming close friends of Evelyn and Constance in later life.

Present at the wedding of Evelyn and Constance, and already attracted to each other, were two young people whose destinies were to be linked, but not for many years and not before overcoming many obstacles: the beautiful bridesmaid in pink, Miss Mary Milnes Gaskell (Evelyn's twenty-four-old sister), and the dashing, uniformed Captain Henry Dudley Ossulston Ward (1872–1949). Captain Ward was soon invited to Wenlock Abbey, in pursuit of the eligible daughter of Charles and Lady Catherine. Only a few weeks after Evelyn's wedding, H. D. O. Ward signed the visitors' book on 27 November 1905 along with Lyde Benson (of Lutwyche Hall), Ralph Creyke, Hester C. Leeke and Lancashire widower Robert Ashworth. Benson, Leeke and Ashworth were all guests at Evelyn's wedding.

Charles Milnes Gaskell had now acquired not only an aristocratic wife, but an aristocratic daughter-in-law. He himself, however, remained without a title. Attempts to rectify this situation were only partially successful. In 1906 Charles suffered two major disappointments: he was refused the office of Privy Councillor and he himself had to refuse the offer and honour of a peerage. The Liberal prime minister, Henry Campbell-Bannerman, felt obliged to block Charles's appointment to the Privy Council on constitutional grounds in spite of having a very high regard for the former MP.

Henry Adams, who had remained in Paris after Charles and Lady Catherine returned home (they had been with Henry in Paris in late October), wrote a consolatory letter to Charles on receiving the news:

> Thanks for your farewell note. The compliment which the Minister paid you is your due, and yet not the less gratifying, since dues are not always paid. It pleases me, as much as it does you, to see my judgment in men affirmed by the world, and I am not disturbed by the Privy Council affair which seems to me natural and reasonable. I think the PM is right. If he took into the Privy Council anyone outside of the servants of the Crown, he would upset the institution.[9]

Soon afterwards Charles was offered a peerage by Campbell-Bannerman. This great honour would have enabled him to have a title with a new name, a seat and a vote in the House of Lords and continue his political work on the national scene, something he dearly wished to do. However, he declined. Family pressure and family status were the reasons for his refusal. Campbell-Bannerman wrote to Lord Ripon on 27 October 1906 that Charles Milnes Gaskell had refused the peerage because 'it would involve a step down for his wife & also for his daughter-in-law', both of whom were daughters of earls.[10] By this action, Charles deprived not only his son Evelyn, but also his male descendants, of a title.

Charles explained his reasons to Henry Adams who replied at some length in nuanced terms and not entirely in agreement:

> I am much more in doubt as to your refusal of a peerage. I should have refused, certainly, for the same reasons, but I have no family to decide for. Your children are poor judges of their own interests, and you must in effect always decide for them. Lord Houghton's case was our chief lesson in this line of life. What is the market value of a peerage today? What will it be, fifty years hence? The market has its values for this, as for all other assets, and till one knows what this value is, one cannot know what one is refusing. [...] At our age, all responsibilities merely wear out our nervous systems. I have seen it with all my friends. One by one the heavily weighted have broken down. Yet a peerage cannot be a very severe weight; [...] personally I am rather glad not to have to learn a new name for you. I am always forgetting my friends' titles.[11]

Henry Adams was recalling the episode in February 1856 when Robert Pemberton Milnes refused the offer of a peerage from Prime Minister Palmerston, without any consultation with his son, on the grounds that his independence of thought would be compromised, as would his relationship with his Yorkshire electors.[12] Palmerston repeated the offer and on this second occasion communicated this information to Richard Monckton Milnes who put pressure on his father to accept the honour. Pemberton Milnes again refused: he wished to remain 'a simple country gentleman, trusted and followed by his local associates in politics'.[13] In the summer of 1863 his son Richard Monckton Milnes accepted a peerage as Baron Houghton of Great Houghton.

In spite of personal disappointments, Charles continued with unabated energy and enthusiasm his work for the West Riding of Yorkshire, as the 'highly popular and talented' chairman of its county council.[14] Charles was soon supported in this work by his son Evelyn, who was elected a member of the West Riding Council in March 1907. Lady Catherine published a literary homage to her husband in the form of *Prose Idyls of the West Riding*.[15] The dedication reads: 'To my husband Charles George Milnes Gaskell who has devoted heart and brain to the welfare of The West Riding I dedicate this book.'

The book consists of thirteen short stories, set mainly in or around Holgate, 'in the heart of the West Riding [...] one of those large hill manufacturing villages that has in the last few years developed into a town, with a mayor and corporation, and is yearly spreading over a larger area'.[16] The stories generally have a moral purpose, such as the need for forgiveness even if a murder has been committed, demonstrating love before it is too late, kindness towards others. The lives of many of the characters are harsh and precarious: Mrs Brough, heroine of 'T' Cock-Foight' becomes one of many widows whose husbands are killed in a colliery explosion and whose only son is killed at a cockfight. The proud Yorkshire people maintain a respect for traditions relating to funerals and death, a suspicion of the theatre and disdain for actresses. Lady Catherine once again displays her considerable powers of mimicry, observation, memory and uses a large amount of local dialect in all these stories. One characteristic is the shortening and clipping of words: 'the' becomes 't' as in the titles of the stories 'T' Cock-Foight', 'T' Play-Actress'.

It was not until 5 January 1910 that Charles retired as chairman of the West Riding County Council. This was marked by a special ceremony at which he made a farewell speech and was presented with an address on waxed paper, bound in leather. Henry Adams complimented him on his farewell speech: 'I am greatly interested in your farewell address as Chairman of the West Riding. Besides being uncommonly bright and sparkling reading, it is full of facts and suggestions that fall into the current of my studies.'[17]

The election in 1908 of a new Liberal prime minister, Henry Asquith, made all the difference to Charles's fortunes. Asquith was born in Morley, the Division for which Charles had been a Member of Parliament from 1885 to 1892. Both men shared an attachment to the place and an understanding of the politics of the West Riding. In early July 1908 Charles was made a Privy Councillor, approved by King Edward VII, and henceforth would be addressed as The Right Honourable. This was reported in *The Times* of 6 July under the Court Circular, Buckingham Palace: 'Sir Gerard Lowther, Sir John Edge, K.C., Sir Thomas Whittaker, M.P., Mr. Alfred Emmott, M.P., and Mr. Charles G. Milnes-Gaskell were introduced and sworn in Members of His Majesty's Most Honourable Privy Council.'[18]

Charles informed his old friend Henry Adams, who replied on 10 July, at seven o'clock in the morning, from the Grand Hôtel Victoria, at Bagnères-de-Bigorre in the Pyrenees, expressing, with a medieval flourish, his delight and approval:

> Your letter announcing your acceptance of the honor of the Privy Council followed me on my devious route to the south of France, and was the first news I had of it. You know already how much I approve of it. Honors have no great value in themselves, but at the end of life they serve as a sort of artistic finish like the *flèche* of a tower in the twelfth century church. Life is not quite neat without it. I am sorry that my own government has debarred to itself the use of this distinction, but perhaps it saves us disappointments and jealousies.[19]

Notes

1 *The Times*, Wednesday, 8 November 1905, p. 6.
2 *Ibid.*, p. 6.
3 *Shrewsbury Chronicle*, Friday, 10 November 1905, p. 7.
4 *The Times*, Wednesday, 8 November 1905, p. 6.
5 *Shrewsbury Chronicle*, Friday, 10 November 1905, p. 7.
6 John Charmley, *Lord Lloyd and the Decline of the British Empire* (London: George Weidenfeld & Nicolson Ltd., 1987), p. 11.
7 *The Times*, Tuesday, 4 July 1905, p. 10, col. A.
8 Letter Archive Misc-MSS, 21 MO6 (George G. Lloyd to Lady Constance Knox).
9 *Letters of Henry Adams 1892–1918*, ed. by Worthington Chauncey Ford (Boston and New York: Houghton Mifflin Company, 1938), pp. 469–70 (HA to CGMG, from 23 Avenue du Bois de Boulogne, 1 November 1906).
10 Quoted in John Wilson, *CB: A Life of Sir Henry Campbell-Bannerman*, 1973, p. 580, in *The Letters of Henry Adams*, ed. by J. C. Levenson and

others, 6 vols (Cambridge, MA: Belknap Press of Harvard University Press, 1982–1988), II, p. 473, note 3.

11 *Letters of Henry Adams 1892–1918*, ed. Ford, p. 470 (HA to CGMG, 23 Avenue du Bois de Boulogne, 1 November, 1906).

12 T. Wemyss Reid, *The Life, Letters and Friendships of Richard Monckton Milnes, First Lord Houghton*, 2 vols (London, Paris & Melbourne: Cassell & Company, 1890), I, p. 40.

13 *Ibid.*, p. 41.

14 <http:/www.ebooksread.com/authors-eng/charles-a-manning-press/Yorkshire-leaders> [accessed 20 April 2011].

15 Catherine Milnes Gaskell, *Prose Idyls of the West Riding* (London: Smith, Elder & Co., 1907).

16 *Ibid.*, p. 2.

17 *Letters of Henry Adams 1892–1918*, ed. Ford, p. 535 (HA to CGMG, 17 February 1910).

18 *The Times*, Monday, 6 July 1908, p. 13, col. B.

19 *Letters of Henry Adams 1892–1918*, ed. Ford, p. 470, note.

Chapter 26

An End and a Beginning

The peace, stability and way of life enjoyed by Lady Catherine and Charles Milnes Gaskell were soon shattered by the declaration of war on 4 August 1914. It would involve their son, their future son-in-law, their daughter-in-law's brother (Viscount Northland) and other members of the family. Added to the misfortunes of war was the death on 26 March 1918 of Henry Adams, Charles's most loyal and long-standing friend.[1] Mutual affection and respect had bound them together for fifty-five years since that epiphanic breakfast encounter in 1863. In 1909, when Henry was becoming more and more pessimistic about the state of the world and preoccupied with thoughts of his own death, it was the memory of Wenlock Abbey and his friendship with Charles that sustained him. He wrote poignantly to Charles on 29 June 1909: 'You were good to give me another glimpse of you. One's youth still has glamour, and mine owes most of it to you. I do not know that I care to live over again any part of my life, but if I did, the part connected with Wenlock and you would be it, – the most pleasure and the least pain.'[2]

In the year before his death, in a letter full of reminiscences written from his old Beverly Farms home in Massachusetts, Henry Adams's heart was at Wenlock Abbey. Like his fellow countryman Henry James, he had the feeling of being possessed by that Abbey. He wrote to Charles: 'And now I have returned to the house which I built in 1876 and left in 1885, thinking that nothing on earth would ever bring me back. It is as though your last Abbot of Wenlock should return in spirit to visit you in the ruins of the Abbey, and to tell you of the wickedness of

Henry the Eighth.'[3] Charles was hit hard by the loss of Henry Adams. Evelyn realised the severity of the shock and wrote to his mother: 'I am sorry to hear of Mr Adams' death – it will be another link snapped of my father's chain of friendship.'[4]

Charles did not live to see his wife's publication of *A Woman's Soul*, a collection of stories that Lady Catherine had heard and written down during the war years, 'pieced together in the loose form of a diary'.[5] They were stories of courage, bravery and public duty: some were from Evelyn's letters.

The Right Honourable Charles George Milnes Gaskell died at Thornes House on 9 January 1919 at the age of seventy-six, two weeks before his seventy-seventh birthday. His death was reported as being unexpected and occurring after a very short illness of two days. However, he had been 'seriously ill' in August 1917, a cause of great concern to his son in the trenches in Northern France.[6] He had also been in poor health for several weeks before his death.

His body was brought back from Yorkshire to Much Wenlock as was his wish. He desired 'to be buried in Much Wenlock Churchyard or the Abbey Ruins unless special circumstances should make it inconvenient that my interment should take place there'.[7] The funeral took place on Tuesday, 14 January 1919 on a bitterly cold winter's day with rain falling constantly. The little town showed its respects and 'during the obsequies business in the town was suspended and every cottage had its blinds drawn'.[8]

The choral service at Holy Trinity Church was conducted by the Reverend A. Monks, assisted by a nephew of the deceased, the Reverend Francis Milnes Temple Palgrave (1865–1955), son of Frank and Cecil Palgrave: 'Whilst the people were taking their places in the church Mr. Danks (the organist) played the beautiful airs "O rest in the Lord" and "I know that my Redeemer liveth". Deceased's favourite hymns were sung, "Peace, perfect peace", "Lead kindly light", and "Abide with me".'[9] It was a simple service, with no flowers, according to Charles's wishes. He also requested that 'the whole of the service take place inside the church and that those who attend it shall keep their hats on in the churchyard and that a statement to that effect be made at the service in the Church'.[10] After the committal, members of his family threw a bunch of holly onto the coffin.[11]

Lady Constance and Evelyn stayed at the Abbey for three days, along with Gwenllian and Margaret Palgrave, in order to give solace and help to the grieving widow. Lady Catherine expressed her thoughts in the Visitors' Book:

> On Tuesday Jan 14th 1919 we laid our dear one to rest. He died after two days brief illness – the end was very peaceful.
>
> He lies sleeping beneath his mother's cross near his father, mother and brother.
>
> 'I am the resurrection and the life'
>
> My dear one loved dearly the benedictio. St Luke 1, v. 68 and shortly before he died found deep consolation in the words 'Through the tender mercy of our God whereby the day spring from on high hath visited us to give light to them that sit in darkness and in the shadow of death and to guide our feet unto the way of peace'.
>
> C M Gaskell

Lady Catherine also inserted into the Visitors' Book Charles's last and loving letter to her written on 4 December 1918:

> Thornes House Wakefield
>
> My dearest,
>
> It was very dear of you to send me those lovely flowers and revive delightful memories of Stresa Baveno and Lugano.
>
> Many many thanks.
>
> I wish you many happy returns of your birthday.
>
> You have had four sad ones but now the day spring from on high has visited us and we no longer sit in darkness and the shadow of death. Laus Deo!
>
> I have much to be thankful for; your love for 42 years and domestic happiness, worldly prosperity and a fair measure of health.
>
> God bless you.
>
> Your loving
>
> CGMG
>
> Dec 4th 1918

Tributes were paid to Charles's philanthropic work and to his preservation and custodianship of Wenlock Abbey: 'He generously supported every movement [...] for the benefit of the whole community, and was ever ready to encourage any scheme for social progress and universal advancement. His name will remain inseparably connected with the Abbey, which he did so much to preserve from the ruthless hand of vandalism and the ravages of time.'[12] The following obituary casts an interesting light on one of Charles's less well-known interests, the protection of birds: 'The death of the Right Hon. C. G. Milnes Gaskell, which took place on January 9th, has deprived the Society of a Vice-President who was a staunch and liberal supporter of the work. Joining the Society in 1898 as a Life Member, he gave for years an annual donation of £20 or £25 to the Watchers Fund, to which he was the largest contributor, and he took deep interest in its efforts for the protection of rare birds of Britain.'[13] An announcement also appeared in *The Times* of 11 January 1919, page 6.

Mary Milnes Gaskell was nearly thirty-eight years old and still unmarried. So many obstacles in her path had prevented her from marrying: the war and the death of her father in January 1919. Mary's wedding on 21 October 1919 took place fourteen years after her brother's. The groom was Brigadier General H. D. O. Ward, CB, CMG, of the Royal Artillery. The venue was fashionable St George's Church, Hanover Square, London. It was a relatively simple ceremony, without pages or bridesmaids; the bride was dressed in grey, in half-mourning, out of respect for her recently deceased father.

The service was conducted principally by the Bishop of Northern and Central Europe, assisted by the Reverend Prebendary Thicknesse, vicar of St George's Church, Hanover Square; by the Reverend Dr David Herbert Somerset Cranage, former curate of Holy Trinity Church, Much Wenlock, and by the Reverend P. R. Mitchell, Chaplain of the Forces.[14] It was reported in *The Times*:

> The bride, who was given away by her brother, Mr. Milnes Gaskell, wore a dress of grey charmeuse and georgette, trimmed with oxidized embroidery, and a grey velvet hat. Her ornaments included a pearl

Fig. 65 *Mr and Mrs Ward on their Wedding Day*, 21 October 1919. Photograph taken outside 16 Mansfield Street, London W1.

and diamond brooch and earrings, and the bouquet was composed of pale pink roses. There were neither pages nor bridesmaids. The Hon. Charles Hill Trevor was best man, and the reception afterwards was held at 16, Mansfield-street, W., lent by the Countess of Portsmouth (the bride's aunt).[15]

After the wedding, the couple went to live in Aldershot.[16] Their only child Charles John Ward (1920–48) was born the following year.

Notes

1 *Letters of Henry Adams 1892–1918*, ed. by Worthington Chauncey Ford (Boston and New York: Houghton Mifflin Company, 1938), pp. 650–51 (Elizabeth Ogden Adams to CGMG, Washington, 6 April 1918).

2 *Ibid.*, p. 519, note.

3 *Ibid.*, p. 643 (HA to CGMG, 8 June 1917).

4 Letter Archive, MS EMG 20 (EMG to Lady Catherine MG at Thornes House, 30 April 1918).

5 Catherine Milnes Gaskell, *A Woman's Soul* (London: Hurst and Blackett Ltd., 1919), introduction, no page number.
6 Letter Archive, MS EMG 12 (EMG to Lady Catherine MG at Wenlock Abbey, 1 September 1917).
7 Probate Office, Will of Charles George Milnes Gaskell.
8 *Shrewsbury Chronicle*, Friday, 17 January 1919, p. 2.
9 *Ibid.*, p. 2.
10 Probate Office, Will of CGMG.
11 *Shrewsbury Chronicle*, Friday, 17 January 1919, p. 2.
12 *Ibid.*, p. 2.
13 *Bird Notes and News*, The Royal Society for the Protection of Birds, VIII, no. 5 (Spring 1919), p. 36.
14 *The Times*, Wednesday, 22 October 1919, p. 1, col. A.
15 *Ibid.*, p. 15, col. C.
16 *Bridgnorth Journal*, 12 July 1968.

Epilogue

1919–1935

Charles appointed his wife and son as executors of his will that he had drawn up at Wakefield on 8 March 1910. He specifically bequeathed the Much Wenlock estate and various effects at Thornes House to Lady Catherine, in addition to a substantial annual income. He requested that his library, pictures, statues and other objects of vertu at Thornes House should be cared for and protected. To Evelyn he bequeathed absolutely 'the rest of [his] real and personal estate'. He concluded by confirming the Settlement made on his marriage to Lady Catherine in 1876.

Soon after inheriting Thornes House and estate, Evelyn disposed of the entire property that had been so lovingly tended by generations of his family. It was purchased in 1919 for the sum of £18,500 by the Wakefield Corporation which planned to build council houses on the estate. Swaithe Hall, between Worsbrough Dale and Stairfoot, a property belonging to Charles Milnes Gaskell, was also sold in March 1919.[1]

Two years later on 24 February 1921, when Lady Catherine drafted her last will and testament, there was an unexpected twist. Instead of giving authority to her only son and first-born child, Evelyn, she removed all power from him. She bequeathed to him the sum of only £100, and nothing else. Instead, she appointed her daughter Mary as sole executor and trustee, and bequeathed to her the entire Wenlock estate, including the Abbey, and all stocks and shares and income, as well as all her own possessions (jewellery, furniture, motor cars, wines and spirits, paintings, books, household effects, ornaments). The reasons for Lady Catherine's decision remain obscure. Maybe she felt that her daughter was more trustworthy than her son? Or was she dismayed and distressed that Evelyn had disposed of Thornes House that was so dear to her and to Charles? Or was Evelyn suffering from ill health, mental instability or shell shock, perhaps traumatised by the Great War from which he had only recently returned? During the war, Evelyn had shown signs of depression and in April 1918 had been hospitalised for some weeks.[2] By this act, Lady Catherine protected her daughter and gave her independence and security.

By 1924 Charles's fine library was being dispersed. On 28 and 29 February, a two-day sale of his rare books with fine bindings and manuscripts took place at the London firm of Hodgson & Co. (later taken over by Sothebys). Among the books was a first edition of Shelley's *Adonais*, 1821, with notes and poems in the author's own hand that fetched £2000. Some of the features of this important collection were manuscripts by Walter

Fig. 66 *Evelyn Milnes Gaskell in Army Uniform*. Pencil on paper.

Scott, Robert Burns, Alexander Pope, Daniel Defoe, Sterne, Emily Brontë, a first edition of *Alice's Adventures in Wonderland*, a first edition of Florio's translation of Montaigne's *Essays*, a Second Folio Shakespeare and an illustrated set of Thomas Pennant's *Tour in Wales*.[3]

Major Evelyn Milnes Gaskell did not live long enough to discover that he had been quasi-disinherited by his mother and it is unlikely that he was told during his lifetime. His London residence was at 47 Pont Street, but he died in a nursing home at Broadstairs in Kent on 14 September 1931, a few weeks before his fifty-fourth birthday. He had been ill for more than two months.

His coffin was brought from London to Much Wenlock on Wednesday evening, 16 September and lay in Holy Trinity Church overnight. The well-attended funeral took place the following day (Thursday, 17 September 1931). The Reverend J. W. Isherwood (vicar), assisted by the Reverend J. M. Wale (curate), conducted the service. A surpliced choir was in attendance. Miss K. Edwards, the organist, played Chopin's 'Funeral March' at the commencement and, as the cortège left the church, Handel's 'I know that my Redeemer liveth'. The hymns 'Through the night of doubt and sorrow', 'Now the labourer's task is o'er' and 'On the resurrection morning' were sung, psalms 107 and 23 were chanted, and the curate read the lesson from John 14. By special request, no flowers were sent.

The interment took place in the family plot in the churchyard; Evelyn's grave was lined with evergreens. The chief mourners were: Lady Constance Milnes Gaskell, widow; Lady Catherine Milnes Gaskell, mother; Charles Milnes Gaskell, son; Mary Milnes Gaskell, daughter; General and Mrs Ward, brother-in-law and sister; the Hon. Gerard Wallop, uncle; Lady Eileen Clark, sister-in-law; Major Gen. Wintour, Miss A. M. Wintour and Miss K. Wintour, cousins.[4] Many others were present to mourn the death of one so young and to support a widowed mother on the loss of her only son, and a young widow with two children.

Lady Catherine Henrietta Milnes Gaskell died on 21 August 1935 at Wenlock Abbey after a long illness; she was seventy-eight years old. Her funeral, 'of a simple character and without flowers',[5] took place at Holy Trinity Church, Much Wenlock at 2.30 p.m. on Saturday, 24 August 1935. The service was conducted by the vicar and rural dean the Reverend J. W. Isherwood, by Lady Catherine's nephew the Reverend Frank Palgrave, and the Reverend W. M. Boulton (curate). The choir led the singing of the hymns 'Fight the good fight' and 'Lead kindly light', and the chanting of the 23rd psalm and Nunc Dimittis. The organist, Miss Edwards, played Chopin's 'Funeral March' and 'O rest in the Lord'.[6]

The flag of the church of which Lady Catherine was lay rector and patron of the living was flown at half mast, and in the evening the bellringers rang a muffled peal. The bearers were tenants, and a guard of honour was formed at the church door by members of the Shropshire Constabulary.

Lady Catherine's grave was lined with evergreens and she was buried in the family plot in the churchyard in the shadow of her beloved Abbey and, as she requested in her will, 'near my late husband's grave if possible and convenient'.[7] Family mourners heading the cortège were her son-in-law and daughter, Major General and Mrs H. D. O. Ward of Linley Hall. Her grandson, Charles Thomas Milnes Gaskell, was unable to be present, being in Abyssinia.

Obituaries praised Lady Catherine's good works and her care for Wenlock Abbey: 'She was a lady of striking personality and presence [...] and was active in hospital and V.A.D. work in the War. She was greatly interested in Wenlock Abbey and did much to preserve its remains, something of the history of which she told in one or two publications that came from her pen.'[8] The *Shrewsbury Chronicle* reported: 'Within the last few years she was responsible for the extensive restoration of the old Abbey buildings, by which the stonework was re-conditioned to such a degree as to make the Abbey secure for many years to come.'[9] Her policy of permitting open access to the Abbey was highly commended as being 'of incalculable value to those interested in the study of old buildings'.[10] She cared for all social schemes which had for their object the benefit of young people, and did many personal kindnesses. Lady Catherine, a Dame of Justice of the Order of St John of Jerusalem, was also one of the first women magistrates in England, Scotland and Wales appointed in 1920. Tributes were paid to her work at the Bridgnorth County Police Court where Mr T. W. Head, chairman, referred to her kindly disposition and to her help in bringing many cases to a satisfactory conclusion.[11]

Lady Catherine left 'gross estate of the value of £106,073, with net. personalty £49,285'.[12] Her thoughtfulness towards her staff was reflected in her generosity towards them in her will. She provided for the future of her housekeeper Mary Langston with an annuity of £80 per annum, and annuities of £26 per annum to W. R. Heaton, G. Rickhuss and W. Smith. To her estate agent Hugh Welsh she gave £100. Monetary gifts of either £50 or £100 (not more) were made to members of her family.[13]

After Lady Catherine's death, under the supervision of her daughter Mary and husband H. D. O. Ward, the Abbey was modernised sensitively, with central heating and new windows in the Norman wing by architect Charles Nicholson. After living there briefly before World War II, Mr and Mrs Ward then moved to Linley Hall. The guardianship of the abbey ruins was handed to the Ministry of Works. During the war, Mrs Ward's nephew Lieutenant Colonel Charles Thomas Milnes Gaskell and his wife Lady Patricia Hare, daughter of the Earl of Listowel, lived there, but Charles died in 1943 in an air crash and is buried in Egypt at Halfaya Sollum Commonwealth War Cemetery, close to the border with Libya. His widow remarried and moved to Yorkshire. After the war, with the estate in trust, Charles's sister Mary Juliana and her husband Lewis Motley lived there with their four sons until the late 1960s when Lewis died. After that their eldest son Christopher Motley with his wife Miranda Doughty-Tichborne (daughter of Sir Anthony Doughty-Tichborne, 14th baronet) and their children made the Abbey their home. In the early 1980s the prior's lodging and gardens were sold to the artist Louis de Wet and his wife actress Gabrielle Drake, who live there privately. The abbey ruins are now in the guardianship of English Heritage and are open to the public.

Notes

1 *The Times*, 22 February 1919, p. 8.
2 Letter Archive, EMG letter 18 (EMG to Lady Catherine MG, 9 April 1918).
3 *The Times*, 11 February 1924, p. 9, col C; *The Times*, 29 February 1924, p. 9, col C; *The Times*, 1 March 1924, p. 13, col D.
4 *Shrewsbury Chronicle*, 18 September 1931, p. 7.
5 Shrewsbury, SA, Will 1935/309.
6 *Shrewsbury Chronicle*, Friday, 30 August 1935, p. 11.
7 Shrewsbury, SA, Will 1935/309.
8 *The Times*, Thursday, 22 August 1935.
9 *Shrewsbury Chronicle*, Friday, 23 August 1935, back page.
10 *Ibid.*, back page.
11 *Shrewsbury Chronicle*, Friday, 30 August 1935, p. 11.
12 *Shrewsbury Chronicle*, 29 November 1935, p. 8.
13 Shrewsbury, SA, Will 1935/309.

Publications by Charles G. Milnes Gaskell

1867 'The Easter Trip of Two Ochlophobists by One of Themselves' (Part I), *Blackwood's Edinburgh Magazine*, 102 (July 1867), 42–59.
—— (Part II), 102 (August 1867), 188–207.

1871 Article, unsigned, untitled, *Saturday Review*, January/February *c*. 1871.
Review of Henry Du Pré Labouchère, 'Diary of a Besieged Resident in Paris', *North American Review*, 113 (July 1871), 210–14.
Article, unsigned, untitled, *Saturday Review*, *c*. October 1871.
Unidentified book, 1871 (see chapter 10).

1872 Review of Henry Adams, 'Chapters of Erie and other Essays', *Saturday Review*, (13 January 1872), 54–55.
Review of Sir Baldwyn Leighton (ed.), 'Letters and other Writings of the late Edward Denison, M.P. for Newark', *North American Review*, 114 (April 1872), 426–32.
Article about Viollet-le-Duc, unidentified to date.

1874 Review of Princess Marie of Liechtenstein, 'Holland House', *North American Review*, 118 (April 1874), 428–42.
Review of 'Sketches and Essays', *North American Review*, 118 (April 1874), 401–05.
Review of 'Archibald Constable and his Literary Correspondents: A Memorial by his son', *North American Review*, 119 (October 1874), 423–27.

1881 'The Position of the Whigs', *Nineteenth Century*, 10 (December 1881), 901–12.

1882 'The Country Gentleman', *Nineteenth Century*, 12 (September 1882), 460–73.

1883 *Records of an Eton Schoolboy*, ed. by CCMG, privately printed, 1883.

1884 'The Yorkshire Association', *Nineteenth Century*, 15 (June 1884), 1023–36.
An apology in *Nineteenth Century*, 16 (July 1884), 168.
Diaries of Mrs. Anne Lumb of Silcoates, near Wakefield, in 1755 and 1757, ed. by CGMG, privately printed, London, 1884, 40 pp.

1886 'William Cobbett', *Nineteenth Century,* 19 (February 1886), 238–56.

1887 'The Memorials of the Dead', *Nineteenth Century,* 22 (August 1887), 234–41.

1902 *Passages in the History of the York Lunatic Asylum 1772–1901.*

1903 'On the Pollution of our Rivers', *Nineteenth Century*, 54 (July 1903), 86–98.

Publications by Lady Catherine Milnes Gaskell

1884 'A Farm that Pays', *Nineteenth Century*, 16 (October 1884), 568–75.

1885 'Servants Old and New', *Longman's Magazine*, (1885), 286–97.

1889 'Women of Today', *Nineteenth Century*, 26 (November 1889), 776–84.

1892 'Some Talk about Clergymen', *Nineteenth Century*, 32 (September 1892), 487–97.

1893 'My Stay in the Highlands', *Nineteenth Century*, 34 (August 1893), 230–47.

1894 'Old Wenlock and its Folklore', *Nineteenth Century*, 35 (February 1894), 259–67.

1902 Article in the *Queen*, December 1902.

1903 *The New Cinderella, and other Plays* (London: Henry J. Drane, *c.* 1903/4).

1904 *Old Shropshire Life* (London and New York: John Lane, The Bodley Head, 1904).

1905 *Spring in a Shropshire Abbey* (London: Smith, Elder & Co., 1905).

1907 *Prose Idyls of the West Riding* (London: Smith, Elder & Co., 1907).

1908 *Episodes in the Lives of a Shropshire Lass and Lad* (London: Smith, Elder & Co., 1908).

1911 'Dogs we have Known', *Empire Annual for Girls*, 1911, 184–97.

1913 A story in the *Queen*, December 1913.

1914 *Friends Round the Wrekin* (London: Smith, Elder & Co., 1914).
Lady Ann's Fairy Tales, with twelve illustrations by Maud Tindal Atkinson (London: printed for the author by Grant Richards Limited, 1914).

1919 *A Woman's Soul* (London: Hurst & Blackett, 1919).

1921 *The Greater Love* (London: Heath Cranton, *c.* 1921).

1922 'Reverie in York Minster', *Microcosm*, 7, no. 1 (Spring 1922), 19.

Bibliography

Adams, Henry, *The Education of Henry Adams* (Newton Abbot, Devon: Dover Publications, David & Charles, 2002).

Anonymous [E. S. A.], 'Wenlock Priory', *Archaeologia Cambrensis*, New Series, IV (April 1853), 108–13.

Auden, Henrietta M., 'Sculptured Panels of St Peter at Wenlock Priory', *Transactions of the Shropshire Archaeological and Natural History Society*, 3rd series, 6 (1906), xxi–xxii.

Barnwell, Edward Lowry, 'Grave in Wenlock Abbey', *Archaeologia Cambrensis*, 28 (1873), 374–81.

Brettle, Marion, *The Old Vicarage Much Wenlock and its Families and Visitors: Chronicles of a Shropshire Market Town* (Much Wenlock: Ellingham Press, 2009).

Bright, Henry Arthur, *A Year in a Lancashire Garden* (London and New York: Macmillan and Co., 1891).

Currie, C. R. J., and others, eds. *Victoria History of the Counties of England: The History of Shropshire*, X (Oxford: Oxford University Press, 1998).

Daly, Nigel, *The Lost Pre-Raphaelite. Robert Bateman* (London: Wilmington Square Books, 2014).

Deveson, Alison Margaret, *En Suivant la Vérité: A History of the Earls of Portsmouth and the Wallop Family* (Portsmouth Estates, 2008).

Doyle, Francis Hastings, *Reminiscences and Opinions of Sir Francis Hastings Doyle 1813–1885* (New York: D. Appleton and Company, 1887).

Dusinberre, William, 'Henry Adams in England', *Journal of American Studies*, II, no. 2 (August 1977), 163–86.

Edel, Leon, ed., *The Letters of Henry James*, 4 vols (London: Macmillan, 1974–1984).

Edel, Leon, *Henry James: A Life* (London: Flamingo, 1996).

Eyton, R. W., 'Wenlock Priory', *Archaeologia Cambrensis*, New Series, IV (April 1853), 98–108.

Fay, Anna Maria, *Victorian Days in England. Letters Home by an American Girl 1851–1852*, with additional material by Julia Ionides and Peter Howell (Ludlow: The Dog Rose Press, 2002).

Ford, Worthington Chauncey, ed., *Letters of Henry Adams 1858–1891* (Boston and New York: Houghton Mifflin Company, 1930).

Ford, Worthington Chauncey, ed., *Letters of Henry Adams 1892–1918* (Boston and New York: Houghton Mifflin Company, 1938).

Forrest, H. E., *The Old Houses of Wenlock and Wenlock Edge, their History and Associations* (Shrewsbury: Wilding & Co., 1915).

Gamble, Cynthia, *John Ruskin, Henry James and the Shropshire Lads* (London: New European Publications, 2008).

—'Ruskin Lost in Shades of Gray', *Shropshire Magazine*, October 2013, 74–76.

Hardy, Florence Emily, *The Life of Thomas Hardy 1840–1928* (London: Macmillan, 1962).

Horne, Philip, ed., *Henry James: A Life in Letters* (London: Allen Lane, The Penguin Press, 1999).

Killick, Jane, *Talking with Past Hours.The Victorian Diary of William Fletcher of Bridgnorth* (Ludlow: Moonrise Press, 2009).

Kirk, Sheila, with photography by Martin Charles, *Philip Webb: Pioneer of Arts & Crafts Architecture* (Chichester: Wiley-Academy, 2005).

Levenson, J. C., and others, eds., *The Letters of Henry Adams*, 6 vols (Cambridge, MA: Belknap Press of Harvard University Press, 1982–88).

Lindesay, H. H., ed., *Memorials of Charlotte Williams-Wynn* (London: Longmans, Green and Co., 1877).

Lockett, R. B., 'A Catalogue of Romanesque Sculpture from the Cluniac Houses in England', *Journal of the British Archaeological Association*, 34 (1971), 43–61.

Mackenzie, Faith Compton, *William Cory: A Biography* (London: Constable, 1950).

Matthiessen, F. O., and K. B. Murdock, eds., *The Notebooks of Henry James* (New York: Oxford University Press, 1947).

Meister, Maureen, *Architecture and the Arts and Crafts Movement in Boston: Harvard's H. Langford Warren* (Hanover and London: University Press of New England, 2003).

Millgate, Michael, *The Life and Work of Thomas Hardy* (London: Macmillan, 1984).

Monteiro, George, ed., *The Correspondence of Henry James and Henry Adams 1877–1914* (Baton Rouge and London: Louisiana State University Press, 1992).

Morley, John, *The Life of William Ewart Gladstone*, 3 vols (London and New York: Macmillan, 1903).

Mumford, William F., *Wenlock in the Middle Ages* (Shrewsbury [printed]: published by Mrs E. Mumford, 1977).

Newman, John, and Nikolaus Pevsner, *Shropshire* (New Haven and London: Yale University Press, 2006).

Palgrave, Gwenllian F., *Francis Turner Palgrave. His Journals and Memories of his Life* (London, New York and Bombay: Longmans, Green, and Co., 1899).

Pearson, Geoffrey L., John E. Prentice and Alastair W. Pearson, 'Three English Romanesque Lecterns', *Antiquaries Journal*, 82 (2002), 328–39.

Pevsner, Nikolaus, *Shropshire* (New Haven and London: Yale University Press, 2002).

Purdy, Richard Little, and Michael Millgate, eds., *The Collected Letters of Thomas Hardy*, 7 vols (Oxford: Clarendon, 1980–87).

Randall, John, *Randall's Tourists' Guide to Wenlock* (Madeley: John Randall, 1875).

Richards, Jeffrey, *Sir Henry Irving. A Victorian Actor and his World* (London: Hambledon and London, 2005).

Roberts, Edward, 'Wenlock Priory, Salop', *Collectanea Archaeologica*, 1 (1862), 145–62.

Roberts, Valerie, *The Story of Much Wenlock Cottage Hospital* (Much Wenlock: RJL Smith & Associates, 2003).

Sims, Joy, and Ina Taylor, *Much Wenlock Past to Present in Photographs: Book 1* (Much Wenlock: Ellingham Press, 2011).

Smith, William, *Morley: Ancient and Modern* (London: Longmans, Green and Co., 1886).

Thompson, A. Hamilton, *English Monasteries* (Cambridge University Press, 1913).

Thoron, Ward, ed., *The Letters of Mrs. Henry Adams 1865–1883* (London, New York and Toronto: Longmans, Green and Co., 1937).

Walcott, Mackenzie E. C., *Four Minsters Round the Wrekin: Buildwas, Haughmond, Lilleshul and Wenlock* (London: Shrewsbury [printed], 1877).

Warren, Herbert Langford, 'Notes on Wenlock Priory', *Architectural Review*, I, no. 1 (1891), 1–4.

—'Notes on Wenlock Priory', *Architectural Review*, I, no. 6 (1892), 49–51.

Wemyss Reid, T., *The Life, Letters and Friendships of Richard Monckton Milnes, First Lord Houghton*, 2 vols (London, Paris & Melbourne: Cassell & Company, 1890).

Worthington, T. Locke, *Remnants of Old English Architecture* (London: Sprague & Company, 1888).

Young, Brian, *The Villein's Bible* (London: Barrie & Jenkins, 1990).

Zarnecki, George, and others, *English Romanesque Art 1066–1200* (London: Weidenfeld and Nicolson, 1984).

Index

Index